böhlauWien

Anacleto Verrecchia

Giordano Bruno

Jordany Bruny

Nachtfalter des Geistes

Böhlau Verlag Wien · Köln · Weimar

Umschlagabbildung: Giordano Bruno, Bild von Ottavio Mazzonis,
Eigentum des Malers

Aus dem Italienischen übertragen von Peter Pawlowsky
und Anacleto Verrecchia

Die Deutsche Bibliothek – CIP-Einheitsaufnahme
Verrecchia, Anacleto: Giordano Bruno : Nachtfalter des Geistes /
Anacleto Verrecchia [Aus dem Ital. übertr. von Peter Pawlowsky u.
Anacleto Verrecchia]. – Wien ; Köln ; Weimar : Böhlau, 1999
ISBN 3-205-98881-7

Gedruckt auf umweltfreundlichem, chlor- und säurefreiem Papier
Druck: Imprint, Ljubljana

Inhalt

Jordans Bruno

9   Vorwort

20   Nola
24   Die Kindheit
33   Ein fataler Schritt
46   Die Priesterweihe
56   Die Flucht
66   Nackt wie Bias
77   Von einem Meer zum anderen
90   Ein Meteor durch Europa
110   In der Höhle des Löwen
132   Am Hof
149   Von einem Hof zum anderen
163   London
189   Rückkehr nach Paris
205   Kreuz und quer durch Deutschland
235   Prag
244   Ein gewisser Italiener
255   Helmstedt
267   Frankfurt
278   Die Stunde des Schicksals
294   Die Falle
317   Lebendig begraben
341   Das Martyrium
366   Der Philosoph

395   Zeittafel
398   Zitierung und Übersetzungen
401   Bibliographie
404   Anmerkungen
413   Personenregister

Humana ante oculos foede cum vita iaceret
in terris oppressa gravi sub religione
quae caput a caeli regionibus ostendebat
horribili super aspectu mortalibus instans [...]
ergo vivida vis animi pervicit, et extra
processit longe flammantia moena mundi.

Als vor den Blicken der Menschen das irdische Leben schändlich
Niedergedrückt war von schwer belastender Religion,
Die ihren Kopf aus den Zonen des Himmels hervorstreckte
Und mit furchtbarem Antlitz über den Sterblichen drohte [...]
Da überschritt er lebendigen Geistes mit siegreicher Kraft
sehr weit draußen die flammenden Mauern des Weltalls.

Lukrez

Dieses Buch widme ich

Bettino Betti,

dem hilfreichen ersten Leser des Manuskriptes,
der das Buch nicht mehr in Händen halten konnte.
Er starb am Vorabend des Weihnachtsfestes 1998.

Vorwort

Jordany Bruny

Dies ist ein Buch der Leidenschaft. Es ist kein weiteres Buch über die Bücher von Giordano Bruno, wie es schon allzu viele gibt, sondern ein Portrait des Menschen Giordano Bruno: weniger akademisch als voll menschlicher Anteilnahme an seinem tragischen Schicksal, weniger der Philologie verpflichtet als vielmehr dem Leben. Anstatt mich in dieses oder jenes Detail zu verlieren – wie es oft geschieht –, habe ich versucht, dem Philosophen auf seiner stürmischen Durchquerung Europas zu folgen und mich in gewisser Weise in seine Seelenzustände zu versetzen.

Ich habe von Leidenschaft gesprochen und möchte erläutern, was damit gemeint ist. Einem grausamen Tod gegenüber, wie demjenigen Brunos, der von der katholischen Kirche bei lebendigem Leib verbrannt wurde, kann man nicht indifferent bleiben und die sogenannte kritische Distanz wahren. Herz und Kopf wenden sich in diesem Fall spontan dem Opfer zu, so wie der Zorn spontan ist, der sich gegen die Verantwortlichen für dieses Verbrechen richtet, das manche Niederträchtige bis heute zu rechtfertigen oder wenigstens zu entschuldigen suchen. Einer davon ist Angelo Mercati, ein Monsignore, der mit widerwärtig abgestumpftem Zynismus schreibt, daß im Prozeß gegen den Philosophen »reichliches Material für eine legitime Anklage und Verurteilung vor dem Tribunal des *Glaubens* vorlag, das allein aus diesem Grund den Urteilsspruch ergehen ließ, dem die Hinrichtung folgte. Solange nicht nur Diebstahl, Mord und Aufruhr oder Ähnliches als Verbrechen gelten, auch wenn sie von Menschen genialer Begabung, herausragender Fähigkeiten oder welcher Verdienste immer begangen werden, und die Verurteilung, die sie trifft, aufrechterhalten werden muß, indem man bei allem Mitleid die Gefühle des Herzens schweigen läßt; solange die Kirche ebenso wie andere legitime Institutionen das Recht und die Pflicht hat, die *Glaubenslehre* festzulegen und vorzuschreiben und auf ihrem Gebiet Sanktionen zu verfügen, die nicht in allen Jahrhunderten gefallen, die aber den Auffassungen und Sitten jener Zeit entsprechen; solange es der einfache und rechte Menschenverstand (um wieviel mehr, wenn er von der unfehlbaren Wahrheit des Glaubens erleuchtet ist?) richtig findet, daß man gerade um der Ehre der menschlichen Vernunft und des wahren spirituellen Interesses der Humanität willen phantastische und verrückte Ideologien nicht durchgehen lassen darf, die oft völlig unnütz, oft grundlos verwirrend und schädlich sind, die die genialen Einfälle und tatsächlichen Errungenschaften wahrer Wissenschaft in ihre Verblendung und ihr intellektuelles und moralisches Elend hineinziehen (allergerechteste und furchtbare göttliche Strafe für die undankbare Hoffart des Menschen, der aus der Erfahrung nie lernt, wer *der Weg, die Wahrheit und das Leben* ist, und sich daher einem ganz und gar unfruchtbaren Chaos wuchernder Ideologien ausliefert, welche die Geister immer mehr verwirren), so lange wird man das römische Urteil über Bruno nur dann tadeln können, wenn sich zeigen ließe, daß es ohne legitime Gründe oder gegen die Vernunft ergangen ist, was jedoch sowohl durch verschiedene Prozeßberichte, als auch insbesondere durch das *Summarium* endgültig ausgeschlossen ist, welches genau verständlich macht, wie allein legitime Motive der Rechtgläubigkeit und wirkliche strafwürdige Verfehlungen Brunos die römische Inquisition zur Beschlußfassung im Prozeß gegen ihn geführt haben.« Und er fügt hinzu: »Die Kirche durfte und mußte eingreifen und hat eingegriffen; die Dokumente des Prozesses zeigen, daß dies legal war und ehrenvoll durchgeführt wurde. Wenn es dadurch zu einer Verurteilung gekommen ist, so sind die Gründe nicht bei den Richtern, sondern beim Angeklagten zu suchen.«[1]

Diese moralisch wie intellektuell monströsen Worte, die überdies im italienischen Originaltext jeder Syntax spotten, richten sich selbst. Ich möchte nur festhalten, daß sie nicht im Jahrhundert Giordano Brunos geschrieben wurden, sondern in unserem, und zwar nicht von einem ungehobelten Landpfarrer, sondern von einem hohen Prälaten des Vatikan. Nur Ajatollahs oder islamische Integralisten wären vielleicht bereit, die Ideen eines Philosophen einem *Mord* gleichzuhalten. Dafür braucht man eine von Fanatismus völlig umnachtete Gesinnung. Eine Religion, die sich auf Tribunale des *Glaubens*, auf Galgen und Scheiterhaufen beruft, statt auf Milde und gutes Beispiel, weckt größere Angst als eine despotische und blutige Herrschaft. Die Kirche – gleichgültig ob katholisch oder reformiert – war eine Institution, in der die Priester – wie der Stiefvater Hamlets – vom Himmel redeten und an die Erde dachten; aber gerade deshalb erscheint sie uns noch verkehrter als ein despotisches Regime.

Giordano Bruno

Denn ein Despot hat wenigstens das Verdienst, nichts vorzutäuschen, und präsentiert sich als das, was er ist, während die Kirche die Güte predigte und den Terror säte. Dieses Buch will auch zeigen, mit welchem Ausmaß kriminellen Wahnsinns sich religiöser Fanatismus verbinden kann. Wenn die Welt ein Kondominium der Grausamkeit und Narretei ist, in dem diese herrscht und jene befiehlt, so hat die Religion sehr oft demonstriert, wie sie beides zugleich sein kann. Aber sprechen wir nun von etwas anderem.

In den letzten Jahren hat die Aufstiegskurve der Bruno-Bibliographie zu einem schwindelerregenden Höhenflug angesetzt. Essays, Aufsätze, Neuauflagen, neue Ausgaben, Monographien, Kongreßberichte, Film, Bühnenwerke und sogar Romane mit dem Anstrich der Wissenschaftlichkeit: Der Philosoph ist wahrhaft wie der Phönix aus der Asche des Campo dei Fiori wieder auferstanden. Es sind auch neue Dokumente aufgetaucht, die uns eine bessere Orientierung über sein umherirrendes Leben erlauben. So wissen wir jetzt zum Beispiel, daß er sich auch in Tübingen aufgehalten hat, in der vergeblichen Hoffnung, dort lehren zu können. Neuerdings wurde auch die Zeitschrift *Bruniana & Campanelliana* gegründet, ein unentbehrliches Instrument, um sich über Studien, die unseren Philosophen betreffen, auf dem laufenden zu halten. Eugenio Canone, einer der Herausgeber, ist ein exzellenter Jäger nach neuen Berichten und Dokumenten über Bruno. Aber eine besondere Errungenschaft in diesem Feuereifer der wissenschaftlichen Arbeit ist die kritische Ausgabe sämtlicher italienischer und lateinischer Werke. Sie wird von Yves Hersant und Nuccio Ordine im Verlag *Les Belles Lettres* in Paris herausgegeben, und zwar als Originaltext mit einer gegenübergestellten französischen Übersetzung. All das liegt in den Händen eines internationalen wissenschaftlichen Komitees, dem auch Giovanni Aquilecchia, einer der weitaus bedeutendsten Bruno-Kenner, angehört. Mit dieser großartigen verlegerischen Leistung erteilt Frankreich eine verdiente moralische Ohrfeige an Italien, das den Philosophen zuerst lebendig verbrannt und sodann vergessen hat. Die katholische Kirche sähe es freilich gern, wenn man ihn weiterhin ignorierte, aber jetzt kann sie gegen den Lauf der Dinge nichts mehr unternehmen. Ein arabisches Sprichwort sagt, daß nichts den Nil zurückfließen lassen kann, wenn er einmal in Kairo angekommen ist. Und das gilt auch für die Wiederentdeckung des Philosophen Bruno.

Es waren Ausländer, die Bruno der Vergessenheit entrissen, so etwa der irische Philosoph John Toland, der zu Beginn des 18. Jahrhunderts in verschiedenen europäischen Ländern eine intensive Propaganda zugunsten der »nolanischen Philosophie« entfaltete. Er war insbesondere vom *Spaccio de la bestia trionfante* angezogen, worin er eine große Übereinstimmung mit eigenen Ideen fand. Aber die tatsächliche philosophische Auferstehung Brunos ist den Deutschen zu verdanken. Den Anfang machte Jacobi, der 1789 zum ersten Mal Auszüge von *De la causa* ins Deutsche übersetzte, um nachzuweisen, daß Gassendi, Descartes und Leibniz vieles von diesem unbekannten italienischen Autor übernommen hatten. Drei Jahre später ist in einem Brief Hamanns an Herder vom 17. November 1782 zu lesen. »*Jordani Bruni principium coincidentiae oppositorum* ist in meinen Augen mehr wert, als alle Kantische Kritik«. Dann kamen andere, darunter Schelling, Hegel, Schopenhauer und weitere. So erlebte Bruno einen posthumen Triumph gerade in jenem Deutschland, in dem er fünf Jahre seines Lebens verbracht hatte. Die Ausgabe seiner italienischen Werke in zwei Bänden, besorgt von Adolf Wagner, dem Onkel des Komponisten, ist 1830 in Leipzig erschienen und war sehr schnell vergriffen – und das, obwohl sie in der Originalsprache, nicht auf deutsch ediert war.

Italien folgte erst lange Zeit danach; und sein Beifall für den Namen des Philosophen war zum großen Teil ein Echo jenes Beifalls, der schon in Deutschland, in Frankreich und in anderen Ländern zu hören gewesen war. Erst in der zweiten Hälfte des vergangenen Jahrhunderts, mit der Welle des Risorgimento, begann sich Italien des großen Märtyrersohns zu entsinnen und widmete ihm offizielle Ehrungen. Der Literaturhistoriker Francesco De Sanctis, damals Unterrichtsminister, unterstützte per Dekret die nationale Ausgabe der lateinischen Werke des Philosophen (1879–1891). Die italienischen Werke mußten noch warten und wurden erst von Giovanni Gentile in den Jahren 1907–1908 in einer kritischen Ausgabe veröffentlicht. Am meisten Aufsehen erregte aber die Initiative zur Errichtung eines Denkmals für Giordano Bruno auf dem Campo dei Fiori in Rom, eben dort, wo er verbrannt worden war. Diese Initiative nahm politischen Charakter an und war ein Schlag gegen den Vatikan. Das Denkmal wurde am 9. Juni 1889 feierlich enthüllt, und der offizielle Redner sagte unter anderem: »Im Universum Brunos gibt es keine Exkommunikationen, hier hat das ganze Menschengeschlecht Zutritt.« Er hätte auch hinzufügen können, daß alle lebenden Wesen in dieses Universum Zutritt haben, wie im Buddhismus und in der Philosophie Schopenhauers.

Wie reagierte die Kirche darauf, die durch das Risorgimento ihre weltliche Macht definitiv verloren hatte? Nicht mit Stil und Eleganz, wie man es von einer zweitausendjährigen Institution hätte erwarten können, sondern wütend und kleinlich. Papst Leo XIII., der mit dem Heiligen Geist konferierte und mit den Musen kokettierte, der sich rühmte, die lateinischen Klassiker und die Werke Galileis zu kennen, richtete ein Mahnschreiben an die Gläubigen, das in allen Kirchen zu verlesen war: Bruno wurde diffamiert und auf das Übelste dargestellt, und daher müßten sich die christlichen Seelen von ihm fern halten. Also sprach Seine Heiligkeit. In der Folge forderte der Vatikan sogar die Zerstörung des Denkmals; aber der italienische Regierungschef, damals Mussolini, antwortete verstimmt und erklärte, daß die Statue Giordano Brunos, traurig wie das Schicksal, das sie darstellt, auf ihrem Platz bleiben werde. Diesmal reagierte der Stellvertreter Christi auf noch kleinlichere Weise: Am 29. Juni 1930 sprach er Kardinal Roberto Bellarmin heilig, einen der grausamsten und unbarmherzigsten Richter Brunos, und im Jahr darauf proklamierte er ihn auch noch zum Kirchenlehrer. Man muß kein Antiklerikaler oder Priesterfresser sein, um das gar nicht schön zu finden.

Wie aber erklärt sich die unerschöpfliche Erbitterung der Kirche gegen den Mitbruder aus Nola? Die Antwort wird in der Philosophie Brunos selbst zu suchen sein, die dem Universum nicht nur Unendlichkeit, sondern auch Ewigkeit zuschreibt, d.h. daß es immer existiert hat und immer existieren wird. Das alles macht einen Schöpfergott überflüssig, von dem man wirklich nicht wüßte, wo man ihn plazieren sollte. Wenn es aber keinen Platz für Gott gibt, dann umso weniger für die Tonsurierten, seine Vasallen: lauter Arbeitslose! So gesehen, muß Bruno plötzlich als besonders gefährlicher Philosoph für die Kirche erschienen sein; und das erklärt, warum diese nach seiner Ermordung weiter versucht hat, ihn totzuschweigen oder zu diffamieren. Hätten wir alle Prozeßakten und nicht nur Fragmente davon, so wäre gewiß ersichtlich, daß das wahre Motiv seiner Verurteilung zum Scheiterhaufen vor allem die Theorie des unendlichen und ewigen Universums gewesen ist. Statt dessen hat die

Kirche die Theorie vom Urknall in gewisser Weise akzeptiert, indem sie sagt, nur ein allmächtiges Wesen, also ein Gott, hätte eine solche kosmische Explosion auslösen können. Ja – aber diese Explosion könnte einen auch auf den Gedanken bringen, Gott habe sich in die Luft gejagt. In der Tat gibt es weder auf Erden noch im Himmel die Spur eines guten Gottes, wie er in den Reden der Kleriker vorkommt. Eins von beiden: Entweder hat er nie existiert, oder er hat sich wirklich selbst erledigt. Motive dafür hätten ihm wahrhaftig nicht gefehlt, nachdem er eine Welt wie diese geschaffen hat. Das ist es, was auch Schopenhauer dachte: »Wenn ein Gott diese Welt gemacht hat, so möchte ich nicht der Gott seyn: ihr Jammer würde mir das Herz zerreißen«.[2]

Von allen Biographien Giordano Brunos bleibt diejenige von Vincenzo Spampanato, die schon ein Dreivierteljahrhundert alt ist, immer noch die genaueste und ausführlichste. Leider liest sie sich wie eine Katastralkarte oder ein ministerieller Aktenvermerk. Spampanato ist in der Recherche ausgezeichnet, aber ein sehr schlechter Schreiber, und das macht die Lektüre seines Buches oft unerträglich. Seine Prosa ist gehemmt und verwirrt, die allzu vielen bibliographischen Rückbezüge und die zahlreichen Anmerkungen lähmen überdies den sowieso schon kurzatmigen Rhythmus der Erzählung. Kurz und gut: Das Buch ist überreich an Informationen, aber es gleicht einem unaufgeräumten Magazin. Spampanato, der ebenfalls aus Nola stammt, hat seinem großen Mitbürger gewiß ein Denkmal gesetzt, aber es handelt sich um ein allzu überladenes und zudem kaltes Denkmal – da gibt es mehr Kopf als Herz, mehr gelehrte Forschung als Mitgefühl für das Schicksal des Philosophen. Auch die übrigen italienischen Bruno-Fachleute zeigen wenig menschliche Teilnahme für die schrecklichen Lebensumstände ihres Autors. Das ergibt sich vielleicht aus der Tatsache, daß Italiener im allgemeinen für Komödien empfänglicher sind als für Tragödien; deshalb haben sie kein Gefühl für eine tragische Persönlichkeit wie Giordano Bruno. Viel mehr Mitgefühl zeigen die Ausländer, allen voran die Deutschen, die geradezu versucht haben, ihn zu germanisieren. Im Vorwort zum ersten Band seiner Bruno-Edition (Leipzig 1904–1906) geht Ludwig Kuhlenbeck soweit zu schreiben, in den Adern des Philosophen müsse deutsches Blut geflossen sein. Und warum eigentlich? Weil in Nola angeblich »eine Kolonie deutscher Landsknechte saß«. Giordano Bruno Landsknecht oder Sprößling von Landsknechten – das hat uns noch gefehlt! In Wien würde man sagen: Echt? Reden wir gar nicht von den anderen verrückten Überlegungen Kuhlenbecks in diesem Zusammenhang, wobei er sich auf »zwei so ausgezeichnete Rassenforscher wie Chamberlain und Driesmans« beruft. Ich habe allerdings einen Beweis gegen diese – milde gesagt – hirnverbrannten Thesen: Bruno, das steht fest, hatte einen dunklen Bart, den man gewiß nicht als Landsknechtsbart bezeichnen kann. Was sollen wir damit anfangen? Hier entsteht schließlich zwar kein Streit um des Kaisers Bart, aber um den Bart Brunos. Und was ist das für eine sonderbare Ansicht, die auch Heidegger wiederholt, demzufolge allein die deutsche Sprache geeignet sei, philosophische Begriffe auszudrücken? Kuhlenbeck dazu: »So wird denn Bruno sein volles geistiges Nachwirken erst von da an datieren, wo seine Gedanken aus ihrer zufälligen romanischen Sprachhülle befreit, in der edelsten der lebenden Sprachen – den Beweis dafür hat neben Schopenhauer (über Schriftstellerei und Stil), der wahrlich kein einseitiger Nationalist war [wie schade!], vor allem Fichte (Rede an die deutsche Nation) geführt – ihren Ausdruck gefunden haben«.[3] Was wir uns da doch anhören müssen! Schopenhauer würde sich gewiß im Grab umdrehen, würde er das lesen und sich neben den »Scharlatan« Fichte gestellt sehen, wie er ihn nannte. Ich weiß aus Erfahrung, wie schwierig es ist, die steinige Prosa Giordano Brunos ins Deutsche zu übersetzen, und deshalb anerkenne ich alle Verdienste Kuhlenbecks; aber seinen verstiegenen und blinden Nationalismus finde ich ein wenig infantil. Gerade Schopenhauer, auf den er sich bezieht, lehrt Mißtrauen und Verachtung gegenüber dem Nationalismus. Die Philosophie und die Kultur im allgemeinen kennen keine Grenzen, so wie die Musen es nicht nötig haben, einen Paß bei sich zu tragen.

Zu den posthumen Mißlichkeiten, die Giordano Bruno betroffen haben, gehört auch, daß er in die Hände von Pedanten und Professoren gefallen ist, zwei Kategorien von Personen, die er bei Lebzeiten so sehr verabscheut hatte. Das sind Leute, die imstande wären, wegen eines Adverbs oder einer Präposition mit dem Messer aufeinander loszugehen, oder sie würden ihr Leben für Textvarianten einsetzen, und wenn sie eine finden, jubeln, als hätten sie eine platonische Idee aufgespürt. Außerdem meinen sie, es wäre von kapitaler Bedeutung, in den Dokumenten des Prozesses, die ja nicht von Bruno geschrieben wurden, festzustellen, ob der Beistrich wirklich ein Beistrich oder gar ein Strichpunkt wäre – und weitere solche Lappalien. Aber mehr noch: Um nachzuweisen, wie dieser oder jener Drucker Brunos geheißen hat, oder um festzustellen, ob eines seiner Werke ein Monat früher oder ein Monat später erschienen ist, füllen die akademischen Gelehrten mehr Buchseiten, als der Philosoph zur Darlegung der Unendlichkeit des Universums geschrieben hat. Und all das nennen sie »wissenschaftliche Arbeit«. Der Verdacht liegt nahe, daß Bruno diesen tapferen Herren im Grunde überhaupt nichts bedeutet, sondern daß sie ihn nur als Objekt ihrer kleinlichen akademischen Schreibübungen benützen, die eleganter »Beiträge« genannt werden. Was ihnen wirklich am Herzen liegt, ist die akademische Karriere und nicht der Gegenstand ihrer »wissenschaftlichen« Produktionen.

Ohne verallgemeinern zu wollen, kann man sagen, daß Bruno keine Sache für Professoren ist: Sie verstanden ihn nicht, als er am Leben war, und sie verstehen auch den Toten nicht. Das zeigt gerade die umfangreiche professorale Bibliographie über den Philosophen, die hauptsächlich aus einem Gestrüpp von größeren und kleineren Aufsätzen über diese oder jene Einzelheit besteht; fast nirgends aber faßt ein Buch sie in einem Schwung zusammen. Man verstehe mich nicht falsch: Um das große intellektuelle Abenteuer des Giordano Bruno zu rekonstruieren, über den so lange ein Mantel des Schweigens gelegt war, ist jedwedes Detail, auch das kleinste, nützlich und notwendig, unter der Bedingung jedoch, daß das Detail in eine Gesamtvision eingefügt wird, und daß man eine Art archäologische Rekonstruktion nach philologischen oder biographischen Gesichtspunkten vornimmt. Es wurde mir berichtet, daß der Historiker Walter Maturi nach der Lektüre des Buches von Professor Luigi Firpo über den Prozeß Brunos gemeint habe: »Wer dieses Buch liest, erfährt, was Bruno im Inquisitions-Gefängnis zu Rom gegessen hat. Aber wo bleibt die Persönlichkeit des Giordano Bruno?« Genau diese Frage stellt sich, wenn man die vielen akademischen Beiträge gelesen hat: Anmerkungen über Anmerkungen, die sich ineinander verschlingen und verhaken, aber wo bleibt die Tragödie des Giordano Bruno? Solche Gelehrte möchte ich Steinmetze der Kultur nennen: Sie können den kleinen Stein behauen, haben aber keine Ahnung vom ganzen Gebäude. Und doch ist das Leben Brunos so tragisch schön, daß es selbst Steine erweichen müßte. Er hat gelebt, was er dachte, und er dachte, was er lebte: Sein Leben spiegelt seine Philosophie und umgekehrt. Eben dies sagt auch Bertrand Levergeois in seinem schönen Buch *Giordano Bruno*, das 1995 in Paris erschienen ist. Es ist ein Buch, das tief geht, ohne schwer zu sein: Nietzsche hätte gesagt, daß es sich im Takt des Tanzes bewegt.

Bruno war sicher das berühmteste Opfer der Inquisition, aber nicht das einzige: Unzählige andere vor und nach ihm wurden im Namen des gütigen Christengottes lebendig verbrannt. Und es handelte sich sehr oft um intellektuell begabte Personen, denn wer mehr denkt, rebelliert mehr gegen den Betrug. So hat die Kirche die Intelligenz beiseite geschafft, um den Weg des Heiligen Geistes zu ebnen. Die Religion – wie die Glühwürmchen – braucht die Dunkelheit, um zu leuchten. Und machen wir uns keine Illusion – in dieser armen Welt überwiegt die Finsternis immer das Licht. Das hat Lichtenberg sehr gut gesagt: »Man spricht viel von Aufklärung und wünscht mehr Licht. Mein Gott, was hilft aber alles Licht, wenn die Leute entweder keine Augen haben oder die, die sie haben, vorsätzlich verschließen?«[4] Sie verschließen sie oder sie werden ihnen *verschlossen*, wie gerade im Fall Giordano Brunos. Und waren es zuerst die Priester einer religiösen Ideologie, die die Augen des Nächsten auslöschten, so sind es in der Folge die Priester politischer Ideologien gewesen. Und hat das etwas geändert? Ja: Die Zahl der Opfer ist gestiegen.

Arme Menschheit! Nichts und niemand kann das Rätsel der Existenz entschlüsseln, und so leben wir eingehüllt in einen Nebel mit Sichtweite null. Die Priester haben jedoch immer behauptet, sie hätten eine diesbezügliche Spezialoffenbarung. Und wer ihren Fabeln nicht glaubte, den warfen sie auf den Scheiterhaufen. Wenn sie könnten, würden sie es wieder tun: Niemand ist so gefährlich wie derjenige, der glaubt, die Wahrheit in der Tasche zu haben, und verlangt, daß man ihm blinden, absoluten Glauben schenkt. Ich habe nichts gegen Menschen, die ehrlich und friedfertig an etwas glauben, was das Mysterium des sterblichen Lebens oder besser die Welt der Erscheinungen überschreitet, aber mich schaudert vor jenen Betrügern, die vorgeben, alles zu wissen, und die eine ideologische Diktatur aufrichten. Daraus erklärt sich, warum ich einen rauhen und sarkastischen Ton angeschlagen habe; möglicherweise bin ich in manchen Punkten auch einseitig. Doch wird das der geneigte Leser verstehen.

Eine letzte Überlegung. Manche würden wünschen, daß die Kirche Giordano Bruno rehabilitiert. Doch einen Augenblick: Die Kirche selbst bedürfte einer Rehabilitation, und nicht ihre Opfer. Bruno, dem nunmehr alle einen der ersten Plätze in der Geschichte der Philosophie zuerkennen, hat es nicht nötig, von seinen Henkern rehabilitiert zu werden. Allerdings wäre es eine noble und schöne Geste, wenn sich ein Papst auf den Campo dei Fiori begäbe und vor der Statue des Philosophen – möglichst kniend – das Confiteor spräche. Im Grunde sollte es ihm nicht schwerfallen, denn die Demut ist (oder sollte sein) die erste Tugend eines guten Christen. Das sagt auch La Rochefoucauld: »Die Demut ist der Altar, auf dem Gott will, daß ihm die Opfer dargebracht werden.« Mit einer solchen Geste könnte der Stellvertreter Christi nicht nur selbst an Glaubwürdigkeit gewinnen, sondern in gewissem Maß die Schuld seiner Vorgänger tilgen. Aber er wird es nicht tun, seien wir gewiß, weil die Kirche, obwohl sie die Liebe predigt, es vorzieht zu scheinen, statt zu sein. Als übrigens der gegenwärtige Papst Johannes Paul II. im Mai 1992 Nola besuchte, war das Denkmal Giordano Brunos in dieser Stadt mit einer Plane verhüllt. Frage: Wollte man dem Papst den Anblick des Philosophen oder dem Philosophen den Anblick eines weiteren Papstes ersparen? Ich plädiere für die zweite Hypothese. Freilich wird die Kirche sich nur retten und überleben, wenn sie in die Lage kommt, den anklagenden Blick eines Giordano Bruno nicht fürchten zu müssen. Wir wollen hoffen, daß sie es tun wird, denn es wäre alles in allem ein Unglück, würde in dieser Epoche der allgemeinen Desorientierung, in der Werte und ethische Bezugspunkte nicht mehr existieren, auch eine zweitausendjährige Institution wie die Kirche zusammenbrechen. Und eines muß man heute der katholischen Kirche zugute halten: Verglichen mit anderen »Monopolen der Wahrheit« ist sie toleranter und weniger allergisch gegen Kritik geworden, sodaß man sie nun tadeln darf, ohne Gefahr zu laufen, gelyncht zu werden. Gut so: Eine Religion darf weder Angst haben, noch Angst machen, sondern hat nur das gute Beispiel anzubieten.

Dieses Buch erscheint, obwohl italienisch abgefaßt, zuerst auf deutsch, und so ist mein *Bruno* schon von vornherein aus der »zufälligen romanischen Sprachhülle befreit«, um es mit Kuhlenbeck zu sagen. Für die Übersetzung des italienischen Manuskripts sind Peter Pawlowsky und ich etwa so vorgegangen wie Arbeiter, die eine Mauer bauen: Der eine haut die Steine zurecht und schleppt sie zur Baustelle, der andere poliert sie und lotet sie ein. Mit anderen Worten: Pawlowsky ist der Baumeister und ich der Handlanger, oder er der Priester und ich der Ministrant. Er hat bereits anderen Büchern von mir ein schönes deutsches Kleid angelegt; nun geht es um Giordano Bruno, das berühmteste Opfer der Inquisition, und ich bin Pawlowsky doppelt dankbar. Warum? Weil er, obwohl katholisch und gläubig, an der Übersetzung eines *ketzerischen* Buches gearbeitet hat. Aber keine Angst: In die Hölle gehe ich allein, und dort werde ich die Teufel bitten, sie mögen Freund Pawlowsky diesen Ort ersparen und ihn ins Paradies entlassen.

Um den Text nicht zu beschweren, habe ich bibliographische Hinweise so weit wie möglich reduziert. Besonderer Dank gilt meinem Freund Bettino Betti, der mir wie immer eine große Hilfe war, der sich die Mühe gemacht hat, das Manuskript gegenzulesen, aber das Erscheinen des Buches nicht mehr erlebt hat. Dank sage ich auch Eugenio Canone, Umberto Colla und dem Turiner Maler Ottavio Mazzonis, der ein ideales Portrait Brunos eigens für dieses Buch entworfen hat. Das Bild, mit seiner Plastizität und Unmittelbarkeit, ist stärker als das Wort: Es veranschaulicht den Gedanken. Das angebliche Bildnis Brunos, das immer wieder reproduziert wird, und auf dem er wie eine Osterkerze aussieht, wollen wir nicht mehr sehen! Eine dämonische und geniale Figur wie Giordano Bruno hat kein Mozzarella-Gesicht, sondern ganz andere Züge, eben jene, die Mazzonis dargestellt hat. Meine Wiener Freundin Maria Seifert hingegen hat durch ihre aufmerksame Lektüre dafür gesorgt, daß das deutsche Kleid, das Bruno in diesem Buch trägt, keine Lücken und Fehler hat; ihr sage ich von ganzem Herzen Dank.

Nola

Jordano Bruno

Nordöstlich des Vesuvs, am Fuß des Monte Cicala, liegt Nola, reich an tausendjähriger Geschichte. Am 19. August des Jahres 14 n. Chr. starb hier Augustus, und sein Denkmal erhebt sich in der Mitte der Stadt. Sueton erzählt, daß der Kaiser, als er sich dem Ende nahe fühlte, die Freunde um ihn fragte, ob er die Komödie des Lebens, ihrer Meinung nach, gut gespielt habe. Und er fügte auf griechisch hinzu: »Wenn es gut gegangen ist, dann applaudiert der Komödie und grüßt uns alle mit Heiterkeit, während wir uns verabschieden.«

Nicht weit vom Denkmal des Augustus befindet sich dasjenige Giordano Brunos, der keineswegs eine Komödie, vielmehr ein Tragödie gespielt hat, ohne daß ihm jemand dabei applaudiert hätte. Der Applaus kam erst später und blieb umstritten; erst 1867 fiel es Nola, seiner Geburtsstadt, ein, ihm dieses Denkmal zu errichten.

Eine fatale Koinzidenz, wenn auch über den Abstand von Jahrhunderten: Augustus wurde in Rom geboren und starb in Nola, Bruno wurde umgekehrt in Nola geboren und starb in Rom. Heute sind ihre beiden Statuen auf dem Stadtplatz sozusagen miteinander konfrontiert und bilden einen seltsamen Kontrast: Auf der einen Seite der Kaiser, der die Welt beherrschte und glorifiziert wurde, auf der anderen Seite der Philosoph, der die Welt zu erleuchten suchte und deshalb zur Verbrennung bei lebendigem Leib verurteilt wurde. Aber auch Augustus war auf seine Weise ein Philosoph, wenn er von der »Komödie des Lebens« sprach. Mindestens war er ein nüchterner Mann und ließ sich vom vergänglichen Glanz des Ruhms nicht blenden, der die armen Kinder der Erde so sehr berauscht.

Gerade die Straßen Nolas sind ein beredtes Zeugnis der Hinfälligkeit aller Dinge. Die Statuen, die Säulen und Kapitelle, die in römischer Zeit die Stadt geziert haben, sind zu Schutt zerfallen oder bilden das Fundament von Häusern, die viel später und ohne den Beistand der Musen gebaut worden sind. Was hätten die römischen Fragmente auch verewigen sollen, die eingezwängt sind in den Sockel des Palazzo Covoni aus dem 16. Jahrhundert? Auch der Palazzo Orsini, der ansehnlichste der Stadt, ist aus römischen Steinen gebaut. Und ebenso die Kirchen. Hier wurden, wie in anderen Teilen der Welt, die großartigen römischen Tempel niedergerissen – von den Christen oder von den *Tschandala,* wie Nietzsche sagen würde. Die Krypta des Doms von Nola reicht in die Zeit des heiligen Paulinus zurück, und wurde über einem zerstörten Jupitertempel errichtet. Aber was konnte man von einem Fanatiker wie Paulinus anderes erwarten, der vor Freude über die Nachricht jubelte, daß die Christen im Jahr 391 das herrliche Serapeon von Alexandrien in Ägypten zerstört hatten?[5]

Der Boden von Nola, auf den sich die Aschenregen des Vesuv ergossen haben, ist einer der fruchtbarsten der Erde. Über die landwirtschaftlichen Produkte hinaus ist er reich an archäologischen Funden: fast alle italienischen und ausländischen Museen sind davon beliefert worden – eine großzügige Erde also, die Nahrung und Kultur spendet. Aber Nola, dessen Ursprünge sich in der Nacht der Zeiten verlieren, hat auch immer starke und unbändige Charaktere hervorgebracht. Nach der Schlacht von *Cannae* wurde die Stadt zur Hauptbasis der römischen Operationen gegen die Karthager. Hannibal belagerte sie, aber vergebens; mehr noch, er wurde in einer Schlacht besiegt, die sich dicht an der Stadtmauer abspielte. So zeigten die stolzen Nolaner und die Truppen des Konsuls Claudius Marcellus, daß der große karthagische Feldherr nicht unbesiegbar war.

In den letzten Jahren des Imperiums war Nola eine der wichtigsten Städte Campaniens und hatte zwölf Tore, zwei Amphitheater, eines davon in Marmor, und viele Tempel. Insgesamt, wie der Dichter Luigi Tansillo sagt, war die Stadt einmal »groß und machtvoll«; dann aber wandte sich Fortuna von ihr ab.

Im Mittelalter, zwischen barbarischen Horden, Naturkatastrophen und Vulkanausbrüchen, konnte Nola nur wenig mehr als seinen Namen bewahren. Dann kamen noch Seuchen dazu. Während der Pest des Jahres 1504 starben an die zehntausend Menschen. Die Stadt erhob sich wieder, erreichte aber die Bedeutung und den Glanz von früher nicht mehr. Zu Beginn des 16. Jahrhunderts erstreckte sich die Stadt nur mehr über etwa ein Drittel der Fläche, die sie in der Antike eingenommen hatte. Dennoch ließ sich die Stadt von den Schwierigkeiten nicht bezwingen, welcher Natur immer sie auch gewesen sein mögen, und sie begann wieder zu gedeihen.

Vincenzo Spampanato, Autor der umfangreichsten Biographie Giordano Brunos und selbst Nolaner, räumt dem kulturellen Leben der Stadt in der Renaissance besonders viel Raum ein. Wenn es wahr ist, daß damals viele zu den Waffen griffen und den Säbel zückten, so ist es ebenso wahr, daß andere die Schriftstellerei pflegten und die Feder zückten. Einige herausragende Namen: Der Historiker Ambrogio Leone, ein Freund und Korrespondent des Erasmus von Rotterdam, der ihn »*doctissimus*« nannte, der Bildhauer Giovanni Merliani, der Militärarchitekt Carlo Testi und der junge Pomponio de Algerio, der ebenso auf dem Scheiterhaufen endete, wie es später seinem Mitbürger Giordano Bruno ergehen sollte. Zwar Nolaner von Herkunft und Wahl, aber nicht von Geburt, war auch Luigi Tansillo. Jedenfalls nannte Bruno ihn »den Nolaner Tansillo«.[6]

Außer den literarischen und philosophischen Studien pflegte man in Nola auch die guten Manieren. Man ließ bäurisches Benehmen nicht zu, sondern achtete auf eine elegante Sprache. Der Gast wurde mit großer Herzlichkeit und Höflichkeit aufgenommen – das war vielleicht ein Nachklang der griechischen Kultur. Es gab keine Parteiungen, und man kannte keinen Verrat, weder Raub, noch Mord. Wenn man das liest, glaubt man zu träumen. Zitieren wir noch einmal Tansillo, der in einem Gedicht über Nola schrieb: »So lieb ist dieses Land dem Himmel! Allen / anderen raubt es die Benennung ›glücklich‹; / ein Land, das dich zu edlem Tun ermuntert, / und für sich und alle sich erhebt«.

So fällt es leicht zu verstehen, welche Sehnsucht Bruno nach seinem Geburtsort quälte, dem er – wie wir im folgenden sehen werden – eine Hymne von großer Schönheit anstimmte. Und man versteht auch, warum er seinem Namen den von Nola anfügte und sich *Nolanus* nannte.

Lauter gute und friedfertige Leute also, die da am Fuß des Monte Cicala lebten? Fast scheint es so. Bei Gelegenheit aber wußten die Nolaner auch Charakterstärke und Unduldsamkeit gegenüber Tyrannen zu zeigen. Pomponio de Algerio und Giordano Bruno, die den Tod der Unterwerfung vorzogen, sind die auffälligsten Beispiele. Wer weiß, vielleicht haben sie die Chromosomen und den Kampfgeist derjenigen geerbt, die einstmals dem Hannibal widerstanden haben. Es ist ja auch symptomatisch, daß sich Anfang Juli 1820 in Nola die erste Bewegung des Risorgimento erhoben hat. »Es ist gerecht, zu rebellieren«: Diese Worte waren an die Fassade eines Gebäudes nicht weit vom Denkmal Brunos geschmiert, als ich Nola besuchte.

Heute hat Nola etwa dreißigtausend Einwohner. Vom Monte Cicala aus gesehen, der eher ein Hügel ist, macht Nola einen schönen Eindruck. Das Panorama mit dem Vesuv am Horizont ist großartig. Wenn man aber durch die Straßen Nolas geht, hat man unmittelbar den Eindruck der Unordnung und Vernachlässigung. Wäre es nicht auch gerecht, gegen diese schlechte Verwaltung unserer Städte »zu rebellieren«? Das Rathaus beherbergt den »Circolo Giordano Bruno«, wo man alljährlich des Todes des Philosophen gedenkt und dann eine Krone zu seinem Denkmal trägt. Dann und wann trifft man sich auch wegen seiner Philosophie. Viel mehr als Giordano Bruno liegt jedoch den Nolanern der heilige Paulinus am Herzen, und er ist der wahre *genius loci.* Der Erfinder der Glocken lebte von 354 bis 431, und die Stadt ehrt ihn auf pompöse bis närrische Weise. Während seines Festes, das im Juni gefeiert wird, werden in einer Prozession acht liliengeschmückte Fialen getragen, die bis zu dreißig Meter hoch sind – all das, um an den Bischof Paulinus zu erinnern, der sich angeblich nach Afrika begeben hat, um den Sohn einer nolanischen Witwe aus der Sklaverei der Vandalen loszukaufen, und der bei seiner Rückkehr mit Lilien empfangen wurde. Alles in allem handelt es sich um eine heilige Narrenposse, die den Leuten viel mehr zusagt, als Brunos Philosophie. Und auch die Glocken, die im Mittelalter als *nolanae* oder *companae,* d.i. aus Campanien, bezeichnet wurden, sprechen das Publikum bei weiter mehr an als ein philosophischer Traktat.

Nein, den Geist Giordano Brunos muß man auf dem Monte Cicala suchen, den der Philosoph von Jugendtagen an durchstreift hat. Dort kann man sich Bruno vorstellen, wie er mit dem Blick auf die Welt anfängt, deren Geheimnisse zu entschlüsseln.

Die Kindheit

Jordany Bruny

Schopenhauer sagt, das Leben eines genialen Menschen sei immer tragisch, auch wenn es – von außen besehen – ruhig scheinen mag. Es gibt jedoch Lebensläufe, die auch nach außen tragisch erscheinen. Der Lebenslauf Giordano Brunos hat den Rhythmus einer Tragödie in fünf Akten: Kindheit, Jugendzeit, Exil, Prozeß und Verurteilung zum Tode. Aber während einige Akte ausreichend bekannt sind, gibt es andere, die wir nur durch ein paar Schlaglichter kennen; und das macht die Tragödie noch finsterer, so wie Blitze die Nacht unheimlicher erscheinen lassen.

Die Nachrichten über seine Familie und die ersten Jahre seines Lebens sind spärlich. Am 26. Mai 1592 erklärte er vor dem venezianischen Tribunal: »Ich heiße Giordano, stamme aus der Familie der Bruni in Nola, zwölf Meilen von Neapel. In dieser Stadt wurde ich geboren und aufgezogen. Mein Beruf ist und war immer jegliche Wissenschaft und Schrifttum. Mein Vater hieß Giovanni und meine Mutter Fraulissa Savolina; und der Beruf meines Vater war der eines Soldaten; er ist ebenso wie meine Mutter bereits gestorben.« Und weiter: »Ich bin ungefähr vierundvierzig Jahre alt und wurde, soviel ich von meinen Eltern gehört habe, im Jahre 48 geboren«.

Sein genaues Geburtsdatum wußte also nicht einmal er selbst. Nach Spampanato, der tiefer gegraben hat als alle anderen Biographen, soll Bruno im Jänner oder Februar des Jahre 1548 zur Welt gekommen sein, aber nicht in Nola-Stadt, sondern in der Ortschaft S.Giovanni del Cesco an den Abhängen des Monte Cicala gegenüber dem Vesuv. Der Philosoph selbst sagt, sein Elternhaus habe sich an den »Wurzeln des Monte Cicala« befunden. Wo sonst als in der Nähe eines Vulkans konnte ein so feuriger und stürmischer Mann geboren werden?

Er wurde auf den Namen Filippo getauft – zu Ehren des spanischen Thronerben Philipp II. Giordano ist der Name, den er bei seinem Eintritt in den Dominikanerorden annahm. Hatte er Brüder und Schwestern? Man weiß es nicht. Wenn er sie hatte, so war doch er der einzige, der die Eltern überlebte. Die Mutter, aus dem ländlichen Kleinbürgertum, war etwa 26 Jahre alt, als sie den genialen Sohn zur Welt brachte; der Vater war über die dreißig.

Manche haben die Frage aufgeworfen, ob Giordano Bruno aus einer Adelsfamilie stamme. Auf eine solche Frage könnte man antworten, daß er den Adel im Kopf hatte. Jedenfalls war der Vater, wenn schon nicht von hoher Herkunft, so doch gewiß ein »*piccolo gentiluomo*«, also aus dem Kleinadel. Das war zu jener Zeit eine Voraussetzung für den Waffendienst. Außerdem muß er nicht ganz arm gewesen sein, wenn man bedenkt, daß er seinen Sohn zum Studium nach Neapel schicken konnte. Einem armen Kerl wäre das nicht erlaubt worden, und vielleicht wäre er nicht einmal auf diesen Gedanken gekommen. Auch die Geringschätzung, mit der der Philosoph stets Grobheit und Masse ansah, könnte an eine vornehme Abkunft denken lassen. Es stimmt zwar, daß im *Candelaio* grobe Dialektausdrücke vorkommen, aber man darf das szenische Spiel nicht mit der Realität verwechseln. In seinem qualvollen Wanderleben suchte er sich in überaus nobler Isolation zu bewähren.

Giovanni Bruno, etwa um 1517 geboren, wählte sehr schnell die Waffenlaufbahn. Er stand zuerst im Dienst beim Grafen von Caserta, Don Baldassarre Acquaviva, dann beim Herzog von Sessa, Don Consalvo di Cordova. Sein Titel war der eines Fähnrichs, und wie es scheint, zeichnete er sich unter seinen Kameraden aus. Aus den Lohnbüchern ergibt sich, daß er bis zu 86 Dukaten im Jahr verdiente, ein überaus hoher Betrag für einen Soldaten. Wie fatal: Einer seiner Kameraden war Leonardo Santoro, der Bruder jenes Giulio Santoro, der einer der unbarmherzigsten Richter des Philosophen werden sollte. Als Soldat war er natürlich gezwungen, der Familie für lange Zeit fernzubleiben, aber das bedeutet nicht, daß er sie vernachlässigt hätte. Im Gegenteil: Er verlangte und erhielt häufig Nachrichten. Wenigstens bis Juli 1582 stand er im Dienst, als er weit über die Sechzig war und sein Sohn, vertrieben und verfolgt, durch Europa wanderte. Das Datum seines Todes kennen wir nicht. Anfang 1585 war er noch am Leben; aber im Mai 1592 war er – wie wir oben gesehen haben – bereits tot. Er hatte sich nach Nola zurückgezogen und so das Glück gehabt, im eigenen Haus zu sterben. Das zeigt, daß es weniger gefährlich ist, das Schwert zu zücken als die Feder. Er muß ein weiser und nüchterner Mann gewesen sein, wie aus einem Ausspruch hervorgeht, den uns sein Sohn in den *Eroici furori* überliefert hat: »Als eines Abends nach dem Essen einer unserer Nachbarn sagte ›Nie war ich so fröhlich wie jetzt‹, antwortete ihm Gioan Bruno, der Vater des Nolaners: ›Nie warst du so ein Narr wie jetzt‹.«[7]

Das Geburtshaus des Philosophen, wie auch viele andere Dinge, die mit seiner Kindheit zu tun haben, ist zerstört worden. Es kann kein Wunderwerk gewesen sein, wenn das Haus Risse hatte, in die sich Schlangen einschleichen konnten. Das läßt sich aus einer Episode ersehen, die er selbst in *Sigillus sigillorum* erzählt, und die sich ereignete, als er noch ein Kind war: Eines Tages sah er eine Schlange aus der Wand auf seine Wiege zukommen; vor Schreck begann er sofort zu schreien, damit ihn der Vater höre, der im Nebenzimmer schlief.

Wenn auch nicht das Haus, so war doch der Ort schön, in dem es stand. Bruno bewahrte stets eine lebendige Erinnerung daran, auch wenn er zeitlich und räumlich weit entfernt war. In seinen Werken gibt es verschiedene Anspielungen auf Orte, an denen er seine ersten Lebensjahre verbracht hatte. In *Spaccio de la bestia trionfante* läßt er Merkur sagen: »Zur selben Zeit soll sich der Kuckuck bei der Starza hören lassen und soll nicht weniger als zwölfmal ›kuckuck‹ rufen; dann soll er für elf Minuten zu den Burgruinen von Cicala forteilen und von dort nach Scarvaita fliegen«.[8]

»Starza« bedeutet Gutshof, Landgut; der Ort, auf den Bruno anspielt, trägt diesen Namen noch heute. So will er sagen, daß der Kuckuck, nachdem er auf dem Landgut gesungen hatte, das sich zwischen den Abhängen des Monte Cicala und dem heutigen Friedhof von San Paolo erstreckte, mit einem kurzen Flug die Ruinen des Schlosses erreichen und von da noch weiterfliegen konnte. Im Kommentar zu dieser autobiographischen Stelle schreibt Giovanni Gentile, daß Bruno sich hier freute, »einige Erinnerungen an die kleine Welt zu sammeln, in der er als Kind gelebt hatte, und die ihm in London spontan wieder in den Sinn kam – nach so vielen Jahren der Abwesenheit, und nachdem er so viele Länder und ein so weitgespanntes Leben durchschritten hatte. Damit wollte er die Sorge der göttlichen Vorsehung um das kleine, wenn auch ganz gewöhnliche Leben in diesem winzigen Teil der Welt darstellen.«

Durchwandern auch wir die Wege des Monte Cicala, auf denen der junge Giordano Bruno gegangen ist, um den Kuckuck singen zu hören, und vielleicht schon um über die Geheimnisse der Welt nachzudenken. Man hat ein seltsames Gefühl bei der Vorstellung, seinen Schritten nachzugehen und dieselben Dinge zu sehen, die er sah: Berge und Hügel, Ebene und Landschaft. Einige Olivenbäume sind so groß, daß sie sicher schon damals hier standen. Da sind die Reste der Burg, deren Ursprünge bis in den Anfang des 12. Jahrhunderts zurückreichen. Sie war schon 1512 eine Ruine, als der Nolaner Ambrogio Leone die Geschichte seiner Stadt schrieb. Zwischen den gebrochenen Mauern evoziert die entfesselte Phantasie die Gegenwart des frühreifen jungen Knaben, der hier voller Neugier herumstreifte. Aber wo ist der Kuckuck? Vielleicht hat er nur gesungen, um die Seele des Kindes zu erfreuen und ist dann für immer verschwunden.

In der Natur fand der so sensible Bruno wohl auch Trost, wenn man bedenkt, daß er von klein auf mit dieser Schwierigkeit zu kämpfen hatte: »Die Kindheit Brunos war nicht glücklich und heiter. Für ihn gab es keine Spiele, keine Vergnügungen, keine Gefährten seines Alters und Standes, sondern die Seufzer und Tränen der Mutter wegen der Abwesenheit ihres Mannes und manchmal vielleicht auch wegen der beschränkten Mittel. Jene Tage der Einsamkeit wird er nie vergessen.«[9]

Tatsächlich deutet er das mehr als einmal an, wie wir im folgenden sehen werden; aber er tat es immer mit Würde, fast mit Scham, denn wer im Leben wirklich gelitten hat, redet nicht gerne davon. Die großen Schmerzen sind stumm und meiden die Bühne. Wer zu laut weint, hat meist keinen noblen Charakter.

Hier könnten die Psychologen, die immer alles wissen, eine These über die möglichen Tränen der Frau Bruno und über den Mangel an väterlicher Führung für den Sohn aufstellen. Wir ziehen es vor, auf dem Monte Cicala zu bleiben und das Panorama zu betrachten. Der Bergzug, den man vor sich sieht und der den Horizont abschließt, ist nicht der Vesuv selbst, sondern der Monte Somma, in dessen Kessel sich in historischer Zeit der Kegel des Vesuvs gebildet hat. Es handelt sich um einen Vulkan in einem anderen Vulkan, oder besser: um einen lebenden Vulkan in einem toten Vulkan. Während das Panorama einerseits den Blick erfreut, macht es den Geist anderseits geneigt zur Meditation. Vor den Erscheinungen der Natur zu staunen, sagt Platon, ist der wahre Ursprung der Philosophie; und Bruno begann dieses Staunen gerade auf dem Monte Cicala zu zeigen, dem er eine Hymne von großer Schönheit am Anfang des dritten Buches von *De immenso* widmete: »Ich erinnere mich, als ich ein Knabe war und dein fruchtbarer Schoß, o lieblichster Berg Cicala, mein junges Fleisch ernährte, wie mich dein heiliges Bild anzog. Gekrönt, wie du warst, von Efeu und Olivenzweigen, umgeben von Kornellen und Lorbeer, Myrthe und Rosmarin, Kastanien und Eichen, Pappeln, Ulmen, fröhlich im Zusammenleben mit den fruchtbaren Reben, während eine rauhe Hand meiner jungen Hand die Traube reichte, da sagtest du mir und strecktest den Zeigefingen aus: Schau nach Süden, schau in diese Richtung auf meinen Bruder Vesuv. Er ist mein Bruder und auch er liebt dich: Glaubst du das? Nun sag mir: Wenn ich dich dorthin schicke, willst du dorthin gehen? Dann wirst du bei ihm bleiben. Darauf wandte ich meine klaren Augen nach jener Seite, betrachtete die unförmige Gestalt, durchlief mit meinem Blick, was da nichts anderes zeigte als eine schwarze Anhäufung von Erde, und sagte: Der mit dem gebeugten Rücken, jener mit dem zackigen Buckel, der den Himmel erreicht und durchschneidet? So weit von hier, häßlich, mit Rauch bedeckt, bringt er keine Früchte, weder Äpfel noch Trauben noch die süßen Feigen: Er ist ohne Bäume und Gärten, dunkel, finster, traurig, grimmig, feige, geizig. Aber du lächelnd: Und doch ist er mein Bruder und liebt mich und will auch dir wohl. Betrachte ihn gut, und verachte seine Liebkosungen nicht. Ich weiß, daß er nichts tun wird, das dir unangenehm ist, und wenn du dort nicht bleiben willst, wirst du zurückkommen.«

Der Knabe wanderte zum Vesuv und beobachtete aus der Nähe, wie üppig seine Vegetation und wie reich er an Früchten war, und sah sofort den Irrtum seiner getäuschten Augen ein. Dieser Berg, der von weitem kahl und ungastlich scheint, empfängt ihn nun liebevoll und überhäuft ihn mit Gaben.

Hier bedient sich der Philosoph eines autobiographischen Elements in poetischer Verwandlung, um Aristoteles zu widerlegen, der unter bloßer Bezugnahme auf die Sinne ausgeschlossen hatte, daß es jenseits des Himmels unbegrenzte oder begrenzte Körper geben könnte. Abermals in *De immenso* steht zu lesen: »Auch ich als Knabe glaubte, daß es jenseits des Vesuvs nichts gab, weil ich jenseits von ihm nichts wahrnehmen konnte.«[10] Aber dann hat er seine Meinung geändert. Nein, die Sinne genügen nicht, sie sind im Gegenteil irreführend; und Aristoteles, der Fürst der Peripatetiker, der sich »ausschließlich auf das Urteil der Sinne«

Giordano Bruno

beruft, kommt zu »unsinnigen« Schlüssen. So nahm Bruno, der mit dem Auge des Geistes sah, die transzendentale Kritik um 200 Jahre vorweg.

Bruno war ein frühreifes Genie, ebenso und vielleicht mehr als Campanella. Aber von wem hatte er die Anfangsgründe seiner Bildung? Weder von den Jesuiten, noch weniger von den Dominikanern, wie man gedacht hat, weil jene sich in Nola erst Ende 1559 niedergelassen haben, und diese im 16. Jahrhundert keinen Konvent in Nola hatten. Dennoch fehlte es in Nola nicht an Schulen und Privatlehrern, auch für Latein, und Giovanni Bruno verstand es, diese für die Ausbildung seines Sohnes zu nützen. Spampanato zufolge wurde der künftige Philosoph im Lesen und Schreiben von einem Priester unterrichtet, der um 1530 geboren war, der Gian Domenico de Iannello hieß und ein Sohn jener Laurenza war, die im *Spaccio de la bestia trionfante* erwähnt wird. Der Priester unterhielt eine Privatschule in einem Haus in der Nähe der Brunos. In der Folge besuchte der Knabe die Schule eines gewissen Bartolo di Aloia, der 1542 eines der Häuser in der Nähe des Palazzo Severino gemietet und dort ein privates Gymnasium eingerichtet hatte. Die Programme und Lehrmethoden entsprachen jenen, die Lucio Giovanni Scoppa 1536 in seiner neapolitanischen Schule von San Pietro in Vincoli eingeführt hatte – dem ersten öffentlichen und laikalen Gymnasium des Vizekönigtums von Neapel: Sie sahen ein ebenso besessenes wie steriles Studium der Grammatik vor, die in geballter Dosis angeboten wurde. Den ganzen Tag, vom Morgengrauen bis zum Sonnenuntergang Grammatik, Grammatik und wieder Grammatik – und wenn einer der Schüler Anzeichen des Widerwillens zeigte, dann unter Schlägen.

Wir können uns leicht vorstellen, wie gerne sich der Knabe lieber in die einsame Landschaft oder auf den geliebten Monte Cicala zurückziehen wollte, wo er sehr früh die Gewohnheit der direkten Beobachtung der Phänomene aufgenommen hatte. Für die Grammatiker, die ihm von klein auf die Seele betrübten, hegte er immer eine tiefe Verachtung. In seinen Werken, insbesondere in den italienischen, geißelte er die Pedanterie bis aufs Blut. Seine sarkastischen Tiraden erinnern an jene des Erasmus, der meinte, die Grammatiker wären imstande, sich wegen eines Solözismus zu duellieren. Schließlich war Erasmus einer seiner bevorzugten Autoren: *similis simili gaudet*. Die großen Intelligenzen lieben es, unabhängig zu sein, und ertragen die Pedanterie der Grammatiker nicht, die

– wie Brunos Londoner Freund Philip Sidney sagte – »*dum verba sectantur, res ipsas negligunt*«.

Da es in Nola keine Universität gab, waren die jungen Leute, die ihre Studien fortsetzen wollten, gezwungen, anderswo hinzugehen. Einige besonders Vermögende begaben sich sogar nach Padua; so etwa ein Sohn des Historikers Ambrogio Leone, oder Pomponio de Algerio, den wir schon erwähnt haben. Bruno hingegen ging in das nahe Neapel: Das muß im Jahr 1562 gewesen sein. Bruno war damals vierzehn Jahre alt. Dazu noch ein anderer Passus aus der Erklärung, die er vor der venezianischen Inquisition am 26. Mai 1592 abgab: »Ich war in Neapel, wo ich bis zu meinem 14. Jahr Humaniora, Logik und Dialektik gelernt habe; und ich pflegte die Lektionen eines Mannes zu hören, der Sarnese hieß; und privat hörte ich Logik bei einem Augustinerpater, der Teofilo da Vairano hieß und später in Rom Metaphysik lehrte. Mit 14 oder 15 Jahren nahm ich den Habit des heiligen Dominikus im Kloster oder Konvent von S. Dominico in Neapel.«.[11]

Aber diese Zählung stimmt nicht; »bis zu meinem 14. Jahr« muß richtig heißen »seit meinem 14. Jahr«. Entweder wurde Bruno von seinem ansonsten großartigen Gedächtnis getäuscht, oder er wurde vom Schriftführer des Verhörs mißverstanden. Tatsächlich beweist ein von Spampanato veröffentlichtes Dokument unwiderlegbar, daß er den Habit des Klerikers nicht mit vierzehn oder fünfzehn Jahren, sondern mit siebzehneinhalb Jahren angelegt hatte: »*Die quinto decimo mensis iunii MDLXV receptus fuit ad habitum clericorum frater Iordanus de Nola, qui in saeculo vocabitur Philippus*«.[12] Später, nach dem Tod des Philosophen auf dem Scheiterhaufen, schrieb eine unbekannte Hand an den Rand dazu: »*Obiit pessime*«.

Es handelte sich also um eine späte Berufung, denn siebzehneinhalb Jahre waren ein durchaus vorgerücktes Alter, um Novize zu werden, auch wenn es nicht der einzige Fall im Haus war. In der Regel zogen die Dominikaner jüngere Sprößlinge vor, die man besser beugen und modellieren konnte. In den drei Jahren, die Bruno in Neapel verbrachte, ehe er in den Dominikanerorden eintrat, also zwischen 1562 und 1565, hat er Kurse besucht und Studien gemacht, die gewiß nicht auf das Leben im Kloster vorbereiteten. Wer aber waren jene Sarnese und Teofilo da Vairano, über die niemand etwas wüßte, wenn Bruno sie nicht ge-

Giordano Bruno

nannt hätte? Der Ruhm ist oft mit einem simplen Vorfall oder Zufall verknüpft.

Giovanni Vincenzo da Sarno, Sarnese genannt, war Professor der Logik an der Universität Neapel, und zwar um einen Hungerlohn: fünfundzwanzig Dukaten im Jahr, was doch sage und schreibe ein Drittel dessen war, was der Soldat Giovanni Bruno verdiente. Diese armen Professoren sind doch immer Bettler und Hungerleider! Aber der Sarnese jammerte nicht, vielleicht weil er es wie die alten Griechen für unschicklich hielt, von der Philosophie statt für die Philosophie zu leben. Ein nobel denkender Menschen darf sich nicht in einen banausischen Menschen verwandeln.

Wenn unser Professor auch wenig verdiente, so redete er doch umso mehr. Das sagt er selbst: »Von einer großen Liebe zur Wahrheit bewegt und ohne auf meine Kräfte und mein Alter zu achten, habe ich viele Jahre geopfert, indem ich an den Streitereien, die in Neapel so häufig sind, mit nicht geringer Hingabe teilnahm und in den privaten und öffentlichen Schulen die Bücher des Aristoteles, insbesondere jene über die Dialektik, interpretierte«.[13]

Er schrieb sehr viele italienische Verse und einige Briefe über die Unsterblichkeit der Seele. Warum nicht auch über die Unsterblichkeit der Zunge? Überdies kämpfte er in averroistischer und antiphilologischer Tendenz gegen jene, die alles, auch Aristoteles, auf eine Frage der Philologie reduzierten. Weil aber seine vielen Feinde noch zungenfertiger waren und ihm keine Atempause gönnten, kam er an den Punkt, wo er meinte, um die Protektion des Grafen von Sarno bitten zu müssen: »Ich bitte und beschwöre dich, mir zu helfen und mich vor den bösen und wilden Verleumdern zu schützen, die nicht aufhören, mich mit ihren Hundezähnen zu packen.«[14] Dasselbe tat im vorigen Jahrhundert Anton Bruckner, als er sich an Kaiser Franz Joseph wandte, um den bissigen Musikkritiker Eduard Hanslick zum Schweigen zu bringen.

Welchen Einfluß der Sarnese auf den so jungen Bruno gehabt haben mag, ist schwer zu sagen, zumal starke Intelligenzen autonom sind und sich nicht leicht hörig machen lassen. Dennoch sagt Bruno selbst in den *Eroici furori*, daß er als Jugendlicher mit der Lehre der Peripatetiker aufgezogen und genährt wurde; so ist es möglich, daß es gerade der Sarnese war, der ihm den Aristoteles vorgekaut hat – wohlverstanden unter Beifügung averroistischer Ingredienzien. Darüber hinaus hat er ihm wohl den Antiphilologismus eingepflanzt, der sich in Giordano Bruno erhalten hat. Tatsächlich versäumte er keine Gelegenheit, um seine Pfeile gegen eine sterile und sklerotische Kultur abzuschießen.

Sein wichtigster Lehrer der Philosophie, wie er selbst dem Pariser Bibliothkar Guillaume Cotin gegenüber erklärte[15], war aber der Augustiner Teofilo da Vairano. Er führte ihn in die Lektüre des Augustinus ein und öffnete ihm überdies den Zugang zum Neuplatonismus, angefangen von Jamblichos. Wohlgemerkt: Teofilo ist gewiß nicht zufällig auch der Name jener Figur, der Bruno in der *Cena de le ceneri* und in *De la causa, principio e uno* die Darlegung der eigenen kosmologischen Ideen anvertraut. Offensichtlich war er diesem Lehrer sehr gewogen geblieben.

Die Nachrichten über Teofilo da Vairano sind eher gering und fragmentarisch. Gern würden wir mehr über ihn wissen. Er hatte im Kloster Sant' Agostino in Neapel studiert, wo er dann Professor wurde. Am 22. Mai 1566 wurde er zum Professor an der Augustiner-Universität in Florenz ernannt. Dann ging er an die Sapienza in Rom, wo er seine Karriere beendete. Als er den Lehrstuhl aufgab, wechselte er in das Haus des Fürsten Marco Antonio Colonna, der ihm die Erziehung seines Sohnes Ascanio anvertraute. Er starb 1577 in Palermo, wohin er dem Fürsten gefolgt war, den Philipp II. zum Vizekönig ernannt hatte.

Natürlich hat Bruno auch andere Lehrveranstaltungen besucht. Sicher wissen wir von ihm selbst, daß er über die Lektüre eines Werkes von Pietro Ravennate früh begonnen hat, sich in die Kunst der Mnemotechnik einzuführen. Was das Studium des Raimundus Lullus, dem anderen Bezugspunkt seines intellektuellen Horizonts, angeht, so ist er darin vielleicht von Teofilo da Vairano eingeführt worden. Insgesamt kann man sagen, daß er im Verlauf der drei Jahre, bevor er in den Habit des Dominikanernovizen geschlüpft ist, nicht gerade Weihwasser getrunken, sondern sich auf Wege gemacht hat, die sich von jenen, die ins Kloster führen, durchaus unterschieden.

Ein fataler Schritt

Jordan Bruno (handwritten signature)

Welch ein Sprung für den noch adoleszenten Bruno aus der Stille des Monte Cicala in den Lärm und das Getümmel der großen Stadt! Wem haben ihn die Eltern anvertraut? Vielleicht irgendeinem Verwandten oder einem Freund der Familie. Der Vater war als Soldat gezwungen, ständig seinen Aufenthaltsort zu wechseln, und konnte den Sohn zwar erhalten, aber gewiß nicht begleiten. So mußte sich der junge Mann, fern vom heimischen Herd, schnell daran gewöhnen, sich auf den Wegen der Welt allein zu bewegen.

Damals war Neapel die meistbevölkerte Stadt Europas und blieb es für einige Zeit. Die Universität (oder das *Studio*, wie man damals sagte) befand sich im großen Hof des Klosters San Domenico Maggiore, im Herzen der Stadt. Die Hörsäle, in denen die Vorlesungen gehalten wurden, lagen alle zur ebenen Erde. Eine lateinische Inschrift erinnert daran, daß hier auch Thomas von Aquin gelehrt hat, und lädt den Besucher ein, innezuhalten und das Gedächtnis dieses großen Meisters zu ehren. Carlo I. selbst, der so sehr auf der Rückkehr des Aquinaten nach Neapel insistierte, setzte für diesen Fall ein Honorar von einer Unze Gold monatlich fest. Für dieses eine Mal wurde also ein Philosoph mit Gold bezahlt – freilich nur in geringem Prozentsatz, denn eine Unze ist im Vergleich zum Körpergewicht des Thomas so gut wie nichts. Den Chroniken zufolge war er dick wie ein Ochse. Hätte man ihn in Gold aufwiegen müssen, wie den Agha Khan, dann hätten vielleicht alle Reichtümer Neapels dafür nicht ausgereicht.

Die Studenten gingen in die Tausende; und sie machten einen derartigen Wirbel, daß sich der Vizekönig gezwungen sah, verschiedene Erlässe herauszugeben, um die Ruhe wiederherzustellen. In denen von 1556 und 1558 wurde den Studenten der Gebrauch von Angriffs- und Verteidigungswaffen verboten: Man behandelte sie sozusagen wie bewaffnete Banden. Wenn der Rektor es verlangte, hatten die Kapitäne Order, die lautesten Ruhestörer zu verhaften und in der Gran Corte della Vicaria vorzuführen, wo sie die verdiente Strafe erhielten.

Aber auch ohne Waffen machten die Studenten weiter einen Höllenlärm, und zwar nicht nur in den Hörsälen und im Hof der Universität, sondern auch »auf den Stiegen, in der Kirche und in den Kreuzgängen von San Domenico«. Man stelle sich vor, was sie erst draußen aufführten! Anderen Erlässen entnehmen wir, daß »im öffentlichen Studio übermäßiger Lärm gemacht wird. Das tun Studenten und gewisse andere Personen, die in das oben genannte Studio kommen und dort mit Pomeranzen und anderen unaussprechlichen Dingen werfen, schreien und vor wie während der Vorlesung in Raufereien verwickelt sind«. So wurde am 21. Jänner 1563 angeordnet, gegen jedermann rücksichtslos vorzugehen, der die Vorlesungen stört und sich nicht »mit aller gehörigen Ruhe« beträgt. Es wurde »den Adeligen Verbannung und den Gemeinen Gefängnis angedroht«.[16] Die vielen Erlässe allerdings machen deutlich, daß die Situation sich keineswegs besserte, sondern schlechter und schlechter wurde.

Die Angewohnheit, Vorlesungen zu stören, ist alt – schon Augustinus spricht darüber. Ohne die randalierenden neapolitanischen Studenten zu entschuldigen, muß doch gesagt werden, daß die meisten Professoren unerträglich daherreden und zu Tode langweilen, sodaß sie wahrhaftig verdienen würden, mit Pomeranzen beworfen zu werden. Der Nachteil freilich ist, daß Pomeranzen, wenn auch sauer, immer noch würziger sind als das übliche akademische Geschwätz. Es wäre nicht schlecht, würden die Professoren auf ihrem Lehrstuhl die glänzende Maxime des Awesta befolgen: »Quäle nicht mit Worten!«

In Neapel hatte auch der berüchtigte Giulio Santoro studiert, einer der übelsten Folterknechte der zentralen Inquisition. In seiner Autobiographie schrieb er, daß er sich vom »üblen Gerede« der Kollegen an der Universität mitreißen ließ, und daß er das Wort des Propheten *cum sancto sanctus eris et contra* an sich erfahren habe. Dann aber fand er die Kraft, auf den rechten Weg zurückzukehren und »gut und christlich« zu leben, »in Abtötung des schändlichen fleischlichen Triebes«.[17] Wenn gut und christlich zu leben bedeutet, die Leute lebendig zu verbrennen, wie es Santoro mit Giordano Bruno tat, dann hätte er sich besser von den Studenten irreleiten lassen, die zweifellos weniger gefährlich waren als gewisse Heilige und solche, die es werden wollten.

Möglicherweise hat sich auch Bruno in einer Stadt wie Neapel für einige Zeit verrückten Freuden hingegeben, ist er in den Gruppen seiner Kommilitonen mitgeschwommen und hat dem studentischen Pandämo-

Giordano Bruno

nium seinen Tribut gezollt. An einem gewissen Punkt mußte er sich allerdings Rechenschaft geben: auf der einen Seite seine dionysische Natur, die er nie ganz losgeworden ist, auf der anderen Seite das Bedürfnis nach Frieden und Sammlung, um sich den Studien und der Philosophie zu widmen. In *Sigillus sigillorum* sagt er, daß Ruhe und Sammlung eine unbedingte Voraussetzung für den denkenden Menschen seien. Haben nicht Zarathustra, Pythagoras, Zalmoxis, die christlichen Mönche, Lullus und viele andere die Einsamkeit gesucht, um zu meditieren? Er hätte auch das Beispiel des Bernardino Telesio anführen können, wenn er die Einzelheiten seines Lebens gekannt hätte. Dieser Philosoph hatte sich tatsächlich in ein Benediktinerkloster zurückgezogen, um sich besser auf seine Meditationen konzentrieren zu können.

Wie also die philosophische Meditation mit dem turbulenten Leben in Neapel vereinen? Wenn es auch schwer ist, im Herzen eines Menschen zu lesen, können wir doch vernünftigerweise annehmen, daß Bruno – der studentischen Umtriebe überdrüssig und voll Sehnsucht nach der Ruhe des Geistes – seinen Blick auf die stille Mauer des Dominikanerkonvents gerichtet hat, der an die Universität angrenzte. Vielleicht könnte er da drinnen dem Lauf seiner Gedanken ungestört folgen. Und wirklich klopfte er eines schönen Tages bei diesem Kloster an, und – zu seinem Unglück – öffnete sich die Pforte.

Die Gelehrten haben eine Hypothese nach der anderen über die Motive aufgestellt, die den jungen Bruno zu diesem fatalen Schritt bewogen haben. Man hat sogar an eine enttäuschte Liebe gedacht. Es ist nutzlos, eine weitere Hypothese hinzuzufügen. Ob er es nun aus ökonomischen Motiven getan hat, wie einige meinen, oder weil er hoffte, eine Umgebung zu finden, die seiner intellektuellen Entwicklung entsprach, wie andere denken, so bleibt doch die Tatsache, daß es sich um einen falschen Schritt gehandelt hat. Ein feuriges und vulkanisches Temperament, wie das seine, war für das Klosterleben am wenigsten geeignet. Die Adler brauchen einen freien Himmel: Im Käfig sterben sie vor Traurigkeit.

Der Konvent von San Domenico Maggiore ist eines der ältesten, weitläufigsten und ansehnlichsten kirchlichen Gebäude von Neapel, und es knüpfen sich daran viele historische Erinnerungen. Die Dominikaner haben sich hier im Jahre 1231 niedergelassen. Gesandt wurden sie von Papst Gregor IX., mit dem Auftrag, vor allem die Häretiker zu bekämpfen, die es in Neapel wie anderswo in großer Menge gab. Der Orden der Predigerbrüder war 1215 von dem Spanier Dominikus de Guzmán gegründet worden. Fünfzehn Jahre später entstand durch seine Initiative die berüchtigte Inquisition, die mehr Opfer forderte als die Pest. Wenn die Worte nicht ausreichten, um die verlorenen Schafe in den Stall zurückzutreiben, griffen die Dominikaner, sozusagen die Angriffstruppe der Christenheit, gerne zum Feuer, zum Galgen und zu anderen heiligen Werkzeugen dieser Art. Und wenn sie das Paradies schon nicht mit Seelen füllten, so füllte doch sicherlich der Gestank den Himmel, weil ihre Opfer zumeist lebendig verbrannt wurden. Die Ruinen der Katharerburgen in Südfrankreich, die immer noch zu rauchen scheinen, geben eine Vorstellung von den Verbrechen, die religiöser Fanatismus begehen kann. Wie die Steinböcke sich auf der Flucht vor den Jägern immer höher in die Grajischen Alpen zurückziehen mußten, nisteten sich die Katharer beim Versuch, sich der grausamen Verfolgung durch die Dominikaner und ihrer Kumpanen zu entziehen, auf unbesteigbaren Felsspitzen ein. Und das alles geschah im Namen des guten Gottes.

Unter den Dominikanern finden sich aber auch Männer wie Thomas von Aquin. Man würde erwarten, daß er, der aus einer adeligen Familie im Schloß von Roccasecca in Latium zu Füßen der Abtei von Montecassino stammt, den Benediktinern beigetreten wäre, die ihm die erste Bildung vermittelt hatten. Aber er richtete seinen Blick nach Süden und setzte seine Studien an der Universität von Neapel fort – der ältesten der Welt. 1243 nahm er gegen den Willen seiner Eltern das Ordenskleid der Dominikaner. Seltsame Übereinstimmung: Auch er war etwa im gleichen Alter wie Bruno, als er sich zum Konvent von San Domenico Maggiore hingezogen fühlte. Wollte Bruno seinem Beispiel folgen? Das ist eine verlockende Hypothese, die Aufmerksamkeit verdient. Fest steht, daß Bruno stets ein große Verehrung für Thomas hegte; wir werden darüber später mehr erfahren. Zwischen den beiden gibt es Parallelen, zum Beispiel die Tumulte, die ihre Vorlesungen in Paris provoziert haben. Thomas hatte ansonsten ein weitaus glücklicheres Leben. Nach seinen Reisen durch Europa und Italien kehrte er 1272 auf einen Lehrstuhl nach Neapel zurück, wo er die Niederschrift des dritten Teils der *Summa theologica* fortsetzte, der unvollendet geblieben ist. Im Konvent von San Domenico Maggiore kann man noch seine Zelle sehen. Aber hier blieb er nicht lange: Als er sich auf den Weg machte, um am Konzil von Lyon teilzunehmen, wurde er während der Reise krank und starb am 7. März 1274 in der Zisterzienserabtei von Fossanova, nicht sehr weit von Montecassino. So sah ihn eine Abtei zur Welt kommen und eine andere sterben.

Wie viele Brüder gab es zur Zeit Brunos in San Domenico Maggiore? Genug, um eine kleines Heer von Kutten zu bilden. Die Regeln zu Aufnahme in den Orden waren sehr streng und selektiv. Man nahm nur intelligente, wohlerzogene und in der Grammatik unterrichtete junge Männer auf, keine ungebildeten oder unfähigen. Drei vom Konvent gewählte Brüder hatten den Auftrag, über die Novizenanwärter Nachforschungen anzustellen und darüber Bericht zu geben. Unter anderem war es Voraussetzung, daß der Novize nicht *servus*, d.h. vom dienenden Stand sein und keine verborgenen Krankheiten haben durfte. Insgesamt mußte man für den Eintritt in dieses Spezialcorps, das die Dominikaner darstellten, intelligent, aufgeweckt, gebildet, aus guter Familie und von gesunder körperlicher Verfassung sein. Ausgesuchte Rekruten also.

Die Aufgabe, über den jungen Bruno und seine Familie Nachforschungen anzustellen, scheint einem gewissen Frater Remigio di Montecorvino anvertraut worden zu sein, der sich dafür Mitte März 1565 nach Nola begab. Giovanni Bruno hielt sich damals in Apulien auf, sodaß er keine mündlichen Auskünfte über sich und seine Familie geben konnte. Es ist daher anzunehmen, daß es seine Frau war, die mit dem Frater sprach, der sich sicherlich auch bei anderen Personen informierte. Und die Berichte, die er sammelte, waren offenbar zufriedenstellend, sonst wäre der junge Mann in einen Orden mit so strenger Novizenauswahl nicht aufgenommen worden. Das bedeutet auch eine indirekte Bestätigung dafür, daß die Brunos eine gute Familie waren.

Wie schon gesagt, nahm Bruno den Habit des Klerikers am 15. Juni 1565. Prior des Konvents von San Domenico Maggiore war damals der Bakkalaureus Frater Ambrogio aus Neapel, während Frater Jacopo Saragnano aus Acquamela Novizenmeister war. Die Einkleidung, das erklärt Bruno selbst vor dem venezianischen Gericht, nahm Meister Ambrogio Pasca vor (nicht *Pasqua*, wie in den Verhörprotokollen zu lesen steht und wie die Biographen immer abgeschrieben haben). Aber stellen wir uns die Szene der Einkleidung vor.

Der Novize wurde in den Kapitelsaal geleitet, wo er sich »*toto corpore*«

zu Boden werfen mußte, die Arme »*in modo crucis*« ausgestreckt. Auf die Frage des Priors: »Was willst du?«, antwortete er : »Gottes und deine Barmherzigkeit.« An dieser Stelle hieß ihn der Prior aufstehen und sagte ihm: »Lieber Sohn, du bittest um zweierlei, um die Barmherzigkeit Gottes und um die unsere. Wir aber können dir die Barmherzigkeit Gottes nicht geben. Dennoch glauben wir, daß du sie schon empfangen hast, weil Gott, der Herr, dich geleitet hat, in diesen Orden einzutreten. Wir können dir nicht einmal unsere Barmherzigkeit ohne bestimmte Bedingungen geben.« Es waren drei Hauptgelübde abzulegen: Gehorsam, Armut und Keuschheit. Der Gehorsam mußte blind und bedingungslos sein. Der Novize durfte keinen eigenen Willen mehr haben, sondern mußte »ganz und gar unterworfen und des eigenen Willens beraubt« sein. Ohne Erlaubnis des Priors durfte er nicht einmal essen oder trinken. Was die Keuschheit angeht, so genügte die leibliche nicht: Auch die Keuschheit des Geistes mußte gewahrt werden. Mehr als ein Mensch, nämlich »Stein oder Holz« hatte er zu sein.

Nach der Erklärung der übrigen Regeln des Ordens, die durchwegs die Auslöschung der Persönlichkeit und die Abtötung des Fleisches zum Ziel hatten, nahm der Prior mit Unterstützung des »*magister novitiorum*« dem Novizen die weltlichen Gewänder ab und kleidete ihn in das Ordensgewand, während der Kantor die Hymne *Veni creator spiritus* anstimmte. Dann wurde der Novize in einer Art heiligem Defilee zum Altar geleitet, wo ihm der Prior den Kopf mit Weihwasser besprengte. Die Einkleidungsszene ist auf einem Fresko in der Kirche Santa Sabina in Rom sehr gut dargestellt. Der Körper des Novizen liegt ausgestreckt auf dem Boden mit geneigtem Kopf und kreuzförmig ausgebreiteten Armen, und die weltlichen Gewänder liegen lose herum. Das Ganze weckt ein gemischtes Gefühl aus Respekt und Schrecken.

Sobald die Novizen ihre weltliche Kleidung abgelegt hatten, wurden sie »*pueri*« oder »*clerici*« genannt und der Obhut eines »ausgewählten« und »erprobten« Paters übergeben, der die Aufgabe hatte, sie zu ständigen Übungen der Demut und der Absage an alle weltlichen Güter anzuleiten, ihren eigenen Willen durch den des Oberen zu ersetzen, den striktesten Gehorsam in allen Dingen zu beobachten und jeden Streit zu vermeiden. Außerdem mußten sie sich angewöhnen, den Ort nicht zu verlassen, bei Prozessionen nicht auszuscheren, den Kopf geneigt zu hal-

Giordano Bruno

ten, zu den vorgesehenen Zeiten und an bestimmten Orten Schweigen zu halten, dort zu bleiben, wo sie hingestellt wurden, einen Vorgesetzten nicht um das zu bitten, was ein anderer abgelehnt hatte. Noch einmal: blinder und bedingungsloser Gehorsam – die eigene Persönlichkeit sollte gebrochen werden.

Nicht alle hatten die Kraft, sich einer solchen eisernen Kasernendisziplin zu unterwerfen. Viele ergriffen die Flucht, solange noch Zeit war. Im Zeitraum zwischen 1559 und 1566 zum Beispiel flohen etliche Kleriker, fast alle Neapolitaner. Das taten diejenigen, die nach einigen Tagen oder Monaten des Aufenthalts im Konvent nicht bereit waren, gegenüber Gott, der heiligen Jungfrau, dem seligen Dominikus und seinen Nachfolgern Gehorsam bis zum Tode zu geloben. Mancher machte sich Hals über Kopf davon, wie etwa jener Frater Alfonso Fellecchia aus Nola: »Hier warf Alfonso den Habit von sich und ergriff die Flucht.«[18] Ein Frater, der die Tunika wegwirft und flieht, entbehrt nicht einer gewissen Komik. Wer keinen Kopf hat, sagt das Sprichwort, hat Beine. Aber Frater Alfonso Fellecchia hatte offenbar auch einen Kopf, wenn er beizeiten ausbrach, um seine Freiheit wiederzugewinnen. Sein Mitbürger Bruno hingegen blieb standhaft – und das war sein Ruin. Er legte auch seinen Taufnamen ab, und aus Filippo wurde Giordano, vielleicht als Ehrenbezeugung an den Dominikaner Giordano Crispo aus Neapel, damals ein Lehrmeister der Metaphysik, ja sogar *magistrorum magister* im Studio. Weil auch andere den Namen Giordano annahmen, läßt sich daraus ableiten, daß Crispo großes Ansehen genoß.

Um auf das Volk Eindruck zu machen, war das Hauptinteresse der Dominikaner von Anfang an die Predigt und die Kunst der Rede. Nicht umsonst nannten sie sich Predigerbrüder. Anstatt die Seele durch Kontemplation hellhöriger zu machen, gedachten sie eher die scharfe Zunge zu trainieren, war es doch ihre Aufgabe, Proselyten zu machen und nicht zu kontemplieren. Die Novizen mußten wenigstens ein Jahr lang die tägliche Vorlesung eines Professors der kirchlichen Rhetorik hören: Das sollte sie rasch in die Lage versetzen, zu predigen und die Advokaten des Himmels abzugeben. Die Vorlesung oder Lektion »bestand darin, aus den Werken von Aristoteles, Cicero oder Quintilianus, die von Erfindung, Vortragsart, Orthophonie und Gestik sprechen, mit Präzision und Klarheit auszulegen, was dem Charakter, dem Geist und den Zwecken des

Dominikanerordens am besten entsprach. Es handelte sich also um Vorschriften, die der Pater Magister Luis de Granada in der zweiten Hälfte des 16. Jahrhunderts in einer seiner bekanntesten Schriften, *Rethorica ecclesiastica sive de ratione concionandi*, gesammelt hatte. Jede Woche hielten sie gemeinsam mit den Philosophiestudenten Arbeitskreise wie an der Akademie ab, um Übungen und Beispiele der Behandlung des Gelernten zu geben und kurze Reden über Themen zu deklamierten, die ihnen am Vortag beigebracht worden waren«.[19]

Die Kurzansprachen oder Deklamationen betrafen jedoch nicht so sehr, was den Studenten wert schien, an den Klassikern nachzuahmen, als die Vorzüge der Kirchenväter, wie etwa die Beredsamtkeit des Johannes Chrysostomos, den ernsten Stil des Hieronymus, die Schärfe und Vehemenz des Petrus Chrysologus, die aphoristische Kürze des Ambrosius, das Gewicht und die Bildung des Cyprian usw.

Hatte Bruno auch absoluten Gehorsam versprochen, so dürfte er sich doch bei diesen Turnieren des Mundwerks nicht wenig gelangweilt haben; während nämlich die anderen die Kirchenväter als Modelle der Rhetorik lasen, studierte er ihr Leben und ihre Lehre. Aber Intelligenz ist auch im Hause Gottes riskant, mehr noch als anderswo, wenn man bedenkt, daß nur die »Armen im Geist« Zutritt haben. Und so geschah der erste Zwischenfall. Eines Tages im Jahr des Noviziats fragte er »einen Novizen, der die *Geschichte der sieben Freuden der Madonna* las, was er denn mit einem solchen Buch anfangen wolle. Er sollte es wegwerfen und irgendein anders Buch lesen, wie etwa *Das Leben der heiligen Väter*«.[20]

Der genaue Titel des Buches, das Bruno in der Hand des Novizen sah, lautete: *Le sette Allegrezze della Madonna*. Es handelte sich um die populäre Paraphrase eines lateinischen Gedichts, das Bernhard von Clairvaux zugeschrieben wird; der Text ist in Stanzen abgefaßt und wurde 1551 in Florenz veröffentlicht. Richtiger wäre es freilich, von einer faden gereimten Salbaderei zu sprechen. Hier das Ende der Sieneser Ausgabe von 1578: »Um der Freuden willen, die Ihr, Jungfrau Maria, / von Eurem Sohn bekommen habt, / bitte ich Euch bei Eurer Freundlichkeit, / daß Ihr die Christen vor jedem Schmerz bewahren möget, / indem Ihr fürbittet bei Eurem Sohn, damit er uns / ewigen Frieden gebe und vor der höllischen Schar / uns befreie durch seine heilige Gnade / ohne auf unsere Freveltaten zu schauen«. Angesichts eines so miserablen Machwerks ist der Verdruß Brunos leicht zu verstehen. Dennoch standen die *Allegrezze* nicht nur bei den Dominikanern, sondern auch bei den Jüngern des heiligen Franziskus hoch im Kurs. Wäre es da nicht von größerem Gewinn gewesen, dem Gesang der Vögel oder dem Rauschen eines Wasserfalls zu lauschen? Was das zweite Buch angeht, auf das Bruno hinweist, so handelte es sich wohl kaum um die *Legenda aurea* des Jacobus a Voragine, wie Spampanato meint, sondern eher um die *Vite de santi Padri* des Dominikaners Domenico Cavalca.

Später, und zwar gerade unter dem Pontifikat Clemens' XI., wurden die *Allegrezze* und ähnliche Andachtsbücher auf den Index gesetzt, weil sie voller kindischer Gedankengänge, sonderbarer Gleichnisse und lächerlicher Ansichten waren und so das Bild der Madonna trüben konnten. Tatsächlich gab es darin Beschreibungen der Madonna als »das Zimmer Jesu Christi«, »Treppe, Schlüssel und Tor zum ewigen Leben«, oder man ließ sie gar als »die große Anhöhe« erscheinen, als ob es sich um einen Berg oder einen alpinen Hügel handelte. Aber zur Zeit Brunos wurden solche Dummheiten ernst genommen, und daher erschien sein Rat an den Mitbruder, die *Allegrezze* fortzuwerfen und etwas Gehaltvolleres zu lesen, wie eine Entweihung des Marienkultes. Noch dazu entledigte sich Bruno aller Heiligenfiguren und behielt nur den Gekreuzigten bei sich. Daher setzte der Novizenmeister, Eugenio Gagliardo aus Neapel, eine Anzeige gegen ihn auf, leitetet sie dann aber nicht weiter und zerriß sie wieder. Vielleicht wollte er gegenüber den Irrtümern eines Novizen ein Auge zudrücken. Oder er dachte, daß es im Vergleich zu den Untaten der Brüder und Priester weniger schwerwiegend sei, den Bilderkult und die Verehrung der heiligen Jungfrau zu vernachlässigen.

Die Klöster, auch das von San Domenico Maggiore, waren wahrhaftig keine Nester von Engeln. Im April 1568 beklagte sich Pius V. heftig über die Ausschweifungen der Cölestiner, der Mönche von Montevergine und der Minoriten von Neapel. Doch handelte es sich dabei um Geheimnisse, die innerhalb der Klostermauern bleiben sollten. Wehe, wenn draußen davon geredet wurde: Am 22. Dezember 1566 wurde ein Terziarier von San Domenico Maggiore wegen des Hinaustragens von Ordensgeheimnissen zu »wenigstens einem Jahr Galeere« verurteilt; dann freilich beschränkte man sich darauf, ihn aus dem Orden auszustoßen und ihm das Ordenskleid wegzunehmen. Es war nötig, wenigstens den

Schein zu wahren, und deswegen wurde höchste Diskretion verlangt, unter der Androhung schwerster Strafen. Am 10. Jänner 1571 wurde in den neapolitanischen Klöstern ein offener Brief verlesen, der einschärfte, daß weder mündlich noch schriftlich enthüllt werden dürfe, daß im Kloster von San Pietro Martire ein Mord verübt worden war. Zuwiderhandelnde sollten mit zehn Jahren Kerker, mit Exkommunikation und gegebenenfalls mit noch schwereren Strafen belegt werden.

Wer das Verzeichnis der in San Domenico Maggiore durchgeführten Prozesse durchblättert, Prozesse, die sich auch auf andere Klöster der Dominikanerprovinz beziehen, »hebt den Schleier auf, der ein horribles Sittenbild bedeckt. Jede unparteiische oder auch zurückhaltende Beschreibung davon würde die düsterste Farbe annehmen, aber jede Einzelheit ist unwiderleglich bewiesen«.[21]

Hier stößt man auf Delikte aller Art, auch auf Mord. Einige Fratres, so zum Beispiel Teofilo Caracciolo oder Marco de Gennaro, verstanden besser den Dolch als den Rosenkranz zu handhaben. Aber sie waren nicht die einzigen, die die Hände anstelle des Kopfes gebrauchten. Andere waren Räuber, wieder andere gaben sich dem Laster der Sodomie hin. Zwischen 1567 und 1570 wurden an die fünfzig Urteile gesprochen, von denen achtzehn Brüder, Kleriker und Priester von San Domenico Maggiore betrafen. Einige wurden aus dem Orden ausgestoßen wie »verderbte und verrottete Schafe«. Verderbt und verrottet sind freilich die Menschen und nicht die Schafe, diese freundlichen und sanften Tiere.

Bruno hielt sich aus dieser korrupten Welt heraus. Er übernahm davon im *Candelaio* vielleicht die Sprache, aber die Sitten nie. Er beging »keinerlei Amoralität und kein Delikt gegen Eigentum oder Person«.[22] Bei den großen Geistern geht die intellektuelle Überlegenheit stets mit der moralischen Hand in Hand. Brunos Philosophie spiegelt sich in seinem Leben wider; und umgekehrt.

In der fünften venezianischen Erklärung wollte er genauer darstellen, was er schon in der ersten dargestellt hatte: »Ich glaube schon zum ersten Protokoll gesagt zu haben, daß mein Lehrer, als ich noch Novize war, um mich zu erschrecken, eine Schrift aufgesetzt hat, weil ich einige Heiligenbilder weggegeben hatte – ich glaube es waren die der heiligen Katharina von Siena und des heiligen Antoninus – und wenn ich mich recht erinnere, nur ein Kruzifix zurückbehielt, und zu einem anderen Novizen, der

Giordano Bruno

die *Geschichte der sieben Freuden der Madonna* las, gesagt hatte, was er da läse? Es wäre besser, er läse das Leben der heiligen Väter oder ein anderes Buch. Aber jene Anklageschrift hat besagter Lehrer noch am selben Tage zerrissen, und ich wüßte nicht, daß mit Bezug auf diese Dinge später nochmals ein Verfahren eröffnet oder eine Schrift eingereicht worden wäre.«[23]

Tatsächlich hat ihn diese Schrift, wenn schon nicht in Angst versetzt, so doch klüger und umsichtiger gemacht. Für einige Jahre konnten sich seine Oberen nicht über ihn beklagen. Das ergibt sich daraus, daß sie ihm Reiseerlaubnisse nicht verweigerten, was nicht möglich gewesen wäre, hätte er nicht untadeliges Verhalten und großen Fortschritt im Studium bewiesen. Es ist im Gegenteil anzunehmen, daß er vom Studium so in Anspruch genommen war, daß er gar nicht wahrnahm, was um ihn herum passierte; und das in einem Augenblick, in dem der Dominikanerorden gezwungen war, Anordnungen wie diese zu erlassen: »Wir müssen zur Ehre Gottes die Bosheit niederwerfen und die Vergehen nach unseren Gesetzen und Vorschriften mit den gehörigen Strafen ahnden, bis die Delinquenten heilsam unterworfen und die anderen durch solches Beispiel belehrt werden, sich des Frevels zu enthalten«.

Aber die Drohungen nützten wenig, und die Freveltaten waren an der Tagesordnung: Betrügereien, Überfälle, sexuelle Schweinereien, Bordellbesuche, die Schwängerung armer Frauen, Schlägereien, Raufhändel, Verletzungen und sogar Mord. Einige Beispiele helfen uns, die horrible Situation besser zu verstehen. Direkt auf dem Platz von San Domenico Maggiore wurden zwei Patres wie durch ein Wunder vor der Rache eines Bürgers errettet, der sie mit einem Feldmesser erstechen wollte. Am 11. September 1572 wurde der Frater Domenico Porace, der denselben theologischen Lehrgang besuchte wie Giordano Bruno, zu zehn Jahren Galeere verurteilt: Er war von einem Justizbeamten verhaftet worden, der ihn nächtlicherweile mit einer Arkebuse bewaffnet und in Begleitung einer Hure in den Straßen Neapels überrascht hatte. Wenig später gab es den Skandal des *ehrenwerten* Pater Domenico di Olevano: Wegen seiner zahlreichen Verbrechen, insbesondere wegen der sexuellen Schändlichkeiten, die er als Novizenmeister begangen hatte, wurde er zu 7 Jahren Galeere und zum Ausschluß aus dem Orden verurteilt. Ein anderer Frater mit Namen Mario erdolchte einen jungen Mann außerhalb des Klosters.

Frater Liberio di Marzano hingegen zog es vor, zwei seiner Mitbrüder zu erstechen. Das sind nur einige wahllos herausgegriffene Beispiele.

Bisweilen waren die Strafen schrecklicher als die Delikte. Ein gewisser Frater Domenico Passaro wurde zum Beispiel zu sechzig Jahren Kerker verurteilt, weil er einer betenden Frau die goldene Halskette geraubt hatte. Aber auch so schwere Verurteilungen waren erfolglos und konnten die verteufelte Ordensfamilie von San Domenico nicht bremsen. 1592 forderte und erhielt der Nuntius in Neapel, Bischof Jacopo Aldobrandini, »weitgehende Vollmacht und Befugnis, die Regularen jedes Ordens und Instituts, wie sehr sie auch frei und unmittelbar vom Papst und dem apostolischen Stuhl abhängig waren, zu verhaften und einzusperren, wenn sie außerhalb des Klosters durch die Straßen irrten und sich irgendeines Deliktes schuldig machten; gegen sie vorzugehen je nach der Schwere des Verbrechens oder des provozierten Skandals, ohne auf die örtlichen Gesetze Rücksicht zu nehmen; sie durch geeignete Vorkehrungen oder andere Strafen nach eigenem Gutdünken zu hindern und dabei den weltlichen Arm zu Hilfe zu rufen und im Übrigen alles auf die passendste und klügste Weise mit möglichst geringem Schaden für die Religion zu regeln«.[24]

Der Sinn ist klar: Strafen, aber mit Diskretion, sodaß die Leute nicht mitbekommen, was in den Klöstern alles geschieht. Der Schein sollte wenigstens gewahrt werden: *si non caste, saltim caute* – wenn schon nicht keusch, dann doch vorsichtig. Sich an diese Maxime zu halten, hätte auch manchem mächtigen Präsidenten der Gegenwart gut getan.

Jedenfalls mußte Bischof Aldobrandini, auch wenn er unbeschränkte Vollmachten hatte, einsehen, daß es nicht leicht war, »das äußerst zügellose Leben fast aller Ordensleute« und der Dominikaner im besonderen einzudämmen. Ungeachtet des Verbots zogen sie unverschämt weiter bewaffnet durch die Straßen und zettelten Skandale an. Als dann der Bischof daran dachte, die unruhige Ordensfamilie von San Domenico Maggiore auf verschiedene Klöster der Provinz aufzuteilen, gab es eine wahrhafte Revolution. Anfangs gaben die Dominikaner vor, der neuen Anweisung zu gehorchen, und an die hundert Fratres verließen die Mauern von San Domenico Maggiore. Dann aber – bewaffnet mit Pistolen, Messern und Prügeln – kehrten sie zurück, nahmen sie den Konvent im Handstreich, verbarrikadierten die Tore und postierten alle Bewaffneten an den Fenstern, um jeden zurückzuschlagen, der sie angreifen wollte. So blieben sie einige Monate verschanzt und trafen Abmachungen nicht nur mit dem Vizekönig, sondern auch mit Papst Clemens VIII. Jemand schrieb, daß die Dominikaner zu dieser Zeit ein Leben führten, das nicht nur für Ordensleute, sondern sogar für Banditen unzumutbar war.

Dieselben Dingen passierten natürlich auch anderswo. Es war eine religiöse Welt in Auflösung, gegen die schon Dante und Boccaccio ihre Stimme erhoben hatten: der eine mit Empörung, der andere, indem er die Peitsche der Satire pfeifen ließ. Das Christentum war mit dem Schrei nach Erlösung angetreten und hatte sich in Italien und im übrigen Europa in eine Teufelei verwandelt.

Die Priesterweihe

Jordan Bruno

Am 9. Jänner 1566 fanden in San Domenico Maggiore große Feierlichkeiten anläßlich der Thronbesteigung Papst Pius' V. statt, der mit bürgerlichem Namen Michele Ghislieri hieß und selbst ein Dominikaner war. Er war 1504 in Bosco Marengo in der Nähe von Alessandria zur Welt gekommen und als Kind Hirte gewesen. In dieser Eigenschaft hatte er sicher gelernt, Feuer anzuzünden, eine Gewohnheit, die ihm als Inquisitor und Verbrenner von Ketzern zustatten kam. »Besonders feurig in Sachen Inquisition«, nennt ihn mit unfreiwilliger Ironie der Historiker Luigi Amabile in seinem Buch *Il Santo Officio della Inquisizione in Napoli*.

Später machte Bruno eine Reise nach Rom, wo er Gelegenheit hatte, sowohl Pius V. als auch Kardinal Scipione Rebiba persönlich kennenzulernen, der ebenfalls ein wackerer Inquisitor und Ketzerverbrenner war. Die Reise Brunos, die jedenfalls vor dem 1. Mai 1572, dem Todestag Pius' V., stattgefunden haben muß, wird von manchen Biographen in Zweifel gezogen. Aber warum wohl? Bruno selbst sprach darüber mit dem Pariser Bibliothekar Cotin: »Giordano hat mir erzählt, daß er von Papst Pius V. und Kardinal Rebiba aus Neapel nach Rom gerufen worden war.« Man verlangte von ihm eine Probe seiner mnemotechnischen Kunst – und er rezitierte zu diesem Zweck auf hebräisch den Psalm Davids *Fundamenta eius in montibus sanctis*. Nicht nur das, er lehrte Rebiba auch etwas aus der Kunst der Mnemotechnik.[25] Man hat sich gefragt, warum der Philosoph davon in seinen Aussagen beim Prozeß nichts erwähnt hat. Doch gibt es eine ganze Reihe von Dingen, die er wegen der Kürze oder aus anderen Motiven nicht sagte. Spampanato setzt die Reise zwischen Mitte 1568 und Anfang 1569 an und schreibt zu Recht: »Aus Dokumenten, die bis jetzt ignoriert wurden oder unbemerkt geblieben sind, geht mit Sicherheit hervor, daß er in Paris viele Details aus seinem Leben erzählte, über die er später in Venedig aus diesem oder jenem Grund geschwiegen hat, und daß zu diesen Details der Aufenthalt in Rom zu zählen ist, der jedenfalls vor dem 1. Mai 1572, dem Todestag Pius' V., stattgefunden hatte«.[26]

Die Oberen der Klöster waren gehalten, den Brüdern nicht ohne weiteres ein Verlassen des Klosters zu gestatten. Ein Bruder, der ohne Erlaubnis aus dem Kloster entwischte, machte sich eines schweren Vergehens schuldig. Der Konvent von San Domenico Maggiore war in der Erteilung solcher Erlaubnisse äußerst geizig, nur sechs gab es zwischen 1560 und 1572. Eines dieser Privilegien galt Bruno, dem mit Datum vom 15. Juli 1568 ein Genehmigungsschreiben ausgestellt wurde, daß er sich zu den Dominikanern der oberen und unteren Lombardei begeben dürfe: »*Die 15 iulii factae fuerunt literae patentales fratri Iordano de Nola eundi ad Provinciam utriusque Lombardiae*«.[27] Und Spampanato schreibt: »Entsprechend der Genehmigung vom 15. Juli hielt sich der junge Novize aus Nola in der zweiten Hälfte 1568 oder spätestens zu Beginn des nächsten Jahres ohne Zweifel in irgendeinem Kloster der Ewigen Stadt auf, das zur römischen Provinz der Dominikaner gehörte, sofern er nicht bis zu den Konventen der unteren oder oberen Lombardei gereist ist; noch wahrscheinlicher ist es, daß er zum Konvent Santa Sabina gegangen ist und sich dort aufgehalten hat«;[28] denn Santa Sabina in Rom gehörte der lombardischen Provinz.

Es ist also unverständlich, warum manche Biographen die Reise nach Rom anzweifeln, wo sie doch indirekt durch das Genehmigungsschreiben und direkt durch die Worte Brunos selbst dokumentiert ist, der uns auch wissen läßt, daß er *L'arca di Noè* – ein leider verlorengegangenes Werk – Pius V. gewidmet hat.[29] Es gibt Wissenschaftler, die um der akademischen Auseinandersetzung willen sogar eine Evidenz negieren würden und ins Blaue reden, aber nicht nur über Giordano Bruno. Was die lombardische Provinz betrifft, auf die sich das Genehmigungsschreiben bezieht, ist zur Erklärung zu sagen, daß zur oberen Lombardei die Konvente der Erzbistümer Mailand und Genua gehörten; zur unteren dagegen die Klöster der Emilia, der Romagna und der Marken. Es handelte sich um etwa zweitausend Ordensleute, die auf mehr als hundertzwanzig Konvente verteilt waren.

Sicherlich war das die einzige Erlaubnis zum Verlassen des Konvents von San Domenico Maggiore, die Bruno je erhalten hat. Er verbrachte in diesem Kloster elf Jahre seines Lebens und eignete sich dort dank der reichhaltigen Bibliothek jene hohe Bildung an, die ihm alle zuerkennen. Wir müssen uns Bruno deshalb weitaus mehr beim Studium als beim Gebet vorstellen. Hatte er nicht, wie wir oben berichtet haben, die Heiligenbilder aus seiner Zelle entfernt? Er hatte einen denkenden, keinen anbetenden Kopf; und er versuchte, sich dem Göttlichen über die Erkenntnis zu nähern, nicht indem er den Rosenkranz und das Avemaria murmelte.

Nach dem Probejahr mußte der junge dominikanische Nachwuchs einen vorakademischen Kurs besuchen, der drei Jahre dauerte und den sogenannten »*studentes materiales*« vorbehalten war. Im Studio von San Domenico Maggiore dauerte dieser Kurs jedoch ein Jahre länger. Die Unterrichtsgegenstände waren Rhetorik, Dialektik, Naturphilosophie, Metaphysik und auch die Theologie. Die vorzüglichste Zutat des Programms war Aristoteles, dessen Denken auf alle mögliche Weise zerkleinert und serviert wurde – und das galt nicht nur für die Logik, sondern auch für die Physik und sogar für die Kosmologie, als sei nicht unterdessen das revolutionäre Werk des Kopernikus erschienen. Im übrigen legten die Dominikanerkonstitutionen von 1566 für das Studium der Logik weiterhin Gewicht auf das *Organon* des Aristoteles, ferner auf die *Isagoge* des Porphyrius, auf die *Topica* des Boethius und auf die *Summulae logicae* des Petrus Hispanus. Natürlich wurden von den Studenten auch andere Autoren gelesen, deren Texte sie in der Bibliothek des Konvents finden konnten. Einen besonderen Platz nahmen dabei Albertus Magnus und Thomas von Aquin ein, auch weil es sich dabei um Dominikaner handelte, die sozusagen zur Familie gehörten. Nur in Einzelfällen gab es auch Grammatikkurse, weil man damit rechnete, daß die »*studentes materiales*« darüber schon entsprechende Kenntnisse haben würden. Jedenfalls wurde das angenommen, weil sie sonst dem ersten Studienabschnitt nicht hätten folgen können.

Nur jene, die diesen Abschnitt erfolgreich absolviert hatten, konnten – bei einem positiven Urteil der Professoren – die im engeren Sinn akademischen Studien aufnehmen und »*studentes formales*« werden, wie man damals sagte. Die Selektion war äußerst streng, im Hinblick auf die Tatsache, daß der *numerus clausus* nicht mehr als ein halbes Dutzend »*studentes formales*« vorsah. Im Jahr 1571 empfahl das Generalkapitel höchste Strenge bei der Auswahl der Studenten: »Wir verordnen den Moderatoren der Studien im heiligen Gehorsam gegenüber dem Heiligen Geist, bei ausdrücklichem Verbot und unter Strafe der Exkommunikation, niemanden in den *numerus* der *studentes formales* aufzunehmen, außer nach genauester Prüfung über die Hauptfragen der Philosophie, der Logik und

Giordano Bruno

der Physik«. Wenn der Kandidat nicht exakt auf die gestellten Fragen antwortete, mußte er unerbittlich zurückgewiesen werden. Aber es genügte nicht, vorbereitet zu sein; es bedurfte auch einer hervorragenden moralischen und intellektuellen Qualität. Eine weitere unerläßliche Bedingung für den Eintritt in das eigentliche akademische Studium war die Absolvierung eines Bienniums der Theologie auf der Stufe der »*studentes materiales*«.

Examen im Namen des Heiligen Geistes und unter der Drohung der Exkommunikation mußten notgedrungen unfehlbar sein. Würde man eine ähnliche Methode auf die Universität von heute anwenden, wo auch Hunde und Schweine promoviert werden, dann käme es zu einer allgemeinen Exkommunikation: Alle exkommuniziert, Professoren und Studenten! Alle in die Hölle, zur Genugtuung für den Heiligen Geist und zum Vorteil für die Kultur!

In der ersten Hälfte des Juni 1571 wurde Bruno unter die »*studentes formales*« an der Dominikanerlehranstalt in Andria, Apulien, designiert. Aber es ist nicht gesagt, daß er wirklich dorthin gegangen wäre, weil »man die Tatsache entgegenhalten muß, daß er die Priesterweihe noch nicht empfangen hatte«. So schreibt Michele Miele, der in manchen Punkten Spampanato auf die Finger schaut.[30] Er setzt auch die besagte Weihe mit dem Jahr 1573 an, und nicht, wie man früher dachte, mit 1572. Daher führte Bruno das Studium in San Domenico Maggiore fort, wo seine Zulassung unter die »*studentes formales*« der Theologie am 21. Mai 1572 beschlossen wurde. Es war Ambrogio Pasca, der damals amtierende Provinzial, der ihn bestimmte und zum akademischen Studium beorderte. Pasca hatte ihn eingekleidet und Pasca wählte ihn aus.

Bruno war mit zweiundzwanzig Subdiakon, mit dreiundzwanzig Diakon und wurde in der zweiten Hälfte des Jahres 1573 zum Priester geweiht – aber nicht in Neapel, sondern vielmehr in Campagna, einer kleinen Stadt unweit von Eboli. Lassen wir ihn selbst sprechen: »Und danach bin ich zu den heiligen Ämtern und zum Priestertum befördert worden in den üblichen Fristen und habe meine erste Messe gesungen in Campagna, einer Stadt desselben Königreichs, weit von Neapel; ich befand mich dort in einem Kloster desselben Ordens unter dem Titel Sankt Bartholomäus.«[31]

Der Bischof von Campagna hieß Girolamo Scarampo. Er war es, der über das gebeugte Haupt des Giordano Bruno die feierliche, doch furchtbar verpflichtende Formel sprach: *Tu es sacerdos in aeternum.* Es ist erschreckend, daß jemand beanspruchen kann, sich unser für die Ewigkeit zu bemächtigen. Wann darf der arme Mensch frei sein, der schon von der Natur vorprogrammiert ist? Kaum geboren, geht es zur Taufe, und er wird zum Christen befördert, ohne davon zu wissen; dann kommt die Firmung und dann noch die Ehe, auch sie ein Sakrament und daher, wenigstens für die Kirche, unauflöslich. Man läßt ihm nicht einmal die Freiheit sich umzubringen, wenn er das möchte, weil der Selbstmord, den Klerikern zufolge, eine schwere Sünde ist. Mit diesen Systemen erweist sich die Kirche als ein Vampir unserer Freiheit. Für dieses eine Mal muß dem Narren Nietzsche Recht gegeben werden, wenn er im *Antichrist* die Priester Usurpatoren aller Quellen des Lebens nennt, der Geburt, der Ehe und auch des Todes: »Von nun an sind alle Dinge des Lebens so geordnet, daß der Priester *überall unentbehrlich* ist; in allen natürlichen Vorkommnissen des Lebens, bei der Geburt, der Ehe, der Krankheit, dem Tode, gar nicht vom Opfer (›der Mahlzeit‹) zu reden, erscheint der heilige Parasit, um sie zu *entnatürlichen:* in seiner Sprache zu ›heiligen‹«.[32] Auch Mephisto wollte sich der Seele des Faust bemächtigen, aber er war wenigstens anständig genug, sich als der zu präsentieren, der er war, nämlich der Teufel. Und er war auch wirklich großzügig, denn er versprach als Gegenleistung den Genuß aller Freuden dieser Welt, die schöne Margarethe inbegriffen. Die Priester hingegen versprechen ein hypothetisches Glück im Jenseits und nehmen dafür das geringe Glück, das wir im Diesseits haben.

Apropos Faust: Ich möchte zur Abwechslung zitieren, was Papini mit seiner giftigen Zunge in den *Stroncature* sagt: »Was ist Faust? Ein Professor! Der echte Held der Deutschen konnte nur ein Professor sein […] Mephistopheles, der seine Schweine kennt, führt Faust sofort in eine Kneipe, wo einige Bramarbasse saufen und mit schlüpfriger Lustigkeit singen […] Aber Faust, der die intellektualistischen Fallen gerade hinter sich hat, will nichts vom Wein wissen und verlangt zu gehen. Sodann führt ihn der Teufel wie einen neugierigen Bengel in das Haus einer Hexe, die ihm im Spiegel unter anderem ein schönes Mädchen am Spinnrad zeigt. Der Professor, der vielleicht außer den Universitätshuren oder Kneipenkellnerinnen keine andere Frau verkostet hatte, gerät in

brünstige Erregung und will die schöne Bürgerin um jeden Preis verna-
schen. Hat ihn der Alkohol angewidert, so lockt ihn doch geile Lüsternheit«.[33] Aber kehren wir zum Thema zurück.

Bruno hatte also wieder Ausgang aus dem Konvent von San Domenico Maggiore, um sich nach Campagna zu begeben, wo er zum Priester geweiht wurde und seine erste Messe las. Wann ist er zurückgekehrt?
Wir wissen es nicht, aber gewiß sehr bald, weil er sein Theologiestudium
fortsetzen mußte, das großen Eifer erforderte. Das geht schon aus der Tatsache hervor, daß die »*studentes formales*« auch in der Nacht bei Kerzenlicht studierten. Offensichtlich genügte ihnen der Tag nicht, obwohl ihnen gestattet war, die ganze Zeit dem Studium zu widmen. Das
akademische Jahr dauerte vom 14. September bis zum 22. Juli; aber auch
während der eineinhalbmonatigen Unterbrechung waren keine wirkli-
chen Ferien vorgesehen. Um das Doktorat zu erwerben, brauchte man
also einen eisernen Willen.

Notwendig war auch die Abtötung des Fleisches, wie es im übrigen
einem Ordensbruder anstand. Eine Regel sagte: »Liebe das Studium, so
wirst du die Laster des Fleisches nicht lieben«. Eine andere Maxime,
gleichfalls asketisch und in die Dominikanerregel eingefügt, besagte, daß
es besser sei zu philosophieren, als reich zu werden. Gewiß, aber wie
konnten die Dominikanerstudenten zur Philosophie vordringen, wenn
es ihnen verboten war, die heidnischen Philosophen, die wahren Philosophen also, im Original zu lesen? Auf der einen Seite betonte man die
Bedeutung der Kultur, auf der anderen Seite wurden die Freien Künste
verbannt und ein Autor wie Erasmus von Rotterdam, der Humanist par
excellence, auf den Index gesetzt. Bruno freilich, wie wir sehen werden,
las ihn heimlich – all der Kirchenväter überdrüssig, die er auf Grund des
Lehrplans zu studieren gezwungen war.

Auf die Frage, ob er die Kirchenväter gelesen hätte, antwortete Voltaire: »Ich habe sie gelesen, ich habe sie gelesen, aber sie werden dafür bezahlen!« Wer weiß, ob nicht Bruno in seinem Herzen dasselbe dachte. Alles in allem waren die Kirchenväter im Fanatismus besser versiert als in
der Philosophie, woraus sich auch ihr Predigerton erklärt. Sie waren Aus-
rufer, aber keine Beweisenden, und sie sprachen von Gott, als ob sie ihn
in der Tasche hätten. Bruno war hingegen in Philosophie außerordentlich versiert. Als ihn die venezianischen Inquisitoren fragten, ob er »in

theologischen Studien versiert sei«, antwortete er ohne Zögern: »Nicht sehr, weil ich mich der Philosophie gewidmet habe, die mein Beruf ist«.[34] Er war ein philosophischer Dominikaner, oder noch besser: ein als Dominikaner verkleideter Philosoph; und er schaute zum Himmel, um zu denken, nicht um zu beten.

Die »*studentes formales*« der Theologie standen unter strenger Aufsicht, damit sie sich nicht verleiten ließen, Dinge zu lesen, die im Programm nicht vorgesehen waren, oder – noch ärger – Bücher, die auf dem Index standen. Bei Nacht aber konnte diese Aufsicht umgangen werden, weil jeder Student seine eigene Zelle hatte, wo es ihm erlaubt war, bei Kerzenlicht über seinen Büchern zu wachen. So waren es wohl die Nachtstunden, in denen Bruno heimlich jene Autoren las, die ihm mehr am Herzen lagen. Insgesamt hatte er also, wie Spampanato sagt, in den elf Jahren, die er im Konvent verbrachte, »mehr noch als Priester denn als Novize die Möglichkeit, sich hauptsächlich jenen Studien zu widmen, die ihm zugleich Ruhm und Fluch einbrachten«.[35] Sein Wissensdurst war unstillbar, wie die verblüffende Liste seiner Lektüre zeigt. Dasselbe tat später Campanella: »Da steh ich mit einer Handvoll Gehirn und verschlinge / soviel, daß alle Bücher der Welt / meinen tiefen Hunger nicht stillen«.

Die Bibliothek von San Domenico Maggiore, im Laufe der Zeit durch Nachlässe und Neuanschaffungen angereichert, war berühmt und enthielt Werke, die man anderswo nicht fand, darunter Manuskripte und Inkunabeln von großem Wert. Aber man durfte dort nur die Bücher lesen, die vom Generalkapitel der Dominikaner approbiert worden waren. Die anderen, z.B. diejenigen des Erasmus von Rotterdam, waren verboten. Schon der Index Pauls IV. von 1559 und dann der von Pius IV. aus 1564, bekannt als der Tridentinische Index, hatte die Werke des großen Humanisten verdammt. Dasselbe tat das Generalkapitel der Dominikaner von 1569: Man fürchtete, die Brüder würden unter dem Vorwand des guten Stils und der sehr raffinierten Sprache »die Bücher des Erasmus und anderer Ähnlicher lesen und die niederträchtigen Lehren und übelsten Sitten in sich aufnehmen.« In einem Dokument in San Domenico Maggiore aus dem Oktober 1570 ist nachzulesen, daß für einen weißen Leim Unkosten verrechnet wurden, mit dem man »die Sachen des Erasmus und anderer Häretiker aus den Büchern unserer Bibliothek« überklebt hat. Um den Glauben zu retten, zensurierte man also die Kultur.

Giordano Bruno

Das waren die Ergebnisse der Gegenreformation; und Erasmus, der noch in Leo X. einen feurigen Bewunderer gehabt hatte, wurde noch mehr zur Zielscheibe der Angriffe, als zu seinen Lebzeiten. Er bezog sich hauptsächlich auf die Dominikaner, wenn er von »bekutteten, ehrlosen und schändlichen Taugenichtsen« sprach. In einem Brief vom 1. Oktober 1520 schrieb er, daß er ihnen begegnet sei »nicht nur an einem Ort, sondern in fast jeder Stadt; und ich sehe sie, wie sie vor der ungebildeten Masse toben und nicht selten einzig und allein meinen Namen heruntermachen; und das tun sie auf eine Weise, daß ich mich schäme zu wiederholen, was sie sich nicht schämen zu sagen«. Und wenn jene Spitzbuben sich nicht zurückhielten, fragte sich der Humanist, während der Versammlungen, die den Lehren des Evangeliums gewidmet waren, Dummheiten und Schmähungen zu verbreiten, was konnte dann »ihr Geschwätz bei dummen Weibern, blödsinnigen Greisen, überdrehten Idioten und unerfahrenen Jungen anrichten, die sie wie ein Orakel anhören?«.

Und doch war er, Erasmus, der wahre Christ, der Fanatismen verabscheute und sich auf die direkte Quelle der Evangelien berief. Aber Kleriker vertragen alles, nur nicht die beißende Satire. Die Peitsche und der Sarkasmus des Humanisten mußten für sie gefährlicher sein, als die Angriffe Luthers. So ist es verständlich, warum sie ihn mit Bann belegten. Seine Schriften, die eine Lawine von Sarkasmus auf die korrupten Kleriker niedergehen ließen, mußten aus dem Verkehr gezogen werden. Nichts ist für die Kirche so gefährlich, als Satire und Ironie. Deshalb wird Voltaire, der oft eine Reinkarnation des Erasmus zu sein scheint, weitaus mehr gefürchtet, als der wütende Nietzsche, der Verfasser des *Antichrist*.

Natürlich scherte sich Bruno nicht um diese stumpfsinnige Zensur und machte Erasmus zu einem wichtigen Orientierungspunkt seines spirituellen Horizonts. In seinen lateinischen wie italienischen Werken findet man zahlreiche Bezüge zu den *Colloquia*, zu den *Adagia* und zum *Lob der Torheit*, einem der schönsten Bücher der gesamten Literatur. Er las sie heimlich, obwohl er selbstverständlich wußte, daß damit ein Risiko verbunden war. Im Jahr 1569 z.B. wurde dem neapolitanischen Arzt Francesco Brancaleone der Prozeß gemacht, nicht nur wegen des Verdachts der Häresie, sondern auch weil man unter seinem Bett Bücher von Erasmus und Lukian gefunden hatte, den zwei Genies der Satire und erbarmungslosen Geißlern aller Betrüger. Offensichtlich fürchtete die Kirche gerade die satirischen Geister mehr noch als die häretischen. Bruno gelang es auch – wir wissen nicht wie –, sich ein Exemplar der von Erasmus herausgegebenen und kommentierten Werke des heiligen Johannes Chrysostomos und des heiligen Hieronymus zu besorgen. Das erklärte er selbst den venezianischen Richtern: »Ich weiß in der Tat nichts anderes, worüber man mir hätte den Prozeß machen können, und ich bin dann von Rom geflohen, weil ich Briefe von Neapel erhielt und benachrichtigt wurde, nach meiner Abreise von Neapel seien gewisse Bücher gefunden worden, nämlich die Werke der heiligen Chrysostomos und Hieronymus mit den Scholien des Erasmus, welch letztere allerdings durchstrichen waren, und die ich heimlich benutzt hatte. Ich hatte sie, als ich Neapel verließ, in den Abtritt geworfen; denn sie galten als verdächtig mit Rücksicht auf jene Scholien, obwohl diese fast unleserlich gemacht waren.«[36] Aber seht nur zu, zu welchen Winkelzügen er Zuflucht nehmen mußte, um der Zensur zu entkommen! Jedenfalls finden verwandte Seelen immer einen Weg der Begegnung, und das ist bei Bruno und Erasmus der Fall.

Da fragt man sich ernstlich, wie er sich inmitten dieser Restriktionen und Zensuren eine so weitläufige philosophische, literarische und wissenschaftliche Kultur hat aneignen können, sodaß er allen, den Ordensleuten und den Laien, den Bewunderern und Feinden als »eines der hervorragendsten und seltensten Genies, das man sich vorstellen kann«[37] erschienen ist. Dabei muß man sich vergegenwärtigen, daß er ja neben der heimlichen Lektüre, die für ihn sicherlich die wichtigste war, für die jährlichen Prüfungen und für das Doktorat studieren mußte, das den krönenden Abschluß bildete. Tatsächlich wurden die *»studentes formales«* jedes Jahr einer strengen Prüfung unterzogen. Die Beurteilungen, die auch das Betragen mit einschlossen, waren geheim. Der gefährlichste Moment in diesem langen und zermürbenden scholastischen Hindernislauf war das *examen ad gradus*. Bruno bestand, wie zu erwarten, alle Prüfungen brillant und legte im Juli 1575 das Doktorexamen ab. Wir kennen auch die These, die er vertrat: *»Verum est quicquid dicit D. Thomas contra Gentiles«* und *»Verum est quicquid dicit Magister Senteriarum«*.[38] Nach genau einem Jahrzehnt des Studiums hatte er alle vorgesehenen Prüfungen bestanden und wurde vom Provinzial des Dominikanerordens, dem damals *reverendissimo* Bruder Domenico Vita, zum Doktor der Theologie promoviert.

Aber reichten all dies theologischen Trunkenheiten aus, »um wahrhafte Männer der Wissenschaft zu machen, sei es auch nur für apostolische Zwecke«? Diese Frage stellt sich Michele Miele, und er beantwortet sie so: »Demjenigen, der auf die Theologie ausgerichtet war, insbesondere nach der thomistischen Richtung mit zeitgenössischer aristotelischer Unterstützung, konnte eine derartige Schulorganisation sozusagen Rückenwind verschaffen. Aber was soll man von denen sagen, die es – ohne Feinde der Theologie zu sein – vorzogen, sich mit den Disziplinen der vorakademischen Kurse zu beschäftigen, oder wenigstens die aristotelische Bevormundung abzuschütteln, um neue Horizonte zu suchen? Das war der Fall für Bruno und wird es später für Campanella sein«.[39]

Und tatsächlich haben wir gesehen, daß Bruno heimlich das studiert hat, was ihm nicht offen zu studieren erlaubt war, um in der Wissenschaft und Philosophie ein Gegenmittel gegen den Ansturm der Theologie zu suchen.

Die Flucht

Jordano Bruno

Das Leben des Giordano Bruno im Konvent von San Domenico Maggiore erinnert in vieler Hinsicht an dasjenige des Kaisers Julian in der Festung von Macellum zu Füßen des Berges Argaeus in Anatolien, wohin ihn sein Onkel Constantius verbannt hatte, um einen Mönch aus ihm zu machen und ihm alle Aspirationen auf die Macht auszutreiben. Deshalb hatte er ihm den Bischof von Caesarea als Lehrer und vielleicht auch als Aufpasser beigegeben, einen Mann, dem nicht zu vertrauen war. So stand auch Julian unter Aufsicht und war gezwungen, die Autoren, die ihn wirklich interessierten, heimlich zu lesen. Welche? Dieselben, die Giordano Bruno später begeistern sollten, und die viel von der großen Weisheit des Ostens spüren lassen: Pythagoras, Plato, Heraklit, aber auch Plotin, Porphyrius und Jamblichos. Die letzteren waren für den jungen kaiserlichen Sprößling, der wahrscheinlich im Kult der Sonne Trost für sein grausames Schicksal suchte, buchstäblich eine Offenbarung. Tatsächlich hatte ihm der Onkel Constantius die Eltern ermordet und er selbst war wie durch ein Wunder vor jenem Gemetzel gerettet worden. Während aber Julian in der Verbannung in Macellum schnell lernte zu schweigen, und allen, die ihn umgaben, zu mißtrauen, gelang Bruno das innerhalb des Klosters nicht, wo es an Denunzianten gewiß nicht mangelte. Er verstand es, die Bücher des Erasmus zu verstecken, aber nicht die eigenen Ideen, die immer heterodoxer wurden.

Unvorsichtigkeit ist, ebenso wie Zerstreutheit, ein Charakteristikum überlegener Geister. Von universalen Problemen in Anspruch genommen, vernachlässigen sie oft das Naheliegende und nehmen nicht wahr, was sie umgibt. Sie glauben großzügig, alle würden sich auf ihrer Höhe befinden und imstande sein, sich über die Zeiten zu erheben. Platon, der Theoretiker einer idealen Welt, wußte wenig von der Welt, in der er sich befand und lebte. In dem schönen Buch von Vintila Horia, mit dem Titel *Der siebente Brief,* sagt Dionysios, der Tyrann von Syracus, zum Philosophen: »Du kennst die Menschen wenig, Platon«. Genau dasselbe könnte man von Bruno sagen: Auch er kannte die Menschen und ihre Hinterhältigkeit zu wenig. Andernfalls wäre er vorsichtiger gewesen, seine eigenen Ideen kundzutun und die seiner Mitbrüder zu kritisieren. Das war eine gefährliche Haltung; und das hätte er wissen müssen. Nehmen wir ein Beispiel unter vielen: Der Leidensweg des Humanisten Aonio Paleario, der nach verschiedenen Ketzerprozessen am 3. Juli 1570 lebendig verbrannt wurde, hatte gerade bei einer Diskussion mit einem Dominikaner seinen Anfang genommen. Sehr oft schickten die Dominikaner einen Feind zur dessen radikaler Widerlegung ins Feuer: Das war viel einfacher. Paleario, der dem Luthertum zuneigte, sagte zu den Inquisitoren, die ihn gerade zum Tode verurteilten, mit großer Ruhe: »Wenn Eure Eminenzen so gute Gründe gegen mich vertreten, dann brauchen Sie mich nicht weiter zu belästigen. Fahren Sie also fort.«

Im Mai 1572 waren Agostino da Montalcino und zwei oder drei weitere Brüder, alle Dominikaner aus der Toskana, gefeierte Gäste in San Domenico Maggiore. Vor allem gegenüber Montalcino, der anscheinend auch später nach Neapel zurückkehrte, ließ sich der unvorsichtige Bruno zu einigen kompromittierenden Behauptungen hinreißen: »Ich wüßte nicht, auf was für Anklagepunkte man gegen mich in diesem neuen Prozeß sich stützen wollte, es sei denn, daß ich mich eines Tages mit Montalcino, einem Bruder unseres Ordens aus der Lombardei, in Gegenwart einiger anderer Väter unterhalten habe, und als jener sagte, die Ketzer seien Ignoranten und hätten keine scholastischen Begriffe, erwidert habe: wenn sie freilich in ihren Erklärungen nicht nach Art der Scholastiker verfahren, so erklären sie doch ihre Ansicht in verständlicher Weise und so, wie es alte Kirchenväter machten, und als Beispiel führte ich die Form der Ketzereien des Arius an, sofern die Scholastiker behaupten, daß die Erzeugung des Sohnes auf einem Akt der Natur und nicht auf einem Willensakt beruht, was man auch nach Begriffen, die freilich von den Scholastikern anders gedeutet werden, von St. Augustin sagen könne, nämlich daß der Sohn dem Vater nicht wesensgleich sei, sondern wie die Geschöpfe aus seinem Willen hervorgehe. Dies genügte jenen Vätern, zu behaupten, ich wollte die Ketzer verteidigen und wollte sie für gelehrt gehalten wissen. Etwas Anderes, dessentwegen ein Prozeß angestrengt wurde, weiß ich nicht und kann ich mir nicht vorstellen«.[40]

Angesichts seines Wesens und seiner Unfähigkeit, die Zunge im Zaum zu halten, ist zu vermuten, daß er das auch anderen gesagt und sich beim Disput in Hitze geredet hat. Jedenfalls berichtete Montalcino alles dem

Pater Provinzial Domenico Vita. Dasselbe taten andere Patres, die bei der Diskussion anwesend waren. Am meisten mußte sich wohl Montalcino empört haben, der ein Verehrer der fanatischen spanischen Theologen und daher auch selbst ein Fanatiker war. Es wurde auch die Anzeige rekonstruiert, die der Novizenmeister, Bruder Eugenio Gagliardo, gegen Bruno geschrieben und dann zerrissen hatte. Überdies nahm sich jemand die Mühe und schaute in seiner Zelle nach, wo nun die Bücher des Erasmus gefunden wurden. Damit hatte man alles beisammen, um einen Prozeß einzuleiten. Und das tat der Provinzial Domenico Vita auch, doch wurden dann die Akten nach Rom überstellt, wie man aus Brunos eigener Erklärung vor dem Gericht in Venedig entnehmen kann: »Man wird jene Prozeßakten leicht heranziehen können, da sie unerledigt geblieben sind, und ich glaube, daß sie damals dem Prokurator des Ordens in Rom geschickt wurden; ich glaube, man wird keine Sache von Bedeutung in ihnen entdecken«.[41] Der Prozeß wurde also in Neapel begonnen und in Rom zu Ende geführt.

Unterdessen witterte Bruno die Gefahr und befürchtete, verhaftet zu werden; in dieser Situation zögerte er nicht, die Flucht zu ergreifen: »Bevor ich nach Rom ging, im Jahre 1576, wenn ich mich recht erinnere, und das Ordensgewand ablegte und den Orden verließ – hatte der Provinzial damals einen Prozeß gegen mich angesetzt; die Anklagepunkte kenne ich wirklich nicht, mir wurde im besonderen nur gesagt, daß man mir den Vorwurf der Ketzerei mache sowohl wegen jener Handlungsweise während meines Noviziats, als auch wegen anderer Dinge. Und da ich befürchtete, ins Gefängnis geführt zu werden, verließ ich Neapel und ging nach Rom«.[42] Seine Anwesenheit im Konvent von San Domenico Maggiore ist bis 30. Jänner 1576 dokumentiert, sodaß anzunehmen ist, daß er im Februar dieses Jahres seine Flucht angetreten hat.

Wie er selbst zugab, hegte Bruno schon mit 18 Jahren Zweifel an der Trinität; aber anstatt sie den Umständen entsprechend für sich zu behalten, muß er sie in den Diskussionen mit den Mitbrüdern immer unvorsichtiger geäußert haben. Noch unvorsichtiger muß er sie vor diesem borniertern Finsterling Bruder Agostino da Montalcino zum Ausdruck gebracht haben, der sich darüber so empörte, daß er ihn sofort beim Pater Provinzial denunzierte.

Wahnsinn der Menschen: Das Dogma von der Trinität, das Goethe

wie eine Art Hexeneinmaleins vorkommt und das er ein »Dreigetüm«
nennt,[43] hat Kriege und endlose Greueltaten provoziert. Die Logik lehnt
sich schon gegen die Idee eines personalen Gottes auf, der die Welt aus
dem Nichts geschaffen hat und sie seither nach seinem Gutdünken verwaltet. Wenn man dann noch von einer einigen und dreieinigen Gottheit spricht, also von drei verschiedenen Personen in einer, als handle es
sich um den Polymorphismus der Eukalyptusblätter, dann hat die Logik
dabei nichts mehr verloren. Augustinus oder Tertullian wird die Aussage
zugeschrieben: »*Credo quia absurdum*«. Etwa dasselbe sagt auch Anselm
von Aosta: »*Credo ut intelligam*«.[44] Eine solche Logik aber können sich
nur die Kirchenväter und -doktoren leisten. Der normale Mensch, der
keine besondere Beziehung zum Himmel hat, redet so: Entweder man
denkt oder man glaubt. Jedenfalls bleibe ich bei Goethe: »Es war die Art
zu allen Zeiten, / Durch Drei und Eins, und Eins und Drei / Irrtum statt
Wahrheit zu verbreiten. / So schwätzt und lehrt man ungestört; / Wer will
sich mit den Narrn befassen? / Gewöhnlich glaubt der Mensch, wenn er
nur Worte hört, / Es müsse sich dabei doch auch was denken lassen«.[45]
Wie man sieht, macht sich der große Dichter über die Trinität lustig.

Voltaire lachte über solche theologische Absurditäten. In seinem mör-
derischen *Dictionnaire philosophique* schreibt er unter dem Stichwort
Arius: »Und da ist eine unverständliche Kontroverse, die über sechzehn
Jahrhunderte Neugier, dialektische Subtilität, Bitterkeit, den Geist der In-
trige, Machtgier, Verfolgungswut, blinden und blutigen Fanatismus, und
barbarische Leichtgläubigkeit im Gang gehalten und größere Schreck-
nisse verursacht hat, als die Ambitionen der Fürsten, die ihrerseits viel
verursacht haben: ›Jesus ist verbum? und wenn er verbum ist, ist er aus
Gott hervorgegangen in den Zeiten oder vor den Zeiten? Und wenn er
aus Gott hervorgegangen ist, ist er dann gleichaltrig und konsubstantial
mit ihm oder besteht er aus einer ähnlichen Substanz, ist er von ihm unterschieden oder nicht, ist er geschaffen oder gezeugt? Und kann er seinerseits zeugen? Hat er die Vaterschaft oder die produktive Gabe ohne
Vaterschaft? Und der Heilige Geist – ist er geschaffen oder gezeugt, pro-
duziert oder stammt vom Vater ab oder vom Sohn oder von beiden? Und
kann er zeugen oder kann er schaffen? Und ist seine Hypostase konsub-
statial mit der Hypostase des Vaters und des Sohnes? Und da er genau
dieselbe Natur, dieselbe Essenz wie der Vater und des Sohn hat, warum

kann er nicht dieselben Dinge tun, wie jene beiden Personen, die er selbst sind?‹ Ich verstehe überhaupt nichts. Niemand hat je etwas davon verstanden, und aus diesem Grund hat man sich gegenseitig nach Belieben abgeschlachtet«.

Auch Giordano Bruno verstand nichts davon, sofern er überhaupt etwas davon verstehen wollte: Diese theologischen Haarspaltereien mußten seinem philosophischen Geist nicht wenig zuwider sein. Aber er verstand, daß es notwendig war, die Flucht zu ergreifen, solange noch Zeit war.

Wir wissen nicht, ob er vor seinem Weggang aus Neapel und Kampanien seine Eltern wiedergesehen und sich den Segen seines geliebten Monte Cicala geholt hat, der ohne Zweifel wohltätiger war als diejenigen, die die Gerechtigkeit Gottes verwalteten. Mag sein, daß er auch ein Viaticum vom Vesuv erbeten hat: Er hatte es nötig, ging er doch jetzt seinem stürmischen Schicksal entgegen. Wie ein Sturmvogel lebte er immer mitten im Gewitter; besser noch: er selbst war ein Gewittersturm. Man könnte ihn mit den Möwen oder mit den Alpenkrähen vergleichen, die umso lebendiger werden, je mehr der Himmel voll Wolken und Sturm hängt.

Aber dieser Bruder, der dem Konvent entkommt, nachdem er elf Jahre in der Stille seiner Zelle verbracht hatte, und sich nun unversehens unter freiem Himmel wiederfindet, ruft noch eine andere Vorstellung wach: die des Vogels, der aus dem Käfig befreit wird, in dem er zu fliegen verlernt hat. Es fehlte ihm die Praxis der Welt und des Lebens, in das er sofort wie in ein fremdes Element eingetaucht wurde. Wohin sich wenden und wohin gehen? Der Übergang von einem Lebensstil in einen anderen braucht Zeit; und wie der Vogel, kaum aus dem Käfig befreit, in ihn zurückzukehren sucht, so klopfte Bruno, in Rom angekommen, an das Tor eines anderen Konvents: des Klosters von Santa Maria sopra Minerva. In seiner ersten venezianischen Aussage heißt es: »Und ich habe in diesem Ordenskleide des heiligen Domenicus die Messe zelebriert und die heiligen Pflichten erfüllt im Gehorsam gegen die Oberen dieses Ordens und die Priore der Klöster und Konvente, in denen ich geweilt habe bis zum Jahre 76 [1576], welches das Jahr war nach dem Jubiläum, wo ich mich im Konvent der Minerva unter dem Befehl des Meisters Sisto de Luca befand, des Prokurators meines Ordens. Dorthin hatte ich mich begeben, weil mir in Neapel zweimal der Prozeß gemacht worden war«. [46]

Der genaue Name des Prokurators war nicht Sisto de Luca, wie es fälschlich im Protokoll heißt, sondern Sisto Fabri da Lucca. Er wurde später einstimmig zum Ordensgeneral der Dominikaner gewählt. Im Jahr 1581 hatte er außerdem die Aufgabe, die Essays von Montaigne zu zensurieren; aber weil er die Sprache, in der sie geschrieben waren, nicht verstand, urteilte er auf der Grundlage dessen, was ihm ein französischer Mönch berichtet hatte, und überließ die Korrektur der strittigen Punkte dem Gewissen des Autors. Das erzählt Montaigne selbst in seinem *Journal du voyage en Italie* unter dem Datum vom 20. März 1581.

Warum begab sich Bruno gerade unter die Fittiche des Prokurators der Dominikaner? Suchte er höhere Protektion, oder hoffte er, daß sein Fall in der schweren Unordnung, die damals in Rom herrschte, unbeachtet bleiben würde? Ein Zeitgenosse, Guido Gualtieri aus den Marken, sagt, daß »häufigste und schwerste Tumulte« entstanden seien. Tag und Nacht »gab es Raub und Totschlag: Viele wurden in den Tiber geworfen – nicht nur aus dem Volk, sondern Monsignori, Söhne von Magnaten wurden der Feuerfolter ausgeliefert und Neffen von Kardinälen beseitigt.« Und weiter: »Diese schreckliche Menge der Räuber und Mörder war nicht nur aus Haß oder nach erlittenen Beleidigungen entstanden, sondern jeder Schurke, der Untaten liebte und sich bereichern wollte, verstärkte den großen Haufen. Und es waren nicht nur Laien, denn viele Priester und Ordensleute ergaben sich schnell diesem fluchwürdigen Leben, nachdem sie Kirchen und Klöster verlassen hatten. Grausiger und unstillbarer Durst nach menschlichem Blut: Man fand Spaß und Vergnügen daran, Menschen umzubringen. Ein kleiner Verdacht, ein vielleicht falsch hinterbrachtes Wort, waren tödlich«. Alle Schuld lag bei dem »schwachen Charakter Papst Gregors XIII.«, der damals über achtzig war und alles »den Launen seines Sohnes Giacomo überließ«. [47]

War denn Rom die Hauptstadt der Christenheit oder der Teufelei? Und der Heilige Geist ließ das durchgehen? Jedenfalls hatte Bruno Grund zur Hoffnung, daß sich inmitten aller dieser Schurkereien und Mordanschläge niemand für ihn interessieren würde, der bloß angeklagt war, den Marienkult kritisiert und Zweifel am Dogma der Trinität gehegt zu haben. Statt dessen wurde er unter obskuren Umständen selbst in die chaotischen Zustände hineingezogen, die die ewige Stadt befallen hatten. Irgend jemand wollte ihn aus Rache oder Bosheit eines Verbrechens beschuldigen. Versuchen wir den Fall zu klären.

In der Anklage vom 23. Mai 1592 gegen den Philosophen, die der venezianische Patrizier Giovanni Mocenigo der Inquisition übermittelte, liest man unter anderem: »Er hat auch erzählt, daß er schon einmal in Rom eine Anklage gehabt habe über 130 Punkte, und daß er indessen von dort geflohen sei, da er beschuldigt worden sei, einen Ankläger oder den, welchen er dafür hielt, in den Tiber geworfen zu haben«.[48] Noch bevor er mit Mocenigo gesprochen hatte, kam er mit dem Pariser Bibliothekar Guillaume Cotin auf diese Verleumdung zu sprechen; in dessen Tagebuch steht unter dem Datum vom 7. Dezember 1585, daß der Philosoph »schon seit acht Jahren Flüchtling aus Italien ist, sowohl wegen eines Mordes, den ein *frère* begangen hat, für den aber er beschuldigt worden ist, sodaß er sich deshalb in Lebensgefahr befinde, als auch wegen der Verleumdungen durch die Inquisitoren, welche ignorant seien; und weil sie seine Philosophie nicht verstünden, beschuldigten sie ihn der Häresie«.[49] Natürlich steht *frère* für *confrère*, d.h. Mitbruder oder Ordensmitglied, auch weil nirgends ersichtlich ist, daß Bruno einen leiblichen Bruder gehabt hätte. So bleibt das Faktum, daß sein Name im *Index processatorum* des Jahres 1576 zweimal vermerkt wird. Daraus darf man folgern, daß in diesem Jahr, wie Spampanato schreibt, »zweimal gegen Bruno prozessiert wurde; wenn auch die Akten fehlen, die wahrscheinlich vom Heiligen Offizium angefordert und dort geblieben sind, so kann man doch festhalten: Wenn der erste der Glaubensprozeß war, von dem schon die Rede gewesen ist, dann wurde der zweite wegen der Beschuldigungen angestrengt, auf die Mocenigo und Cotin anspielen. Die venezianischen Richter sowie der Kardinal Santoro sprechen im Auslieferungsbegehren nicht davon; gewiß, aber nichts verbietet uns trotzdem anzunehmen, daß zwischen 1576 und 1592 der wahre Schuldige ausgeforscht wurde, oder daß man wenigstens bewiesen hatte, daß der Flüchtling mit dem finsteren und grausamen Racheakt nichts zu tun hatte, weder als Täter, noch als Komplize«.[50]

Fassen wir zusammen: Wenn Bruno sich tatsächlich eines Deliktes schuldig gemacht hätte, dann hätten zuerst die venezianischen, dann die römischen Richter, die noch strenger gegen den Angeklagten vorgingen, gewiß davon gesprochen, auch wenn es für sie weniger schwerwiegend war, einen Menschen in den Tiber zu werfen, als das Dogma von der Trinität in Zweifel zu ziehen. Sie machten darüber aber keinerlei Andeutung, und das zeigt, wenn auch indirekt, die absolute Unschuld des Angeklagten. Und es war gerade Bruno, der davon redete, obwohl er allen Grund zum Schweigen gehabt hätte, wenn er wirklich schuldig gewesen wäre. Wie man auch die Sache untersucht, das Ergebnis ist immer dasselbe: Es handelte sich nur um eine grausame Verleumdung. Spampanato hat also recht, wenn er schreibt, daß man, weil es in Rom in jenen Tagen der Anarchie »dem wahren Täter gelungen war, die Flucht zu ergreifen und unerkannt zu bleiben, wahrscheinlich den Nolaner wegen seines Grolls gegen den ermordeten Mönch beschuldigte«.[51] Kann man sich denn einen Philosophen wie Giordano Bruno vorstellen, wie er einen Mann in den Tiber wirft? Seine Waffen waren die Feder und die Zunge, nicht die Hände.

Wer soll aber der Mönch gewesen sein, der sein Ende im Wasser gefunden hat? Spampanato denkt an einen der vielen neapolitanischen Brüder, die »sich in eigenen Angelegenheiten und solchen des Konvents« nach Rom begaben. Mit Sicherheit handelte es sich nicht um Montalcino, der noch 1592 lebte und frisch und munter war. Man ist fast versucht zu sagen: leider. Nicht den Tod, um Gottes willen, aber ein ordentliches Bad im Tiber hätte er verdient, wenn man bedenkt, daß er die Tragödie unseres Philosophen ins Rollen gebracht hatte.

Wahrscheinlich hat Bruno, um seine Position im venezianischen Prozeß nicht zu erschweren, betont, daß er »die Ordensleute in keiner Weise verunglimpft« habe. In Wirklichkeit verabscheute er sie, wie man aus vielen Stellen seiner italienischen und lateinischen Werke ersehen kann. Obwohl er mitten unter Leuten lebte, wie er sie im *Candelaio* beschrieben hat, verstand er es, sich vor Beschmutzung zu bewahren. Sein Name kommt im *Registro di provincia* nicht vor, in dem alle jene verzeichnet sind, die sich dieser oder jener Schurkerei schuldig gemacht haben. Er erhob sich über die Welt, die ihn umgab, und folgte allein seinen Idealen. Gewiß, der Kampf war lang und schwierig, aber er ging daraus siegreich hervor. Der Konvent von San Domenico Maggiore, in dem er elf Jahre gelebt hatte, muß wohl nach allem, was sich dort ereignete, eher einer Lasterhöhle als einem Ort der Tugend geglichen haben; und wenn wir auch nicht genau wissen, aus welchen Motiven Bruno dort eingetreten ist, so können wir doch verstehen, warum er – abgesehen von den Prozessen – von dort geflohen ist und auch weiterhin davon angewidert war.

Wie es scheint – so Spampanato – war er vor allem einem »tonsurier-ten Sodomiten« böse, dem aufgeblasenen Bruder Bonifacio, der unter demselben Namen im *Candelaio* lächerlich gemacht wird. In der Wid-mung an Signora Morgana liest man: »Laßt von mir auch diesen anderen *Candelaio* grüßen, diesen Kerzenzieher aus Fleisch und Bein, von dem ge-sagt ist: ›*Regnum Dei non possidebunt*‹ ; und sagt ihm doch, er möge sich nicht allzu sehr der Hoffnung freuen, daß mein guter Name zertreten worden sei unter den Füßen der Säue und den Hufen der Esel: denn schon zu dieser Stunde sind den Eseln die Ohren gestutzt worden, und im Dezember werden mir auch die Schweine ihre Schuld noch bezahlen. Und er möge sich nicht allzu sehr vergnügen an seinem Spruch: ›*Abiit in regionem longinquam*‹; denn sollten jemals die Himmel mir gewähren, daß ich wie der verlorene Sohn sagen könnte: ›*Surgam et ibo*‹, dann würde dieses gemästete Kalb zweifelsohne Teil unseres Festes werden. Bis dahin möge er leben, sich pflegen und noch fetter werden, als er schon ist; aber später einmal hoffe ich Speck zu gewinnen, wo ich Kraut verfüt-tert habe; wenn nicht in diesem Mantel, dann in einem anderen; wenn nicht in diesem, dann in einem anderen Leben«.

Wer war dieses fette Schwein? Nach Spampanato handelte es sich um Bonifacio aus Neapel, einen Mitbruder Brunos im Kloster von San Do-menico Maggiore und seinen schärfsten Feind. Sicherlich war er nicht der einzige Sodomit oder »Candelaio« in diesem Konvent. Das ist ja eine alte Geschichte: Viele Diener Gottes reden von Askese und haben die Fahr-karte nach Sodom in der Tasche. Da kommt einem auch in den Sinn, was Rousseau in seinen *Confessions* erzählt: Als er im Hospiz der Kate-chumenen in Turin war, wo man diese auf die Konversion zum Katholi-zismus vorbereitete, lief er Gefahr, von einem der Flickschuster des Ge-wissens vergewaltigt zu werden.

Auch ohne die absurde Verleumdung, er hätte einen Mitbruder in den Tiber gestoßen, war die Luft für Bruno in Rom nicht bekömmlich. Von Neapel aus wurde er benachrichtigt, daß man nach seiner Abreise die ver-botenen Bücher gefunden habe, die er heimlich gelesen hatte. Wahr-scheinlich war man auch in Rom schon über den Prozeß informiert, der gegen ihn in Neapel eingeleitet wurde. Gerade in jenen Tagen erfüllte sich überdies in der Ewigen Stadt das traurige Schicksal des spanischen Erz-bischofs Bartolomeo Carranza de Miranda. Der Unglückliche war der

Häresie verdächtigt und 14 Jahre lang gefangengehalten worden, zuerst in Valladolid und dann in der römischen Engelsburg. Am 14. April 1576 widerrief er in Gegenwart des Papstes und der Inquisitoren, aber er starb wenig später an den erlittenen furchtbaren Folterungen.

Nein, über dem Himmel von Rom schwebte nicht der Heilige Geist. Wer der Häresie angeklagt war wie Bruno, konnte durchaus böse Vorzeichen wahrnehmen. Er mußte wieder fliehen. Er trat aus dem Orden aus und legte das Ordenskleid ab; dann verließ er Rom, das Hauptquartier der christlichen Liebe, und machte sich auf den Weg ins Exil. Nach Spampanato blieb er nicht über den März 1576 hinaus in Rom. Er war heimlich dorthin gekommen und reist noch heimlicher wieder ab.

Nackt wie Bias

Jordano Bruno

In jener Zeit wütete nicht nur die Pest der Inquisition, sondern auch die ehrliche, wahrhaftige Pest – schwer zu sagen, welche von beiden die üblere war und mehr Opfer forderte, aber gewiß mordeten die Pestbakterien auf freundlichere Art. Machen wir einen Schritt zurück und reden wir von einem der grauenvollsten Massaker, die im Namen des christlichen Gottes angerichtet wurden. Man könnte es in gewisser Weise auch als ein Vorspiel oder eine Generalprobe für die Bartholomäusnacht ansehen.

Hier in Kürze die schreckliche Geschichte. In Kalabrien lebte schon seit vielen Generationen eine starke Kolonie von Waldensern aus Piemont. Um der Verfolgung in den Alpen zu entkommen, hatten sie in der Nähe des Silagebirges Zuflucht gesucht, jenem großartigen Wald mit riesigen Pinien, wo Joachim von Fiore das Zeitalter der Herrschaft des Heiligen Geistes vorhergesagt hatte. Die ersten waren zu Ende des 13. oder zu Beginn des darauffolgenden Jahrhunderts dort angekommen. Es waren ruhige und arbeitsame Leute, die sich dem Gebet und der Feldarbeit widmeten. Im Laufe der Zeit waren weitere Glaubensgefährten aus den Alpentälern eingetroffen und hatten sich an verschiedenen Stellen der Gegend niedergelassen. In Montalto, nicht weit von Cosenza, bauten sie ein Dorf, das *Borgo degli ultramontani* genannt wurde. In der Nähe, bei einem Gehöft namens San Sisto, befand sich ihre Hauptkirche. Der Name dieser Waldenser ist aber auch mit einem Dorf verbunden geblieben, das noch heute *Guardia Piemontese* heißt. Für etwa zweieinhalb Jahrhunderte konnten sie in Frieden leben. Die Lage änderte sich schlagartig mit Kardinal Michele Ghislieri aus Alessandria, dem wütenden Inquisitor und späteren Papst Pius V., der beschlossen hatte, zugleich die Waldenser in Piemont und diejenigen in Kalabrien zu vernichten; und wenn die Durchführung dieses beabsichtigten Verbrechens mit den einen scheiterte, so hatte sie mit den anderen umso mehr Erfolg.

Der Kreuzzug gegen die Waldenser in Kalabrien, die in die Tausende angewachsen waren, begann im Frühjahr 1561. Die bewaffneten Schwadronen, gesegnet und aufgehetzt vom Dominikaner Valerio Malvicino aus Piacenza, machten mit Feuer und Schwert alles nieder. Dafür war es notwenig, auch berufsmäßige Kriminelle anzuwerben, und zwar mit der Zusage einer vollständigen Amnestie für ihre Verbrechen und einer Prämie für jeden getöteten Häretiker. Außerdem gab es dressierte Hunde, die hinter allen her gehetzt wurden, die versuchten, in die Wälder zu entfliehen. Die Waldenser von Guardia Piemontese wurden mit einer List gefaßt, die ihr Gutsherr ausgeheckt hatte, der sie eigentlich auch im eigenen Interesse hätte verteidigen müssen. Er nannte sich Salvatore Spinelli, und das Gemetzel an den Unglücklichen brachte ihm den Titel eines Marchese ein. Wie viele Aristokraten führen nicht ihre Herkunft auf Übeltäter und Kriminelle zurück?

Die schauderhafteste Szene unter all den Massakern spielte sich in Montalto ab, wo die Überlebenden der Gemetzel von San Sisto und Guardia Piemontese Zuflucht gesucht hatten. Wir haben drei Briefe von einem Augenzeugen dieses Horrors. Auch wenn sich die Hand sträubt, solche Dinge niederzuschreiben, müssen wir doch wenigstens aus dem zweiten Brief zitieren, der am 11. August 1561 geschrieben wurde. Man höre: »Bis jetzt habe ich geschrieben, was hier täglich mit diesen Häretikern geschehen ist; nun ist zu sagen, wie man heute früh begonnen hat, schreckliche Hinrichtungen dieser Lutheraner durchzuführen, und nur daran zu denken ist schauderhaft. Sie werden geschlachtet wie Hammel; sie waren in ein Haus eingesperrt und es kam der Henker und nahm einen nach dem anderen und verband ihm die Augen und brachte ihn auf einen weiten Platz nicht weit von dem Haus und zwang ihn niederzuknien und mit einem Messer durchschnitt er ihm die Kehle und ließ ihn so liegen. Dann nahm er dieselbe blutgetränkte Binde und mit dem blutigen Messer holte er einen anderen und tat dasselbe. Er hat diese Ordnung bis zur Nummer achtundachtzig verfolgt, und wie erbarmungswürdig das Spektakel war, überlasse ich Eurer Vorstellung. Die Alten gehen froh in den Tod, und die Jungen eher verängstigt. Man hat Wagen beordert und sie sind schon da, und alle werden geviertelt, und man wird sie der Straße des Landboten entlang aufhängen bis an die Grenzen Kalabriens [...] heute hat man befohlen, hundert der ältesten Frauen kommen zu lassen und sie zu foltern und dann auch sie hinzurichten, um eine vollständige Mischung zu machen. Unter ihnen gibt es sieben, die das Kruzifix nicht sehen und nicht beichten wollen, und die werden lebendig verbrannt«.

Im dritten Brief, geschrieben am 12. August 1561, sagt der Verfasser, daß »in 11 Tagen 2000 Seelen exekutiert und 1600 Verurteilte eingekerkert wurden.« Die genaue Zahl der Opfer kennt man nicht. In einem anderen Brief, der am 27. Juni 1561 an einen Prälaten geschrieben wurde, ist die Rede von sechsundachtzig Menschen, die enthauptet und dann in Stücke zerrissen und auf Pfählen aufgehängt wurden, die man zu diesem Zweck der Straße entlang über 36 Meilen aufgepflanzt hatte; und so sah man dieses Schauspiel, »schrecklich für die Häretiker und als eine große Bestätigung für die Katholiken«. Andere wurden »mit Harz bestrichen, damit sie unter größeren Leiden zur Strafe für ihre mangelnde Frömmigkeit allmählich verbrannten«. Machen wir an dieser Stelle Schluß, denn das Herz erträgt den Gedanken an die jungen Menschen nicht, die zusammen mit ihren Eltern abgeschlachtet oder lebendig verbrannt wurden. Niemals ist der Mensch so grausam und verbrecherisch, wie wenn er im Namen eines Glaubens handelt, egal ob religiös oder politisch. Und ich möchte noch hinzufügen: Der Inquisitor Michele Ghislieri, der Anstifter dieses Massakers, wurde daraufhin Papst und schließlich sogar heiliggesprochen. Mit anderen Worten: Für ihn öffnete sich der Weg zum Himmel, so wie für den Gutsherrn Spinelli der Weg zur Würde eines Marchese. All das geschah in Kalabrien auf einem Boden antiker Zivilisation, wo ein Großteil der abendländischen Philosophie entstanden war, und wo Jahrhunderte vor Christus Städte wie Kroton oder Sybaris blühten. Wer kennt nicht die hohe Weisheit, die in der Schule des Pythagoras in Kroton gelehrt wurde? Die Gedanken stiegen empor wie die Riesenpinien des Silagebirges, unter denen vielleicht schon die Pythagoreer meditiert haben. Die Blütezeit setzte sich auch in römischer Zeit fort. Man kannte damals den Begriff des Ketzers nicht, und niemand hätte seinesgleichen aus religiösen Gründen abgeschlachtet. Dann kamen die Christen, und es wurde Nacht.

Nun aber kehren wir zu Giordano Bruno zurück. Als er sich anschickte, die Hauptstadt der Christenheit zu verlassen, wird er sich vielleicht gesagt haben: »*Patriam fugimus*«. Aber wohin sich wenden? Im Süden wie im Norden war der Himmel für die Ketzer verdunkelt. Die Götter waren blutdürstig, und die Inquisitoren gaben ihnen ununterbrochen zu trinken. Nach dem Gemetzel an den Waldensern in Kalabrien, deren Blut noch nicht getrocknet war, ereignete sich das noch furchtbarere der Bartholomäusnacht in Frankreich. Und noch dazu wütete die Pest, wie wir schon angedeutet haben, vor allem in Venetien und der Lombardei, ohne die anderen Regionen zu verschonen. Papst Gregor XIII. schrieb zur Buße eine Jubiläumsfeier aus und begab sich, gefolgt von einer großen Menschenmenge, bloßfüßig in die Kirche Santa Maria del Popolo. Aber wie es scheint, ließen sich die Krankheitserreger von den nackten Füßen Seiner Heiligkeit nicht beeindrucken.

Nur Ligurien schien für den Augenblick verschont, und gerade in diese Richtung brach Bruno auf. Offensichtlich wollte er sich, wie er acht Jahre später im *Spaccio* schrieb, von Orten fernhalten, die »von der Pest befallen und zerstört waren«. Die Pest verbreitete sich später auch in Ligurien und raffte allein in Genua 20.000 Opfer dahin. Arm, allein, verfolgt, ohne Obdach und ohne Gewißheit des täglichen Brots begab sich Bruno auf den rauhen Pfad seines Schicksals. Er wußte, wovor er fliehen mußte, aber er wußte nicht wohin. Er war mit sich allein und hatte niemanden als sich selbst. In dem Sonett, das er dem *Candelaio* voranstellte, verglich er sich zurecht mit Bias, einem der sieben Weisen, dem der Spruch *omnia mea mecum porto* zugeschrieben wird. Als die Stadt Priene von Feinden erobert wurde, sei Bias geflohen, ohne irgendetwas mitzunehmen, es sei also nackt und mittellos geblieben; in der Folge wurde er zum Synonym für Bettler. So versteht man die Anspielung des Philosophen besser: »Ach, daß ich vergeblich wünsche, angezogen zu gehen / ach, daß ich nackt wie ein Bias gehe!« Die Kutte, wie gesagt, hatte er an den Nagel gehängt, wohl um freier zu sein und der Neugierde des Nächsten besser zu entkommen. Tatsächlich wurde die Begegnung mit einem Mönch für ein böses Omen gehalten – all das Schuld der vielen Ordensleute, die durch ihr Betragen den Habit, den sie trugen, besudelt hatten.

Wir wissen nicht, wie und wann Bruno Genua erreicht hat; wir wissen aber, daß er sich am 15. April 1576 dort aufgehalten hat. Das läßt sich aus der ersten Szene des *Candelaio* ableiten: »Ich sage, im Namen des gebenedeiten Eselsschwanzes, den die Genueser in [der Kirche von Santa Maria di] Castello anbeten«. Und weiter, im dritten Dialog des *Spaccio*: »So habe ich die Ordensbrüder von [Santa Maria di] Castello gesehen, wie sie für kurze Zeit den verhüllten Schwanz zeigen und küssen lassen und sagen: Nicht berühren, küßt ihn, das ist die heilige Reliquie jenes gesegneten Esels, der gewürdigt wurde, unseren Gott vom Ölberg nach Jerusalem zu tragen.

Adoriert ihn, küßt ihn und gebt Almosen: *Centuplum accipietis, et vitam aeternem possidebitis«*. Diese sonderbare Reliquie wurde am Palmsonntag ausgestellt, der im Jahr 1576, als Bruno sie sah, auf den 15. April fiel.

Die Kirche hat noch seltsamere und lächerlichere Dinge als den Schwanz eines Esels der Verehrung ihrer Gläubigen vorgesetzt, z.B. die zahlreichen heiligen Vorhäute Christi, über die auch Roger Peyrefitte in seinem Buch *Les Clés de Saint Pierre* schreibt. Es scheint, daß es davon allein in Italien drei oder vier Dutzend gibt, als ob Gott sich bei seiner Menschwerdung nicht mit einer Flöte, sondern mit einer vielröhrigen Orgel ausgestattet hätte. Ich jedenfalls war neugierig auf diesen heiligen Schwanz, begab mich in die ligurische Hauptstadt und wollte mich vergewissern, ob die Reliquie immer noch existiert.

Der Konvent von Santa Maria di Castello ist eines der schönsten und ansehnlichsten Gebäude von Genua. Die Kirche, in deren Schiff man einige römische Säulen sehen kann, ist in vollkommenem romanischem Stil erbaut, aber ihre Ursprünge sind weitaus älter. Die Dominikaner sind hier seit 1442. Sie müssen zu Zeiten sehr zahlreich gewesen sein, wie sich das aus der Weitläufigkeit des Konvents ergibt; heute gibt es nur mehr an die zehn Mönche. An einen von ihnen wandte ich mich höflich um Information über den heiligen Schwanz, über den auch Salvatore Viale in der Dichtung *Dionomachia* aus dem Jahr 1812 spricht. Der Dominikaner antwortete mir eher indigniert: »Das ist lächerlich, das ist ja lächerlich! Da kommen Leute von überallher, aber niemand hat mir jemals eine derartige Frage gestellt«. Schließlich gab er aber zu, auch schon von dieser Reliquie reden gehört zu haben, aber er wisse nicht, wohin sie gekommen sei. Als ich ihn dann fragte, ob er Giordano Bruno kenne, einen Dominikaner wie er, antwortete er verächtlich: »Leider!« Offenbar ist der Schwanz verschwunden, aber der Esel geblieben.

Hier fragt man sich: Ist Bruno aus Neugierde in die Kirche Santa Maria di Castello gegangen oder um Hilfe von seinen Mitbrüdern zu erbitten? Wir wissen es nicht. Abgesehen von der satirischen Notiz über den Schwanz des Esels Jesu Christi, wissen wir nicht einmal, welchen Eindruck Genua, die Stolze, auf ihn gemacht hat. Petrarca, der viel früher als er hier vorbeigekommen war, sagt dies: »Damals war ich ein Kind und ich erinnere mich wie im Traum eurer Bucht, die nach Osten und Westen schaute, die keinem irdischen, sondern einem himmlischen Ort

Giordano Bruno

glich, ähnlich jenem, den die Dichter im Elysium ansiedeln: Hügelkuppen, durchlaufen von schönen Pfaden, von grünenden Tälern und zwischen ihnen die seligen Geister. Wer hätte nicht von oben die Türme und Paläste bewundert, die die Natur durch die Kunst gezähmt haben, die Abhänge der Hügel, mit Zedern, Reben und Olivenbäumen bedeckt, und unter den hohen Felsen die Villen aus Marmor, Königsschlössern gleich, um die jede Stadt euch beneidete? Wer bewunderte nicht staunend die heiteren Zufluchtsorte, wo zwischen den fröhlichen Klippen, vom Sturm gebadet wie in goldenen Vorhöfen die Meereswellen widerhallten, die mit ihrer Schönheit die Blicke der Seefahrer auf sich zogen und die Matrosen die Ruder sinken ließen? Und wenn du dann über Land fuhrst, wie konntest du nicht von Staunen überwältigt sein, wenn du das erhabene und mehr als menschliche Aussehen der Männer und der Frauen betrachtetest?«[52]

Bruno sagt nichts über Genua oder Ligurien. In seine Schwierigkeiten verstrickt, hatte er vielleicht nicht einmal Zeit, sich umzusehen. Er war eine gehetzte Beute. Wahrscheinlich suchte er im Dominikanerkloster Ruhe und Essen, so wie gewisse Tiere, wenn auch sehr vorsichtig, in das Haus zurückkehren, aus dem sie geflohen oder verjagt worden sind. Aber wie es scheint, fand er weder Ruhe noch Hilfe, denn er entfernte sich schnell wieder aus Genua. Übrigens war auch in dieser Stadt die Pest ausgebrochen – ein Motiv mehr, sie zu verlassen. Bei Bruno, der vor Orten floh, wo es Anzeichen der Pest gab, fällt einem Schopenhauer ein, der aus Berlin flüchtete, sobald das Wort Cholera nur ausgesprochen wurde. Manchmal sind die Philosophen also auch vorsichtig.

Jedenfalls versteht man nicht, warum Bruno, als er Genua verließ, in Noli Zuflucht suchte, einem gewiß sehr schönen Ort, aber zu jener Zeit kein Ziel für Fremde. Ging er spontan dorthin oder auf den Rat oder die Empfehlung von irgend jemandem, den er in Genua kennengelernt hatte? Wollte er näher zu Frankreich kommen oder suchte er ein sicheres Refugium in der kleinen Republik Noli, die so eifersüchtig über ihre Privilegien und ihre Autonomie wachte? Schwer zu sagen. Was wir wissen, ist nur die Tatsache, daß er dorthin ging, wie er selbst vor den venezianischen Richtern sagte: »Dieserhalb habe ich den Orden verlassen und bin nach Ablegung des Ordenskleides nach Noli gegangen, ins Genueser Gebiet, wo ich mich vier oder fünf Monate durch Unterricht für Knaben in der Grammatik erhielt.« Und weiter: »Ich verweilte in Noli, wie schon gesagt, ungefähr vier Monate, indem ich Knaben in der Grammatik unterrichtete und einigen Edelleuten Unterricht über Astronomie erteilte«.[53] Die Tatsache, daß er dort Arbeit gefunden hat, läßt an die Intervention einer befreundeten Person denken, denn es wäre schwer zu glauben, daß sich die Patrizier des Ortes vom Nächstbesten Lektionen in Kosmographie hätten geben lassen oder ihm die Erziehung ihrer Kinder anvertraut hätten.

Für etwa sieben Jahrhunderte regierte sich die kleine Republik von Noli nach eigenen Statuten und verteidigte ihre munizipiale Freiheit gegen Feinde, die ihre Unabhängigkeit bedrohten. Ihre Lage in einer Bucht, umgeben von steilen, felsigen Erhöhungen, schien geradezu gemacht, um sie gegen Feinde zu verteidigen. Auch Dante, der andere große Flüchtling, war hier durchgereist und hinterließ im vierten Gesang des *Purgatorio* eine Erinnerung daran: »San Leo ist ersteigbar, Nolis Hügel / Gehts steil herab, selbst Bismantovas Gipfel / Erklimmt der Fuß – doch hier gebraucht man Flügel«.[54] Jemand hat sogar geglaubt, Dante hätte die Idee des *Purgatorio* von der Gestalt des Monte Ursino genommen, auf dem sich das Kastell von Noli erhebt. Ohne sich der Phantasie hinzugeben, ist doch zu sagen, daß der Hinweis des Dichters auf Noli sehr genau ist. Man versteht daher nicht, warum gewisse Literaturkritiker seine Durchreise durch diese Gegend anzweifeln wollen, umso mehr als Dante an einer anderen Stelle seiner *Göttlichen Komödie* auch von Arles spricht, wohin er natürlich durch Ligurien gekommen ist. In einem Buch ist zu lesen: »Boccaccio und Villani behaupten, daß Dante in Paris war, und diese Nachricht ist glaubwürdig, auch wenn wir keinen Beweis haben. Es gibt in der Göttlichen Komödie Bezugnahmen auf französische Orte und Gegenden, die sich an der Straße nach Frankreich befinden: Diese Anspielungen sind so genau, daß man wirklich glauben muß, der Dichter habe sie gesehen«.[55]

Außer an Dante erinnerte Noli Bruno auch an Neapel. Tatsächlich nennt sich Noli in Dokumenten des 11. und 12. Jahrhunderts Napoli, abgeleitet von Neapolis, geradeso wie die Hauptstadt Kampaniens. Und da war auch das Meer! So konnte der Verbannte doch wenigstens davon träumen, noch in der Stadt zu sein, in der er so große Teile seiner Jugend verbracht hatte.

Wer in Noli umhergeht, erträumt sich hingegen die Anwesenheit des

Giordano Bruno. Die kleine Stadt mit heute etwa 3000 Einwohnern hat innerhalb des Mauergürtels ihre antike städtische Struktur im wesentlichen unversehrt erhalten und beschwört viele Erinnerungen herauf. Das Pflaster unter den Bogengängen nicht weit vom Meer hat sicherlich der Schritt des Philosophen berührt. Und gerade unter diesen Toren findet sich ein Stein, der an ihn erinnert: »Giordano Bruno / Bevor er Europa / Die Gesetze der Ordnung des Universums lehrte / War in Noli Lehrmeister / Der Grammatik und der Kosmographie«.

Der Unterricht in Kosmographie basierte auf der *Sphaera* des Dominikaners Johannes de Sacrobosco, ein Schlüsseltext der mittelalterlichen kosmologischen Wissenschaft, der genau in die ptolemäische Tradition hineinpaßt. Bruno zitiert ihn ausdrücklich, auch in seinen Büchern; es ist aber sehr wahrscheinlich, daß die Vorlesungen, die er »gewissen Patriziern« von Noli gab, nicht mit der dominikanischen Tradition übereinstimmten. Seine eigene Konzeption des Universums war damals sicherlich schon reif oder auf dem Weg, es zu werden, und zwar im Kielwasser des Kopernikus und nicht des mittelalterlichen Sacrobosco. Wer aber waren die »gewissen Patrizier«, die er in Kosmographie unterrichtete? Wahrscheinlich die Konsuln der kleinen Republik, die natürlich auch wissen wollten, wer der Fremde war. Wenn es sich um eine Universität gehandelt hätte, hätte Bruno seinen akademischen Titel verwerten können; aber in Noli gab es keine Universität. Und da erhebt sich wieder die Frage, durch wen er eingeführt oder unterstützt werden konnte. Unter denen, die ihn in den Konvent von San Domenico Maggiore aufgenommen hatten, war auch »der hochwürdigste Pater General Bruder Vincenzo Giustiniani aus Genua«:[56] Sollte er ihm geholfen haben? Das könnte ein Hypothese sein.

Im Jahr 1575 hatte Gianandrea Doria, Neffe des berühmten Andrea, die Macht in Noli an sich gerissen, aber mit den Bewohnern einen Vertrag geschlossen, in dem es unter anderem hieß, »daß der Kommune von Noli die gewohnte Freiheit mitsamt ihren Privilegien erhalten bleiben« sollte. Als Giordano Bruno Noli erreichte, wurde die Republik von den Konsuln Antonio Leone und Geronimo Faya regiert, während die Patrone der Kommune Bernardino Badetta und G. Francesco Vincenti waren. Kam ihnen vielleicht das hohe Privileg zu, Bruno als Lehrmeister der Kosmographie zu haben?

Die Statuten sahen schwerste Strafen für jene vor, die in irgendeiner Weise Angriffe gegen die Religion oder die kirchliche Hierarchie richteten. Es war vorgeschrieben, daß der Schuldige dem Volkszorn entzogen, verhaftet und in die Gefängnisse von Genua gebracht werden sollte. Das erklärt vielleicht, warum Bruno auch aus dem liebenswürdigen Noli zu einem bestimmten Zeitpunkt wegging, wo er doch Zuflucht gefunden und das Meer ihm vielleicht eine Vorstellung von der Unendlichkeit vermittelt hatte. Es könnte auch sein, daß seine Lektionen den Verdacht des Bischofs von Noli weckten, der übrigens Leonardo Trucco hieß, zu deutsch soviel wie Schwindel oder Trick, ein wahrhaft passender Name für einen Bischof. Ein Jahrhundert davor war Christoph Columbus von der Reede Nolis mit fünf Schiffen aufgebrochen, auch er ein Erforscher unendlicher Räume. Und erinnern wir uns auch an einen anderen Seefahrer, dessen Gedenkstein sich neben dem Giordano Brunos befindet: »Antonio aus Noli / Kühner unter den kühnen Seefahrern Nolis / In der Mitte des 15. Jahrhunderts / Indem er die capverdischen Inseln entdeckte / Zeigte er den Weg nach Indien / über das Kap der Guten Hoffnung / Einem Fremden, dem das Glück günstig war«. Der Kühnste von allen war aber er, Giordano Bruno, der das Bekannte und Unbekannte herausforderte, die begrenzte und die unbegrenzte Welt.

Gewiß wird er, dieser Liebhaber der Natur, auch das Bedürfnis verspürt haben, Ausflüge in das Landesinnere von Noli zu machen. Das sind Orte, die die Seele erheben und den Geist zur Meditation stimmen. Hier sprechen die Steine, etwa die der großartigen römischen Brücke des Ponci-Tales, ungefähr eine Stunde Wegzeit von Noli. Denn die antike römische Straße, nämlich die Via Julia Augusta, von der noch die Trasse zu sehen ist, lief im Hinterland über die Berge. Aber da sprechen auch die Grotten von Le Manie, wo prähistorische Menschen lebten. Wie schön sich vorzustellen, daß der Philosoph in diesem Winkel der Erde umhergewandert, mit einem Auge dem Meer, mit dem anderen den Bergen zugewandt. Wie es scheint, machte er auch einige Vorstöße in Richtung Frankreich, durchstreifte er das ganze Küstengebiet nach Westen und stieß wenigstens bis Nizza vor. Das ergibt sich aus einem Passus des *Spaccio*, den die Biographen nicht gebührend in Betracht gezogen haben: »Wenn du dorthin gehen willst, wo es viele Feigen gibt, dann geh nach Figonia, wo das Meer die ligurische Küste umspült, von Nizza bis Ge-

nua«.[57] Solche Worte setzen eine direkte Kenntnis der ligurischen West-
küste voraus, wo sich unter anderem das Dominikanerkloster von Taggia
befindet, das 1490 eingeweiht wurde und schnell zu Ruhm gelangt war.
Hat sich Bruno dort aufgehalten? Das ist sehr wahrscheinlich, obwohl es
keine Dokumente gibt, die es belegen. Man muß sich jedoch vor Augen
halten, daß Dokumente dieser Zeit zu einem großen Teil verlorengegangen oder vernichtet worden sind; und das gilt nicht nur für Taggia, sondern auch für Noli und Genua. In allen drei Städten habe ich nach irgendwelchen Nachrichten über die Präsenz Giordano Brunos gesucht,
seien es auch kleinste oder indirekte Hinweise; aber meine Recherche hat
keinerlei Früchte getragen.

So bleiben nur die Früchte, von denen der Philosoph spricht, nämlich
die »vielen Feigen« in Ligurien. Wie viele wird er gegessen haben?
Schließlich ist die abendländische Philosophie mit den Feigen entstanden: in Griechenland und Großgriechenland. Ja, die Philosophie hat sich
von Feigen ernährt. Auch Nietzsche muß sich den Magen mit ligurischen
Feigen vollgeschlagen haben. Wer wüßte nicht, daß er sich lange Zeit in
Ligurien aufgehalten hat, wo er seinen *Zarathustra* konzipiert und gezeugt
hat? Und daß ihm die Feigen schmeckten, geht aus der Einleitung zum
Ecce homo hervor: »Die Feigen fallen von den Bäumen, sie sind gut und
süß«. Ein Feigen essender Übermensch weckt keine Angst, sondern fast
Zärtlichkeit.

Nach Spampanato hielt sich Giordano Bruno wohl mehr als vier oder
fünf Monate in Noli auf, d.h. den ganzen Rest des laufenden Jahres und
den Anfang des nächsten. Wenn man bedenkt, daß er gegen Ende April
1576 angekommen war, ist die Rechnung schnell gemacht. Der Lazarist
Raffaele De Martinis behauptet, daß Bruno mit seinen Kosmographie-
lektionen einen Prozeß zu seinen Ungusten provoziert habe, was ja genau
zu den strengen Vorschriften in Sachen Religion in den Statuten von Noli
passen würde; Spampanato aber bezweifelt diese Nachricht.[58] Es ist jedenfalls möglich, daß seine unzertrennliche Begleiterin, die Unvorsichtigkeit, ihm irgendeinen Konflikt bescherte, der ihn zuletzt gezwungen
hat, ein so angenehmes Refugium zu verlassen, dessen Name ihn an Neapel erinnerte. Und dann gab es in Noli San Paragorio, der auch aus Neapel stammte. Daß Bruno die ebenso alte wie schöne Kirche dieses Heiligen besucht hat, ist durch eine Stelle von *De la causa* belegt, wo über eine

Amme gesprochen wird: Sie »war so fett, vollbusig und dickbäuchig, hatte auch so steile Hüften und mächtige Hinterbacken wie jene Londonerin, die ich in Westminster gesehen habe: Ihr erhitzter Leib strotzte von einem Paar gewaltiger Brüste, so groß wie die Stiefel des riesigen San Sparagorio«.[59] Auch als er in London war, erinnerte er sich somit noch an Noli, sei es auch nur, um eine satirische Anmerkung zu machen, indem er dem ohnehin schon riesenhaften Paragonio ein S hinzufügte. Und so besuchen auch wir diese schöne Kirche, ehe wir Noli verlassen: Es ist die beste Weise, sich Giordano Bruno zu vergegenwärtigen.

Während ich in Richtung Genua fahre, frage ich mich nochmals: Ist der heilige Schwanz des Esels Jesu Christi wirklich verschwunden? Ich glaube nicht. Bei dem gegenwärtigen entsetzlichen Rückfall in Klerikalismus und Aberglauben, bei dem Holz- und Marmormadonnen weinen und männlich-blutige Tränen vergießen, ist es durchaus möglich, daß der genannte Schwanz wieder auftaucht. Wir wollen es hoffen. Andernfalls können die Gläubigen auch einen schwanzlosen Esel adorieren und ihn sogar für ein apokalyptisches Pferd halten. Warum nicht? Habt Glauben!

Giordano Bruno

Von einem Meer zum anderen

Jordany Brung

Zuvor haben wir Bruno mit einer Möwe oder einem Sturmvogel verglichen; und das war er auch, sei es von Natur aus, sei es aus Notwendigkeit. Der Sturm war immer sein Element, und gerade deswegen hätten wir erwartet, daß er nach dem Aufbruch aus Noli nach Frankreich gehen würde, wo der Mistral blies. Vielleicht aber wehte ihm dieser heftige Wind auch den Brandgeruch in die Nase, war doch im Süden Frankreichs der Rauch der Scheiterhaufen noch schärfer zu spüren als anderswo. So zog er es vor, zurückzugehen und blieb einige Zeit im nahen Savona, der Heimatstadt des Papstes Julius II., eines Kriegers und Eroberers – auch der Frauen. Wiederholen wir: »Ich verweilte in Noli, wie schon gesagt, ungefähr vier Monate, indem ich Knaben in der Grammatik unterrichtete und einigen Edelleuten Unterricht über Astronomie erteilte, und von dort aus reiste ich zuerst nach Savona, wo ich mich ungefähr fünfzehn Tage lang aufhielt, und von Savona nach Turin«.[60]

Nur fünfzehn Tage? Im Abstand so vieler Jahre – es waren genau sechzehn – konnte sich der Philosoph nicht ganz genau erinnern, und daher sind seine Erklärungen sozusagen *cum grano salis* zu verstehen. In Savona war er sicherlich auch vorher oft gewesen – die Entfernung war ja gering –, so wie er auch in Finale und an anderen Orten der Riviera di Ponente gewesen sein muß. Wie auch immer – wir wissen nicht, was er in Savona gemacht und wie er dort gelebt hat. Wir können nur vermuten, daß er von dort die Straße über Altare, Ceva, Mondovì und Turin genommen hat. Drei Jahrhunderte später ist ein anderer großer rebellischer Geist, Friedrich Nietzsche, mit der Absicht von Savona aufgebrochen, nach Turin zu gehen, hat aber die Richtung verfehlt und den Weg über Genua genommen. Auch er ging einem grausamen Schicksal entgegen. Und wenn Bruno Turin »deliziös« nannte, so hat Nietzsche der Stadt geradezu dithyrambische Loblieder gesungen.

Manchmal verbindet ein unsichtbarer Faden die Geschicke der armen Kinder der Erde. Außer der Koinzidenz der Reise von Savona nach Turin lassen sich zwischen Bruno und Nietzsche auch andere Übereinstimmungen finden. Beide lebten sie, der eine länger, der andere weniger lang, unter dem Himmel Liguriens. Beide waren sie rebellische Engel, beide irrten sie durch die Welt, immer dem eigenen Ideal folgend und ohne die Wohltat eines Hauses oder eines lieben Menschen. Alle beide fanden sie ein tragisches Ende, der eine in den Finsternissen des Wahnsinns, der andere im feurigen Licht des Scheiterhaufens. Und weiter: Alle beide waren kaum vierundvierzig Jahre, als das Schicksal dem einen das Licht der Vernunft, dem anderen, eingeschlossen im Kerker, das Licht der Sonne raubte. Was sie darüber hinaus verbindet, ist die Tatsache, daß sie zugleich Philosophen und Dichter waren, auch wenn Bruno mit einem unvergleichlich tieferen spekulativen Geist begabt war. Die lyrische Färbung der Werke Brunos ist nicht unähnlich derjenigen, die wir in den Schriften Nietzsches finden; und wenn dieser es liebte, sich in Dionysos zu verwandeln, so darf man nicht vergessen, daß auch die Philosophie Brunos voll ist von dem Bedürfnis, sich dionysisch ins Unendliche auszudehnen. Noch etwas ist bemerkenswert: Nietzsche las einige Gedichte Brunos mit Begeisterung und schrieb am 22. Mai 1884 an Heinrich von Stein, der sie übersetzt hatte: »Mein lieber Herr Doctor, diese Gedichte Giordano Bruno's sind ein Geschenk, für welches ich Ihnen von ganzem Herzen dankbar bin. Ich habe mir erlaubt, sie mir zuzueignen, wie als ob ich sie gemacht hätte für mich – und sie als stärkende Tropfen ›eingenommen‹. Ja wenn Sie wüßten, wie selten noch etwas Stärkendes von Außen her zu mir kommt!« Er hatte aber wenigstens eine gute Pension und wurde nicht verfolgt, während Bruno gejagt und ausgehungert wurde. Von außen kam ihm nichts zu Hilfe, und die einzigen Stärkungsmittel mußte er in sich selbst, in seinem eigenen Genius suchen.

Wahrscheinlich kam er im Februar oder März 1577 in Turin an. Und auch hier fragt man sich: Kam er spontan oder auf einen Hinweis einer befreundeten Person nach Turin? Die Stadt, die 1563 zur Hauptstadt des savoyischen Staates geworden war, gefiel ihm und blieb ihm in Erinnerung. Im *Spaccio*, viele Jahre später in London geschrieben, kann man lesen: »Wenn er nicht in die Nähe der Alpen gehen will an die Ufer des Po, ich sage in die Metropole Piemonts, wo die deliziöse Stadt Turin ist«.[61] Bruno hält sich fast nie damit auf, die Orte seiner Wanderschaft zu beschreiben, und daher bedeutet das Adjektiv »deliziös«, daß ihm Turin einen ganz besonderen Eindruck gemacht hat. Montaigne hingegen, der einige Jahre später hier war, gefiel die Stadt nicht. In seinem *Tagebuch der Reise nach Italien* notiert er unter dem Datum vom 30./31. Oktober 1581: »Eine kleine Stadt in wasserreicher Lage, weder schön gebaut, noch angenehm, weil in der Mitte der Straßen ein Bach fließt, um sie vom Schmutz zu reinigen«. Offensichtlich spiegeln sich auch in den Köpfen der Großen die Dinge auf verschiedene Weise. Übrigens kann man sich kaum unterschiedlichere Persönlichkeiten wie Bruno und Montaigne vorstellen: der eine stürmisch und immer im Kampf gegen Widrigkeiten, der andere in seinem elfenbeinernen Turm eingeschlossen und weltfern der Pflege der Weisheit hingegeben.

Bruno viel ähnlicher in der kämpferischen Natur und der Neigung zur Satire ist ein anderer Franzose: Der Dichter Clément Marot war ebenfalls in Turin hereingeschneit. Auch er war ein Verfolgter des religiösen Fanatismus, sei es des katholischen oder des protestantischen; auch er war nicht lebensklug genug und bezahlte seine Unabhängigkeit mit dem Gefängnis; auch er mußte erfahren, wie ein freier Geist die Luft Genfs, wohin er sich geflüchtet hatte, nicht atmen konnte. Schließlich suchte er Schutz in Turin und starb dort im Jahr 1544. Ein Name, den Bruno gewiß in seinem Herzen trug, als er sich nach Turin aufmachte, war derjenige seines bewunderten Erasmus von Rotterdam, der gerade in der piemontesischen Hauptstadt am 4. September 1506 das Doktorat der heiligen Theologie erworben hatte. Die Biographen übergehen diese Koinzidenz und tun schlecht daran, denn sie hilft, die Ortsveränderungen des Philosophen zu verstehen, der sich gesagt haben könnte: Wenn ein freier Geist wie Erasmus in Turin das Doktorat der Theologie erhielt, dann wird wohl auch für mich dort eine gute Luft wehen.

Leider war es nicht so. Das entnehmen wir Brunos Worten selbst, wenn er sagt, er wäre von Savona »nach Turin« gegangen, »da ich hier aber keine genügende Beschäftigung fand, fuhr ich den Po herab nach Venedig«.[62] Wenn auch »deliziös«, so wußte die Stadt ihn doch nicht bei sich zu behalten: Er ging weg. Hat er dort vielleicht vergeblich eine Unterrichtstätigkeit gesucht, oder wie soll man sich diese »Beschäftigung zu meiner Zufriedenheit« sonst vorstellen? Jede Hypothese ist willkommen. Wir wissen nicht einmal, wie lange er sich dort aufgehalten hat. Jedenfalls lange genug, um die Stadt zu sehen und eine gute Erinnerung zu bewahren, wenigstens vom ästhetischen Gesichtspunkt aus. »Abends auf der

Pobrücke: Herrlich! Jenseits von Gut und Böse!!« So schrieb Nietzsche in einem Brief aus Turin am 7. April 1888. Diesen Po sah auch Bruno, aber – zum Unterschied vom Sänger des Zarathustra – war er nicht jenseits von Gut und Böse, denn er suchte jenes und kämpfte mit diesem. Es ist wahrscheinlich, daß er um Essen an die Tür des Dominikanerklosters im historischen Zentrum von Turin geklopft hat, ohne dort eine Spur zu hinterlassen. Wer Brot braucht, hinterläßt keine Spuren, vielleicht, weil er nicht einmal eine Krume zur Erde fallen läßt.

Und dennoch hatte Bruno einen starken Willen zu leben und zu reisen, wie uns das seine ständigen Ortsveränderungen zeigen. Vielleicht hatte er auch ein körperliches Bedürfnis, sich zu bewegen, nachdem er so lange Zeit im Kloster verbracht hatte. Er hatte die Welt in Büchern studiert, jetzt wollte er sie auch sehen. Und weil in allen Dingen ein Gesetz der Kompensation herrscht, so wurde ihm seine Armut zum Gewinn, denn wer arm reist, lernt die Welt und die Menschen besser kennen. Das scheint paradox, ist aber so. Der reiche Herr, der sich mit einer Lawine von Gepäck auf den Weg macht, ist nicht frei und verhält sich zu dem, der arm reist, wie ein Lastkamel zu einem Jagdhund. So gesehen war Bruno, unser Bias, sehr leichtgewichtig und konnte auf die Räuber und Banditen pfeifen, die damals die Straßen unsicher machten. Um aber von Turin nach Venedig zu kommen, wählte er, wie schon bemerkt, den Wasserweg und schiffte sich auf jenem Stück des Po (oder des Eridanus, wie er in der Antike hieß) ein, auf dem der Mythos von Phaethon spielt. Und hier beflügelt sich die Phantasie und fliegt zum Himmel.

Phaethon also, der Sohn des Sonnengottes und der Okeanide Klymene, lenkte den Wagen des Vaters mit unerfahrener Hand, und stürzte, von den Schneefeldern der Alpen geblendet, samt seinen Luftpferden in den Po, der durch Turin fließt. Und wo genau? Auch das sagt der Mythos: nahe dem heutigen Park Michelotti. Die Heliaden liefen am Ufer des Flusses zusammen, beweinten ihren göttlichen Bruder, und ihre Tränen wurden in Bernstein verwandelt. Nach einer anderen Version kam der unerfahrene Wagenlenker mit seinem Feuerwagen der Erde zu nahe und wurde von Zeus mit einem Blitz erschlagen, um ein universales Desaster zu verhindern. Mit dem Mythos des Phaethon ist auch die Gründung Turins verbunden.

Bruno läßt den Mythos des Phaethon mehr als einmal wiedererstehen. Zum Beispiel sagt Zeus im *Spaccio*, wenn er vom Eridanus spricht:

»Meint ihr daß auch die Schwestern des Phaeton hier eine Wohnung haben? Oder wollt ihr ihn deshalb feiern, weil der Sohn Apollos in ihn stürzte, als ihn mein Blitzstrahl traf, da sein Vater Amt, Rang und Autorität mißbrauchte hatte?«[63] Mit anderen Worten: Helios hatte sich, wie man heute sagen würde, eines Amtsmißbrauchs schuldig gemacht, als er seinen Wagen seinem Sohn Phaethon anvertraute. An anderer Stelle ist es Apollo selbst, der den Skorpion, das Symbol des Übels, einen Höllenwurm nennt, »der meinem geliebten Phaeton zur Hauptursache seines schrecklichen Falles und grausamen Todes ward; denn als jener unglückliche Knabe zweifelhaft und furchtsam den Wagen meines ewigen Sonnenfeuers mit den ihm wenig vertrauten Rossen zu lenken versuchte, wandte dieses verderblich drohende Untier ihm die Spitze seines todbringenden Schwanzes entgegen, sodaß er vor Schrecken und Entsetzen außer sich geriet und die Zügel aus den Händen auf die Rücken der Rosse fallen ließ«.[64] Der Skorpion ist hier natürlich eine Metapher, aber gerade die metaphorischen Skorpione sind die giftigsten; und Bruno mußte das gründlich erfahren.

Aber er fürchtete und sorgte sich nicht, weil er es Phaethon und Ikaros gleichtat und in die Höhe flog: »Nun wohl! Ich fürchte nicht, den sie erlogen, / Der alten Mähr krystallnen Himmelsbogen, / Ich breche durch, mir ist der Weg gebahnt, / Sodaß ich mich zu andern Erden hebe, / Endlos durch das Gefild des Äthers schwebe, / Vorbei den Welten, die ich einst geahnt«.[65] Und er eignet sich auch das wunderschöne Sonett von Luigi Tansillo an:

Der schönen Sehnsucht breit' ich aus die Schwingen!
Je höher mich der Lüfte Hauch erheben,
So freier soll der stolze Fittich schweben,
Die Welt verachtend himmelwärts zu dringen!

Und mögt ihr mich dem Ikarus vergleichen,
Nur höher noch entfalt' ich mein Gefieder:
Wohl ahn' ich selbst, einst stürz' ich tot darnieder;
Welch Leben doch kann solchen Tod erreichen!

Und fragt mich auch das Herz einmal mit Zagen:
Wohin, Verwegner, fliegst du? Wehe, wehe!
Die Buße folgt auf allzukühnes Wagen!

Den Sturz nicht fürchte! Ruf' ich aus der Höhe.
Auf! Durchs Gewölk empor! Und stirb zufrieden,
Ward dir ein ruhmreich edler Tod beschieden![66]

So war also Bruno ein Phaethon und Ikaros des Geistes, der sich unerschrocken in die *flammantia moenia* [67] der Philosophie wagte.

Jetzt müssen wir uns aber vorstellen, wie er den Po abwärts fährt,
während seine Gedanken vielleicht noch dem Phaethon nachhängen und
sein Blick auf die gigantische Kette der Alpen gerichtet ist, die den Horizont im Norden abschließen. Welch ein Schauspiel für einen Geist wie
den seinen! Und tatsächlich haben sich die Alpen seinem Sinn eingeprägt
und dienten ihm dazu, die Kräfte zu symbolisieren, die aufgewendet werden müssen, um die Vollkommenheit zu erlangen: »Die höchste Vollendung ist es, keine Mühe und keinen Schmerz zu empfinden, wenn man
Schmerz und Mühen erträgt! Du mußt Dich überwinden mit jenem Gefühl von Vergnügen, welches für Vergnügen keine Empfindung hat, das
keine Empfindung hat, meine ich, für jenes Vergnügen, das unmöglich
von so vielen als die Ursache von Krankheiten, Armut und Schande beschuldigt werden könnte, wenn es von Natur gut wäre! Aber Du, Arbeit,
sei ein Vergnügen an trefflichen Werken und keine Arbeit für Dich selbst;
werde, sag' ich Dir, ein und dasselbe Ding mit jenem, das abgelöst von
guten Werken und tugendhaften Taten für sich selber kein Vergnügen,
sondern unerträgliche Mühsal ist. Wohlauf denn, wenn du eine Tugend
bist, so beschäftige dich nicht mit niedrigen Dingen, nicht mit frivolen
Dingen, nicht mit eitlen Dingen! Wenn du dorthin gelangen willst, wo
der erhabene Pol der Wahrheit vertikal über dir stehen wird, so über-
schreite die Apenninen, übersteige diese Alpen«.[68] Ja, er erklomm die Alpen des Denkens und von ihren Gipfeln betrachtete er die *vertikalen* und
schwindelerregenden Wahrheiten.

Man könnte sagen, daß Bruno auf seiner Wanderung keinem genauen
Plan folgte, sondern sich lieber vom Schicksal treiben ließ. Wenn du
glaubst, daß er die eine Richtung verfolgt, dreht er sich in die andere, ähn-

Giordano Bruno

lich jenen Vögeln, die sich ohne ersichtlichen Grund zufällig bald nach rechts, bald nach links wenden. So sehen wir ihn vor und zurück durch Norditalien wandern, ohne daß man dazu käme zu verstehen, was sein Ziel sei. Vielleicht hat er es nicht einmal selbst gewußt. Dieses Zickzack spiegelt die Unruhe seiner Seele. Man kann jedenfalls annehmen, daß er aus zwei Motiven nach Venedig gegangen ist: einmal, weil die venezianische Republik den Ruf der Liberalität genoß; zum anderen, weil Venedig damals ein Zentrum des Verlagswesens war. Kaum dort angekommen, ließ er tatsächlich eines seiner Werke drucken: »Ich wohnte anderthalb Monate lang zur Miete in Frezzeria bei einem Arsenalbeamten, dessen Namen ich nicht mehr weiß, und während dieses Aufenthalts ließ ich ein Schriftchen drucken, mit dem Titel: ›Von den Zeichen der Zeit‹, ich tat es, um mir ein wenig Geld zum Unterhalt zu verschaffen; diese Druckschrift zeigte ich zuerst dem hochwürdigen Pater Magister Remigio aus Florenz«.[69]

Das Werk ist nicht auf uns gekommen, und wir wissen nicht einmal, ob es sich um eine Schrift zur Philosophie handelt, wie manche meinen, oder zur Astrologie, wie andere annehmen. Sofern der Titel vom Autor selbst gegeben wurde, war es sicher in italienischer Sprache geschrieben. Zudem kann es nicht von großem Umfang gewesen sein, wenn Bruno selbst von einem »libreto« spricht. Armer Bruno, wenn er vom Ertrag eines Buches leben mußte, welcher Art immer es gewesen ist, es sei denn, daß sein Ordensbruder Pater Remigio ihm über seine verlegerische Meinung hinaus auch finanzielle Unterstützung gegeben hätte. Aber das ist auszuschließen, weil Kleriker im allgemeinen, wenn sie die Geldbörse ziehen sollen, von einer Handlähmung befallen werden. Jedenfalls kann der Dominikanerpater Remigio Nannini, der 1564 vom florentinischen Kloster Santa Maria Novella in das venezianische der SS. Giovanni e Paolo versetzt worden war, kein Fanatiker gewesen sein. Er war sehr talentiert und belegte das in seinen Schriften. Er war »ein eleganter Poet und Redner, ein hervorragender Fastenprediger, ein kundiger Vertreter der philosophischen und theologischen Disziplinen und ein geübter historischer und politischer Schriftsteller«.[70] Unter anderem schrieb er die *Rime*, kommentierte Guicciardini und übersetzte Ovid, und bezeugte damit ausgezeichnete literarische Qualität, Kultur und liberale Gesinnung. Er kehrte nach Florenz zurück, um seine Verwandten wiederzusehen, und starb dort am 3. Oktober 1580.

La Frezzeria, in der Bruno, wie er angibt, eineinhalb Monate in einem gemieteten Zimmer lebte, war eines jener Stadtviertel Venedigs, wo die meisten Verleger und Drucker tätig waren. Es gab fünf typographische Offizinen, darunter auch die des Domenico de' Franceschi; und man kann annehmen, daß sich der Philosoph gerade an ihn gewendet hat, um sein »libreto« drucken zu lassen. In Venedig grassierte aber auch die Pest, wenn ihre Ansteckungskraft auch schon im Nachlassen war. Es gab 50.000 Opfer, darunter Tizian. Noch in einem Brief vom 7. September 1577 ist von der »armen Stadt« die Rede. Dorthin zu gehen, bedeutete für Bruno ein großes Risiko. Für dieses Mal aber verschonte ihn Venedig, das fünfzehn Jahre später für ihn so fatal werden sollte. Die Lagunenstadt barg für ihn noch etwas Gefährlicheres als die Krankheitserreger. Wir werden es im folgenden sehen.

Nachdem sich der Philosoph einige Zeit in Venedig aufgehalten hatte, zog er sich wieder zurück, wohl auch um der Pest zu entkommen, und ging nach Padua. Dort traf er einige Dominikaner, die er kannte, und die ihm rieten, wieder das Ordenskleid zu nehmen: »Von Venedig reiste ich ab und ging nach Padua, wo ich einige mir bekannte Väter des Dominikanerordens traf, die mir rieten, das Ordensgewand wieder anzulegen; denn wenn ich mich auch nicht wieder zur Religion bekennen wollte, so schien es ihnen doch zweckmäßiger, mit dem Ordenskleid zu reisen, als ohne solches, und in diesen Gedanken ging ich nach Bergamo und ließ mir dort eine Kutte von billigem weißen Tuch machen und hing das Skapulier, das ich bei meiner Abreise von Rom behalten hatte, darüber«.[71]

Es muß angemerkt werden, daß diese autobiographischen Erinnerungen nicht von Bruno niedergeschrieben wurden, wie der ziemlich waghalsigen Syntax leicht zu entnehmen ist, sondern vom Notar oder Schreiber, der die Verhöre des Angeklagten während des Prozesses in Venedig protokollierte. Es versteht sich von selbst, daß dieser aus Gründen der Schnelligkeit die Aussagen des Angeklagten nicht Wort für Wort aufnehmen konnte, sondern nur ihre wesentlichen Punkte. Aber auch Bruno erzählte nicht alle Einzelheiten seines Lebens, sei es aus Vorsicht oder aus Vergeßlichkeit. Kurz – er hielt sich an die großen Linien. So können die mageren Bemerkungen, die im Wortlaut erhalten sind, höchstens der Orientierung dienen, wenn auch nicht immer.

Er ging nicht direkt von Padua nach Bergamo, wie man dem soeben zitierten Abschnitt entnehmen könnte, sondern er hielt sich in Brescia auf, wahrscheinlich im Dominikanerkloster, wo er eine sonderbare Heilung vollbrachte: Dank seiner Behandlung wurde ein Mönch, der unversehens zum »Propheten, großen Theologen und Polyglotten« geworden und wegen des Verdachts der Hexerei im Gefängnis gelandet war, zurückverwandelt in das, was er immer schon war, nämlich »ein Esel«[72]. Außer dieser spaßigen Episode hinterließ Brescia bei Bruno keine gute Erinnerung, weil seine Bewohner, wie es scheint, unhöflich waren. Im *Candelaio*, sagt Bonifacio: »Wohl eher könnten Hasen Walfische verfolgen und die Teufel sich bekreuzigen, eher wären die Brescianer freundlich und Satan selbst würde das *Pater Noster* und das *Ave Maria* für die Seelen im Fegefeuer sprechen, als ich jemals ohne die Liebe meiner geliebten und begehrten Signora leben könnte«.[73]

Welche schlechten Erfahrungen hatte er gemacht, um die Höflichkeit der Brescianer unter die Unmöglichkeiten einzureihen? Dieses Detail wie auch die ganze Geschichte vom besessenen Bruder, legt nahe anzunehmen, daß er sich in Brescia nicht nur ein paar Tage aufgehalten hat, sondern für einen längeren Zeitraum. Allerdings sucht man in dieser Stadt vergeblich irgendwelche Spuren seiner Anwesenheit. Es existiert nicht einmal mehr das alte Dominikanerkloster, das 1797 aufgehoben wurde. Es stand in einem Bereich, der heute von der Via Einaudi, der Via Bulloni und der Via Moretto umschlossen wird. Nur zwei Kreuzgänge sind übriggeblieben, eingezwängt zwischen Banken und Versicherungsgesellschaften: von der Theologie zur Plutokratie, die eine wie die andere dem Geist Giordano Brunos fremd. Eine Seele, die der seinen in vielen Aspekten verwandt war, können wir aber in Arnaldo da Brescia finden, der wie er von der katholischen Kirche ermordet wurde. Aufgewachsen in der Katharer-Tradition der Lombardei, war Arnaldo sodann ein Schüler Abaelards in Paris. Weil er seinen Meister auf dem Konzil von Sens 1140 verteidigte, wurde er als Häretiker verurteilt, kam aber für dieses Mal noch frei. Den Verfolgungen des heiligen Bernhard konnte er sich jedoch nicht entziehen, der ihn fortgesetzt bei allen verleumdete und diffamierte, die ihn als Flüchtling aufnahmen. Der treffliche Heilige war ein wahrer Spezialist in dieser Sache, denn er machte dasselbe auch mit Abaelard. Im Jahr 1144 kam Arnaldo nach Rom, wo sich eine Laiengemeinschaft gebildet hatte und wo eine aufgebrachte Menge Papst Lucius II. steinigte, der versucht hatte, die demokratische Regierung der Stadt abzusetzen. Arnaldo, der stets von einer Trennung der weltlichen von der geistlichen Macht geträumt hatte, unterstützte mutig die Regierung. Aber 1155 wurde er von Friedrich Barbarossa verhaftet und dem päpstlichen Präfekten übergeben. Das war die Bedingung, die Papst Hadrian IV. für die Krönung Barbarossas stellte. Arnaldo wurde zum Tod verurteilt und zuerst erhängt und dann auf dem Scheiterhaufen verbrannt. Während sie ihm den Strick um den Hals legten, fragten sie ihn, ob er seinem »verderbten Glauben« abschwören wolle; er aber antwortete stolz, daß er nichts abzuschwören habe und daß er den Tod nicht fürchte. Seine Asche wurde in den Tiber geworfen, damit er für das »dumme Volk« nicht zum Gegenstand der Verehrung werden konnte. Für die Kirche dürfen zwar Vorhäute oder der Schwanz eines Esels Gegenstände der Verehrung sein, nicht aber die Asche eines Denkers!

Hin und zurück – so könnte man die Wanderung Brunos durch Norditalien bezeichnen. Natürlich kam er auch durch Vicenza und Verona, doch wissen wir davon nichts. Wir würden erwarten, daß er sich von Verona Richtung Brenner aufgemacht hätte und nach Deutschland gegangen wäre, wo die Revolte gegen die römische Kirche entstanden war. Er wandte sich jedoch wieder zurück nach Westen. Man sieht, daß die Sonne sein Kompaß war. Versuchen wir ihm zu folgen, soweit das möglich ist.

Er ging also von Brescia, wo er einen besessenen Mönch und unhöfliche Bürger vorgefunden hatte, nach Bergamo, um sich einen neuen weißen Habit machen zu lassen, wohlgemerkt seinem Geldbeutel entsprechend, der leer war wie ein Schwalbennest in den Wintermonaten.

Die Mitbrüder aus Padua, die die Welt vielleicht besser kannten als er, hatten ihm geraten, das Ordenskleid wieder anzulegen, weil es ihm, wenn nicht mehr, so doch eine Ruhestätte und eine Suppe im Konvent verschaffen würde. Das Skapulier hatte er bewahrt: Erinnerung an seinen Stand oder an die schwierigen Jahre? Nicht anders heben sich die Alpini ihre Hüte auf, die sie beim Wehrdienst getragen haben. Mit dem alten Skapulier und dem »neuen Gewand aus billigem weißem Stoff« begab sich Bruno von Bergamo nach Mailand. Dort hatte er vielleicht direkt oder indirekt mit einer Persönlichkeit Kontakt, die für sein Leben in London eine wichtige Rolle spielen sollte: Sir Philip Sidney. Bestimmt wußte er gerüchteweise von der Anwesenheit des englischen Adeligen in Mailand, wie er in diesem Abschnitt der *Cena de le ceneri* aufdeckt: »Erinnere dich nur des ehrenvollen Umgangs und der Leutseligkeit so vieler Bürger dieses Königreichs, der du schon in Mailand und Frankreich begegnet warest, die du aber vor allem später in ihrer Heimat kennen gelernt hast, vorzüglich im Hause des hochedlen Ritters Herrn Philipp Sydney, dessen reicher Geist, dessen rühmlichst anerkannte vornehme Gesinnung nicht so leicht ihres Gleichen im Auslande, auch in Italien nicht finden dürfte!«[74]

Dieser Sidney, auf den wir noch zurückkommen werden, hatte in Padua studiert. Er war Poet, Höfling und Diplomat und hatte 1577 im Auftrag Königin Elisabeths eine Botschaft an Kaiser Rudolf II. überbracht. Bei der Rückkehr machte er einen großen Umweg, weil er die Orte wiedersehen wollte, an denen er nicht lange davor als Student gewesen war. So war auch er, wie Bruno, von Padua nach Mailand gekommen.

Bevor wir weitergehen, rekapitulieren wir kurz das Wanderleben des Philosophen bis zu diesem Zeitpunkt. Nachdem er etwa elf Jahre im Kloster verbracht hatte, floh er aus Neapel und erreichte in vier oder fünf Tagen Rom; er folgte dabei der üblichen Straße, die damals die beiden Städte verband und die über Capua, Gaeta, Fondi, Terracina und Velletri verläuft. Hierauf entkam er auch aus Rom und in neun Etappen erreichte er, Spampanato zufolge, Sarzana und anschließend Genua, von wo er sich nach Noli begab. Nach einem langen Aufenthalt in Noli brach er fürs erste nach Turin auf, blieb dort aber nicht lange und setzte sich wieder in Marsch, diesmal auf dem Wasserweg. Er ging nach Venedig, wo er sich etwa zwei Monate aufhielt. Dann nahm er, getrieben von Notwendigkeit oder vom Dämon, der ihn innerlich drängte, die umgekehrte Richtung und kam über Padua, Vicenza, Verona, Brescia und Bergamo nach Mailand. Es war Sommer 1578.

Wie lange vagabundierte er in Norditalien umher? Wenigstens zweieinhalb Jahre. Wen besuchte er und wo hat er gewohnt? Das ist eine Frage, die wir uns oft stellen müssen, auch in anderen Fällen, und die man – in Ermangelung von Dokumenten – nicht leicht beantworten kann. Wir wissen nur, daß er in Venedig »eineinhalb Monate in der Frezzeria in einem gemieteten Zimmer im Haus eines Mannes aus dem Arse-

nal, dessen Namen ich nicht weiß,« gelebt hat.[75] Aber in den anderen
Städten? Nach Spampanato habe er gewohnt »in Mietzimmern in Genua,
Noli, Turin und Padua, und bei den Dominikanern in Brescia, Bergamo
und Mailand«.[76] Ich würde Noli ausnehmen, wo wahrscheinlich die »gewissen Patrizier«, denen er Unterricht in Kosmographie gab, auch für
seine Schlafstätte vorgesorgt hatten – möglicherweise im Kastell, von dem
nur mehr Ruinen zu sehen sind.

Es ist schwierig festzustellen, wie lange er sich in Mailand aufgehalten
hat, von wo aus er seine Reise wieder aufnahm und über Novara, Vercelli
und Chivasso neuerlich Turin erreichte. Wann genau? Wahrscheinlich im
September 1578. Aber er brach sofort wieder auf, und zwar in Richtung
Chambéry. Und hier haben wir eine andere fatale Koinzidenz: Während
Bruno Turin verließ, kam ein anderer großer Unglücklicher hier an, der
wie er aus Kampanien stammte: Torquato Tasso. Die beiden waren unter
demselben Himmel geboren und doch sehr verschieden: Tasso starb in
einem Kloster, während Bruno aus dem Kloster floh, um auf dem Scheiterhaufen zu sterben. Am Stadttor wurde Tasso für einen Landstreicher
gehalten, und die Zöllner wollten ihn nicht einlassen: Er war zu abgerissen und heruntergekommen. Das geschah Ende September 1578. Es war
der Marchese Filippo d'Este, Schwiegersohn des Herzogs Emanuele Filiberto, der dem armen Tasso zu Hilfe kam. Auch Fürst Carlo Emanuele
und Erzbischof Girolamo della Rovere zeigten sich zuvorkommend, als
man die wahre Identität des Mannes erkannte, der da am Turiner Stadttor aufgehalten wurde. So blieb der Autor des *Befreiten Jerusalem*, wieder-
belebt und gestärkt, bis Ende Februar 1579 in der Stadt. Auch er war ein
Bias, wie er bei der Flucht aus Ferrara geschrieben hatte: »Ich reise ab wie
ein neuer Bias und ging nach Mantua«.

Niemand hingegen kam Giordano Bruno zu Hilfe, der ebenso unglücklich, wenn auch nicht närrisch war wie Tasso. Ist auch er an den Turiner Stadttoren aufgehalten worden? Vielleicht deshalb nicht, weil er wieder den Dominikanerhabit angezogen hatte: Das Skapulier mußte ihm
doch zu etwas nütze sein. Jetzt aber sehen wir ihn die Alpen überqueren
und immer der Sonne nach, wie einem Kompaß folgend den Weg nach
Chambéry nehmen – diesmal wirklich *patriam fugimus*. Weil Italien ihm
keinen Himmel bot, unter dem er frei hätte atmen können, entschied er
sich, es zu verlassen; aber das Sprichwort sagt, wem es im eigenen Haus

nicht gut geht, dem geht es auch an keinem anderen Ort gut. Und diese Erfahrung machte er.

Versuchen wir also, ihm durch das Susa-Tal zu folgen, an dessen Eingang sich die grandiose Abtei von San Michele befindet. Sie thront auf einem Felssporn in etwa tausend Metern Höhe und vermittelt den Eindruck von Ewigkeit. Man könnte sagen, daß sie von einem Architekten mit der Phantasie eines Aeschylos geplant wurde. Tatsächlich würde sich der schroffe Felsen wunderbar als Hintergrund für das Szenarium des *Gefesselten Prometheus* eignen. Welche Eindrücke mag diese wie ein Adlernest auf die Bergspitze gestellte Abtei in der Seele des Philosophen wachgerufen haben? Fünf Jahrhunderte davor hatte ein Mönch namens Guglielmo, der erste Chronist der Sacra di San Michele, fasziniert vom Panorama, geschrieben: »Der Ort ist entfernt von jeglicher Verwirrung und irdischem Tumult. Die Ebene Italiens, reich an Seen und Flüssen, breitet sich aus, um die Blicke der Menschen glücklich zu machen. In solch einer Ruhe jauchzt der Geist der Diener Gottes: Groß ist der Herr!«

Etwa 20 Kilometer weiter sah Bruno die uralte Stadt Susa, die so reich ist an römischen Monumenten. Eine Etappe weiter sah er sicherlich die Abtei von Novalesa, wo die Wanderer übernachten, ehe sie den Aufstieg zum Moncenisio in Angriff nahmen. Schließlich erreichte er zu Fuß oder auf irgendeinem Reittier die 2000 Meter des Passes von Moncenisio und stieg nach Savoyen ab. Das muß in etwa in der ersten Dekade des Oktobers 1578 gewesen sein. Drei Jahre später nahm Montaigne dieselbe Straße zwischen Ende Oktober und Anfang November.

Ein Meteor
durch Europa

Ja, Giordano Bruno war wirklich ein Meteor. Aber was nützen Meteore, wenn die Menschen blind sind? Die Welt ist für ihr Licht undurchdringlich, und so beleuchten sie nur sich selbst. Hier kommt wie gerufen Lichtenbergs schon zitierter Aphorismus: »Man spricht viel von Aufklärung, und wünscht mehr Licht. Mein Gott was hilft aber alles Licht, wenn die Leute entweder keine Augen haben oder die, die sie haben, vorsätzlich verschließen?« Und auch Voltaire fällt einem ein, der sagte, wir werden diese Welt so dumm verlassen, wie wir sie beim Kommen vorgefunden haben. Deshalb sollte man Bruno vielleicht weniger einen Meteor nennen, als einen Nachtfalter, der am Licht der eigenen Ideale verbrannte.

In Chambéry angekommen, nahm er im Dominikanerkonvent Unterkunft. Das Kloster existiert nicht mehr, es wurde im vergangenen Jahrhundert abgerissen. Es stand an der heutigen Place de Genève im Zentrum der Stadt beim Kastell, wie man auf einem Druck vom Anfang des 17. Jahrhunderts sehen kann. Nur das Portal hat sich erhalten, das man Stein für Stein abgetragen und neben dem Kastell rekonstruiert hat. Es ist in gotischem Stil und sehr groß, sodaß man davon Schlüsse auf die große Anlage des Konvents ziehen kann. Ein Architrav krönt es, auf dem verschiedene Tierfiguren einander abwechseln. Links sieht man einen Hasen, der durch die Weingärten verfolgt wird. Von einem Jagdhund? Nein, von einem Kaninchen! Wahrhaftig sonderbar. Rechts sind ein Bär und ein Löwe abgebildet. Auch Bruno, der diese Szene gewiß gesehen hat, war ein verfolgtes Wild. Aber er hatte keine Angst und war überdies kein Hase.

Der Empfang war nicht sehr ermutigend. Ein italienischer Pater klärte ihn sofort darüber auf, welcher Mangel an Herzlichkeit nördlich der Alpen herrsche. Gegenüber den venezianischen Richtern meinte Bruno, nachdem er über die Kutte gesprochen hatte, die er in Bergamo hatte machen lassen: »Und ich begab mich in dieser Kleidung auf die Reise nach Lyon, und als ich in Chambéry ankam und dort im Konvent des Ordens Unterkunft suchte und mich eher kühl aufgenommen sah, sagte mir ein

Giordano Bruno

italienischer Pater, mit dem ich darüber sprach: Seien Sie überzeugt, daß Sie in dieser Gegend auf keinerlei Wohlwollen rechnen dürfen und um so weniger, je weiter Sie reisen!«[77] Vielleicht wollte sich deshalb Jesus Christus selbst in den Süden begeben: Tatsächlich wurde in eben diesem Jahr 1578 das Grabtuch, in dem Gläubige das Bild des Gekreuzigten erkennen wollen, von Chambéry nach Turin gebracht. Hat auch Bruno es gesehen? Wer weiß. Über Reliquien lachte er, aber das Bild eines Gemarterten, gleichgültig ob es echt oder falsch ist, hätte seine Aufmerksamkeit auf sich ziehen können. Mit Sicherheit sah er die Berge, die bei Chambéry den Horizont abschließen; und so fügte sich ihm die Kälte des ersten Schnees, den er vielleicht schon auf dem Paß von Moncenisio vorgefunden hatte, zur Kaltherzigkeit der Menschen jenseits der Alpen, über die der italienische Pater zu ihm gesprochen hatte. Aber er hatte keine Wahl und mußte sich der neuen Umgebung anpassen. Sein einziger Trost und die einzige Wärme kamen aus seinen intellektuellen Resourcen. Eine große Intelligenz weiß sehr gut, allein zu stehen und die Einsamkeit, die sie umgibt, mit Gedanken zu bevölkern. Der wahre Philosoph genügt sich selbst. Mit wem hätte übrigens ein Mann seines intellektuellen Niveaus reden und sich einlassen können? Er wußte, daß in dieser Welt »die Zahl der Dummen und Perversen ungleich größer ist, als die der Weisen und Gerechten«.[78]

Der Philosoph ist von Natur aus genügsam. Er teilt die Bedürfnisse, anstatt sie zu multiplizieren. Sein Reichtum besteht eben darin, daß er wenige Bedürfnisse hat. Man denke an Sokrates, über den Diogenes Laertius sagt: »Da er am wenigsten brauchte, war er den Göttern am nächsten«.[79] Für Bruno reichten der Teller Suppe und das franziskanische Bett, das ihm der Konvent von Chambéry überließ. Weil er aber Muße verabscheute und als besonderes Übel für eine große Seele ansah, können wir sicher sein, daß er die Tage damit verbrachte, zu denken und die Grundlagen seiner Philosophie zu entwerfen. Weil man ihn aber in der schönen savoyischen Stadt »äußerst knapp« – was soviel bedeutet wie »schlecht« – behandelte, entschloß er sich, nach Genf zu gehen: »So wandte ich mich nach Genf, ich nahm dort in einer Gastwirtschaft Logis und lernte alsbald den Marchese di Vico aus Neapel kennen, der in jener Stadt wohnte und mich fragte, wer ich wäre, und ob ich dorthin gekommen sei, um zu bleiben und zur Religion dieser Stadt überzutreten. Ich erwiderte, ich kennte diese Religion nicht und hätte keinen anderen Wunsch als den, in Freiheit zu leben und sicher zu sein, und da er mir riet, auf alle Fälle das Mönchsgewand abzulegen, das ich trug, so legte ich es ab und ließ mir ein Paar Strümpfe und andere Sachen machen, und jener Marchese mit anderen Italienern schenkten mir Degen, Hut, Mütze und andere notwendige Gegenstände zu meiner Kleidung und besorgten mir zur Beschaffung meines Unterhalts Korrekturarbeiten in einer Druckerei. In dieser Beschäftigung habe ich dort zwei Monate lang meine Unterhaltung gefunden; ich besuchte auch manchmal die Predigten und Vorträge sowohl der Italiener wie der Franzosen, die in dieser Stadt predigten oder lasen; u.a. hörte ich öfters Lektionen und Predigten des Niccolò Balbani aus Lucca, der über die Epistel des heiligen Paulus las und über die Evangelien predigte. Als mir gesagt wurde, ich könnte dort nicht länger bleiben, wenn ich mich nicht entschließen wollte, die Religion ihrer Stadt anzunehmen, und würde sonst keine weitere Unterstützung von ihnen erhalten, entschloß ich mich, abzureisen«.[80]

Das fehlte noch: Bruno in Mantel und Degen. Ist das vorstellbar? Es gibt dieser finsteren Tragödie eine pittoreske Note. Da kommt einem zum Vergleich in den Sinn, wie Ovid im fernen Tomi, dem heutigen Konstanza in Rumänien, gezwungen war, einen Helm zu tragen, und Nietzsche, der angeblich drei Waffengattungen zu handhaben wußte: Säbel, Kanone und Dynamit. Den Dichtern und Philosophen passen die Waffen wie der Sattel einer Kuh oder der Maulkorb einem Schaf. Was seinen Aufenthalt in Genf betrifft, war Bruno mit seinen Aussagen zurückhaltend und suchte seine Worte abzuwägen. Und man kann ihn verstehen: Er wollte seine Position als Angeklagter vor den Richtern der Inquisition nicht völlig kompromittieren.

Vor allem aber: Wann erreichte er Genf? Aus den Dokumenten geht hervor, daß er sich am 20. Mai 1579 in die Akademie dieser Stadt einschrieb: »*Philippus Brunus Nolanus, sacrae theologiae professor*«.[81] Man kann daraus schließen, daß er erst kurz davor angekommen war, und mindestens sechs oder sieben Monate in Chambéry verbracht hatte. Und er hätte gut daran getan, dort zu bleiben, denn die geringe Liebenswürdigkeit, die ihm dort begegnet war, wäre bei weitem dem blutigen Fanatismus der Genfer Calvinisten vorzuziehen gewesen, die ihren katholischen Kollegen in nichts nachstanden. Bruno war im Unglück versiert wie Don Quijote – und wenn ihn das Unglück nicht erreichte, machte er sich auf die Suche danach. Er lebte nicht, um zu kämpfen, aber ohne zu kämpfen, konnte er nicht leben. Er verfügte nicht über die distanzierte Weisheit eines Marc Aurel, der sich selbst empfahl, angesichts des Lärms der Welt in Gleichgültigkeit zu glänzen, und der sich von zuchtlosen Menschen fernhielt. Nein, Bruno war anders: Auf der einen Seite wußte er, daß die Welt erbärmlich und töricht ist, auf der anderen Seite konnte er sich nicht in Distanz und Gleichgültigkeit von ihr fernhalten: weise in der Theorie, unklug in der Praxis. Man könnte fast sagen, daß es für ihn eine Art Vergnügen war, sich mit dem Nächstbesten in Auseinandersetzungen einzulassen, als wären alle auf seiner Höhe und imstande, ihn zu verstehen. Der Weise diskutiert nicht mit den Dummen und kümmert sich nicht um sie. Zu Recht sagt Schopenhauer: »Dummköpfen gegenüber kann man nur auf eine einzige Weise den eigenen Geist erweisen, indem man nämlich jede Konversation mit ihnen vermeidet«.[82]

In Genf waren zu jener Zeit viele Italiener im Exil. Es handelte sich vor allem um Literaten, Künstler, Wissenschaftler, Adelige und Prediger, die eine sehr aristokratische und distinguierte Gemeinschaft bildeten. Der Marchese di Vico, den Bruno ausdrücklich erwähnt, war Gian Galeazzo Caracciolo, einer der prominentesten Patrizier Neapels. Er hatte 1552 gemeinsam mit dem Grafen Massimiliano Martinengo aus Brescia in Genf die italienische evangelische Kirche und Gemeinde gegründet. Spampanato sagt über den Marchese: »Die Festigkeit des Charakters, der religiöse Eifer und die Rechtschaffenheit, mit der er immer handelte, zogen die Bewunderung sowohl des strengen Calvin auf sich, der ihm den *Kommentar zum ersten Korintherbrief* widmete […], als auch der ganzen Stadt, die ihn als ihren Repräsentanten in den Rat der 200 und dann in den der 60 wählte«.[83] Insgesamt war er die angesehenste Persönlichkeit der starken italienischen Kolonie. Niccolò Balbani, den der Philosoph auch erwähnt, war geistlicher Amtsträger der italienischen evangelischen Kirche in Genf. Er konnte jedoch Kritik nicht leiden, was bei einem Mann des Glaubens und zudem einem Calvinisten nicht überrascht. 1567 wurde sein Landsmann Simone Simoni, der ihn einen Esel geheißen hatte, zuerst eingekerkert, dann vor Gericht gestellt und aus Genf ausgewiesen.

Bruno selbst konnte sich schnell davon überzeugen, daß die Calvinisten noch fanatischer und blutrünstiger waren als die Katholiken. Wer nicht dachte wie die eiskalten Theokraten des Ehrwürdigen Konsistoriums von Genf, beging das Verbrechen der Gotteslästerung und war, sofern er nicht bereute, der Todesstrafe schuldig. Das Ehrwürdige Konsistorium war nicht anders als das Heilige Offizium, und in Genf herrschte nicht mehr Barmherzigkeit als in Rom, wie das zu recht Christian Bartholmèss in seiner Bruno-Biographie aufdeckt. Für Rom wie für Genf war Verfolgung eine sakrosankte Pflicht, ein Gott wohlgefälliger Akt; und je grausamer, desto wertvoller war er. Die Folterungen der Irrgläubigen wurden für gerecht und vernünftig vor den Menschen und dem Himmel gehalten. Luther, der auch seine Dosis von Fanatismus und religiöser Verrücktheit an den Tag legte, empfahl, die Häretiker mit den heiligen Schriften zu überreden und sie nicht mittels Feuer zu besiegen. Im Herbst 1531 sagte er im Gespräch mit seinem Schüler Veit Dietrich: »Ich hab mein predigt gesezt auffs *vocale verbum; qui vult, sequatur me, qui non vult, non sequatur*«.[84] Auch Zwingli war von religiösem Wahn befallen, schrieb aber, daß nur auszustoßen sei, wer mit seinen Delikten Skandale provoziert; diejenigen, die in ihren religiösen Irrtümern beharren, sollte man dem freien Gericht Gottes überlassen und ihnen nicht Gewalt antun. Hier spricht mehr der Humanist als der religiöse Fanatiker; es ist auch nicht zu vergessen, daß Zwingli, der überdies mit Erasmus in Verbindung stand, die Lehre des Pico della Mirandola aufgegriffen hatte.

Nichts dergleichen bei Calvin, dem kalten und grimmigen Kaziken der Theokratie von Genf. Schon allein sein Bild anzusehen, macht schaudern: ein eingefallenes und finsteres Gesicht, gläserne Augen, ein schmaler Mund, auf dem man vergebens den Anflug eines Lächelns sucht, ein ziegenartiger Bart, der in dünnen Strähnen herabfällt, und eine Nase wie der Schnabel eines Raubvogels. Man liest ihm von der Stirn ab, daß er niemandem wohlwollen konnte. Seine Physiognomie ist von Fanatismus und Groll modelliert. Sein Gott war der schreckenerregende und rachgierige Gott des Alten Testaments; es war Jahwe, für den er ein treuer und zelotischer Priester wurde, mehr noch: eine Art von Ajatollah. Er verwandelte Genf in kurzer Zeit in eine wahre ideologische Hölle. Seine Gegner wurden gehängt, enthauptet und lebendig verbrannt, die Glücklicheren wurden eingesperrt oder ausgewiesen. Viele Häftlinge begingen Selbstmord, um den Foltern zu entkommen. Von der Kanzel der Kathedrale von Saint Pierre forderte Calvin immer neues Blut, um die Diszi-

Giordano Bruno

plin und die guten Sitten in Genf durchzusetzen, das er für eine »morsche Stadt« hielt. Die Inspektoren des Konsistoriums wachten ihrerseits über das Betragen der Bürger und verhängten monströse Sanktionen über irgendwelche, auch minimale Verstöße gegen den neuen Moralkodex. Ein blinder Geigenspieler, der Tanzmusik fiedelte, wurde ins Exil geschickt. Ein Mann, der während einer Predigt eingeschlafen war, wurde zu drei Tagen Gefängnis verurteilt. Dieselbe Strafe ereilte einen, der während einer Taufe gelacht hatte. Einem betrunkenen Typographen, der Calvin verwünscht hatte, wurde die Zunge mit glühendem Eisen perforiert, während ein anderer, der ihn der Heuchelei geziehen hatte, seinen Kopf verlor. Die Schergen des Himmels bestraften auch diejenigen mit Gefängnis, die »Monsieur Calvin« statt »Maître Calvin« sagten. Weiters waren Pfeifen auf der Straße, Schlittschuhlaufen, irgendwelche Leckerbissen zu verzehren oder, noch schlimmer, in der Öffentlichkeit irgendeine Liebesäußerung zu zeigen, schwer zu bestrafende Vergehen. Kurz, Calvin, der Interpret Gottes, hatte in Genf ein Klima des Terrors erzeugt. An einer Stelle seiner *Institutio Christianae Religionis* steht, daß der Mensch »eine unzähmbare und grausame Bestie« sei. Meinte er vielleicht sich selbst?

Calvins blutiger Fanatismus gipfelte in der Verurteilung des spanischen Arztes und Humanisten Miguel Servet zum Tod auf dem Scheiterhaufen: Servets tragische Existenz kommt der des Giordano Bruno gleich. Vertraut mit der Bibel und dem Koran hatte Servet mit seinem Werk *De Trinitatis erroribus* einen großen Skandal ausgelöst; er leugnete darin das Dogma von der Dreifaltigkeit, weil es in den Heiligen Schriften nirgends ausdrücklich zu finden und erst vom Konzil zu Nicäa formuliert worden sei. In Paris, wo er unter falschem Namen Zuflucht gesucht hatte, um den Verfolgungen der Katholiken zu entgehen, vertiefte er sich in verschiedene Studien und beteiligte sich unter anderem mit Andreas Vesalius an ersten Experimenten im anatomischen Sezieren. Dann floh er nach Lyon, wo er einen Essay über die ptolemäische Geographie veröffentlichte, sowie eine lateinische Bibelübersetzung, in der er das Wort »Jungfrau« im Sinne von »junger Frau« verstanden wissen wollte, der natürlich keine göttliche Intervention zur Schwangerschaft verholfen hatte. So zog er sich zum Zorn der Katholiken außerdem den Zorn der Protestanten zu. Waren die einen oder die anderen schlimmer? Geben wir niemandem den Vorzug, denn ein religiöser Fanatismus wiegt so schwer wie der andere. Religionen verhalten sich wie politische Regime, die soviel gelten wie ihre Repräsentanten, die Regierenden wie die Regierten.

Unerschrocken und unbeirrbar wechselte Servet von der theologischen Polemik zu naturwissenschaftlichen Studien und entdeckte unter anderem die Zirkulation des Blutes zwischen Herz und Lungen. Mit seinem Werk *Christianismi Restitutio*, in der er die Notwendigkeit vertrat, das Christentum von seinen authentischen Fundamenten her zu rekonstruieren, widersprach er der *Institutio* Calvins und der Prädestinationslehre. Als Calvin das erfuhr, geriet er in Zorn und schwor Rache; er schrieb seinem würdigen Spießgesellen Guillaume Farel: »Wenn Servet nach Genf kommt, werde ich es so anstellen, daß er nicht lebend herauskommt«. Um das zu erreichen denunzierte er, der Protestant, ihn bei der katholischen Inquisition in Lyon, wo der Spanier sofort verhaftet und der Häresie angeklagt wurde. Calvin scheute aber noch vor einer weiteren Infamie nicht zurück. Das Werk von Servet, das unter anderem die Briefe enthielt, die er an Calvin geschrieben hatte, war unter falschem Namen herausgekommen; auch die Briefe waren unter Pseudonym wiedergegeben. Der Angeklagte konnte also abstreiten, der Autor des Buches zu sein. Daraufhin zögerte Calvin nicht, dem Inquisitionstribunal die Originale dieser Briefe zu übermitteln.

Der Beweis war unwiderleglich, und der Häftling wurde zum Tod verurteilt. Aber es gelang ihm zu entkommen, und in Unkenntnis des Verrats des Calvin floh er gerade nach Genf, von wo aus er bei Gelegenheit nach Italien weiterzureisen dachte. Für durchreisende Gäste wie ihn sah das Gesetz die Ausweisung vor, aber Calvin ließ ihn sofort einkerkern. Anklage: Häresie. Während des Prozesses, der natürlich im Namen des guten Gottes geführt wurde, bediente man sich aller theologischen Waffen. Ist denn nun der Gott der Christen ein Erlöser oder ein Waffennarr? Die übelste Waffe war jedenfalls der giftige Geifer des Calvin selbst; für ihn waren Häretiker, oder wen er dafür hielt, »pfeifende Vipern, bellende Hunde, wilde Tiere, Verbrecher, Sklaven des Satans«. Servet wurde zur Verbrennung bei lebendigem Leib verurteilt.

Am Morgen des 27. Oktober 1553 wurde er auf den Marktplatz von Champel geführt. Der besessene und neurotische Calvin hatte nicht den Mut dabeizusein oder genauer: das grausame Schauspiel dieses Todes zu genießen. Er schickte den plumpen und brutalen Guillaume Farel, einen Menschen, den Erasmus den »überheblichsten und frechsten« genannt hatte, der ihm in seinem Leben begegnet sei. Der grauenhafte Schrei des Servet, als die Flammen anfingen, sein Fleisch zu fressen, klang dem Farel wie eine Hymne des Triumphs in den Ohren. In seinem vom Fanatismus verdunkelten Geist, bedeutete dieser Scheiterhaufen eine Apotheose des Calvin. Der unglückliche spanische Humanist starb langsam im Feuer, mit einem Exemplar seiner *Christianismi Restitutio* an der Brust. Er hatte darum gebeten, wenigstens enthauptet, anstatt lebendig verbrannt zu werden; aber Calvin wies das zurück. Bevor er in den Flammen verschwand, bat er den Himmel um Vergebung für seine Henker. Er war kaum 42 Jahre alt. Im Feld der Philosophie war er Neuplatoniker. Für ihn sind alle Kreaturen aus demselben Stoff gemacht, oder, wenn wir es mit anderen Worten sagen wollen: Sie sind verschiedene Phänomene der einen einzigen universalen Substanz.

Aber das hätte ein Calvin wohl nie begreifen können. Und doch hat Calvins Lehre von der Gnade und von der Prädestination, die er vom heiligen Augustinus übernommen hat, etwas Philosophisches an sich oder ist doch wenigstens in die Philosophie übersetzbar. Wenn nicht prädestiniert, wie Calvin sagt, so sind wir doch gewiß von der Natur programmiert, insofern unser Charakter angeboren und unveränderlich ist. Kurz und gut – jeder von uns ist, was er durch die unbesiegbare Natur ist. Ließe man ein Schaf in einer Hundehütte aufwachsen, würde es doch nicht lernen zu apportieren, weil das nicht zu seinem Repertoire gehört. Und das gilt auch für die Menschen: Alle Pädagogen der Welt wären nicht imstande, einen Feigling in einen Helden zu verwandeln oder einen Spitzbuben wie Calvin in einen Engel. Was den freien Willen angeht, von dem alle den Mund voll nehmen, so ist dieser weitaus leichter zu predigen, als zu demonstrieren. Jedermann kann zwar machen, was er will, aber nicht auch wollen, was er will: Das Wollen wird von Motiven und Umständen determiniert, die er nicht wählen oder herstellen kann. Denn man muß zwischen der Freiheit des Wollens und der Freiheit des Handelns unterscheiden.

Nun aber kehren wir zu Bruno zurück, den wir in Mantel und Degen verlassen haben. Gedrängt von den Pressionen oder den guten Worten des Marchese di Vico, obendrein aber von der Illusion, unter den Protestanten jene Liebe und Toleranz zu finden, die er unter den Katholiken vermißt hatte, trat er zum Calvinismus über. Daß er an diesem Punkt gegenüber den Inquisitoren sehr zurückhaltend war, ist nur allzu verständlich; aber Dokumente, die im vorigen Jahrhundert entdeckt wurden, zeigen, daß sein Aufenthalt in Genf eine dramatische Erfahrung war. Hier fragt man sich, warum er einen solchen Schritt tat, über den mehr Hypothesen als nötig aufgestellt wurden. Wir könnten einfach so antworten: aus Naivität, die eine Konstante in seinem Leben darstellt. Aber das wäre eine allzu vorschnelle Antwort. Und so sagen wir, daß die Religionen für ihn, der gegen theologische Fragen so allergisch war, nur einen praktischen Wert als soziale Institutionen hatten, und daß man sich ihnen wie den Gesetzen und den Gebräuchen anzupassen hatte. Michele Ciliberto sagt richtig, daß Bruno, indem er zur calvinistischen Kirche konvertierte »nichts Anderes tat, als einer ›Disziplin‹ zu folgen, an die er sich immer zu halten versuchte, gemäß dem Grundsatz einer – sozusagen – ›Maximalökonomie‹; sie bestand darin, Reibungen mit den historischen Religionen auf ein Minimum zu reduzieren, wenn es sich nicht um entscheidende Fragen auf dem rein philosophischen Gebiet handelte. Und von diesem Standpunkt aus hatte der Übertritt zur calvinistischen Kirche für Bruno keine Bedeutung«.[85] Bruno war ein Philosoph und kein Theologe: Er lebte für die Philosophie und opferte sich für die Philosophie. Nichts sonst zählte.

Das Autograph seiner Immatrikulation an der Universität von Genf trägt, wie schon gesagt, das Datum vom 20. Mai 1579. Inhaber der Lehrkanzel für Philosophie war damals der Professor Antoine de La Faye, ein Franzose aus Châteaudun. Er hatte auch in Padua studiert, aber er muß ein Scharlatan gewesen sein, so eingebildet wie ignorant. Er verstand es jedoch, auf den akademischen Wassern zu segeln, auf denen Mediokrität ein viel besserer Kompaß ist als eine große Intelligenz. Nachdem er Ämter und Pfründen aufgehäuft hatte, erreichte er, daß man ihn zum »ersten Professor der Theologie« und endlich gar zum »obersten Geistlichen von Genf« ernannte, sodaß er die Position einnahm, die Calvin innegehabt hatte. Er starb am 4. September 1615 an der Pest.

Bruno wäre nicht Bruno gewesen, wäre er nicht mit diesem Professor der Philosophie in Konflikt geraten, dessen Inkompetenz und Mediokrität er unmittelbar erkannte. Weil aber die freie Diskussion durch das

Reglement verboten war, ließ er ein kleines Blatt drucken, auf dem er gut 20 Irrtümer aufzählte, die der Schwindler in einer einzigen Vorlesung begangen hatte. Damit setzte er die Wahrheit vor seine persönlichen Interessen. Er wurde sofort verhaftet und angeklagt, einen Lehrer öffentlich diskreditiert zu haben – eine Sache, die schwere Strafen nach sich zog. Eingesperrt wurde auch der Drucker, der Jean Bergeon hieß. In den *Registres du Conseil* von Genf steht unter dem Datum vom 6. August 1579: »Filippo Giordano, genannt Bruno, Italiener, in Haft, weil er gewisse Antworten und Invektiven gegen Herrn de La Faye hatte drucken lassen, wo er zwanzig Fehler von diesem in einer seiner Vorlesungen auflistet. Es ist veranlaßt worden, daß er heute nachmittag in Anwesenheit der Gelehrten und des Sekretärs Chevalier verhört wird. Jean Bergeon, in Haft, weil er die oben genannten Invektiven auf Verlangen des Italieners gedruckt hatte, der ihm sagte, sie würden nichts anderes als Philosophie enthalten. Es ist verfügt worden, daß er bis morgen im Gefängnis bleibt und daß er zu einer Geldstrafe von 50 Gulden verurteilt wird«.[86] Am folgenden Tag war der arme Drucker wirklich immer noch in Haft, wo er vielleicht Gelegenheit hatte, über die Geheimnisse der Philosophie nachzudenken: Man sagt, daß sie weise macht, und sie bringt statt dessen ins Gefängnis. Jedenfalls konnte Bergeon seinen guten Glauben in die Waagschale werfen und kam glimpflich davon, weil er auf freien Fuß gesetzt wurde und man ihm sogar ein Skonto gewährte. In Anbetracht »de ses petits moyens« wurde die Buße von 50 auf 25 Gulden herabgesetzt.

Hätte man auch von Giordano Bruno 25 Gulden Bußgeld verlangt, so hätte er sicherlich nicht gewußt, wo sie aufzutreiben wären, denn seine »moyens« waren mehr »petits« als die des Druckers, mehr noch: Es gab sie gar nicht. Sein einziger Reichtum war das Wort, geschrieben und gesprochen; aber das war in Genf verboten und gefährlich. Er hatte vom Wort Gebrauch gemacht und fand sich deswegen im Kerker wieder. Genf war die erste echte Station seines Kreuzwegs, aber es wäre vielleicht seine letzte gewesen, wenn er nicht ein wenig Flexibilität gezeigt hätte. Er verstand, daß es sich nicht lohnte, das eigene Leben und die Philosophie, die sich in seinem Kopf abzuzeichnen begann, im Streit mit einem bornierten Professor zu opfern. Unter denen, die ihn im Gefängnis verhörten, war auch ein Italiener aus Moncalieri bei Turin, Michele Varro, ehemaliger Ratssekretär und dann Bürgermeister. Wir entnehmen das der Aufzeichnung vom 10. August 1579: »Indem Filippo Brunet [sic], Italiener, im Gefängnis auf die Verleumdungen geantwortet hat, die er gegen Herrn Antoine de La Faye hat drucken lassen, und indem er am vergangenen Freitag in Anwesenheit der Herren Minister und des Herrn Varro seine Schuld erkannt hat, so hat man verfügt, daß er, indem er um Vergebung von Gott, von der Justiz und von dem oben genannten de La Faye bittet, freigelassen wird und zum Konsistorium geschickt, damit er auch dort seine Schuld bekennt und überdies, daß er dazu verurteilt wird, das oben genannte verleumderische Heftchen zu zerreißen und zu vernichten«.[87] Und das Blatt wurde vernichtet – zur größeren Ehre der Ignoranz des Professors de La Faye einerseits und der calvinistischen Universität anderseits. Im Konsistorium, dem er sich am 13. August stellte, faßte der Philosoph wieder Mut. Was die Anklage betrifft, er hätte »in der Lehre geirrt und die Geistlichen der Kirche von Genf *pédagogues* genannt«, so wolle er in diesem Punkt »sich weder entschuldigen, noch belasten«, weil de La Faye die Dinge in einer Weise dargestellt habe, die der Wahrheit nicht entspräche. War der Professor auch ein Lügner? Allerdings hatte er Macht, denn er genoß Protektion und Beistand des Théodore de Bèze, des sauberen Schülers und Nachfolgers Calvins. Was konnte ein armer Wanderbruder gegen derartige Figuren ausrichten? Bruno mußte den Kopf beugen, andernfalls riskierte er, ihn zu verlieren. Er versuchte, sich zu verteidigen, und sagte, daß man ihn verfolgt habe, aber es nützte nichts. Unter den verschiedenen Strafdrohungen gegen ihn war auch die, »vor unsere Herren geschickt zu werden, mit der Bitte, sie sollten einen solchen Menschen keinesfalls dulden, der imstande wäre, unsere Schule zu verwirren«. Inzwischen, nachdem er ermahnt worden war, »der wahren Lehre zu folgen«, wurde er vom Abendmahl ausgeschlossen, also exkommuniziert.[88] Wenn er wieder aufgenommen werden wollte, mußte er sich unterwerfen und demütigen. Der calvinistische Gott war unerbittlich.

Bruno sah ein, daß er keinen Ausweg hatte: Entweder er folgte den Fanatikern oder er beschloß sein Leben im Gefängnis oder gar am Galgen. Am 27. August erschien er wieder im Konsistorium, bezähmte seinen intellektuellen Stolz, was ihm übermenschliche Kraft gekostet haben muß, und tat, was sie von ihm erwarteten. Somit wurde er vom Interdikt losgesprochen und wieder zugelassen, am »Abendmahl teilzunehmen«.[89] Aus anderer Quelle wissen wir, daß er auf Knien Abbitte leisten mußte. Voilà, der Herr de La Faye, unterstützt von der calvinistischen Gnade, hatte seinen Triumph! Für Bruno war es hingegen eine bittere Demütigung, die er nicht mehr vergaß.

Alles in allem jedoch war es ihm noch gut gegangen, wenn man bedenkt, was anderen vor und nach ihm geschah. Ohne die zahlreichen Häretiker aufzuzählen, die am Galgen endeten, nehmen wir den Fall des kalabresischen Philosophen Valentino Gentile, der gemeinsam mit Matteo Gribaldi und Giorgio Biandrata Servet ehrenhaft verteidigt hatte. Er wurde 1558 der bösartigen Häresie angeklagt, eingekerkert, vor Gericht gestellt und zum Scheiterhaufen verurteilt, eine Strafe, die dann in Enthauptung gemildert wurde. Jedenfalls schlugen die Richter vor, die Vollstreckung des Urteils hinauszuzögern, um zu sehen, ob der Verurteilte zur Buße bereit sein und seinen Ideen abschwören würde. Sicherlich hatten sie ihn auch gefoltert. Krank und durch die Dauer der Haft übel zugerichtet, gab der arme Gentile schließlich nach. Aber Worte genügten nicht: Die Ehre des calvinistischen Gottes erforderte etwas Erbaulicheres und Feierlicheres. So wurde der Philosoph, den Calvin einen »Phantasten« genannt hatte, am 2. September 1558 gezwungen, halbnackt mit einer Kerze in der Hand durch die Straßen Genfs zu gehen und seine Schriften mit eigener Hand zu verbrennen, vor den Richtern niederzuknien und um Barmherzigkeit zu flehen, die sie ihm jedoch nicht gewährten: Er blieb auch nach dieser demütigenden und schmachvollen Zeremonie weiter im Kerker. Dann aber – man weiß nicht wie – gelang es ihm zu fliehen und sein Wanderleben quer durch Europa wieder aufzunehmen; dabei hielt er an seinen Ideen fest und propagierte sie weiter. Er war auch in Polen, mußte von dort aber fliehen, nachdem die calvinistische Partei 1565 gegen die Dissidenten gesiegt hatte. Nach einem Aufenthalt in Mähren und in Österreich, wo er wahrscheinlich einige seiner Glaubensgenossen von den Wiedertäufern getroffen hatte, kehrte Gentile in einer Mischung aus Mut und Torheit in die Schweiz zurück: Vielleicht hoffte er, daß sich die Lage durch den Tod Calvins 1564 geändert hätte. Aber Théodore de Bèze, der Nachfolger Calvins, war sicher nicht besser als sein Meister. Kurz, Valentino Gentile wurde wieder verhaftet und eingekerkert – aber in Bern, nicht in Genf. Während des Prozesses blieb er standhaft und wollte absolut nicht abschwören. Er wurde am 10. September 1566 enthauptet. Und was war sein Verbrechen? Daß er an den einen aber nicht dreieinen Gott glaubte und daran festhielt, daß die

Lehre von der Trinität nicht mit der Bibel zu begründen sei. Eine Schuld, wie jedermann gewiß einsichtig ist, die ohne weiteres mit dem Scheiterhaufen oder wenigstens mit der Enthauptung zu bestrafen ist.

Giordano Bruno war, ohne es zu wissen oder zu wollen, in eine Hölle geraten, wo sich die Teufel Apostel der Wahrheit nannten und Gefängnis, Folter und Scheiterhaufen die Stelle von Diskussionen und vernünftigen Überlegungen einnahmen. Der religiöse Fanatismus der Calvinisten in Genf, genannt »das Rom des Protestantismus« oder »das Bollwerk der Protestanten«, stand dem Fanatismus Pius' V. um nichts nach, der sagte, daß man nichts so Gottgefälliges tun könne, als seine Feinde offen und mit Eifer zu verfolgen. Für Théodore de Bèze waren freie Geister eine Pest und die Freiheit zu philosophieren ein Dogma des Teufels. Das Ehrwürdige Konsistorium vereinigte Staat und Kirche in sich, um die Stadt vom Geist des Evangeliums regieren zu lassen. Der Bürger wurde mit allen Mitteln der despotischen religiösen Autorität unterworfen. Um die Seelen zu retten, vergewaltigten sie das Gewissen und folterten die Leiber – und das stets im Namen des christlichen Gottes, den jeder nach Geschmack interpretierte: katholisch, lutherisch und calvinistisch. Und unterdessen führten sie gegeneinander Krieg. Was für ein Kontrast zur hohen Weisheit Indiens! Wer sich davon eine Vorstellung machen will, lese *Il segreto della Tripurā*,[90] ein heiliger Text, der wahrscheinlich gerade in jener Epoche niedergeschrieben wurde. Hier spricht die Weisheit und nicht der Fanatismus, die Liebe und nicht die Rache, die Philosophie und nicht das Dogma.

Bruno blieb in Genf nicht »circa zwei Monate«, sondern doppelt so lange. Er hätte besser daran getan, den Fuß gar nicht in diese Stadt zu setzen oder wenigstens unmittelbar nach der Bloßstellung des Professors de La Faye womöglich die Flucht zu ergreifen, gemäß dem arabischen Sprichwort: »Du hast die Wahrheit gesagt? Sattle das Pferd!« Er aber war zu stolz und zu kämpferisch, um eine Flucht vor dem Feind im voraus anzutreten. So wurde er das Opfer einerseits der calvinistischen Intoleranz, anderseits der verletzten Eitelkeit eines aufgeblasenen akademischen Tölpels. Der einzige Gewinn, den er aus dem Genfer Aufenthalt zog, war, daß er sich beim Korrigieren der Probeabzüge die Kunstfertigkeit der Typographie zu eigen gemacht hatte. Das war schon etwas und konnte ihm dazu helfen, sich etwas zu verdienen. Diese Fertigkeit wurde ihm später auch für den Druck der eigenen Werke sehr nützlich.

Ich bin durch das Zentrum von Genf gewandert und mit der Phantasie dem Schatten Giordano Brunos gefolgt. Auf Nr. 2 der Rue des Granges gibt es einen Gedenkstein für Cavour: Die Tafel wurde dort 1967 von der italienischen Botschaft angebracht. Es wäre aber zuviel verlangt, daß die Botschaften und die Botschafter auch von der Philosophie Kenntnis hätten. Für Bruno jedenfalls gibt es nirgends eine Gedenktafel oder eine Erinnerung: Der Besucher imaginiert sich ihn auf eigene Faust, wo und wie er kann. Da ist die schöne romanisch-gotische Kathedrale, in der Calvin bis zuletzt Zorn und Verwünschungen donnerte. Er selbst sagte, daß es ihm leichter fiele, Häretiker zu bekämpfen und sie sogar in den Tod zu schicken, als die wilde Bestie seines eigenen Zorns zu zähmen. Bruno hat hier vielleicht Théodore de Bèze predigen gehört, einen Mann, der nicht weniger despotisch und unerbittlich war als Calvin. Das Innere der Kirche, die über einem römischen Vorgängerbau errichtet wurde, ist ausgeräumt. Die Calvinisten beseitigten, als sie sich 1536 der Kirche bemächtigten, den ganzen ikonographischen katholischen Apparat. Den Protestanten fehlt es an Phantasie, wie das gerade ihre kalten und leeren Kirchen zeigen. Das hat der junge Schopenhauer sehr gut verstanden. Nach der Besichtigung der berühmten Kathedrale von Gent schrieb der damals 15jährige Philosoph: »Es ist nicht zu leugnen, daß die katholischen Kirchen etwas Feierliches, Ehrwürdiges, Andachterweckendes haben, was man in unseren protestantischen Kirchen vermißt; wo uns der gellende Gesang der Menge Ohrenweh macht, und das mit aufgesperrtem Maul blökende Individuum oft zum Lachen zwingt«.[91] Ja, die Protestanten – soll Egon Friedell gesagt haben – haben die Langeweile in die Religion eingeführt. Auch Gregor der Große kritisierte die heiligen Bilder und nannte sie die Bibel der Unwissenden; er hätte jedoch nie ein ikonoklastisches Dekret unterschrieben, weil er wußte, daß Bilder eine große Macht der Verführung über die menschliche Seele haben. Was die Menschen leiten soll, muß für alle verständlich sein, auch wenn man es bildhaft darstellen muß. Von daher gesehen ist anzuerkennen, daß die Katholiken mehr psychologische Intuition haben als die Protestanten. Die Religion rationalisieren, die ihrem Wesen nach irrational ist, heißt sie zerstören. Eben das haben die Protestanten getan. Mir persönlich soll es recht sein – ich weine nicht darüber.

Das Gebäude des Konsistoriums von Genf, wo Bruno gezwungen

wurde, sich zu demütigen, existiert nicht mehr: Das gegenwärtige stammt aus dem Jahr 1721. Gehen wir ein Stück weiter – da befinden sich nahe der Kathedrale das Collegium und die Akademie. Hier war es, wo der Philosoph den Fanatismus der Calvinisten kennenlernte, und es war in diesen Mauern, daß er genötigt war, die Dummheiten des Herrn Professors de La Faye anzuhören, insbesondere diejenigen über Aristoteles. Die Straße daneben trägt einen Namen, der unmittelbar die Atmosphäre jener Zeit wachruft: Sie heißt Rue Théodore de Bèze. Dabei fallen einem auch die respektlosen Schriftzüge auf, die mit Farbe auf die Mauern geschmiert sind und wie eine posthume Rache Giordano Brunos klingen. Eine lautet: »Calvin c'est comme l'armée, sapue le Fric« (Calvin ist wie die Armee: Er stinkt nach Geld). Aber er riecht auch nach Tod: Der Müll rund um seine alte Hochburg beweist, daß er für die heutige Zeit nicht mehr lebendig ist.

Das Denkmal hingegen, das für Servet errichtet wurde – freilich erst 1903 – stinkt nach Heuchelei. Es ist ein Granitblock, der auf der Stelle seiner furchtbaren Qual liegt. Die Vorderseite ist zur darunterliegenden Straße gerichtet und daher vor dem Blick der Passanten versteckt. Auch die Pflanzen davor verstecken sie; um die Inschrift zu lesen, muß man das Eisengitter überklettern und die Böschung hinuntersteigen. Die Inschrift ist harmlos, und wenn man nicht weiß, wer Servet war, könnte man glauben, er sei durch zufällige Umstände gestorben: »Am 17. Oktober 1553 starb auf dem Scheiterhaufen am Champel Michel Servet de Villeneuve d'Aragon. Geboren am 29. September 1511.« Ja, aber wer jagte ihn auf den *Scheiterhaufen*? Noch harmloser und heuchlerischer ist die Inschrift, die zur Seite der Passanten schaut: »Als respektvolle und dankbare Söhne Calvins, in Anerkennung unseres großen Reformators, haben wir dieses Sühnedenkmal am 27. Oktober 1903 errichtet, einen *Fehler* verurteilend, der in seinem Jahrhundert begangen wurde, und fest verbunden mit der Freiheit des Gewissens gemäß den wahren Prinzipien der Reformation und des Evangeliums«.

Also wäre der Scheiterhaufen, der vom »großen Reformator« angeordnet wurde, nichts weiter als ein simpler *Fehler*, eine *erreur*, sozusagen ein Versehen: So reden die Flickschuster des Gewissens. Aber war denn Calvin nicht von der Gnade erleuchtet? Und ist der Gott, den er zu repräsentieren behauptete, nicht ewig, steht er nicht über den *Jahrhunderten*?

Nicht weit vom Servetdenkmal haben die »die respektvollen und dankbaren Söhne Calvins« eine Heizzentrale installiert. Um ihre Gewissen gut warm zu halten?

Unsere Anerkennung verdient hingegen Sébastien Castellion, ein zeitweiliger Freund Calvins und später sein unerbittlicher Richter. Er hatte den Kontakt zum Reformator in der Hoffnung gesucht, in ihm einen Verteidiger der Gedankenfreiheit gegen die Gewalttätigkeit der katholischen Kirche zu finden, die ihm davon mit dem Scheiterhaufen für einige Häretiker in Lyon ein Exempel gegeben hatte; als aber Calvin seine wahre Natur zeigte, verließ er Genf und floh nach Basel. Mit hoch erregter Stimme verurteilte er die Ermordung Servets: »Die Anklage lautete, er habe die Heiligen Schriften freizügig interpretiert, aber ist er vielleicht der einzige, der das getan hat? Hat nicht Calvin selbst in zehn Jahren mehr erneuert als die katholische Kirche in 16 Jahrhunderten? Wer schließlich hat Calvin die Autorität gegeben, darüber zu urteilen, was wahr und was falsch ist? Es ist überheblich zu denken, man sei im Besitz der sicheren Wahrheit. Zu allen Zeiten sind alle Übel von den Doktrinären gekommen, die vorgaben, daß ihr System das einzige wäre«. Für ihn bedeutete das Verbrennen eines Menschen bei lebendigem Leib nicht, »eine Lehre zu verteidigen, sondern einfach einen Menschen zu ermorden«. Und weiter: »Wer wollte noch Christ werden, wenn diejenigen, die den Glauben an Christus bekennen, von Christen umgebracht werden – mit Feuer, mit Wasser und am Galgen, ohne jedes Erbarmen – und grausamer behandelt werden als Räuber und Mörder? Wer würde da nicht glauben, Christus sei ein Moloch oder ein anderer derartiger Gott gewesen, wenn er wollte, daß ihm Menschenopfer dargebracht werden?« Das fragen auch wir uns.

Was die Häretiker betrifft, sagte Castellion: »Wenn ich darüber nachdenke, was eigentlich ein Häretiker sei, so komme ich auf nichts Anderes, als daß wir alle diejenigen Häretiker nennen, die nicht mit unserer Meinung übereinstimmen«. Solche Worte mußten für Calvins Ohren eine radikale Herausforderung sein; er vertraute die Antwort seinem Thronfolger und Handlanger Théodore de Bèze an: »Seit das Christentum existiert, waren noch nie solche Gotteslästerungen zu hören.« Und weiter: »Es ist besser, einen Tyrannen zu haben, als eine Freizügigkeit, die jedem erlaubt, nach eigenem Gutdünken zu handeln. Zu verlangen, die

Häretiker nicht zu bestrafen, wäre so, als verlangten wir, daß Vater- und Muttermörder nicht bestraft werden sollen, denn die Häretiker sind noch schlimmer«. Leider haben die Nachfahren für de Bèze und seinen Meister Calvin Denkmäler errichtet, aber auf den weisen Castellion vergessen. Die Menschheit liebt diejenigen nicht, die versuchen, sie aufzuklären, und schickt sie oft in den Tod. Eben das ist die Tragödie der Welt.

Die Atmosphäre der Stadt Genf in jener Zeit wird gut in dem Museum dargestellt, das sich in der Casa Tavel befindet. Eine Verlautbarung von 1566 bekräftigt, daß Kupplerinnen und Kuppler öffentlich ausgepeitscht und dann verbannt werden. So können wir uns vorstellen, was denen passieren konnte, die der calvinistischen Orthodoxie nicht folgten. Wenn die Vermittlung der Liebe Schläge und die Ausweisung aus der Stadt nach sich zog, so folgte auf einen Zweifel daran, daß Calvin und seine Kumpanen von der Gnade Gottes erleuchtet waren, nicht weniger als der Galgen. In der Tat hat Théodore de Bèze, dessen Büste man sich anschauen kann, durchaus das Aussehen eines Henkers.

An dieser Stelle könnte man sich fragen: Warum haben der Marchese di Vico und die anderen Italiener, die in Genf lebten, Bruno nicht geholfen? Eine Antwort darauf wäre: Die schlimmsten Feinde der Italiener sind immer die Italiener selbst gewesen. Wenn es darum geht, gegeneinander zu kämpfen, sind die Italiener unschlagbar. Der Marchese di Vico war nicht nur Italiener, sondern auch Neapolitaner, also ein Landsmann Giordano Brunos; trotzdem kam er, wie es scheint, dem Philosophen nicht zu Hilfe, als dieser eingekerkert wurde. Wenn es so ist, dann ziehe ich das kleine Lob, das ich vorhin auf ihn gesungen habe, zurück. Entweder war er ein Feigling oder ein fanatischer Calvinist: in beiden Fällen ein minderwertiger Marchese. Er hatte dem Philosophen einen Säbel gegeben, aber er hätte besser daran getan, den Säbel gegen seine Verfolger zu verwenden. Das tat er nicht. Sein einziges Ziel war offenbar, den armen Bruno als Calvinisten zu verkleiden, aber nicht, ihn auch zu verteidigen. Er huldigte also einer Sorte von Bigotterie, aber was soll man von einem Aristokraten anderes erwarten?

Die Historiker sprechen mit großer Bewunderung von dem Marchese di Vico, und Benedetto Croce, dieser neapolitanische Hegel, widmete ihm einen Essay von über hundert Seiten.[92] Aber mir gelingt es nicht, diesem sonderbaren Marchese Sympathie entgegenzubringen.

Giordano Bruno

Galeazzo Caracciolo wurde 1517 in Neapel aus einer der reichsten Adelsfamilien geboren. Mütterlicherseits war er mit dem furchtbaren Kardinal Giampiero Carafa verwandt, dem erbarmungslosen Verfolger der Häretiker und späteren Papst mit dem Namen Paul IV., der den Ausspruch getan hatte: »Wenn unser Vater Häretiker wäre, würden wir selbst das Reisigbündel bringen, um ihn lebendig zu verbrennen«. Auch die Frau des Marchese war eine Carafa, eine Nichte des Papstes. Mit ihr hatte der Marchese sechs Kinder, vier Knaben und zwei Mädchen. Sollten einige Gene des Papst-Inquisitors beim Großneffen nicht verlorengegangen sein? Möglicherweise.

Außerordentlich reich, vom Schicksal begünstigt und bei Kaiser Karl V. wohlgelitten, an dessen Hof er sich häufig aufhielt, hatte Caracciolo alles, um ein zufriedener Mann zu sein. Aber zu einem bestimmten Zeitpunkt blendete ihn der Calvinismus, und ohne seine Absicht kundzutun, verließ er am 21. März 1551 Neapel, die Familie, einfach alles. Zuerst – vielleicht um die Aufmerksamkeit abzulenken – begab er sich zum Kaiser, der sich damals in Augsburg aufhielt; dann floh er heimlich und erreichte Genf am 1. August, wo er seinen neuen Wohnsitz nahm. Wiederholte Versuche, ihn zur Rückkehr zu bewegen, fruchteten nichts. Während eines heimlichen Treffens mit der Familie warf sich ihm die jüngste Tochter zu Füßen, weinte und flehte, nicht verlassen zu werden; er aber ließ sich mit wilder und erbarmungsloser Entschlossenheit weder von dem Mädchen, noch von der Gattin und auch nicht vom alten Vater bewegen. Er war also ein Fanatiker; und die Fanatiker sind immer gefährlich, auch wenn sie angeblich im Namen des guten Gottes sprechen. Gewiß, er hatte jedes Recht, sich dem Glauben anzuschließen, den er wünschte; aber er hatte nicht das Recht, die Familie zu verlassen. Platon sagt, daß man Kinder entweder nicht zeugen soll, oder man müsse alles für sie opfern, wenn man sie in die Welt gesetzt hat.

Caracciolo war kein Mann der Studien und der Feder, sondern der Tat. Kaum in Genf angekommen, wollte er keine Zeit verlieren und gründete sofort eine calvinistische Kirche für die italienische Kolonie, die immer zahlreicher wurde, bis sie, nach den seriösesten Schätzungen, an die 5000 zählte. Viele von ihnen waren Humanisten, die in Genf jenes Klima der Freiheit und Toleranz zu finden hofften, das die Inquisition in Italien zerstört hatte. Aber sie täuschten sich. Caracciolo wurde ein besonders treuer Anhänger Calvins, der ihm immer wichtigere Aufgaben anvertraute. Italiener wie Nichtitaliener nannten ihn ehrerbietig »il signor Marchese«. Er war eine der einflußreichsten Persönlichkeiten des theo-kratischen Regimes, das Calvin errichtet hatte, und man darf annehmen, daß alle Entscheidungen, auch die Todesurteile, direkt oder indirekt mit seinem Einverständnis gefällt wurden. Es ist aus nichts ersichtlich, daß ihn die Hinrichtung Servets erschüttert hätte wie andere italienische Emi-granten, die weniger nobel durch Geld, aber weitaus nobler in ihrer Seele waren. So scheint ihn auch das Ende des Philosophen Valentino Gentile, der einmal Mitglied der italienischen Gemeinde gewesen war, gleichgültig gelassen zu haben. Ich meine, daß diese beiden Beispiele ausreichen, um sich eine Vorstellung von diesem unerbittlichen calvinistischen Neapoli-taner zu machen. Aber Croce, der wie sein Papa Hegel um jeden Preis die Vernunft überall am Werk und den *göttlichen* Verlauf der Geschichte sehen will, schreibt: »Der Scheiterhaufen des Servet (man muß das als Faktum anerkennen), wurde von den wichtigsten Männern der Refor-mation, die sich verantwortlich fühlten, gutgeheißen. Mit jener Restrik-tion oder Unterdrückung der Freiheit rettete Calvin damals eben das Leben der Freiheit und ihre Zukunft«.[93] Von einem, der ein Lob auf die Inquisition gesungen hatte, konnte man nichts anderes erwarten; aber ich finde diese Denkweise widerlich. Wenn Scheiterhaufen gerechtfertigt werden, dann kann alles gerechtfertigt werden; und genau das ist es, was Benedetto Croce tut, der offensichtlich von dem verrückten Prinzip Hegels inspiriert ist: »Was vernünftig ist, ist wirklich; und was wirklich ist, das ist vernünftig«. Tatsächlich? Wenn es so ist, vernünftig und wirklich hin oder her, dann ziehe ich dem Scheiterhaufen und Galgen Calvins einen Waldspaziergang mit meinem Hund vor: Das finde ich angenehmer.

Die aufgeklärtesten Köpfe der von Caracciolo in Genf gegründeten italienischen Kirche wurden verfolgt, eingekerkert oder direkt exekutiert. Andere flüchteten sich nach Basel, wo die Luft besser war, vielleicht weil der Geist des Erasmus von Rotterdam sie milderte. Nach Basel floh auch, wie wir gesehen haben, der savoyische Humanist Sébastien Castellion, an dessen Buch *De haereticis an sint persequendi* die Italiener Celio Secondo Curione und Lelio Soccini mitarbeiteten. Aus all dem wird leicht ver-ständlich, daß der Marchese Caracciolo aus demselben Holz geschnitzt war wie sein Meister Calvin, und daß er an anderen das vollzog, was die Inquisition mit ihm gemacht hätte, wenn er ihr in die Hände gefallen wäre. Sie alle verfolgten und mordeten im Namen desselben Gottes, den jeder auf seine Weise richtig zu interpretieren behauptete.

Und halten wir wieder nach Giordano Bruno Ausschau, der im Frühling 1579 hoffnungsvoll in Genf ankam, wo ein vornehmer italienischer Patrizier, obendrein Neapolitaner und daher sein Landsmann, eine evangelische Gemeinde gegründet hatte, die wenigstens dem Namen nach eine Oase des Friedens und der Toleranz sein sollte. Aber was geschah in Wirklichkeit? Das kann man den knappen Erklärungen des Philosophen selbst entnehmen: Der Herr Marchese machte ihm ohne Wenn und Aber klar, daß er die Religion des Ortes annehmen müsse, wenn er in Genf bleiben wolle. Er zwang ihn also, Calvinist zu werden. Als Bruno dann eingesperrt und gezwungen wurde, sich zu demütigen, um nicht sein Leben aufs Spiel zu setzen, rührte Caracciolo keinen Finger zu seiner Unterstützung. So stellt es sich wenigstens dar. Das ist ein Punkt, den die Kommentatoren übergehen. Wenn er die geniale Intelligenz Brunos nicht erkannte, war er dumm; wenn er sie erkannte und nichts unternahm, um ihm zu helfen, war er infam und fanatisch – im einen wie im anderen Fall gewiß kein Mann, der des Lobes würdig wäre, das ihm manche Historiker gezollt haben. Er starb in Genf, wo er sich mit dem Segen seines hochverehrten Calvin eine andere Frau genommen hatte, am 15. Mai 1586.

Und noch eine Sache: In der Zeit vor Calvin verehrte man in Genf verschiedene Reliquien, darunter ein Stück des Gehirns des heiligen Petrus, das die Calvinisten dann in die Rhône warfen. Ich verehre keine Reliquien und weiß mir nichts damit anzufangen; aber ich habe den Eindruck, daß dieses angebliche Stück des Gehirns des heiligen Petrus harmloser war und weniger Unheil angerichtet hat, als das komplette Gehirn Calvins und seiner Kumpanen.

In der Höhle des Löwen

Bruno verließ Genf mit verbitterter Seele wegen der moralischen Gewalt, die er erlitten hatte. Im *Spaccio* spielt er vor allem auf die Calvinisten an, wenn er von der »bösartigen und eingebildeten Dummheit«, von »Krankheitskeimen«, vom »Schandfleck der Welt« spricht. Sie verstünden nichts anderes, als »Gespräche zu verhindern, Eintracht zu zerstören und Einheit aufzulösen«, alles in allem, »indem sie allerwärts, wo sie eintreten, mit einem ›Friede sei mit Euch‹ grüßen, das Messer der Zwietracht und die Brandfackel der Zerstörung mit sich führen, das Kind seinen Eltern, den Nachbar seinem Nachbar, den Bürger seinem Vaterlande entfremden und alle möglichen unheilvollen Spaltungen und Untaten gegen Natur und Moralgesetz anstiften. Es möge sehen, ob diese nicht, die sich Diener dessen nennen, der die Toten auferweckt und die Kranken geheilt hat, gerade selber solche sind, die Schlimmeres begehen als alle anderen, welche der Erdboden trägt, ob sie nicht die Gesunden quälen und die Lebendigen töten«.[94] Diese »Verhinderung von Gesprächen« scheint eine deutliche Reminiszenz an die in Genf üblichen Methoden, wo Diskussionen verboten waren. Auch Campanella schrieb: »Was die Reformation in England betrifft, so ist sie einheitlich calvinistisch, aber nicht so tollwütig wie in Genf«.[95]

Armer Bias! Beim Verlassen der calvinistischen Hochburg war er nicht nur nackt, sondern auch verwundet. Und er stand wieder an einem Scheideweg: Wohin sollte er gehen? Der erste Kontakt mit den Protestanten war unangenehm und sogar gefährlich gewesen. Da schien es ihm vielleicht nicht ratsam, den Weg nach Norden einzuschlagen, wo die Protestanten noch viel zahlreicher waren. Sicherlich hat er auch an das zurückgedacht, was ihm der italienische Ordensbruder im Konvent von Chambéry gesagt hatte: Je weiter man nach Norden geht, desto weniger Herzlichkeit findet man. Dafür bekam er in Genf die Bestätigung. Was wäre dann erst nördlich von Genf geschehen?

So wie jene armen, herrenlosen Hunde, die an einer Weggabelung anhalten, weil sie unsicher sind, welchen Weg sie nehmen sollen, muß wohl auch er angehalten haben, um über sein eigenes Schicksal nachzudenken.

Giordano Bruno

Die Windrose sagte ihm, daß der Norden dunkel und der Süden, aus dem er entkommen war, gefährlich wäre. Auch der Montblanc, den er unten am südlichen Horizont sah, schien mit seiner gigantischen Masse wie ein Hindernis, das ihm die Rückkehr versperrte. So wandte er seine Schritte also nach Westen und folgte damit noch einmal dem Lauf der Sonne, auch wenn dort der Himmel von den unheilvollen Flammen der Autodafés erhellt war. Er aber, das zeichnete sich ab, war ein Nachtfalter, bestimmt, in den Flammen zu sterben: »Und ich ging nach Lyon, wo ich mich einen Monat lang aufhielt, aber keine Gelegenheit fand, soviel zu verdienen, daß es zu meinem Lebensunterhalt und für meine Bedürfnisse ausreichte. Daher ging ich von dort nach Toulouse, wo eine berühmte Hochschule ist«.[96]

Vertrau dich dem Strom des Lebens an, und er wird dich irgendwohin tragen. Bruno wollte dem Strom der Rhône folgen. Und auch wir wollen also auf der alten Straße die etwa 150 Kilometer fahren, die Genf von Lyon trennen, und versuchen, dem Vertriebenen zu folgen, der sich in unserer Vorstellung wie ein brauner nächtlicher Schatten bewegt. Die Landschaft kann sich nicht wesentlich verändert haben, und deshalb ist der Gedanke berührend, dieselben Dinge zu sehen wie der Philosoph. Die Wälder und die Berge, die Täler und die Flüsse: Alles zieht das Auge des Wanderers an. Da ist die schöne romanische Kirche von Natua und dann, noch schöner, die Abtei von Ambronay, wo die Pilger übernachteten. Da stehen Jahrhunderte alte Linden. Nur eines hat Bruno nicht sehen können, weil das Verbrechen noch nicht begangen war, als er in dieser Gegend vorbeikam. Ich meine die Zerstörungen, die während der französischen Revolution an den Portalen dieser schönen romanischen Kirchen geschehen sind: Alle Heiligenfiguren sind mit dem Hammer abgeschlagen. Man hat nicht nur im Namen der Religion Verbrechen begangen, sondern auch im Namen der Göttin Vernunft. Was für eine Welt von Narren! Die einen arbeiten sich zu Tode, um dem einen Gott Tempel zu errichten; die anderen – ebenfalls im Namen eines Gottes – gehen her und zerstören sie. So wechseln die Ikonoklasten und die Ikonolatrier einander ab, und alle beherrscht der Wahnsinn. Dasselbe ist in Ländern geschehen, die der Islam erobert hat. Nur ein Beispiel: Auf den Fresken der Felsenkirchen in Kappadozien sind die Gesichter der Figuren im Namen Allahs zerstört worden.

Nach Bartholmèss wäre Bruno nach Lyon gegangen, weil er von einem anderen, ihm bekannten flüchtigen Landsmann gerufen worden sei. Das ist ein Hypothese wie jede andere. Sicher wissen wir, daß sich in dieser Stadt viele Deisten und Antitrinitaristen aufhielten, die vor der Verfolgung durch die Jesuiten von 1566 geflohen waren. Lyon beherbergte aber auch zahlreiche italienische Bankleute, Händler und Gelehrte. Da es kaum denkbar ist, daß Bruno mit den Bankiers, Händlern und Finanzleuten in Kontakt gekommen ist, mit denen er absolut nichts gemein hatte, kann man die Vermutung hegen, daß er mit einem Gelehrten in Verbindung trat. Aber mit wem? Vielleicht mit jemandem, der ihn in die Szene der Verlegerei einführen konnte; und das nicht so sehr, um irgendein Buch zu publizieren, das er noch nicht fertig hatte, sondern um sich als Korrektor der Druckfahnen sein Brot zu verdienen. In Lyon gab es die besten Typographen Frankreichs. Schon andere große Geister, unter ihnen Servet, hatten hier mit der Korrektur von Druckfahnen den Lebensunterhalt bestritten. Es war dieselbe Arbeit, die Bruno in Genf gelernt und ausgeübt hatte. Wollte er sie auch in Lyon tun? Es ist möglich. Übrigens scheint es seiner ursprünglichen Absicht beim Verlassen Italiens entsprochen zu haben, nach Lyon zu gehen. Tatsächlich erklärte er bei der Verhandlung in Venedig am 30. Mai 1592, daß er, nachdem er in Bergamo sich hatte »eine Kutte aus billigem weißem Tuch« machen lassen, »nach Lyon« reiste. Wäre er direkt dorthin gegangen, also ohne Umweg über Genf, hätte er sich wohl die traurige Erfahrung mit den fanatischen Calvinisten erspart. Aber so war es nicht, wie wir gesehen haben.

Im Vergleich zu Genf war Lyon, das römische Lugdunum, eine Stadt voller Atem und Geschichte. Als die antike Stadt durch einen Brand zerstört worden war, intervenierte Kaiser Nero mit vier Millionen Sesterzen für den Wiederaufbau. Das Zentrum ist sehr anregend, angefangen von den Namen: les Traboules, wie einige Durchgänge heißen, leitet sich vom Lateinischen *trans ambulare* her. Auch Bruno war ein *transambulante*, und hier konnte er sich wenigstens vor dem Regen schützen. Schön die Rue St. Jean, die im Ganzen geblieben ist, wie sie in der zweiten Hälfte des 16. Jahrhunderts war. Gleichgeblieben ist auch die Kathedrale, deren Portal die Arme auszubreiten scheint, um die Besucher zu empfangen. Aber die Ikonoklasten der französischen Revolution hielten sich nicht einmal vor diesem majestätischen Portal zurück und zerstörten mit dem

Hammer die Köpfe der Heiligen. In jener Zeit erlitt Lyon vandalische Verwüstungen und grausame Repressionen – und das in einer Stadt, in der im Mittelalter zwei ökumenische Konzilien abgehalten wurden! An demjenigen von 1274 hätte auch Thomas von Aquin teilnehmen sollen, aber er starb auf der Reise dorthin. Unser *doctor angelicus* machte viel Gebrauch von der Präposition *contra*, zum Beispiel in der *Summa contra Gentiles*; aber die *gentiles* oder Heiden zerstörten die Tempel der anderen nicht, wie es im Gegenteil die Christen mit den griechischen und römischen Tempeln taten, und sie schickten nicht auf den Scheiterhaufen, wer in Sachen Religion anders dachte. Der religiöse Fanatismus ist eine Besonderheit der monotheistischen Religionen.

Bruno sei also, wie er selbst sagte, »nur ein Monat« in Lyon geblieben, eine Zeit, die wir zwischen September und Oktober 1579 ansetzen können. Er hatte keine Möglichkeit gefunden, sich den Lebensunterhalt zu verdienen, und nahm seinen Weg wieder auf mit dem Ziel Toulouse, dem Epizentrum der theologischen Raserei. Das war tollkühn, denn es bedeutete, in die Höhle des Löwen zu gehen und den Teufel herauszufordern, wo er zu Hause war. Diesmal stürzte sich der Sturmvogel in das Auge des Zyklons. Aber wie es dem Mutigen oft ergeht – es ging ihm gut. Vielleicht vertraute er auch darauf, daß ihm die Verletzungen, die er in Genf erlitten hatte, bei Gelegenheit als Schutzbrief oder Kreditkarte dienen konnten. Suchen wir also, seinem Weg zu folgen: Vienne, Valence, Avignon, Nîmes, Montpellier, Narbonne, Carcassonne und schließlich Toulouse.

In jenen Zeiten zu reisen, war nicht nur unbequem, sondern gefährlich, weil Banditen, Wegelagerer, bewaffnete Banden und Soldateska die Wege unsicher machten. Unser Bias jedenfalls war wenigstens in dieser Hinsicht nicht in Gefahr: Was hätten sie ihm rauben können? Vielleicht hatte er Manuskripte bei sich, diese aber, wie übrigens auch Bücher, waren niemals das Ziel der Diebe. Man verstecke sein Geld mitten in irgendeinem Buch, und man kann sicher sein, daß es dort niemand suchen wird. Die Kultur und die Armut, ihre unzertrennliche Schwester, werden zum Talisman gegen Übeltäter. Dieser Bruno, der mit einem Beutel voller Spinnweben reiste, erinnert an das deutsche Sprichwort: »Die Bettler pfeifen, auch wenn im Wald die Räuber lauern«; oder an Apuleius: »Weißt du nicht, daß ein Nackter nicht einmal von zehn Gladiatoren ausgeplündert werden kann?«[97]

Wir wissen nicht, wo er sich aufgehalten und was er gesehen hat. Mag er versucht gewesen sein, sich die wunderschöne Quelle von Vaucluse anzusehen, wo Petrarca so viele Jahre seines Lebens verbrachte? Vielleicht ja, da er genau darauf Bezug nimmt: »Und bei meiner Treu, wenn ich mich schon dazu herbeilassen will, den Verstand jenes toskanischen Dichters, der sich an den Ufern der Sorgue so verliebt in eine Frau aus Vaucluse gebärdete, als edel zu verteidigen und nicht behaupten will, daß er als Verrückter in Ketten gehört hätte«.[98] Einverstanden, man wird sagen, da handelt es sich um eine literarische Reminiszenz; man darf jedoch Brunos Sensibilität für Schönheiten der Natur nicht vergessen. Überdies zeigt ein Text aus der *Cena*, daß er sich in der Provence umgesehen hat: »Zeigt sich nicht dasselbe in der ganzen Provence? Alle dort zerstreut auf den Feldern liegenden Steine zeigen die Spur früherer Bewegung durch Meereswellen. Das Klima Frankreichs muß sich seit Cäsars Zeit nicht wenig gemildert haben. Damals war dieses Land nirgends für Weinkultur geeignet, jetzt bringt es so kostbare Trauben hervor, wie andere Teile der Welt«.[99] Auch die nummoltitischen Steine, aus denen der grandiose Pont du Gard gebaut ist, den Bruno sicherlich sah, zeigen, daß sie einst von der Brandung des Meeres bearbeitet worden sind. Die römische Brücke wurde im Jahr 19 v. Chr. gebaut und ist 50 Meter hoch und fast 300 Meter lang; sie ist wahrhaftig ein Wunderwerk. Rabelais war davon so fasziniert, daß er sie »mehr göttlich als menschlich« nannte. Zwei Jahrhunderte später faszinierte sie Rousseau: »Aber dieses Werk überstieg noch bei weitem alle meine Erwartungen, und zwar widerfuhr mir das zum ersten Mal in meinem Leben. Die Römer allein vermochten eine solche Wirkung hervorzubringen. Der Anblick dieses schlichten und edlen Baues beeindruckte mich noch umso mehr, als er inmitten einer Einöde gelegen ist, in der die Stille und Einsamkeit die Wirkung der Gegenstände wuchtiger und die Bewunderung lebendiger machte, denn diese sogenannte Brücke ist nur eine Wasserleitung. Man fragt sich verwundert, welche Kraft diese ungeheuren Steine so fern von jedem Steinbruch aufgehäuft und die Hände von so vielen tausend Menschen an einem Ort vesammelt haben mochte, wo nicht eine Seele wohnte. Ich durchschritt die drei Stockwerke des prachtvollen Gebäudes, und Ehrfurcht benahm mir fast den Mut, meine Sohlen auf die Quadern zu setzen. Der Widerhall meiner Schritte unter den mächtigen

Wölbungen ließ mich glauben, die kraftvolle Stimme derer zu verneh-
men, die sie einst erbaut hatten. Wie ein Insekt verlor ich mich in all dieser Unermeßlichkeit. Und während ich mich so klein fühlte, empfand
ich doch irgend etwas, das meine Seele erhob, und seufzend sprach ich
zu mir selbst: ›Ach, daß ich nicht als Römer geboren bin!‹ Mehrere Stunden verharrte ich in verzückter Betrachtung, dann kehrte ich zerstreut
und versonnen zurück.«[100] Für Alexander Dumas, der sie »ein Epos aus
Granit« nannte, überstieg die Brücke alle Wunder der Welt. Welchen
Eindruck mag Giordano Bruno gehabt haben?

Brücken, Aquädukte, Straßen, Theater, Säulen, Bibliotheken und Bäder in Hülle und Fülle: Die römische Zivilisation, von der gerade in der
Provence viele Zeugnisse zu sehen sind, ist ganz erstaunlich. Da gab es
eine Einheitlichkeit des Stils, die von einem bis zum anderen Ende des
riesigen Imperiums reichte. Die Thermen von Bath in England waren so
glänzend gebaut wie die Bäder von Dura Europos am Euphrat; und die
Bibliotheken der Provinzstädte standen denen von Rom um nichts nach.
Man denke nur an die herrliche Bibliothek des Celsus in Ephesos. Ras-
sismus und religiöse Intoleranz waren unbekannt. Jeder war frei, den eigenen oder gar keinen Gott anzubeten, ohne Gefahr zu laufen, dafür lebendig verbrannt oder geviertelt zu werden. Dann kamen die Christen
und mit ihnen das Unglück. Gerade in Südfrankreich erkennt man, wie
grausam Verfolgungen und Religionskriege waren. Wir haben schon vorher die Ruinen der Katharerburgen erwähnt, in denen man noch den
Verzweiflungsschrei der unglücklichen Hingeschlachteten zu hören
meint. Besonders die Kastelle von Peyrepertuse und von Quéribus be-
schwören die Vergangenheit herauf. Dort oben glaubten die Katharer,
dem Himmel näher zu sein, aber die Katholiken stürzten sie in die Hölle.
Sie mußten ausgerottet werden, weil sie Asketen waren, kein Fleisch
aßen, keine Almosen annahmen, Geld verachteten und diese niedrige
Welt für ein Reich des Bösen hielten – was sie tatsächlich ist.

Der Kreuzzug gegen die Katharer, auch Albigenser genannt – nach der
Stadt Albi, in der sich ihre Hauptkirche befand – wurde von Innozenz
III. ausgerufen und begann 1209. Das Kommando über die heilige
Truppe – 20.000 Reiter und 200.000 Fußvolk – wurde dem Grafen Si-
mon de Montfort anvertraut. Der erste Horror geschah in Béziers, das im
Juli 1209 erobert wurde: Alle 20.000 Einwohner wurden massakriert, in-

klusive der Katholiken, die sich geweigert hatten, die Häretiker anzuzeigen. »Tötet alle, Gott wird die Seinen zu erkennen wissen«, so schrie der Generalabt von Citeaux und Stellvertreter des Papstes. Ein Chronist hielt fest: »Béziers wurde am Tag der heiligen Maria Magdalena eingenommen. O höchste Gerechtigkeit der Vorsehung! Die Häretiker behaupteten, daß Maria Magdalena die Konkubine Jesu Christi gewesen sei: Es ist daher eine gerechte Vergeltung, daß diese Hunde gerade an diesem Tag gefangen und massakriert wurden«.[101] Es folgten andere Schreckenstaten und andere Gemetzel. Im März 1210 erfand Montfort etwas in seiner Art Unübertreffliches: Um die Bewohner von Lastours, einer Festung nördlich von Carcassonne, zu terrorisieren und zur Übergabe zu zwingen, schickte er eine gespenstische Prozession über die Anhöhe. Es handelte sich um etwa hundert Personen, denen er die Augen ausstechen, Nase, Ohren und Lippen abschneiden ließ. Sie waren einer an den anderen angehängt wie die Prozessionsraupen, und nur dem, der sie anführte, war ein Auge gelassen worden. Die Zypressen, als würden sie, ohne es zu wissen, an dieses furchtbare Schauspiel erinnern, machen den Eindruck von schwarzen Kerzen rund um eine Monstrosität der Geschichte. So versteht man, warum viele Selbstmord begingen, um nicht in die Hände dieser Monster zu fallen – zum Beispiel die Bewohner von Minerve, die sich, statt sich zu ergeben, lieber auf einen so großen Scheiterhaufen warfen, daß sich das Feuer auf die umliegenden Wälder ausbreitete. Andere hungerten sich freiwillig zu Tode, aber die meisten wurden geschlachtet oder lebendig verbrannt. Das Gemetzel, dem gegenüber dasjenige gegen die Waldenser in Kalabrien eine kleine Sache scheint, hatte erst 1215 ein Ende, als Simon de Montfort durch den Sohn des französischen Königs ersetzt wurde. Im selben Jahr versammelte Innozenz III. das 4. ökumenische Laterankonzil, um den Sieg zu feiern.

Die Häresie der Katharer wurde, wie es scheint, das erste Mal in Bonn und Köln 1144 entdeckt. Eberwin, Abt von Steinfeld, meldete sie an Bernhard von Clairvaux, der mit Scheiterhaufen locker umging und dafür mit dem Titel *doctor mellifluus* zur Ehre der Altäre erhoben wurde. Auch das Wort Katharer, oder die Reinen, entstand in Deutschland, woraus im Laufe der Zeit »Ketzer« wurde, was eben Häretiker bedeutet. Aus Deutschland kamen also die ersten Denunziationen, und in Deutschland wurde im vergangenen Jahrhundert auch die heftigste Verurteilung die-

Giordano Bruno

ser schrecklichen Gemetzel laut. Beim Lesen der Geschichte schauderte der große Dichter Nikolaus Lenau und schrieb *Die Albigenser.*

Nun aber zurück zu Giordano Bruno, den wir in Gedanken beim Pont du Gard verlassen haben. Auch Avignon und Montpellier müssen ihn an Petrarca erinnert haben, der so anders war als er. Nicht umsonst verspottete Bruno ihn, weil er eine Frau vergöttert habe, auch wenn er ihn dann als Modell für seine Sonette und Kanzonen der *Eroici furori* verwendete. In allem übrigen aber welch großer Kontrast: Petrarca war reich und von den Mächtigen gehätschelt; Bruno war verfolgt und hatte nur seine Beine, um sich von einem Ort zum anderen zu begeben. Wohl reiste auch Petrarca sehr viel, jedoch zu Pferde. In dem wunderschönen Refugium von Vaucluse konnte er in heiligem Frieden die Tränen in Reime verwandeln, die er seiner Laura nachweinte, und daraus eine Apotheose der Frau gestalten. Bruno hingegen, so wie Lukrez, wie manche Kirchenväter und auch wie gewisse indische Autoren, entsakralisierte die Liebe und feuerte sarkastische Breitseiten gegen das Schmachten der Verliebten, die in den Himmel heben »jene Augen, jene Wangen, jenen Busen, jenes Weiß, jenes Rot, jene Zunge, jene Zähne, jene Lippen, jene Locke, jenes Gewand, jenes Tuch, jenen Handschuh, jenes Schuhchen, jenen Pantoffel, jene Sittsamkeit, jenes Lächeln, jenen Schmollmund, jenes verwaiste Fenster, jene verfinsterte Sonne, jene Beklommenheit, jenen Ekel, jenen Gestank, jenes Grab, jenen Abort, jene Monatsblutung, jenen Kadaver, jene Malaria, jenen gewaltigen Betrug der Natur, die uns mit einer puren Äußerlichkeit, einem Schatten, einem Phantasiegebilde, einem Traum, einem nur der Fortpflanzung dienenden Zaubertrank der Circe durch die Erscheinung der Schönheit verführt. Diese Schönheit kommt und vergeht, wird geboren und stirbt, blüht und verwelkt im gleichen Augenblick. Und so ist äußerlich eine kleine Weile schön, was innerlich wahrhaft und dauerhaft ein Frachtschiff birgt, einen Krämerladen, ein Lagerhaus, einen Markt von soviel Schmutz und Gift, wie unsere stiefmütterliche Natur nur eben hervorbringen konnte. Wenn ihre Saat aufgegangen und die Ernte eingebracht ist, müssen wir oft mit Gestank, Reue, Traurigkeit, Unlust, Kopfschmerz, Müdigkeit und weiteren Übeln, die der ganzen Welt bekannt sind, zahlen. Letztlich wartet doch bitterer Schmerz, wohin uns die Süße lockt«.[102] Alle heftigen und leidenschaftlichen Naturen wie Bruno haben diese verächtliche Haltung gegenüber der Sexualität, wenn sie in einem

Zustand des erhobenen Geistes sind und die Erkenntnis die dämonische Kraft des Sexualtriebes überwiegt. Man lese etwa die äußerst profunde *Metaphysik der Geschlechtsliebe* von Schopenhauer, einer anderen heftigen und leidenschaftlichen Natur. Was Bruno betrifft, sagte er selbst: »Ich halte mich auch nicht für kalt, denn der Schnee des Kaukasus oder des Ripheus reichte wohl nicht, meine Hitze zu kühlen«.[103] Kurz, er war kein kalter Fisch und hätte wie Byron sagen können: »Je mehr ich die Männer sehe, desto weniger gefallen sie mir. Ach, könnte ich doch dasselbe von den Frauen sagen!« Bruno aber behielt alles für sich und erwähnte seine persönlichen Umstände nur flüchtig, während Petrarca im Gegenteil über sich und seine Liebesgefühle bis zum Überdruß redete. Bruno mußten die sentimentalen Ergüsse sehr lästig sein: »Ich will sagen, daß man den Frauen, obgleich manchmal göttliche Ehren und Huldigungen für sie nicht ausreichen, trotzdem nicht göttliche Ehren und Huldigungen erweisen soll. Ich will, daß die Frauen geehrt und geliebt werden, wie Frauen geehrt und geliebt werden sollen«.[104] Drei Jahrhunderte später wird Schopenhauer noch sarkastischer darüber schreiben und gegen den Kult der Dame, für ihn ein *Monstrum* der abendländischen Zivilisation, zu Felde ziehen: »So haben eben die Alten und die orientalischen Völker die Weiber angesehen und danach die ihnen angemessene Stellung viel richtiger erkannt, als wir, mit unserer altfranzösischen Galanterie und abgeschmackten Weiberveneration, dieser höchsten Blüte christlich-germanischer Dummheit, welche nur gedient hat, sie so arrogant und rücksichtslos zu machen, daß man bisweilen an die heiligen Affen in Benares erinnert wird, welche, im Bewußtseyn ihrer Heiligkeit und Unverletzlichkeit, sich Alles und Jedes erlaubt halten.«[105] Es versteht sich, daß Bruno wie Schopenhauer in dieser Hinsicht auch provozieren wollten.

Keine Periode in Brunos Leben ist so in Nebel gehüllt wie die Zeit, die er im schönen und sonnigen Toulouse verbrachte. Das Wenige, das wir wissen, ist in dieser Aussage enthalten: »Daher ging ich von dort nach Toulouse, wo eine berühmte Hochschule ist. Und nachdem ich hier die Bekanntschaft intelligenter Leute gemacht hatte, wurde ich von ihnen eingeladen, vor einem Zuhörerkreise über die Sphäre [Astronomie] zu lesen; ich hielt diese Vorlesung, außerdem andere Vorlesungen über Philosophie sechs Monate lang, und da inzwischen der Lehrstuhl des ordentlichen Lectors der Philosophie in jener Stadt frei geworden und zum

Wettbewerb ausgeschrieben wurde, besorgte ich mir den Doktortitel und ließ mich zum *magister artium* machen und wurde als Mitbewerber zugelassen und gewählt, und ich erläuterte seitdem in jener Stadt zwei Jahre lang den Text des Aristoteles ›Von der Seele‹ (*De anima*) und hielt andere Vorlesungen über Philosophie, dann, infolge des Bürgerkrieges, verließ ich Toulouse und ging nach Paris«.[106] Alles da. Hinzuzufügen ist nur, daß er sich in Toulouse »bei einem Jesuiten« vorstellte und beichtete, vielleicht um seine Situation in Ordnung zu bringen; aber darüber, wie auch über die Widmung, die ihm der portugiesische Philosoph Francisco Sanchez machte, sprechen wir später.

Ging er direkt nach Toulouse oder machte er Zwischenstationen, zum Beispiel in Montpellier, wo ebenfalls eine berühmte Universität ihren Sitz hatte? Wir neigen zu dieser zweiten Hypothese. In Ermangelung von Dokumenten können wir ja nur im dunkeln tappen und Hypothesen aufstellen; warum aber sollte man die Idee verwerfen, er sei nach Montpellier, dem französischen Salerno, gegangen, um zu sehen, wo Raimundus Lullus und Paracelsus gelebt haben – beide Autoren, die ihm besonders teuer waren? Der erste lehrte und schrieb hier, während Paracelsus hier zum Häretiker erklärt wurde. Die Ankunft Brunos in Toulouse kann man in etwa im Spätherbst 1579 ansetzen. Aber reden wir zuerst von der Stadt.

Das römische Tolosa wurde im Mittelalter zu einem Epizentrum des katholischen Fanatismus. Im Jahr 1215 gründete Dominikus Guzmán, der spätere heilige Dominikus, den man schon zur Verfolgung der Katharer ausersehen hatte, hier den Orden der Predigerbrüder, besser bekannt als Dominikanerorden, der sich schnell in andere Länder ausbreitete. Dieser Orden pachtete sozusagen die Inquisition, die von Innozenz III. geschaffen wurde, und verschuldete mehr Opfer als alle Naturkatastrophen. Solcher Eifer verdiente eine Belohnung, und tatsächlich ist Dominikus, genannt *zelator animarum maximus*, heiliggesprochen worden. In seinem Buch *Mille santi del giorno* sagt der katholische Autor Piero Bargellini, daß Domenico »nicht einmal 51 Jahre alt war, als er, verzehrt von Anstrengungen, von intellektuellem Fleiß und geistiger Abnützung, 1221 in Bologna starb; da war es, als verlösche ein Stern unter den Menschen, um unter den Heiligen umso heller entzündet zu werden«. Nicht verlöschten hingegen die Scheiterhaufen, die er, der tapfere Feuerwerker des Himmels, angezündet hatte, sondern sie brannten für Jahrhunderte.

Rabelais, der in der ersten Hälfte des 16. Jahrhunderts in dieser Gegend war, sagt, daß in Toulouse alle, die in den Verdacht der Heterodoxie gerieten, verbrannt würden »wie geräucherte Heringe, wo auch immer sie aufgespürt wurden, auch auf den Lehrstühlen«.[107]

Noch 1619 ereilte dieses Schicksal, wie wir sehen werden, den Philosophen Giulio Cesare Vanini. Nein, in der Stadt der »fröhlichen Wissenschaft« wehte keine gute Luft für Philosophen. Toulouse konnte also für Giordano Bruno eine tödliche Falle sein. Von hier aus hatte das Feuer seinen Anfang genommen und hier hatte die Inquisition ihr Hauptquartier aufgeschlagen. Er, der immerhin ein Dominikaner war, wußte das sehr wohl. Noch bevor er einen Fuß in diese Stadt gesetzt hatte, mußte sie ihm sozusagen vertraut sein. So sonderbar das aber auch scheinen mag, konnte er hier in Ruhe leben und lehren. Wenigstens scheint es so. Vielleicht hatte ihn das schreckliche Abenteuer von Genf klüger gemacht, oder er gebrauchte gerade dieses Abenteuer, um sich als Feind der Calvinisten zu präsentieren.

Auf eine Frage der Inquisitoren von Venedig antwortete er: »Es sind sechzehn Jahre her, daß ich nicht zur Beichte gegangen bin, ausgenommen zweimal: einmal in Toulouse bei einem Jesuiten, ein anderes Mal in Paris bei einem anderen Jesuiten, während ich durch Vermittlung Sr. Hochwürden des Bischofs von Bergamo, damals Nuntius in Paris, und des Herrn Bernardin von Mendoza Verhandlungen anknüpfte, um in den Orden zurückzukehren und mit dieser Absicht zu beichten, und jene sagten mir, sie könnten mir keine Absolution erteilen, da ich Apostat sei, und ich dürfte an den heiligen Offizien nicht teilnehmen«.[108] Man darf, wenn man diese und andere autobiographische Erklärungen liest, nicht vergessen, daß er als Angeklagter vor einem Inquisitionstribunal redete und verständlicherweise versuchte, in den Vordergrund zu stellen, was ihm nützen könnte, wie gerade die zwei – gescheiterten – Versuche, zur katholischen Religion zurückzukehren.

Wer dieser Jesuit in Toulouse war, wissen wir nicht. Vielleicht war er eine der *persone intelligenti*, mit denen Bruno, wie er sagt, in dieser französischen Stadt Umgang hatte. Wenn er ihn nicht losgesprochen hat, was übrigens von Rom und nicht von ihm abhing, so hat er ihm doch wahrscheinlich geholfen. Es wäre auch denkbar, daß einem Jesuiten ein flüchtiger Dominikaner nicht schlecht gefallen hat, wenn man die Rivalität in

Rechnung stellt, die zwischen den beiden Orden herrschte. Man kann annehmen, daß die Jesuiten toleranter und offener gewesen sind, und das ließe uns besser verstehen, warum Bruno für die Beichte einen von ihnen gewählt haben mag. Die Enttäuschung von Genf war umso schmerzlicher, als er gehofft hatte, daß die Protestanten als Korrektiv der katholischen Unterdrückung handeln würden. Mit den Augen der Hoffnung verklärt und adelt der Verfolgte den Feind seines Feindes. Wenn er aber entdeckt, daß der vermeintliche Retter übler als der Verfolger ist, oder wenigstens ihm gleicht, quält die Enttäuschung sein Herz und treibt ihn zu unüberlegten Schritten. Und gerade das tat Giordano Bruno, indem er – den Krallen der Calvinisten entrissen – sich in die ebenso gefährlichen der Katholiken von Toulouse begab. Aber er hatte Glück, vielleicht auch dank dem Wohlwollen jenes Jesuiten. Wir wissen es nicht, aber die Vorstellung gefällt uns.

Das einzige Zeugnis der Beziehungen Brunos zur akademischen Szene von Toulouse besteht in der Widmung, die ihm der portugiesische Philosoph und Arzt Francisco Sanchez zueignete. Der polnische Gelehrte Andrzej Nowicki hat sie erst neulich entdeckt und publiziert. Sie ist auf lateinisch geschrieben und enthält einen kuriosen Grammatikfehler: *Brunus* – Nominativ, statt *Bruno* – Dativ. Hier das Original: »*Cl[arissimo] V[iro] d[omino] Jordano B[run]us Nolano T[heologiae] D[octori] P[hilosop]ho Acutissimo fam[iliaritatis] g[ratia] h[onoris] c[ausa] d[ono] d[edit] F. Sanchez*«.[109] In Übersetzung: »Dem hochverehrten Herrn Giordano Bruno aus Nola, Doktor der Theologie, dem scharfsinnigsten Philosophen, als Geschenk überreicht zum Zeichen der Verbundenheit und als Erweis der Ehre, F. Sanchez«. Die Widmung steht auf dem Frontispiz von Sanchez' Werk *Quod nihil scitur*, veröffentlicht in Lyon 1581.

Über die tiefe Wertschätzung des Portugiesen für den Italiener hinaus läßt die Widmung annehmen, daß die beiden einander gut gekannt haben, sonst hätte Sanchez nicht von *familiaritas* gesprochen. Aber sein Werk gefiel Bruno nicht, und er notierte auf demselben Frontispiz sarkastisch: »*Mirum quod onager iste appellat se doctorem*« (verwunderlich, daß sich dieser Esel einen Doktor nennt). Auf der nächsten Seite erhöhte er die Dosis und schrieb eine andere vernichtende Notiz: »Erstaunlich, daß er die Absicht hat zu unterrichten«.

Man kann nicht behaupten, daß Giordano Bruno die Worte lange im

Mund behalten hätte, wenn er jemanden wie der Blitz treffen wollte. In *Cena de le ceneri* nannte er den Theologen Andreas Osiander einen »unwissenden und eingebildeten Esel«.[110] Noch schärfer ist das Urteil über Francesco Patrizi, »ein Italiener, ein wahrer Unflat von Pedantentum, der so viel schönes Papier mit seinen *Peripatetischen Diskussionen* besudelt hat«, und der »in einfältiger Sprache verrät, wieviel er von einem Esel und Rindvieh an sich hat«.[111] Wie aber erklärt sich sein Sarkasmus gegenüber jemandem, der ihm eine so warmherzige und würdigende Widmung hat zukommen lassen? Francisco Sanchez war 1551 in Portugal geboren worden und hatte in Italien Medizin studiert, hauptsächlich in Rom, von 1571 bis 1573. Zuvor war er mit seinen Eltern, die beide Juden waren, nach Frankreich geflohen und zum Katholizismus konvertiert. In Italien hatte er unter anderem gelernt, medizinische Untersuchungen mit philosophischen Spekulationen zu verknüpfen. Als er nach seinen Studien nach Frankreich zurückkehrte, lehrte er Chirurgie an der Universität von Montpellier. Als dann Montpellier eine Hochburg der Hugenotten wurde, ging er nach Toulouse und blieb dort bis in das Jahr seines Todes 1623.

Seine Zeitgenossen nannten ihn »Sanchez, den Skeptiker«; und auch weiterhin wurde er für »den wüstesten der Skeptiker« gehalten und für »einen großen Pyrrhonianer«. Aber Bertrand Levergeois meint, daß Sanchez in Wirklichkeit tief »im katholischen Glauben verwurzelt war, zumal zwei seiner Söhne Priester wurden«. Und er fügt hinzu, »daß eine aufmerksame Lektüre von *Quod nihil scitur* zeige, daß der Portugiese nicht der Skeptiker war, zu dem man ihn im nachhinein machen wollte. Und wie erklärt sich die Zurückweisung des Werkes von seiten Brunos? Bedienen wir uns noch einmal der Worte Levergeois', der diese Frage gründlich analysiert. Es handelt sich nicht so sehr um Skeptizismus, sagt er, als um »Gnoseologie im allgemeinen. Tatsächlich merkt Bruno sofort, was ihn von Sanchez unterscheidet. Abgesehen von tieferen Divergenzen, basiert der Antiaristotelismus des Portugiesen auf einer Neubewertung der Erfahrung, während der Nolanus dem empirischen Verfahren nur einen relativen Wert beimißt«.[112] Alle Erkenntnis geschehe, nach Sanchez, durch die Sinne; und das genügt schon, um zu verstehen, daß es zwischen ihm und Bruno auf dem Gebiet der Erkenntnistheorie keine Übereinstimmung geben konnte.

Man weiß nicht, wann und wie das Exemplar von *Quod nihil scitur*, das der Autor dem italienischen Philosophen geschenkt hat, schließlich nach Polen gekommen ist. Aber diese Widmung bekommt eine besondere Bedeutung, weil sie ein Schlaglicht auf den Aufenthalt Brunos in Toulouse wirft, wo er anscheinend eine gewisse Bekanntheit genoß. Seine Vorlesungen müssen mitreißend gewesen sein, und wahrscheinlich hat auch Sanchez sie gehört, als er noch keinen Lehrstuhl an der Universität von Toulouse hatte. Der Lehrstuhl für Medizin wurde ihm im Frühjahr 1581 unter der Nase weggeschnappt, und erst im September 1585 wurde er Ordinarius für Philosophie. So erklärt sich die Bemerkung Brunos leichter: »Erstaunlich, daß er die Absicht hat zu unterrichten«. Es ist hingegen überhaupt nicht erstaunlich, daß Sanchez Ordinarius wurde und nicht Bruno: Kein Genie hat jemals an der Universität Karriere gemacht. Das ist ein Ambiente, in dem die Mittelmäßigkeit weitaus erfolgreicher ist als eine große Intelligenz. Aber auch sonst zeigt das Leben Brunos, daß eine geniale Intelligenz sich schließlich als kontraproduktiv erweist, weil der, der sie besitzt, einem gleicht, der auf dem Markt mit Goldbarren bezahlt anstatt mit Kleingeld.

Es hat den Anschein, daß Bruno zweieinhalb Jahre in Toulouse geblieben ist, weil er sagt, er habe »etwa sechs Monate« über die Sphäre gelesen und »dann, zwei Jahre hindurch, über *De animarum* des Aristoteles und andere philosophische Lektionen«. Um welche Lektionen handelte es sich? Wahrscheinlich um Physik und Mathematik, aber auch um die lullianische Kunst. Tatsächlich entstand gerade um diese Zeit die *Clavis magna*, ein unveröffentlichter und verlorengegangener mnemotechnisch-lullianischer Traktat. Aber wie lange dauerte der Aufenthalt in Toulouse tatsächlich? Nach Spampanato 20 Monate; anderen zufolge länger. Wie auch immer – es handelte sich um einen sehr langen Aufenthalt für eine so unruhige Natur. Und es ist wirklich sonderbar, daß sich in Toulouse keine, auch nicht die mindeste Spur seiner Anwesenheit findet. Die Register der Universität aus jener Zeit sind verschwunden, und verschiedene Archive, auch das der Dominikaner, geben keinerlei Auskunft. Obwohl ich wußte, daß vor mir Forscher mit großem Spürsinn am Werk waren, habe ich nichtsdestoweniger selbst Nachforschungen angestellt – aber völlig vergeblich. Und doch ist es schwer, sich mit der Vorstellung abzufinden, daß es da überhaupt nichts gibt. Feurig, kämpferisch und mitreißend, wie er war, ist Bruno kein Typ gewesen, der unbeobachtet vorbeigegangen wäre. Ist es möglich, daß niemand, kein Student, kein Kleriker und kein privater Bürger irgendwo den Namen notiert haben soll? Immer wieder tauchen da und dort neue Dokumente über das Wanderleben Brunos auf. Wer weiß, ob man nicht eines Tages auch in Toulouse etwas findet.

Der Dominikaner Michele Miele, über den wir schon gesprochen haben, hegt einige Zweifel über das Doktorat, das Bruno in Toulouse erworben haben will: »Und da inzwischen der Lehrstuhl des ordentlichen Professors der Philosophie in jener Stadt freigeworden war und zum Wettbewerb ausgeschrieben wurde, besorgte ich mir den Doktortitel und ließ mich zum Magister artium machen und wurde als Mitbewerber zugelassen«.[113] Aber Miele, der auch Professor ist, schreibt mir: »Immatrikulieren bedeutet nicht, Student zu sein. Bruno hat in Toulouse auf Grund seines theologischen Doktorats, das er in San Domenico Maggiore erworben hat, gelehrt. Das ist auch anderswo während seiner *peregrinatio* durch Europa so gewesen«. Kurz – er hat, wenn ich recht verstehe, eine Bewerbung abgegeben, wie man heute sagen würde. Wenn es aber so ist, warum hatte Bruno es nötig zu sagen, daß er promoviert wurde »per maestro delle arti«, d.h. zum *magister artium*? Was den Mangel an Indizien für die Anwesenheit des Philosophen in Toulouse angeht, so schrieb mir mein freundlicher und gelehrter Korrespondent: »Ich glaube jedoch, daß der Konvent von Toulouse wirklich nichts über Bruno besitzt. Auch unter der Annahme, daß der Philosoph zu seiner Zeit in der Stadt Spuren hinterlassen hat, darf man die Sintflut der französischen Revolution nicht außer acht lassen, die für die Klöster radikaler war als unsere Aufhebungen«. Mein Korrespondent bezieht sich auf die Klosteraufhebungen in Italien.

Gehen wir also daran, die Spuren des Philosophen mit den Augen der Imagination zu suchen. Das historische Zentrum von Toulouse, wo die Universität stand, ist sehr inspirierend. Die Rue du Taur, die auch Bruno, wer weiß wie oft, entlang gegangen ist, stellt eine schmale, geradlinige Arterie der Stadt dar und spricht eine antike Sprache. Sie ist von mittelalterlichen Gebäuden gesäumt, darunter die Kirche Notre-Dame du Taur aus dem 14. Jahrhundert. Am Ende steht die herrliche Basilika St. Sernin, die einen verzückt. Sie ist eine der schönsten romanischen Kirchen, die es überhaupt gibt; außen wie innen atmet sie den Geist des Friedens. Hier machten einst zur Labung von Seele und Leib die Pilgerscharen Rast, die auf dem Weg nach Santiago de Compostela waren. Und auch Bruno war auf seine Weise ein Pilger, der Frieden suchte, wenn auch keine Wunder.

Hingegen flößt einem die große Kirche, genannt Les Jacobins, wo die Dominikaner bis zur Französischen Revolution ihr Hauptquartier hatten, Scheu ein und ruft so etwas wie Bestürzung hervor. Sie ist so kühn, daß sie für den Himmel eher eine Herausforderung zu sein scheint als ein Gebet – ein Schrei des Willens zur Macht. Waren die Dominikaner, die sie zwischen dem 13. und 14. Jahrhundert bauten, nicht ein theologischer Sturmtrupp? Im Zentrum unter dem Kirchenschiff, das sich in die Höhe verliert wie die Felswand einer Bergspitze, befindet sich das Grabmal des heiligen Thomas von Aquin, dessen Leichnam auf Anordnung Papst Urbans V. 1369 hierher gebracht wurde. Er befand sich zuerst in der Abtei von Fossavova in Latium, wo er am 7. März 1274 gestorben war.

Bruno hatte stets eine große Wertschätzung für den heiligen Thomas und erklärte das auch vor dem Tribunal in Venedig: »Ich verwerfe die obengenannten Ketzer und ihre Lehre, da sie gar nicht den Namen von Theologen verdienen, sondern Pedanten sind, aber für die katholischen Kirchenlehrer habe ich immer diejenige Achtung gehabt, die ich ihnen schuldig bin, und ganz besonders für den heiligen Thomas, den ich, wie ich eben schon sagte, immer geschätzt und geliebt habe wie meine eigene Seele, und daß dies die Wahrheit ist, sehen Sie hier in diesem meinem Buche *De monade numero et figura:* Seite 89 sage ich zum Lobe des Heiligen Thomas, was Sie hier sehen können«.[114] Und er zeigte den Passus, wo der Aquinat *»honor atque lux«* genannt wird. Wie sollte man also nicht daran denken, daß er dahin gegangen sei, um dem Grabmal seinen Respekt zu zollen? Mehr noch: Er wird öfter dahin gegangen sein, denn es ist immer besser, mit einem toten Philosophen zu reden als mit einem lebenden Esel. Und er ist sicherlich auch durch den weitläufigen Kreuzgang gegangen, in dem man sich aufgehoben fühlt und nicht eher bedroht wie im Inneren der Kirche.

Toulouse wurde die »rote Stadt« genannt, weil sie zur Gänze aus Ziegeln gebaut ist. Aber in jener Zeit der Autodafés muß auch der Himmel darüber rot gewesen sein. Wir haben schon gesehen, daß Rabelais von den Leuten spricht, die »wie geräucherte Heringe« gebraten wurden. Die Festung der katholischen Orthodoxie entzündete eine Hölle, um das Paradies günstig zu stimmen. Am 3. und 4. Oktober 1572 wurden einige hundert Protestanten massakriert oder verbrannt. Es war eine Wiederholung der Bartholomäusnacht, im Ausmaß geringer, aber besser organisiert. Überraschend, daß Bruno, Apostat und der Häresie angeklagt, ungestört in Toulouse leben konnte. Vielleicht hat ihn der Schatten des heiligen Thomas geschützt und seine Klugheit inspiriert.

Niemand schützte hingegen den Philosophen Giulio Cesare Vanini, der 1619 in Toulouse lebendig verbrannt wurde. Seine tragische Existenz erinnert stark an diejenige des Giordano Bruno, und es paßt gut, hier darüber zu sprechen. Vanini wurde 1585 in Taurisano in der heutigen Provinz Lecce geboren; er trat in den Karmeliterorden ein und doktorierte 1606 in Neapel in den Rechtswissenschaften; dann ging er nach Padua, um Theologie zu studieren. Das war für seine kulturelle Bildung eine sehr fruchtbare Periode, auch weil er Kontakte mit den offeneren Kreisen des nahen Venedig hatte. Wahrscheinlich hatte er auch Verbindung mit Galilei, der damals in Padua lehrte. Aber am 28. Jänner 1612 befahl ihm der Ordensgeneral Enrico Silvio, daß er sofort nach Neapel zurückzukehren und sich seinen Oberen zur Verfügung zu halten habe. Vanini spürte, daß es brenzlig wurde, suchte das Weite und floh nach London, gemeinsam mit seinem Ordensbruder Giovanni Maria Genocchi, auch er Student in Padua und ebenfalls eines Disziplinarvergehens beschuldigt. In der englischen Hauptstadt schworen beide dem katholischen Glauben ab und konvertierten zum Anglikanismus. Die Zeremonie der Konversion vollzog sich am 28. Juni 1612 in der »Mercers' Chapel« in London und war durch die Anwesenheit von Sir Francis Bacon besonders gewürdigt, der es – für einen Philosophen – gut verstand, durch die Intrigen des Hofes zu navigieren. Die beiden Apostaten zögerten aber nicht wahrzunehmen, daß die Puritaner nicht besser waren als die Katholiken. Auch die Isolation, in der zu leben sie gezwungen waren, der eine beim Erzbischof von Canterbury, der andere bei dem von York, ließ sie Padua und Venedig schnell nachweinen.

Zu Anfang 1613 nahmen die beiden über den spanischen Botschafter wieder Kontakte mit der katholischen Kirche auf und erhielten das Versprechen, daß ihnen im Falle ihrer Rückkehr kein Prozeß gemacht werden würde. Alles wurde mit höchster Geheimhaltung abgewickelt, wenigstens glaubten sie das. Aber die Kontakte waren dem Erzbischof von Canterbury, der George Abbot hieß und Vanini unter Aufsicht hatte, nicht entgangen. Als dieser um die Erlaubnis bat, die Universitäten von Oxford und Cambridge zu besuchen, gab er vor zuzustimmen, stellte ihm aber in Wirklichkeit eine Falle. Kurz: Er ließ ihn von einem geheimen Agenten begleiten, dem der Unvorsichtige seine Absicht enthüllte, England zu verlassen und in den Schoß der katholischen Kirche zurückzukehren. Er wurde sofort verhaftet und ins Gefängnis geworfen. Dasselbe geschah mit Genocchi. Es war der 26. Jänner 1614. Nach wenigen Tagen gelang es Genocchi zu entkommen und in die spanische Botschaft zu fliehen. Vanini dagegen wurde zuerst der Prozeß gemacht, dann wurde er exkommuniziert und dem weltlichen Arm übergeben, um ihn einem zweiten Prozeß zu unterziehen. Schließlich aber gelang es auch ihm, vielleicht dank der Hilfe des spanischen Botschafters, aus dem Gefängnis zu entkommen und seine Spuren zu verwischen.

Es war Schicksal, daß die italienischen Exulanten George Abbot begegneten, dessen calvinistischer Groll sich schon gegen Giordano Bruno gerichtet hatte, wie wir im folgenden sehen werden. Jetzt folgen wir zunächst Vanini, der zum Teil den Weg Brunos wiederholte, wenn auch in umgekehrter Richtung. Er und Genocchi flohen auf abenteuerliche Weise aus England und kamen nach Brüssel, wo sie über Vermittlung des apostolischen Nuntius Guido Bentivoglio die Vergebung des Papstes erlangten und auch die Erlaubnis, mit dem Gewand der Weltpriester zu leben. Genocchi kehrte später nach Genua zurück, und Vanini ging nach Paris, wo er sich einige Monate beim apostolischen Nuntius Roberto Ubaldini aufhielt.

Von da an war sein Leben ein Hindernislauf gegen den Tod. Von seinem inneren Dämon getrieben, irrte er wieder umher, und statt sich nach Rom zu begeben, wohin er unter dem Vorwand des Imprimatur für ein verlorengegangenes Manuskript gerufen worden war, suchte er Genocchi in Genua auf. Zurecht fürchtete er, verhaftet zu werden, und wurde vorsichtig. Er blieb vom Oktober 1614 bis zum Jänner des nächsten Jahres in Genua und arbeitete als Hauslehrer der adeligen Familien Spinola und Doria. Wahrscheinlich halfen ihm diese mächtigen Familien auch zu fliehen, als die Kirche ihre wahren Absichten erkennen ließ. Tatsächlich wurde Genocchi verhaftet, während Vanini, rechtzeitig gewarnt, sich der Ergreifung entziehen konnte und überstürzt nach Lyon flüchtete, wo er das *Amphitheatrum aeternae providentiae*, sein Hauptwerk, drucken ließ. Im August 1615 war er wieder in Paris. Er wurde vielleicht vom neapolitanischen Dichter Giambattista Marino, den er »meinen liebwerten und besonders verehrten Freund« nannte, in die höchsten Kreise eingeführt, verkehrte am Hof der Maria de' Medici und wurde zum Modephilosophen. Er hatte alles, um sich beliebt zu machen: weitläufige Bildung, Lebhaftigkeit, brillante Konversation und auch ein gutes Aussehen. 1616 veröffentlichte er die Dialoge *De admirabilis naturae arcanis* und hatte damit sofort einen lautstarken Erfolg, vor allem in der Szene der sogenannte Libertiner. Aber die Doktoren der Sorbonne erhoben sich und verurteilten das Werk, das sie zuvor approbiert hatten.

Um nicht in den Händen der Inquisition zu enden, floh Vanini abermals und fand – unter dem falschen Namen Pompeo Ugilio – in Toulouse im Haus des Grafen von Carman, Adrien de Montluc, Zuflucht. Wem hätte in den Sinn kommen können, einen des Atheismus verdächtigen Flüchtling in der Hochburg der katholischen Orthodoxie zu suchen? Vielleicht war das die Überlegung Vaninis und seiner Protektoren. Und wirklich ging anfangs alles gut, und er konnte in der Verkleidung des Pompeo Ugilio (später in Lucilio entstellt) als Hauslehrer arbeiten. Aber am 2. August 1618 wurde er – man weiß nicht auf Grund welches Gerüchts – der Verbreitung des Atheismus angeklagt und ins Gefängnis geworfen. Der Prozeß, bei dem wir uns nicht länger aufhalten, dauerte viele Monate. Das Todesurteil wurde am 8. Februar 1619 erlassen und am selben Tag vollstreckt. In den Dokumenten, die eine infame und grauenvolle Sprache sprechen, steht zu lesen, daß dem Philosophen ein Zettel an den Hals gebunden wurde mit dem Text: »Atheist und Lästerer des Namens Gottes«. Dann wurde er zur Metropolitankirche St. Etienne geführt, damit er, halbnackt und mit einer Kerze in der Hand, »Gott, den König und die Gerechtigkeit« um Vergebung für die behauptete Blasphemie bitte. Welchen Gott und welche Gerechtigkeit, *Messieurs?* Schließlich führten diese Monster ihn auf die »Place du Salin«, wo schon der Scheiterhaufen bereitstand. Unterwegs drängte ihn »der gute Pater, der ihm beistand«, sich eines Besseren zu besinnen, »indem er ihm den Gekreuzigten zeigte und ihm die heiligen Mysterien der Inkarnation und

Giordano Bruno

der wunderbaren Passion unseres Herrn vor Augen hielt«; aber der Verurteilte wollte ihn nicht sehen und wies diese äußerste Heuchelei zurück. Ebenso weigerte er sich, auf der Richtstätte angekommen, dem Henker die Zunge entgegenzustrecken, denn die sollte abgeschnitten werden. Also riß der Henker sie ihm gewaltsam mit einer Zange heraus. Den Rest besorgten die Flammen des Scheiterhaufens.

Ein Augenzeuge dieser Schreckenszene, voll feindlicher Vorurteile gegen den Philosophen, berichtet: »Finster und verstockt lehnte er den Trost des Franziskanerbruders ab, der ihn begleitete, und griff unseren Herrn mit den Worten an: ›Er schwitzte vor Angst und Schwäche, als er dem Tod entgegenging; aber ich sterbe furchtlos‹. Der Veruchte hatte keinen Grund zu sagen, er sterbe ohne Furcht. Ich habe ihn ganz niedergeschlagen gesehen, und er machte sehr schlechten Gebrauch von der Philosophie, derer er sich rühmte und zu der er sich bekannte. Als er dem Tod ganz nahe war, hatte er ein schreckliches und wildes Aussehen; sein Geist war unruhig und bezeugte in allen seinen Worten die Angst, in der er sich befand, obwohl er immer wieder geschrien hatte, daß er als echter Philosoph sterben würde. Man kann nicht leugnen, daß er wie ein Tier gestorben ist. Vor dem Anzünden des Scheiterhaufens wurde ihm befohlen, die Zunge zu zeigen, damit sie abgeschnitten werde. Er weigerte sich: Der Henker konnte sie nicht erreichen und bediente sich einer Zange, um sie herauszuziehen und abzuschneiden. Niemals hat man einen greulicheren Schrei gehört; ihr hättet ihn für das Gebrüll eines Ochsen halten können; der Rest seines Körpers wurde von den Flammen verzehrt und seine Asche in den Wind gestreut. Das war das Ende des Lucilio Vanini: dieser bestialische Schrei, den er vor dem Tod ausstieß, zeigt seine geringe Standhaftigkeit. Ich habe ihn im Gefängnis gesehen, ich habe ihn während der Verhöre gesehen und ich habe ihn gekannt, bevor er verhaftet worden war«. Der diese Worte, ohne zu erschrecken oder sich wenigstens zu schämen, niederschrieb, war Barthélemy Gramont, Sohn des Präsidenten des Stadtrats von Toulouse. Wer so etwas ungerührt zu Papier bringen kann, ist ärger als ein Monstrum.

Andere Zeugnisse berichten uns von der äußeren Erscheinung Vaninis: Er war groß, schlank, gut gebaut, hatte einen durchdringenden Blick und sprach das Lateinische mit »großer Geläufigkeit«. Als er zur Hinrichtung geführt wurde, rief er aus: »*Andiamo, andiamo a morire da filo-*

sofi«. Er war kaum 34 Jahre alt. Weil er sich auch mit Medizin und den Naturwissenschaften beschäftigte, hielt er sich einen Frosch zu Hause. Auch gut – für die Richter lieferte dieser arme Frosch jedoch den unwiderleglichen Beweis, daß Vanini nicht nur ein Hexenmeister, sondern auch ein Atheist war, insofern einige behaupteten, das Tier sei der Gott, den er anbete. Und wahrhaftig: Vanini, wie Giordano Bruno, machte keinen Unterschied zwischen einem lebenden Wesen und einem anderen; man vergaß jedoch zu sagen, daß die Tiere, etwa ein Frosch, oft intelligenter sind als die Menschen, wie gerade das Verhalten jener Richter demonstriert. Eine wichtige Rolle in der Verfolgung Vaninis haben einige Jesuiten gespielt, darunter die Patres Jacques Gaultier und François Garasse, zwei giftige Spinnen, jedoch ohne die Intelligenz der Spinnen.

Auf dem Platz, auf dem der Philosoph lebendig verbrannt wurde, habe ich kein Denkmal gesehen, sondern nur Leute, die ihr Eis schlürften. Aus Neugierde fragte ich ein Studentenpaar, ob sie Vanini kennen würden, aber sie haben mich angeschaut, als hätte ich den Namen eines Marsmenschen ausgesprochen. So zahlt es die Welt denen heim, die sich für die Wahrheit opfern. Das Denkmal muß man in den Schriften verwandter Seelen suchen. Hölderlin identifizierte sich mit Vanini und stimmte ihm eine Hymne an:

> Den Gottverächter schalten sie dich? mit Fluch
> Beschwerten sie dein Herz dir und banden dich
> Und übergaben dich den Flammen,
> Heiliger Mann! o warum nicht kamst du
>
> Vom Himmel her in Flammen zurück, das Haupt
> Der Lästerer zu treffen und riefst den Sturm;
> Daß er die Asche der Barbaren
> Fort aus der Erd', aus der Heimat werfe!
>
> Doch die du lebend liebtest, die dich empfing,
> Den Sterbenden, die heilige Natur vergißt
> Der Menschen Tun und deine Feinde
> Kehrten, wie du, in den alten Frieden.

Giordano Bruno

Wer ihn aber am besten von allen verstand, das war Schopenhauer, von dem wir das folgende Urteil zitieren wollen: »Ehe sie den scharfsinnigen und tief denkenden Vanini lebendig verbrannten, haben sie ihm die Zunge ausgerissen; weil er Gott damit gelästert hatte. Ich gestehe, daß, wenn ich Dergleichen lese, mich einige Lust anwandelt, diesen Gott zu lästern«.[115]

Tun wir jetzt einen Schritt zurück und wenden uns wieder Bruno zu, der ebenfalls in einem Februar lebendig verbrannt wurde, jedoch 19 Jahre früher. Wie man sieht, wählten die Inquisitoren die Wintermonate, um sich das Gewissen mit Scheiterhaufen aufzuwärmen. Abgesehen davon aber war Toulouse die Stadt der »fröhlichen Wissenschaft« und konnte Bruno in mancher Hinsicht an Neapel erinnern. Auch Toulouse hatte eine außerordentliche Anzahl von Kirchtürmen und die typische Lebhaftigkeit einer mediterranen Stadt. Und wenn Neapel die älteste Universität der Welt hatte, so Toulouse – mit Bologna, Paris und Oxford – eine der renommiertesten christlichen Universitäten, wo man Aristoteles lehrte, als die Lektüre seiner Werke von den Päpsten noch verboten war. Die Stadt war eine Hochburg der katholischen Orthodoxie, obwohl Toulouse damals die Hauptstadt einer zu drei Viertel protestantischen Region war; trotzdem fehlte es hier nicht an heimlichen Freigeister. Im übrigen wurde Bruno selbst, der »Häretiker« par excellence, hier für die Philosophie geboren. Neapel hatte ihn zum Dominikaner getauft, und Toulouse, wo die Dominikaner entstanden waren, taufte ihn zum Philosophen.

Am Hof

[Signatur: Jordany Bruny]

Giordano Bruno war noch in Toulouse, als die tapferen Söhne
Gottes, gelangweilt von einer Periode des Waffenstillstands, wieder anfingen, ihre Arsenale auszubauen und sich gegenseitig umzubringen, mit
dem Schlachtruf: »Los! Sterben wir in Christus!« Das Übel braute sich zusammen, und der Philosoph machte sich wieder auf den Weg, und zwar
diesmal nach Norden: »Und dann brach ich wegen des Bürgerkriegs auf
und ging nach Paris«.[116] Auch wenn Bruno der Sohn eines Soldaten war,
so verabscheute er doch als wahrer Philosoph den Krieg, insbesondere
den Religionskrieg. Und darin sehen wir einen anderen gemeinsamen
Zug mit Schopenhauer, der sich beim Näherkommen des Kriegslärms
nach Rudolstadt, 30 Kilometer südlich von Weimar, flüchtete und dort
1813, ohne einen Soldaten zu sehen oder eine Trommel zu hören, seine
Dissertation *Über die vierfache Wurzel des Satzes vom zureichenden Grunde*
schrieb.

Die Gefahr eines neuen Aufflammens des blutigen Kampfes zwischen
Katholiken und Hugenotten zeichnete sich im Sommer 1581 ab, aber
wahrscheinlich hat Bruno Toulouse erst gegen den Herbst zu verlassen.
Nun reiste er nach Paris; und der Himmel Frankreichs scheint ihm kein
zorniges Gesicht gezeigt zu haben. Das, was ihm der italienische Mitbruder in Chambéry gesagt hatte, daß er nämlich immer weniger »Freundlichkeit irgendeiner Art« vorgefunden habe, je weiter er vorgestoßen sei,
das hatte sich in Genf als richtig erwiesen; aber in Toulouse war es besser
gegangen, und noch besser ging es – wenigstens in der ersten Zeit – in
Paris, »wo ich, um mich bekannt zu machen, eine außerordentliche Vorlesung ankündigte und dreißig Vorträge hielt, die zum Gegenstande die
dreißig Attribute hatten, entnommen dem ersten Teil [der *Summa theologiae*] des heiligen Thomas. Als ich infolge davon ersucht wurde, eine ordentliche Vorlesung zu übernehmen, lehnte ich es ab, da die ordentlichen
Lektoren in dieser Stadt regelmäßig zur Messe (und zu anderen göttlichen
Diensten) gehen. Und ich habe mich immer davon ferngehalten, indem
ich wußte, daß ich exkommuniziert war, weil ich aus der Religion ausge-
treten war und das Mönchsgewand abgelegt hatte. Obwohl ich in

Giordano Bruno

Toulouse jene ordentliche Professur hatte, so war ich doch nicht dazu gezwungen [zur Messe zu gehen], wie es der Fall gewesen wäre, wenn ich eine ordentliche Professur in Paris übernommen hätte. Doch durch jene außerordentlichen Vorlesungen erwarb ich mir einen solchen Namen, daß der König Heinrich III. mich eines Tages zu sich beschied und mich fragte, ob das Gedächtnis, das ich besäße und an den Tag legte, natürlich wäre oder auf magischer Kunst beruhe. Ich gab ihm befriedigende Auskunft; nach meinen Worten und Werken erkannte er, daß es sich nicht um magische Kunst, sondern um Wissenschaft handelte. Und danach ließ ich ein Buch drucken über das Gedächtnis unter dem Titel *De umbris idearum,* das ich Seiner Majestät widmete, und aus diesem Anlaß erannte er mich zum außerordentlichen Professor mit Gehalt, und ich fuhr fort, wie gesagt, in jener Stadt zu lesen«.[117]

Die Verpflichtung der Professoren, an den religiösen Funktionen teilzunehmen, wurde mit einem Dekret vom 21. August 1568 eingeführt, aber offenbar nicht in allen Universitäten befolgt. Und wenn ein Exkommunizierter wie Bruno in Toulouse unterrichten konnte, ohne in die Kirche zu gehen, dann heißt das, daß Toulouse wenigstens in diesem Punkt liberaler war als Paris. Vielleicht gab es in jener Festung der Orthodoxie doch einige Breschen, durch die hindurch die frische Luft von der Garonne dann und wann wie ein Windstoß der Freiheit eindringen konnte. Es wäre aber nicht schlecht, würden die Professoren auch heute gezwungen, den Schaden, den sie in den Köpfen ihrer Schüler anrichten, mit Gebeten und Akten der Reue zu sühnen.

Was für ein abenteuerliches Leben führte doch Giordano Bruno! Und das war erst der Anfang. In den fünf Jahren, seit er aus dem Kloster geflohen war, hatte er mehr zu Gesicht bekommen, als andere in fünfzig. Er irrte von einer Stadt zur anderen, von einem Land zum anderen und erprobte an sich selbst, was er im 4. Akt des *Candelaio* den Bartolomeo sagen läßt: »Ein Mensch, ohne Silber und Gold, der ist wie ein Vogel ohne Federn, wer ihn fangen will, der fängt ihn, wer ihn fressen will, der frißt ihn«.[118] Ihn hatten sie noch nicht aufgefressen, auch weil er ziemlich zäh war; aber er hatte viele Verletzungen erlitten. Es ist das ewige Schicksal der Musensöhne, daß sie leiden müssen, um gute Früchte zu bringen, geradeso wie die Ölbäume und die Reben. Ambrosia wird aus dem Schmerz gewonnen. Meister Eckart, auch er Dominikaner, sagt: »Das schnellste Tier, das euch zur Vollkommenheit trägt, ist Leiden«. Bruno verstand es jedoch zu fliegen, auch wenn ihm die Federn fehlten, und am Ende fand er sich am französischen Hof. Aus der ärmlichen Zelle eines Klosters in den prunkvollsten Königspalast: Welch ein Sprung!

Die französische Hauptstadt, wo einstmals sein geliebter heiliger Thomas gelehrt hatte, mußte ihm wohl einen starken Eindruck machen und seinen Willen zur Selbstbehauptung stimulieren. Hatte er sich schon in Toulouse seinen Platz erobert, wie man der Widmung entnehmen kann, die ihm Francisco Sanchez zugeeignet hatte, so kam nun die höchste Bewährungsprobe: sich auch in Paris durchzusetzen. Äußerst lebhaft, nie konventionell, schwungvoll, aber gelegentlich auch sarkastisch, schlagfertig und mit klugen Worten wußte er das Auditorium zu gewinnen. Seine Augen müssen feurig geblitzt haben, waren aber manchmal auch von Melancholie verhangen: »*In tristitia hilaris, in hilaritate tristis*«. Raphael Egli, der ihn viele Jahre später kennen gelernt hatte und sein Schüler geworden war, berichtet, daß Bruno mit großer Leichtigkeit über das erstbeste Thema, das man ihm vorlegte, improvisieren konnte. Mitgerissen vom Feuer des Geistes und von der Liebe zu dem, was er lehrte, sprach er mit solcher Geschwindigkeit, daß es unmöglich war, ihm mit der Schreibfeder nachzukommen: »*Stans pede in uno* diktierte und meditierte er zugleich so viel, als man mit der Feder folgen konnte, so schnell war sein Geist und so groß die Stärke seines Verstandes«.[119] Eglis erste Worte sind offensichtlich aus Horaz zitiert: »*dictabat stans pede in uno*«;[120] nur daß Horaz das sagte, um die Eile zu kritisieren, mit der Lucilius seine Verse schrieb, während Egli es in positivem Sinn verstand. Hier ist Gelegenheit, auch den Böhmen Hans von Nostitz zu zitieren, der 1582 Vorlesungen Brunos gehört hatte und davon fasziniert war: »Ich erinnere mich, daß vor 33 Jahren Giordano Bruno Nolanus, indem er das erste Mal in Paris eine blendende Probe seiner selbst in der lullianischen und mnemotechnischen oder Erinnerungskunst gab, privat viele Schüler und Hörer anzog; und auch ich, um jener wunderbaren Kunst Rechnung zu tragen, nahm mehr als einmal an seiner Hörerschaft teil und bewunderte die Fähigkeit und Geistesgegenwart Brunos außerordentlich«.[121] So faszinierte Bruno also und provozierte Beifall, der auch Heinrich III. zu Ohren kam, der ihn persönlich kennenlernen wollte.

Der junge Herrscher war am 18. September 1551 als Sohn Heinrichs II.

und der Katharina von Medici geboren worden. Er war also drei Jahre jünger als Bruno. Die Zeitgenossen schildern ihn bald in den höchsten Tönen, bald mit einem Schuß Bosheit, bald als einen Engel, bald als einen eitlen Schönling. Als er den Thron noch nicht bestiegen hatte, schrieb ein Höfling an Sir Francis Walsingham, den Staatssekretär der Königin Elisabeth: »Der Herzog von Anjou hatte das Unglück, daß seine Bilder ihm nicht Gerechtigkeit widerfahren ließen, derselbe Janet hat niemals den Zauber um seine Lippen beim Sprechen wiedergegeben; jenen Liebreiz, mit dem er den überrascht, der die Ehre hat, ihn privat zu sehen, kann man weder mit der Feder, noch mit dem Pinsel wiedergeben. Er hat eine schöne und wohlgeformte Hand, daß man sie mit der Drechselbank nicht besser fertigen könnte, und sie wird niemals haben, was ihr zusteht, wenn sie nicht das Zepter trägt«.[122] Weniger nachsichtig war der venezianische Botschafter Giovanni Michiel, der ihn ein Jahr danach sah. Er vermied nicht nur den Ton der Schmeichelei, sondern redete auch sarkastisch: »Alle seine wertvollen Instinkte sind verschwunden, so sehr hat er sich dem Nichtstun ergeben, so sehr hat die Begehrlichkeit sein Leben bestimmt, und er hält sich von jeder Übung fern, sodaß alle sich darüber wundern. Er verbringt fast die ganze Zeit mit den Damen, ist mit Düften bedeckt und trägt gelocktes Haar. Er trägt Ohrringe und Ringe aller Art auf jedem Finger. Man hat keine Idee von dem, was er für die Schönheit und Eleganz der Hemden und Kleider ausgibt. Er fasziniert die Damen auf tausenderlei Weise und vor allem durch Geschenke von Juwelen, die ihn enorme Summen kosten, sodaß er von ihnen alles bekommen kann, was er will«.[123]

Wenn man das Zepter von Frankreich hat, brauchte man wahrhaftig nicht so viele Hemden und sich nicht wie ein Fasan zu gebärden, um »alles« von den Frauen zu bekommen. Jedenfalls fällt es einem schwer, in einem Menschen solche »dolcezza« zu sehen, der den Herzog von Guise hinterrücks ermorden ließ, gar nicht zu reden von der Unterstützung, die Heinrich III. seiner Mutter gewährte, als sie das Blutbad an den Hugenotten in der Bartholomäusnacht inszenierte. Es war eine der schrecklichsten Schlächtereien im Namen des christlichen Gottes. Der Sekretär der spanischen Botschaft schrieb: »Das Blut und der Tod liefen durch die Straßen. Der Horror war so groß, daß im Louvre Ihre Majestäten, die das alles veranlaßt hatten, sich der Angst nicht erwehren konnten«.[124] Hören wir auch das Zeugnis eines katholischen Schweizer Pfarrers: »Ich zittere beim Anblick des Flusses, der voll ist von furchtbar verstümmelten Leichen«.[125] Katharina fürchtete sich hingegen nicht, sondern behauptete, daß das Massaker zur Verteidigung des wahren Glaubens und zum Ruhm der Kirche durchgeführt worden sei. Besonders grausam war die Ermordung des alten Admirals Coligny. Nachdem er hinterrücks erdolcht worden war, wurde sein Körper in einen Stall geworfen. Dann aber holten sie ihn wieder hervor, verstümmelten ihn, schnitten ihm Kopf und Hände ab, zerrten ihn durch die Straßen und hängten ihn schließlich an einem Fuß an einem Galgen auf, während das Volk klatschte und jubelte. Alles *ad maiorem Dei gloriam*. Mit all diesen Haßausbrüchen, Verrätereien und Blutbädern glich der Hof von Paris demjenigen Attilas, als dort die Nibelungen hingemetzelt wurden. Man hat ausgerechnet, daß die Religionskriege, die zugleich Bürgerkriege waren, in Frankreich eine Million Tote gefordert haben. Aber wer könnte die Zahl der Opfer ausrechnen, die in ganz Europa und außerhalb Europas auf dem Altar des Christengottes geopfert worden sind?

Frankreich schien in jener Zeit eine Bühne, auf der die »verderbenbringenden Erinnyen«, wie Bruno die Religionskriege am Ende des zweiten Dialogs des *Spaccio* nennt, eine entsetzliche Tragödie aufführten. Bartholmèss schreibt: »Zwei unversöhnliche Parteien, zwei fast wilde Heere, die Liga und die Causa, Lothringen und Navarra, spalteten die Nation tiefer als Italien in der Vergangenheit von dem Kampf zwischen dem Reich und dem Klerus zerrissen war. Die Papisten zerstörten die Kirchen der Hugenotten bis zum Erdboden, die Hugenotten plünderten die Sakristeien der Papisten; das Blut floß in den Städten und auf dem Land; der Fanatismus erstickte die Gefühle der Familie und der Stadt; die Priester exkommunizierten beim Glockenklang und bei ausgetretenen Kerzen; die Pastoren donnerten gegen den Pharisäismus und die Idolatrie«.[126]

In der Nacht des heiligen Bartholomäus, vom 23. auf den 24. August 1572, hatte Heinrich III. das einundzwanzigste Lebensjahr noch nicht vollendet. Im Jahr darauf nahm er die Krone Polens und 1574 wurde er schließlich, nach dem Tod seines Bruders Karls IX., König von Frankreich. Er liebte die Künste und die Poesie, die Wissenschaften und die Philosophie. Auch wenn er sich schon mit 18 Jahren in der Schlacht von Jarnac und Moncontour gut geschlagen hatte, war er doch kein Soldat

Giordano Bruno

und suchte mehr mit dem Kopf als mit dem Säbel zu herrschen. Er bestätigte die Freiheit des Kultes, machte den Protestanten Zugeständnisse
und versuchte, Katholiken und Hugenotten zusammenleben zu lassen,
die an nichts anderes dachten, als sich gegenseitig umzubringen. Und
tatsächlich entstand eine Zwischenzeit des Friedens. Dann aber flamm-
ten die Feindseligkeiten heftig wieder auf. Nichts ist so schwierig, als diejenigen zum Einverständnis zu bringen, die einander aus religiösen Motiven bekämpfen, denn ihr Fanatismus kennt weder Waffenstillstand
noch Vernunft. Der König wollte ein ruhiges Leben führen und sich seinen Studien widmen. Er umgab sich mit Gelehrten und beschäftigte sich
selbst mit der Auseinandersetzung über vielerlei Themen. Er neigte zur
Melancholie, konnte aber bei Gelegenheit freundlich und offen sein. Der
venezianische Botschafter Girolamo Lippomano beschreibt ihn als einen
Mann, »der die Absichten seines Geistes aufdeckt, verzeiht und denen
wohltut, die ihn beleidigt haben, ist liebenswürdig und sanft, sehr liberal,
ja sogar großzügig, indem er alles ausgibt, was er hat, ohne Ansehen der
Person«.[127]

Er war ein besonderer Liebhaber Italiens – woher seine Mutter
stammte – und der Italiener. Der Hof war voll von ihnen, so sehr, daß
man von einer Italienisierung des französischen Hofs sprach. Zumeist
handelte es sich um Künstler, Ärzte und Ratgeber, wie etwa um den Toskaner Jacopo Corbinelli, der – wie wir später sehen werden – auch ein
Freund Giordano Brunos war. Der französische Hof redete italienisch,
und der Herrscher selbst wollte mit den Botschaftern von Florenz oder
Venedig keine andere Sprache sprechen. Seiner Erinnerung hatte sich für
immer der großartige Empfang eingeprägt, der ihm in Venedig im Sommer 1574 auf der Rückreise aus Polen nach Paris bereitet worden war.
Kaum hatte er erfahren, daß sein Bruder Karl IX. gestorben war, beeilte
er sich, die Jagellonenkrone abzulegen, um die viel wichtigere der Franzosen zu übernehmen. Zuvor aber wollte er noch in Venedig Station machen, in einer Stadt, die ihn faszinierte, mehr noch: bezauberte. Ein
Triumphbogen wurde von Palladio aufgebaut und von Tintoretto in
Schwarzweiß dekoriert. Wie es scheint, hat der König auch Veronica
Franco, die Freundin Tizians, aufgesucht.

Es ist kaum denkbar, daß die Einladung des Königs an Giordano
Bruno spontan entstanden ist. Irgend jemand muß sie vermittelt haben.

Wer? Man hat an den venezianischen Botschafter Giovanni Moro gedacht, dem der Philosoph *De compendiosa architectura et complemento artis Lullii* gewidmet hat, das 1582 in Paris erschienen ist. Man mag aber auch an andere gleichermaßen einflußreiche Persönlichkeiten denken, z.B. an Jean Regnault, der Bruno in das Haus des Henri d'Angoulême einführte, des Großpriors von Frankreich und natürlichen Bruders des Königs. Jedenfalls muß es jemand gewesen sein, der die Vorlesungen des Philosophen gehört hatte und dann mit dem König darüber gesprochen hat; und dieser, der großes Interesse an allem hatte, was die Philosophie und die Mnemotechnik betraf, wollte den italienischen Philosophen persönlich kennenlernen, der ihn so neugierig gemacht hatte.

Und nun stellen wir uns Bruno vor, wie er selbstsicher und durch den Erfolg seiner Vorlesungen gestärkt, die Treppen des Louvre hinaufsteigt, wo ihn der König persönlich erwartet. Und stellen wir uns darüber hinaus die Szene der Begegnung vor: auf der einen Seite ein Monarch mit dem Zepter und prunkbedeckt, der die Welt mit einem Wink in die Knie zwingen konnte, auf der anderen Seite ein ehemaliger Mönch, schmächtig und hager, der von der Welt nur Schläge hatte einstecken müssen. Für den einen war die Philosophie ein Gegenstand der Neugierde und des Zeitvertreibs, für den anderen das höchste Ziel des Lebens. Der eine hatte die Macht, die alles bedeutet; der andere hatte die Wahrheit, die in der Welt immer eine Währung ohne Kurswert gewesen ist. Und doch, für einmal, fand die Philosophie bei einem König Gehör. Heinrich III. hatte die Gewohnheit, am Nachmittag zu empfangen, und wir können unterstellen, daß sich sein Gespräch mit Bruno in die Länge gezogen hat, denn zu zeigen, daß es sich bei der Mnemotechnik »nicht um magische Kunst, sondern um Wissenschaft handelte«, erforderte wohl eine gewisse Zeit und konnte sich nicht in ein paar Worten erschöpfen. Möglicherweise haben auch weitere Gespräche stattgefunden. Die Mnemotechnik war eine kulturelle Mode und für Bruno auch eine fixe Idee, die ihm zuletzt teuer zu stehen kommen sollte. Jedenfalls bleibt die Tatsache, daß das Interesse, das er am französischen Hof geweckt hatte, wo viele meinten, mit der Kunst des Erinnerns könnten sie ein enzyklopädisches Wissen gewinnen, gerade von seinen lullianisch-mnemotechnischen Vorlesungen ausgegangen war.

Nach diesem Gespräch oder diesen Gesprächen ließ Bruno *De umbris*

Giordano Bruno

idearum drucken und widmete das Werk dem König; und dieser, ohne Zweifel beeindruckt von der intellektuellen Lebendigkeit des Philosophen, ernannte ihn zum »außerordentlichen und besoldeten Lektor«. So befand sich Bruno, wenn auch in außerordentlicher oder zeitweiliger Position, mit einem Mal im Collège Royal, dem zukünftigen Collège de France, dessen Orientierung in klarem Gegensatz zum aristotelischen Konformismus der Sorbonne stand. Königlicher Lektor oder Mitglied der Gruppe der *lecteurs royaux*: was für ein Erfolg und was für ein Glück für den armen und nackten Bias! Jetzt hatte er eine Position, die ihm nicht nur erlaubte, in Frieden zu arbeiten, sondern ihn auch vor den Angriffen der Aristoteliker und Scholastiker schützte, deren Hochburg Paris war. Endlich sah er seine Verdienste anerkannt; und es nimmt nicht wunder, daß er Lobeshymnen auf seinen hohen Wohltäter anstimmte, den er begeistert und ehrlich verehrte.

Schon in der Widmung von *De umbris idearum,* dem ersten in Paris publizierten Werk, nennt er Heinrich III. »allerheiligste Majestät [...] herausragendes Wunder der Völker, besonders beachtenswert durch den Wert des hervorragenden Geistes, berühmt durch die Höhe des sublimen Verstandes und daher sehr illuster, großzügig und besonders der gerechten Ehrerbietung aller Gelehrten würdig«.[128] Später, im Einleitungsbrief zur *Cena de le Ceneri,* die dem französischen Botschafter in London, Michel de Castelnau, gewidmet ist, schrieb er: »Euch ist diese Schrift gewidmet, der Ihr in diesem Britannien die Majestät eines so großherzigen, gewaltigen und mächtigen Königs vertretet, der vom Herzen Europas aus die äußersten Enden der Welt von seinem Ruhm widerhallen läßt, der, wenn er im Zorn bebt, dem Löwen aus tiefer Höhle gleicht, den anderen mächtigen Raubtieren dieser Wälder tödliche Angst und Schrecken einjagt, wenn er aber ruht, solche Glut seines freigebigen und ritterlichen Geistes aussendet, daß er den nahen Wendekreis in Brand setzt, den eisigen Bären erwärmt und das Eis der arktischen Wüste zum Schmelzen bringt, die sich unter der ewigen Wache des grimmigen Bootes dreht«.[129] Eine weitere feierliche Eloge auf Heinrich III., den »König des großzügigen, starken und kriegserfahrenen Frankreich«, findet sich am Ende des dritten Dialogs des *Spaccio*: »Dieser allerchristlichste, fromme und reine König [...] Er liebt den Frieden, wahrt, soviel er vermag, seinem geliebten Volk die Ruhe und Frömmigkeit; er findet keinen

Gefallen an dem Lärm und Geräusch der Kriegswerkzeuge, welche dem blinden Erwerb unsicherer Gewaltherrschaften und irdischer Macht dienen; wohl aber an allem Gerechten und Heiligen, was den geradesten Weg zum ewigen Reiche bahnt«.[130]

Heinrich III. verdiente solches übertriebene und hochtönende Lob, das schon an die Hagiographie grenzt, gewiß nicht; aber Bruno war ehrlich und wollte seinen Wohltäter voller Dankbarkeit in den Himmel heben. Der Schiffbrüchige wird von seiner Situation dazu getrieben, die Hand zu vergöttlichen, die ihm zu Hilfe kommt. Und der König war ihm nicht nur zu Hilfe gekommen, sondern hatte ihm auch die Tore des Hofes geöffnet, wo sich Literaten und Wissenschaftler trafen, unter ihnen der alte Ronsard. Bruno war Gast des französischen Botschafters in London, als er die soeben zitierte Eloge schrieb, und manche denken, er hätte den König nach seinem Botschafter beurteilt. Mit anderen Worten, er habe über Heinrich III. wiederholt, was er beim Botschafter an Liberalität und Kultur erfahren habe. Doch das ist keine stichhaltige These, weil er den König schon hochgelobt hatte, bevor er den Botschafter kennenlernte. Das sagt er selbst in der Widmung der *Cabala* an einen obskuren Don Sapatino, den Spampanato mit Sabatino Savolino, dem Pfarrer eines Dorfes in der Nähe von Nola, identifiziert. Bruno spricht vom »König Heinrich von Frankreich, den ich mit dem *Schatten der Ideen* unsterblich mache«.[131] *De umbris idearum* ist aber vor dem Londoner Aufenthalt geschrieben und veröffentlicht worden. Die Hochschätzung für den Herrscher ist daher in Paris und nicht erst in London entstanden.

Die Hymnen und Lobgesänge Brunos über seine Wohltäter sind jedoch keine Schmeicheleien, sondern bloße Dankbarkeit. Gegenüber denjenigen, die ihm als Exilanten ein wenig Hilfe zukommen ließen, war er immer voller Dankbarkeit, die einzige Gegenleistung, über die er verfügte. Er verstand aber weder zu heucheln, noch zu schmeicheln. Jetzt, wo er ein bezahltes Lektorat und die Protektion des Königs hatte, hätte er sich Zugänge zum Hof und zum akademischen Ambiente verschaffen können, wenn er ein Höfling und Diplomat gewesen wäre. Aber das war er nicht, und so machte er nirgends Karriere, weder am Hof Heinrichs III., noch sonstwo. Im übrigen sind Fürstenhöfe, wo man in der Regel sagt, was man nicht denkt, und denkt, was man nicht sagt, für einen Philosophen wenig geeignete Orte, besonders für einen Philosophen wie

Giordano Bruno

Giordano Bruno. Was den wahren Philosophen macht, sagt Schopenhauer, das ist der Mut, keine Frage auf dem Herzen zu behalten. Und
Bruno gab dafür das Beispiel: Voll Schwung und ohne die Folgen zu bedenken, schrieb er alles nieder, was ihm sein Genie eingab, auch um den
Preis, sich ein Meer von Schwierigkeiten und Feinden zu schaffen. Er ist
ohne Furcht und geht seinen Weg direkt zum Ziel. Im *Spaccio* legt er dem
Eifer diese Worte in den Mund: »Mir aus dem Weg alle Trägheit, fort mit
aller Lässigkeit, aller müßigen Hockerei, fort mit aller Launigkeit und
Langsamkeit! Du mein rastloser Fleiß, behalte Deinen Zweck, Dein ideales Ziel im Auge; wende Dir zum Heil alle die Schmähungen und Verleumdungen der andern, all jene Früchte der Bosheit und des Neides,
und Deine verständige begründete Furcht, welche Dich vertreiben wird
aus Deiner Heimat, Dich entfremden wird Deinen Freunden, Dich entfernen von Deinem Vaterlande und verbannen in wenig freundliche Gegenden! Wirke mit mir, mein fleißiges Bemühen, dahin, daß dieses ein
ruhmvolles Exil für mich werde, und erkämpfe mir die Ruhe, dies bessere
Vaterland der innerlichen Zufriedenheit, der Seelenruhe und des Friedens! Auf, mein Fleiß, was machst Du? Weshalb faulenzen und schlafen
wir bei Lebzeiten, wenn wir lange, lange genug zu faulenzen und zu
schlafen haben im Tode?« Und weiter: »Energie des Muts, mach' Dich auf
mit der Stimme Deines lebendigen Feuers; wenn mich Schwierigkeiten
bedrängen, ärgern und hemmen, dann wollest Du mir oft und laut ins
Ohr donnern, die vortreffliche Sentenz: ›*Tu ne cede malis, sed contra au-
dentior ito!*‹«[132] Ja, die Worte, die die cumäische Sibylle dem Aeneas sagte,
konnten auch ihm als Viatikum dienen, der gewiß ahnte, einem tragischen Schicksal entgegenzugehen. Immer aber blieb er furchtlos und ging
direkt seines Weges, wie der Ritter, von dem Nietzsche in der *Geburt der
Tragödie* spricht: »Da möchte sich ein trostlos Vereinsamter kein besseres
Symbol wählen können, als den Ritter mit Tod und Teufel, wie ihn uns
Dürer gezeichnet hat, den geharnischten Ritter mit dem erzenen, harten
Blicke, der seinen Schreckensweg, unbeirrt durch seine grausen Gefähr-
ten, und doch hoffnungslos, allein mit Roß und Hund zu nehmen weiß.
Ein solcher Dürerscher Ritter war unser Schopenhauer: ihm fehlte jede
Hoffnung, aber er wollte die Wahrheit. Es giebt nicht Seinesgleichen«.[133]
Giordano Bruno allerdings glich dem Ritter Dürers weitaus mehr als
Schopenhauer.

In Paris veröffentlichte er 1582 auch den *Candelaio*, den Jean Rocchi »eine großartige Abrechnung mit der Macht der Pedanten, der Scharlatane und des Geldes« nennt.[134] Die Komödie ist im Neapel jenes Jahrhunderts angesiedelt, aber die Typen und Laster, über die der Autor mit seiner satirischen Peitsche herzieht, finden sich in jedem Jahrhundert, denn der Mensch ist immer gleich und derselbe. Wann sind denn der Welt die Dummen oder die Pedanten jemals ausgegangen, die in dieser Komödie dargestellt werden? In der *Storia della letteratura italiana* schreibt Francesco De Sanctis: »Die Szene ist in Neapel, der Stoff die plebeische und vulgäre Welt, das Konzept ist der ewige Kampf der Dummen mit den Schlauen, der Geist ist die tiefe Abscheu und der Verdruß der Gesellschaft, die Form ist zynisch«. Trotzdem spricht er der Komödie den künstlerischen Wert ab, andere hingegen finden sie außerordentlich schön; auch wenn De Sanctis ein bedeutender Literaturkritiker war, verfiel er bisweilen in bedauerliche Irrtümer. Treffender ist das Urteil, das - Luigi Settembrini in seinen *Lezioni di letteratura italiana* über den *Candelaio* formuliert: »Der kühne Philosoph, der alle Wissenschaft seiner Zeit umstürzen mußte, fängt an, darüber zu lachen, und sein Lachen ist fürchterlich; seine Worte heben die Haut wie kochendes Wasser«.

Philister und Bigotte finden die Sprache des *Candelaio* obszön oder wenigstens allzu grob: Abgesehen davon, daß diese Sprache eine genaue Absicht der Subversion verfolgt, muß doch gesagt werden, daß die Obszönität gewisser Ausdrücke durch ihre Komik neutralisiert oder desemantisiert wird. So verlieren die Worte ihre ursprüngliche Bedeutung, und statt zu verletzen, reizen sie zum Lachen. Außerdem ist gerade die katholische Kirche am wenigsten berechtigt, sich aufzuregen, wenn man bedenkt, daß die Komödie *Calandra* dem *Candelaio* in nichts an obszöner Sprache nachsteht, und daß die *Calandria* aus der Feder Kardinal Bibbienas stammt und in Gegenwart Leos X. im Vatikan aufgeführt wurde. Übrigens sind wir heute ganz anderes gewöhnt, denn sogar die Mädchen verwenden eine viel ärgere Sprache, als sie der Philosoph zur Charakterisierung seiner Figuren benützt.

Außer der literarischen Absicht hat die Komödie auch eine philosophische Intention, die in der Widmung angekündigt wird: »Die Zeit nimmt alles und gibt alles; jede Sache verändert sich, aber nichts wird gänzlich vernichtet; es ist Eines allein, das sich nicht verändern kann. Mit

Giordano Bruno

dieser Philosophie weitet sich meine Seele und mein Geist empfindet Größe. Aber wann auch immer dieses Ereignis eintreten, dieser Abend hereinbrechen, diese Wandlung erfolgen wird: Ich, der ich auf der Seite der Nacht bin, erwarte den Tag, und jene, die sich auf der des Tages befinden, die Nacht. Alles was ist, ist hier oder dort, nah oder fern, jetzt oder später, schnell oder langsam«.[135] Hier haben wir schon seine Philosophie. Das ewige Fließen der Dinge in der Welt der Phänomene wird in der philosophischen Spekulation Brunos ein beständiges Thema sein, ebenso wie die Idee der Seelenwanderung, die er in der Widmung auch andeutet. Das ist es, was sich nicht verändert und ewig ist: das metaphysische Prinzip, von dem die Welt der Phänomene nur einen Schatten oder Reflex darstellt.

Der *Candelaio* ist einer gewissen *Signora Morgana B.* gewidmet, vielleicht einer Frau aus Nola, die Bruno in jugendlichen Jahren geliebt hat, wie Spampanato vermutet. Aber wann ist das Stück geschrieben worden? Auch wenn man die vulkanische Aktivität des Philosophen in Rechnung stellt, scheint es unmöglich, daß er in einem Jahr *De umbris idearum, De compendiosa architectura et complemento,* den *Cantus circaeus* und den *Candelaio* geschrieben haben kann – alles Werke, die 1582 in Paris veröffentlicht wurden. So ist es sehr wahrscheinlich, daß er schon in Italien begonnen hatte, an der Komödie zu schreiben, und sie dann in Paris vollendete, wo in dem Hochsommer jenes Jahres auch die Widmung geschrieben wurde. Das läßt sich aus den Worten entnehmen: »Wem nun werde ich selbst meinen *Candelaio* widmen? Wem, oh großes Schicksal, soll mein schöner Brautführer zugeeignet werden, mein Vorsänger im trefflichen Chor? An wen soll er ausgesandt werden, dieser dem himmlischen Einfluß des Sirius ausgesetzte; in diesen kochend heißen Tagen, diesen schwitzenden Stunden, diesen Hundstagen, die mir haben Fixsterne ins Gehirn regnen und Sternschnuppen durch den Schädel fliegen lassen, während der Anführer der zwölf Sternzeichen seine Armbrust auf mein Haupt gerichtet hat, und die sieben Wandelsterne seltsame Worte in mein Ohr geflüstert haben?« Der Sirius, von dessen Einfluß Bruno spricht, ist der Hauptstern im Sternbild des Großen Hundes, in dem die Sonne zwischen dem 24. Juli und dem 26. August steht.

Ohne zu wollen habe ich mich in die Philologie verstrickt, während es doch ausreicht zu sagen, daß Bruno sich im *Candelaio,* wie später in *Cena de le ceneri,* auch als großer satirischer Schriftsteller erweist. Sehen wir nun zu, wie er in der Komödie über sich selbst spricht. Schon im Titel beschreibt er sich als »Akademiker keiner Akademie, genannt der Verdrießliche. *In tristitia hilaris, in hilaritate tristis*«. Dann im Antiprolog das Selbstbildnis: »Der Autor, wenn ihr den kennen würdet, da würdet ihr sagen, der hat doch eine seltsame Physiognomie: scheint, daß er dauernd in Kontemplation über die Strafe der Hölle sinniert; scheint, daß er sich fortwährend in einer Art Hutpresse befindet: einer der nur lacht, um es den anderen gleich zu tun: ihr würdet ihn fast immer als einen schlecht gelaunten Langweiler sehen, widerborstig und bizarr, mit nichts zufrieden, spröde wie ein Greis von achtzig Jahren, wahnbesessen wie ein Hund, der tausend Hiebe abbekommen hat, mit Zwiebeln genährt.«

Die Ironie ist hier sehr bitter. Und es ist nicht nötig zu sagen, daß die Zwiebel nicht nur ein Symbol der Armut ist, sondern auch zum Weinen bringt. Bruno jedoch weinte nicht, obwohl er allen Grund dafür gehabt hätte, und spielte mit dem eigenen Schicksal. Daher die Selbstironie in den Eingangsversen des *Candelaio*: »Schlimmer: Hab ich den Gram zu erwarten, / Mit bloßem Hintern und bloßer Scham, / Vor Frauen zu treten, wie Vater Adam, / Der einst ohn' Sünde war im klösterlichen Garten / Schmarotzer im Schlamm! / Umsonst mein Bitten! Aus den Tälern / Steigt das Toben der wütenden Pferde.« Mit anderen Worten: Außer daß er nichts hatte, um seine Scham zu bedecken, fühlte er sich auch bedroht. Von wem? Doch wohl von den Pedanten!

Vor allem in *De umbris idearum* tauchen schon einige grundlegende Themen seiner Philosophie auf: Wir können die Wahrheit nicht direkt erkennen und unsere Ideen sind nur Schatten der ewigen Idee. Anders gesagt: Die Wahrheit ist metaphysisch und nicht physisch. Unsere Ideen können nur gedacht werden, wenn sie in Formen gekleidet sind, die unserer Erkenntnis adäquat sind. Die Schatten der Ideen, die zwischen Licht und Finsternis stehen, erlauben uns jedenfalls, die Einheit in der Vielheit zu begreifen, weil hinter den Phänomenen ein metaphysisches und ewiges Prinzip waltet. Bruno schreibt: »Nur eine Sache ist es, die alle Sachen definiert, nur eines ist der Glanz der Schönheit in allen Dingen, nur einer ist der helle Blitz aus der Vielheit der Gattungen«. [136] Das Ganze ist im Einen und das Eine ist im Ganzen, weil »nur eines ist der Körper des universalen Seins, nur eine die Ordnung, nur eine die Regierung, eines das Prinzip und eines das Ende, eines das Erste und eines das Letzte«. [137] So fallen die Hierarchien in sich zusammen, weil alles Lebendige denselben Ursprung und daher auch gleiche Würde und gleichen Wert hat.

Platonische und neuplatonische Musik klingt aus diesem Traktat, aber man spürt auch einen gewissen Hauch indischer Philosophie. Zum Unterschied von Plato jedoch, der »nicht die Ideen der einzelnen Dinge, sondern nur der Gattungen festlegte«, läßt Bruno auch »die Ideen der einzelnen Dinge« zu. [138] Es ist interessant zu sehen, wie der Autor hier zum ersten Mal mit der Idee liebäugelt, einer der von den Göttern gesandten Merkure zu sein: »Die Vorsehung der Götter (sagten die ägyptischen Priester) hört nicht auf, den Menschen zu gewissen Zeiten einige Merkure zu schicken, obwohl sie im voraus wissen, daß diese gar nicht oder schlecht akzeptiert werden«. [139] Tatsächlich haben die Merkure, die Boten der Wahrheit, in dieser Welt der Obskurantisten niemals gute Aufnahme gefunden, und Schopenhauer hat vollkommen recht, wenn er sagt: »Wer auf die Welt gekommen ist, sie ernstlich und in den wichtigsten Dingen zu belehren, der kann von Glück sagen, wenn er mit heiler Haut davon kommt.« [140]

Bruno-Merkur aber, der in Paris landet, bringt nicht etwa den Merkurstab, sondern die Peitsche, die man schon in *De umbris idearum* knallen hört. Der Philosoph, der durch den Mund des Filotimo redet, sagt, daß »er nicht zu der Kategorie jener gehört, die die Gedanken anderer da und dort ausplündern; um die Unsterblichkeit auf Kosten anderer zu erlangen, setzen sie sich in die Zahl der Autoren, die für die Nachwelt arbeiten und, wie die Mehrzahl von ihnen, sich als Doktoren jener Disziplinen präsentieren, von denen sie sicher keine Kenntnis und kein Verständnis haben. Überdies können sie oft nicht vermeiden, (nachdem sie sich mit den Erfindungen anderer die Haut des Löwen angezogen haben) ziemlich schnell den Rückzug in die eigene Haut anzutreten und endlich die Stimme zu verstärken, wenn sie etwas aus ihrem schwachen Mars ausstoßen (weil es leicht ist, den Erfindungen der anderen hinzuzufügen), oder sie geben etwas aus der Defizienz einer stupiden Sensibilität von sich. Jene Dinge sind die Kriegsmaschine der Redefähigkeit, die Katapulte der Irrtümer, die Kanonen der Albernheit, und die Donner, die Blitze und die großen Stürme der Eseleien.« [141] Das sind Peitschenhiebe. Für dieses eine Mal war Bruno, vielleicht von Merkur inspiriert, klug genug, die Namen der obergescheiten Doktoren und Neunmalklugen nicht zu nennen, auf die er es abgesehen hatte: Er beschränkte sich darauf, diese Pedanten oder Schaumschläger mit sonderbaren und bizarren Bezeichnungen zu belegen – als Pharfacon, Bobus, Berling, Clyster, Carpophorus, Scoppet und weiteren Phantastereien. Trotzdem mußte irgend jemand sich als abgebildet erkannt haben, ohne in Rechnung zu stellen, daß Bruno selbst der Versuchung nicht lange widerstehen konnte, die wahren Namen derer zu enthüllen, die er ausgepeitscht hatte. Im Dezember 1585, während seines zweiten Pariser Aufenthalts, deckte er dem Bibliothekar Cotin[142] einige davon auf; aber wahrscheinlich hat er auch anderen gegenüber daraus kein Geheimnis gemacht, vielleicht schon nach dem Erscheinen des Buches. Kluge Vorsicht war seine Stärke nicht.

»*Umbra profunda sumus, ne nos vexetis inepti. Non vos, sed doctos tam grave quaerit opus*«: so liest man auf dem Frontispiz von *De umbris idearum.* Es ist eine Warnung des Autors an diejenigen, die sich anschicken, das Werk zu lesen: »Wir sind ein tiefer Schatten. Quält uns nicht, ihr Albernen: nicht euch, sondern Gelehrte sucht ein so schwieriges Werk.« Nicht alle können den ewigen Aspekt im Werden erfassen, das Numenon in den Phänomenen, das Metaphysische in den Individuen, die einander auf der Bühne der Welt ablösen. Deshalb ist dieses Buch »mit seinen Gedanken nicht allen zugänglich«. Im Bewußtsein der eigenen intellektuellen Überlegenheit legt der Autor dem Filotimo diese Worte in den Mund: »Es ist unanständig, hat Aristoteles gesagt, darum besorgt zu sein, jedem beliebigen Fragenden zu antworten. Die Ochsen sollen den Ochsen zumuhen, die Pferde die Pferde anwiehern, die Esel nach Eseln schreien«.[143] Das ist eine exzellente Maxime der Weisheit, aber zum Unglück für ihn selbst befolgte Bruno sie nicht. Sein impulsiver und leidenschaftlicher Charakter hinderte ihn daran, jene Weisheit in die Lebenspraxis umzusetzen, die er mit der rein rationalen Reflexion erarbeitet hatte. Anstatt also sich philosophisch herauszuhalten und die Esel mit den Eseln schreien zu lassen, ging er mitten in die Herde. Wenn er dann merkte, daß die Esel eben Esel waren, peitschte er sie. Aber auch Esel teilen bisweilen Fußtritte aus, insbesondere, wenn es sich um akademische Esel handelt: Das hatte Bruno lang genug erfahren. Seine Stimme und seine Theorien kicksten im akademischen Eselschor zu auffällig, und daher schlugen die universitären Vierfüßler aus, um ihn zu entfernen. Lichtenberg, der die Holländer nicht leiden konnte, schrieb, ihm würde der Esel den Eindruck machen, als wäre er ein ins Holländische übersetztes Pferd. Mit noch größerer Berechtigung hätte Bruno sagen können, daß das Eselsgeschrei ein ins Akademische übersetztes Wiehern wäre.

Alles in allem hat man jedoch Grund zur Annahme, daß sein erster Pariser Aufenthalt dank der Protektion des Königs und auch einiger anderer hervorragender Persönlichkeiten des Hofes in relativ ruhigen Bahnen verlaufen ist, jedenfalls für eine stürmische Natur wie die seine. Dann aber umwölkte sich der Himmel von Paris neuerlich, und Bruno wurde abermals vom Dämon des Wanderlebens ergriffen. Es begann mit der Reaktion der Katholiken, die Heinrich III. zwei Jahre später nötigten, die Friedensvereinbarung mit den Protestanten zu widerrufen. Der am 14. Dezember 1580 unterschriebene Friedensvertrag lief aus, und Bruno spürte, daß Gefahr für seine Sicherheit in der Luft lag. Übrigens hatte er schon in der *Compendiosa architectura* den Botschafter Giovanni Moro, dem das Werk gewidmet war, um Hilfe gegen die Verleumder seiner Theorie gebeten. Er meinte damit sicherlich die akademischen Aristoteliker, deren Mißgunst besonders giftig war. Ihnen gilt vielleicht auch das, was Filotimo in *De umbris idearum* sagt: »Sepiantine auf die Lampe gegeben bewirkt, daß die Menschen ausschauen wie Äthiopier; ein durch den Neid verdorbener Geist beurteilt als häßlich auch die Dinge, die offenkundig schön sind.«

Einander bekämpfen und sich gegenseitig abschlachten im Namen Gottes: Der Philosoph hatte einen Horror vor Religionskriegen. Er brauchte einen Luftwechsel und wandte sich anderen Ufern zu. Noch einmal half ihm Heinrich III. und empfahl ihn seinem Botschafter in London. So tauschte Bruno die Ufer der Seine mit den Ufern der Themse: »Wegen der dann entstehenden Tumulte nahm ich Urlaub und mit Empfehlungsbriefen des Königs ging ich nach England, um dort beim Botschafter seiner Majestät zu wohnen, dem Herrn von Mauvissière mit Namen Michel de Castelnau; in seinem Hause galt ich als sein Edelmann und hatte nichts anderes zu tun. Und ich weilte in England zweiundeinhalbes Jahr, besuchte übrigens, auch wenn sie im Hause gelesen wurde, die Messe nicht; ging auch außer Hause nicht in Messen und Predigten aus der genannten Ursache, und als jener Botschafter wieder nach Frankreich an den Hof zurückkehrte, habe ich ihn nach Paris begleitet, wo ich mich noch ein Jahr lang aufhielt mit jenen Herren, die ich kannte, jedoch größtenteils auf meine eigenen Kosten«.[144]

Nun ist es leichter möglich, ihm zu folgen, weil wir über ein Dokument verfügen, das uns mit genügender Annäherung erlaubt, seine Ankunft in England zu datieren. Am 28. März 1583 sandte der englische Botschafter in Paris, Henry Cobham, die folgende Nachricht an Francis Walsingham, den ersten königlichen Sekretär: »Der Herr Doktor Giordano Bruno aus Nola, ein Professor der Philosophie, will nach England kommen; seine Religion kann ich nicht empfehlen«. Das ist doch wirklich das Urteil eines Botschafters! Und die Philosophie? Aber erwarten wir uns nicht, daß die Botschafter über die nächsten Schachzüge bei Hofe oder in den Sakristeien hinaus auch die Gedanken eines Philosophen ausspionieren können. Auf den Wegen des Parnaß fühlen sie sich immer unbehaglich, und das erklärt, warum sich Cobham bei Bruno auf den religiösen Aspekt beschränkte. Ohne Zweifel war ihm bekannt, daß der Philosoph die Religion verlassen hatte und daß sein Unterricht alles andere als orthodox war, wie das seine Konflikte mit der akademische Szene zeigten. Bleibt die Tatsache, daß dieser Brief an den Sekretär der Königin, der zugleich Chef der Spionage war, keine gute Ankündigung für den ahnungslosen Philosophen war.

Weil Anfang 1583 in Frankreich der Gregorianische Kalender in Kraft trat, muß das Datum der Nachricht von Cobham vom 28. März auf den 7. April verschoben werden. Das ist eine geringfügige Einzelheit, die aber beachtet werden muß. Die Biographen stimmen darin überein, daß Bruno im Frühling 1583 in England eintraf; wann aber genau, wissen wir nicht. Sicher ist, daß er sich zwischen dem 10. und 13. Juni in Oxford aufhielt, in Begleitung des polnischen Grafen Albert Laski. Weil zwischen der Ankündigung des Botschafters Cobham und der Abreise eine gewisse Zeit vergangen sein dürfte, kann man vernünftigerweise annehmen, daß Giordano Bruno gegen Anfang Mai oder Ende April 1583 angekommen ist.

Von einem Hof
zum anderen

Jordany Bruny

Viele haben sich gefragt, warum der Philosoph nach England gegangen ist und Paris verlassen hat, wo er doch ein sicheres Stipendium als königlicher Lektor hatte und auf die Protektion Heinrichs III. zählen konnte. An eine geheime diplomatische Mission im Auftrag des Königs zu denken, wie Frances A. Yates es tut, würde doch bedeuten, die Phantasie zu sehr in Anspruch zu nehmen. Bruno war ein Mensch, wie man ihn sich weniger diplomatisch gar nicht vorstellen kann, und es ist auszuschließen, daß sich der König seiner für Aufgaben bediente, die Takt, Höflichkeit und Flexibilität erforderten. Bruno war eher geeignet, Unruhe zu stiften, als Übereinstimmung zu suchen. Zu Recht sagt Gentile, daß Bruno kein Mensch der Praxis war, nicht einmal bei der Propagierung seiner eigenen Ideen; um wieviel mehr, wenn es um die Ideen anderer ging. Wie ist es also denkbar, daß der französische Hof gerade ihm irgendeine delikate diplomatische Mission anvertraut hätte? Aber Frau Yates ist anderer Ansicht und hält es für möglich, daß es gerade Heinrich III. war, der den Lebensweg Brunos veränderte, indem er ihn mit einem Auftrag nach England schickte und ihn so von einem »umherirrenden Magier in einen einzigartigen Missionar« verwandelte.[145] Magier und Missionar? Aber Bruno war doch Philosoph, kein Hexenmeister oder Marktschreier! Bleiben wir ernst.

Bruno selbst sagt, wie man sehen konnte, daß er Paris verlassen habe »wegen der entstandenen Tumulte«. Er wird dasselbe auch später sagen, als er Paris zum zweiten Mal verlassen wird. Vielleicht müssen wir unter diesen *Tumulten* auch Proteste verstehen, die sein so wenig konventionelles Lehrangebot in der akademischen Szene verursacht hatte. Um größere Auseinandersetzungen zu vermeiden und in der Hoffnung, daß sich das Klima nach einiger Zeit wieder bessern würde, könnte ihn der König zu seinem eigenen Botschafter in London geschickt haben – übrigens ein Vorschlag, der unserem Philosophen durchaus gelegen kam, der immer neugierig war, neue Menschen und einen neuen Himmel kennen zu lernen. Es ist aber auch möglich, daß Bruno mit den *Tumulten* die religiösen Spannungen meinte, die sich wieder verschärften. Er verabscheute nichts mehr als Religionskriege, die absurdesten von allen; und Frankreich hatte in achtzehn Jahren sieben davon. Wie schon in Toulouse, aus dem er geflohen war, spürte er wieder Krieg in der Luft. Die Seelen waren vergiftet und die katholische Reaktion, die den König in der Folge zum Widerruf seiner Edikte der Befriedung mit den Protestanten zwang, setzte sich gerade in Bewegung. Der Klerus drängte auf die strenge und vollständige Verwirklichung der doktrinären und disziplinären Vorschriften des Konzils von Trient. Offenbar war in der Bartholomäusnacht noch nicht genug Blut vergossen worden: Am Horizont zeigten sich neue Unheilszeichen. Unter diesem Himmel mit dem zürnenden Gesicht mußte der Philosoph erkennen, wie prekär seine eigenen Existenz war: Er war nicht nur ein Apostat des Katholizismus, sondern er hatte sich auch mit den Calvinisten in Genf kompromittiert, ganz zu schweigen davon, daß er in Paris schon für seine unorthodoxen Ideen bekannt war. Nein, in der französischen Hauptstadt blies kein guter Wind für ihn. Wenn die Dinge so standen, darf es einen nicht wundern, daß er die Notwendigkeit spürte, den Himmel zu wechseln, was übrigens seiner unruhigen Natur genau entsprach. Auf der anderen Seite lebte er nur für die Philosophie, und dafür brauchte er Ruhe. Wer weiß, würde er sie in England finden, das damals von vielen als ruhiges Land beschrieben wurde? Und Bruno reiste mit dem Segen Heinrichs III. ab, der seinerseits vielleicht froh war, sich für einige Zeit von jenem philosophischen Spielverderber zu befreien, dem er seine Protektion zugewandt hatte, der aber jetzt unbequem werden konnte.

Michel de Castelnau war seit 1575 Botschafter in London. Er war um 1520 geboren und hatte seine Jugendjahre auf Reisen und mit Studien verbracht; er hatte sich aber auch als Soldat ausgezeichnet und unter anderem in den Heeren Piemonts und der Toskana gedient, ebenso in den Flotten Maltas und Korsikas. Auch Brunos Vater war Soldat gewesen; und wer weiß, mag das zum Wohlwollen des Botschafters für den wandernden Philosophen beigetragen haben. Vor allem zeichnete sich Castelnau auf dem diplomatischen Parkett aus, und zwar nicht nur im Dienste Heinrichs III., sondern auch Heinrichs II., Franz' II. und Karls IX. Er war an verschiedenen Orten, darunter in Rom und Turin, mit diplomatischen Aufgaben betraut. Er war auch ein Mann der Feder, so sehr, daß manche ihn an Literatur für interessierter hielten als an der Diplomatie. In der intellektuellen Fauna Frankreichs hatte er viele Freunde, angefangen von Ronsard. Er war katholisch, jedoch tolerant und in keiner Weise fanatisch. Unmittelbar bevor er zum Botschafter in London ernannt wurde, hatte er Marie Bochetel geheiratet, die an die 30 Jahre jünger war als er. Das Sprichwort sagt: »Für eine alte Katze eine zarte Maus«. Alle vier Kinder der beiden, zwei Knaben und zwei Mädchen, kamen in London zur Welt.

Es macht Castelnau alle Ehre, daß er dem italienischen Exilanten warme Gastfreundschaft entgegenbrachte und ihm ermöglichte, sich auf sein Denken zu konzentrieren und seine Hauptwerke zu schreiben. Das war für den Philosophen die fruchtbarste Periode. Spampanato zufolge hat sich Bruno seit Ende des Sommers 1583 im Haus des Botschafters aufgehalten, doch sind andere nicht dieser Ansicht. Aquilecchia dazu: »Als Bruno im April 1583 in England ankam, ging er nicht direkt nach Oxford – wie Spampanato meint –, sondern nahm seinen Wohnsitz in der französichen Botschaft in London«.[146] Wie soll man tatsächlich glauben, daß er zuerst nach Oxford gegangen sei, bevor er Castelnau den Empfehlungsbrief Heinrichs III. überreicht hatte? Dank neu aufgefundener Dokumente können wir heute die Reisen Brunos zwischen London und Oxford während der ersten Monate seines Aufenthalts in England besser verfolgen.

Es ist möglich, wenn auch nicht beweisbar, daß er im Gefolge Castelnaus war, als dieser Anfang Juni 1583 den polnischen Grafen Albert Laski traf, der im Frühling desselben Jahres in London angekommen war. Wenn schon nicht verrückt, wofür ihn Heinrich III. hielt, so muß Laski doch ziemlich exzentrisch gewesen sein. Sein Portrait genügt, um das zu verstehen: Er sah aus wie ein Faun oder ein Wegelagerer, und sein riesiger Schnurrbart sah aus wie der Griff eines Korkenziehers. Die Begegnung fand im königlichen Schloß von Greenwich statt, und wenn Bruno, wie man vermutet, anwesend war, sah er da Königin Elisabeth zum ersten Mal.[147] Sicher wissen wir, daß er zu jener Gruppe gehörte, die Laski wenige Tage später nach Oxford begleitete. Wer hatte ihn eingeladen? Sehr wahrscheinlich Philip Sidney, der die Reisegruppe leitete. Von ihm hatte Bruno, wie wir schon sehen konnten, bereits in Mailand gehört; aber ich schließe nicht aus, daß er ihn auch kennengelernt hatte. Wenn es so war, können wir den Wunsch des Philosophen, nach England zu gehen, noch besser verstehen. Die beiden waren wie geschaffen, einander zu verstehen, und das geschah auch. Aber über ihre Freundschaft werden wir später sprechen.

Bruno hielt sich also im Gefolge des Grafen Laski und Philip Sidneys, des geschliffensten Höflings Elisabeth I., in Oxford auf. Aber konnte unser philosophischer Spielverderber vermeiden, auch die akademische Szene von Oxford in Aufruhr zu versetzen? Gewiß nicht! Und tatsächlich, auch wenn er nicht unter den designierten Rednern war, bestritt er doch öffentliche Debatten mit dem Theologen John Underhill und anderen Perückenköpfen jener berühmten Universität, und agierte wie eine dialektische Manguste. In einer Nachricht des Humanisten Gabriel Harvey kann man lesen: »*Jordanus Neopolitanus (sic!), Oxonij disputans cum Doctore Underhill, tam in Theologia, quam in philosophia, omnia revocabat ad Locos Topicos, et axiomata Aristotelis; atque inde de quavis materia promptissime arguebat*«.[148] Übersetzt: »Der Neapolitaner Giordano brachte bei der Diskussion mit Doktor Underhill sowohl in der Theologie, als auch in der Philosophie, alles zu den Topoi und Axiomen des Aristoteles vor und argumentierte mit großer Schlagfertigkeit über jedwedes Thema«. Das Wort *promptissime* sagt alles über die dialektische Gewandtheit Brunos.

Mehr als um einen Disput handelte es sich um einen Streit, um eine stürmische Auseinandersetzung. Das läßt sich aus dem ableiten, was Bruno selbst in *Cena* sagt: »Das sind die Früchte Englands. Überall wo ihr hinschaut, findet Ihr heutzutage nur Doktoren der Grammatik. Dieses glückliche Land steht im Augenblick unter dem Stern des Dünkels und verstocktester pedantischer Unwissenheit, gepaart mit bäurischer Unhöflichkeit, bei der selbst Jupiter die Geduld verlieren würde. Wenn ihr es nicht glaubt, begebt euch nach Oxford und laßt euch erzählen, was dem Nolaner dort widerfahren ist, als er in Anwesenheit des polnischen Fürsten Laski und englischer Adeliger mit jenen Doktoren der Theologie öffentlich disputierte. Laßt Euch erzählen, wie man auf seine Argumente zu antworten verstand und wie jener arme Doktor, der als Leuchte der Akademie bei diesem bedeutenden Anlaß dem Nolaner entgegengetreten war, durch fünfzehn Schlußfolgerungen fünfzehnmal in die Enge getrieben wurde und nicht mehr ein noch aus wußte. Laßt Euch berichten, mit welcher Unhöflichkeit und Frechheit dieses Schwein vorging und welche Geduld und

Menschlichkeit der Nolaner dagegen aufbrachte«.[149] Es fällt ziemlich schwer, sich Bruno voll von »Geduld« vorzustellen, aber übergehen wir das. Laski hielt sich vom 10. bis zum 13. Juni 1583 in Oxford auf, und es war gerade an einem dieser Tage, daß Bruno mit dem Theologen Underhill zusammenstieß, den er unverblümt als »Schwein« bezeichnete. Für einen Interpreten Gottes ist das kein geeignetes Epitheton, aber wer kann ausschließen, daß es auch unter Theologen Schweine gibt? Alles spielte sich in der University Church of St. Mary the Virgin ab. Von einigen Ausbesserungen abgesehen hat sich die Kirche erhalten, wie sie damals war. Aber darüber sprechen wir noch.

Es ist nicht zu weit hergeholt anzunehmen, daß Francis Walsingham auf der Grundlage der Depesche, die er vom englischen Botschafter in Paris erhalten hatte, die Doktoren von Oxford gegen Bruno und seine Ideen voreingenommen hat. Das würde leichter die Feindschaft erklären, die dem Philosophen in dieser Universitätsstadt von Anfang an entgegen schlug. Überdies war Walsingham Chef der Spionage und wollte eine Persönlichkeit unter Beobachtung halten, die wenig empfehlenswerte religiöse Ideen hatte. Kurz, um die Worte des Botschafters Henry Cobham zu wiederholen, »ein Professor der Philosophie, dessen Religion ich nicht empfehlen kann«. Für die bigotten englischen Puritaner war das kein brauchbarer Paß. Und wirklich: Die Feindseligkeiten steigerten sich in Oxford wie in London. Der Theologe Underhill, mag er auch ein »Schwein« gewesen sein und unfähig zur philosophischen Auseinandersetzung, so verstand er aber wohl, seine Karriere zu steuern, sodaß er kurz darauf zum Vizekanzler der Universität Oxford ernannt wurde. Und gerade dort wollte Bruno einen Lehrstuhl übernehmen? Welche Naivität!

Nach diesem ersten, wenig verheißungsvollen Auftakt kehrte Bruno – wahrscheinlich zusammen mit Sidney – nach London zurück, veröffentlichte drei kleine Werke, die er schon vorrätig hatte, und fügte ihnen einen hochtönenden Brief bei: *Ad excellentissimum Oxononiensis Academiae Procancellarium, clarissimos doctores atque celeberrimos magistros.* In diesem Brief präsentiert er sich als »Doktor einer besser ausgearbeiteten Theologie und als Professor einer unschädlichen und reineren Weisheit«. Er sagt, daß er »nirgendwo Ausländer ist, außer bei barbarischen und gemeinen Menschen«. Für ihn existiert kein »Unterschied zwischen Italienern oder Engländern, Männer und Frauen, Mitren-, Kronen- , Toga- oder Waffenträgern, Kapuzenmännern oder Barhäuptigen«, aber er liebe denjenigen mehr, »der sich in den sozialen Beziehungen friedlich, zivilisiert, treu und nützlich erweist«, der vor allem »auf die Seele und die Kultur des Intellektes schaut«. Er attackiert vor allem jene, die im Namen schlecht interpretierter biblischer Texte die Verrücktheit als Klugheit verbreiten, die Ignoranz als Weisheit, die Faulheit als Reinheit und Heiligkeit des Glaubens: »Indem sie alle spekulativen Disziplinen hassen, studieren sie überhaupt nicht [...]. Damit sie aber, ohne zu studieren, nicht als ignorant und böse angesehen werden, treten sie plötzlich als gebildet auf«. Das ist ein Dolchstoß gegen jene Ignoranten, die als Richter über Dinge urteilen, die sie nicht verstehen. Im letzten Teil des Briefes verwahrt sich der »Dompteur der anmaßenden Ignoranz«, daß solches Gesindel gegen ihn unter Berufung auf die Gleichheit aller auftritt. Und er schließt: »Ich möchte nicht, daß die Scheißäpfel der Esel wie in der Zeit der Sintflut zu den goldenen Früchten sagen: auch wir sind Äpfel, die auf dem Wasser schwimmen; dann wäre es irgendeinem Dummkopf und Esel erlaubt, iahend gegen unsere Thesen aufzutreten [...]. Wo aber einige sind, die Titel, Würde und Fähigkeit haben, [...] sich mit uns zu messen, dann werden sie einen Mann vorfinden, der dazu ganz geneigt und bereit ist, und mit dem sie das Maß ihrer eigenen Stärke prüfen können«.

Dieser Brief, mit dem Bruno im wesentlichen um die Lehrbefugnis in Oxford ansuchte, ist unterschiedlich interpretiert worden. Für diejenigen – Akademiker und Professoren –, die Schmeicheleien und die üblichen Beweihräucherungen gewöhnt sind, klingt er bizarr und großsprecherisch. Für andere ist er ein Trommelwirbel oder ein Trompetenstoß. Aber alle stimmen darin überein, daß das nicht die beste Methode war, sich um einen Lehrstuhl zu bewerben. Dazu hätte es größerer Bescheidenheit oder wenigstens größerer Höflichkeit bedurft. So wird es auch sein, aber hier kommt einem Goethe in den Sinn, der sagt, nur die Lumpen sind bescheiden. Das Genie hat alles Recht stolz zu sein und ein hohes Bewußtsein seiner selbst zu hegen. Es fehlte gerade noch, antwortete Schopenhauer den Anklägern des Hochmuts, daß ich ein Genie wäre und es nicht merkte! Und wir sprechen gar nicht von Nietzsche, der Gott entthronte, um sich selbst an dessen Stelle zu setzen. Alles in allem beschränkte sich Bruno, der Theoretiker der unbegrenzten Welten, eine Art Astronaut des Geistes, darauf, niederzuschreiben, daß er ganz bereit sei, seine Thesen zu diskutieren, jedoch mit Gegnern, die auf seiner Höhe gewesen sind, und nicht mit den »Scheißäpfeln der Esel«, die mit den Äpfeln obenauf schwimmen wollen – ein Bild, das auch Luther gegen die eigenen Feinde verwendet.

Was aber ist dann so befremdlich an diesem Brief? Michele Ciliberto dazu: »Jenseits des Tons handelt es sich um einen sehr elaborierten Text, in dem sich Flexibilität und Festigkeit, Bereitschaft zur Diskussion und Präzisierung der Grenzen, in denen sie geführt werden muß, positiv verflechten – sowohl auf der Ebene des Inhalts wie auf der Ebene der Methode«. Und weiter: »Auf welche Weise immer dieser Brief aufgenommen wurde, ist jedenfalls ein Punkt sicher: Im August 1583 beginnt Bruno einen Kurs von Lektionen über die ›Unsterblichkeit der Seele‹ und über die ›fünffache Sphäre‹. Aber genau so sicher ist, daß er bald darauf gezwungen wird, ihn zu unterbrechen und endgültig wegzugehen«.[150]

Nach dem Streit mit Underhill kehrte Bruno also nach Oxford zurück, um dort mit einer Reihe von Vorlesungen zu beginnen: seltsamerweise hatte der Brief den erwünschten Erfolg. Was darauf allerdings folgte, läßt einen glauben, daß es sich um eine Falle handelte, die ihm gestellt wurde. Tatsächlich wurde er sofort gezwungen, seine Vorlesungen abzubrechen, und zwar in übelster Weise. Das ergibt sich ganz klar aus jener Passage der *Cena*, wo der Philosoph, nachdem er über die Unanständigkeit »dieses Schweins« von Underhill gesprochen hat, fortsetzt: »Laßt Euch sagen, wie man seinen öffentlichen Vorlesungen *de immortalitate animae* und *de quintuplici sphaera* den Garaus gemacht hat«. Offensichtlich bezieht er sich damit nicht nur auf den ersten, sondern auch auf den zweiten Aufenthalt in der Universitätsstadt. Übertreibt er? Nicht wirklich: Wie feindselig ihm die Doktoren von Oxford waren, kann man aus den mißgünstigen Worten des George Abbot ersehen, die Robert McNulty 1960 wiederentdeckt und Yates aufgegriffen hat.

George Abbot, der spätere Erzbischof von Canterbury, hielt sich 1583 als Mitglied des Balliol College in Oxford auf und war, wie es scheint, direkter Zeuge dessen, was er zwanzig Jahre später niederschrieb und in einem Buch mit kilometerlangem Titel 1604 publizierte[151]. Hier ist sein Zeugnis, voll von Überheblichkeit und puritanischem Groll: »Als dieser italienische Steißfuß, der sich selbst titulierte *Philotheus Iordanus Brunus Nolanus, magis elaborata Theologia Doctor, &c* (Randbemerkung: *Praefat.*, *in explicatio triginta sigillorum*) mit einem Namen länger als sein Leib, im Gefolge von Laski, dem polnischen Herzoge, im Jahr 1583 unsere Universität besuchte, war sein Herz entflammt, sich zu Nutzen zu sein, berühmt zu werden an jenem gefeierten Orte. Nicht lange auf seine Rückkehr, nachdem er, mehr dreist als weise, den höchsten Rang in unserer besten und berühmtesten Schule erreicht hatte, mit hochgekrempelten Ärmeln wie ein Taschenspieler, und uns viel erzählend von *Tschentrum & Tschirkulus & Tschirkumferentschia* (nach der Aussprache in seiner Landessprache), unternahm er unter vielem, die Meinung Kopernikus aufzustellen, daß die Erde sich drehe, und das Gestirn stille stünde; wo es in Wahrheit doch sein eigener Kopf war, der sich drehte, und sein Gehirn nicht still stand. Als er seine erste Vorlesung gehalten hatte, so schien es einem ernsten Manne von jeher und auch jetzt gutem Stande an dieser Universität, er hätte jene Dinge, die der Doktor darlegte, bereits gelesen: doch beschwichtigte er seine Dünkel, bis er ihn zum zweiten Male hörte und er sich besann; begab sich in sein Studierzimmer und fand dort die erste als auch die zweite Vorlesung, nahezu wörtlich entnommen aus den Werken des *Marsilius Ficinus* (Randbemerkung: *De vita coelitus comparanda*). Nachdem er darüber diese hervorragende & ausgezeichnete Zierde unseres Landes, den nunmehrigen hochwürdigen Bischof von Durham, damals Dekan von Christchurch, in Kenntnis gesetzt hatte, fand man es angemessen, den illustren Leser über deren Entdeckungen in Kenntnis zu setzen. Zuguterletzt schlug jener, der das erste Licht auf die Sache geworfen, vor, ihn noch einmal zu prüfen; und sollte er ein drittes Mal sich und die Hörerschaft mißbrauchen, so sollten sie sich Genüge tun. Als dann *Iordanus* fortsetzte *idem Iordanus* zu sein, veranlaßten sie einige ihn um ihre vormalige Geduld wissen zu lassen, & die Mühe, die er sie gekostet hatte, & so machte der kleine Mann der Frage ehrlicherweise ein Ende«.[152]

So reden und verleumden zukünftige Erzbischöfe von Canterbury! Der wahre Jongleur oder der wahre Roßtäuscher ist hier Abbot, der sich die Szene mehr mit dem Geifer seiner calvinistischen Mißgunst ausmalt als mit der Palette der Realität. Was für eine falsche Person er war, zeigt auch sein Verhalten gegenüber dem Philosophen Giulio Cesare Vanini, über den wir schon gesprochen haben. Sonderbar, daß sich die Biographen noch nicht verpflichtet gefühlt haben, die Analogie der Ereignisse

Giordano Bruno

zwischen Bruno und Vanini gründlich herauszuarbeiten, die auch darin besteht: Beide kreuzten den Weg Abbots, der ein wahrer Unheilsvogel gewesen sein muß. Anstatt Segen zu spenden, wie man von einem Mann der Kirche erwarten sollte, ging Fluch von ihm aus. »Ce curieux Abbot, archevêque de Canterbury«, so nennt ihn Emile Namer in der Einleitung zu seinem Buch.[153] Und er muß ein lichtscheuer Nachtvogel gewesen sein, denn er war ganz und gar bestürzt, daß Vanini die Werke Aretinos und Machiavellis (oder »Macciavellis«, wie er schreibt) bei sich getragen hat – ein Grund mehr also, den Philosophen einzusperren, ihn dann dem kirchlichen Gericht zu übergeben, ihn zu exkommunizieren und schließlich mindestens auf die Bermudas ins Exil zu schicken, was auch sicher geschehen wäre, wenn Vanini nicht aus der Haft entkommen wäre. In seinem Kommentar zu den *Vite brevi di uomini eminenti* von John Aubrey sagt J. Rodolfo Wilcock Folgendes über Abbot: »Abbot, George (1562–1633), Erzbischof von Canterbury, brennender Puritaner, hat die religiösen Bilder auf dem Marktplatz verbrannt. Als er Direktor des University Colleges von Oxford war, schrieb er Libelli, die ihn allen unsympathisch machten; 1605 schickte er 150 Studenten ins Gefängnis, weil sie in seiner Anwesenheit in der Kirche St. Mary ihren Kopf bedeckt hielten. Er arbeitete an der autorisierten Übersetzung des Neuen Testaments mit. Als Erzbischof von Canterbury kämpfte er weiter gegen die Sekte der Arminianer; und er ließ zwei von ihnen verbrennen und andere foltern. Da er, mit dem Bogen auf der Jagd, einen Menschen umgebracht hatte, weigerten sich die Bischöfe, von ihm geweiht zu werden, obwohl er vom König begnadigt wurde. 1627 wurde ihm jede Autorität aberkannt«.[154] So wissen wir also, mit wem wir es zu tun haben.

Schließen wir den Exkurs. Wahrscheinlich hat Abbot die kritischen Äußerungen Brunos gegen die »Pedanten« von Oxford, die seine Vorlesungen abgewürgt hatten, nicht verdaut. In der *Cena de le ceneri* gibt es darüber hinaus Sarkasmen über gewisse englische Gebräuche; und das muß noch unverdaulicher gewesen sein. Abbot hatte genug Zeit, um die Werke des italienischen Philosophen kennenzulernen: Die Beschreibung, die er von diesem »Knirps« gibt, ist in ein Buch eingefügt, das – wie gesagt – im Jahr 1604 veröffentlicht wurde. Konnte sich der Autor so genau erinnern oder hat er parteiisch karikiert? Hört man auf ihn, dann habe Bruno, ertappt und mit den Händen im Sack wie ein Plagiator, den geordneten Rückzug angetreten, »und so machte der kleine Mann der Frage ehrlicherweise ein Ende«. Lesen wir dagegen noch einmal die Worte Brunos selbst nach, die er sofort brühwarm niederschrieb und sich damit an Personen wandte, die leicht hätten verifizieren können, wie sich die Dinge in Oxford zugetragen hatten: »Laßt euch sagen, wie man seinen öffentlichen Vorlesungen *de immortalitate animae* und *de quintuplici sphaera* den Garaus machte«. Wo ist da jene Haltung des Rückzugs zu finden, die ihm der zukünftige Erzbischof unterstellt? Viel eher ist zu fragen, ob die Doktoren von Oxford wirklich verstanden haben, wovon der Philosoph redete, »der gerade anfing, die fundamentalen Themen der Ontologie und der Kosmologie darzulegen, die sich kurz darauf in den italienischen Dialogen vollkommen manifestieren werden«.[155]

Es ist symptomatisch, daß Abbot noch zu Beginn den 17. Jahrhunderts über die von Bruno vorgetragene kopernikanische Theorie spottete, für die die Erde kreist und der Himmel stillsteht, während es »in Wahrheit doch sein eigener Kopf war, der sich drehte, und sein Gehirn nicht still stand«. Das ist wahrhaft der Diskurs eines Erzbischofs! Gut, sagen wir also so: Das Gehirn Brunos bewegte sich, und zwar mit schwindelerregender Schnelligkeit, während dasjenige des künftigen Erzbischofs von Canterbury flach und daher festgelegt war. Wahrscheinlich wußte Abbot als braver Theologe nichts mit den neuen astronomischen Theorien anzufangen, weil er sich durch das Licht der Gnade oder die Strahlen des Heiligen Geistes für ausreichend erleuchtet hielt. Und überdies erteilte er Lektionen über die Aussprache des Lateinischen. Es ist der gewohnte Dünkel einiger Besserwisser, die behaupten, daß man *zirculus* (oder *sirculus*) und nicht *circulus*, *zentrum* und nicht *centrum*, *Zizero* und nicht *Cicero* sagt, als wäre das Latein von ihnen erfunden worden.

Auch der Vorwurf des Plagiats ist nicht aufrechtzuerhalten, weil Bruno, wenn er ab und zu Passagen anderer Autoren einfügt, wie das ja alle tun, diese modifiziert und an seine Theorie adaptiert, die ganz originär ist. Sehr wohl wird man jedoch zugeben müssen, daß es ihm – im Gegensatz zu seinen wohlgesetzten Ausdrücken im Brief an den Vizekanzler der Universität von Oxford – nicht gelang, sich so zu kontrollieren, wie es die Situation erforderte. Er war zu impulsiv, und das war sein Ruin, in Oxford wie anderswo. Den bedächtigen und phlegmatischen »Pedanten« von Oxford mußte er wie ein außer Rand und Band geratener kleiner Dämon erscheinen, zumal ihm die Natur nicht den Körper eines Athleten gegeben hatte. Große Ideen im Kopf zu haben ist vielleicht so, wie in den Fängen einer großen, leidenschaftlichen Liebe zu sein. Es gelingt nicht, sie zu beherrschen und sich zu beherrschen; und so steht das Verhalten in keinem Verhältnis zum Individuum, das in einem solchen Zustand leicht als exaltiert oder auch ein wenig verrückt erscheint. Weil aber Abbot in der physischen Erscheinung Brunos einen Grund zum Spott sieht, kann man daraus schließen, daß er die Statur eines Dinosauriers gehabt haben muß. Statur und Gehirn: Das lateinische Sprichwort *homo longus raro sapiens* muß schon etwas für sich haben, weil die großen Intelligenzen gewöhnlich in kleinen Körpern wohnen, wie eine kuriose Statistik enthüllt, die im *Specchio della Stampa* vom 27. Jänner 1996 erschienen ist: Pythagoras, Sokrates, Alexander der Große und Mozart, um nur diese Namen zu nennen, maßen kaum 1,50 Meter. Ein wenig größer waren Michelangelo, Napoleon, Schubert, Leopardi und d'Annunzio. Einstein war 1,57 Meter groß. Kleingewachsen waren auch Wagner und Schopenhauer, der sogar eine Theorie über das Verhältnis von Statur und Genie aufgestellt hat. Bruno, dessen genaue Körpergröße wir nicht kennen, war somit jedenfalls in guter Gesellschaft. Schließlich sollte man Menschen wie Giordano Bruno nur vom Gürtel aufwärts abmessen.

Auf seinen Aufenthalt in Oxford beziehen sich wohl auch die Worte, die ein unbekannter N. W. im Vorwort zur englischen Übersetzung eines Werkes von Paolo Giovio geschrieben hat, einer Übersetzung, die 1585 von dem Dichter Samuel Daniel vorgelegt wurde: »Ihr dürft nicht vergessen, was der Nolanus, dieser Mann von unendlichen Verdiensten neben einigen Phantastereien bei Gelegenheit zu Recht in unserem College vorgebracht hat, daß nämlich alle Wissenschaften ihren Ursprung der Hilfe von Übersetzungen verdanken«. Zu dieser Zeit wurden Daniel, ebenso wie der unbekannte N.W., Doktoranden im Magdalen College. Daniel war der Schwager des Giovanni Florio, einer anderen Bekanntschaft, die Bruno in Oxford machte. Im Vorwort zu seiner Übersetzung der *Essais* von Montaigne gibt auch Florio die Worte Brunos über die Nützlichkeit von Übersetzungen wieder: »Mein alter Freund, der Nolaner, sagte mir und lehrte öffentlich, daß alles Wissen seine Herkunft aus Übersetzungen ableitet«.

Giovanni Florio war in England geboren worden, wohin der Vater, der Grammatiker Michelangelo Florio, aus religiösen Gründen aus seiner heimatlichen Toskana geflohen war. 1554 aber, als der kleine Giovanni erst wenige Monate alt war, sahen sich die Eltern gezwungen – man weiß nicht aus welchen Motiven –, auf den Kontinent zurückzukehren, vielleicht nach Frankreich oder nach Norditalien. Giovanni – das genaue Datum ist nicht bekannt – kehrte nach England zurück, als er schon erwachsen war. Sicher wissen wir, daß er sich 1578 in London aufhielt, wo er sein Handbuch der Konversation *The First Fruits of Florio* veröffentlichte. Den Spuren des Vaters folgend widmete er sich dem Unterricht und der Verbreitung der italienischen Sprache. Auch in Oxford, wohin er übersiedelt war, lehrte er weiter italienisch: 1581 wurde er im Magdalen College immatrikuliert. Vielleicht begegnete er Giordano Bruno gerade in diesem College zum ersten Mal. Die beiden schlossen sofort Freundschaft, und im Spätsommer 1583 trat auch Florio, wahrscheinlich über Vermittlung des Philosophen, in den Dienst des Botschafters Castelnau und wurde Erzieher einer seiner Töchter, der kleinen Catherine-Marie. Er heiratete, wie schon erwähnt, die Schwester des Dichters Samuel Daniel, die Rose hieß. Florio starb 1625 an der Pest im würdigen Alter von 72 Jahren. Hören wir etwas von seinem Urteil über die Engländer, damit man nicht glaubt, daß nur Giordano Bruno die Peitsche benützte. Vor allem klagt er über die geringe Kenntnis von Fremdsprachen: »Als ich in London ankam, da ich kein Wort englisch konnte, fragte ich mehr als 500 Personen, bevor ich eine fand, die mir sagen konnte, wo die Post war. Ich sehe Edelleute (aber in Wiklichkeit handelt es sich um Klötze), die, wenn sie ein paar Worte spanisch, drei französisch und vier italienisch gelernt haben, denken, alles studiert zu haben«. Hart ist sein Urteil über Leute, die sich anmaßen, über Dinge zu richten, die sie nicht kennen: »Diese Idioten, die nicht einmal wissen, was ein Buch enthält und trotzdem keine Hemmungen haben, darüber zu sprechen, haben mehr die Kühnheit der Verleumdung als den Fleiß des Studiums. Ich kenne einige Bestien (ich hätte Lust, die Namen zu nennen), die so frech in ihren Worten sind, daß sie, ohne rot zu werden, über etwas urteilen, was sie nie gelesen haben«.[156] Das scheint geradezu ein Portrait des Erzbischofs Abbot.

In Oxford lernte Bruno auch Alberico Gentili kennen, den viele als Begründer des internationalen Rechts ansehen. Was ihn selbst betrifft hatte er jedoch nicht einmal das Recht, in seinem eigenen Vaterland zu

leben, aus dem er aus religiösen Gründen fliehen mußte. Alberico wurde
als Sohn des Arztes Matteo Gentili Rossi am 14. Jänner 1552 in San Gine-
sio in den Marken geboren und 1572 in Perugia zum Doktor des Zivil-
rechts promoviert. Sieben Jahre später aber war er gezwungen, gemeinsam mit dem Vater und zwei Brüdern, Italien auf der Flucht vor der
Inquisition zu verlassen. Bevor sie nach England flüchteten, hatten sie,
wie wir im folgenden sehen werden, ihr Glück in Deutschland versucht.
Ihr Weg ins Exil deckte sich mit demjenigen Brunos, nur daß ihn der
Philosoph in umgekehrter Richtung zurücklegte. 1582 ließ sich Alberico
in Oxford nieder, wo er sodann den Lehrstuhl für Zivilrecht innehatte.
Auch er war mit den Calvinisten und dann mit den Lutheranern in Kontakt gekommen. Er hatte alles in allem viel mit Bruno gemeinsam, wenigstens auf der biographischen Ebene: Beide waren sie Verfolgte der Inquisition und beide lernten sie das Elend des Exils kennen.

Es ist anzunehmen, daß sich Bruno nicht nur in der für seine wenigen
und umstrittenen Vorlesungen nötigen Zeit in Oxford aufgehalten hat.
Die Gesellschaft von Florio, Gentili und noch anderer, zu denen wir auch
brillante Studenten wie den Dichter Samuel Daniel rechnen dürfen, hat
ihn gewiß für die erlittene Enttäuschung durch die Doktoren vom Typ
Underhill entschädigt. Auch anderswo wußte er die Begeisterung der Studenten zu entfachen, vielleicht weil er die Professoren aufs Korn nahm.
Eines Tages aber nahm er den Weg zurück nach London und ließ sich
endgültig im Hause Castelnaus nieder, wo er seine italienischen Werke
schrieb. Bevor auch wir Oxford verlassen, besuchen wir jene Orte, die die
Gegenwart des Philosophen am stärksten wachrufen.

Die Kirche von St. Mary, wo der Disput mit dem Theologen Underhill stattgefunden haben dürfte, kann man nicht gerade schön nennen,
aber sie ist voll von Geschichte und Erinnerungen. Das Chorgestühl,
durch die Zeiten wurmstichig geworden, ist original aus der Zeit um
1400 erhalten. Welcher Sitz hat wohl das – übrigens nicht sehr große –
Gewicht Giordano Brunos getragen? Oder hatte er so viel Feuer im Leib,
daß er es nicht für notwendig hielt, sich niederzusetzen? Die Phantasie
läuft Galopp und sieht den dämonischen Bruno, der wie von der Tarantel
gestochen Unruhe unter die gewichtigen und bedächtigen Funktionäre
des Himmels bringt. Der Rektor oder Vikar von St. Mary war 1583 ein
gewisser Simon Lee. Wie schön wäre es gewesen, für einen Augenblick in

der Rolle dieses Simon Lee zu sein – während der theologischen Auseinandersetzung zwischen Bruno und Underhill!

Das ganze historische Zentrum von Oxford ruft Erinnerungen wach: Die Häuser, die Straßen, die Kirchen und die Colleges sind in ihrem alten Aussehen erhalten. Es ist schön, mit den Augen der Vorstellung den Schritten nachzugehen, die der Philosoph zwischen diesen Gebäuden oder in den Höfen mancher Colleges gegangen ist – zum Beispiel in dem sehr weiten Hof des Magdalen Colleges, einem der ältesten und vielleicht dem schönsten von allen. Es wurde 1458 an der Stelle des alten St.John Hospitals gegründet. Bruno ist hier vielleicht in Begleitung des Polen Laski eingetreten, und hierher kehrte er gewiß zurück, um seinen Freund Giovanni Florio zu besuchen. Von der Magdalen Bridge, die sich unweit des gleichnamigen College befindet, sieht man die Kathedrale mit ihrem Turm. Bruno aber brauchte keine Türme oder Campanile, um den Blick zum Himmel zu erheben: Alle Philosophie, die er im Kopf hatte, strebte in die Höhe, in den grenzenlosen Raum. Andere konnten ihm nicht folgen und ihn nicht verstehen. Er war allein, und so will ich ihn mir im weiten Kreuzgang des Magdalen Colleges auch vorstellen: Allein und in sich versunken.

Giordano Bruno

London

Jordang Brung

Was macht den Philosophen? Der Muth
keine Frage auf dem Herzen zu behalten.
Schopenhauer

Alles in allem tat ihm die Zurückweisung von seiten der Professoren in Oxford gut, weil sie ihn auf sich selbst zurückwarf. Jetzt konnte er
in Frieden denken und schreiben, ohne Zeit für Diskussionen mit akademischen Mumien zu verlieren, die ihn nicht verstanden. Seine Sache war
eine Lehre für Wenige, »denn diese Last eignet sich nicht für die Schultern
eines jeden, sondern nur für solche, die sie tragen können, wie der Nolaner«. Auch dürfen jene, »die im Besitze dieser Wahrheit sind, sie nicht einem jeden mitteilen, wenn sie nicht, wie man sagt, dem Esel den Kopf waschen und Perlen vor die Säue werfen wollen, und wenn sie für ihre
Bemühungen und Anstrengungen nicht die Früchte ernten wollen, die
dummdreiste Unwissenheit in ständiger und getreuer Begleitung von Anmaßung und Frechheit zu tragen pflegt«. [57] So läßt Bruno mit deutlicher
Anspielung auf die in Oxford gemachte Erfahrung sein *alter ego* Teofilo
sprechen. Doch war das intellektuelle Klima in London anders als in Oxford, wo jemand wie Bruno, der über Kopernikus redete und die Unendlichkeit der Welten theoretisierte, mit Hohn gehört wurde. Der Staub auf
den Bänken der Colleges war wohl kein Sternenstaub, und die Perücken
hinderten die Professoren, die Augen zum Firmament zu erheben.

In kurzer Zeit, und an der Arbeit wie ein Zwangsarbeiter der Feder,
schrieb und publizierte Bruno seine Hauptwerke, die zugleich Hauptwerke der europäischen Philosophie sind: *La cena de le ceneri; De la causa,
principio et uno; De l'infinito, universo e mondi.* Alle drei sind dem Botschafter Castelnau gewidmet, der ihm die Möglichkeit gegeben hatte, sie
zu schreiben. Und hören wir, mit welcher Dankbarkeit er ihm verpflichtet ist: »Euch ist diese Schrift gewidmet, die Ihr dem Nolaner so nahe
steht und ihm mit Wohlwollen und Gunst begegnet. Daher seid Ihr zum
würdigsten Ziel unserer Ehrerbietung in diesem Land geworden, in dem
der Kaufmann ohne Gewissen und Glauben leicht zum Krösus wird, der
Tüchtige, wenn er kein Geld besitzt, ebenso leicht zu Diogenes. Euch,

der Ihr mit soviel Gastlichkeit und Freigiebigkeit den Nolaner unter Eurem Dach, an der höchsten Stelle Eures Hauses aufgenommen habt«.[158]

Ohne Castelnaus Unterstützung hätten ihn die Feinde, von denen es viele gab, vernichtet: »Wenn ich, erlauchter Ritter, den Pflug über das Feld führte, eine Herde weidete, einen Garten bebaute, ein Gewand flickte – niemand würde nach mir hinsehen, wenige würden auf mich aufmerksam, von den allerwenigsten würde ich mit Vorwürfen bedacht, und ich hätte es leicht, allen zu gefallen. Da ich aber nun das Feld der Natur abschreite, um die Erquickung der Seele bemüht, guten Samen in das Erdreich des Verstandes zu senken begehre und statt auf die Trachten der Menschen auf das Trachten des Intellekts mich verstehe – gleich bedroht mich jeder, kaum daß er mich erblickt; fällt mich an, kaum daß er mich näher ansieht; beißt mich, kaum daß er mich erreicht; verschlingt mich, kaum daß er mich zu fassen bekommt. Und es ist nicht einer allein, nicht einige wenige sind es – es sind viele, ja fast alle. Wollt Ihr verstehen, woher das kommen mag, so sage ich Euch, daß der Anlaß dafür die Allgemeinheit ist, die mir mißfällt, das gemeine Volk, das ich verabscheue, die große Menge, die mich unbefriedigt läßt – die eine, die mich entflammt: durch sie [die Philosophie] bin ich auch in der Untertänigkeit frei, auch im Leid zufrieden, in der Bedürftigkeit reich und lebendig auch im Tode; um ihretwegen fühle ich keinen Neid auf jene, die bei aller Freiheit Knechte sind, in aller Lust nur leiden, bei allem Reichtum arm sind und im Leben tot; denn sie haben im Körper die Kette, die sie fesselt, im Herzen die Hölle, die sie niederdrückt, in der Seele den Irrtum, der sie krank macht, im Geist die Trägheit, die sie tötet. Denn da ist kein großer Sinn in ihnen, sie zu befreien, keine Langmut, sie emporzuheben, kein Glanz, sie zu erleuchten, kein Wissen, sie zu beleben. So kommt es, daß ich nicht – gleichsam müde geworden – den Fuß von dem rauhen Pfad zurückziehe; auch nicht – gleichsam entmutigt – die Arme sinken lasse vom Werk, das zu tun ist; auch nicht – gleichsam der Verzweiflung erlegen – mich zur Flucht wende vor dem Feind, der sich mir entgegenstellt; auch nicht – gleichsam geblendet – die Augen von dem göttlichen Gegenstand fortwende. Doch höre ich mich dafür zumeist einen Sophisten nennen, der mehr darauf bedacht sei, scharfsinnig zu scheinen, als wahrhaftig zu sein, mehr darauf aus, neue und falsche Lehre ins Leben zu rufen, als darauf, die alte und wahre zu stärken; oder einen Vogelsteller, der

Giordano Bruno

auf der Jagd nach dem Glanz des Ruhmes die Finsternis des Irrtums verbreitet; oder einen ruhelosen Geist, der die Gebäude wohlgeordneter Wissenschaften umstürzt und an ihrer Stelle Gebilde der Verderbtheit aufrichten will. So mögen denn, Herr, die heiligen Mächte alle die von mir fernhalten, die mich unrechterweise hassen, mein Gott sei mir immer geneigt, die Herrscher unserer Welt mögen mir günstig sein, und die Gestirne mögen mir die Saat für das Feld und das Feld für die Saat bereiten, daß der Welt nützliche und rühmliche Frucht meiner Arbeit werde – in der Erweckung des Geistes und der Aufschließung der Empfindung bei denen, die des Lichts beraubt sind: Wie ich denn ganz gewiß mich nicht verstelle und – sollte ich irren – doch wahrhaftig glaube, nicht zu irren, und im Sprechen wie im Schreiben nicht bloß disputiere, um Sieger zu bleiben, denn ich achte allen Ruhm und Sieg für Feinde Gottes und für ganz und gar verächtlich verdächtig und ehrlos, wo die Wahrheit fehlt. Sondern ich mühe, plage und quäle mich um des wahren Wissens willen und bemüht um die wahre Anschauung der Dinge«.[159] Und er empfiehlt sich Castelnau, obwohl das nicht nötig gewesen wäre: »Indessen will ich es nicht unterlassen (wenngleich ich mir gewiß bin, daß es einer solchen Anempfehlung nicht bedarf) nachzusuchen, wie ich Euch schuldig bin, daß der wahrhaft anempfohlen sei, den Ihr unter Euren Gefolgsleuten nicht als einen im Dienst habt, dessen Ihr bedürft, sondern als einen, der Eurer bedarf aus vielen Gründen«.[160]

Ja, Bruno hatte in Castelnau nicht nur einen Protektor gefunden, sondern auch einen Verbündeten auf ethischer und intellektueller Ebene. Er war vielleicht die einzige Person, die ihn wirklich verstehen konnte. Er war katholisch, aber offen und tolerant. In seinen *Mémoires* schrieb er, daß zur Bekämpfung der Häretiker, und um die Verirrten auf den guten Weg zurückzuführen, die Waffen des Geistes, wie das gute Beispiel, die Liebe, die Predigt und andere gute Werke, weitaus dienlicher seien als das Schwert, das das Blut des Nächsten vergießt. Was die Protestanten angeht, so warf er »den Calvinisten in Frankreich, Schottland und Genf« vor, »ihre Leidenschaften mit dem Vorwand einer reformierten Religion zu rechtfertigen«.[161] Das sind Worte, vor allem die über das gute Beispiel, die auch Bruno hätte schreiben können. Kurz, die beiden waren wie geschaffen, um einander zu verstehen.

Unter den »vielen Gründen«, von denen Bruno spricht, mußte ein besonders schwerwiegender sein. Um ihn zu verstehen, müssen wir zitieren, was der Philosoph, immer an Castelnau gewandt, im Widmungsbrief zu *De la causa, principio et uno* schreibt: »Wenn ich mir andererseits, um Ihre sonstigen ruhmvollen Taten beiseite zu lassen, vor Augen führe, wie Sie durch göttliche Vorausbestimmung und höchste Vorsehung mir zum starken und ausreichenden Beschützer zugeordnet sind gegen die ungerechten Kränkungen, die ich erdulde – die in der Tat einen wahrhaft heroischen Geist erheischen, um die Arme nicht sinken zu lassen und nicht zu verzweifeln vor solch einem reißenden Bergstrom verbrecherischer Ränke, in dem der Neid der Ignoranten, die Anmaßung der Sophisten, die Verkleinerung der Böswilligen, das Geschwätz der Lohnsklaven, die Verdächtigungen der Dummen, die Eifersüchteleien der Heuchler, die Gehässigkeiten der Ungebildeten, die blinde Wut des Pöbels, das Gewinsel der Gezüchtigten und die Rachsucht der Gestraften mich zu ertränken droht, wo es nur noch fehlte, daß auch noch ein boshafter und alberner Weiberklatsch hinzutrat, der mit seinen falschen Tränen vielfach mehr auszurichten vermag, als die Überschwemmung und Sturmflut der Anmaßung des Neides, der Verunglimpfung, des Geredes und der Verleumdung – all demgegenüber sehe ich in Ihnen den festen und unerschütterlichen Felsen, der sein Haupt aus dem tobenden Meer hervorreckt, unbekümmert um den Zorn des Himmels, um den heftigen Ansturm der schäumenden Wogen, um das pfeifende Geheul der Windstöße, das Brüllen des Sturmes, der nicht davor erzittert, vielmehr sich daran erbaut und grünt und gedeiht. So sind Sie mit einer doppelten Tugend ausgestattet, mit jener ausdauernden Sanftmut, die ihr Gleichnis in dem klaren und sanftrieselnden, den Felsen lockernden Quellwasser findet, und dem unbeugsamen Trotz, der den wilden Meereswogen einen Damm setzt, so bieten Sie den wahren Musen einen sicheren und ruhigen Hafen und sind andererseits die Klippe, an der alle falschen Anschläge und giftigen Intrigen zuschanden werden«.[162]

Wer soll diese lästersüchtige Frau gewesen sein, die mit ihrer »Unhöflichkeit und verrückten, bösartigen weibischen Entrüstung« ein Klima der Feindschaft um den Philosophen geschaffen hat? Mysteriös. Was war wirklich geschehen? Im Kommentar zu dem soeben zitierten Passus stellt Gentile die Hypothese auf, daß Bruno wegen der herben Kritik an den Engländern in der *Cena* verhaftet worden sei; Castelnau habe ihn aber

Giordano Bruno

freibekommen und er sei, um keinen weiteren Unmut zu erzeugen, für eine gewisse Zeit im Haus eingeschlossen geblieben. Die Hypothese ist nicht aus der Luft gegriffen, und es kommen weitere Elemente dazu, um sie zu erhärten. Im ersten Dialog von *De la causa,* jenem Werk, das unmittelbar nach der *Cena* publiziert wurde, bittet ein Diskussionsteilnehmer den Filoteo, also Bruno selbst, doch klüger zu sein, »denn gerade, weil ich Euren Frieden und Eure Ruhe in brüderlicher Zuneigung wünsche, möchte ich nicht, daß aus diesen Euren Reden wieder solche Komödien, Tragödien, Klagelieder, Dialoge oder was immer sonst entständen wie jene, die vor kurzem, als Ihr sie in's Freie hinausließt, Euch gezwungen, wohl eingeschlossen und zurückgezogen zu Hause zu bleiben«.[163]

Offensichtlich war den Engländern die Satire nicht wohl bekommen, mit der der Philosoph in der *Cena* ihre Gebräuche aufgespießt, und schon gar nicht der Sarkasmus, den er gegen die »Pedanten« von Oxford gerichtet hatte. Und da die Engländer im allgemeinen so kühn in der Kritik anderer, wie unfähig sind, Kritik an sich selbst anzuhören, glaubten sie deshalb vielleicht, die Kühnheit eines Ausländers mit Gefängnis oder mindestens mit Schlägen bestrafen zu müssen, der es wagte, sie anzuschwärzen, sei es auch nur in bildhafter und karikierender Form. Es scheint, daß London zu jener Zeit voll von Grobianen, Tölpeln und Schurken war, die, kaum daß sie eines Fremden ansichtig wurden, auf ihn losgingen wie Wildschweine oder wütende Stiere. Wie wir gleich sehen werden, gab es viele, die das sagten. Der große Fehler Brunos war, wie gewöhnlich, seine mangelnde Klugheit; er schrieb offen, während andere Ausländer vorsichtiger waren und in Briefen oder diplomatischen Botschaften klagten, wie z.B. die venezianischen Gesandten. Das Pack von London veranlaßte den Philosophen zu schreiben, »daß England sich rühmen kann, ein Volk zu haben, das respektlos, unzivilisiert, grobschlächtig, bäurisch, verwildert, schlecht erzogen ist, wie kein anderes, das die Erde an ihrem Busen großgezogen hat. Abgesehen von vielen Einzelpersonen, die in England jedweder Ehre würdig, fähig und nobel sind, gibt es einen anderen Teil der Bevölkerung, der sich beim Anblick eines Fremden gebärdet – bei Gott – , wie lauter Wölfe und Bären, die ihm so grimmige Gesichter schneiden, wie ein Schwein, dem man den Freßtrog wegzieht«. Und er fährt fort: »Erkennen sie dich irgendwie als Ausländer, so rümpfen sie die Nase, lachen dir ins Gesicht, grinsen dich an, verhöhnen und schimpfen dich in ihrer Sprache Hund, Verräter und Fremder. Letzteres ist für sie ein ganz schlimmes Schimpfwort, das dem, der von ihnen so genannt wird, jedes nur erdenkliche Unrecht einbringen kann, ganz gleich, ob er jung oder betagt, im Talar oder bewaffnet, adlig oder ein Edelmann ist. Will es das Unglück, daß du einmal jemanden berührst oder Hand an die Waffen legst, so siehst du dich plötzlich, soweit die Straße reicht, von einem Heer von Flegeln umringt, die noch schneller als die Zähne, welche Jason dem Drachen ausschlug, sich in Krieger verwandeln (wie die Dichter sagen), aus dem Erdboden zu schießen scheinen, ganz sicher aber aus den Läden herausstürzen. Sie bieten so den ehrenhaften und freundlichen Anblick eines Waldes von Knüppeln, Stangen, Hellebarden, Spießen und verrosteten Gabeln, die sie (wenn sie vom Herrscher auch nur zu besserem Gebrauch zugelassen sind) für solche und ähnliche Gelegenheiten immer bereit halten. Diese wirst du mit bäurischem Ungestüm auf dich niederhageln sehen, ohne Rücksicht auf das Wer, Warum, Wo und Wie, ohne daß sich der eine beim anderen erkundigt, worum es geht. Um dem natürlichen Unmut gegenüber Ausländern Luft zu machen, will jeder (wenn er nicht von dem Haufen der übrigen, die dasselbe vorhaben, daran gehindert wird) mit eigener Hand und eigener Rute an dir maßnehmen und, wenn du dich nicht in acht nimmst, dir auch noch den Hut auf dem Kopf zurechtrücken«.[164]

Prügel für Ausländer also! Hat auch Bruno sie einstecken müssen? Es ist sehr wahrscheinlich. Wie hätte er sonst eine so lebendige und detailreiche Beschreibung dieser gewalttätigen Schläger liefern können? Dann gab es noch andere, die »anstatt Guten Tag oder Guten Abend zu sagen (nachdem sie dir ein freundliches Gesicht gemacht haben, als kennten sie dich und wollten dich begrüßen), auf dich zukommen und dir einen gewaltigen Stoß versetzen. Jene anderen (sage ich) klage ich an, die, als wollten sie fliehen, jemanden verfolgen oder eine dringende Besorgung erledigen, aus einem Laden hervorstürzen und dir von hinten oder von der Seite einen so festen Stoß versetzen, wie es nur ein gereizter Stier tun könnte, wie es vor wenigen Monaten hier dem armen Alessandro Citolini erging, dem auf diese Weise zum Gelächter und Vergnügen des ganzen Platzes ein Arm gebrochen und zerschmettert wurde«.[165] Der Dichter und Literat Alessandro Citolini, der vom Gesindel Londons so übel zugerichtet wurde,

Giordano Bruno

stammte aus Serravalle delle Alpi, dem heutigen Vittorio Veneto. Er hatte den protestantischen Glauben angenommen und mußte daher fliehen, zuerst in die Schweiz, dann nach England. Er lebte mühsam und starb, wie es scheint, an der Folge dieser schändlichen Episode. Er war um 1500 zur Welt gekommen, hatte also die achtzig schon überschritten. Das zeigt einmal mehr die Abscheulichkeit dieser Aggression.

Aber auch Giordano Bruno bekam etliche Stöße ab, während er in Begleitung von Giovanni Florio und des gälischen Arztes Matthew Gwinne zu Sir Fulke Greville ging: »Nachdem der Nolaner ungefähr zwanzig solcher Stöße bekommen hatte, insbesondere als wir bei der Pyramide in der Nähe des Palastes waren, wo drei Straßen zusammenlaufen, stießen wir auf sechs Ehrenmänner, und einer davon versetzte ihm einen so hübschen und tatkräftigen Stoß, daß er für zehn gelten konnte; und dann stieß er ihn noch gegen die Mauer, was für weiter zehn Stöße gelten konnte«.[166] Es war der Abend des 14. Februar 1584, des ersten Tags der Fastenzeit, auch Aschermittwoch genannt. Von daher kommt der Titel *La cena de le ceneri*, »Aschermittwochs-Mahl«, wie der Autor in der Widmung an Castelnau selbst erklärt.

Eine amüsante und großartige Beschreibung, die Bruno von dieser nächtlichen Durchquerung Londons von der französischen Botschaft nach Whitehall liefert, wo sich der ehrenwerte Wohnsitz des Fulke Greville befand. Hier entpuppt sich Bruno als großer Schriftsteller. Auch haben wir hier eine realistische Beschreibung Londons zu jener Zeit: betrügerische Fährleute, schlammige Straßen etc. Jedenfalls erreichten Bruno und seine beiden Freunde nach vielen Unbilden »durch die Gnade des heiligen Fortunatus« endlich ihr Ziel. Das Nachtessen, währenddessen Bruno seine eigene Theorie von der Bewegung der Erde hätte darlegen sollen, artete durch die Intoleranz zweier englischer Doktoren, die sich im alten Weltbild verschanzt hatten, in einen Wortwechsel aus. So verabschiedete sich der Philosoph vom Gastgeber und begann kurz darauf die *Cena* zu schreiben.

Was er über die englischen Sitten von damals schreibt, findet man in anderen Zeugnissen bestätigt. Erasmus von Rotterdam z. B. bat den englischen Lordkanzler, »ganz England von den Räubern, Wegelagerern und faulen Vagabunden« zu befreien. Für ihn, den großen Humanisten, übertraf nur das kantabrische Volk »die Barbarei der ungastlichen Briten«. An anderer Stelle schrieb er: »Bei den Briten herrscht eine solche Arbeitsscheu und ein solche Lust am Nichtstun, daß sie nicht einmal aufwachen, wenn die Hoffnung auf Geld für sie leuchtet«. Weiters verfügen wir über das Zeugnis der Botschafter. Mit einem soll es genug sein, und zwar mit dem Botschafter Giacomo Soranzo, der über die Engländer schrieb, daß sie »Ausländern gegenüber außerordentlich überheblich und feindselig sind«.[167] Und wenn Bruno empfahl, das Haus nicht ohne dringende Notwendigkeit zu verlassen, weil man in London auf unangenehme Begegnungen gefaßt sein müsse und es unmöglich sei, spazieren zu gehen, dann kommen dieselben Ratschläge auch von Florio, der die Stadt noch besser kannte.

Weiters gab es die unangenehme Gewohnheit, alles aus demselben Becher zu trinken; und für Bruno, an elegante Bankette des Botschafters Castelnau gewohnt, war es ein wahrer Trost, eine solche Sitte im Haus des Fulke Greville nicht vorzufinden: »Glücklicherweise brauchte ich hier die Unsitte des Zutrinkens aus einem großen Pokale nicht mitzumachen, aus einem Trinkhorne oder großem Glase, das an der Tafel von Hand zu Hand geht, von oben nach unten, von links nach rechts oder umgekehrt, ohne eine andere Reihenfolge und ohne weitere Regel als derjenigen der Bekanntschaft und Höflichkeit des Bauernvolks, worin dann von dem einen, der gerade einen guten Bissen zum Munde geführt hat, ein ganzer Fettrand, von seinem Nachfolger im Trunke etwa eine Brotkrume, vom folgenden gar eine Fleischfaser gelassen wird; dieser trinkt und läßt gar ein Barthaar drin zurück, kurz, keiner ist so schlecht erzogen, daß er nicht aus Höflichkeit einige Überreste des Mahls, die er am Schnauzbart führt, darin läßt. Wenn aber einer, weil er keinen Appetit hat, oder sich zu hoch dünkt, um Bescheid zu tun, nicht trinken will, so genügt es auch, daß er wenigstens eine Spur am Rande vom Abdruck seiner Lippen darauf drückt. Der Grund dieser Zeremonie ist folgender: Wie die Gäste zusammenkommen, um dasselbe Fleisch eines Lammes, eines Zickleins, eines Widders oder eines *Grunnius Corocotta* zu essen, und sich solcherart in einen einzigen fleischfressenden Wolf verwandeln, ebenso verwandeln sie sich, indem sie alle den Mund an denselben gemeinsamen Pokal pressen, in ein und denselben Blutegel, zum Zeichen der Brüderlichkeit und Gesellligkeit: ein Herz, ein Magen, eine Kehle und ein Mund. Man begeht die Zeremonie in der Tat mit einer gewissen liebenswürdigen Heiterkeit und hält es bei dieser schönen Komödie für einen besonders tragikomischen Vorfall, wenn dabei ein Edelmann in der Mitte sitzt, der aus Furcht, unhöflich zu er-

Giordano Bruno

scheinen, mit sichtbarem Ekel mitzutrinken gezwungen wird; denn in diesem Zutrinken und Bescheidtun besteht geradezu der Gipfel der gesellschaftlichen Courtoisie«.[168] Dazu zitiert Gentile (in der Fußnote) einen Passus aus den *Colloquia* des Erasmus, wo dasselbe zur Sprache kommt: »In England ist es ein Zeichen der Kultiviertheit, deinen Becher an Teilnehmer einer Zusammenkunft weiter zu reichen, während das in Frankreich eine Beleidigung wäre. Würde man ein Gesetz erlassen, das einen Gemeinschaftsbecher verbietet, so wäre es in England schwer durchzusetzen«. Auch im *Lob der Torheit* wird die abstoßende Sitte des »Trinkens in der Runde aus demselben Becher« genannt, so wie in der Widmung an Thomas Morus an »das Schweinchen Grunnius Corocotta« erinnert wird, eine satirische Schrift, die schon zur Zeit des Hieronymus eine Unterhaltung für Kinder war. Auch in Hinsicht auf die britischen Sitten schlugen also Bruno und Erasmus denselben Ton an. Aber während sich Erasmus an Thomas Morus, einen eminenten, ironieverständigen Geist wandte, hatte es Bruno mit übelnehmerischen und auf Kritik allergischen Leuten zu tun.

Der erste, der sich beleidigt fühlte, war der Amphitryon Fulke Greville, der tatsächlich mit dem Philosophen brach. Aber seien wir objektiv: Indem Bruno seine *Cena* im Haus seines Gastgebers ansiedelte, beging er unbeabsichtigt eine schwere Taktlosigkeit oder wenigstens Unklugheit, weil sich so der Eindruck ergibt, daß Greville Brunos herbe Kritik nicht nur an der Universität von Oxford, sondern auch an der Bevölkerung von London billigte. Damit kompromittierte er den Gastgeber. Jemand muß Bruno darauf aufmerksam gemacht haben, und so erklärt sich, daß es zwei Redaktionen des ersten und des zweiten Dialogs der *Cena* gibt, von denen eine erst 1950 aufgetaucht ist. Stellt man die beiden Redaktionen einander gegenüber, so erkennen wir sofort, daß der Philosoph seinen Ton gemäßigt und einige Bezugnahmen unterdrückt hat. Gerade diese unerwartete Klugheit läßt an den Rat mancher Freunde denken, die diplomatischer waren als er, etwa an Sidney.

Ganz in seinen Gedanken versunken, war Giordano Bruno wahrhaftig nicht das, was man einen praktischen Menschen nennt. Er suchte nicht das Nützliche, sondern die Wahrheit, koste es, was es wolle. Er hatte die Unschuld des Werdens, um mit Nietzsche zu sprechen – die Unschuld, aber auch den Mut. Nur er konnte sich ohne Zögern der Welle der Feindschaft entgegenstellen, die nach der Veröffentlichung des *Cena* über ihn kam. Wenn er auch nicht eingesperrt wurde, so ist doch sicher, daß ihm eine heftige Reaktion von seiten derer entgegen schlug, die sich auf die eine oder andere Weise in den Personen des Werkes als Zielscheiben wiedererkannten. Und dabei handelte es sich nicht nur um Akademiker, sondern auch um gewöhnliche Bürger. Es kam merkwürdigerweise auch zu handgreiflichen Angriffen gegen die französische Botschaft, und ein Findelkind, das Castelnau aus purer Barmherzigkeit zu sich genommen hatte, verlor dabei ein Auge. Mit dem Schrei »französische Hunde« insultierte die Menge zuerst die Mitglieder der Botschaft und verwüstete dann die Amtsräume. Castelnau schrieb einen wütenden Brief an Walsingham und ließ ihm diesen von Florio zustellen. Und suchte Bruno Hilfe und Protektion gerade bei Walsingham, wie man aus dem hohen Loblied ableiten könnte, das er ihm in der *Cena* zukommen ließ? Doppelt arglos, denn Walsingham gehörte, ungeachtet des Briefes, den ihm der Pariser Botschafter Cobham geschickt hatte, zu einer Partei, die gegen Bruno eingestellt war. Dasselbe gilt auch für einen anderen, dem in der *Cena* das Lob gesungen wird: Robert Dudley, Graf von Leicester, Favorit der Königin, Kanzler der Universität von Oxford und Repräsentant der puritanischen Bewegung gegen den gemäßigten Protestantismus.

Im ersten Dialog von *De la causa,* dem Werk, das sofort nach der *Cena* veröffentlicht wurde, versucht Bruno eine stolze Selbstverteidigung. Wir geben einige Wortwechsel zwischen Armesso, hinter dem sich vielleicht Sidney verbirgt, und Filoteo, dem *alter ego* Brunos, wieder:

> *Armesso:* Auch Götter kommen in die Lage, Beleidigungen hinzunehmen, Beschimpfungen zu dulden und Tadel zu erleiden; aber selber tadeln, beschimpfen und beleidigen ist die Art gemeiner, unedler, unwürdiger und schlechtgesinnter Menschen.
> *Filoteo:* Wohl wahr; aber wir beleidigen auch nicht; wir geben nur die Beleidigungen zurück, die nicht sowohl uns, als der verachteten Philosophie angethan werden, und wir tun es, damit nicht zu den erlittenen Kränkungen neue hinzukommen.
> *Armesso:* Ihr wollt also einem bissigen Hunde gleichen, damit jedermann sich hüte, Euch lästig zu fallen?
> *Filoteo:* So ist's. Ich wünsche Ruhe zu haben, und der Verdruß verdrießt mich.

Armesso: Schon gut, aber man meint, Ihr verfahrt zu streng.

Filoteo: Damit sie nicht wieder kommen, und damit andere lernen, nicht mit mir und mit anderen anzubinden; sie sollen vielmehr aus ähnlichen Mittelbegriffen die gleichen Schlüsse ziehen.

Armesso: Die Beleidigung war eine private, die Rache aber ist öffentlich.

Filoteo: Ist sie deshalb ungerecht? Viele Vergehen, die im Verborgenen begangen sind, werden mit Fug und Recht öffentlich bestraft.

Armesso: Aber damit verderbt Ihr Euren Ruf und macht Euch tadelnswerther als jene; denn man wird öffentlich sagen, daß Ihr ungeduldig, launenhaft, eigensinnig, und besessen seid.

Filoteo: Das soll mich wenig kümmern, wenn nur sie und andere mir nicht lästig fallen. Dazu zeige ich den Prügel des Cynikers, daß sie mich mit meiner Handlungsweise in Ruhe lassen, und wenn sie mir schon keine Liebenswürdigkeiten erweisen wollen, dann sollen sie an mir auch ihre Grobheiten nicht auslassen.

Der Dialog ist von hoher Spannung und würde verdienen, zur Gänze wiedergegeben zu werden. Er enthüllt auch den starken und unbeugsamen Charakter des Autors, der zwar die Ruhe liebte, aber gewiß nicht in der Lage war, die Wahrheit durch ein ruhiges Leben weiterzugeben. *Noli me tangere:* Wer ihn angriff, mußte wissen, daß er »den zynischen Stock«, oder – noch tödlicher – die Waffe seines Sarkasmus verwendete. Gewiß, in einem fremden Land zu leben, bringt Verpflichtungen mit sich, aber »dem wahren Philosophen ist jede Erde Vaterland«. Und dann ist nicht seine Person, sondern die Philosophie im Spiel: »So wahr mir die hohen Götter helfen mögen, mein Armesso, ich habe niemals aus schmutziger Eigenliebe oder aus gemeiner Sorge für ein privates Interesse solche Rache geübt, sondern aus Liebe zu meiner vielgeliebten Mutter, der Philosophie, und aus Eifer um ihre verletzte Majestät. Jetzt möchte jeder nichtsnutzige Pedant, jeder lumpige Wortheld, jeder dumme Faun, jeder unwissende Esel, indem er sich mit einer Last von Büchern zeigt, sich den Bart lang wachsen läßt und allerlei andere Manieren annimmt, sich dafür ausgeben, als ob er zur Familie gehörte. Durch solche falschen Freunde und Söhne ist die Philosophie so weit heruntergebracht worden, daß bei der Menge ein Philosoph soviel heißt wie ein Betrüger, ein unnützer Mensch, ein großer Pedant, ein Hansdampf in allen Gassen, ein Gaukler, ein Scharlatan, gut genug, um als Zeitvertreib im Hause und als Vogelscheuche auf dem Felde zu dienen.«[169] Was sollen wir da heute sagen, bei all den Herumtreibern, die sich als Philosophen ausgeben? In Ermangelung des Gehirns lassen sie sich einen Bart wachsen, dieses Geschlechtszeichen mitten im Gesicht. Die Natur tendiert immer zur Wildnis zurück, und das gilt auch für die Gelehrtenrepublik.

Spampanato meint, daß die ersten, die gegen Bruno etwas unternahmen, die beiden Toskaner Pietruccio Ubaldini und Tomaso Sassetto waren; sie kreisten um Robert Dudley und wurden schon auf den ersten Seiten der *Cena* aufs Korn genommen: »Zwei falsche Reliquien aus Florenz gibt es, die man hierzulande verehrt: die Zähne des Sassetto und der Bart des Pietruccio«.[170] Die Annahme ist sehr wahrscheinlich, denn – ich wiederhole es nochmals – die übelsten Feinde der Italiener sind die Italiener selbst. Im Kampf gegeneinander sind sie immer unschlagbar; das ist eine alte Geschichte. Und dann auch noch Toskaner! Es scheint, als ob sie nicht leben könnten, ohne jemanden herunterzumachen oder ihm übel nachzureden. Jedenfalls – wenn nicht Dudley, dann ließ es sicher Sidney, sein Neffe, nicht an Protektion für den Philosophen fehlen. Das zeigt die Tatsache, daß zwei der größten Werke, die Bruno in London geschrieben hat, und zwar *Spaccio de la bestia trionfante* und *De gli eroici furori*, mit Worten tiefer Dankbarkeit gerade Sidney gewidmet sind.

Man steht überwältigt vor der vulkanischen Aktivität des Giordano Bruno. In den etwa zweieinhalb Jahren seines Aufenthalts in England schrieb und publizierte er, obwohl in die dargestellten Auseinandersetzungen verstrickt: *Ars reminiscendi; Explicatio triginta sigillorum; Sigillus sigillorum; La cena de le ceneri; De la causa, principio e uno; De l'infinito, universo e mondi; Spaccio de la bestia trionfante; Cabala del cavallo pegaseo* und *De gli eroici furori*. Auch wenn die Bücher ausweisen, daß sie in Venedig oder Paris gedruckt worden wären, so sind sie doch tatsächlich in London erschienen. Das deckt der Philosoph selbst in den venezianischen Protokollen vom 2. Juni 1592 auf, wenn er sagt: »Alle Bücher, welche als Druckort Venedig angeben, sind in England gedruckt worden; der Drucker wollte es so, daß sie Venedig angäben als Druckort, da sie so leichter verkäuflich wären und daher größeren Erfolg haben würden, weil, wenn er angäbe, daß sie in England gedruckt seien, sie in jenem Lande selbst sich schlechter verkauft hätten, und so sind auch die andern fast alle in England gedruckt, auch wenn sie Paris, oder einen anderen Druckort anzeigen«.[171] Anders gesagt: Venedig war ein Synonym für Garantie, Qualität und Kultur. Aber die Zeiten ändern sich, und heute würde das Gegenteil gelten.

Wie aber hieß der Drucker der Werke Brunos in London? Spampanato schreibt: »Die meisten denken, der Drucker der italienischen Werke Brunos, angefangen von der *Cena*, sei der Franzose Thomas Vautrollier gewesen, der einige Jahre vorher nach London gekommen war und eine Druckerei in Blackfriars gegründet hatte«.[172] In Wirklichkeit, wie später Giovanni Aquilecchia nachgewiesen hat, war der Drucker nicht der Franzose Vautrollier, sondern vielmehr der Engländer John Charlewood.

Eine andere Frage: Wo befand sich die französische Botschaft und somit die Wohnung Giordano Brunos? In einem 1907 erschienenen Buch hat sie der englische Gelehrte William Boulting in der Butcher Row, zu deutsch Metzgerstraße, lokalisiert, ein wirklich nicht sehr ansprechender Name für einen Philosophen, der die Tiere liebte und an die Seelenwanderung glaubte. Ohne weitere Recherchen wurde die These Boultings von allen akzeptiert. So schreibt auch Spampanato, daß die Residenz Castelnaus in »der Butcher Row gelegen war, in einer schmalen Seitengasse des St. Clement-Danes-Platzes«.[173] Aber wer hat schon einmal eine Botschaft in einer engen Gasse gesehen? Botschafter sind vielleicht für nichts gut, besonders heute, weil sie längst von den Kommunikationsmitteln überholt werden; aber sie leben gern in luftigen Höhen und würden sich mit einer »engen Gasse« nicht zufrieden geben.

Für dieses Mal muß Professor John Bossy Recht gegeben werden, dem Autor eines der unglücklichsten und infamsten Bücher über unseren Philosophen. Ich habe es schon erwähnt: *Giordano Bruno and the Embassy Affair*. In der Hauptsache ist es ein wissenschaftlich bemänteltes Nichts und sollte sofort zum Fenster hinausgeworfen werden. Aber in der Rekonstruktion des London jener Zeit sagt Bossy nützliche Dinge, und ich habe einiges daraus entnehmen können. Er behauptet mit guten Argumenten, daß sich die französische Botschaft am Westende der City in einem Palast namens Salisbury Court befunden habe. Damit sind wir ganz nahe bei der Kirche St. Bride und ziemlich weit weg von St. Clement Danes. Bossy bringt auch die Zeugnisse dreier Zeitgenossen. Bis 1564 gehörte das Haus dem Bischof von Salisbury; dann wechselte der

Besitz und es hieß Buckhurst House. Eine kleine Straße verband es mit der Themse, wie auch aus der Beschreibung Brunos hervorgeht, wenn er von seinem Weg zu Fulke Greville spricht: »Obwohl wir auf der direkten Straße waren, glaubten wir den Weg abkürzen zu können, indem wir zur Themse einbogen, in der Hoffnung, dort einen Kahn zu finden, der uns zum Palast bringen würde. Wir kamen zum Steg am Palast des Lord Buckhurst und verbrachten dort soviel Zeit damit, nach einem Boots-mann zu rufen und zu schreien, daß es genügt hätte, bequem unser Ziel zu Fuß zu erreichen«.[174] Mit der »direkten Straße« ist sicher die Fleet Street hinter der französischen Botschaft gemeint: Wenn Bruno und seine beiden Freunde ihr nach Westen folgten, konnten sie Whitehall errei-chen, wo sich das Haus Grevilles befand. Um schneller dorthin zu kom-men, wollten sie zwar das Boot von der Mole des Buckhurst House neh-men; weil die Fährleute sie bald darauf aber wieder abgesetzt hatten, mußten sie zu Fuß weitergehen.

Salisbury Court existiert noch, ruft aber keine Erinnerungen wach. Die alten Gebäude einschließlich der französischen Botschaft wurden beim großen Brand von 1666 zerstört. Auf Nr. 8 des Salisbury Square scheint ein Schild die Erinnerung an die Vergangenheit wachrufen zu wollen: *Site of the Salisbury Court House 1629–1649*. Die Straße läuft berg-ab und die hohen Gebäude verstellen den Blick auf die Themse, und las-sen nicht einmal den Himmel sehen. Der Fluß liegt unten, in geringer Entfernung. Auch die Kirche von St. Bride, wie sie der Philosoph oft ge-sehen haben muß, wurde beim Brand zerstört und dann vom Architek-ten Wren wieder aufgebaut. Insgesamt bewegt man sich also in einem Be-reich, in dem nichts an das Leben von damals erinnert. Wenn Giordano Bruno durch ein Wunder wiedergeboren würde und diese Orte sehen könnte, würde er nicht einmal die Themse wiedererkennen. Und doch lebte und dachte er hier intensiver als anderswo. Bei Castelnau fühlte er sich wie zu Hause und verspürte fast keine Nostalgie nach Italien oder nach dem heimatlichen Nola, denn der Botschafter hatte »England in Ita-lien und London in Nola und das Haus, abgetrennt von der ganzen Welt, in die heimatlichen Laren« verwandelt.[175] Kurz, der gebildete, menschli-che und gastfreundliche Castelnau hatte rund um ihn ein warmes, fami-liäres Klima bereitet. Hören wir doch, wie Bruno über die kleine Cathe-rine-Marie spricht, die das Herz dieses einsamen und unglücklichen

Mannes nicht wenig aufgeheitert haben mag: »Und was willst du von seiner edlen Tochter sagen? Kaum ein Jahr über ein Lustrum hat sie die Sonne gesehen, und doch könntest du an der Sprachkenntnis nicht erkennen, ob sie aus Italien, aus Frankreich oder England ist; an ihrer Hand, wenn sie ein musikalisches Instrument spielt, nicht erkennen, ob sie eine körperliche oder unkörperliche Substanz ist, und wegen der frühzeitigen Lauterkeit ihrer Sitten würdest du zweifeln, ob sie vom Himmel herabgestiegen ist, oder von der Erde stammt. Jeder sieht, daß in ihr ebensowohl, um einen so schönen Körper zu bilden, das Geblüt, als um einen so ausgezeichneten Geist hervorzubringen, die Vorzüge des Heldengeistes beider Eltern sich vereinigt haben«. Und er fährt fort, daß dieses kleine Mädchen von kaum sechs Jahren seiner Mutter würdig sei, der Marie Bochetel, der Frau Castelnaus: »*Rara avis* wie die Marie von Bochetel; *rara avis* wie die Marie von Castelnau«.[176] Das Herz des Philosophen scheint vor allem für die kleine Catherine-Marie de Castelnau geschlagen zu haben, die in der Familie nur Marie genannt wurde, und eine so zärtliche und delikate Eloge erinnert an die Worte, die der unglückliche Odysseus an Nausikaa richtet.

Wie schön und bewegend ist es, sich Giordano Bruno vorzustellen, der in den Pausen seiner hohen philosophischen Meditationen mit dem kleinen Mädchen spielt. War er auch ihr Erzieher, im Wechsel mit dem Freund Florio? Catherine-Marie war die einzige, die das Haus heiter machte, denn die anderen Kinder der Castelnau, zwei Knaben und ein Mädchen, waren anderwärts untergebracht. 1595, noch ganz jung, wurde Catherine-Marie mit einem Louis de Rochechouart verheiratet; aber ihr war kein gutes Geschick beschieden: sie starb knapp über dreißig im Jahr 1612. Das war Familienschicksal, denn auch die anderen Kinder starben frühzeitig. Und so auch die Mutter, die in der Blüte ihrer Jahre am 9. Dezember 1585 unmittelbar nach der Rückkehr nach Frankreich starb. Während ihrer Londoner Zeit hatte sie ein mühevolles Leben durch schwierige Schwangerschaften gehabt, deren letzte sie ins Grab bringen sollte. Über sie sagte Bruno, daß sie eine Frau gewesen sei, »die nicht nur mit ungewöhnlicher Körperschönheit als Hülle und Kleid der Seele, sondern auch mit dem Dreiklang von klugem Sinn, edler Sittsamkeit und ehrbarer Artigkeit begabt, mit unauflöslichen Banden die Seele ihres Gemahls gefesselt hält und jeden, der sie kennt, für sich einzunehmen vermag«.[177]

Ein Lob aus bloßer Höflichkeit? Absolut nein, wenn man bedenkt, daß Frau Castelnau auch von anderen Quellen als eine Dame von hohen Qualitäten gerühmt wird.[178] Aus den Worten, die der Philosoph an den Botschafter und seine Familie richtet, spricht nicht nur tiefe Dankbarkeit, sondern auch Gefühl. Schwieriger scheint es hingegen, die Kontakte zu entwirren, die Bruno mit dem englischen Hof und der kulturellen Szene von London hatte. Gut kannte er Königin Elisabeth, die er »Diva« nannte und geradezu in den Himmel hob: »Was sind im Vergleich mit ihr […] die Sophonisben, Faustinen, Semiramis, Dido, Kleopatra und alle anderen, deren sich Italien, Griechenland, Ägypten und andere Länder Europas und Asiens aus vergangenen Zeiten rühmen können!«[179] Das ist wahrhaftig eine hochgestimmtes Loblied. Erst während des Prozesses lockert er die Saiten seiner Leier: »Und insbesondere lobe ich in meinem Buche *De la causa, principio et uno* die Königin von England und nenne sie diva nicht im religiösen Sinne, sondern gebe ihr dieses Epitheton in dem Sinne, wie die Alten es gebrauchten und wie dies in England, wo ich mich damals befand und das Buch verfaßte, nicht ungewöhnlich war. Man pflegt dort der Königin bei Hofe den Titel Diva zu geben, und ich wurde um so mehr dazu verleitet, als sie mich kannte und ich beständig mit dem Gesandten zu Hofe ging«.[180] Natürlich kannte die Königin auch die Werke des Philosophen, und wie es scheint, schätzte sie diese sehr.[181]

Aber es war sicherlich nicht die Herrscherin Englands, mit der Bruno eine intellektuelle Freundschaft schließen konnte. Die Mächtigen der Erde, auch wenn sie gebildet und intelligent sind wie Elisabeth I., schauen immer von oben nach unten: Das fordert die Etikette. Und wenn sich die Königin herabließ, mit dem italienischen Exilanten zu reden, sogar seine Werke zu lesen und zu rezipieren, so ist das ein zusätzlicher Beweis ihrer Intelligenz und rechtfertigt in gewisser Weise das hohe Lob, das ihr der Philosoph zollte. Einen wirklich Gleichgesinnten fand Bruno ohne Zweifel in Philip Sidney, dem er den *Spaccio de la bestia trionfante* und die *Eroici furori* widmete. In dem Schotten Alexander Dicson fand er überdies einen Schüler, der sich in dem Werk *De umbra rationis,* veröffentlicht im Jänner 1585 in London und sichtlich in Anlehnung an Brunos *De umbris idearum* geschrieben, als glühender Verehrer der »nolana filosofia« zu erkennen gibt. Im ersten Dialog von *De la causa*

Giordano Bruno

sagt Bruno: »Ihr werdet hier erstens dem ehrenwerthen Gelehrten, dem liebenswürdigen, wohlgebildeten Mann und treuen Freunde Alexander Dicson begegnen, den der Nolaner liebt wie seinen Augapfel«.[182]

In den folgenden Dialogen hingegen erscheint er unter den Zwischenrufern mit dem Namen Dicsono Arelio, abgeleitet von Errol, wo Dicson 1558 geboren wurde. Aus dem, was er in diesen Dialogen sagt, ist evident, daß zwischen ihm und Bruno nicht nur eine große Freundschaft bestand, sondern auch viel gegenseitiges Verständnis auf der spekulativen Ebene. Alle beide waren sie Antiramisten, Gegner der Theorien des Pierre de la Ramée, der in der Bartholomäusnacht ermordet wurde, und beide mußten Attacken aus der akademischen Szene über sich ergehen lassen. Jüngst ist auch eine Widmung Brunos an seinen Schüler entdeckt worden. Sie ist auf ein Exemplar von *De umbris idearum* geschrieben und von Rita Sturlese publiziert worden[183]: »*D(omino) Alexandro Dicsono / Bonarum literarum optime mer(ito). / Iordanus Br(unus) Nol(anus) in sui memoriam, et amicitiae prototy(pon) don(o) de(dit) manu propria*«. Das heißt: »Für Herrn Alexander Dicson, wohlverdient in den Wissenschaften. Von Giordano Bruno zum Andenken und als Zeichen der Freundschaft mit eigener Hand geschenkt«. Später freilich haben sich ihre Beziehungen aus unbekannten Gründen zerschlagen.[184]

Manche haben der Versuchung nicht widerstehen können, den Namen Giordano Brunos mit demjenigen Shakespeares in Verbindung zu bringen. Der Vermittler ihres Kontakts soll Giovanni Florio gewesen sein. Auch Yates schreibt, nachdem sie die Figur Brunos in Shakespeares Komödie *Verlorene Liebesmüh'* erkannt zu haben glaubt: »Daraus entsteht also eine völlig neue Weise der Auseinandersetzung mit dem Problem Bruno und Shakespeare«.[185] Die Hypothese einer Begegnung des italienischen Philosophen mit dem englischen Dichter ist reizvoll, allzu reizvoll; und manche gehen so weit, Bruno einige Tragödien von Shakespeare zuzuschreiben, oder wenigstens von einem großen Einfluß des Philosophen auf den Dramatiker zu sprechen. Aber in Ermangelung von Beweisen sollte man vernünftig bleiben. Spampanato beschränkt sich darauf zu sagen: »Man kann nicht glauben, daß der elisabethanische Dramatiker, der Freund des Giovanni Florio, gar nichts vom Leben und von den Büchern eines Mannes wußte, der ohne jeden Zweifel Bewunderung und zugleich Ärgernis in den hohen und gebildeten damaligen Kreisen Londons erregte«.[186] Gewiß – aber wer war Shakespeare wirklich? Wir wissen über seine Person wenig oder nichts. Aber was für eine grandiose Poesie hat England damals hervorgebracht! Jene Engländer mögen »grob« gewesen sein, aber sie haben nicht nur die Welt, sondern auch den Parnaß erobert. Die große Literatur, sagt Vico, entsteht nur in den Epochen von wilden gewaltigen Leidenschaften. Offenbar lieben die Musen weder Zylinder noch Frack. Unter der »rauhen« englischen Schale, die Bruno und Erasmus kritisierten, steckte doch auch poetischer Stoff.

Versuchen wir nun, die Schritte Giordano Brunos auf den Straßen Londons soweit wie möglich nachzuzeichnen. Begeben wir uns vor allem in die berühmte Westminster-Abtei, die Joseph Addison ein »großes Lagerhaus der Sterblichkeit« nannte. Tatsächlich gibt es hier 400 Grabmäler und 3000 Gedenktafeln. Aber Bruno sah hier das Leben, nicht den Tod, denn in einer schon erwähnten Stelle von *De la causa* sagt er, daß er in Westminster eine Frau gesehen habe, »die ein Paar gewaltiger Brüste, die wie die Stulpenstiefel des Riesen Sankt Sparagorio aussehen und aus denen sich, würden sie zu Leder verarbeitet, sicherlich zwei ferraresische Dudelsäcke würden machen lassen«.[187] Der heilige Paragorio wurde in riesenhafter Figur dargestellt, und daher hatte auch sein Schuhwerk – oder seine Stiefel – außerordentliche Größe. Bruno bewegte sich also im Kirchenschiff dieser Abtei, ohne jedoch Erlösung oder wenigstens Frieden zu finden. Es ist freilich naheliegend, daß auch er über die Vergänglichkeit aller Dinge nachgedacht hat, geradeso wie viel später der 15jährige Schopenhauer, der unter dem Datum vom 14. Juni 1803 in sein Tagebuch schrieb: »Gewiß gibt der Anblick der Westminster-Kirche unendlichen Stoff zum Denken. Wenn man in diesen gotischen Mauern die Überreste und Denkmäler aller dieser Dichter, Helden und Könige sieht, wie sie aus verschiedenen Jahrhunderten hier zusammenstehen oder vielmehr, wie hier ihre Gebeine zusammen ruhen: so ist es ein schöner Gedanke, ob sie wohl selbst jetzt so beisammen sind, dort, wo nicht Jahrhunderte, nicht Stände, nicht Raum und Zeit sie trennen: und was wohl jeder von dem Glanz, von der Größe, die ihn hier umgab, hinübernahm: die Könige ließen Kron' und Szepter hier zurück, die Helden ihre Waffen, den Ruhm ließen die Dichter«.

Das ist es, was man sich hier vor dem Grab Elisabeths I. fragt, die 1603 gestorben ist. Was bleibt von all den Qualitäten, die Giordano Bruno ihr zugeschrieben hat? Das Grab ließ Jakob I. bauen, der Sohn jener Maria

Stuart, die die »Diva« Elisabeth hatte enthaupten lassen. Die von unserem Philosophen in den Himmel gehobene Königin ist in einer liegenden Statue dargestellt. Sie hat ein hartes Gesicht, das wohl nicht einmal der Tod erweichen konnte. Nur die Hände, wenngleich blutbefleckt, sind wirklich schön: Die Linke hält den Reichsapfel, die Rechte das Zepter. Die lateinische Grabinschrift spricht unter anderem von »*plurimarum linguarum peritia praeclaris tum animi tum corporis dotibus*«. Daß sie polyglott war, sagt auch Bruno:»Im Verständnis der Künste, in der Kenntnis der Wissenschaften, in der Beherrschung aller Sprachen, die die Völker und Gebildeten Europas sprechen, ist sie ohne Zweifel allen Fürsten voraus«.[188] Sie sprach auch gut italienisch, daß sie »mit Italienern keine andere Sprache sprechen will«: Das schrieb der venezianische Botschafter, wie Gentile vermerkt.

Die Exil-Italiener in London sollen sich vor allem in der Umgebung der Börse und der St. Paul's Cathedral versammelt haben, ohne daß wir wüßten, ob sie da vom großen Geld träumten oder den lieben Gott um Hilfe baten. Doch scheint es, daß die Londoner Börse zu jener Zeit reicher an Scharlatanen als an Geld war. Das sagt Florio in seinen *Second Fruites*. Und da drängte sich auch das Gesindel. Bruno spricht von »einem Haufen Verzweifelter, Verstoßener, Schiffbrüchiger, Pilger, Taugenichtse und Faulenzer, verhinderter Diebe, gerade entsprungener Häftlinge und solcher, die jeden betrügen, der sich ihrer annimmt. Sie kommen von den Säulen der Börse und dem Portal von St. Paul's«.[189] Das übliche Hafengesindel: Ganz in der Nähe sind die Molen der Themse und die London Bridge, die einzige Brücke Londons bis 1729. Ihre ersten Bauherren waren die Römer.

Die St. Paul's Cathedral war nicht weit von Salisbury Court. Die Kirche jedoch, die Bruno gesehen hat und die beim Brand vom 1666 zerstört wurde, war weitaus größer als die vom Architekten Wren an derselben Stelle wiederaufgebaute. So leicht es ist, sich einen Philosophen allein oder mit seinen Freunden im Umkreis einer Kathedrale vorzustellen, so unmöglich gelingt einem das in der Börse. Giordano Bruno hatte absolut nichts mit Spekulanten und Geldleuten gemein: Er spekulierte nur mit den endlosen Himmeln. Die Londoner Börse wurde 1566 erbaut und nannte sich seit 1570 »Royal Exchange«. Sie lag im Herzen der Stadt, nicht weit von der französischen Botschaft. 1844 wurde sie zum dritten Mal umgebaut. Die Aufschrift lautet: *Anno Elizabettae R. XII constructum, anno*

Victoriae R.VII restauratum. Betrüger und Spekulanten mag es hier immer noch geben, aber sie sind fein angezogen und schwer zu erkennen. Es wäre unmöglich, »Scharlatane« und »Schiffbrüchige« unter diesen eleganten Leuten auszumachen, aber ebensowenig Philosophen. Auch hier, mitten unter den Glaspalästen ist überhaupt nichts vom London des 16. Jahrhunderts erhalten geblieben. Wir befinden uns im internationalen Finanzzentrum, aber die Philosophie hat niemals über Bankkonten verfügt. Petrarca hat es besonders schön ausgedrückt: »Povera e nuda vai filosofia, / Dice la turba al vil guadagno intesa« (Arm und nackt gehst du, Philosophie, sagt die Masse, die nur an den gemeinen Verdienst denkt). So war es und so wird es immer sein; eben darin besteht die Tragödie der Welt, daß sich die Menschen lieber die Taschen füllen wollen als den Kopf.

In diesem Bereich von London gibt es auch Reste der römischen Stadtmauer, die im Original eine Länge von über fünf Kilometer hatte. Der Philosoph – als großer Bewunderer der römischen Zivilisation (weshalb ich so oft von dieser Zivilisation spreche) – hat sie gewiß auch gesehen; seine Aufmerksamkeit war aber vor allem, wie es scheint, auf die Londonerinnen gerichtet, »anmutige, artige, geschmeidige, zarte, junge, schöne, liebliche Geschöpfe mit blondem Haar, blassen Wangen, roten Bäckchen, saftigen Lippen, göttlichen Augen, schimmernden Busen und diamentenen Herzen, Euch, für die ich so viele Gedanken wälze, so viele Gefühle hege, so viele Leidenschaften habe, so viele Tränen vergieße, so viele Seufzer ausstoße und so viele Flammen aus dem Herzen sprühe, zu Euch, Musen Englands, spreche ich: Inspiriert mich«.[190]

Hat er nur Inspiration gesucht? Nein, gewiß nicht! In den venezianischen Protokollen ist zu lesen: »Überdies hat er mir gesagt, daß ihm die Frauen sehr gefielen, und daß er die Zahl jener des Salomo noch nicht erreicht habe«.[191] Auch wenn diese Worte des Denunzianten Mocenigo mit Vorsicht zu genießen sind, wie alles andere, was er sagte, bleibt doch die Tatsache, daß Giordano Bruno eine dämonische Natur war, auch hinsichtlich der Leidenschaft der Liebe. Wie hätte er sonst schreiben können von jenem »gewaltigen Betrug der Natur, die uns mit einer puren Äußerlichkeit, einem Schatten, einem Phantasiegebilde, einem Traum, einem nur der Fortpflanzung dienenden Zaubertrank der Circe durch die Erscheinung der Schönheit verführt«.[192] Man erkennt nur, was man ist: So lautet ein Prinzip seiner Philosophie. Aber Bruno verbreitert sich nicht

Giordano Bruno

über sein sexuelles Leben, anders als die koketten Autoren unserer Epoche, darunter Thomas Mann und Ludwig Wittgenstein, die sogar ihre Masturbationen beschreiben, als ob diese für die Nachwelt von unverzichtbarer Bedeutung wären. Ich bleibe solchen Koketterien gegenüber indifferent und frage mich nur: Warum bleiben diese tapferen Schriftsteller nicht bei ihrer masturbatorischen Aktivität? So würden sie sich selbst die Mühe ersparen, Bücher zu schreiben, und uns die Langeweile, sie zu lesen. Überdies würden sie eine Grabinschrift verdienen wie jene, die ich auf einem Wiener Friedhof gelesen habe. Sie betrifft einen gewissen Ignaz Breiteneher, gestorben 1893, und lautet folgendermaßen: »Still und einsam war sein Leben, / Treu und tätig seine Hand«. Nun aber weiter!

Vor Giordano Bruno wurde die Schönheit der englischen Frauen von Erasmus gerühmt: »*Sunt hic nymphae divinis vultibus, blandae, faciles«.*[193] Und zweihundert Jahre danach wird Lichtenberg die »außerordentliche Schönheit« der Engländerinnen besingen. In einem Brief an seinen Freund Johann Christian Dieterich vom 19. April 1770 steht: »Sobald man den Fuß in Engelland setzt (ich setze aber voraus, daß man noch mehr hat als Füße), so fällt [...] sogleich in die Augen die außerordentliche Schönheit der Frauenzimmer und die Menge dieser Schönheiten, dieses nimmt immer je mehr und mehr zu, je näher man London kommt [...]. Ich habe in meinem Leben sehr viel schöne Frauenzimmer gesehen, aber seitdem ich in Engelland bin, habe ich mehrere gesehen als in meinem ganzen übrigen Leben zusammen genommen, und doch bin ich nur 10 Tage in Engelland«. Die Voraussetzung, »daß man noch etwas mehr hat als Füße«, war für Lichtenberg durchaus gegeben, denn er war auch in dieser Hinsicht gut ausgestattet; er war lüstern und unersättlich. Aber sonderbar: Im London von heute ist von all diesen großen weiblichen Schönheiten, die zu jener Zeit geradezu eine Armee ausgemacht haben müssen, nicht viel zu sehen. Dafür kann es zwei Gründe geben: Entweder sind sie verschwunden, oder Erasmus, Bruno und Lichtenberg hatten ein zu großes Mundwerk. Schöne Frauen trifft man leichter in den kleinen englischen Orten als in der Hauptstadt. In London hingegen bildet der Pöbel, wie gerade zur Zeit Brunos, einen scharfen Kontrast zu den gut erzogenen Menschen. Dieses Phänomen gibt es natürlich in jeder großen Stadt, aber in London scheint es besonders ausgeprägt, fast als gäbe es verschiedene Kasten.

Wenn Bruno auch in der hohen Gesellschaft verkehrte, war er doch kein Gesellschaftsmensch. Florio berichtet, daß er sich immer auf dieselbe Weise anzog, daß er wenig aß und früh aufstand. Offenbar hatte er die Lebensgewohnheiten aus dem Kloster beibehalten. Da kommt einem Einstein in den Sinn, der gesagt hat, er könne Menschen nicht verstehen, die mehr als zwei Anzüge in der Garderobe haben. Wer innerlich reich ist, kümmert sich nicht um das Äußere. Kein Denker war jemals ein Geck oder ein Schönling. Zum Spazierengehen und Meditieren hatte Bruno den Garten der französischen Botschaft, der sehr ausgedehnt gewesen sein muß. Und vielleicht war es gerade dieser Garten, in dem die Trauben wuchsen, von denen er sagt: »Noch in diesem Jahr habe ich Trauben aus den Gärten Londons gegessen, die zwar nicht so gut waren, wie die sauersten Trauben Frankreichs, aber doch, wie man mir versichert, besser als alle bisher in England geernteten«. [194] Der Bezug auf Frankreich legt nahe, an den Garten der französischen Botschaft zu denken, und vielleicht hat Castelnau diesen Vergleich gezogen. Andere sprechen dagegen von ausgezeichneten Trauben. Im August 1590 schrieb der Kaufmann Paolo Gandola aus London an einen Freund in Florenz: »Hier habe ich schon sehr gute Trauben gegessen, weil es heuer sehr heiß war, mehr als in den letzten zwanzig Jahren, sodaß ich jeden Tag eine herrliche Traube esse«.[195] Auch andere, unter ihnen Erasmus und Florio, sprechen von der Londoner Traube.

Bei Brunos Liebe zu den Flüssen denkt man natürlich daran, daß er zur Jagd nach Ideen wohl auch am linken Ufer der Themse zwischen der City und Westminster gewandert sein mag. Von der Stadt von damals ist fast nichts geblieben: der Brand von 1666, von dem Samuel Pepys eine dramatische Beschreibung hinterlassen hat, zerstörte sie fast zur Gänze. Man muß bedenken, daß die Häuser, vor allem im mittelalterlichen Teil, zumeist aus Holz gebaut waren. Manches aber, was auch Bruno gesehen hat, ist erhalten geblieben. Zum Beispiel »der Ort, den man Temple nennt«.[196] The Temple hat seinen Namen wohl von den Templern, die hier ihr Hauptquartier hatten; an dieser Stelle hat man wahrhaftig den Eindruck, einige Jahrhunderte zurückzugehen. Auch wenn einige der Gebäude während des letzten Krieges zerstört wurden, so hat sich doch manches erhalten, das die Phantasie in Bewegung bringt. Besonders interessant ist die Temple Church, die aus dem 12. Jahrhundert stammt. Sie ist gotisch und der Jungfrau Maria geweiht. Es handelt sich um ein Gerichtsviertel, und einige Gebäude bestanden schon zur Zeit Brunos. Wenn er also vom »Tempio« spricht, können wir sicher sein, in seinen Fußstapfen zu gehen.

Wenn wir weiter The Strand entlang gehen, kommen wir zur sogenannten Pyramide, die Bruno ausdrücklich erwähnt: »Nun, nachdem der Nolaner etwa zwanzig solche Stöße bekommen hatte, insbesondere bei der Pyramide nahe dem Palast, wo drei Straßen zusammenlaufen«.[197] Es handelte sich um die Eleanor Cross, das letzte der dreizehn Monumente, die Eduard I. errichten ließ, um die Stationen des Begräbniszuges für seine verstorbene Gemahlin von Nottinghamshire in die Westminster Abtei zu kennzeichnen. Auf einem Stich von J. Norden aus dem Jahr 1593 ist die Pyramide sehr gut zu sehen. Man sieht auch, wie sie genau in der Mitte eines Platzes steht, in der Nähe des königlichen Schlosses Whitehall. Das Monument wurde 1647 von Puritanern zerstört, und an seiner Stelle hat man das Reiterstandbild Karls I. auf dem Trafalgar Square errichtet. Eine Kopie der Originalpyramide, jener also, die Bruno gesehen hat, befindet sich vor der Charing Cross Station.

In der Widmung des *Spaccio* an seinen Freund und Protektor Sidney spielt der Philosoph auf seine bevorstehende Abreise aus England an, wenn er sagt, daß er dabei sei, »Eurem schönen, glücklichen und allerhöflichsten Vaterland« den Rücken zu kehren. Wahrscheinlich schrieb er diese Worte im Herbst 1584, als Castelnau die Order erhielt, nach Frankreich zurückzukehren; doch mußte noch ein Jahr vorbeigehen, ehe es soweit war. So hatte Bruno Zeit, noch zwei weitere Werke zu schreiben und zu publizieren. Aber auch der Botschafter verbrachte das letzte Jahr mit der Feder in der Hand, denn es war eben jener Herbst 1584, als er begann, seine Memoiren aufzuzeichnen. Es handelte sich um kein ruhiges Jahr für ihn, weil seine Frau krank war und er nicht wußte, wie er die vielen aufgelaufenen Schulden bezahlen sollte. Die Regierung in Paris weigerte sich kategorisch, ihm auszuhelfen, auch weil er inzwischen in Ungnade gefallen war. Aber er riskierte gewiß nicht das Gefängnis, denn er genoß immerhin diplomatische Immunität.

Der Nachfolger traf am 28. Juli 1585 in London ein und war entschlossen, die Botschaft von allen zu säubern, die nicht von Kopf bis Fuß katholisch waren. Er war ganz anders als der tolerante und aufgeklärte

Castelnau, der seinerseits die letzten Monate damit zubrachte, Abschiedsbesuche zu machen und seine Angelegenheiten zu ordnen. Nun war er zehn Jahre in England gewesen, eine selten lange Zeit für einen Botschafter. Vielleicht läßt sich dieses Faktum dadurch erklären, daß es eine der Aufgaben Castelnaus war, die Sache der Maria Stuart zu unterstützen, die zwei Jahre später enthauptet wurde. Die Abreise erfolgte im Oktober 1585. Und Bruno, der ohne ihn in einer Stadt gewiß nicht hätte leben können, in der er sich so viele Feinde gemacht hatte, ging mit: »Und als der genannte Botschafter nach Frankreich an den Hof zurückkehrte, begleitete ich ihn nach Paris«.[198] Ein Monat später verließ auch Sidney, der andere Schutzengel Brunos, London. Er wurde von Königin Elisabeth nach Flandern gesandt, wo er am 17. Oktober 1586 im Kampf gegen die Spanier starb. John Aubry[199] schreibt, daß Sidney, obwohl schwer verletzt, um jeden Preis und gegen die ausdrückliche Weisung der Ärzte mit seiner geliebten Frau, der Tochter Francis Walsinghams, leiblich verkehren wollte. So starb er also auf einem doppelten Schlachtfeld: auf dem des Mars und auf dem der Venus. Er war kaum 32 Jahre alt und hinterließ große Trauer, als vollendeter *gentleman* ebenso wie als Dichter, obwohl seine Werke erst posthum veröffentlicht wurden. Er war ein sehr schöner Mann, als hätten die Musen ihm auch in der äußeren Erscheinung ihren Segen geben wollen. Sein Körper wurde in einem Bleisarg unter großem Pomp nach London gebracht, »in die St. Paul's Kirche, wo er in der Kapelle Unserer lieben Frau beigesetzt wurde. Um dem Begräbnis besondere Feierlichkeit zu geben, waren alle Adeligen und Amtsträger des Staates gekommen; alle Richter und alle Magistraten; alle Soldaten und Kommandanten und *gentlemen*, die sich in London befanden; der Bürgermeister und die Stadträte und die Korporationen«.[200]

Ein besseres Geschick – wenn lang zu leben ein Glück ist – hatte Giovanni Florio, der 1625 im respektablen Alter von 72 Jahren starb. Er wußte seinen Weg bei Hofe fortzusetzen und wurde zuletzt Lektor und Sekretär der Königin Anna. Er war es, der sich 1612, vielleicht auf Weisung der Königin, an die holländische Küste begab, um Giulio Cesare Vanini und Giovanni Maria Genocchi, die beiden aus Padua flüchtigen Karmeliter, auf dem letzten Stück ihrer Reise nach England zu begleiten. Das ist eine weiterere Verknüpfung zwischen Bruno und Vanini. Es ist anzunehmen, daß Florio von dem grausamen Tod erfahren hatte, dem sein

Giordano Bruno

»olde fellow Nolano«, wie er ihn nannte, zum Opfer gefallen war, und daß er mit den beiden Neuankömmlingen darüber gesprochen hat. Auch Abbot, bei dem Vanini wohnte, wird wohl von Bruno gesprochen haben. Daß Vanini in seinen Schriften den Nolaner überhaupt nicht erwähnt, ist sonderbar. Müssen wir darin ein Zeichen von Vorsicht erkennen? Auch das wäre sonderbar für einen Mann seiner Natur. Man darf jedoch nicht ausschließen, daß früher oder später neue Dokumente über das Leben Vaninis auftauchen werden, die Licht in dieses Geheimnis bringen können. Kaum in England angekommen versteckte er sich unter dem falschen Namen *de Vinnes,* während Genocchi sich *de Franchis* nannte. In manchen englischen Dokumenten ist der Name Vanini durch einen Lesefehler in *Vandoni* entstellt, »wegen des Schnörkels, den der Salentiner Karmelit zwischen dem *n* und dem *i* der vorletzten Silbe seines Namens zu schreiben pflegte«.[201] Die Forschungen über Bruno und Vanini könnten noch mit einigen Überraschungen aufwarten.[202]

Die Reise von London nach Paris stand für Castelnau und Bruno unter keinen guten Auspizien. Kaum hatte das Schiff die englische Küste verlassen, wurde es von Piraten gekapert und ausgeraubt. In einem Brief vom 3. November 1585 schrieb Castelnau aus Paris an seinen schottischen Freund Archibal Douglas, daß die Banditen ihm nur das Hemd gelassen hätten, und daß er alles dessen beraubt worden wäre, »was er von England mitgenommen hatte, der hübschen Geschenke, die er von Elisabeth bekommen hatte, und seines Silbers«. Sie ließen weder ihm noch seinen Familienmitgliedern irgend etwas, sodaß sie jenen irischen Exulanten glichen, »die mit den Kindern an der Hand um Almosen betteln«.[203] Und sie raubten auch den armen Philosophen aus, wenn dieser auch nackt war wie Bias. Ihm ließen sie nur die Ideen und vielleicht manche Manuskripte, denn das sind Sachen, an denen Räuber gewöhnlich kein Interesse haben.

Bevor auch wir England verlassen, wollen wir eine letzte Überlegung anstellen. Man könnte sagen, daß die Engländer Giordano Bruno bis heute nicht vergeben haben, daß er gewisse Gebräuche von ihnen satirisch verrissen hat. Ein Beleg dafür ist das bereits zitierte Buch des Professors John Bossy, das sofort ins Italienische übersetzt wurde, als handle es sich um eine Offenbarung. Wir sind ja Absonderlichkeiten gewisser Gelehrter gewöhnt: Der eine behauptet, das mysteriöse Atlantis lokalisiert zu haben, der andere gibt vor zu wissen, wie lang der Bart Homers gewesen ist, und Professor Bossy will uns glauben machen, daß Bruno ein Spion war. Kurz: Er hat einige geheime Nachrichten entdeckt, die aus der damaligen französischen Botschaft in London stammen und an Walsingham gerichtet sind. Sie tragen die Unterschrift eines mysteriösen Henry Fagot. Dabei handelte es sich, wie es scheint, um einen Priester, denn es geht um den Verrat des Beichtgeheimnisses: Er berichtet, was ihm in der Beichte anvertraut wurde, daß nämlich einige katholische Verschwörer die Königin ermorden wollen. Und was macht der englische Professor an dieser Stelle? Er zeigt mit dem Finger auf Giordano Bruno und identifiziert ihn mit Henry Fagot. Das ist eine ebenso absurde wie hirnverbrannte These. Um sie zu entkräften genügt das Folgende: 1. Die Billette sind auf französisch geschrieben und aus nichts ergibt sich, daß Bruno jemals ein Wort in dieser Sprache geschrieben hat. 2. Einige Mitteilungen wurden von Paris aus geschrieben, während sich Bruno in London befand. Wieder andere tragen ein Datum aus 1586, als der Philosoph sich gerade in Deutschland aufhielt. 3. Die Handschrift ist absolut nicht die Giordano Brunos. 4. Der Philosoph hatte schon lange davor das Priestergewand abgelegt, und daher niemandem mehr die Beichte abgenommen, umso mehr als alle wußten, daß er exkommuniziert war. 5. In einer Mitteilung ist der Name Florio zu *fleuriot* entstellt. Aber Bruno kannte seinen Freund Giovanni Florio sehr genau und hätte seinen Namen nicht falsch geschrieben oder in dieser Form entstellt.

Machen wir Schluß. Ich denke an Wagner, der in bezug auf Nietzsche sagte: »Das Schlimme ist, daß diejenigen, welche diese Torheiten erwidern, einem auch wie Narren vorkommen«.[204] Wenn Henry Fagot einen schlechten Stil hatte, so gibt das Fagott des Professor Bossy einen hohlen Klang von sich, und man sollte seinem Besitzer empfehlen, es in einem anderen Hof zu blasen. Am Ende zeigt Professor Bossy sich mit widerlichem Zynismus beinahe zufrieden mit dem furchtbaren Schicksal, das den Philosophen ereilte. Einem solchen Mangel an Sensibilität gegenüber gebe ich auf: Ich beneide den Professor Bossy nicht, weder als Gelehrten, noch als Menschen. Ich bleibe bei dem Philosophen John Toland oder dem Dichter Samuel Coleridge, deren Instrument keine Dummheit ausstößt, sondern für Giordano Bruno Ehre und Jubel singt.

Rückkehr nach Paris

Jordans Brung

Es ist anzunehmen, daß Castelnau den Brief vom 3. November 1585, in dem er vom Überfall der Piraten erzählt, unmittelbar nach der Rückreise nach Paris geschrieben hat. Daraus läßt sich ableiten, daß er und sein Begleiter, Bruno eingeschlossen, Ende Oktober oder Anfang November in Paris ankamen. Und hier endete die Begegnung zwischen dem Philosophen und dem Diplomaten.

In den *Mémoires* Castelnaus, die sein Sohn Jacques posthum veröffentlichte, findet sich kein einziges Wort über Giordano Bruno; das hängt jedoch mit dem Umstand zusammen, daß diese Memoiren, obwohl sie in London geschrieben wurden, nur den Zeitraum zwischen 1559 und 1570 umfassen. Im übrigen ist es zweifelhaft, ob der Botschafter, so offen und liberal er auch war, daran Interesse gehabt hätte, in dem Klima der Intoleranz und des religiösen Fanatismus, das Frankreich vor allem durch die Aktivität der Katholischen Liga belastete, als Freund und Förderer eines Apostaten bekannt zu werden, der von der Inquisition verfolgt wurde. Wenn also Castelnau auch nicht von Bruno sprach, so sprach doch Bruno von Castelnau; hatte der Botschafter dem Philosophen eine Heimstatt gegeben, so verhalf der Philosoph dem Botschafter zum Ruhm. Wer würde sich noch an Castelnau erinnern, wäre sein Name nicht mit dem von Giordano Bruno verbunden? Die Söhne der Musen schenken denen, die sie unterstützen, unsterblichen Ruf. Bruno war sich seiner Größe bewußt und wußte, oder hoffte wenigstens, daß man sich des Botschafters für ewige Zeiten der Hilfe wegen erinnern würde, die er ihm hatte zuteil werden lassen. Das geht aus dem Text der Widmung zu *De l'infinito* hervor.

Wahrscheinlich haben die beiden einander noch einige Zeit besucht, aber ihre Trennung war unvermeidlich. Castelnau, der in Ungnade gefallen war und mit großen Schwierigkeiten zu kämpfen hatte, konnte für seinen Freund Bruno nichts mehr tun. Das Klima in Paris hatte sich stark verändert und alles ließ neue Exzesse im Namen Gottes erwarten. Der Herzog von Guise hatte seine Truppen mit spanischer Unterstützung mobilisiert. Im Juli 1585 war Heinrich III. gezwungen worden, das Edikt der Befriedung zwischen Protestanten und Katholiken zu widerrufen und damit den Fanatikern der Liga nachzugeben. Der neue französische Botschafter in London, ein Mann des Herzogs von Guise, versäumte keine Gelegenheit, seinen Vorgänger in schlechtes Licht zu setzen, der sich schließlich auf seine Besitzungen von Joinville, in der Nähe von St. Dizier an der Marne, zurückzog. Dort, auf dem Land und weit weg vom Lärm der großen Welt, verbrachte er die wenigen Jahre, die ihm noch zu leben blieben. Er war nicht nur ein gebildeter und feinsinniger, sondern auch ein gutaussehender Mann: Das enthüllt ein Bildnis, das sein Sohn Jacques 1621 zusammen mit *Les Mémoires de Messire de Castelnau, seigneur de Mauvissière* veröffentlichte. Er hatte eine weite Stirn und einen tiefen Blick. Unter dem Zweispitz gibt es zumeist mehr Eitelkeit als Verstand, aber unter dem Zweispitz Castelnaus muß sich viel Verstand ohne Eitelkeit befunden haben. Das zeigen seine Bildung, seine Liebe zur Philosophie und seine Abneigung gegenüber religiösem Fanatismus. Ohne ihn hätte Bruno schwerlich schreiben können, was er in London geschrieben hat. Der Philosoph revanchierte sich, indem er ein Bild von seinem Protektor zeichnete, das die Zeit überdauern sollte.

Nehmen wir noch einmal die Erklärung Brunos vor dem Tribunal in Venedig zur Hand: »Und als jener Botschafter wieder nach Frankreich an den Hof zurückkehrte, habe ich ihn nach Paris begleitet, wo ich mich noch ein Jahr lang aufhielt mit jenen Herren, die ich kannte, jedoch großenteils auf meine eigenen Kosten«.[205] Vielleicht hoffte er wieder auf Hilfe durch Heinrich III., aber der König mußte sich mit dem Fanatismus der Katholischen Liga herumschlagen und konnte einen exkommunizierten Apostaten nicht mehr unterstützen. So mußte der Philosoph sich arrangieren und leben, so gut es ging: Das war er gewohnt. Wenn er aber, wie Castelnau, bei der Überfahrt über den Ärmelkanal von den Piraten ausgeraubt worden war, wie konnte er dann auf eigene Kosten leben? Wahrscheinlich versorgte ihn der gute Botschafter nach der Ankunft in Paris mit etwas Geld. Ein schöner Gedanke! Und wenn es so war, dann gab Castelnau damit ein äußerstes Zeichen seiner Großzügigkeit und seiner noblen Natur.

War Brunos erster Aufenthalt in Paris nicht wirklich ruhig, so der zweite geradezu stürmisch. Es ist wohl bezeichnend, was der holländische Gelehrte Arnold van Buchel notiert, der Bruno unter den bedeutenden Persönlichkeiten erwähnt, die er in Paris im Dezember 1585 kennenlernte: »*Philosophiae subtilior quam saluti suae conveniat professor est Jordanus Bru-*

nus Nolanus italus, qui falso cognomen assumpsit Philothei. Composuit li-
bellum de Arte reminiscendi et italica edidit lingua conscripta: Gli furori ero-
ici, Il candelaio, comoedia«.[206] In Übersetzung: »Giordano Bruno aus
Nola, ein Italiener, der das Pseudonym Filoteo angenommen hat, lehrt
die Philosophie auf schärfere Weise, als es seiner Sicherheit gut tut. Er hat
ein Büchlein *De arte reminiscendi* geschrieben und in italienischer Sprache *Gli eroici furori* und *Il Candelaio,* eine Komödie, veröffentlicht«.
Diese wertvolle Notiz ist schon zu Ende des vorigen Jahrhunderts in
Frankreich publiziert worden. Es ist schwer zu sagen, ob van Buchel den
Philosophen persönlich kennenlernte, oder nur in literarischen und akademischen Kreisen von ihm reden hörte. Jedenfalls belegt die Bemerkung, die er in seinem Tagebuch festhielt, daß der Ruf des Nolaners in
der französischen Hauptstadt sehr verbreitet war.

Gewiß war Bruno unvorsichtig, und die Philosophie, die er lehrte, war
dazu angetan, die Sicherheit seines Lebens aufs Spiel zu setzen. Aber wer
die Wahrheit sucht, ist auch bereit, Risken einzugehen. Was für ein Philosoph wäre er sonst? Hierher gehört ein Wort Ezra Pounds, demzufolge
jemand, der nicht bereit ist, Risken einzugehen oder Opfer für seine
Ideen zu bringen, damit zeigt, daß seine Ideen nichts wert sind, oder er
selbst nichts wert ist. Eins von beiden. Bruno war ein Erdbeben und
wußte, welchen Gefahren er entgegenging, aber er konnte nicht anders
handeln: So wollten es seine Natur und seine Philosophie. Er verstand
sich als ein Merkur – und war es in gewissem Sinne auch wirklich –, von
den Göttern gesandt, um die Welt zu erleuchten. Und hier möchte ich
nochmals an Schopenhauer erinnern, der es schon für einen Glücksfall
hielt, wenn einer mit heiler Haut davonkommt, der die Welt in den
wichtigsten Dingen belehren will.[207] Man wird die Tragödie Giordano
Brunos niemals verstehen, wenn man sich nicht die revolutionäre Bedeutung seiner Philosophie vor Augen hält, die die Grundlagen des Weltbil-
des unterhöhlte, das bis dahin gültig war. Er war ein Fremder, eine Art
Marsmensch, der eine Sprache sprach, die dem theologisierten Westen
unverständlich war; und das erklärt, wieso er von Katholiken und Protestanten, von den Doktoren von Oxford und Paris verfolgt wurde. Er
spielte eine Musik, die ihren Ohren nicht paßte. Kurz, Bruno war sozusagen posthum geboren – er kam vor der Zeit auf die Welt und wurde
erst viel später, nach seinem Tod, wirklich wahrgenommen.

Um die Seele zu stärken und den Geist wieder aufzuladen, besuchte er in Paris die Bibliothek von Saint-Victor auf dem kleinen Hügel mit Namen *montaigne Sainte-Geneviève,* wenige Schritte vom Collège de Cambray. Bibliothekar war der Mönch Guillaume Cotin, der in seinem Tagebuch Namen und Daten derer zu notieren pflegte, die ihn zum Lesen oder Leihen der Bücher aufsuchten. So machte er es auch mit Giordano Bruno. Seine Aufzeichnungen wurden im Jahr 1900 entdeckt und publiziert. Soweit sie sich auf unseren Philosophen beziehen – zehn an der Zahl – enthalten sie wertvolle biographische Angaben. Die erste trägt das Datum vom 6. Dezember 1585: »Ich habe Giordano Bruno gesehen, der vor gar nicht langer Zeit beim Botschafter des Königs in England war und in Oxford unterrichtet hat. Er ist im Begriff *Arbor philosophorum* zu veröffentlichen. Er hat viele italienische und lateinische Bücher drucken lassen, wie die Darstellung der *Ars Lulli de 30 sigillis* etc. Sein Vater lebt in Nola, er wohnt in der Nähe des Collège de Cambray. Er hat sich den Lukrez in der Ausgabe von Obertus geborgt«.[208]

Der *Arbor philosophorum,* der hier erwähnt wird, ist nicht auf uns gekommen. Was Lukrez betrifft, so handelt es sich um die Ausgabe, die Hubert van Giffen, latinisiert in Obertus Giphanius, 1566 in Antwerpen herausgegeben hat. Bruno wohnte also nahe beim Collège de Cambray, wo gewöhnlich die königlichen Lektoren ihre Kurse und Disputationen hielten, bevor das Collège de France ab 1610 errichtet wurde. Ganz in der Nähe war auch die Sorbonne, eine Hochburg der aristotelischen Pedanten. Bruno, immer bereit, die Pedanten niederzumetzeln, befand sich also am idealen Ort. Wir haben ja schon gesagt: Er lebte nicht, um zu kämpfen, aber ohne zu kämpfen, konnte er nicht leben. Manche vertreten die Meinung, er habe im Hause des Druckers Gilles Gourbin gewohnt, der 1582 seine ersten Werke veröffentlicht hatte. Und überdies erfahren wir, daß sein Vater zu dieser Zeit noch lebte. Das läßt vermuten, daß der Philosoph mit seiner Familie in Kontakt war, wir wissen aber nicht wie, denn es existieren keine Briefe. Jedenfalls sollte der kleine Trost, den er von den weit entfernten Eltern empfangen konnte, nicht lange dauern. In den Verhören von Venedig vom 26. Mai 1592 erklärte Bruno bereits, daß sein Vater und seine Mutter gestorben seien. So ersparte das Schicksal den unglücklichen Eltern das Leid, den Kreuzweg ihres Sohnes – wenn auch nur von ferne – mitverfolgen zu müssen. Nun war Bruno allein und sich

Giordano Bruno

selbst überlassen, ohne jeden Trost einer Mutter, eines Verwandten oder wenigstens einer befreundeten Person.

Nur die großen Geister der Vergangenheit leisteten ihm Gesellschaft, wie Lukrez, der ihm so teuer war: *similis simili gaudet*. Nun verließ er das Italienische zugunsten des Lateinischen; und wie er früher die *Eroici furori* nach der Poesie Petrarcas gestaltet hatte, so wird er später seine lateinischen Lehrgedichte nach dem Vorbild von *De rerum natura* des Lukrez gestalten.

Bruno begab sich auch am Tag darauf in die Bibliothek von Saint-Victor, an dem der Mönch die längste und ausführlichste Notiz niederschrieb: »7. Dezember [1585]. Giordano Bruno ist wieder gekommen. Er hat mir gesagt, daß die Kathedrale von Nola dem heiligen Felix geweiht ist. Er ist 1548 geboren und ist 37 Jahre alt. Er ist seit acht Jahren Exulant aus Italien«. Tatsächlich waren wenig mehr als sieben Jahre verstrichen, aber das kommt auf dasselbe hinaus. An diesem Tag vertraute der Philosoph dem Mönch auch die Gründe an, die ihn gezwungen hatten, Italien zu verlassen: Er sei wegen einer obskuren Gewalttat unschuldig angeklagt worden, wie in den vorigen Kapiteln berichtet, und mußte »die Verleumdungen der Inquisitoren vermeiden, die ignorant sind, und ihn, weil sie seine Philosophie nicht kennen, einen Häretiker nennen«. Er verehrt »den heiligen Thomas sehr und verachtet die Haarspaltereien der Scholastiker [über die] Sakramente und die Eucharistie, die den heiligen Petrus und Paulus unbekannt waren und die nichts anderes wußten, als *hoc est corpus meum*. Er sagt, daß die religiösen Unruhen ganz leicht abgeschafft wären, wenn diese Fragen abgeschafft würden. Und er vertraut darauf, daß das schnell das Ende der Streitereien sein würde. Aber er verachtet in höchstem Grad die Häretiker Frankreichs und Englands, weil sie die guten Taten nicht berücksichtigen und die Gewißheit ihres Glaubens und ihrer Rechtfertigung predigen, während die ganze Christenheit zum guten Leben tendiert«.[209]

Welchen Eindruck machten die harten und sarkastischen Urteile Brunos über die heiligen Scharlatane seiner Zeit auf den strenggläubigen Mönch Cotin? Die Predigerbrüder schienen ihm durchwegs Schaumschläger zu sein, auch wenn er sie nicht ausdrücklich so nannte, und er sparte niemanden aus: »Unter den Predigern schätzt er nur den Hebräer wegen seiner Eloquenz und noch mehr wegen seines Wissens. Er sagt, Panigarola habe kein Wissen und sei unbedeutend. Der Fiamma sei abgestiegen, weil er alt wird, und es sei schade, daß er in den letzten drei Jahren gepredigt hat, denn er habe seinen Ruf verspielt, den er sich an den Orten erworben hat, wo er mit Erfolg gepredigt hat. Er verachtet den Toledo und die Jesuiten, die in Italien predigen, insofern sie sich in der Einleitung in große Mysterien vertiefen, von denen sie mit excessiver Gravität sagen, daß sie in ihren Texten enthalten seien; aber am Ende sagen sie gar nichts«.[210] Der Hebräer, d.h. Hebräist, Andrea de Monte, Francesco Panigarola, Gabriele Fiamma und Francisco de Toledo waren alle Prediger von Ruf.

Am interessantesten sind die biographischen Notizen. Unter dem 27. Dezember liest man: »Giordano hat mir gesagt, er sei von dem Diener, den er gehabt habe, beraubt worden«.[211] Spielt er auf das an, was während der Rückreise von London nach Paris geschehen war, oder handelt es sich um einen neuen Raub? Jedenfalls konnte er jetzt nicht einmal »seine Bücher drucken lassen«. Der Räuber mußte ziemlich heruntergekommen sein, wenn er sich kein besseres Opfer auszusuchen wußte als den armen Giordano Bruno. Aber der Philosoph, an Widerwärtigkeiten gewöhnt, verlor den Mut nicht. Einige Monate später sprach Jacopo Corbinelli, ebenfalls vertriebener Italiener in Paris, von Bruno als einem »freundlichen Gefährten, einem Epikureer für das Leben«.[212] Die Briefe Corbinellis bringen zusammen mit den Notizen Cotins viel Licht in den zweiten Pariser Aufenthalt des Philosophen. Aber gehen wir der Reihe nach vor.

Kaum nach Paris zurückgekehrt wiederholte Bruno den Versuch, den er schon in Toulouse gemacht hatte – nämlich wieder in die Kirche, wenn schon nicht in den Dominikanerorden, einzutreten: »Ich habe schon früher zu Protokoll ausgesagt, daß ich von meinem Falle mit dem Monsignor Bischof von Bergamo, dem päpstlichen Nuntius in Frankreich, gesprochen habe, bei dem ich eingeführt wurde durch Don Bernardin Mendoza, den mir vom englischen Hof gut bekannten katholischen Botschafter, und ich habe nicht nur mit dem Monsignor Nuntius über meinen Fall gesprochen, sondern bitte hier ausdrücklich noch nachzufügen, daß ich ihn gebeten und inständigst ersucht habe, er möge für mich nach Rom schreiben und von Sr. Heiligkeit die Vergünstigung erwirken, daß ich in den Schoß der katholischen Kirche zurückkehren dürfe, ohne jedoch gezwungen zu sein, wieder in den Orden einzutreten. Allein, da damals Sixtus V. lebte, so zweifelte der Nuntius daran, eine solche Vergünstigung erlangen zu können, und wollte nicht in diesem Sinne schreiben, erbot sich mir aber, wenn ich in den Orden zurückkehren wolle, zu schreiben und mir zu helfen, und verwies mich an einen Jesuitenpater, der, wie ich mich erinnere, den Namen Pater Alonso hatte und ein Spanier war und dies, wenn er noch am Leben ist, bestätigen wird, um mit diesem meinen Fall zu verhandeln, und dieser belehrte mich, es sei nötig, daß ich die Absolution des Papstes in bezug auf die Zensuren erlange und daß ich wieder in die Religion trete; und von ihm wurde ich auch gewarnt, da ich exkommuniziert war, dürfe ich mich nicht mehr zu den göttlichen Offizien melden, dürfte als wohl die Kirche besuchen und Predigten anhören und beten«.[213] Wer genau dieser Jesuit gewesen sein mag, ist schwer zu sagen. Hingegen wissen wir sehr genau, wer der apostolische Nuntius war. Es handelte sich um Monsignore Girolamo Ragazzoni, der 1577 zum Bischof von Bergamo ernannt und im Sommer 1583 als Nuntius nach Paris gesandt worden war. Er war ein fähiger Diplomat und verstand es, sich sofort das Wohlwollen Heinrichs III. zu erwerben. Vielleicht hätte er sich aber auch das Wohlwollen des Himmels erwerben können, wenn er etwas mehr zur Unterstützung Giordano Brunos getan hätte, anstatt ihn nur zu einem spanischen Jesuiten zu schicken. Diese Kleriker reden davon, die Seelen zu retten, sind aber nicht bereit, einem Menschen in schwerer Not zu helfen.

Nachdem der Versuch, die Vergebung der Kirche zu erlangen, fehlgeschlagen war, vertiefte sich der Philosoph in Studien, die sein einziger, echter Trost waren. Und zweifellos war es weitaus lohnender, sich mit Lukrez zu unterhalten, als mit einem spanischen Jesuiten oder mit dem Nuntius Ragazzoni zu argumentieren. Aber Giordano Bruno war im Unglück versiert, wie sein Zeitgenosse Cervantes, und hätte ebenfalls einen *Don Quijote* schreiben können, jedoch nicht des umherirrenden Rittertums, sondern der geprügelten Vernunft. Das Schicksal wollte es, daß er in Paris Fabrizio Mordente aus Salerno, den Erfinder des Proportionalkompasses, kennenlernte.

Dieser Mordente, der Bruder eines Waffengefährten von Brunos Vater, war ein Hitzkopf und weniger stabil als ein Kreisel. Im Alter von 20 Jahren verkaufte er sein Hab und Gut und ging mit dem Erlös in die Welt hinaus. Nachdem er die Inseln des Mittelmeers gesehen hatte, war er in Afrika und Asien; er lebte drei Jahre in Indien. Dann schiffte er sich auf einem portugiesischen Schiff ein und erreichte nach vier Monaten und 18 Tagen Portugal. Doch er hielt sich da nicht lange auf, sondern ging zuerst nach England, dann nach Frankreich, nach Flandern, Deutschland, Ungarn und noch in weitere Länder. Die Tarantel mußte ihn gestochen haben. Er kehrte auch nach Neapel und Salerno zurück, aber weil es ihm absolut nicht gelang, sich an einem Ort festzusetzen, nicht einmal dort, wo er geboren war, ging er auf einen Marsch quer durch Europa, auch wenn er nicht mehr gerade jung war. 1584 erschien in Antwerpen seine Monographie über den neuen Proportionalkompaß.[214] Im Jahr darauf ließ er in Paris ein Blatt mit einer Abbildung des Instruments und dazugehöriger Legende drucken. Er hegte eine übertriebene Wertschätzung seiner eigenen Person und erklärte, daß er zu seinen Erfindungen »durch eine besondere Gnadengabe des einen und dreieinigen Gottes« geführt worden sei.[215] Vielleicht war er überzeugt, daß sich die Götter seines Kompasses bedienen wollten, um diese arme Welt gerade zu richten und in Ordnung zu bringen.

Unter dem Datum vom 2. Februar 1586 notierte der Bibliothekar Cotin: »Giordano hat mir gesagt, daß der Salerner Fabrizio Mordente in Paris sei, ein Gott unter den Geometern, allen Vorgängern und Zeitgenossen überlegen, der aber nicht Latein könne; seine Erfindungen würden von Giordano in Latein gedruckt werden«.[216] Daraus ergibt sich ohne weiteres, daß Bruno schon zu diesem Zeitpunkt Mordente kannte, dem er aller Wahrscheinlichkeit nach im Kreis um Jacopo Corbinelli begegnet war, einem am französischen Hof sehr einflußreichen italienischen Exilanten. Möglicherweise hat der Philosoph, vielleicht zusammen mit Piero Del Bene, auch einer öffentlichen Präsentation des Kompasses beigewohnt und war davon begeistert, weil ihm schien, wie Aquilecchia sagt, daß diese technisch-geometrische Erfindung »die physischen Grenzen der Teilbarkeit zeigen kann, gemäß den Prinzipien seiner eigenen Monadologie (die er gerade während des zweiten Pariser Aufenthalts präzisierte)«.[217] Er willigte also gern ein, »das Stillschweigen zu beenden, das den Namen des Vaters der mechanischen Erfindungen umgab«, ein bißchen aus Begeisterung, ein bißchen weil er den Bitten Mordentes nachgab, »*nec non eiusdem Mordentii precibus commotus*«, und ein bißchen wegen der Gemeinsamkeit des Vaterlandes, »*ratione patriae affi-*

nitatis«. Noch dazu war der Bruder von Fabrizio Mordente, Gasparo, wie schon erwähnt, von 1560 bis 1570 ein Waffengefährte des Vaters von Giordano Bruno gewesen. Er machte sich an die Arbeit und es entstanden die *Dialogi duo de Fabricii Mordenti Salernitani prope divina adinvetione ad perfectam cosmimetriae praxim,* erschienen im Frühjahr 1586 beim Drucker Pierre Chevillot.

Aber noch bevor das Werk erschienen war, entbrannte zwischen Bruno und Mordente ein heftiger Streit. Das entnehmen wir einem Brief Corbinellis vom 15. Februar 1586, wo zu lesen steht: »Unser Fabrizio hegt einen bestialischen Zorn gegen den Nolaner und will sich auf jede Weise rächen; es scheint mir freilich, daß er dazu keinen Grund habe, denn der Nolaner, obwohl er sich seiner Abhandlung rühmt, verherrliche doch den Erfinder und schreibt ihm die Urheberschaft zu.«[218]

Was war geschehen? Offenbar hatte der Salerner, der nicht Latein konnte, sich das Manuskript übersetzen lassen und – mißtrauisch wie er war – gefürchtet, daß sich der Philosoph seiner Erfindung bemächtigen wollte. In Wirklichkeit sang Bruno ein großes Lob auf den »göttlichen« Mordente, der in den »noch nie erprobten Wissenschaften« so erfolgreich sei; allerdings hielt er ihm vor, daß er die empirische Sphäre der Forschung nicht zu überschreiten wüßte und die spekulative Bedeutung seiner eigenen Erfindung nicht verstünde. Bruno transzendierte das Phänomen und sprach von einem metaphysischen Gesichtspunkt aus, aber das konnte Mordente, der in seinem mechanischen Horizont gefangen war, nicht verstehen. Verletzt vom zwiespältigen Lob des Philosophen, kaufte er nach dem Erscheinen alle Exemplare der *Dialogi* auf und vernichtete sie. Hören wir noch einmal Corbinelli, der am 14. April 1586 an seinen Brieffreund Gian Vincenzo Pinelli nach Padua schrieb: »Der Nolaner hat, ich weiß nicht was, drucken lassen, und hebt darin den Kompaß des Fabrizio in den Himmel; dann aber versucht er als Philosoph, Ordnung in die Ansicht und Mitteilungsfähigkeit des genannten Fabrizio zu bringen, indem er zeigt, daß dieser jemanden braucht, der sich besser ausdrücken kann. Fabrizio raste und wollte eine Antwort veröffentlichen, verhedderte sich aber beim Schreiben wie beim Sprechen; das wußte der Nolaner und hatte sich darauf vorbereitet, um ihm im zweiten Dialog tüchtig den Kopf zu waschen. Mir scheint, daß die Sache aufgehört hat, und daß jeder sich damit zufriedengibt, nicht weiter zu gehen. Fabrizio kostete es viele Scudi, um alle Exemplare des Dialogs des Nolaners aufzukaufen und verbrennen zu lassen; und wenn ich noch ein Exemplar davon finde, werde ich es Euch senden«.[219]

Damit war jedoch die Sache nicht zu Ende, weil Mordente (was soviel heißt wie »der Beißende«) seinem Namen Ehre machte und den Philosophen weiter biß und quälte. Er machte ihn öffentlich schlecht und kündigte wiederholt an, eine giftige Antwort gegen ihn drucken zu lassen, die jedoch wegen seiner geringen Vertrautheit mit der Feder niemals zustande kam. Bruno war enttäuscht und verärgert durch diese Undankbarkeit und schrieb daraufhin zwei lateinische Dialoge, die vor dem 6. Juni 1586 veröffentlicht wurden und über den Geometer als Dummkopf eine Welle des Sarkasmus ausgossen. Es sind die Dialoge *Idiota triumphans* und *De somnii interpretatione*. Bruno widmete sie Piero Del Bene, einer anderen am französischen Hof sehr bekannten Persönlichkeit, einem Förderer der versöhnlichen Politik Heinrichs III., auch wenn er seine Sympathie für den König von Navarra nicht verbarg. Schon davor hatte der Philosoph ihm die *Figuratio Aristotelici Physici Auditus* gewidmet. Del Bene, unter anderem auch ein Freund Corbinellis, war gewiß einer »jener Herren«, mit denen Bruno, wie er sagte, während seines zweiten Pariser Aufenthalts verkehrt hatte.

Wie aber reagierte Mordente auf die Sarkasmen des Philosophen? Da er nicht imstande war, mit der Feder zu kämpfen, gebrauchte er die Zunge: Voller Haß und katholischem Fanatismus, wandte er sich an den Herzog von Guise, den Kopf der katholischen Fraktion, und muß alles getan haben, um die Lage Brunos noch zu erschweren, zumal dieser für die gemäßigten *politiques* Partei ergriff. In den Intrigen wie im Leben konnte sich Mordente – vielleicht dank seinem Kompaß – viel besser bewegen als Giordano Bruno. So nahm ein wissenschaftlicher Streit zwischen zwei Italienern in Paris, die unter demselben Himmel geboren waren, für Bruno eine gefährliche politische Entwicklung an. Die Italiener sind immer Spezialisten darin gewesen, den eigenen Landsleuten zu schaden, und Fabrizio Mordente lieferte dafür den Beweis. Man darf nicht vergessen, daß nichts giftiger ist, als verletzte oder verspottete Eitelkeit.

Noch eine andere aufsehenerregende Episode erschwerte die Lage des Philosophen. Es handelt sich um eine Disputation, die er am 28. und 29. Mai 1586 im Collège de Cambray in Anwesenheit der königlichen Lektoren abhielt, und zwar auf der Grundlage eines kleinen Werkes, das er unter dem Namen seines Schülers Jean Hennequin hatte drucken lassen. Diese Schrift mit dem Titel *Centum et viginti articuli de natura et mundo adversus peripateticos* war eine Art Diskussionsprogramm, und Bruno bekräftigte darin seine Theorie gegen die Physik des Aristoteles. Was er sich von dieser Diskussion versprach, ist nicht klar: Wahrscheinlich wollte er das Terrain sondieren und sich versichern, ob es für den Samen seiner Philosophie geeignet sei oder nicht. Aber wie wir schon gesagt haben: Er zog ein Register, das zu verschieden und unzeitgemäß war, um Gehör zu finden. In Paris wie in Oxford waren die Gehörgänge der Akademiker voll mit scholastischem Ohrenschmalz, sodaß sie die neue Musik nicht hören konnten. Kein Wunder also, daß die Disputation in einem Krach endete.

Cotin, dem die Episode nicht von Bruno selbst berichtet wurde, sondern offensichtlich von feindlich gesonnenen Personen, schreibt dazu: »28. und 29. Mai [1586]. Am 28. und 29., das waren Mittwoch und Donnerstag nach Pfingsten, lud Giordano die königlichen Lektoren und alle anderen in das Collège de Cambray, um zu hören, wie er viele Fehler des Aristoteles darlegt. Am Ende der Vorlesung oder Rede forderte er auf, daß jemand den Aristoteles verteidigt oder ihn, Bruno, widerlegt; und da niemand sich präsentierte, schrie er noch lauter, als ob er den Sieg errungen hätte. Dann stand ein junger Advokat auf, Rodolphus Calerius, der in einer Rede Aristoteles gegen die Verleumdung des Bruno verteidigte, nachdem er gesagt hatte, daß die Lektoren deshalb schwiegen, weil Bruno einer Antwort nicht wert wäre. Am Ende lud er Bruno ein, ihm zu antworten und sich zu verteidigen, der aber schwieg und ging weg. Die Studenten versuchten, ihn zu halten, indem sie sagten, daß sie ihn nicht weggehen lassen würden, ehe er nicht geantwortet oder seine Verleumdungen gegen Aristoteles zurückgezogen hätte. Dennoch machte er sich schließlich aus ihren Händen los, ich weiß nicht, ob unter der Bedingung, daß er am nächsten Tag zurückkommen würde, um dem Advokaten zu antworten. Dieser Advokat, der die Hörer am folgenden Tag mit Plakaten zusammengerufen hatte, stieg auf den Katheder und fuhr fort, Aristoteles mit gutem Benehmen gegen die Verleumdungen und Unsinnigkeiten des Bruno zu verteidigen, indem er diesen einlud, noch einmal zu antworten. Aber Bruno erschien nicht, und seitdem hat man ihn nicht mehr in der Stadt gesehen«. Später, zwischen dem 1. und 4. Juni, schrieb Cotin folgende Ergänzung: »Giordano stieg auf einen kleinen Katheder beim Ausgang des Gartens und auf dem großen Katheder gab es seinen Schüler Jean Hennequin, der die Thesen von Giordano unterstützte, über die Giordano zu urteilen beanspruchte. Der Schüler wußte auf das erste Argument des Calerius nichts zu antworten. Als Bruno herausgefordert wurde, selbst eine Antwort zu geben, wollte er es nicht tun, indem er sagte, daß die Stunde schon vergangen sei. Und am folgenden Tag wollte er sich nicht präsentieren, mit der Begründung, daß er schon am Tag vorher besiegt worden sei«.[220]

Wer die kämpferische Natur Brunos kennt, bleibt dieser Erzählung gegenüber sehr skeptisch, die derjenigen von Abbot ziemlich ähnlich scheint. Sollte ein streitbarer Dialektiker wie Bruno, der den Doktoren von Oxford und anderen Perückenträgern der offiziellen Wissenschaft die Stirn geboten hatte, vor einem Winkeladvokaten wirklich den Rückzug angetreten haben? Unmöglich! Entweder Cotin war tendenziös oder der ihm davon berichtet hatte. Im Text des Bibliothekars gibt es überdies einen Unterton der Freude über die angebliche Niederlage dessen, der zu ihm mit Sarkasmus über die »Haarspaltereien der Scholastiker, über die Sakramente und die Eucharistie« gesprochen hatte. Ganz anders lautet die Version des bestens informierten Corbinelli, der in deutlicher Anspielung auf die eine Woche davor stattgehabte Disputation am 6. Juni schrieb: »Der Nolaner immer gegen Mordente und neue Dialoge. Nun ist er dabei, die ganze peripatetische Philosophie zu zerstören, und ich habe den Eindruck, so wenig ich davon auch verstehe, daß er seine Argumente gut darlegt. Ich denke, er wird von dieser Universität gesteinigt. Bald aber wird er nach Deutschland gehen. Es genügt, daß er größte Schismata in den hohen Schulen Englands verursacht hat«.[221] Und ein solcher Mann sollte sich vor der Konfrontation mit den königlichen Lektoren, den Studenten und Advokaten des Collège de Cambray gefürchtet haben? Sie konnten ihn steinigen, das ja, aber nicht widerlegen oder ängstigen.

Nein, gerade das nicht. Sich vorzustellen, daß Giordano Bruno sich mit eingezogenem Schwanz vor dem jungen Advokaten Rodolphus Calerius, alias Raoul Callier, zurückzieht, entspräche der Vorstellung, daß eine Manguste vor einer Eidechse die Flucht ergreift. Spampanato dazu: »Das Gerücht von der Flucht, das einige Aristotelesverehrer nach der Disputa-

Giordano Bruno

tion im Collège de Cambray in Umlauf setzten, und dem auch der gebildete Pater von Saint-Victor Gehör geschenkt hatte, ist eine alberne Böswilligkeit, die von weitreichenden und gleichlautenden Erklärungen des Nolanus dementiert wird und die – das hat man nicht bemerkt – mit denen eines Ausländers übereinstimmen, dem nicht zu glauben, es keinen Grund gibt«.[222] Der Fremde ist der Holländer Arnold van Buchel, dessen Erwähnung Brunos wir schon zitiert haben. Jetzt haben wir aber ein neues Dokument, das das Resümee Cotins von der Diskussion wesentlich modifiziert bzw. korrigiert, und zwar in der Arbeit von Amalia Perfetti aus dem Jahr 1992 über Giordano Brunos zweiten Pariser Aufenthalt.[223]

Diesmal handelt es sich um ein direktes Zeugnis, nicht um ein indirektes wie bei Cotin. Ein Wort voraus über die Person des Zeugen. Es handelt sich um den Pariser Arzt François Rasse Des Neux, der – wie Perfetti schreibt – »seinen Beruf als Arzt und Chirurg mit einem lebendigen intellektuellen Interesse und einem starken politisch-religiösen Engagement zu verbinden wußte«. Von 1559 bis 1586 führte er eine Art Journal, wo er alles mögliche notierte und nachschrieb: »Verschiedene Nachschriften und Vermerke bezeugen vor allem die Aufmerksamkeit Rasse Des Neux' für die Polemiken im Collège Royal und an der Universität. Von besonderem Interesse sind in dieser Hinsicht die Notizen über einige Diskussionen, die den Unterricht und die antiaristotelische Lehre einer der wichtigsten Persönlichkeiten des Collège Royal charakterisieren, des Pierre de la Ramée«. Auch die von Giordano Bruno angekündigte Disputation war gegen die Aristoteliker gerichtet, und der humanistische Arzt ließ sie sich natürlich nicht entgehen. Zusätzlich zur Abschrift eines Teils des Manifests, das die Auseinandersetzung ankündigte, fertigte er einen schnellen Rechenschaftsbericht über die Entwicklung des Streits an. Ich übersetze den lateinischen Text, den Perfetti publiziert hat: »Nach dem Triduum von Pfingsten wird Giordano Bruno Nolanus von Mittwoch bis Samstag durch den Mund von Jean Hennequin, wenn Gott es will, *Centum et viginti articulos de natura et mundo* gegen die Peripatetiker verteidigen, jeden Tag von morgens bis abends. Am 28. Mai 1586 im königlichen Auditorium [des Collège] von Cambrai, hielt der junge Hennequin in Anwesenheit des Nolanus die Vorlesung gegen die Lehre des Aristoteles. Am Ende der Ansprache lud der Nolanus jeden zur Diskussion, der es wollte, aber da niemand hervortrat, stieg er auf das Podium und sprach sehr lang gegen die begrenzte Welt des Aristoteles. Endlich trat einer vor, der einen Talar trug, der den Nolanus mit Beleidigungen provozierte, ihn Giordano Brutus nannte, und auf konfuse Weise einige Argumente vorbrachte. Weil man aber dem Nolanus keine Möglichkeit gab zu antworten, endete es im Tumult und das Ganze wurde abgebrochen. Der Nolanus nennt sich Peitsche des Aristoteles und nennt Aristoteles selbst den Gott der Ignoranz«.

Hier haben wir ein Bild Brunos, das dem Original weitaus näher kommt. Der Philosoph wich also nicht aus, wie Cotin glauben machen will, sondern es wurde ihm verwehrt, seinem Kontrapart zu antworten, der kein großer Dialektiker gewesen sein kann, wenn er »konfus« daherredete. Da er auf philosophischer Ebene Bruno nicht gewachsen war, griff er zu Beleidigungen und hetzte das Publikum gegen ihn auf: Das scheint man aus den Worten Rasse Des Neux' zu verstehen. All das bestätigt die von Yates aufgestellte These, daß Callier »inspiriert«, also angestiftet worden sei, den Philosophen auf die eine oder andere Weise zum Schweigen zu bringen. Und was konnte zur Erreichung eines solchen Zweckes besser sein, als einen Tumult zu erzeugen? In Ermangelung von Pferden, sagt das Sprichwort, läßt man die Esel laufen; und das Gebrüll von hundert Eseln kann auch die Stimme eines Demosthenes übertönen. Genau das geschah, wie es scheint, im Collège de Cambray. Ob diese Esel dann auch ausgeschlagen haben, wissen wir nicht, können wir uns aber denken. Sicherlich war der Verlauf der Disputation tumultuöser als Cotin sagt. Das zeigt auch die Tatsache, daß sie sich an einem einzigen Tag abspielte, nämlich am 28. Mai, obwohl sie für vier Tage von Mittwoch bis Samstag vorgesehen war.

Bleibt die Frage, warum sich Bruno in dieses Getümmel einließ. Darin war er, das muß gesagt werden, wenig philosophisch. Um wieviel besser wäre es für seinen Frieden und seine Sicherheit gewesen, hätte er die Welt aus der Distanz beobachtet und womöglich sogar über sie gelacht! Ihm selbst war dies bewußt, auch wenn es ihm nicht gelang, die Weisheit, die er mit der reinen Reflexion erarbeitete, in Lebenspraxis umzusetzen. Am Ende der *Cena* legt er einem Gesprächspartner, der nicht umsonst Prudenzio heißt, diese Worte in den Mund: »Ich beschwöre dich, Nolaner [...]: halte dich von gemeinen, niedrigen, barbarischen und unwürdigen Gesprächen fern [...]. Bleibe vorerst bei dem erlauchten und großmütigen Herrn von Mauvissière, unter dessen Schutz du begonnen hast, eine so erhabene Philosophie zu veröffentlichen. Denn vielleicht wird sich noch ein völlig ausreichendes Mittel finden, durch das die Gestirne […] dich zu einem Ziel führen, von wo aus du weit auf ähnliche Roheiten herabschauen kannst!«[224] Aber er war ein Sturmvogel, und Sturmvögel fühlen sich nur mitten im Unwetter wohl. Der Sturm ist ihr Treibstoff. Das erklärt, wieso er die Energie nicht verlor, obwohl er in einem Meer von Widrigkeiten segelte, und – wie Corbinelli sagte – ein »freundlicher Gefährte, ein Epikureer für das Leben« sein konnte. Für ihn müßte die buddhistische Maxime »Klugheit im Ungemach« in *Standfestigkeit im Ungemach* umgeschrieben werden.

So verwegen er war, mußte er doch bemerken, daß er seit seiner Rückkehr in die französische Hauptstadt gefährlich lebte. Das bestätigen indirekt die bereits zitierten Worte des Holländers Arnold van Buchel. Bezeichnend ist auch, daß Bruno im offenen Brief an den Rektor der Pariser Universität, Jean Filesac, davon spricht, die Stadt verlassen zu wollen. Man muß sich vor Augen halten, daß der Brief vor der Diskussion im Collège de Cambray gedruckt worden war, weil er zusammen mit einer Widmung für Heinrich III. zu der kleinen Schrift *Centum et viginti articuli de natura et mundo adversus peripateticos* gehörte. Hier ist der Wortlaut: »Da ich jetzt die Absicht habe, zu anderen Universitäten aufzubrechen, kann ich mich nicht auf die Reise begeben, ohne mich zu verabschieden«. Daraus ergibt sich, daß die tumultuöse Disputation nur einer von vielen Gründen und nicht der einzige war, der ihm nahelegte, Paris zu verlassen. Das Klima war drückend und Bruno konnte enden wie Pierre de la Ramée, besser bekannt mit seinem latinisierten Namen Petrus Ramus. Er wurde in der Bartholomäusnacht ermordet, über Anstiftung von »übelwollenden und neidischen Aristotelikern«.[225]

Außer durch die harten Gegensätze in der akademischen Szene war die Position Brunos auch aus anderen Motiven unhaltbar geworden. Er sah wohl ein, daß er auf niemanden mehr zählen konnte, der ihn unterstützen würde. Die *politiques*, denen er ideologisch verbunden war, wandten sich jetzt gegen ihn. Tatsächlich war der Advokat Callier oder Calerius, der sich an die Spitze der Aristoteliker gestellt hatte, einer von ihnen. Der König, der ihm während seines ersten Pariser Aufenthalts geholfen hatte, kämpfte mit anderen Problemen und konnte nichts mehr für ihn tun.

Auch vom Guisen, der vom intriganten Mordente aufgehetzt war, konnte der Philosoph nichts Gutes erwarten. Und schließlich war er ein exkommunizierter Apostat, und das mußte als die größte Gefahr gelten. Wenn einflußreiche Persönlichkeiten wie Corbinelli und Del Bene ihn nicht unterstützten oder unterstützen konnten, dann heißt das, daß Bruno keine andere Wahl hatte, als Paris zum zweiten Mal zu verlassen und anderswo nach Gastfreundschaft zu suchen. Es ist eher verwunderlich, daß er nicht früher gegangen war, um den Konflikt mit den fanatischen Verehrern des Aristoteles zu vermeiden.

Im Brief an seinen Korrespondenzpartner Gian Vincenzo Pinelli in Padua schreibt Corbinelli, daß »Giordano mit Gott gegangen ist, aus Furcht vor Konflikten, weil er dem armen Aristoteles den Kopf gewaschen hatte«.[226] Die Abreise muß im Juni stattgefunden haben. Und so war unser Bias wieder auf der Suche nach einem Dach oder wenigstens einem Himmel über dem Kopf.

Kreuz und quer durch Deutschland

Jordany Bruny

Bruno war wirklich ein Erdbeben: Wohin er auch kam, provozierte er und hinterließ er Tumulte. Im Frühjahr 1583 hatte er Paris verlassen »wegen der Tumulte, die dann entstanden waren«; und wieder der Tumulte wegen verließ er die Stadt drei Jahre später, diesmal für immer: »Und ich verließ dann Paris aus Veranlassung neuer Tumulte und ging nach Deutschland«.[227] Schon gut, aber warum fügt er nicht hinzu, daß er es selbst mit seiner dämonischen Natur gewesen ist, der den Aufruhr provozierte? Die Wahrheit ist, daß sich ein Merkur wie er, der Überbringer einer neuen und revolutionären Philosophie, nicht anders ankündigen kann, als mit einem Gewitter. Es ist unmöglich, die Fackel der Wahrheit unter die Leute zu bringen, sagt Lichtenberg, ohne da und dort einen Bart oder eine Perücke zu verbrennen.

Mir gefällt die Vorstellung, Bruno habe, ehe er Frankreich verließ, seinen Wohltäter Michel de Castelnau noch einmal aufgesucht, dessen letzte Jahre, die er auf seinen Besitzungen von Joinville verbrachte, alles andere als glücklich waren. Im Dezember 1585 starb ihm seine junge Frau, und wenige Jahre später, 1592, starb auch er. Joinville liegt an der Straße, die Bruno wahrscheinlich genommen hat, um sich nach Deutschland zu begeben. Wie schön, wenn die beiden einander zum letzten Mal gerade in Joinville begegnet wären, um einander wegen des bösen Schicksals zu trösten! Der eine, der sich geweigert hatte, die Autorität der Liga anzuerkennen, ging der Neige seines öffentlichen und privaten Lebens entgegen; der andere, Bruno, machte sich ins Unbekannte auf.

Von seiner Reise nach Deutschland kennen wir nur die Koordinaten oder wenig mehr: »Und ich verließ dann Paris aus Veranlassung neuer Tumulte und ging nach Deutschland und nahm dort meinen ersten Aufenthalt in Mainz, alias Magonza, einer erzbischöflichen Stadt, wo der erste Kurfürst des Reiches residiert, wo ich ungefähr zwölf Tage blieb, und da ich mir weder hier noch auch in Wiesbaden, einem wenig davon entfernten Orte, genügend Lebensunterhalt fand, so ging ich nach Wittenberg in Sachsen«.[228] In seinem leidenschaftlichen Buch über Giordano

Bruno hat der deutsche Theologe Eugen Drewermann dem Philosophen die folgenden fiktiven Worte in den Mund gelegt: »Wie von selbst ließ ich mich in den heißen Junitagen des Jahres 1586 entlang der Mosel nach Trier tragen, auf den kulturellen Spuren meiner eigenen Vorfahren gewissermaßen, und gelangte schließlich in die alte Römerstadt Mainz. Warum nur mußte alles Römische in unseren Tagen sich verzehren zu dieser Zerrfigur des Römisch-Katholischen? Ganze zwölf Tage nur verbrachte ich in der mainzischen Trutzburg des erzbischöflichen Kurfürsten, mich empfindend wie weiland Daniel in der Löwengrube, und wehmütig gedachte ich des mutigen Johannes Reuchlin, dieses vorbildlichen Humanisten, der gerade in Mainz […], zusammen mit Ulrich von Hutten die *Epistolae obscurorum virorum* (Die Briefe gegen die Dunkelmänner) veröffentlicht hatte […]. Seltsame Gleichheit des Schicksals: Schon damals mußte auch er sich gegen die Angriffe der Dominikaner erwehren, an ihrer Spitze des Kölner Inquisitors Jacob van Hoogstraaten, und wie ich hatte auch er schon damals versucht, über die Inquisition hinweg an den Papst zu appellieren. Viele Jahre lang mußte Reuchlin seine Thesen in Rom gegen den Vorwurf der Häresie verteidigen, doch er erreichte immerhin, daß ihm selbst der große Erasmus öffentlich zustimmte. Es war der erste wichtige Sieg des Humanismus über den Fanatismus, der Wissenschaft über den Aberglauben, der Menschlichkeit über die Verbohrtheit. Hier in Mainz lagen in gewissem Sinn die Wurzeln der Reformation; doch als ich die Stadt besuchte, waren sie längst schon herausgerissen und vernichtet unter den Händen der katholischen Wahrheitsverweser. An die Zeit der Römer erinnert manches in Mainz; an Johannes Reuchlin durchaus nichts mehr. Und dennoch: Der Geist weht, wo er will«.[229] Diese Erzählung, wenn auch Fiktion, kommt doch der Wahrheit sehr nahe, ebenso wie es wahrscheinlich ist, daß Bruno über Trier gewandert ist.

Zur Abkürzung oder aus Vergeßlichkeit nannte er sicherlich nicht alle Orte, die er besuchte. So ist anzunehmen, daß er – nachdem er in Mainz und Wiesbaden gewesen war – auch durch Frankfurt gekommen ist, jener Stadt, die für ihn sechs Jahre später zum Schicksal werden sollte. Daraufhin ging er nicht direkt nach Wittenberg, wie man dem knappen autobiographischen Bericht vor dem venezianischen Tribunal entnehmen könnte, sondern er begab sich nach Marburg, wo er mit dem Datum vom 25. Juli 1586 an der Universität immatrikuliert wurde. Der kurz davor gewählte Rektor Petrus Nigidius war es selbst, der den Namen des Philosophen in die Register der Universität eintrug: »*Iordanus Nolanus Neapolitanus Theologiae Doctor Romanensis*«. Übersetzen wir das Dokument jedoch zur Gänze: »Im Jahr 1586 unseres Erlösers Christus, am 1. Juli, mit einmütigem Konsens aller Professoren, ist Petrus Nigidius, Doktor juris und *Professor ordinarius* der Moralphilosophie, zum Rektor der Akademie Marburg gewählt worden. Unter seinem Rektorat wurden in die Matrikel der Akademie die folgenden Namen der studiosi aufgenommen [... es folgen sieben Namen], 8. Giordano Bruno Nolanus Neapolitanus, Doktor der römischen Theologie, am 25. Juli des Jahres 86. Da ihm aus schwerwiegenden Motiven mit dem Konsens der philosophischen Fakultät die Erlaubnis verweigert wurde, öffentliche Vorlesungen der Philosophie zu halten, ereiferte er sich im Zorn so, daß er mich in meinem Amtssitz anmaßend insultierte, als ob ich in diesem gegen das Völkerrecht, gegen die Sitte aller Universitäten Deutschlands und gegen alle humanistische Studien agierte; deshalb wollte er nicht mehr als Mitglied der Akademie angesehen werden, ein Wunsch, der leicht zu akzeptieren war, und daher wurde er aus dem Register der Universität gestrichen«.[230] Nigidius zog über die Worte: »8. *Iordanus Nolanus Neapolitanus Theologiae Doctor Romanensis*« einen Strich; man kann sie jedoch noch lesen, weil die gestrichenen Worte später von anderer Hand über die getilgten Zeilen neu geschrieben wurden. Dieselbe Hand strich überdies den Satz »*cum consensu facultatis philosophiae*« aus, wodurch die Verantwortung des Verbots ausschließlich auf den Rektor geschoben wurde. Diese Korrekturen hat mit Sicherheit Raphael Egli gemacht, der zu Beginn des nächsten Jahrhunderts in Marburg lehrte.

Was aber waren die »schwerwiegenden Motive«, auf die dieser Herr Nigidius anspielte? Stellen wir sofort fest, daß sie in seinem Kopf waren und nicht im Verhalten Brunos. Manche sind der Meinung, daß es der Titel »*Theologiae Doctor Romanensis*« gewesen wäre, mit dem sich Bruno ganz naiv immatrikulieren ließ, der die Zurückweisung provozierte. Andere, wie Batholmèss, meinen, daß eine Universität wie in Marburg, wo der herrschende Aristotelismus mit Ramismus eingefärbt war, ihre Tore niemals einem Philosophen wie Bruno öffnen konnte, der nicht nur gegen Aristoteles loszog, sondern auch gegen Ramus, den er einen »Erzpedanten«[231] nannte. Kurz, Nigidius, »Doktor der Rechte und ordentlicher Professor der Moralphilosophie«, benahm sich wie ein Tartüff. Das also waren die »schwerwiegenden Motive«, die er keinesfalls genauer benennen wollte, vielleicht weil sie zuletzt auch ihm selbst lächerlich und kaum zuzugeben schienen. Schlicht und einfach Zensur – das war alles. Auch scheint der Konsens der Fakultät nicht gegeben gewesen zu sein, wie das im Register vermerkt wurde. Dementsprechend wurde dieser Satz, wenn auch von anderer Hand, gestrichen. Hier soll noch einmal Drewermann zitiert werden, der den Philosophen sagen läßt: »Hüte dich vor Menschen, die Juristen und Moralisten in eins sind; sie wollen eine Welt aus Paragraphen und Verordnungen, aus Gesetzen und Geboten! Petrus Nigidius war so ein Mann. Gerade erst zum Rektor der Fakultät gewählt, erwarb er sich seine Sporen sogleich durch eine vorbildliche Wahrnehmung seiner Aufsichtspflicht. Ein Katholik will Philosophie lehren! An unserer Fakultät! In Marburg! Der Hochblüte der Reformation! Für einen protestantischen Dozenten der Rechtswissenschaft und der Moraltheologie, das gebe ich zu, muß so etwas natürlich undenkbar scheinen. Prompt machte er meine Immatrikulation wieder rückgängig – unter Zustimmung der Fakultät, wie er sagte. Als ob man die miesen Tricks nicht kennen würde, mit denen solche Leute hinter dem Rücken sich ihre Mehrheiten zu beschaffen pflegen! Ich bin überzeugt, daß es an einer Universität wie Marburg auch andere Stimmen in meiner Sache gegeben hat – oder gegeben hätte, wenn wenigstens eine ordentliche Fakultätssitzung einberufen worden wäre. Doch nein! Ich schäumte vor Wut. Ich verlangte umgehend ein Gespräch. Ich drang in seine Rektorswohnung vor. Ich nannte diesen Herrn Nigidius einen ignoranten und engstirnigen Büttel, der von den simpelsten Forderungen internationaler Universitätskultur wohl noch nie etwas gehört habe; ich hätte schließlich schon in Frankreich und England gelehrt, in Toulouse, Paris und Oxford; sein dämliches Marburg hingegen sei wirklich etwas Besonderes. […] Humanismus – das sei als erstes die Freiheit des Denkens …!«[232]

Drewermann weiß die Feder gut zu führen. Die kurzen und drängenden Sätze treffen den Zustand der Seele des Philosophen sehr genau, der sich von seinem Recht zu lehren durch einen philiströsen Protestanten namens Petrus Nigidius zurückgewiesen sah. Der deutsche Theologe identifiziert sich mit Giordano Bruno, mit dem er vieles gemeinsam hat;

gerade das macht sein Buch, auch wenn es fiktional ist, so anziehend und eindrücklich. Mit anderen Worten, da er selbst ein rebellierender und verfolgter Priester ist, sieht er Giordano Bruno sozusagen von innen.

Menschlicher Wahnsinn: In Marburg hatte 1529 die berühmte Disputation zwischen Luther und Zwingli stattgefunden. Und worüber sind sie einander in die Haare geraten? Nicht über die Freiheit des Denkens, sondern über die Gegenwart Christi in der Kommunion, als wäre die Wahrheit in einer schmalen Oblate aus Mehl eingeschlossen und hätte der ewige Gott keinen anderen Ort der Zuflucht. Drei Jahre später zog Zwingli wegen einer Frage derselben Art gegen die Katholiken in den Krieg und fiel in der Schlacht bei Kappel. Wer soll diese Botschafter Gottes verstehen! Ich verzichte darauf!

Nachdem Bruno schon den Fanatismus der Katholiken, der Calvinisten und der Puritaner erfahren hatte, mußte er nun den der Lutheraner über sich ergehen lassen. Er schweigt über die Episode von Marburg, und so können wir nicht genau wissen, wie sich die Dinge zugetragen haben. Wir kennen nur die Version des Nigidius, aber es gibt genug Gründe dafür, daß sie nichts weniger als parteilich ist. Es ist nicht gut, sich jemandem anzuvertrauen, der den Moralismus mit den Pandekten verkuppelt. Jedenfalls überrascht oder mißfällt uns ein Bruno nicht, der vor den Augen eines Philisters explodiert, auch wenn solch ein Verhalten wenig philosophisch ist. Das Sprichwort sagt: »Chi non ha sdegno non ha ingegno«: Wer sich nicht empören kann, ist geistlos.

Nach diesem Wutausbruch nahm unser herumirrender Don Quijote der Philosophie seine Wanderung wieder auf. Wann? Wir wissen es nicht, so wie wir auch nicht wissen, wie lange er sich in Marburg aufgehalten hat. Unbeugsam wie immer, wandte er sich diesmal nach Osten und erreichte nach einem langen Weg Wittenberg, das Mekka der Lutheraner. Am 20. August 1586 wurde er in das Buch der Universität zu Wittenberg als »*Iordanus Brunus Nolanus doct. Italus*« eingeschrieben. Der Rektor, der ihn immatrikulierte, hieß Petrus Albinus. Und man fragt sich, wie er denn, nachdem ihn die Lutheraner in Marburg zurückgewiesen hatten, gerade zur Wiege des Luthertums gehen konnte? Es scheint paradox, aber Bruno gefiel die direkte Herausforderung mit offenem Visier. Die Sturmvögel haben Gefallen daran, sich ins Auge des Taifuns zu stürzen. Sich in die Höhle des Löwen zu begeben, gehörte zu seinem Lebensstil und zu seinem kämpferischen Temperament. Hatte er das nicht auch in Toulouse getan? Nun versuchte er es mit Wittenberg.

Aber sonderbar: Die Städte, die für ihn am gefährlichsten sein konnten, wie gerade Toulouse und Wittenberg, erwiesen sich im Gegenteil als die gastfreundlichsten. Man sieht also, daß es in der Stadt Luthers weder Löwen noch Tiger gab, sondern nur brave Kater. Hier verbrachte Bruno doch tatsächlich die vielleicht ruhigste Zeit seines stürmischen Lebens. Alberico Gentili, der ihm, wie man sich erinnern wird, schon aus England bekannt war, führte ihn in die Universität ein. In Wittenberg, erklärte Bruno, »traf ich zwei Parteien an, eine von Philosophen, die calvinistisch waren, die andere von Theologen, die lutheranisch waren. Und unter den letzteren war ein Doktor namens Alberico Gentili, aus den Marken, den ich in England kennengelernt hatte, ein Professor der Rechtswissenschaft, der mich begünstigte und mir eine Vorlesung beschaffte über das Organon des Aristoteles, die ich neben anderen Vorlesungen über Philosophie zwei Jahre lang gelesen habe«.[233]

Es ist sehr wahrscheinlich, wenn auch nicht dokumentiert, daß Bruno und Gentili, der 1586 in Wittenberg Jus lehrte, einander auf deutschem Boden begegnet waren, noch bevor sie sich beide in Wittenberg aufhielten. Das liegt auch deshalb nahe, weil die Einschreibung Gentilis im akademischen Buch von Wittenberg kurz vor derjenigen Brunos steht. Sie geschah am 8. August 1586, somit kaum zwölf Tage vor der des Philosophen. Der Jurist figuriert dort als »*Caesarei iuris doctor*«. Und er könnte Bruno nahegelegt haben, sich mit einem diskreteren Titel als in Marburg einschreiben zu lassen. »*Iordanus Nolanus doct. Italus*« ist wirklich weniger verfänglich als »*Theologiae Doctor Romanensis*«.

Auf kultureller Ebene konnte zwischen Bruno und Gentili – der nicht an die Bewegung der Erde um die Sonne glaubte – keine große Verbindung bestehen; es ist aber denkbar, daß sie einander auf menschlicher Ebene verbunden waren. Für dieses Mal haben zwei vertriebene Italiener einander nicht bekriegt, sondern geholfen. Wenn Alberico Gentili auch um vier Jahre jünger war, verstand er es doch zweifellos besser, im praktischen Leben durchzukommen und sich umsichtiger in den Gefahren dieser Welt zu bewegen. Das zeigt seine Universitätskarriere in Oxford, wo er im Juni 1587 zum königlichen Professor ernannt wurde, ganz im Gegensatz zu diesem Tristan Giordano Bruno, der immer von seiner

Liebe zur Philosophie kaptiviert und unfähig war, sich den Umständen anzupassen, und so nur Verletzungen und Demütigungen erlitt. Er war ein Merkur, der zu hoch hinaus wollte, und sich deshalb die Gefahren, denen er auf dem schroffen Lebensweg ausgesetzt war, nicht klarmachte.

In Wittenberg fand er, wenn schon keine Konsonanz mit seinen Ideen, so doch eine offene, zivilisierte Gastfreundschaft vor. Zwei Jahre lang konnte er frei lehren und arbeiten, ohne daß jemand wegen der Neuartigkeit seiner Philosophie Lärm gemacht hätte. Im Einleitungsbrief zu *De lampade combinatoria Lulliana,* dem ersten seiner in Wittenberg gedruckten Werke, wendet sich Bruno an den Rektor und den akademischen Senat und zollt ihnen seine Anerkennung: »Schon von Anfang an habt Ihr mich mit so großer Menschlichkeit und mehr als ein Jahr hindurch mit solcher Freundlichkeit und einem Wohlwollen aufgenommen, als ob ich Euer Kollege wäre, ja sogar ein Freund des Hauses, sodaß ich unter Euch niemals den Eindruck hatte, ein Fremder zu sein. So weiß ich nicht, mein Gott, wie ich mein Gefühl der Dankbarkeit ausdrücken soll. Ihr habt mich bis heute als einen Menschen behandelt, obwohl ich in euren Augen keinen Namen, keinen Ruhm und keinen Kredit hatte. Ihr habt mich nicht einmal gefragt, was mein Beruf war. Es hat euch genügt, daß ich meinen Beruf als Philosoph und meinen Geist voll Liebe für die Menschheit im allgemeinen erzeige. [...] Euer Benehmen mir gegenüber verdient umso mehr Bewunderung, als Ihr wißt, daß ich in Euren Aulen Ideen vorbringe, die zuvor in den königlichen Aulen von Toulouse, Paris und Oxford mit Protestgeschrei beantwortet wurden. Ihr habt weder die Nase gerümpft, noch die Zähne gefletscht oder das Gesicht verzogen, nicht auf die Bänke getrommelt, nicht gegen mich den *furor scholasticus* ausgelöst; dadurch habt Ihr so sehr einen Fremden und sozusagen verwundeten Geist zufrieden gemacht, daß ich selbst am Ende alles, was Ihr nicht kritisieren wolltet, aus einer spontanen Bewegung der Seele getadelt habe«.

Herzliche Gastfreundschaft und herzliche Dankbarkeit! Bemerkenswert ist der Unterschied zwischen diesem Brief und jenem, der an die Oxforder Doktoren gerichtet ist. Die Härte und Erregung waren nicht einfach Charaktereigenschaften Brunos, sondern entstanden entweder aus den Umständen oder aus seinem Anspruch, gegen die Obskurantisten und die Kultur seiner Zeit zu kämpfen. Er verbellte und biß diejenigen, die ihm Schwierigkeiten machten, aber er war sanft und freundlich

zu denen, die sich zivilisiert benahmen, wie es eben die Wittenberger taten. Und das tun sie immer noch. Ja, sie sind sehr gastfreundlich, wie ich
das selbst habe erfahren können.

Die Universität Wittenberg, gegründet 1502 von Friedrich dem Weisen, wurde vor allem von dem großen Humanisten Melanchthon, dem
»Praeceptor Germaniae«, geprägt. Es stimmt, daß er die Theorie des Kopernikus für frevelhaft hielt, wie viele zu seiner Zeit, aber er war doch einer der hervorragendsten Geister unter den deutschen Humanisten.
Nicht umsonst fühlte er sich Erasmus näher als Luther, mit dem er jedoch zusammenarbeitete. Der Geist der Toleranz, den Bruno in Wittenberg vorfand, war im besonderen Georg Mylius, dem Kanzler der Universität, zu verdanken, der seit fünf Jahren um den Respekt aller, auch der
Calvinisten, kämpfte. Als Zeichen der Wertschätzung und Anerkennung
widmete ihm der Philosoph *De progressu et lampade venatoria logicorum,*
sein zweites in Wittenberg publiziertes Werk.

Über dem protestantischen Mekka schwebte vor allem der Geist Luthers, mit dem Bruno die kämpferische Natur, die Festigkeit der Vorstellungen und die Unverrückbarkeit der Grundsätze gemeinsam hatte.
Beide hatten sie einen falschen Schritt getan, als sie ins Kloster eingetreten
waren, und beide hatten sie das Mönchsgewand abgeworfen. Luther war
der Überzeugung, daß die Welt seit tausend Jahren niemandem so feindlich gesinnt war wie ihm; und deswegen stand auch er gegen die ganze
Welt. Dasselbe hätte Bruno sagen können. Viele Schicksalsschläge des
Deutschen erinnerten den Italiener an die eigenen. Zuletzt aber kam
Luther mit heiler Haut davon; denn als er verhaftet und vor das kirchliche Gericht gestellt werden sollte, raubten ihn maskierte Soldaten und
brachten ihn auf die Wartburg in Sicherheit, wo er sich als Ritter verklei-
det ohne Sorgen seinen Studien widmen konnte. Der arme Bruno hingegen wurde nur von den Rittern des Todes geraubt.

Auf dem Reichstag zu Worms, auf dem Luther geladen war, um seine
Schriften zu widerrufen, sagte er Nein und sprach den berühmten Satz:
»Hier steh ich, ich kann nicht anders«. Wie wir sehen werden, wies auch
Bruno das Ansinnen zurück, seine Prinzipien vor dem Inquisitionsgericht
zu widerrufen. Kurz, beide waren, wenigstens was ihren Charakter angeht, aus demselben Holz geschnitzt. Sehr verschieden waren sie allerdings auf der intellektuellen Ebene. Bruno übte harte Kritik an den Re-

formierten, deren Fanatismus er direkt erfahren mußte, und seit den Jahren des Studiums in San Domenico Maggiore schaute er stets mit Sympathie auf den Universalismus des Erasmus. Er konnte Luther auch nicht zustimmen, der die kulturelle Einheit Europas gebrochen hatte, wie ihm viel später Novalis in dem schönen Essay *Die Christenheit oder Europa* vorwarf. Noch heftiger ist die Kritik Nietzsches im *Antichrist*, wo er sagt, Luther habe sich »mit allen rachsüchtigen Instinkten eines verunglückten Priesters im Laibe« der Renaissance entgegengestellt, gerade als das Christentum eine starke heidnische Färbung angenommen hatte. Mit »Cesare Borgia als Papst« wäre das Christentum liquidiert worden. Was aber geschah? Luther machte die Reformation, während doch eine »Umwerthung der christlichen Werte« notwendig gewesen wäre, ruft Nietzsche, und er fügt hinzu: »Wenn man nicht fertig wird mit dem Christenthum, die Deutschen werden daran schuld sein«.[234] Wollte man *per absurdum* argumentieren, wie es Nietzsche oft tut, könnte man zu dem Schluß kommen, daß Bruno ein ganz anderes Schicksal gehabt hätte, wenn es keinen Luther gegeben hätte, insofern die Reformation die Gegenreformation hervorrief und diese eine Verhärtung der Inquisition. Aber das sind nur Träume, denn wir wissen sehr gut, daß die Scheiterhaufen schon vor der Reformation heftig brannten. Das Übel liegt in der Wurzel und nicht in den Reformen. Der Monotheismus bringt die Orthodoxie hervor, und die Orthodoxie den Haß. Man denke auch an den Islam. Der Monotheismus gleicht gewissen Bäumen, die kein anderes Gewächs um sich dulden und alles zerstören, was ihnen zu nahe kommt.

Auch körperlich hatte Luther das Aussehen des Kämpfers, wie man auf dem Bildnis Lukas Cranachs des Älteren sehen kann. Mit diesem schweren und kompakten Körper scheint er mehr für die Arena als für das Kloster geeignet, eher um die Keule zu schwingen, als den Rosenkranz zu handhaben. Er war ein großer Esser und dürfte auch außerordentlichen sexuellen Appetit gehabt haben. Sicherlich war er kein schmächtiger Asket. Seine Figur hätte besser zu einem Pferdehändler gepaßt, als zu einem Seelenhändler für das Paradies. Sein wahrer Name lautete wohl bezeichnenderweise Luder; aber von 1517 an hat er ihn zu Luther verfeinert. 1483 war er als Sohn eines Bergmannes in Eisleben, nordwestlich von Leipzig, geboren worden. Manche Quellen berichten, er sei, als er die Schule besuchte, gezwungen worden, sein Brot durch Singen und Betteln vor dem

Tor zu verdienen. Übrigen war Luther nicht der einzige große Deutsche, der sich auf diese Weise das Brot verdienen mußte. Auch Johann Sebastian Bach und Winkelmann, um nur zwei berühmte Namen zu nennen, taten es. In seinem großartigen Buch über den Komponisten schreibt der Musikwissenschaftler Piero Buscaroli: »Solange sein Vater am Leben war, brauchte Johann Sebastian seine Groschen nicht durch Singen auf den Straßen zu verdienen. Aber nach dem Tod des Ambrosius wurde das in den drei verschiedenen Orten, wo er seine Jugendzeit verbrachte, zu seinem Schicksal. Dasselbe Schicksal hatten Generationen deutscher Jungen vor ihm kennengelernt, mit Martin Luther an der Spitze, der in Eisenach in derselben Lateinschule von 1498 bis 1501 Schüler war, und noch nach ihm mußten«[235] andere illustre Deutsche, unter ihnen Winkelmann, dasselbe Schicksal noch kennenlernen.

Luther kannte sicher die Härte und das Elend des Lebens. Jedenfalls mußte auch er, um studieren zu können, ins Kloster eintreten; und das ist ein weiterer gemeinsamer Zug mit Giordano Bruno. Er war voll von Widersprüchen und nicht selten verfiel er in den Obskurantismus, etwa wenn er sagte, daß sich ernsthafte und ehrenwerte Personen von öffentlichen Bädern fernhalten müssen. Hier soll noch einmal Nietzsche zitiert werden, der im 21. Kapitel des *Antichrist* dem Christentum auch die Schmutzigkeit vorwirft: »Hier wird der Leib verachtet, die Hygiene als Sinnlichkeit abgelehnt; die Kirche wehrt sich selbst gegen die Reinlichkeit (– die erste christliche Maßregel nach Vertreibung der Mauren war die Schließung der öffentlichen Bäder, von denen Cordova allein 270 besaß)«. Und sind die römischen Thermen nicht von den Christen zerstört worden?

Wer die Ruinen der römischen Städte in Nordafrika besucht, wo Sand und Trockenheit sie gut konserviert haben,[236] wer die bewunderungswürdigen Reste dieses Glanzes sieht und sie mit dem Elend konfrontiert, das nachher kam, die miserablen Bauten eingeschlossen, die für den neuen Gott errichtet wurden, versteht nur zu gut, welches Unglück das Christentum und die Tonsurierten für die Zivilisation gewesen sind. Es dauerte tausend Jahre, bis man lernte, wieder ein anständiges Gebäude zu bauen und weitere tausend Jahre, die heilige Gewohnheit, sich zu waschen, wieder einzuführen. Noch heute riechen gewisse orthodoxe Gottgeweihte nicht unbedingt nach Zimt und Majoran. Und wer wird die

Giordano Bruno

wunderbare Kunst der römischen Mosaiken wiederherstellen? Die Mosaiken in den archäologischen Museen von Djemila, Tunis oder Sousse, dem antiken Hadrumentum, legen ein beredtes Zeugnis einer für die Menschheit höchstentwickelten Zivilisation ab. Und ich denke an das römische Gesicht im Museum von Bardo in Tunis: Es hat die Schönheit eines Gottes und die Würde eines Philosophen. Was würden einem solchen Menschen die langweiligen Salbadereien der *Bekenntnisse* des heiligen Augustinus bedeutet haben? Der Heide hatte es nicht nötig, die Schönheit des Himmels zu suchen, denn er hatte sie vor Augen: die Kolonnaden, die Tempel wie kristallisierte Musik, die Thermen, reich an Mosaiken, Schönheit und Sauberkeit. Dann kamen die Christen als die größten Zersetzer oder die Tschandala, wie sie Nietzsche nennt, und diese Welt ist zusammengebrochen. Die Hygiene wurde zur Sünde erklärt (man lese die Kirchenväter) und die Thermen wurden zerstört. Und nicht nur die Thermen, sondern alles, was man heidnisch nannte: Tempel, Basiliken, Kolonnaden und Bibliotheken. Die Basilika der Severi in Leptis Magna, wo die Kunst mit vollen Händen verteilt worden war, erscheint dem Besucher wie ein Ruinenmeer der Ästhetik. Die Christen stellten hier ihre Kanzel auf, aber die ist so schäbig, daß sie genügt, um zu verstehen, wie plump die neuen Erlöser waren. Dann kamen noch die Vandalen des Geiserich und zerstörten den Rest. Jetzt hätte Augustinus, der die ganze Katastrophe begünstigt hatte, nicht *De civitate Dei* schreiben sollen, sondern eher *De civitate Diaboli*. Aber der Tod, der ihn am 28. August 430 in Hippo im heutigen Algerien ereilte, ersparte dem *heiligen* Bischof die Folgen dessen mitanzusehen, was er selbst heraufbeschworen hatte. Ich habe von Afrika gesprochen, aber auch in Asien und Europa benahmen sich die Christen wie Vandalen. Als der heilige Benedikt Montecassino erreichte, einen dreitausend Jahre alten Kultort, zerstörte er zuerst einmal wütend die beiden großartigen römischen Tempel und verschonte nicht einmal den heiligen Hain. Er liebte nur die Dornbüsche, in die er sich einmal ganz nackt warf, um sich zu kasteien, wie Gregor der Große erzählt. Fast alle christlichen Kirchen, das ist offenkundig, wurden dort errichtet, wo man zuvor heidnische Tempel zerstört hatte. So waren die Römer nicht verfahren, und sie hatten jeden seinen eigenen Gott anbeten lassen. Sie hatten auch niemanden wegen seiner religiösen Ideen oder der Farbe seiner Haut verfolgt.

Man steht dem Vandalismus und den Barbareien der ersten Christen mit Schrecken gegenüber: »Zerstört – schreit der Fanatiker Firmicus Maternus um 350 – zerstört ohne Zögern den Schmuck der Tempel. Diese Götter sollen dem Feuer der Münzwerkstätten oder den Flammen der Gießereien übergeben werden! Wenn die [heidnischen] Tempel abgerissen sind, wird eure Tugend im Angesicht Gottes größer geworden sein«.[237] Aber er beschränkte sich nicht auf die Zerstörung der Tempel: Unter Bezugnahme auf das Alte Testament, wo von der Zerstörung ganzer Städte durch den Zorn Gottes die Rede ist, forderte er auch die physische Ausrottung der Heiden. Es sei nötig, sie mit dem Schwert auszurotten: »Alles Volk bewaffne sich, um die Leiber der Gotteslästerer in Stücke zu hauen«.[238] So sprechen die heiligen Weltverbesserer! Gibbon schreibt, daß »in fast allen Provinzen der römischen Welt ein Heer von Fanatikern ohne Autorität oder Disziplin die friedlichen Einwohner attackierte, und die Ruinen der schönsten Bauten der Antike bezeugen bis heute die Zerstörungen dieser Barbaren«. Und weiter: »Die Gesetze der Kaiser zeigen gewisse Anzeichen der Mäßigung; aber ihre schwachen Kräfte reichten nicht aus, um den Wildbach des Fanatismus und der Raubwut anzuhalten, der von den geistlichen Vätern der Kirche dirigiert oder wenigstens inspiriert wurde. In Gallien motivierte der heilige Martin, Bischof von Tours, die Köpfe seiner treuen Mönche, um die Idole, die Tempel und die heiligen Bäume in seiner riesigen Diözese zu zerstören [...] In Syrien entschied der göttliche und hervorragende Marcellus, wie ihn Theodoretus nennt, als vom apostolischen Eifer beseelter Bischof, den großartigen Tempel von Apamea zu schleifen. Der Jupitertempel war so kunstvoll und solide gebaut, daß er dem Angriff standhielt«. Um ihn abzureißen, mußten die Säulen gestürzt und die Balken verbrannt werden. Übermütig durch seinen Sieg ließ Bischof Marcellus »hierauf alle anderen Tempel in seiner Diözese zerstören«. Weil er aber hinkte, konnte er den Leuten nicht entkommen, die über diese Unrechtstaten erbittert waren: »Er wurde von einer Schar verzweifelter Bauern überrascht und getötet, und die Provinzialsynode urteilte ohne Zögern, daß der heilige Marcellus sein Leben für die Sache Gottes geopfert habe«.[239]

In seiner heftigen Rede zur Verteidigung der heidnischen Tempel, geschrieben um 390, sagt Libanius dem Kaiser Theodosius: »Du hast doch befohlen, daß die Tempel nicht geschlossen würden und es nicht verboten wäre, in sie einzutreten. Und du hast auch weder Feuer noch Weihrauch verboten, noch auch nicht die Weihegabe der Düfte von den Tempeln und Altären verbannt. Diese schwarz gekleideten Männer hingegen [die christlichen Mönche], die mehr als Elephanten fressen, und jene müde werden lassen, die ihnen unter Gesang zu trinken bringen, die ihre Exzesse unter künstlicher Blässe verbergen, o Kaiser, diese Leute verstoßen gegen das Gesetz, gehen mit Holz, Stein und Eisen gegen die Tempel vor, und die solche Mittel nicht haben, bedienen sich der Hände und Füße: Straflos werden die Dächer zerstört, die Mauern abgerissen, die Statuen umgestürzt, die Altäre demoliert, die Priester gezwungen zu schweigen oder zu sterben. Nach der Zerstörung eines Tempels nimmt man sich einen zweiten vor, dann einen dritten, und die Trophäen häufen sich zu Trophäen – gegen jedes Gesetz. Alle diese Gewalttaten werden auch in der Stadt verübt, aber vor allem auf dem Land, und in großer Zahl attackieren sie überall, und nachdem jeder für sich tausend Schäden angerichtet hat, finden sie sich wieder zusammen und berichten einander von ihren Taten. Für sie wäre es eine Schande, nicht die infamsten Freveltaten verübt zu haben. Sie greifen auf dem Land wie reißende Flüsse an, verwüsten die Felder unter dem Vorwand, die Tempel zu zerstören, und wo sie einen Tempel zerstört haben, haben sie auch geblendet, geschlagen und gemordet«.[240]

Eine der infamsten Aktionen war die Zerstörung des Serapionstempels im ägyptischen Alexandrien. Nach dem Historiker Ammianus Marcellinus war dieser Tempel nach dem Kapitol in Rom der schönste der Welt; aber seine Schönheit reichte nicht aus, um ihn vor der Zerstörungswut der Christen zu schützen: 391 wurde dieses Wunderwerk durch Bischof Theophilus niedergerissen. Dasselbe Schicksal ereilte auch die anderen Tempel der Stadt. Nicht einmal die reiche Bibliothek wurde verschont. Die Zerstörung des Serapeons fand einen weiten Widerhall, wie Eunapius erläutert: »Ohne plausiblen Grund, ohne Kriegswirren, wurde der Tempel des Serapion zerstört. Statuen und Votivgaben wurden gestohlen, nur das Pflaster des Tempels wurde nicht abtransportiert, weil die Steine zu schwer waren. Und danach rühmten sie sich, die Götter besiegt zu haben […]. Dann führten sie die sogenannten Mönche auf jene heilige Plätze, Männer der Form nach, aber Schweine nach Kleidung und im

Fressen: Auch öffentlich verübten sie endlose und unaussprechliche Schändlichkeiten [...]. Zu einem solchen Grad der Verrohung haben sie die Menschheit geführt«.²⁴¹

Auch Männer der Feder wie Hieronymus, Augustinus, Johannes Chrysostomus und andere waren vom Fanatismus angesteckt. Hieronymus jubelte – wie sein Freund Paulinus von Nola – über die Nachricht, daß die Christen das Serapeon von Alexandrien zerstört und auf seinen Ruinen eine Kirche errichtet hatten: »Nun ist auch der ägyptische Serapion christlich geworden; eingesperrt in Gaza weint Marna [Gott der Stadt Gaza] und zittert vor Angst, daß sein Tempel zerstört wird«.²⁴² Um das Zittern des armen Marna zu beseitigen, gedachte Porphyrius, der Bischof von Gaza, nicht nur das *Marneion*, sondern auch sieben weitere Tempel der Stadt zu zerstören.²⁴³ Johannes Chrysostomos schickte seit 399 Gruppen von Mönchen in die phönizische Ebene und in die Berge des Libanon, um alle heidnischen Tempel zu zerstören. Er ließ auch die in Phrygien noch vorhandenen Tempel der Kybele schleifen.²⁴⁴ Und Augustinus? Er glaubte »diese Zerstörungen von Gott erlaubt und angeordnet«. Er wollte nur, daß die Christen die Tempel nicht ohne die Erlaubnis der Eigentümer des Bodens, auf dem sie standen, zerstörten: »Wenn wir nach Erhalt der Erlaubnis die Tempel, die Idole und die heiligen Haine etc. vernichten, dürfen wir nichts für unseren Gebrauch behalten, sonst würde es den Anschein erwecken, daß wir diese Zerstörung aus Begehrlichkeit unternommen haben, und nicht bewogen von der Religion.«²⁴⁵

Im Jahre 401 versammelten sich die Bischöfe in Karthago, gerade dort, wo Augustinus jene lateinische Kultur in sich aufgenommen hatte, die er jetzt bekämpfte, und beschlossen, daß es nötig sei, die Zerstörung der noch verbliebenen Tempel zu Ende zu führen. Und Augustinus ermunterte sie: »Jeder Aberglaube der Heiden soll zerstört werden. Gott will es, Gott hat es befohlen, Gott hat es vorhergesagt«.²⁴⁶

Welcher Kontrast zu der noblen Rede des Libanius, in der zu lesen steht, man müsse stets »die Tempel respektieren, auch jene der Feinde«.²⁴⁷ Halten wir hier ein, denn ich denke, das Gesagte reicht aus, um sich eine Vorstellung von der Katastrophe zu machen, die das Christentum für die Kultur gewesen ist. Eben das ist es, was Celsus in seinem gelehrten Diskurs über die Christen vorausgesehen hatte. Hier sollte noch etwas über

Giordano Bruno

den Mangel an Reinlichkeit bei den Christen gesagt werden. Ich beschränke mich auf zwei Beispiele. Pachomius, Gründer des christlichen Zenobitentums in Ägypten, verbot ausdrücklich, den »nackten Körper mit Wasser« zu waschen.[248] Um 404 übersetzte der heilige Hieronymus diese Regel ins Lateinische und machte sie im Abendland bekannt. Aber er adaptierte sie auch für den privaten Gebrauch und für diejenigen, die ihm folgten. Tatsächlich wusch er sich nicht, und wollte, daß auch die anderen sich nicht wuschen. Über sich sagte er: »Meine ekelhaften Glieder waren vom Sack rauh und meine schmutzige Haut schwarz geworden wie das Fleisch eines Äthiopiers«.[249] Und das nun ist sein einzigartiges pädagogisches Rezept: »Mir gefallen die Bäder für eine erwachsene Jungfrau überhaupt nicht, die Scham vor sich selbst haben soll und nicht dulden darf, sich selbst nackt zu sehen. In der Tat, wenn sie ihren Körper mit Wachen und Fasten kasteit und ihn in Knechtschaft bringt, wenn sie wünscht, durch die Kälte der Enthaltsamkeit die Flamme der Lüsternheit und die Regungen ihres brennenden Alters abzutöten, wenn sie ihren natürlichen Reiz mit eifriger Vernachlässigung absichtlich verunstaltet, warum sollte sie dann die gelöschten Feuer durch die Verlockung der Bäder wieder aufflammen lassen?«[250]

Kein Bad also! Hieronymus schrieb das zu Anfang des 5. Jahrhunderts, während die Heiden noch im Jahrhundert davor Bäder und Schwimmbecken ohne Zahl gebaut hatten, wie die wunderbaren Mosaiken auf der Piazza Armerina in Sizilien belegen, wo schönste Mädchen im Bikini abgebildet sind.

Ich möchte nicht mißverstanden werden. Ich verstehe die tiefe Bedeutung der Askese sehr gut, und ich habe größten Respekt vor denjenigen, die sie praktizieren; aber ich habe den Eindruck, daß Hieronymus hier mehr fanatisch als asketisch war. Das zeigt schon seine gewalttätige Leidenschaftlichkeit. Dem wahren Asketen geht es nicht darum, Proselyten zu machen, wie das hingegen Hieronymus unternahm, und er sorgt sich nicht um die Dinge der Welt, sondern transzendiert sie. Überdies nützt der Asket keine reichen Damen aus und handelt nicht um Vergeltung, sei es auch nur die des Paradieses. Stellt man den christlichen Asketismus dem orientalischen gegenüber, so sieht man sofort den fundamentalen Unterschied. Aber man darf sich nicht wundern, daß die Zerstörer der Tempel triumphiert haben und nicht ihre Erbauer, die Vandalen der Bibliotheken und nicht ihre Besucher, die sich zu waschen weigern und nicht die Architekten der Bäder und Thermen, die Fanatiker und nicht die Philosophen: Die Barbarei ist immer stärker als die Kultur, so wie die wilden Pflanzen stärker und widerstandsfähiger sind als die kultivierten.

Daß die Römer niemanden wegen seiner religiösen Lehren verfolgt haben, gefiel dem Universalisten Giordano Bruno, der sie daher im *Spaccio* mit hohem Lob bedachte. Da läßt er die Sofia sagen: »Das Urteil hüte sich, Liebe, Ehre, und den Lohn des ewigen Lebens und der Unsterblichkeit solchen zu verheißen, welche den Pedanten und Parabolanen anhängen, sondern vielmehr denen, die, weil sie ihre eigene und ihrer Nächsten Einsicht zu vervollkommnen suchen, im Dienste des Gemeinwohls, in unverbrüchlicher Wahrung der Großherzigkeit, Gerechtigkeit und des Mitleids den Göttern gefallen. Aus diesem Grunde haben auch die Götter das römische Volk vor allen anderen erhöht, da dieses durch seine gewaltigen Taten mehr als die anderen Nationen sich den Göttern zu nähern und ähnlich zu machen verstand, indem es den Unterworfenen verzieh, die Übermütigen niederwarf, Beleidigungen vergaß, Wohltaten aber nicht vergaß, den in Not befindlichen zu Hilfe kam, Unterdrückte aufrichtete, Gewalttätige in Schranken hielt, das Verdienst erhöhte und das Verbrechen züchtigte, letzteres mit Ruten und Beilen schreckend oder vernichtend, ersterem aber durch die Errichtung von Bildsäulen und Triumphbögen Ehre und Ruhm verschaffend. So hat sich denn auch gerade dieses Volk maßvoller und reiner von den Lastern der Unmenschlichkeit und besser angelegt für edle und großartige Unternehmungen erwiesen, als irgendein anderes; und weil sein Recht und seine Religion so vortrefflich waren, mußten auch seine Sitten und Gebräuche, seine Ehre und seine Wohlfahrt einen so hohen Grad erreichen«.[251] An den alten Römern lobte er auch den Fleiß, während er die Faulenzer als Feinde des Staates ansah.

Auch die alten Ägypter waren, so Bruno, den Göttern sehr nahe; und nicht nur, weil sie ihnen prächtige Tempel errichteten, sondern weil sie sie in allen Manifestationen des Lebens anbeteten, auch wenn es sich nur um eine Katze oder ein Krokodil handelte. Kurz, sie wußten, daß »die Natur nichts anderes ist als Gott in den Dingen [...] *natura est deus in rebus*«.[252]

Bruno entfaltete in Wittenberg eine intensive Tätigkeit, auch wenn hier kein Hauptwerk entstand, wie er sie in London veröffentlicht hatte.

Wahrscheinlich tat ihm die Ruhe nicht gut, und sein Geist entzündete sich nur, wenn er sich in einem Meer von Unbilden befand. Ob er in Wittenberg schon auch an seinen großen lateinischen Lehrgedichten gearbeitet hat, wissen wir nicht, aber es ist sehr wahrscheinlich. Außer den beiden erwähnten Werken veröffentlichte er eine neue Ausgabe der *Centum et viginti articuli,* die zwei Jahre zuvor in Paris erschienen waren. Der Titel der neuen Ausgabe, in der jedoch die *articuli* auf achtzig reduziert sind, lautet: *Jordani Bruni Nolani Camoeracensis Acrotismus.* Vorangestellt ist ein apologetischer Diskurs über den Pariser Schüler Jean Hennequin. Andere Schriften, auch das Kompendium seiner Vorlesungen, wurden erst posthum veröffentlicht.

Was aber bedeutet *Acrotismus?* Das Wort ist obskur, und Felice Tocco macht einen Erklärungsversuch und meint, daß Bruno das Wort *akróasis* auf seine Weise gebraucht habe, »das als Titel der Physik des Aristoteles dient und Versammlung, Konferenz oder etwas Ähnliches bedeutet«. Weniger wahrscheinlich kommt ihm hingegen vor, daß Bruno das Wort vom griechischen *akrótes* ableitet, um »Spitze, Gipfel, um die Kulminationspunkte anzugeben, um die sich die Diskussion drehen sollte«.[253] Icilio Vecchiotti schreibt seinerseits, »Acrotismus scheint seltsamerweise mit dem griechischen *akróasis* in Verbindung zu stehen, im Sinne von Diskurs für eine Vorlesung, um gehört zu werden (*akroatés* = Hörer)«.[254] Vom Titel abgesehen – denn das, was zählt, ist das Werk selbst – handelt es sich, wie Kirchhoff schreibt, »um eines der großartigsten und auch stilistisch klarsten Werke der abendländischen Naturphilosophie«.[255] In diesem Traktat, der eine Art Zusammenfassung seiner Kosmographie darstellt, offenbart Bruno nicht nur eine profunde Kenntnis der Werke des Aristoteles, sondern auch eine bewunderungswürdige Schärfe der Argumentation. Kurz gesagt: Der *Acrotismus* wendet sich gegen Aristoteles und die Aristoteliker und ist eine seiner strengsten polemischen Schriften.

In das Gästebuch eines seiner Schüler, des Schlesiers Hans von Warnsdorf, schrieb Bruno eine Variation der Verse aus dem Buch *Prediger 1, 9–10:* »Salomon und Pythagoras. Was ist, das ist? Dasselbe, was war. Was ist gewesen? Dasselbe, was ist. Nichts Neues unter der Sonne. Giordano Bruno Nolanus, Wittenberg 18. September [1587]«.[256] Am 8. März des folgenden Jahres schrieb er dieselbe Maxime unter einen Holzschnitt, der die Belagerung Nolas durch Hannibal darstellte.[257] Diese Maxime ist, wie

Felice Tocco richtig feststellt, sozusagen das Epigraph oder die Kurzfassung der ganzen Philosophie Brunos: die ewige Wiederkehr aller Dinge, weil die Gesetze der Natur metaphysisch, und daher ewig und unabänderlich sind. Wenn man will, betrinke man sich am Fortschritt, aber die Welt bleibt immer unverändert und gleich. Was ist, unterscheidet sich nicht von dem, was war oder sein wird.

Nach einer Periode relativer Ruhe begannen auch in Wittenberg die Kämpfe im Namen Gottes wieder. Wir haben schon gesehen, daß Bruno, als er nach Wittenberg kam, zwei Parteien vorfand, »eine von Philosophen, die calvinistisch waren, die andere von Theologen, die lutheranisch waren«. Jetzt kam es aber dazu, daß der neue Herzog Christian I., Nachfolger seines am 11. Februar 1586 verstorbenen Vaters, »anfing, die Partei zu favorisieren, die gegen jene eingestellt war, die mich favorisierte«,[258] das heißt also die Calvinisten. Tatsächlich wurde Christian seinem Vetter Johann Kasimir, einem fanatischen Calvinisten, geradezu hörig. Und die Wirkungen wurden alsbald spürbar.

Auch wenn Christian I. mehr dem Alkohol zusprach als dem Ambrosia, denn er war einen um den anderen Tag betrunken, so wollte er doch der Universität von Wittenberg eine neue Ausrichtung geben, weil sich der Ramismus zu ungunsten des Aristotelismus ausbreitete. Er agierte natürlich nicht allein, sondern folgte seinen Ratgebern. Vier dieser Ratgeber veranstalteten am 29. Mai 1587 eine universitäre Inspektion. In ihrem Bericht, der in Folge der neuen Vorschriften zugrunde liegen sollte, die am 24. August 1588 erlassen wurden, deckten sie verschiedene administrative wie didaktische Mißstände auf. An der philosophischen Fakultät z.B. wurde Aristoteles nicht gelehrt, sondern verspottet, und all dies zugunsten der »Ramisterey«, also der Lehre des Ramus, der für seinen Antiaristotelismus bekannt war. Auch was Melanchthon gelehrt hatte, wurde zugunsten des Ramismus vernachlässigt, vor allem von seiten der Privatdozenten, zu denen auch Bruno gehörte. Auf ihn nimmt der Bericht ausdrücklich Bezug, wo er von den Büchern spricht, die eine falsche Angabe des Druckorts enthalten, wie gerade die »*Dialectica Nolani* eines *Itali*«. Dazu schreibt Eugenio Canone, aus dessen so gut dokumentierter Arbeit ich hier schöpfe, daß die »*Dialectica Nolani*« zu identifizieren sei »entweder mit *De lampade combinatoria Lulliana*« oder »mit *De progressu et lampade venatoria logicorum,* beide in 1587 in Wittenberg

Giordano Bruno

veröffentlicht«.[259] Die beiden Werke wurden wahrscheinlich von Zacharias Krafft, latinisiert zu Crato, gedruckt; das erstere erschien ohne Angabe des Verlegers, das zweite nur mit der Angabe des Erscheinungsjahrs. Canone setzt fort: »Viele der Professoren der theologischen und philosophischen Fakultät, die Bruno im Vorwort zu *De lampade combinatoria Lulliana* gelobt hatte, wurden in der Folge auf Grund der neuen Direktiven Christians I. entlassen, unter ihnen auch Polycarp Leyser, Professor der Theologie, der 1587 Wittenberg verließ und eine neue Aufgabe als Prediger in Braunschweig übernahm, aller Wahrscheinlichkeit nach wegen der politisch-religiösen Auflagen des neuen Herzogs […] Den anderen Dozenten, so etwa Johann Major, dem Professor der Poetik, der selbst ein Dichter war, wurde befohlen, das neue Reglement der Universität strikt zu befolgen.«[260] Somit bezeichnete die Machtergreifung Christians I. eine unverkennbare Verschiebung der Kräfte zugunsten der Calvinisten, deren oberstes Ziel die Beseitigung des toleranten Kanzlers Georg Mylius und damit der Freiheit des Denkens war. Und das geschah auch. Bruno roch wieder die Luft von Genf und entschloß sich zu gehen. Das war sein Schicksal: Je mehr er Aristoteles und seine Verehrer bekämpfte, umso mehr kreuzten sie seine Straße.

Am 8. März 1588 hielt er zum Abschied von der Universität Wittenberg, die ihn mit so großem Freimut aufgenommen hatte, die glänzende *Oratio valedictoria* vor dem akademischen Senat und einem gedrängten Publikum. Die Rede wurde dann auch gedruckt. Der Philosoph geht von dem Mythos der drei Göttinnen aus, die sich auf dem Berg Ida dem Paris präsentieren, und fährt fort: »Diese Fabel nun kennzeichnet genau, was mir und fast jedem Sterblichen geschieht, wenn es sich um die Wahl des Berufs, des Genius, um die Ziehung des Schicksalsloses, um die Unterwerfung unter das Fatum handelt. Der Juno überreichen den Apfel diejenigen, welche nach Einfluß, Reichtum, Herrschaft, nach Königskronen, nach Kaiserkronen streben; der Minerva die, welche Einsicht, Klugheit, Weisheit und Erkenntnis allen anderen Dingen vorziehen; der Venus die, welche Freundschaft, Gesellschaft, ruhigen Lebensgenuß, Schönheit, Anmut und Vergnügen über alles schätzen«. Im Unterschied zu Paris hätte er Minerva ausgewählt: »Wenn diese mich mit drohendem und verächtlichem Blick anschaut, woran ich nicht Venus, sondern Minerva erkenne, so hat sie mich gleichwohl gerade dadurch am meisten gefesselt, gerade dadurch am meisten in den Bannkreis ihrer Liebe und Sehnsucht gezogen. Denn mehr vermag sie, als Venus durch ihren Liebreiz und ihre Anmut vermag, durch das Gegenteil, durch ihre Strenge. Aber warum, werden sie fragen, ist diese Jungfrau so spröde und streng? Weil, sage ich, Weisheit sich nicht so leicht mitteilt, sich nicht so verschwenderisch und freigiebig bezeigt wie Reichtum und Wollust. Es gibt nicht, wahrlich, es gibt nicht und hat niemals gegeben so viel wahrhaftige Philosophen, als es gibt und gegeben hat Feldherrn und Herrscher. Bei weitem nicht so vielen hat Minerva sich bekleidet und in voller Rüstung gezeigt, als Juno und Venus in ihrer Nacktheit!« Der Weise, der von Minerva unterstützt wird, ist niemals wehrlos, »die Schicksalsschläge mit Rat zu bändigen oder mit Geduld zu überwinden«. Er hatte immer die Göttin der Weisheit geliebt: »Dieselbige habe ich geliebt und gesucht von meiner Jugend auf, und gedachte sie mir zur Braut zu nehmen; denn ich habe ihre Schönheit lieb gewonnen. Ich trat also vor Gott und betete zu ihm mit aller Inbrunst meines Herzens: gib mir die Magd zu deinen Füßen, die Weisheit, und halte mich nicht für unwert, dein Knecht zu sein! Sende sie herab aus den heiligen Himmeln, vom Sitze deiner Allmacht, daß sie bei mir weile, meine Arbeit fördere, daß ich wisse, was mir fehlt und was dir angenehm ist; denn sie weiß und erkennt es und wird mich in meinen Werken verständig leiten und mich in ihren Schutz nehmen!«

Die Weisheit, fährt der Philosoph fort, erscheint zuerst bei den »Ägyptern, bei den Assyrern und den Kaldäern«, dann finden wir sie »bei den Persern, unter den Magiern des Zoroaster, und drittens bei den Indern unter den Gymnosophisten«. Wirklich – das sei hier eingefügt –, die Weisheit ist in Indien geboren und immer in Indien geblieben, aber das konnte Bruno nicht genau wissen, auch wenn seine Philosophie auf geheimnisvolle Weise weit mehr dem Buddhismus nahesteht als dem westlichen Denken. Gehen wir weiter. Er sagt, daß sich die Weisheit, nachdem sie verschiedene Völker berührt hätte, in Deutschland niedergelassen habe: »So scheint mit Jupiter und dem Imperium, dem Abbilde des himmlischen Hofs, auch Minerva, auch diese Weisheit in gewisser Reihenfolge ihre Residenz verlegt und eine neue Heimat gefunden zu haben.« Damit setzt er Deutschland, als dessen Bewunderer er sich erklärt, an die Spitze eines langen kulturellen Prozesses. Und an seine Zuhörer gewandt, ruft er aus: »Ihr braucht nicht zu glauben, gelehrte Zuhörer, daß ich euch nur schmeicheln will, wenn ihr nur eure Reichtümer aufmerksam mustern und euch überzeugen wollt, daß ihr vor allen anderen mit hellerer Sehkraft begabt seid. Denn seit jener Zeit, da das Imperium auf euch übergegangen ist, findet man auch mehr Genie und Kunst bei euch als bei anderen Völkern. Wer war in seinen Tagen dem Schwaben Albert dem Großen vergleichbar? War jener nicht in vielen Punkten dem Geistesfürsten Aristoteles, dem er als Kuttenträger nach der Anschauung jener Zeit untergeordnet wurde, überlegen? Guter Gott, wo findet sich ein Mann vergleichbar jenem Cusaner, der je größer, um so wenigeren zugänglich ist? Hätte nicht das Priesterkleid sein Genie da und dort verhüllt, ich würde zugestehen, daß er dem Pythagoras nicht gleich, sondern bei weitem größer als dieser ist. Ist nicht Kopernikus in wenigen Kapiteln einsichtsvoller als Aristoteles und alle Peripatetiker in ihrer ganzen Naturbetrachtung? Welch edler Geist beseelt den Palingenius in seiner keineswegs am Boden kriechenden Dichtung?«

Hier aber irrt Bruno: Marcello Palingenio Stellato, Autor des *Zodiacus vitae,* war kein Deutscher, sondern ein Italiener. Er wurde in der Nähe von Ferrara geboren, und sein richtiger Name war Pier Angelo Manzolli della Stellata. Auch Kopernikus war kein Deutscher, sondern ein Pole. Über den Erzdeutschen Luther spricht der Philosoph als von einem Helden, oder noch mehr von einem Herkules in der Kutte: »Und wenn du frägst, woher kam der Held? Woher? So lautet die Antwort: Aus Deutschland, von den Ufern dieser Elbe, aus der Fülle dieses Borns! Hier an dieser Stätte hat euer Mitbürger und Herkules über die ehernen Pforten der Hölle, über die mit einer dreifachen Mauer umgebene Zwingburg, die der Styx neunfach umwindet, den Sieg davon getragen. Du hast, o Luther, das Licht gesehen, das Licht erkannt, betrachtet, du hast die Stimme des göttlichen Geistes gehört, du hast seinem Befehl gehorcht, du bist dem, allen Fürsten und Königen Grauen erweckenden Feinde unbewaffnet entgegengetreten, du hast ihn mit dem Worte bekämpft, zurückgeschlagen, niedergeschmettert, besiegt und Beute und Trophäen des übermütigen Feindes den Oberen übergeben!« Das ist eine ziemlich ohrenbetäubende Musik: Sie hört sich eher nach Pauken und Trompeten, als nach Flöten und Geigen an. Aber man muß das verstehen: Zum ersten Mal in seinem Leben wurde Bruno behandelt, wie er es verdiente, mit Freimut und menschlicher Wärme. Deshalb war es nur natürlich, daß er seine Dankbarkeit in hohen Tönen sang. Aber setzen wir fort. In Wittenberg, sagt er, »hat die Weisheit sich ihr Haus erbaut, hier hat sie sieben Säulen ausgehauen, hier konnte sie es unternehmen, einen besseren Opferwein zu mischen, hier den wahren Tisch des heiligen Sakraments wieder herzustellen. Hierher ruft sie alle, die geladen sind, zu kommen. Und sie sind gekommen aus jedem Volke, aus jedem Stamme des zivilisierten Europa, Italiener, Franzosen, Spanier, Lusitanier, Engländer, Schotten, Bewohner der nördlichen Polarinseln, auch Sarmaten, Hunnen, Illyrier, Skythen: vom Morgen und Abend, vom Mittag und von Mitternacht. […] Unter ihnen bin ich hierher gekommen, um dieses Haus der Wissenschaft zu besuchen, entbrannt von der Leidenschaft, euer Palladium zu schauen, eine Leidenschaft, für die ich mich nicht gescheut habe, Armut zu ertragen, den Neid und Haß der Meinigen auf mich zu ziehen, Undankbarkeit und Verwünschungen seitens derjenigen, denen ich nützen wollte und genutzt habe, ja Mißhandlungen rohster Barbarei und schmutzigster Habgier seitens derer, die mir Liebe, Ehre und Dienstfertigkeit schuldig waren, Lästerungen, Schmähungen, Ehrlosigkeiten, Verleumdungen. Doch ich schäme mich nicht, Hohngelächter und die Verachtung unedler und dummer Leute erduldet zu haben, die mir lediglich durch Gelehrsamkeit und Glücksumstände zum Scheinbilde des Menschentums emporgehobene Bestien zu sein scheinen und daher begreiflicherweise sich vor aufgeblasener Anmaßung nicht zu halten verstehen. Hierfür Arbeiten, Schmerzen, Elend und Verbannung auf mich genommen zu haben, soll mich nicht gereuen. Habe ich doch durch Arbeit gewonnen, bin ich doch durch Schmerzen geprüft und geläutert und habe in der Verbannung Lehren und Erfahrungen gesammelt! In kurzer Mühsal fand ich dauernde Beruhigung, in kurzem Schmerze ewige Freude, in den Erfahrungen des Exils ein höheres und größeres Vaterland! […] Laßt mich noch gestehen, daß ich euch Deutsche insgesamt in eurer Bildung so vorgeschritten gefunden habe, daß jedes fremde Vorurteil gegen eure angeblich barbarischen und bäurischen Sitten dahinschwand. Welche Aufnahme habe ich bei euch gefunden, der Ausländer, der Verkannte, der Überläufer, dieser Spielball des Schicksals, schmächtig von Gestalt, ein Habenichts, ohne jeglichen Glücksstern, eine Zielscheibe des Pöbelhasses, der ich allen Dummen und Unedlen, allen, die nur dort Adel anerkennen, wo Gold schimmert und Silber blinkt und die nur ihresgleichen begünstigen und beklatschen, ein

Giordano Bruno

Verächtlicher war. Ihr, höchst gelehrte und duldsame Senatoren, habt mich nicht verachtet und habt mein Bestreben, das doch euren eigenen Anschauungen so fremd erscheinen mußte, nicht so sehr gemißbilligt, daß ihr mir nicht vollkommenste philosophische Lehrfreiheit eingeräumt hättet! Mich, der ich blind vor Liebe zu eurer jungfräulichen Mutter Minerva und geradezu närrisch zu sein schien, habt ihr fast zwei Jahre lang in euren Hallen begünstigt und mit geradezu jovialer Freundlichkeit gelitten, meinen seltsamen Vorträgen ein williges Ohr geliehen, ob ich gleich für euch doch nur ein Anlaß und ein Subjekt sein konnte, an dem ihr den ganzen Reichtum eurer Urbanität, eurer Langmut und Großmut vor der Welt bezeugen konntet. Und eben jetzt, da ich an meinen Abschied denke, da ich euch Lebewohl sagen muß, überhäuft ihr mich noch durch die Ehre vollzähliger Anwesenheit – nicht nur die ganze Blüte eurer studierenden Jugend, auch ihr alle, höchstgelehrte Professoren, Doktoren, Leuchten der Wissenschaft, Sterne an ihrem Himmel, die ihr hier erschienen seid, habet Dank dafür! […] Zum Schluß mag es mir verstattet werden, auch die Götter der Elemente, des Himmels und der Gestirne anzurufen. Lebt denn wohl, ihr Wälder, unter deren hohen Laubgewölben ich so manche Stunde verträumt habe, ihr Nymphen, Dryaden und Hamadryaden, ich beschwöre euch: Für die Numas, die Cäsare, die großen Feldherrn, die Maros und Tullius, die euer Boden trägt, lasset es nicht an Lorbeeren, Myrten, Efeu, Pappeln und Palmenkränzen mangeln! […] Auch ihr Nymphen an diesen Quellen, ihr Nereiden dieses Stromes, an dessen Ufer ich so oft Luft schöpfen und lustwandeln durfte, seid zugegen! Möget ihr euren Sand in Silber, eure Kiesel in Gold wandeln. […] Und du, Sonne, Auge der Welt, du Fackel dieses Universums, so oft du auch noch im Umschwung dieses Planeten dich der Nacht zuwenden magst, kehre immer wieder zum Lichte zurück und bringe diesem Vaterlande immer glücklichere Tage, Monate, Jahre, Jahrhunderte! […] Und der allmächtige Vater, Allvater, Vater der Götter, dem alles unterworfen ist, der mein Schicksal lenkt wie das eurige, hochverehrte Zuhörer, möge diese Wünsche hören und erhören!«

Hier vertraut sich uns Giordano Bruno einmal an, öffnet er sich und erlaubt uns, in seine Seele einzutreten. Die Freundlichkeit seiner Gastgeber hat ihn entwaffnet und er spürt, daß er sich zeigen kann, wie er wirklich ist: großzügig, schwungvoll und dankbar denen, die ihm die

Hand gereicht haben, aber auch voller Wunden. Er erinnert wieder einmal an die armen geprügelten Hunde, die ständig gezwungen sind, gegen die Bosheit der Welt anzuknurren, aber gut und sanft zu dem werden, der sie liebevoll behandelt. Überdies erfahren wir, daß der Philosoph zur Meditation lange Spaziergänge am Flußufer der Elbe unter der dortigen Flora machte. Und er bekennt seine Liebe zu den Flüssen. Diese knappen biographischen Andeutungen erlauben uns, seinem Schatten zu folgen, der an manchen Stellen sozusagen ertastet werden kann. Er spricht nicht nur von der Elbe, sondern auch von »diesen Quellen«. Er meint damit sicherlich, was noch heute »Lutherbrunnen« heißt. Er befindet sich fünf Kilometer von Wittenberg entfernt in Richtung Dresden. Luther soll diese Quelle bei einer Wanderung durch die Wälder entdeckt haben und mit seinen Schülern oft dorthin zurückgekehrt sein. Dort hat auch Bruno offenbar Ruhe gesucht. Die Quelle war damals ein sehr idyllischer Ort, mitten in einem später verschwundenen Eichenwald. Kein Wunder also, daß Bruno an einem so schönen Ort die Nymphen gesehen hat, über die er am Ende seiner Abschiedsrede spricht.

Wittenberg hat seinen Namen von den weißen Sandhügeln, die sich im Gebiet der Elbe gebildet haben, und bedeutet weißer Berg (ursprünglich Witen Berg geschrieben). Es liegt am rechten Flußufer und hatte zur Zeit Brunos zwei- bis dreitausend Einwohner. Die Studenten zählten wenige hundert. Für den Philosophen, der aus Neapel, London und Paris kam, war Wittenberg ungeachtet seines Weltruhms, den es Luther verdankte, wenig mehr als ein Dorf. Luther selbst hatte ja verächtlich über Wittenberg gesagt, es befinde sich *in termino civilisationis*. Aber da waren die Studenten, die es lebendig hielten: Sie ließen sich in allerhand Raufhändel ein, sei es untereinander, sei es mit den Bewohnern der Gegend, allen voran mit den Fischern. Und manchmal gab es auch Tote. Am Abend des 3. Oktober 1512 attackierte ein Student, der sich ungerecht aus der Universität ausgeschlossen fühlte, den Rektor Ulrich Erbar und spaltete ihm den Kopf mit der Spitzhacke. Aber er kam nicht davon: Einige Tage später wurde er gefaßt, sofort zum Tod verurteilt und öffentlich auf jenem Marktplatz enthauptet, auf dem später die Statuen Luthers und Melanchthons aufgestellt worden sind.

Ein Einzelfall? Keineswegs: Es gibt Berichte über viele andere Bluttaten, ganz zu schweigen vom ständigen Aufruhr. Luther selbst wurde nicht nur einmal bedroht. Vergebens schickte die akademische Obrigkeit Ordonanzen aus, um die Studenten am Waffentragen zu hindern und die Ordnung wieder herzustellen. 1520 gab es eine gewalttätige Auseinandersetzung zwischen den Studenten und den Arbeitern aus der Werkstatt des Lukas Cranach. Ein Druck aus dieser Zeit, auf dem man Männer sieht, die einander mir Schwertern, Stöcken und Steinen bekämpfen, gibt eine Vorstellung, wie grausam diese Streitereien ausgetragen wurden. All das widerspricht dem studentischen Spruch: »Wenn du dich unterhalten willst, geh woanders hin; wenn du studieren willst, geh nach Wittenberg«. Möglicherweise aber war die Situation zu Brunos Zeit besser, auch weil es damals weniger Studenten gab als in der Zeit davor.

Während des Zweiten Weltkriegs wurde Wittenberg bombardiert und beschossen. Die Russen besetzten es am 28. April 1945 nach schweren Straßenkämpfen. Aber auch in früheren Epochen war Wittenberg Kriegsschauplatz. 1547 wurde die Stadt von den Truppen Karls V. eingenommen, der sofort das Grab Luthers sehen wollte. Die Chroniken berichten, daß insbesondere der Herzog von Alba und der Bischof von Artois ihn baten, den Leichnam des »Häretikers« zu exhumieren und zu verbrennen. Karl V. habe darauf geantwortet: »Laßt ihn ruhen bis zum Tag des Jüngsten Gerichts. Ich führe keinen Krieg gegen Tote«. Weiter gab es den Siebenjährigen Krieg, und Wittenberg wurde am 12. und 13. Oktober 1760 von den Preußen schwer beschossen. Ein Druck aus dieser Zeit zeigt die Stadt in Flammen, unter den Kanonenkugeln, die über sie herunterregnen. Viele Gebäude wurden zerstört und ruiniert, darunter die Schloßkirche, an deren Tor Luther, der Legende nach, seine berühmten Thesen angeschlagen haben soll. Weitere Kanonaden gab es 1813, wieder von preußischer Seite, als sich Truppen Napoleons in der Stadt einquartiert hatten. Den Rest hat in diesem Jahrhundert das kommunistische Regime bewirkt, eine Art von Pilzbefall für die Städte und die Länder, in denen es an der Macht war. Es hat alles verwelken lassen, sogar die Mauern der Häuser.

Ungeachtet der Veränderungen von vier Jahrhunderten ist Wittenberg dennoch imstande, die Epoche in die Vorstellung zu rufen, in der Giordano Bruno hier lebte. Natürlich ist die Stadt gewachsen, sodaß aus den zwei- bis dreitausend Einwohnern von damals bis heute fünfzigtausend wurden: aber das historische Zentrum rund um die Collegienstraße ist im großen und ganzen dasselbe geblieben. Im äußersten Osten steht das Haus Luthers, im äußersten Westen liegt sein Grab. Wie oft wird Giordano Bruno diesen Weg gegangen sein? Sein Name kommt auf einer Gedenktafel vor, der an einige Lehrer der Universität erinnert: »Prof. Dr. Pollik von Mellendorf, Prof. Dr. Andreas Bodenstein gen. Karlstadt, Prof. Joachim vom Lauchen gen. Raeticus, Giordano Bruno, Prof. Dr. Daniel Sennert, Joachim Kunkel von Löwenstein«. Und da gibt es auch die Namen einiger Studenten, die berühmt geworden sind, wie »Ulrich von Hutten, Johann Agricola, Johann Christian Günther«. Die Tafel ist bei Nr. 62 der Collegienstraße angebracht, eben dort, wo sich die alte Universität befand, genannt *Fridericianum* nach dem Namen des Gründers Friedrichs des Weisen oder auch *Leucorea*, nach dem gräzisierten Namen Wittenbergs.

Wenden wir unsere Aufmerksamkeit einem dieser Namen zu: dem Dichter Johann Christian Günther, der 1695 in Schlesien zur Welt kam und 28jährig 1723 in Jena gestorben ist. Sein umherirrendes, unglückliches und qualvolles Leben erinnert in vieler Hinsicht an Giordano Bruno; und vielleicht ist es kein Zufall, daß ihre Namen dicht beieinander auf dieser Tafel zu finden sind. Oft gefällt es dem Schicksal, die es verfolgt, dieselben Wege gehen zu lassen. Auch Günther stand im Kampf mit der Welt und mit der Bosheit, die sie erfüllt; und wenn sie ihn nicht umbrachten, so ließ sie ihn doch vor Mühsal in der Blüte seiner Jahre sterben. Sein Epitaph schreit den Schmerz hinaus: »Hier starb ein Schlesier, weil Glück und Zeit nicht wollte, / Daß seine Dichterkunst zur Reife kommen sollte. / Mein Pilger! Lies geschwind und wandre deine Bahn, / Sonst steckt dich auch sein Staub mit Lieb und Unglück an«.

1817 wurde die Universität Wittenberg an die von Halle angegliedert und 1842 hat man aus dem *Fridericianum* eine Kaserne gemacht. Was für ein Sprung von der *Oratio valedictoria,* die von Giordano Bruno in diesen Mauern gehalten wurde, zur Stimme eines Korporals! In einer Miniatur aus 1645 sieht man sehr gut, wie die alte Universität ausgesehen hat, mit den Studenten, die den Hof bevölkern und einander mit dem Griff an den Hut begrüßen. Und mitten im Hof: ein Brunnen. Nicht weit von da, auf Nr. 60 der heutigen Collegienstraße, stand und steht noch immer das Haus des Melanchthon, einigermaßen komfortabel für jene Zeit. Heute ist es in ein Museum umgewandelt, und man findet hier viele aufschlußreiche Dinge aus dem Leben der damaligen Zeit. In einem Zimmer wird in großen Lettern der Passus aus der *Oratio valedictoria* zitiert, in dem Bruno sagt, daß nach Wittenberg Leute von überallher kamen. Doch gab es nicht allzu viele Studenten, denn sie wurden von anderen Universitäten attrahiert, z.B. von Leipzig. Im Haus Melanchthons kann man lesen, daß 1580 die Zahl der Studenten 534 betrug; zehn Jahre später waren es nur mehr 437. Interessant ist auch eine Art Epigramm, das lang genug vom Kampf zwischen den Lutheranern und den Calvinisten redet: »Gottes Wort und Lutheri Schrift ist des Babst und Calvini Gift«.

Viel größer als das Haus Melanchthons ist das Haus Luthers, die Lutherhalle, die sich auf Nr. 54 der Collegienstraße befindet. Es handelt sich um das alte Augustinerkloster, in das der Reformator 1508 aufgenommen wurde. Später, genau im Jahr 1532, schenkte der Kurfürst Luther den ganzen Komplex, der daraus seinen Wohnsitz machte. Zugegeben, das ist zwar nicht der Vatikan, aber auch nicht die Höhle eines christlichen Asketen. Heute ist alles Museum, wo man viel Material zur Geschichte der Reformation sehen kann. Auch hier prangt in großen Lettern das Zitat aus der *Oratio valedictoria* wie im Haus Melanchthons. Es befindet sich im großen Hörsaal und ist unterzeichnet mit »Giordano Bruno, 1586–1588 Dozent in Wittenberg«. Im Hof sieht man eine Linde, die so groß ist, daß sie vielleicht schon zu Brunos Zeiten da gestanden hat. Vor allem aber gibt die Lutherstube eine genaue Vorstellung, wie man in dieser Epoche in Wittenberg gelebt hat.

Nachdem wir einen Blick auf die sogenannte Luthereiche geworfen haben, die an der Stelle gepflanzt worden ist, an der Luther die päpstliche Bulle verbrannt haben soll, gehen wir in die Stadtkirche. Ihr Bau wurde 1280 begonnen, und sie dominiert mit ihren Türmen den Markt, das Herz der Stadt. Man kann sie nicht wirklich schön nennen, aber sie ist reich an Geschichte und bewahrt das Hauptwerk Lukas Cranachs des Älteren. Das Gemälde stellt eine Art Proklamation der Reformation dar. Luther sieht aus wie einer, der mehr dem Wein als dem Weihwasser zuspricht. Das hat er schließlich selbst erklärt: »Wer nicht liebt Wein, Weib und Gesang, der bleibt ein Narr sein Leben lang«. Prosit!

Viel Geschichte umschließt auch die Schloßkirche, die 1505 errichtet und später erneuert wurde. Hier befinden sich die reichlich einfachen Gräber Luthers und Melanchthons. Die Bronze, die Friedrich den Weisen darstellt, wurde nach einer Zeichnung Cranachs von Hans und Peter

Vischer gegossen und ist ein bedeutendes Werk. Ansonsten macht die Kirche keinen großen Eindruck: Wie in allen protestantischen Kirchen fehlt hier die mystische Atmosphäre. Das Tor der berühmten Thesen, das Thesenportal, ist nicht original. Aber aller Wahrscheinlichkeit nach ist nicht einmal die Geschichte der Thesen wahr, sondern wird von vielen für eine Legende gehalten.

Ungefähr zwei Jahre also lebte und bewegte sich Giordano Bruno in dem kleinen Wittenberg; wir wollten die bemerkenswertesten Einzelheiten der Stadt, die sicherlich auch er gesehen hat, beschreiben. Wir sind ihm in Gedanken gefolgt. Er wanderte aber auch lange an den Ufern der Elbe – und dorthin gehen wir jetzt, auch wenn sich das Aussehen der Flüsse in vier Jahrhunderten stark verändert hat. Die Vegetation besteht vorwiegend aus Brennesseln, die nicht gerade der »Ermutigung« dienen. Mit dem wechselnden Wasserstand der Elbe hat sich das Flußbett ziemlich weit von der Stadt entfernt, während der Fluß – nach alten Drucken zu schließen – seinerzeit fast die Stadtmauer umspülte. Wenn Bruno hier Nymphen und Dryaden sah, so können *wir* jedenfalls *ihn* und seinen Schatten erkennen. Man kann vielleicht an keinem der vielen Orte, die er auf seiner europäischen Wanderung berührt hat, seine Gegenwart so deutlich wahrnehmen wie in Wittenberg. Viele kennen ihn, und es gibt kein Buch über Wittenberg, das seinen Namen nicht erwähnt. Die Stadt behandelte ihn als Lebenden gut und behandelt ihn gut als Toten, indem sie sein Gedächtnis ehrt.

Einige der Studenten, die er in Wittenberg hatte, faßten Zuneigung zu ihm, und es spricht für ihn, daß er unter den jungen Leuten Begeisterung wecken konnte: als erster von allen Hieronymus Besler, den wir in Helmstedt und Padua wiederfinden, dann der spätere Theologe Gregor Schönfeld (1554–1628), der von Bruno die *Ars reminiscendi* bekam; ferner Hans von Warnsdorf, in dessen Stammbuch der Philosoph die Widmung schrieb, die wir schon zitiert haben; dann der ungarische Baron Michael Forgacz, den Bruno in Padua wiedersehen wird, und ein gewisser I. M. N., von dem wir nur die Initialen kennen, der aber geschrieben hat, er sei in Wittenberg Schüler des Nolano gewesen; schließlich wohl auch Jacob Cuno aus Frankfurt an der Oder und nicht aus Frankfurt am Main, wie immer wieder irrtümlich zu lesen ist.[261] Für ihn schrieb Bruno in lateinischer Sprache folgende Widmung auf ein Exemplar von *De lampade com-*

binatoria Lulliana: »Dem besonders generösen, noblen und sehr gelehrten Herrn Jacob Cuno aus Frankfurt, gewidmet vom Autor als Zeichen des Wohlwollens und zur eigenen Erinnerung«.[262] Es ist schwer zu sagen, ob auch der deutsche Humanist Valens Havenkenthal, bekannt unter dem latinisierten Namen Acidalius, Bruno schon in Wittenberg gekannt hat. Soviel ist aber sicher, daß er zum Anhängerkreis des Philosophen zählte, dem er ein lateinisches Gedicht widmete; es wurde 1589 in Helmstedt veröffentlicht und in jüngster Zeit von Andrzej Nowicki wieder aufgegriffen.[263] Es spiegelt die große Begeisterung des Schülers für den Meister wider:

An Giordano Bruno, Nolaner, Italiener

Du, so illuster, so groß, daß aller Götter Geschenke
in dir zusammengeflossen,

der du alle Gaben besitzt aus dem reichen Schatz der Natur,
von denen anderen nur eins zu besitzen erlaubt ist.

Du, o sublimes Wesen, das alle mit Staunen erfüllt,
vor dem die Natur selbst staunt, von deinem Werk übertroffen:

O Ausoniens Blume, Titan deines herrlichen Nola,
Schmuck und Freude des einen und anderen Himmels:

Soll ich etwa versuchen, von dir im Liede zu sprechen,
von dem keiner im Lied, gemäß zu sprechen vermag?

Ich nicht, du besiegst den Mund und die Leier Apollos
und nicht ist's den Musen erlaubt, dich besingen zu wissen.

Was also kann ich von dir noch sagen, es sei denn ich sagte:
daß ich von dir nichts zu sagen vermag?

Was muß ich tun? Es genügt dir, o größter der Menschen,
dieses Lob: Daß kein Lied dich genügend besingt«.

Acidalius, der sich offenbar für das weitere Schicksal seines Meisters interessierte, wie wir im folgenden sehen werden, starb kaum 28jährig 1595. So blieb ihm wenigstens erspart zu erfahren, welchem grausamen Tod der entgegenging, den er mit solchem Schwung besungen hatte. Er war in

Wittstock in Brandenburg zur Welt gekommen; nach einer langen Reise durch Italien, die ihn bis Neapel brachte, überschritt er die Alpen wieder und begab sich zu einem Freund nach Breslau. Dann folgte Acidalius einer Einladung des Johann Matthäus Wacker von Wackenfels, der später Kepler über den Tod Brunos informierte, und übersiedelte nach Nysa, südlich von Breslau, wo er am 25. Mai 1595 starb.

Auf die Wittenberger Periode bezieht sich auch ein Autograph Brunos, das Aquilecchia 1957 bekannt gemacht hat.[264] Dabei handelt es sich um eine lateinische Widmung mit folgendem Wortlaut: »Dem liebenswürdigsten und gelehrtesten Herrn M. Caspar Kegler aus Rostock, dem hervorragenden und wohlverdienten Freund, von Giordano Bruno geschenkt und gewidmet, zum Zeichen der Ehrerbietung und besonderen Erinnerung«. Das Datum fehlt, es scheint einer Beschneidung des Blattes zum Opfer gefallen zu sein; weil die Widmung aber auf ein Exemplar des *Acrotismus* geschrieben wurde, muß man vernünftigerweise annehmen, daß sie aus der Wittenberger Zeit stammt. Und wer war Caspar Kegler, den Bruno einen »Freund« nennt? Es wäre schön, wenn wir es wüßten. Aller Wahrscheinlichkeit nach war auch er ein Student Brunos.

Prag

Jordany Brung

Im Frühling 1588, nachdem die *Oratio valedictoria* gehalten und gedruckt war, nahm Bruno den Weg die Elbe und die Moldau aufwärts und ging nach Prag – »reiste ich ab und ging nach Prag und blieb dort sechs Monate«.[265] Das Schicksal wollte nicht, daß er sich lange an ein und demselben Ort aufhielt, als ob sein Leben in Etappen skandiert wäre. Wenn es wahr ist, wie Aristoteles sagt, daß das Leben aus Bewegung besteht, dann war Brunos Leben die Inkarnation des *perpetuum mobile*. Wir könnten ihn geradezu einen *globe-trotter* des Geistes nennen. Dazu trug auch der Dämon der Ruhelosigkeit bei, der in ihm war. Er war ein Merkur, der unbegrenzten Raum brauchte, so wie die Horizonte der Philosophie, die er verkündete, grenzenlos waren.

Bevor wir ihm folgen, verweilen wir noch einen Augenblick im gastlichen Wittenberg, denn hier verdienen zwei andere Namen Aufmerksamkeit, die uns in Verbindung mit dem Philosophen wieder begegnen werden. Bei einem davon handelt es sich um den schon genannten Johann Major, Professor der Poetik und selbst ein Poet. Bruno lobt ihn zuerst im Vorwort zu *De lampade combinatoria Lulliana*, wo er zusammen mit einigen anderen Professoren der Universität Wittenberg genannt wird, dann auch in der *Oratio valedictoria*: »Ich will nicht alle nennen, die unter euch den attischen und ausonischen Musen nachgeeifert haben und nacheifern und unter diesen allen nur auf einen größeren hindeuten. Ich meine Major (Euch ist er sehr bekannt), der ihnen [den Musen] nicht bloß nacheifert, sondern sie erreicht!« Der andere Name gehört dem Dichter und Humanisten Nicodemus Frischlin, der im Juli 1587 aus Prag nach Wittenberg kam und sich als »*philosophiae et medicinae doctor comes Palatinus*« ins akademische Register einschrieb. Wie es scheint, war er es, der Giordano Bruno auf den Gedanken brachte, nach Prag zu gehen. Darüber, sowie über die Persönlichkeiten Frischlins und Majors, werden wir später sprechen. Jetzt müssen wir dem Philosophen auf der Reise in die Hauptstadt Böhmens folgen, die damals auch die Hauptstadt des Reiches war.

Auf einigen Darstellungen von Wittenberg aus jener Zeit sieht man sehr schön die Schiffe, die mit geblähten Segeln die Elbe aufwärts fahren.

Auch Bruno, dessen Liebe zu den Flüssen wir schon kennen, wird die Elbe mit dem Schiff stromaufwärts gefahren sein. Doch kann man nicht sagen, daß er Rückenwind gehabt hätte: Nach einer Zeit der Ruhe, die er in Wittenberg verbracht hatte, befand er sich jetzt wieder mitten im Sturm. Aber das mißfiel ihm vielleicht gar nicht, war er doch gewohnt, mit Widrigkeiten zu kämpfen. Er bewegte sich stets gegen den Strom, was zwar nicht bequem ist, aber man hat die Brise im Gesicht und atmet frische Luft. Er konnte nicht anders, denn so wollten es sein Charakter und seine Philosophie. Er verstand nicht, sich den Umständen oder der Zeit anzupassen, wie es die Philister tun, indem sie die Feigheit zur moralischen Kategorie erklären. Er wußte die Wahrheit auf seiner Seite, und das genügte ihm; der Rest zählte nicht. Er lebte für die Philosophie, nicht von der Philosophie. Wer die Wahrheit sucht, schwimmt immer gegen den Strom, wie die Forellen, wenn sie Mücken fangen.

Wie viele Nymphen und Dryaden wird er beim Befahren der ziemlich schnellen Elbe gesehen haben? Wohl einige, wenn man seine blühende Phantasie bedenkt. In *De immenso* hat er eine Erinnerung an diese Flußfahrt hinterlassen: »Schau: Wenn du die Ufer der Elbe entlang fährst, dich von dem Leucoreischen Gebiet [d.h. Wittenberg] entfernst und dich zum germanischen Ozean wendest, werden die Polarsterne für dich immer höher und immer mehr erhebt sich der große Bär. Wenn du dagegen gegen die Quelle des Flußes fährst, inmitten der dichten böhmischen Berge, so wirst du dich den Orten nähern, wo du dem warmen Süden nahekommst, während der kleine Bär hinuntersinken, der Süden sich erheben wird und der nordische Olymp dem Blick entschwindet«. Und er fügt hinzu, daß das weiße Wittenberg »zwischen zwei Extremen liegt, die auf derselben Linie sind, dem, wo der Fluß entspringt, und dem, wo der Fluß mündet«.[266]

Und nun war er in Prag! Ob er sich als Lektor im Register der Universität hat eintragen lassen, wissen wir nicht, weil die Bücher jener Zeit verlorengegangen sind. Doch scheint er, wie wir später sehen werden, vor allem auf die Freigebigkeit Rudolfs II. gebaut zu haben, dessen Interesse an der astronomischen Wissenschaft er in der *Oratio valedictoria* gepriesen hatte. Vielleicht hoffte er, zu ihm dieselben Beziehungen aufbauen zu können, wie er sie in Paris zu Heinrich III. hatte. Die beiden Herrscher ähnelten einander tatsächlich in mehrfacher Hinsicht, nicht zuletzt was ihren wankelmütigen Charakter betrifft. Auch Rudolf II. war ein großer Mäzen. Unter ihm, der Prag seit 1583 zu seiner Residenz gemacht hatte, wurde die Stadt zu einem internationalen kulturellen Zentrum. Hier finden wir Namen aus ganz Europa: Wissenschaftler und Alchimisten, Ärzte und Architekten, Musiker und Maler, Dichter und Literaten. Besonders zahlreich waren die Italiener, die der Prager Kultur eine starke Prägung gaben. Es herrschte Toleranz gegenüber den verschiedenen Konfessionen, ungeachtet der zwiespältigen und wechselnden Haltung des Kaisers, der einmal die Freiheit des Gewissens, ein andermal den klerikalen Despotismus unterstützte. Jedenfalls wurde niemand aus religiösen Gründen verfolgt. Der Leibarzt Rudolfs II., der Neapolitaner Gian Maria della Lama, war ein Häretiker. Unter Bezugnahme auf ihn schrieb Papst Sixtus V. am 27. März 1587 an den Kaiser, daß »es gefährlich und für die Frömmigkeit und den Glauben schädlich ist, einen der Häresie verdächtigen und daher aus der Heimat geflohenen Menschen im Haus zu haben und zur Sorge und Gesundheit seines eigenen Leibes und der seiner Verwandten zu gebrauchen, während ein katholischer Kaiser mit niemand anderem zusammenleben darf als mit Katholiken«.[267] Aber die Ermahnung blieb völlig wirkungslos, ebenso wie die päpstliche Bulle *»In Coena Domini«,* die den Kaiser aufforderte, die Gegenreformation zu unterstützen.

Rudolf war von erlesener Häßlichkeit, wie man auf seinen Portraits sehen kann. Er war korpulent und untersetzt und hatte einen Kopf wie den Stößel eines Salzmörsers, Froschaugen und ein konsolenartig vorspringendes Kinn, das für die Habsburger oft charakteristisch ist. Auf der anderen Seite war er intellektuell sehr begabt, auch wenn er am Ende fast verrückt wurde. Von Jugend an hatte er ein starkes Interesse für Kunst und Wissenschaft gezeigt, und nachdem er den Thron bestiegen hatte, umgab er sich immer mehr mit Gelehrten, Künstlern und Wissenschaftlern. Da verdient vor allem Taddeus Hajek, Arzt, Astronom und Mathematiker, in Erinnerung gebracht zu werden. Er war am 1. Oktober 1525 in Prag zur Welt gekommen und hatte in Bologna in Medizin promoviert. Sein wirkliches Interesse galt jedoch nicht der Medizin, sondern der Mathematik und Astronomie. Mit Sicherheit war er es, der den Kaiser bei der Auswahl der Wissenschaftler beriet, die nach Prag berufen wurden, darunter Tycho Brahe, ein alter Freund Hajeks, und der große Kepler. Der dänische Astronom kam im Herbst 1599 nach Prag, ein Jahr vor dem Tod Hajeks, der am 1. Oktober 1600 in der böhmischen Hauptstadt starb. Und am 24. Oktober 1601 starb Brahe, ebenfalls in Prag. Sein Schüler und Mitarbeiter Kepler trat seine Nachfolge an und übernahm die Aufgabe des kaiserlichen Mathematikers, jedoch um kaum ein Drittel des Gehalts, das Brahe angewiesen worden war. So gehen die Dinge der Welt: Je höher eines Menschen Wert ist, desto niedriger ist oft sein Preis.

Insgesamt war also das Hauptinteresse derer, die am Hof Rudolfs II. verkehrten, nicht vor allem die Alchimie, sondern die Astronomie. Auch die Prager Universität, die älteste im damaligen deutschen Sprachraum (gegründet 1348, 20 Jahre vor Wien und 40 vor Heidelberg), gewann eine wissenschaftliche Prägung, während davor vor allem das Studium der Theologie gepflegt worden war. Bruno konnte also hoffen, daß er ein Ambiente finden würde, das seinen Theorien entsprach; aber so war es nicht.

Weiß Gott, wo er in Prag zu Hause war; jedenfalls ließ er *De specierum scrutinio et lampade combinatoria Raymundi Lullii* drucken und widmete die Schrift dem spanischen Botschafter am kaiserlichen Hof, Don Guillén de Haro. Der Philosoph nennt ihn einen »großzügigen und hochherzigen Kavalier«, in dessen Geist »der seines göttlichen Landsmanns Lullus« Zuflucht genommen habe. Tatsächlich brüstete sich Don Guillén de Haro, der in Prag großes Ansehen genoß, unter seinen Vorfahren wäre der Philosoph Raimundus Lullus gewesen. Er selbst, obwohl Botschafter des allerkatholischesten Philips II., interessierte sich für neue Denkströmungen und für die okkulten Wissenschaften. Deshalb lud er den englischen Mathematiker und Spiritisten John Dee mehrmals nach Prag ein, dem Bruno wahrscheinlich in England begegnet war; und es kann sein, daß es eben der spanische Botschafter war, der den Nolaner bei Hofe einführte. Man könnte aber auch an den Arzt Gian Maria della Lama denken. Wer immer es gewesen sein mag, jedenfalls hat Bruno sein zweites in Prag gedrucktes Werk, die *Articuli centum et sexaginta adversus huius tempestatis mathematicos atque philosophos* Rudolf II. gewidmet. Das Werk ist eine radikale Kritik der mathematischen Theorie und ein Versuch, die euklidische Geometrie zu überwinden; es entwickelt die Polemik gegen eine mechanistische Auffassung der Natur weiter, die Bruno schon in den Dialogen über Fabrizio Mordente entworfen hatte.

In dem schwungvollen Widmungsbrief – vielleicht dem schönsten,

Giordano Bruno

den Bruno jemals geschrieben hat – findet Bruno noble Worte über Toleranz und die Freiheit des Gedankens. Er wendet sich an den *divus* Rudolf, wie er ihn nennt, und schreibt, er lebe in einer Epoche, die von Finsternis regiert sei und von religiösen Sekten Schaden nehme, die einander im Namen Gottes bekämpften. Jede beanspruchte für sich den Vorrang und machte den Kult der anderen verächtlich. Daraus entstünden die Kriege und die Auflösung der natürlichen Verbindungen; daher kämen unzählige Übel, die die Welt überziehen, angefangen von der Anmaßung jener, die sich als Boten Gottes ausgeben. Deshalb müßte man lernen, die allgemeine Menschenliebe in die Tat umzusetzen, die fähig sei, die Feinde zu lieben und Gott ähnlich zu werden, der sein Licht über Gerechte und Ungerechte scheinen läßt: »Das ist die Religion, der ich ohne jeden Streit und jenseits aller Diskussionen anhange – aus freiem Enschluß meines Geistes ebenso, wie wegen der Sitten meiner Heimat und der Völker«. Er ist auf dem Feld der Religion offen, und umso mehr auf philosophischem Gebiet, wo er keine Autorität der Meister oder Traditionen anerkennt. Er hält es für ungerecht und der Gedankenfreiheit widersprechend, sich aus Ehrerbietung dem Urteil anderer zu unterwerfen. Wer das tut, zeigt, daß er dumm und feige ist. In der Philosophie wird die Wahrheit mit den eigenen Augen gesucht, und niemand hat das Recht, die Meinungen anderer zu kontrollieren und zu unterdrücken. Der Philosoph anerkennt keinen anderen Führer als sich selbst und geht seinen Weg geradeaus, ohne sich von irgendetwas oder irgendjemandem einschüchtern zu lassen: »An den freien Altären der Philosophie habe ich immer aus den stürmischen Wogen Zuflucht gesucht, indem ich nur die Gesellschaft jener wünschte, die befehlen, die Augen nicht zu schließen, sondern zu öffnen. Mir gefällt es nicht, die Wahrheit, die ich sehe, zu verhehlen, und ich habe keine Angst, sie offen zu bekennen; und da ich überall und fortdauernd an den Kriegen zwischen der Finsternis und dem Licht, der Wissenschaft und der Ignoranz teilgenommen habe, so wie ich überdies Gegenstand des Hasses, des Geschreis und der Insulte war, habe ich sowohl den Zorn der rohen und dummen Menge als auch der graduierten Akademiker, der Väter der Ignoranz, erfahren. Aber ich habe gesiegt, unterstützt von der Wahrheit und geleitet von einem göttlichen und höherem Licht«. Und so hob er wirklich das Gesicht »gegen die wunderbare Schönheit des Lichts, indem ich auf die Natur hörte, die ihre Sehnsucht, gehört zu werden, herausschreit, und indem ich in Einfachheit des Geistes und mit aufrichtiger Haltung der Seele der Weisheit nachging«.

Das sind Worte, die zum Himmel fliegen. Sie hätten bei Rudolf II. Gehör finden müssen, aber der Kaiser ließ sich das einfach 300 Thaler kosten, als wäre Bruno ein Straßenmusikant und nicht ein Bote des Lichtes – »und während ich dort weilte, ließ ich ein Buch über Geometrie drucken, das ich dem Kaiser überreichte, der mir dafür ein Geschenk von 300 Thalern gab, und mit diesem Gelde ging ich von Prag weg und hielt mich ein Jahr lang an der Akademie Julia in Braunschweig auf«.[268] Ist ein Philosoph von dieser Bedeutung vor den Augen der Welt nicht mehr wert als 300 Thaler? Verdient er nicht eine Pension? Nein, denn die Pensionen sind für die Höflinge reserviert. Dennoch wurden die Musensöhne damals besser verstanden und unterstützt als heute, so wie die Herrscher – und Rudolf II. ist dafür ein gutes Beispiel – unvergleichlich gebildeter waren als die Politiker unserer Zeit.

Das magische Prag konnte also Giordano Bruno nicht länger als sechs Monate halten. Und doch hätte die Stadt mit ihren Hügeln und ihrem Fluß einem so unruhigen Geist ein wenig Frieden bieten können. Es ist schön, sich vorzustellen, wie er allein und in Gedanken von der großartigen Karlsbrücke aus, diesem Meisterwerk des schwäbischen Baumeisters Peter Parler, den Lauf der Moldau beobachtete. Wir können ihm auch in der Vorstellung in das historische Zentrum der Stadt folgen, das damals noch eindrucksvoller gewesen sein muß, als es heute immer noch ist. Ist es denn möglich, daß Prag, die »Königin der Städte«, wie Enea Silvio Piccolomini sie nennt, ihm nicht länger Gastfreundschaft gewähren konnte, wie sie es später für Kepler vermochte? Wenn sich in Prag aber auch der intrigante Fabrizio Mordente aufhielt, der zum kaiserlichen Mathematiker ernannt wurde, dann kann man sich leicht ausrechnen, daß er dem Philosophen das Leben schwer gemacht hat, wie schon zuvor in Paris: Verletzte Eitelkeit fordert unerbittlich Rache.

Wir betreten jetzt die Teynkirche, wo die Stimme des Jan Hus ertönte, der 1415 lebendig verbrannt wurde. Wie sollte man sein Schicksal nicht mit dem des Giordano Bruno in Verbindung bringen, der gewiß auch in diese Kirche eingetreten ist? Hier befindet sich auch das Grabmal des Tycho Brahe, mit dem wir uns jetzt beschäftigen müssen.

In Prag wird eines der wenigen Autographe Brunos aufbewahrt. Es handelt sich um eine Widmung an Tycho Brahe und lautet: »*Omni no-bilitatis genere insigni et famosis. ° illustri et excell. ° D. Tichoni Dano in signum benevolentiae et obsequi*«. Zu Deutsch: »Dem Dänen Herrn Tycho, ausgezeichnet und sehr berühmt in jeder Form des Edelmuts, erlaucht und besonders hervorragend, im Zeichen des Wohlwollens und der Gefolgschaft«. Diese – wie wir sehen werden – ganz unverdiente Widmung ist an den unteren Rand eines Exemplars des *Camoeracensis acrotismus* geschrieben. Ich gestehe, daß ich berührt war, als ich dieses kostbare Exemplar in Händen hielt. Es wird im Klementinum aufbewahrt, im historischen Archiv der Universität, mit der Signatur XV K 22. Ivo Korzan hat sie publiziert.[269] Das letzte Wort der Widmung ist unleserlich und verderbt, bedeutet aber wahrscheinlich »*auctor*«. Etwas wie ein »r« ist jedenfalls zu erkennen.

Über welche Vermittlung hat Bruno dieses gewidmete Exemplar Tycho Brahe zukommen lassen, der sich damals auf Uraniborg befand, einer dänischen Insel, die ihm König Friedrich II. zusammen mit einer Apanage von jährlich 500 Thalern in Gold geschenkt hatte? Wahrscheinlich über Taddeus Hajek, der schon lange ein Freund und Korrespondent des dänischen Astronomen war. In diesem Fall wurde die Widmung in Prag gegen Ende des Frühjahrs 1588 geschrieben. Und wenn sie vor der Abreise nach Prag von Wittenberg aus gesandt worden war? Es gibt keinen Grund, diese Hypothese auszuschließen. Fest steht, wie auch immer, daß Tycho Brahe das Buch Giordano Brunos in der Mitte des Sommers 1588 nicht nur erhalten, sondern auch gelesen hat. Das geht aus dem Brief hervor, den der Däne am 17. August seinem Kollegen Christoph Rothmann nach Kassel geschrieben hat, mit dem er über die Materie des Himmels in Auseinandersetzung stand; darin schreibt er spottend *Jordanus Nullanus*.[270]

Tycho Brahe trieb auch anderswo seine diabolischen Späße mit dem Gleichklang von Nolanus und *Nullanus*. Auf der letzten Seite des Buches, das ihm Bruno so devot gewidmet hatte, schrieb er das folgende Urteil: »*Nullanus nullus nihil, / Conveniunt rebus nomina saepe suis*«. Zuerst hatte er *Nolanus* geschrieben, dann besann er sich und schrieb *Nullanus*. Offenbar verfügte der Astronom über eine gute satirische Ader. Blickt man aber auf die Sache selbst, so muß man sagen, daß Bruno, der *Nullanus*, obwohl ihm kein astronomisches Observatorium zu Verfügung stand,

richtiger urteilte und weiter schaute als Tycho Brahe, der die Rotation der
Erde um die Sonne nicht akzeptieren wollte. Er war gewiß ein großer Beobachter, aber er hatte nicht das Genie, um zu erfassen, was Kopernikus
schon lange davor erfaßt hatte. Nicht so Giordano Bruno, der vom ko-
pernikanischen Heliozentrismus ausging und ein wirklich originelles
Konzept des Universums und eine Theorie von der Unbegrenztheit der
Welten vorlegte. Danach gibt es weder Zentrum noch Peripherie, denn
in unbegrenzten Welten kann alles Zentrum und Peripherie sein. Und die
moderne Wissenschaft hat ihm Recht gegeben: Albert Einstein war der
Meinung, daß das Universum unendlich sei, sowohl was den Raum als
auch was die Zeit betreffe. Überall würden Sterne existieren, und die Materie sei überall dieselbe. Mit anderen Worten: Wenn wir den Raum
durchstreifen, würden wir überall einen Schwarm von Fixsternen ungefähr derselben Art und derselben Dichte antreffen. So, meinte Einstein,
würden wir von der lästigen Idee befreit, daß das materielle Universum
einen Mittelpunkt haben müsse. Bruno hat dasselbe Jahrhunderte früher
gesagt.

Rita Sturlese prüft in ihrem schon zitierten Aufsatz gründlich die Motive der negativen Reaktion Tycho Brahes nach der Lektüre des Buches,
das ihm Bruno zugesandt hatte. Seit zwei Jahren war der Astronom schon
in einer Polemik mit dem Kollegen Rothmann über das »*Caelum ae-
reum*«, also über die Materie des Himmels verwickelt. Der Däne kritisierte jene, die wie Rothmann oder der Mathematiker Jean Pena wagten,
den Himmel mit Luft zu füllen. Pena, Professor der Mathematik in Paris, sprach vom »*aer continuus*« im Vorwort zur »Optik« des Euklid, erschienen 1557. Seine Thesen wurden von Rothmann in ein kleines Werk
über den Kometen von 1585 aufgenommen und weiterentwickelt. Sturlese: »Tatsächlich ist die Unendlichkeit des Universums das *Leitmotiv* aller
Artikel gegen die Peripathetiker; aber das unendliche Universum verlangt
Einheit und Homogenität, keinen zweigeteilten Himmel, sondern einen
kontinuierlichen und homogenen«. All das rüttelt an den Fundamenten
der Kosmologie des Tycho Brahe und so erklärt sich seine verärgerte Reaktion auf die Lektüre des *Acrotismus*. Sturlese fährt fort: »In Wirklichkeit muß die Gabe Brunos wie ein umwälzender Wirbelsturm in den geordneten Kosmos des Tycho eingetreten sein, der […] in der Substanz tief
aristotelisch war«. Er war nicht imstande die in seinen Beobachtungen

implizierten kosmologischen Konsequenzen zu ziehen und machte es wohl so, wie der Esel, der Christus trug, ohne es zu wissen. Bruno hingegen zog diese Konsequenzen und war deshalb ein ehrlicher Bewunderer des Dänen. In *De immenso* steht z. B.: »Die Astronomen unserer Zeit (von denen der Däne Tycho der größte und berühmteste ist)«.[271] Beobachten genügt nicht – man muß auch intuitiv verstehen. Und darin war Bruno Tycho weit voraus, der im Grunde nur ein empirischer Beobachter blieb. Als er dann den *Acrotismus* in Händen hielt, fiel ihm nur ein übler Sarkasmus ein, wie dieser *Nullanus* zeigt. In Ermangelung von Argumenten griff er zu Spott und Hohn – eine typische Reaktion von Menschen, die die Wahrheit nicht anerkennen oder die eigenen Ansichten nicht mit anderen konfrontieren wollen. Jedenfalls hat Tycho das Geschenk des Philosophen trotz sarkastischer Randbemerkungen sorgfältig aufgehoben und nach Prag mitgenommen. So wurde dieses Exemplar des *Acrotismus*, das wahrscheinlich von Prag seinen Ausgang genommen hatte, vom Empfänger der Widmung wieder nach Prag zurückgebracht.

Nun müssen wir uns aber wieder auf die Spuren unseres Wanderers begeben. Er sagt, daß er sechs Monate in Prag geblieben sei, aber wie er gelebt und wer mit ihm verkehrt haben mag, wissen wir nicht. So bleibt uns nichts anderes, als ihm mit den Augen der Phantasie durch das historische Zentrum der Stadt zu folgen und mit ihm wieder Abschied zu nehmen.

Ein gewisser Italiener

Jordano Bruno

Ab und zu taucht ein neues Dokument auf, das uns erlaubt, das Wanderleben Giordano Brunos und seinen Zickzack-Weg besser zu verfolgen. Dasjenige, von dem wir gleich sprechen werden, zeigt unwiderleglich, daß der Philosoph, als er Prag mit dem Viatikum Rudolfs II. von 300 Thalern verließ, nicht direkt nach Niedersachsen ging, wie man aus der venezianischen Erklärung vom 30. Mai 1592 entnehmen könnte, und wie die Biographen bisher immer geschrieben haben. Er fuhr nicht die Moldau und die Elbe abwärts, gar bis Magdeburg, um sich dann auf dem Landweg nach Brunswick oder »Bransovich« zu begeben, wie man in den Dokumenten des Prozesses lesen kann. Nein, er nahm von Prag aus nicht die Richtung nach Nordwesten, sondern nach Südwesten. Hat er auch überlegt, Wien einen Kurzbesuch abzustatten? Wer weiß! Jedenfalls wäre es schön gewesen, und er hätte dort eine ihm gemäße Atmosphäre gefunden. Warum? Weil sich die Wiener immer gut auf Ironie und Sarkasmus verstanden haben! Gewiß haben sie auch jenen erzpedantischen Theologen Thomas Hasselbach ausgelacht, über den Enea Silvio Piccolomini im Vorwort zur *Historia rerum Federici III imperatoris* geschrieben hatte: »Und ich würde seine Gelehrsamkeit auch loben, wenn er nicht seit zweiundzwanzig Jahren das erste Kapitel des Jesaia erläuterte, ohne noch zu einem Schluß gekommen zu sein«. Was für ein Wahnsinn! Sie sagen, die Bibel sei von Gott geschrieben oder wenigstens inspiriert worden, und dann verbringen sie ihr Leben damit, irgend etwas davon zu verstehen. Eins von beiden: Entweder ist das ein Gott, der sich nicht verstehen läßt, oder seine Interpreten begreifen überhaupt nichts. Aber lassen wir die Theologen bei ihrem Zeitvertreib (Piccolomini, der spätere Papst Pius II., hatte in Wien Besseres zu tun, wie seine glänzende *Historia de duobus amantibus* beweist) und wenden auch wir uns nach Südwesten.

Heute wissen wir, daß Bruno sich im November 1588 in Tübingen aufhielt. Das belegt ein Dokument, das erst 1971 veröffentlicht wurde. Die Entdeckung ist Norbert Georg Hofmann zu verdanken, der darüber einen gehaltvollen und interessanten Aufsatz schrieb.[272] Er fand in der minutiösen Buchhaltung der Rektoren der Tübinger Universität unter dem

Datum vom 17. November 1588 folgenden Vermerk: »*Quidam Italus,* [hier folgt ein leerer Abstand] *nomine, profugus et exul propter religionem, petit sibi ius universitatis et privatim docendi facultatem. Dominorum sententia conclusum,* daz diser *petent in numerum studiosorum* zu recepiren bewilligt, aber das *publice* docieren abgeschlagen, sonder das *privatim* zu docieren bewilligt, doch daz *ea hora* docier, da andere *professores* nit docieren. Zu der andern umbfrag ist decerniert, *ut humaniter cum eo agatur, ne diutius hic se sustendet, quia Senatum non desiderare alios professores.* Da er sich dann vortzuziehen bewilligt, soll ime 4 flor. verehrt werden«. Dieser köstliche Salat aus Latein und Deutsch bedeutet also: »Ein gewisser Italiener, namens [hier folgt ein leerer Abstand], Flüchtling und Exulant aus religiösen Gründen, erbittet für sich das Recht des Universitätslehrers und die Erlaubnis, privat zu unterrichten. Die Herren sind zu dem Schluß gekommen, daß dieser Bittsteller unter die Zahl der Studierenden aufgenommen werden darf, zwar das öffentliche Dozieren abgeschlagen wird, aber das private zu bewilligen sei, jedoch in Stunden zu lehren, in denen andere Professoren nicht dozieren. Zur anderen Frage wurde entschieden, mit ihm menschlich umzugehen, damit er sich hier nicht länger aufhalte, denn der Senat braucht keine weiteren Professoren. Wenn er bereit ist zu gehen, werden sie ihm vier Gulden zuwenden«.

Die Notiz hat Andreas Walch verfaßt, der 1588 die Protokolle des akademischen Senats redigierte. Die Tatsache, daß er es unterlassen hat, den Namen Giordano Brunos nach *Quidam Italus* zu schreiben, mag daher kommen, daß er ihn nicht gut verstanden und sich vorgenommen hatte, ihn später einzusetzen; daß er das dann nicht tat, hat dazu beigetragen, daß kein Gelehrter bemerkt hat, es handle sich um den Philosophen. Das wichtige Dokument ist sogar Christoph Sigwart entgangen, dem bedeutenden Bruno – Forscher und Professor der Philosophie gerade in Tübingen. Die Bestätigung, daß es sich wirklich um den italienischen Philosophen handelt, fand Hofmann in einer anderen Archivquelle. Unter dem Titel »*Expensa honorarii nomine*« der Rektoratskonten von Tübingen für die Jahre 1588/89 steht unter dem Datum vom 24. November 1588: »*Jordano Bruno D. ex Decreto Senatus 4 f.*«.

Die Dinge ordnen sich. Wenn man diese Daten mit den sechs Monaten zusammen sieht, die Bruno behauptet, in Prag verbracht zu haben, dann kann man mit ziemlicher Genauigkeit festhalten, daß er die böhmi-

sche Hauptstadt gegen Ende April erreicht und im Oktober wieder verlassen hat. Wenn er aber in Tübingen erst in der zweiten Hälfte des November ankam, wie die zitierten Dokumente nahelegen, so muß man
annehmen, daß er Zwischenstationen gemacht hat. Im Sommer 1356
brauchte Petrarca 15 Tage von Basel nach Prag. Es ist nicht denkbar, daß
Bruno zweihundert Jahre später mehr Zeit gebraucht habe, um von Prag
nach Tübingen zu kommen, also um eine geringere Distanz zu bewälti-
gen. Er wird gewiß irgendwo Aufenthalt genommen haben. Scheiden wir
Wien aus, denn das hätte ihn gezwungen, einen zu langen Umweg zu
machen; aber Nürnberg, die Geburtsstadt seines Schülers Hieronymus
Besler, liegt auf dem Weg von Prag nach Tübingen. An dieser Stelle ist es
bemerkenswert, daß in den *Avvisi di Roma* vom 12. Februar 1600 unter
den verschiedenen Städten, die Bruno auf seiner europäischen Wanderschaft berührt hat, auch Nürnberg angeführt ist: »Und dann ging er nach
Nürnberg, und als er von dort nach Italien kam, wurde er abgefaßt«.[273]
Vielleicht ist er zweimal dort gewesen: Das erste Mal, als er sich von Prag
nach Tübingen begab; das zweite Mal, als er von Frankfurt nach Venedig
ging.

Lichtenberg sagt, ein Drei-Groschen-Stück sei immer besser als eine
Träne. Gut, Bruno entlockte der Universität Tübingen nicht nur manche
Träne, wenn man begreift, was unter »*humaniter cum eo agatur*« zu verstehen ist, sondern obendrein auch vier Gulden als Almosen. Da sieht
man wieder, was ein Genie, das nackt und arm wie Bias daherkommt, in
den Augen der Welt wert ist: vier Gulden! Man darf sich nicht wundern,
daß es ein akademischer Lehrkörper gewesen ist, der dem Philosophen
einen Obolus hinwarf, denn die akademischen Lehrkörper sind am wenigsten fähig, den Wert von Intelligenz zu ermessen. Aber es war, wie es
immer sein wird: Der Mensch wird nie für das geachtet, was er als Individuum bedeutet, sondern immer und ausschließlich für das, was er in
der gesellschaftlichen Konvention repräsentiert.

Nachdem Bruno also der akademische Status und das Recht, öffentlich zu lehren, verweigert wurden, blieb ihm nichts anderes übrig, als den
Obolus zu nehmen und abzureisen. Und er ging wirklich nach dem Willen der hochlöblichen *professores*, die ihm – wenn auch ein bißchen takt-
voller – gesagt hatten: Wir geben dir etwas, damit du verschwindest. Das
war nicht die traurigste Erfahrung für den Philosophen als Petent,

Giordano Bruno

schickte man ihn doch anderswo weg, ohne ihm auch nur einen Obolus zu geben.

Schon früher hatte die Universität Tübingen, die südliche Hochburg des Luthertums, dieselbe Behandlung Alberico Gentili angedeihen lassen, der im Februar 1580 mit dem Vater und zwei Brüdern angekommen war. Alberico bat um die Lehrerlaubnis für die Rechtswissenschaften, aber das Ansuchen wurde mit einem herzoglichen Reskript vom 2. April 1580 zurückgewiesen, ebenso wie die Bitte des Vaters Matteo Gentili, der Arzt war und Medizin lehren wollte. »Ob Wir nun wol mit ihnen ein christenlich mittleyden tragen«, steht in dem Reskript, »yedoch weyl diser zeit weder bey ihnen juristen noch *medicis* zue Tüwingen khein lectur vaciert, und auch bedenklich sein will, dergleichen frembdes gesündt ihres gefallens einkhommen zuelassen« sei Vater und Sohn eine Anstellung abzuschlagen. Man solle ihnen vielmehr nahelegen, sie möchten sich »in der Pfaltz oder anndern ortten, irer gelegenhait nach, umb dergleichen dienst bewerben, uff welchen fahl Wir dann inenn *pro viatico* 50 fl raichen und geben lassen wöllten«.[274] Und so mußte das armselige Quartett der Bittsteller, das genauso wie Giordano Bruno vor den Verfolgungen der Heiligen Mutter Kirche aus Italien geflohen war, den traurigen Weg ins Exil weitergehen. Jedenfalls waren 50 Gulden, auch wenn man sie durch vier teilt, wesentlich mehr, als Bruno bekam, der den Herren von Tübingen offensichtlich nicht mehr als vier Gulden wert war.

Hier ist jedoch eine Überlegung am Platz. 1588 hatte die Universität von Tübingen zwischen 550 und 600 Studenten. Es gab 26 Professoren, deren Gehalt von wenigstens 80 bis höchstens 300 Gulden pro Jahr reichte. Die Mittel wurden von den Studiengebühren der Universität bestritten, die sich selbst finanzierte. Je geringer die Zahl der Professoren gehalten wurde, umso höher war das Gehalt jedes einzelnen von ihnen. Aus diesem Grund hatten sie kein Interesse, ihre Zahl zu erhöhen, sie versuchten vielmehr, sich mehr als einen Gegenstand zu sichern. Das könnte ein Grund für die Zurückweisung Giordano Brunos gewesen sein. Aber da gab es gewiß auch andere Gründe. An der Universität Tübingen machten die Theologen der strengen lutherischen Observanz den Löwenanteil aus, während die anderen Professoren fast durchwegs Aristoteliker waren: Da konnte der Nolaner keine wohlwollende Betrachtung erfahren, war er doch für die einen immer noch Doktor der katholischen Theologie, wenn auch im Widerstand, und präsentierte er sich für die anderen als Totengräber des Aristotelismus. Gewiß war in Tübingen auch der Astronom Michael Mästlin, bei dem Kepler studiert hatte; aber wenn er, wie Hofmann sagt, 50 Jahre ungestört in Tübingen lehren konnte, obwohl er ein Kopernikaner war, so kam das daher, daß er von seinen wissenschaftlichen Einsichten nicht allzu großes Aufsehen machte und sich mehr um sein Gehalt von 170 Gulden jährlich sorgte als um Aufregung unter den Kollegen.

All das rechtfertigt den kleinlichen und philiströsen Umgang der Tübinger Professoren mit Giordano Bruno nicht, aber es hilft uns, ihn zu verstehen. Es handelte sich zum größten Teil um Provinzgrößen, die niemals aus Württemberg hinausgekommen waren, und einige waren zudem Pfarrer. Eine Ausnahme machten nur der schon erwähnte Michael Mästlin und der klassische Philologe Martin Crusius, ein heftiger Feind des Dichters Nicodemus Frischlin. Und daraus ergibt sich eine andere Neuigkeit, bei der wir uns unbedingt aufhalten müssen.

In ihrer Arbeit über Bruno und Tycho Brahe bringt Sturlese einen sehr interessanten Abschnitt aus dem *Contra Frischlinum* des Martin Crusius, dessen Manuskript in der Tübinger Universitätsbibliothek aufbewahrt wird. Unter dem Datum vom 21. November 1588 macht er folgende Notiz, die ich aus dem Lateinischen übersetze: »Am 21. November [1588] sagt mir der Italiener Giordano Bruno Nolanus (der privat in Wittenberg unterrichtet hat), daß Frischlin sich gerühmt habe, jährlich 300 Thaler vom Kaiser zu haben, und er daran geglaubt habe und nach Prag gegangen sei, in der Hoffnung, sie auch für sich zu bekommen – aber vergeblich. Dort (im vorigen Monat) habe er von einem glaubwürdigen Gelehrten gehört, daß Frischlin sich in Braunschweig befinde, aber daß er entlassen worden sei; daß derselbe auch gegen den Dichter Johann Major und gegen ihn (Bruno) geschrieben habe und darüber hinaus, daß zwischen Frischlin und Major eine große Feindschaft bestehe«.

In Wahrheit wurde diese Notiz schon von David Friedrich Strauss in *Leben und Schriften des Dichters und Philologen Nicodemus Frischlin* ausgewertet: »Einen merkwürdigen Collegen hatte damals Frischlin: Giordano Bruno, der nachmalige philosophische Märtyrer, war in jenen Jahren gleichfalls Privatdocent in Wittenberg. An Berührung zwischen beiden konnte es nicht fehlen: was wir aber davon wissen, ist wenig, beinahe lächerlich. Erstens, Frischlin, für tiefere philosophische Speculation ohne Verstand, wollte, oder schrieb auch wirklich gegen Bruno. Zweitens, der Philosoph ließ sich von dem Renommisten nach Prag lügen. Während er am Hungertuche nagte, rühmte sich Frischlin, er habe vom Kaiser jährlich 300 Thaler. Bruno hofft, etwas Ähnliches für sich anzuwirken, und macht den großen Metzgergang. Es war am 21ten November 1588, als er diess in Tübingen dem Crusius erzählte«.[275]

Wirklich sonderbar, daß auch dieser Abschnitt bei Strauss den Bruno-Gelehrten bis vor wenigen Jahren entgehen konnte. Jedenfalls war die Reise nach Prag für den Philosophen nicht ganz nutzlos, hatte er doch, wie er auf der Anklagebank erklärte, vom Kaiser 300 Thaler bekommen. Wie erklärt sich die Diskrepanz zwischen seiner Darstellung und den Worten des Crusius? Man kann folgende Hypothese aufstellen: Bruno hat sich beim Gespräch mit dem Gräzisten nur auf die jährliche Pension von 300 Thalern bezogen, die zu haben sich Frischlin wahrheitswidrig rühmte, und nicht auf die einmalige Zahlung. Doch sagen wir ein paar Worte über Martin Crusius, der von 1526 bis 1607 lebte. Er hatte die Gewohnheit oder die Manie, alles aufzuschreiben, auch was er aß und trank. Ein Monstrum der Pedanterie! Im besonderen schrieb er alles auf, was seinen Erzfeind und ehemaligen Schüler Frischlin betraf, vor dessen satirischer Peitsche er eine höllische Angst hatte. So kann man sich leicht vorstellen, daß Crusius, als er Bruno kennenlernte und erfuhr, daß er in Wittenberg unterrichtet hatte, ihn sofort nach Frischlin ausfragte. Mit diesem müssen wir uns jetzt beschäftigen.

Der Poet und Humanist Nicodemus Frischlin wurde am 22. September 1547 als Sohn eines Pastors in Balingen, nicht weit von Tübingen, geboren. Merkwürdig, diese deutschen Pastoren! Niemand weiß, wie viele Seelen sie gerettet und dem Paradies geliefert haben; aber jedenfalls waren sie gute Lieferanten für den Parnaß. Dasselbe kann man von katholischen Prälaten nicht sagen, die nur heimliche Söhne haben durften. Als Knabe besuchte Frischlin die Konventschule, weil ihn der Vater zum Pastor bestimmt hatte. 1563 übersiedelte er zum Studium nach Tübingen. Schon mit 21 Jahren bekam er in einem Wettbewerb eine *lectio poetices*, was in etwa einem Lehrauftrag entspricht, wie wir heute sagen würden; er erreichte aber nie eine ordentliche Professur, vielleicht weil er zu intelligent war, was er obendrein wußte und zeigte. Er stellte nicht in Rech-

nung, daß sich für eine Karriere, insbesondere an der Universität, unter-
tänige Farblosigkeit weit mehr auszahlt als stolze Intelligenz.

Das Gehalt, das sie ihm zahlten, reichte nicht einmal für Speis und
Trank, denen er stets kräftig zusprach. Manche Quellen sprechen von 160
Gulden im Jahr, andere nur von der Hälfte. Er verdiente also im Monat
kaum einen Gulden mehr, als Giordano Bruno unter dem Titel Viatikum
oder Almosen bekommen hatte. Trotzdem nahm Frischlin, kaum daß er
die *lectio poetices* erhalten hatte, eine Frau und begann, sie zu schwängern.
Er machte ihr die Kleinigkeit von sechzehn Kindern, von denen nur sechs
den Vater überlebten. Wenn Lichtenberg einen verheirateten Mann einen Vierfüßler nennt, so war Frischlin mit diesem Heer von Kindern ein
Tausendfüßler. Was ihm aber zusätzlich das Leben schwer machte, war
der blasse Neid der Kollegen, die es nicht ertrugen, von seiner glänzenden Intelligenz und seinen literarischen Erfolgen in den Schatten gestellt
zu werden. Alles in dieser Welt ist verzeihlich, nur nicht intellektuelle
Überlegenheit, die immer und überall als eine Art permanenter Bestätigung der eigenen Mittelmäßigkeit angesehen wird. Aber nicht nur, daß
sie ihm den Weg zum Ordinariat versperrten, taten die braven Professoren unter der mißgünstigen Führung des Crusius auch alles, um ihn der
Sympathie des Herzogs zu entfremden. Ihre kleinliche Bosheit kannte
keine Grenzen, und um ihn zu ruinieren, wärmten sie auch eine sieben
Jahre alte Liebesgeschichte auf, in der man nicht weiß, wer der Gehörnte
war. Der Dichter rächte sich mit tödlichen Epigrammen; und je mehr die
Professoren an seiner Beschädigung arbeiteten, umso mehr ließ er über
ihren Köpfen die Peitsche des Satirikers knallen. Er war allein gegen alle.

Um diesem Schlangennest zu entkommen, verließ er 1582 die Universität und ging als Schulmeister nach Laibach. Dort scheint man ihn
sehr gut behandelt zu haben, aber Frischlin war, wie Bruno, nicht dazu
geschaffen, lange am selben Ort zu leben: Auch er hatte den Dämon der
Ruhelosigkeit. Überdies wollte seine Frau nicht so weit von Tübingen
entfernt leben. So kehrte der Dichter nach zweijährigem Aufenthalt in
Laibach nach Deutschland zurück, machte jedoch einen langen Umweg,
weil er Venedig besichtigen wollte. Diesmal empfingen ihn die Tübinger Professoren noch feindseliger und sprachen ihm sogar den akademischen Status ab. Nicht einmal die persönliche Intervention des Herzogs,
ihm wieder einen Lehrauftrag zu geben, hatte Erfolg. Und Frischlin, im-

mer wütender und zorniger, teilte seine Peitschenhiebe nach allen Seiten aus.

Wegen seiner verletzenden Feder wurde er mehrmals verhaftet und mehrmals überfallen, ungeachtet der Tatsache, daß er groß und stark wie ein Herkules war; zuletzt wurde die Verbannung über ihn ausgesprochen. Im Juli 1586 mußte er Tübingen verlassen und ins Exil gehen, zur großen Genugtuung seiner zahlreichen Feinde. Die Familie folgte ihm im nächsten Frühjahr, und Martin Crusius notierte ganz zufrieden in sein Tagebuch: »Frischlin und Familie sind aus Tübingen von Gott mit Stumpf und Stiel vertilgt«.[276] Nicht umsonst wurde Professor Crusius als altes und lächerliches, jedoch durchtriebenes akademisches Subjekt beschrieben.

Nach einigem Hin und Her gelangte Frischlin Ende 1586 schließlich nach Prag und suchte Protektion bei Rudolf II., der ihn zehn Jahre vorher zum *poeta laureatus* ernannt hatte. Das war in Regensburg anläßlich der Kaiserkrönung geschehen. Und wahrscheinlich hatte Frischlin bei dieser Gelegenheit auch Taddeus Hajek und Tycho Brahe kennengelernt, die wie er bei der Zeremonie zugegen waren. War er es, der in Wittenberg die Übersendung des *Acrotismus* an den dänischen Astronomen vermittelt hat? Das könnte eine Hypothese sein. Was seinen Prager Aufenthalt betrifft, so scheint er nichts erreicht zu haben. Er blieb auch nicht lange in dieser Stadt, sondern ging nach Wittenberg, wo er sich, wie im vorigen Kapitel erwähnt, im Juli 1587 an der Universität einschreiben ließ. In diesem Zusammenhang schreibt sein Biograph David Friedrich Strauss: »Es war ein Wagestück von Frischlin, nachdem er einmal mit Recht oder Unrecht als Verächter Melanchthons verschrien war, gerade an demjenigen Orte ein Unterkommen zu suchen, wo vor 25 Jahren noch der Praeceptor Germaniae gelebt hatte«.[277] Der Poet verstand es, vielleicht auch weil er häufig betrunken war, gelegentlich sehr frech aufzutreten; und so lobte er anläßlich seiner *Oratio*, die er 1587 in Wittenberg hielt, Melanchthon in aller Öffentlichkeit, mit der Absicht, nicht nur die Gunst der Fakultät zu gewinnen, sondern auch die des neuen Herzogs, der wie er der Trunkenheit ergeben war. Welche Beziehungen er zu Bruno hatte, ist schwer zu sagen, aber daß eine Beziehung bestand, steht außer Zweifel. Wir haben nicht nur den Hinweis des Crusius, sondern auch einen von Bruno selbst, der in der *Summa terminorum metaphysicorum* Frischlin ausdrücklich nennt, wo er vom *ordo cognoscendi* spricht: »Die erste Sache, die sich uns von weitem präsentiert, ist ein farbiger Körper. Dann, indem wir die Bewegung des Körpers sehen, halten wir ihn für einen animierten Körper, sodann wenn wir die Anordnung und Varietät der Glieder erkennen, sehen wir in ihm ein Tier. Indem wir mit dem Gesicht das Aussehen des Tieres beurteilen, wissen wir, daß es sich um einem Menschen handelt, indem wir die Kleider um seinen Körper betrachten erkennen wir, daß es ein Deutscher ist, und aus der ersten Sache, die er macht, erkennen wir Frischlin«.[278] Die Erwähnung des deutschen Dichters ist, so scheint es, zugleich ironisch und wohlwollend, als sollte damit gesagt werden, daß Frischlin eine unverwechselbare Figur war. Und so muß er in aller seiner Exzentrizität auch wirklich gewesen sein. Die beiden, Bruno und Frischlin, waren nicht nur in ihrer Eigenschaft als Privatdozenten, sondern auch durch ihr Schicksal verbunden; und es wäre wirklich eine Gemeinheit gewesen, hätte Frischlin, wie man aus der Bemerkung des Crusius schließen könnte, gegen Bruno agiert.

Enger waren wohl die Beziehungen des Philosophen zu dem Poeten Johann Major, den er in der *Oratio valedictoria* und zuvor schon im Vorwort zu *De progressu* gelobt hatte. Wenn aber Bruno wegen der Bevorzugung der calvinistischen Fraktion Wittenberg verlassen hat, wie erklärt sich dann das Lob für den Krypto-Calvinisten Major? Vielleicht bestand zwischen den beiden Verständnis auf der menschlichen Ebene, auch wenn sie in der Doktrin nicht übereinstimmten. Johann Major war 1533 in Böhmen geboren worden und ging mit sechzehn nach Wittenberg, wo er sich Melanchthon anschloß. Nachdem er sich zu Studienzwecken in Leipzig und Mainz aufgehalten und in Theologie promoviert hatte, kehrte er 1560 nach Wittenberg zurück und blieb dort bis zu seinem Tod im Jahr 1600. Zum Unterschied von Bruno war er gegen die Versöhnung der verschiedenen religiösen Doktrinen, und als satirischer Dichter attackierte er wiederholt die Lutheraner. Deshalb hatte er 1586 große Auseinandersetzungen mit der Universität. Später wurde er aus demselben Grund sogar eingekerkert. Er starb als Calvinist.

Kehren wir zu Frischlin und seinem Schicksal zurück, das dem Schicksal Brunos so ähnlich war. Im März 1588 bot ihm sein Landsmann Polycarp Leyser, der ein Jahr vorher Wittenberg verlassen mußte, die Direktion eines Lyzeums in Brunswick an, wo er Superintendent war. Frischlin nahm an, aber diese neue Beschäftigung gefiel ihm nicht: viel Arbeit und wenig Einkommen. Außerdem geriet er mit seiner charakteristischen Heftigkeit in einen theologischen Streit und wandte seinen Sarkasmus gegen die – sozusagen – Bevollmächtigten des Himmels. Die Theologen aber sind rachsüchtige Leute, und wer sie angreift, sollte stets das schon zitierte arabische Sprichwort gegenwärtig haben: »Du hast die Wahrheit gesagt? Sattle das Pferd!« Und tatsächlich mußte sich Frischlin der Verhaftung durch die Flucht entziehen. Crusius, der alles Mißgeschick registrierte, das seinem Feind zustieß, notierte auch das mit großer Genugtuung. Der Dichter seinerseits ließ seinen Gefühlen der Mißachtung gegen die Brunswicker freien Lauf und sagte, sie verstünden von Literatur weniger als ein Schwein. Und wieder zog er herum und suchte Hilfe.

Nach vielen Irrfahrten schrieb er ein Gesuch an den Herzog von Württemberg, seinen alten Förderer, aber es nützte nichts. Man vertrieb ihn auch aus Kassel und dann aus Marburg, wo ihm wohl dieselbe Behandlung zuteil wurde, wie sie Bruno erlebte. Was für eine Szene, wenn dem Rektor nicht der schmächtige Bruno, sondern der riesige, zornige und betrunkene Frischlin entgegengetreten wäre: Das hätte für den Rektor mit einem Fenstersturz geendet!

Frischlin ließ sich in Frankfurt nieder und dachte daran, eine eigene Druckerei zu gründen, um die Werke zu drucken, die er schon fertig hatte; aber nun sollte sich sein tragisches Schicksal vollenden. Im März 1590 wurde er in Mainz verhaftet und sofort in die Kerker von Stuttgart überführt. Dort schrieb er ein Gesuch an den Kaiser und wünschte darin Pech und Schwefel auf diejenigen herab, die die Geschicke Württembergs lenkten; aber durch den Verrat jenes Menschen, dem er das Gesuch zur Weiterleitung anvertraut hatte, landete die kompromittierende Botschaft nicht in den Händen des Kaisers, sondern bei den Funktionären der herzoglichen Polizei. Die Reaktion ließ nicht auf sich warten; und der unglückliche Poet, der eine Intervention des Kaisers zu seinen Gunsten erhofft hatte, wurde in die Burg Hohenurach gebracht, wo man die besonders gefährlichen Elemente gefangen hielt. Ein Dichter, behandelt wie ein Galgenstrick! Etwa ein Monat lang hatte er nicht einmal eine Bettstatt zum Schlafen. Worunter er aber besonders litt, das war der Mangel an Schreibpapier: Es wurde ihm verweigert. In einem Brief an seine Frau steht: »Ich bin im Kerker mit zwei eisernen Türen eingesperrt, da wenig Luft und Licht, viel Onzüfer das mich plagt, nichts dann Heulen und Weinen, Schreien und Gülfen, und großer Durst, Traurigkeit und Unmuth, Fieber, Rothlauf, Schudert und aller Jammer«.[279]

Bei Hof kümmerte sich niemand um ihn und die Berater des Herzogs, angefangen von den Theologen, unternahmen absolut nichts zu seinen Gunsten. Nur der Gefängniswärter zeigte sich mitleidig und verlegte den Gefangenen in eine weniger miserable Zelle. Als alle Hoffnung auf Befreiung geschwunden war, schmiedete Frischlin, der immer ein Draufgänger gewesen war, einen Fluchtplan. Er drehte ein Seil aus Fetzen und stieg in der Nacht vom 29. auf den 30. November 1590 auf das Dach der Burg, vielleicht unter Mithilfe des Gefängniswärters. Von da versuchte er sich ins Freie herunterzulassen, aber das Seil war zu schwach, um seinen Körper zu tragen, und riß. Am nächsten Tag wurde der Dichter zerschmettert auf dem Felsen gefunden, der später »Frischlin-Felsen« genannt wurde. Er war kaum 43 Jahre alt und ein außerordentlich großer und starker Mann. Zwei Jahre später, fast im gleichen Lebensalter, wurde Bruno von der Inquisition festgenommen und starb, wenn nicht physisch, so doch intellektuell, weil ihm jegliche Möglichkeit zu schreiben verweigert wurde. Sein Leidensweg dauerte noch acht Jahre und gipfelte auf dem Scheiterhaufen.

Ich habe diese lange Abschweifung gemacht, weil es mir nötig schien, wenigstens eine der Personen zu beschreiben, die Bruno in Wittenberg kannte. So verschieden sie auch intellektuell waren, so hatten der Philosoph und der Dichter nichtsdestoweniger vieles gemeinsam: den rebellischen Charakter, die Furchtlosigkeit, die starke satirische Ader, die Verfolgungen und das böse Schicksal. Überdies waren beide geschworene Feinde der akademischen Kultur und daher »Professorenfresser«. Sie kämpften gegen die Dummheit der Welt und wurden deshalb überrollt.

Helmstedt

Jordans Bruno

Bruno in Deutschland: Wie ein Kreisel dreht sich sein Weg in der Runde, von West nach Ost, von Ost nach Süd, von Süd nach Nord. Als Mittelpunkt seiner Rundfahrten können wir Frankfurt am Main ansehen, die Stadt, die ihm zum Schicksal werden sollte. Es ist nicht bekannt, wie lange genau er sich in Tübingen aufgehalten hat: vielleicht einige Wochen. Über Orte und Städte, wo er schon zwei Jahre zuvor gewesen war – darunter mit Sicherheit Frankfurt und vielleicht auch Marburg – , wandte er sich nach Norden zur *»Academia Iulia in Bransovich«*. Tatsächlich befand sich die 1575 gegründete *»Academia Iulia«* nicht in *»Bransovich«*, d.h. Brunswick, sondern in Helmstedt, einige Kilometer weiter östlich. Der Philosoph immatrikulierte dort am 13. Jänner 1589 unter dem Namen *»Iordanus Brunus, Nolanus Italus«*.[280] Was hatte er in der Zwischenzeit gemacht und wo war er gewesen? Man mag ihn sich vorstellen, wo man will, jedoch immer auf dem Weg nach Norden.

Es scheint mir keine willkürliche Annahme, die Aufenthalte Brunos zuerst in Tübingen, dann in Helmstedt, mit Frischlin in Verbindung zu bringen, den er in Wittenberg kennengelernt hatte. Der Poet könnte dem Philosophen Tübingen und sein Ambiente beschrieben und vielleicht folgendes gesagt haben: Mich haben sie des Landes verwiesen, aber du bist ein Ausländer, und vielleicht behandeln sie dich besser. Wenn du in Prag keinen Erfolg hast, kannst du nach Tübingen gehen; und wenn es dir dort wieder nicht gut geht, dann kannst auch du nach Brunswick kommen. Zwischen Unglücklichen ergibt sich oft ein Gefühl der Solidarität, auch wenn sie miteinander streiten. Außerdem ist es wahrscheinlich, daß auch Bruno gute Beziehungen zu Professor Leyser hatte, der Frischlin nach Brunswick berief. Kurz, der Philosoph mußte einige Anhaltspunkte haben, sonst wäre es nicht erklärlich, daß er sich nach dem Mißerfolg in Tübingen entschied, nach Norden zu gehen.

Die Herrschaft Brunswick-Wolfenbüttel, eines der ältesten und vornehmsten Adelshäuser Europas, leitete sich von Welf I., einem Sohn des Marchese Alberto II. von Este, her. Es war eng mit der römischen Kirche verbunden, bis Herzog Julius, der Gründer der Universität Helmstedt, zum Protestantismus übertrat. Wenn man den Lobliedern auf ihn glauben darf, war der Herzog ein Ausbund der Tugend. Doch Bruno konnte sich seiner Gunst nicht lange erfreuen, denn Julius starb am 3. Mai 1589. Große Begräbnisfeierlichkeiten wurden für ihn abgehalten. Am 8. Juni wurden seine sterblichen Überreste ins Schloß Wolfenbüttel gebracht, blieben dort bis zum 11. Juni in der Kapelle aufgebahrt und wurden dann beigesetzt. Diese drei Tage waren mit Grabreden und Totenklagen in lateinischen Hexametern ausgefüllt. Die offiziellen Redner lobten die Vorzüge des Toten um die Wette, der seinem Motto *Aliis inserviendo consumor* immer treu geblieben war. An solchem Schmerz wollte auch Giordano Bruno teilhaben, und er sprach am 1. Juli, als der Tote schon kalt und begraben war, in der Akademie von Helmstedt eine *Oratio consolatoria*.

An den akademischen Senat, die Doktoren und Studenten gewandt, sagte er zuerst, er fürchte, jemand könnte in Unkenntnis des Freimuts und der Einfachheit seiner Natur mißverstehen, »daß ich, ein Fremder, Unbekannter, und dessen Hauptzweck, bei euch zu weilen, das Verborgensein ist, so ganz aus eigenem Antriebe, von keinem (wie es scheint) gebeten oder aufgefordert, mich in eure Trauer einmische und uneingeladen zu eurem tragischen Festkommers herzudränge«. Nicht aufgefordert, insofern er kein offizielles Amt an der Universität bekleidete, aber sehr wohl autorisiert: Wie sonst hätte er öffentlich des toten Herzogs gedenken können?

Nach der rituellen Einleitung fährt er fort: »Um auf meinen Gegenstand selbst zu kommen, hochverehrte Zuhörer, so glaube ich es keinem blinden Zufall, sondern der Vorsehung selbst zuschreiben zu müssen, daß mich, ich weiß nicht welcher Windstoß des Schicksals in diese Gegend gerade in diesen Tagen verschlagen hat, auf daß ich den letzten Ehren eures berühmten durchlauchtigen und großmütigen Herzogs beiwohnen solle«. Im Feuereifer der Rede richtete der »italienische Gast« auch Fragen an sich selbst: »Ich bin ein Fremdling (sagst du) und ein Ausländer. So, Nolaner? Gerade aus diesem Grunde verlangt man hier ein Wort von dir, weil du ein Fremder bist und zu keinem Stande gehörst, keinen Teil des Ganzen bildest. Oder weißt du nicht, daß unter allen Tugenden des hohen Fürsten gerade sein Edelmut und seine übermenschliche Menschlichkeit hervorstrahlte, daß er es verfügt, verordnet und geheiligt hat, daß auf der Julischen Akademie niemand, wer immer irgendeine Wissenschaft betreibt, wer immer dem Dienste der Musen sich weiht, mit wem immer ein ehrenhafter Verkehr möglich ist, als Fremdling und Ausländer gelten, ja auch nur sich als solcher fühlen soll? Oder hat er nicht mit all seiner Autorität dafür gesorgt, daß jegliche gute und schöne Kunst und Wissenschaft, die dem Menschengeschlecht förderlich sein kann oder eine Stufe zur Erkenntnis und Verehrung Gottes bildet oder auch nur nicht damit in Widerspruch steht, an diesem Ort sich als heimisch, als Bürgerin, ja als zur Familie gehörig erkennen soll, daß hier nichts anderes für fremd angesehen werden soll, als was er auch von hier verfemt und geächtet wissen wollte, als schimpfliche Unwissenheit, rohe Barbarei, zyklopische Ungastlichkeit? Und Gott gebe, daß dieser sein Wunsch für alle Zeiten hier geachtet werde [...]. Ruf dir's ins Gedächtnis, o Italiener, daß du aus ehrenvollen Gründen und wegen deiner Liebe zur Wahrheit aus deinem Vaterlande verbannt, hier ein Bürgerrecht gefunden! Dort dem gierigen Rachen des römischen Wolfes ausgesetzt, hier in sicherer Freiheit wohnst; dort zu dem abergläubischen und unsinnigsten Kultus gezwungen, hier zu gereinigter Gottesverehrung ermahnt wirst! Denn die Musen, ob sie gleich mit Fug und Recht frei sein sollten nach der Ordnung der Natur, dem Völkerrecht und den bürgerlichen Gesetzen, werden dennoch in Italien und Spanien von niederträchtigen Priestern mit Füßen getreten, müssen in Frankreich die äußersten Gefahren des Bürgerkrieges bestehen, werden in Belgien von ruhelosen Wirren gestört und in vielen Gegenden Deutschlands traurig vernachlässigt. Hier aber werden sie beschirmt und erhoben, atmen und gedeihen frisch und lebendig nach dem Wunsche des Landesherrn: Ihm also, als deinem eigenen wahren Fürsten, deinem Gönner und Beschützer bist du zur Ehrenbezeugung verpflichtet! Ihm, unter dessen hellen Szepter du nicht als Verbannter, nicht als Knecht, nicht gepeinigt und geängstet vom Stachel höllischen Schreckens, sondern als ein freier Bürger der Wissenschaft in Frieden lebst!«

Offensichtlich hatte die Atmosphäre in Helmstedt in ihm eine noch tiefere Abneigung gegen den Katholizismus und den Papismus geweckt. Und das ist verständlich, waren es doch gerade die »niederträchtigen Priester«, die ihn ins Exil gezwungen hatten. Aber wie sollen wir ihn verstehen, wenn er sagt: »Gepeinigt und geängstet vom Stachel höllischen Schreckens«? Wenn er auch verwegen war, so doch auch stets eine gehetzte Beute, der der gute Herzog Julius Zuflucht geboten hatte. Es stimmt also nicht, was ihm in Chambèry ein italienischer Pater gesagt hatte, daß er je weiter nach Norden je weniger Freundlichkeit finden würde. Und dafür dankte er dem Herzog, mit bewegtem Herzen, indem er ihn »*carissimus princeps*« nannte. Für die Liebe zur Philosophie hatte er alles geopfert: »Ich also, der ich die Musen liebe, wie nur einer, um derentwillen ich Heimat, Vaterhaus, Vermögen und Ehren und was immer sonst für liebenswert und ersehnbar gilt, verachtet, verlassen, verloren habe, könnte jetzt nicht als ihr aufrichtiger Liebhaber reinen Herzens bestehen, wollte ich nicht unserm erleuchteten Fürsten, ihrem Patron, Schutzherrn und Vormund meine letzte Huldigung darbringen«.

Das Statut der Universität Helmstedt verpflichtete die Lektoren, Frieden und Eintracht unter den Kollegen zu halten, in allem rechtschaffen zu sein und unnütze Kontroversen zu vermeiden. Und so rief Bruno, im Geist an den Gründer der Universität gewandt, aus: »O verklärter Held, weiser Fürst, ruhmreicher Herzog, siehe, hier war dein ganzes Herz, dein Geist, deine Seele, hier war dein ganzes, dein mächtiges Streben! Nicht hast du nach Art der Alten Götzenbilder einen Tempel errichtet, unreinen Dämonen und menschenfeindlichen Geistern Altäre geweiht, keine Schlafzellen für Mönche, kein Nest für lichtscheue Ratten erbaut; keine Zwingburgen mit dem sauren Schweiß und Gut deiner Untertanen zur Unterdrückung ihrer Freiheiten hast du errichtet! Du wußtest ja, weisester Fürst, daß Festungen und Burgen gegen innere Feinde nicht sowohl Schutz dem Fürsten verleihen, als vielmehr Bollwerke gegen ihn werden können. Du hattest wohl erkannt, daß man die Völker am besten durch Gerechtigkeit, durch Langmut, durch Wohlwollen, durch Klugheit, durch Weisheit an das bestehende Regiment gewöhnt und fesselt«. So also gründete Herzog Julius die Akademie, die seinen Namen trägt, um seine Untertanen aufzuklären, anstatt sie zu bedrücken und zu schinden.

Es ist gewiß verdientes Lob, das der Philosoph dem verstorbenen Herzog Julius und seinem Nachfolger Heinrich Julius zollte. Dennoch fehlt der *Oratio consolatoria,* obwohl sie wörtlich ausgearbeitet ist, der Schwung, und man könnte sie wohl eher als eine »Brotarbeit« ansehen. Die Träne, wenn es eine gibt, ist kalt. Klagelieder lagen Bruno nicht, denn er war nie zum Weinen aufgelegt, nicht einmal, wenn er über sich selbst redete. Ein anderer an seiner Stelle hätte Tränen in Strömen vergossen; er

Giordano Bruno

hingegen hatte Scham vor dem Übel und weinte nicht einmal angesichts des Schafott. Er ging seinen Kreuzweg stoisch schweigend, und gerade darin lag die Größe seines moralischen Charakters. Nur ab und zu läßt er etwas von seinem Unglück anklingen, aber immer schamhaft und mit Zurückhaltung – etwa in der *Oratio valedictoria,* die viel wärmer und unmittelbarer klingt, als seine Rede in Helmstedt.

Der neue Herzog Heinrich Julius, dem die Totenrede offensichtlich gefallen hatte, schenkte dem Philosophen »achtzig Scudi«.[281] Und er schätzte ihn, wie schon die Tatsache zeigt, daß er die Erlaubnis zu dieser Rede auf den Tod seines Vaters erteilt hatte. Aber nicht alle verfügten über den aufgeklärten Geist des Herzogs, so wie nicht alle Lutheraner so tolerant und intelligent waren wie jene von Wittenberg. Wir haben schon gesehen, daß Frischlin aus dem Herzogtum Brunswick-Wolfenbüttel fliehen mußte, um sich der Verhaftung zu entziehen, nachdem er in einen Theologenstreit geraten war. Etwas Ähnliches passierte auch Giordano Bruno – und immer aus demselben Grund: weil er sich in eine theologische Diskussion einmischte. Zwar konnten ihn die protestantischen Pastoren nicht verhaften, wohl weil er vom jungen Herzog protegiert wurde, aber sie exkommunizierten ihn.

Um die Situation in Helmstedt zu verstehen, müssen wir einen Schritt zurück tun. Herzog Julius, der von 1528 bis 1589 lebte, hatte die Reformation in seinem Herzogtum eingeführt. Mit der sogenannten Konkordienformel versuchte man, den Frieden in der lutherischen Kirche zu erhalten, die nach Luthers Tod auseinanderzufallen drohte. In Übereinstimmung mit dem sächsischen Landesherrn setzte sich Herzog Julius vehement in diesem Sinne ein. 1574 aber begann der Sachsenfürst mit einer Grausamkeit, die wohl in der Konkordienformel nicht vorgesehen war, die Philippiner zu verfolgen, also die Anhänger Philipp Melanchtons, die aus ihren Ämtern entfernt und gezwungen wurden, die Region zu verlassen. Der Jurist Cracow, ein Berater des Fürsten, wurde ins Gefängnis geworfen und starb unter der Folter. Auch der Leibarzt des Fürsten, mit Namen Kaspar Peucer, ein Schwiegersohn Melanchtons, wurde verhaftet und gefoltert. Aber er starb nicht, sondern überlebte für zwölf Jahre im Kerker – alles im Namen Gottes!

Was aber schließlich den toleranten und aufgeklärten Herzog Julius vollends empörte, war ein anderes Vorkommnis. Zwei Jahre nach der

Gründung der Universität Helmstedt veranlaßte er seinen Sohn Heinrich Julius, der für den Bischofsstuhl von Halberstadt vorgesehen war, die katholischen Weihen zu empfangen. Die Sache rief heftige Reaktionen von Seiten der lutherischen Fürsten und Theologen hervor. Angesichts solcher Intoleranz kündigte der Herzog die Konkordienformel auf und entließ die beiden größten Unruhestifter, die Theologen Martin Chemniz und Timotheus Kirchner. So wurde Helmstedt nach dem Tod des Herzogs Julius eine Art *sanctum refugium* für die Philippiner und die wahren Humanisten. Von diesem Klima hätte auch Bruno profitieren können, aber inzwischen war er nicht mehr da.

Warum hatte er Helmstedt verlassen, obwohl er die Gunst des Herzogs besaß? Weil auch in Helmstedt das Pfaffenpack mehr zählte als das Wohlwollen von Herzögen und Fürsten! Mit seiner üblichen Naivität hatte er sich über die Stadt zu große Illusionen gemacht, wie man in der *Oratio consolatoria* nachlesen kann; doch Heinrich Boethius, Superintendent der lokalen lutherischen Kirche und Professor der Theologie, gedachte, diese Illusionen zu beseitigen. Was geschah? Der neue Boethius exkommunizierte den Philosophen öffentlich. Das erfahren wir von Bruno selbst, der am 6. Oktober 1589 den folgenden Protestbrief an den Prorektor Daniel Hoffmann schrieb: »Hochberühmter und ehrenwertester Prorektor, Giordano Bruno Nolano, ohne Verhandlung exkommuniziert in öffentlichen Reden vom ersten Pastor und Superintendenten der Kirche von Helmstedt, der sich zum Richter und Exekutor in einer eigenen Sache gemacht hat, wendet sich untertänig an eure ehrenwerteste Magnifizenz und an die Würde des ganzen Senats gegen die Ausführung dieses ganz ungerechten und persönlichen Urteils und bittet, in einem öffentlichen Konsistorium gehört zu werden. Wenn das nämlich gegen seine Position und sein Ansehen zu Recht geschehen ist, dann kann er wenigstens wissen, daß es zu Recht geschehen ist; denn nach dem *dictum* des Seneca ist der, welcher etwas entschieden hat, ohne die Gegenseite anzuhören, auch wenn er das Rechte getan hat, nichtsdestoweniger ungerecht gewesen. Daher bittet er, daß durch die Autorität eurer Exzellenz auch der oben genannte ehrenwerte Pastor vorgeladen wird, damit man, wenn es Gott gefällt, feststellen kann, daß jener Blitz nicht aus privater Rache ergangen ist, sondern aus der Pflicht eines guten Pastors für die Rettung seiner Herde. Helmstedt, 6. Oktober 1586«.[282]

Damit hatte Bruno alle verfügbaren Exkommunikationen eingesammelt: die katholische, die kalvinistische und die lutherische. Wenn es ihn bis nach Rußland oder in ein islamisches Land verschlagen hätte, wäre ihm vielleicht auch die orthodoxe und muslimische Exkommunikation zuteil geworden. Das zeigt noch einmal, daß er außerhalb, oder besser: über allen Konfessionen stand. Mit anderen Worten: Sein Kopf war gewohnt zu denken, nicht zu glauben; eben deshalb begegneten ihm die verschiedenen Konfessionen als einem fremdartigen Element, als einem Feind, den es zu bekämpfen galt. Kurz, die wahren Feinde Brunos waren die Fanatiker jeglicher Konfession – das sagt er selbst.

Sich Boethius zu nennen und Exkommunikation zu verhängen: welcher Widerspruch! Der eine Boethius schreibt *De consolatione philosophiae*; der andere exkommuniziert und verdammt die Philosophen. Offenbar wußte der Helmstedter Theologe in den Diskussionen über die Lehre von der Prädestination dem Philosophen nichts Besseres als die Exkommunikation entgegenzusetzen: Du gibst mir nicht recht, und ich schicke dich zur Hölle. Noch stumpfsinniger als dieser Herr Boethius war jedoch der Prorektor Daniel Hoffmann, an den Bruno naiverweise seinen lateinischer Protestbrief geschickt hatte. Es scheint, daß der Streit mit Boethius erst durch Anstiftung des Prorektors entstanden ist, der es nicht der Mühe wert fand, den Brief überhaupt zu beantworten. Aber was konnte man von jemandem erwarten, der viele, auch wahrhaft wissenschaftliche Aussagen aus religiöser Sicht für falsch erklärte? Er tat nichts anderes, als die Philosophie selbst zu verfolgen, gemeinsam mit seinem würdigen Kumpanen Boethius, der nicht nur gegen Bruno, sondern auch gegen andere Gelehrte agierte.

Obgleich exkommuniziert, blieb Bruno doch bis zum Frühjahr 1590 im Helmstedt. Er arbeitete intensiv an seinen lateinischen Lehrgedichten und an einer Gruppe von sogenannten »magischen« Werken (die letzteren sollten erst posthum 1891 veröffentlicht werden!). In Helmstedt traf er auch seinen Schüler Hieronymus Besler wieder, der ihm schon von Wittenberg bekannt war, und der mit Datum vom 19. Oktober 1589 in Helmstedt immatrikuliert wurde. Höchstwahrscheinlich ist Besler von Wittenberg nach Helmstedt übersiedelt, um seinem Meister zu folgen, dem er als Sekretär und Kopist diente. Tatsächlich war er es, der die »magischen« Werke abgeschrieben hatte, die im Codex Noroff der Moskauer

Nationalbibliothek erhalten sind. Seine Begleitung muß für den Philosophen sehr angenehm gewesen sein, denn Besler war auf philosophischem, literarischem und auch theologischem Gebiet alles andere als ungebildet, ganz abgesehen von seiner Ehrerbietung als Schüler. Bruno nannte ihn »meinen deutschen Schüler aus Nürnberg«.[283] Besler, den wir in Padua wiedertreffen werden, stammte tatsächlich aus einer alten Nürnberger Familie, wo er 1566 geboren worden war. Nach Studien an verschiedenen Universitäten, darunter eben in Padua, promovierte er am 15. August 1592 in Basel als Mediziner. Seine Dissertation trug den Titel: *De hydrope.* Später kehrte er wieder nach Nürnberg zurück, verschrieb sich ganz seinem ärztlichen Beruf und starb dort 1632. Er übte auch das Amt der ständigen örtlichen Apothekenaufsicht aus. Er war ein Bruder des bekannten Botanikers Basilius Besler, des Autors des *Hortus Eystettensis.*

Immer noch in Helmstedt, muß Bruno den Acidalius wiedergesehen oder kennengelernt haben, der ihm das Gedicht widmete, von dem wir schon berichtet haben. Das läßt sich aus der Tatsache entnehmen, daß die lateinischen Gedichte des Acidalius einschließlich der zur Rede stehenden 1589 in Helmstedt gedruckt wurden, also während des Aufenthalts von Giordano Bruno, und zwar von demselben Typographen Iacobus Lucius, der die *Oratio consolatoria* druckte. Kein Wunder, daß der Philosoph solche Begeisterung bei den Jungen hervorrief, blieb er doch selbst im Grunde immer jung, obwohl er in einem Meer von Schwierigkeiten unterwegs war. Alle großen Intelligenzen bewahren sich etwas von Kindlichkeit, die von ihrer unveränderten Fähigkeit der Verwunderung vor den Phänomenen herrührt. Gerade im Staunen vor den Dingen oder der Natur, sagt Plato, besteht die Disposition zur Philosophie. So sind auch die Worte Corbinellis zu verstehen, wenn er Bruno »einen freundlichen Gefährten, einen Epikureer für das Leben« nennt. Anstatt Epikureer hätte er ihn besser einen Dionysiker nennen können. Ist denn nicht etwa Brunos Philosophie selbst eine dionysische Expansion ins Unendliche?

Wie gesagt – der Philosoph blieb bis zum Frühjahr 1590 in Helmstedt, hatte dort also etwa eineinhalb Jahre verbracht und war sehr produktiv gewesen. Seine Muse ließ sich offenbar von der Exkommunikation durch den Pastor Boethius weder austreiben noch einschüchtern, dessen Macht das Abendmahl betraf, aber nicht auf den Parnaß reichte.

Aus zwei lateinischen Briefen Beslers an seinen Onkel Wolfgang Zeileisen, der in Magdeburg als Arzt lebte, erfahren wir interessante Nachrichten über die letzten Wochen, die Giordano Bruno in Helmstedt verbrachte. Der erste ist vom 15. April 1590 und sagt: »Morgen Montag, wenn Gott will, wird der Herr Doktor [Bruno] die Akademie begrüßen, um dann abreisen, vielleicht in drei Tagen. Vorige Woche war ich mit Herrn Doktor in Wolfenbüttel, um ein Geschenk von 50 Fiorini entgegenzunehmen, das Bruno von dem Prinzen gemacht wurde, der vor kurzem durch Helmstedt gereist war. Das war [...] eine wunderbare und unvorhergesehene Sache. Vergangenen Freitag nahm [Bruno] an der Disputation von Heidenreich teil und er zeigte sich dabei herzlich [...]. Wenn sich die Möglichkeit bietet, etwas in Magdeburg drucken zu lassen, weil er dem Prinzen dankbar sein will, wird er sich dort eine Zeit lang aufhalten. Aber für diese und andere Dinge braucht man ein Gespräch zwischen Euch, da auch er Eure Anwesenheit wünscht. Tue also, Herr Wolfgang [der Onkel], sofern es eine baldige Möglichkeit für ein Gespräch gibt, was notwendig ist. Darum verschiebe ich alles Übrige, weil davon mündlich gesprochen werden kann. Geschrieben in großer Eile im Helmstedt am Morgen des Palmsonntags [15. April 1590]. Bleib gesund, mein Herr Onkel, und gedenke meiner. Mit aufrichtiger Liebe, Hieronmus Beslerus.« Johannes Heidenreich, auf den er sich bezieht, war ein Theologe und lebte von 1542 bis 1617.

Der Text macht den Eindruck, als hätte Bruno den Onkel seines Schülers gekannt. Aber sehen wir uns den zweiten Brief an, der sieben Tage später geschrieben wurde: »Weil [...] der Herr Doktor [Bruno] gezwungen ist, hier länger als vorhergesehen zu bleiben, da es keinen Wagen gibt, und die sie vermieten eine exzessives und ungerechtes Geld verlangen, ist es notwendig, dem Herrn Onkel mit diesem Brief Mitteilung zu machen, damit er uns nicht umsonst in Magdeburg erwartet. Morgen warten wir auf den Wagen jenes Österreichers, der den Rechtsgelehrten Horst bringt, aber es ist sehr ungewiß, ob er zurückkommt. Es gibt andere, die nach Magdeburg fahren, aber da sie so viel verlangen, wie jene von Helmstedt, weigerte sich der Herr Doktor zu zahlen, weil er das für sehr ungerecht hielt. Der Gauner verlangt 3/4 Thaler [...], sowie zu Mittag und am Abend und dann noch für den folgenden Vormittag Futter für die Pferde; das ist sehr ungerecht und übel. Herr Wolfgang kann uns raten und uns schriftlich informieren, wann und wo er uns treffen will, so wie wir es wünschen. Geschrieben in Eile am Osterdienstag [22. April 1590]«.

Gewiß sind sie einander begegnet. Aber wo? Wohl in Magdeburg, meine ich, das von Helmstedt nicht allzu weit entfernt ist – keine Schwierigkeit für den Philosophen, der gewohnt war, auf Wanderschaft zu leben. Ich würde nicht einmal ausschließen, daß sich Bruno mehrmals in Magdeburg aufgehalten hat, wo unter anderem eine der schönsten Kathedralen Deutschlands steht, oder daß er auf seiner Reise Richtung Süden dort Station machte. Wer kann das wissen? Sicher ist nur, wie aus den beiden Briefen hervorgeht, daß er den Arzt Wolfgang Zeileisen gekannt hat. Dann brach er nach Frankfurt auf. Wir wollen ihm aber nun auf den Wegen durch das liebenswürdige Helmstedt folgen.

Die kleine Stadt ist ungefähr halb so groß wie Wittenberg, aber dafür schöner und fröhlicher. Sie ist auch sehr inspirierend, weil sie ihre mittelalterlichen Häuser und Kirchen gut erhalten hat. Was uns aber besonders interessiert: Auch die Erinnerung an Giordano Bruno ist gut erhalten. Auch hier – wie in Wittenberg – ist sein Name bekannt. Auf Nr. 7 der Collegienstraße bezeichnen zwei Gedenktafeln das Haus, in dem er wohnte. Die eine sagt: » Hier wohnte auf unstetem Lebenswege um 1590 der für das moderne Weltbild wegweisende Philosoph Giordano Bruno. 10 Jahre vor seinem Ketzertod in Rom«. Der Text der anderen Tafel lautet: »Am 8. Sept. 1912 feierte in Helmstedt das Andenken Giordano Brunos der deutsche Monistenbund«. Das Haus wurde 1965 renoviert, ohne das ursprüngliche Aussehen anzutasten. Nirgendwo sonst gibt es ein so direktes und unmittelbares Zeugnis aus dem Leben Brunos.

In Helmstedt wird auch ein angebliches Portrait Brunos aufbewahrt. Es befindet sich in der Bibliothek des *Iuleum*, des neuen Universitätsgebäudes, das Herzog Heinrich Julius in den Jahren 1592–1597 errichten ließ. Die Echtheit des Bildnisses wird in Zweifel gezogen, insofern die Gesichtszüge nicht mit den Zeugnissen der Zeitgenossen übereinstimmen. Aber ein sicher authentisches Portrait von Bruno existiert nicht, und das von Helmstedt hat wenigstens den Wert, ihn mit starkem Gesichtsausdruck darzustellen, und es ist anders gestaltet als jenes, das meist in den Büchern reproduziert wird, und auf dem Bruno eher einer frommen Osterkerze gleichsieht, als einem Umstürzer der abendländischen Philosophie. Gegenüber hängen im *Iuleum* die Portraits seiner Gönner:

des Herzogs Julius und seines Sohnes Heinrich Julius. Der erste hat ein Gesicht mit Vollbart und Schnurrbart, und von seiner Stirn liest man einen großen Adel der Seele ab. Der Sohn ist mit einem Federhut dargestellt und trägt Schnurrbart und Spitzbart; er scheint mehr oder weniger eine Art Don Rodrigo zu sein, wie Manzonis *Verlobten*, aber sein Blick zeigt Intelligenz und Großzügigkeit. Das Lob, das Bruno den beiden gespendet hat, ist sicherlich verdient. Aber wo sind die Figuren Boethius und Hoffmann? Die Nachwelt hat sie vergessen, und das ist viel schlimmer, als »exkommuniziert« zu sein.

Bruno aber hat sie nicht vergessen. Ohne sie namentlich zu nennen, was sie auch nicht verdient hätten, brandmarkt und verunstaltet er sie mit Sarkasmus in *De immenso:* »Nachdem sie solche Argumente, wie aus einem besonders wichtigen Handelszentrum aufgebracht haben, gefällt es diesen Sekretären der großsprecherischen lateinischen, griechischen, syrischen, kaldäischen Grammatiker – und folglich Propheten Gottes – auch über die Streitigkeiten der Philosophen zu bestimmen. Sie treten in die Akademie, steigen auf das Podium, schreien ihre Meinungen inmitten aller heraus, ohne die legitime Anwesenheit der Gegenseite und ohne Klärung der Sache, da jedes Recht und jedes Licht in dem heiligen Busen der Meister der Meister gelegen ist. Man erwartet ihr Urteil, da ist es«.[284] Die Anspielung auf Boethius und seinen Kumpanen Hoffmann ist eindeutig.

Ohne deren Intoleranz und ihren Fanatismus als »Sekretäre des Himmels« wäre Bruno vielleicht in Helmstedt geblieben und hätte sich weiter der Protektion des Herzogs und der Herzlichkeit der Bürger erfreut, die noch heute den Fremden mit ausgesuchter Höflichkeit empfangen. Aber Heinrich Julius selbst konnte von einem bestimmten Punkt an nicht mehr mit den Lutheranern, den Orthodoxen, den Philippinern und den vielen anderen, die im Namen Gottes gegeneinander Krieg führten. Zuerst setzte er den Fanatiker Daniel Hoffmann ab, der behauptete, die Philosophie führe zum Atheismus, und dann überließ er die Regierung anderen und ging nach Prag zu Rudolf II. Sein Leben war kurz, und er starb 1613 mit kaum 50 Jahren. Daniel Hoffmann hingegen wurde 83 Jahre alt. Das deutsche Sprichwort sagt: »Unkraut verdirbt nicht«. Auch Boethius, der Exkommunikator, lebte für die damalige Zeit lange genug: Geboren 1551, starb er am 5. Mai 1622. Ob die beiden

Kumpanen auch im Paradies gelandet sind, ist zu bezweifeln; wenn aber ja, dann möchte ich ein solches Paradies nicht betreten: lieber die Gesellschaft eines ehrlichen Teufels, als die von bigotten und bornierten Fanatikern.

Frankfurt

Jordanus Bruno (handwritten signature)

Gegen Ende April 1590 verließ Bruno also Helmstedt: »Und
dann ging ich nach Frankfurt, um zwei Bücher drucken zu lassen, das
eine *De minimo*, das andere *De numero, monade et figura*«.[285] Er hat gewiß
noch an der Hochzeit des Herzogs Heinrich Julius teilgenommen, die am
19. April gefeiert wurde. Wenn er aber Frankfurt erst im Juni erreichte,
wie man aus der Bittschrift entnehmen kann, die er an den Senat dieser
Stadt richtete – was machte er und wo war er in der Zwischenzeit? Sicher
brauchte er nicht zwei Monate, um von Helmstedt nach Frankfurt zu
kommen. Hier ist man wieder versucht, an einen Aufenthalt bei Beslers
Onkel in Magdeburg zu denken. Aber das sind nur Hypothesen.

In Frankfurt wohnte er, wie er sagt, »im Konvent der Karmeliter, wo
mir mein Drucker das Logis angewiesen hatte, da er verpflichtet war, mir
freies Logis zu gewähren«.[286] In Wahrheit wollte er beim Drucker Johann
Wechel selbst wohnen, um mit größter Sorgfalt den Druck seiner Bücher
zu überwachen. Im Codex Noroff haben wir – zum Teil unlesbar – das
Konzept der Petition, die der Philosoph an den Senat der Stadt richtete.[287]
Aber der Senat schlug die Bitte sofort ab, wie aus folgender Anmerkung
im Protokoll des Bürgermeisterbuchs, datiert vom 2. Juli 1590, hervorgeht: »Donnerstags den 2. Julij Anno 1590. Als *Jordanus Brunus Nolanus
Philosophiae Naturalis Studiosus* gepetten, dass man Ime Vergünstigen
wölle etlich Wochenlang alhie in Johann Wechels Buchtruckershauss sein
Unffenthalt zu haben / … Sollemann Ime sein pitt abschlagen und sagen,
dass er sein pfennig anderstwo verzere«. Weiters gibt es im Rathsproto-
koll eine lateinische Notiz, immer noch unter dem Datum vom 2. Juli
1590, die die Petition registriert: »*Iobis, II Julii MDXX. Jordanus Brunus
Nolanus Supplici scripto a Senatu petijt, ut sibi liceat aliquot septimanarum
spacio, in aedibus Wecheli typographi commorari*« (Donnerstag, 2. Juli 1590.
Giordano Bruno aus Nola bittet in einer Supplik an den Senat, sich
einige Wochen im Haus des Typographen Wechel aufhalten zu dürfen).
Die Petition wurde am selben Tag in Empfang genommen und zurückgewiesen.

Somit war Bruno, der gekommen war, um drei Lehrgedichte in lukrezischer Form mit Passagen von großer Schönheit zum Druck zu geben, in Frankfurt unerwünscht, das schon damals als das Mekka der Bücher und Buchhändler galt. Das sind die Scherze des Schicksals. Auf der einen Seite macht man eine Messe für Bücher, auf der anderen weist man die aus, die sie schreiben: die Verrücktheit der Menschen ist grenzenlos. Aber in allen Fällen gibt es ein Gesetz der Kompensation. Zweieinhalb Jahrhunderte später schrieb Arthur Schopenhauer gerade in Frankfurt aus der Verwandtschaft der großen Geister heraus eine feierliche Hymne auf Giordano Bruno und hob ihn in den Himmel: *Similis simili gaudet*. In einer langen Anmerkung zur zweiten Auflage der *Welt als Wille und Vorstellung* steht zu lesen: »Bruno und Spinoza sind hier ganz auszunehmen. Sie stehn jeder für sich und allein, und gehören weder ihrem Jahrhundert noch ihrem Welttheil an, welche dem einen mit dem Tode, dem anderen mit Verfolgung und Schimpf lohnten. Ihr kümmerliches Daseyn und Sterben in diesem Occident gleicht dem einer tropischen Pflanze in Europa. Ihre wahre Geistesheimath waren die Ufer des heiligen Ganga: dort hätten sie ein ruhiges und geehrtes Leben geführt, unter ähnlich Gesinnten. – Bruno drückt in folgenden Versen, mit denen er das Buch *De la causa principio et uno*, für welches ihm der Scheiterhaufen ward, eröffnet, deutlich und schön aus, wie einsam er sich in seinem Jahrhundert fühlte, und zeigt zugleich eine Ahndung seines Schicksals, welche ihn zaudern ließ seine Sache vorzutragen, bis jener in edlen Geistern so starke Trieb zur Mittheilung des für wahr Erkannten überwand:

Ad partum properare tuum, mens aegra, quid obstat,
Seclo haec indigno sint tribuenda licet?
Umbrarum fluctu terras mergente, cacumen
Adtolle in clarum, noster Olympe, Jovem.
[Was, mein krankes Gemüt, hält dich noch ab, zu gebären,
Bietest du auch dein Werk dieser unwürdigen Zeit?
Wenn auch über die Länder die Schatten wogen, erhebe
Deinen Gipfel, mein Berg, hoch in den Äther empor!][288]

Wer diese seine Hauptschrift, wie auch seine übrigen, früher so seltenen, jetzt durch eine Deutsche Ausgabe, Jedem zugänglichen Italiänischen Schriften liest, wird mit mir finden, daß unter allen Philosophen er allein dem Plato in etwas sich nähert, in Hinsicht auf die starke Beigabe poetischer Kraft und Richtung neben der philosophischen, und solche eben auch besonders dramatisch zeigt. Das zarte, geistige, denkende Wesen, als welches er uns aus dieser seiner Schrift entgegentritt, denke man sich unter den Händen roher, wüthender Pfaffen als seiner Richter und Henker, und danke der Zeit, die ein helleres und milderes Jahrhundert herbeiführte, sodaß die Nachwelt, deren Fluch jene teuflischen Fanatiker treffen sollte, jetzt schon die Mitwelt ist«.[289]

Gewiß hätte an den Ufern des Ganges niemand einen Philosophen wegen seiner Ideen verfolgt. Hier findet die hohe Philosophie der Upanischaden, der Bhagavatgita und der Reden Buddhas ihren Widerhall, dessen Lehre so ganz verschieden ist von der christlichen Fabel eines persönlichen Gottes, der die Welt aus dem Nichts schafft, sie dann nach eigenem Gutdünken verwaltet, und dem die Priester als Statthalter dienen. Über so etwas würde ein Buddhist einfach nur lachen. Und was soll man über die Religionskriege und über die Scheiterhaufen im Namen eines guten Gottes sagen? Einen Menschen wegen einer Häresie lebendig zu verbrennen, ist einzig und allein eine Spezialität des christianisierten Europa. Auch unter den Zarathustrianern hätte sich Bruno wohlgefühlt, weil Zarathustra im Unterschied zu den ersten Christen die Aneignung des Wissens empfahl, weil es Same der Weisheit ist. So heißt es im Awesta. Da steht auch zu lesen, daß die Liebe zu den Tieren ein Weg zum Paradies ist: »Enthalte dich streng vom Fleischessen [...], damit du nicht in dieser oder in der anderen Welt schwer büßen mußt [...] Sündige nicht gegen [...] das Vieh oder andere Haustiere oder gegen den Hund und die Gattung der Hunde; tue so, dann wirst du den Weg zum Himmel und zum Paradies nicht versperrt finden«.[290] Dann kamen die islamischen Monotheisten, und die hohe Ethik des Zarathustra wurde zerstört. Neuerdings habe ich den Iran von Norden nach Süden bereist, aber es ist mir nicht gelungen, einen einzigen Hund zu sehen. Als ich mich nach dem Grund erkundigt habe, bekam ich zur Antwort, daß der Hund so wie auch andere Tiere »unrein« sei. Da halte ich mich lieber an Schopenhauer, der sagte, wenn es keine Hunde gäbe, dann wollte er nicht leben.

Wenn Schopenhauer Bruno mit Plato vergleicht, so nimmt ihn Goethe, der größte Sohn Frankfurts und einer der größten Dichter der Weltliteratur – einigen Literaturwissenschaftlern zufolge – zum Modell für seinen Faust. Abel Groce zeigt, daß Bruno sowohl Spinoza, Leibniz, Jacobi, Herder und Hamann, als auch Schelling und Schopenhauer beeinflußt hat, und fügt dann hinzu: »Tiefer und inniger jedoch hat Goethe Brunos Größe und Bedeutung gesehen und erlebt. Immer wieder trifft man in Goethes Aufzeichnungen auf Giordano Brunos Gedankengänge und es bedarf eines besonderen Kapitels, um nachzuzeichnen, daß Brunos dämonische Persönlichkeit, dieser Prototyp des faustischen Zweiseelenmenschen, auch bei der Gestaltung der Fausttragödie eine Rolle gespielt haben mag«.[291]

Elisabeth von Samsonow greift auf dieses Thema zurück: »Goethe wurde von Bruno angezogen. 1812 hat er die 1770 kurzzeitig gepflogenen Bruno-Studien wieder aufgenommen, indem er sich mit den aus der Jenaer Bibliothek entliehenen Schriften *De minimo* und *De monade* beschäftigte. Die Sekundärliteratur zum Verhältnis zwischen Goethe und Bruno hat einen beträchtlichen Umfang, und es war wohl dieses ihnen nachgesagte erstaunliche geistige Intimverhältnis, das zu der schauerlichen ›Eindeutschung‹ Brunos durch Kuhlenbeck Anlaß gegeben hat«.[292] Goethe hat sich sein ganzes Leben lang mit Bruno beschäftigt. Und wie intensiv diese Beschäftigung war, beweist die Tatsache, daß er die aus der Jenaer Bibliothek entliehenen Bücher sechs Jahre bei sich behielt, vom Jänner 1812 bis zum September 1818.[293] Schopenhauer dagegen wollte *De la causa, principio et uno* übersetzen, vielleicht das philosophische Hauptwerk Brunos, wie es aus seinem Brief an einen Berliner Verlag hervorgeht. Da schreibt Schopenhauer unter anderem: »Sowohl durch beinahe zweijährigen Aufenthalt in Italien als durch viele Lektüre, ist mir die Sprache sehr vertraut«. Schade, daß sein Plan nicht realisiert wurde! Niemand hat Bruno so tief verstanden wie Schopenhauer.

Ungeachtet des Ausweisungsdekrets – denn das war es in Wirklichkeit – blieb Bruno in Frankfurt. Und weil ihn der Drucker dem Dekret zufolge nicht in seinem Haus beherbergen durfte, verschaffte er ihm eine Unterkunft im Karmeliterkloster, nicht weit vom Main. Die Konvente der Karmeliter waren durch ein kaiserliches Privileg, das Karl V. 1531 erlassen hatte, der weltlichen Gerichtsbarkeit entzogen.[294] Wieder einmal fand sich der Philosoph am Ufer eines Flusses. Hatte er in Wittenberg bei Spaziergängen am Ufer der Elbe Erholung gesucht, so konnte er sie nun am Main-Ufer suchen und dabei über das eigene Schicksal und über die

Bosheit der Welt nachdenken, die ihn verfolgte. Vor ihm hatte der anonyme Autor der *Theologia deutsch* an denselben Ufern meditiert und war zu dem Schluß gekommen, daß das Leben und die Welt »eine Hölle« seien. Gewöhnlich wird er mit dem Namen »der Frankfurter« bezeichnet; vielleicht war auch er Dominikaner. Schopenhauer betrachtete ihn als seinen spirituellen Bruder und meinte, dieser anonyme mittelalterliche Mystiker sei der erste gewesen, der die Verneinung des Willens zum Leben gepredigt habe.

Welches Zusammentreffen: Drei große Geister meditieren – wenn auch im Abstand von Jahrhunderten – angesichts desselben Flusses. Ja, auch Schopenhauer jagte am Ufer des Mains seinen Ideen nach. Laut dem Prior des Frankfurter Karmeliterklosters, »beschäftigte sich besagter Giordano meistens mit Schreiben oder ging träumerisch und neuen Ideen nachgrübelnd auf und ab«;[295] ebenso hielten die Bewohner Frankfurts später auch Schopenhauer für einen verrückten Exzentriker. Immer dieselbe Geschichte: Wer aus der Spur ausschert, die von der Mittelmäßigkeit gezogen wird, muß in den Augen der Welt unbedingt ein Narr oder ein Exzentriker sein. Jener Prior hieß Johann Müntzenberger, ein Name wie ein Faustschlag ins Gesicht eines Mönchs. Er wurde 1581 zum Prior bestellt und 1593 wegen *»actiones criminales* und *capitales«*[296] abgesetzt. Was, zum Teufel, mag er angerichtet haben?

Da Bruno den Druck seiner Bücher besorgen mußte, hatte er nicht viel Zeit, um »träumerisch und neuen Ideen nachgrübelnd« den Main entlang zu wandern. Er korrigierte nicht nur aufmerksam die Druckfahnen, sondern schnitt auch das Holz für die Illustrationen. Das ist dem Widmungsbrief zu *De triplici minimo et mensura* zu entnehmen, der von Wechel im Auftrag des Philosophen geschrieben wurde. An Herzog Heinrich Julius gewandt, dem das Werk gewidmet ist, schreibt der Drucker: »Wie schändlich die Schuld der Undankbarkeit ist, erkannte auch die heidnische Antike, o hocherhabener und ehrwürdigster Fürst. Daher dachte auch Giordano Bruno, der von Eurer ehrwürdigsten Milde auf liberale und ehrenhafte Weise behandelt wurde, daß er keine andere Aufgabe übernehmen sollte, als vor den Augen aller Menschen irgendwelche Zeichen der Dankbarkeit gegenüber Eurer ehrwürdigsten Güte zu setzen. Zudem meinte er, daß unter anderen Zeugnissen seiner intellektuellen Tüchtigkeit, von denen einige schon erschienen, andere hingegen erst in der Seele entworfen waren, dieses Buch De *triplice minimo et mensura* Eurer Exzellenz würdig sei! Nachdem er das Werk angefangen hatte, zeichnete er nicht nur mit seiner eigenen Hand die Figuren, sondern besorgte auch die Revision, um es auf das Sorgfältigste zu Ende zu führen. Endlich, als nur das letzte Kapitel des Werkes übrig war, hat man ihn uns durch plötzliche Umstände geraubt, und so konnte er nicht mit seiner Hand das letzte Blatt wie die anderen besorgen. So bat er uns mit einem Brief, das an seiner Stelle und in seinem Namen zu machen, was ihm wegen des dazwischengekommenen Unstandes nicht erlaubt war, selbst zu tun. Damit es nicht den Anschein hätte, daß wir einem Abwesenden einen solchen Gefallen verweigern, bieten wir an, präsentieren wir, empfehlen wir das Buch, das er Ihrer erwürdigsten Güte gewidmet hat und das wir publiziert haben, indem wir Euch demütig bitten, die Dankbarkeit des Autors und unsere Arbeit mit Milde und Wohlwollen aufzunehmen, und weiter mit Eurem gewohnten Wohlwollen die Literatur und die, die sie verbreiten, zu protegieren. Wir bitten von Herzen den besten und größten Gott, die Quelle jedes Glücks, daß Ihr das noch für lange und glücklich tun könnt. Frankfurt, 13. Februar 1591.«

Das ist mysteriös. Warum hat Bruno die Widmung an Herzog Heinrich Julius nicht selbst geschrieben, sondern sie vom Drucker schreiben lassen? Wenn er abwesend war und einen Brief sandte, hätte er – stelle ich mir vor – auch den Text der Widmung senden können. So kommen einem Zweifel, ob er nicht vielleicht noch in Frankfurt war und Wechel, um nicht mit der Stadtregierung in Konflikt zu kommen, glauben machen wollte, er sei schon abgereist. Vielleicht diente der Vorgang auch dazu, die Approbation der Zensur für *De minimo* zu erhalten. Das ist nur eine Hypothese.

Tatsächlich wurde das Buch am 17. März approbiert und kam einige Wochen später in den Handel. Aber wie soll man sich die plötzliche Abreise Brunos aus Frankfurt erklären? Wechel spricht von einem »*casus repentinus*«. Gab es eine neuerliche Ausweisung, möglicherweise nur mündlich? Warum aber, wenn er bis zu diesem Zeitpunkt ungestört an der Drucklegung seiner Bücher arbeiten konnte? Jedenfalls bleibt die Tatsache, daß Bruno zu einer bestimmten Zeit Frankfurt verließ und sich auf den Weg nach Zürich machte. Wenn wir Wechel glauben dürfen, so geschah das kurz vor dem 13. Februar 1591.

Diesmal ging er nicht auf gut Glück, sondern hatte ein genaues Ziel. Es scheint sicher, daß er bei der Herbst-Buchmesse in Frankfurt Hans Heinrich Hainzel von Degerstein und Raphael Egli kennengelernt hatte, die in Zürich lebten. So erklärt sich alles: Die beiden boten Bruno in Kenntnis der Schwierigkeiten, in denen er sich befand, Gastfreundschaft in ihrer Stadt, und er nahm an. Hainzel, latinisiert zu Haincelius, wußte sehr wohl, was Vertreibung bedeutet, denn er hatte sie selbst erlebt. Er stammte aus einer Patrizierfamilie und hatte in Augsburg, wo er geboren war, wichtige Ämter bekleidet. Später war er mit dem Rat der Stadt in Konflikt geraten und nach Ulm übersiedelt; aber da wurde er verhaftet, an seine Feinde in Augsburg überstellt und in den Verließen von Günzburg eingekerkert, das damals zu Österreich gehörte. Es gelang ihm zu entkommen und er flüchtete in die Schweiz, woher seine Familie stammte. Dort kaufte er das Schloß Ellg in der Nähe von Zürich. Und eben nach Ellg lud er Giordano Bruno ein, wo dieser vielleicht den Rest seines Lebens hätte verbringen können, wäre er nicht der unheilbare Träumer gewesen, der er war. Der Philosoph war jedoch – wichtig, es noch einmal zu sagen – nicht für ein ruhiges Leben geschaffen: Wer das aufgewuhlte Meer gewöhnt ist, eignet sich nicht für die Windstille. Außerdem lebte er nur als Philosoph und alles andere hatte wenig Bedeutung. Das ist ein fundamentaler Punkt, den man nicht vergessen darf, wenn von Giordano Bruno die Rede ist.

In Zürich, wo er »gewisse Doktoren«[297] in scholastischer Philosophie unterrichtete, dürfte er vier oder fünf Monate geblieben sein. Zu seinen Hörern zählte auch Raphael Egli, der die Vorlesungen sammelte und unter dem Titel *Summa terminororum philosophicorum* veröffentlichte. Die erste Teilausgabe erschien 1595 in Zürich, die zweite, vollständige, 1609 in Marburg. Er war einer der ergebensten Schüler Brunos. Er hatte seine Laufbahn als Lehrer in Graubünden und im Veltlin begonnen, wo er einige evangelische Schulen gründen wollte. Ein Aufruhr der Katholiken zwang ihn, Sondrio zu verlassen; dann hatte er zuerst einen Posten in Winterthur und später in Zürich gefunden, wo er Archidiakon wurde. Irgendwann wurde er aber mit seinen Schulden nicht mehr fertig, die er sich mit seiner Leidenschaft für die Alchimie aufgehalst hatte, und mußte fliehen. Er ließ sich in Marburg nieder, wo er 1607 den Lehrstuhl für Theologie übernahm. Mit 66 Jahren starb er dort am 20. August 1622.

Als Bruno wieder nach Frankfurt aufbrach, hatte er das Manuskript von *De imaginum, signorum et idearum compositione* bei sich, das er dann als Zeichen der Dankbarkeit Hans Heinrich Hainzel widmete, den er als »überaus lebendigen Geist« bezeichnete. Es ist nicht leicht, die Aufenthalte Brunos in dieser Periode zu rekonstruieren, so wie es nicht leicht ist zu verstehen, wie und warum er trotz Ausweisung nach Frankfurt zurückkehrte; aber er kehrte zurück und hielt sich wieder im Karmeliterkloster auf. »Er hielt den ketzerischen Doktoren Vorlesungen, da sie in jener Stadt eben meistens Ketzer sind, und sprach universell«,[298] wie der Buchhändler Giacomo Brictano den venezianischen Inquisitoren erklärte, und verfolgte außerdem den Druck von *De monade* und *De immenso,* die zusammen mit *De triplici minimo et mensura* die Trilogie der sogenannten Frankfurter Lehrgedichte bilden. Wahrscheinlich wollte sie der Autor zusammen herausbringen, aber das Ausweisungsdekret hatte seinen Plan durchkreuzt. Jedenfalls gehören diese drei philosophischen Lehrgedichte nicht nur wegen der Materie, die sie behandeln, zusammen, sondern auch wegen ihres lukrezischen Stils. Überdies sind sie als ein- und dreifaltiges Geschenk dem Herzog Heinrich Julius gewidmet, zu dem der Autor sagt: »Entsprungen aus der Arche meiner Wenigkeit, biete ich Dir, Du dreimal Fürst und Maximus, drei Geschenke an. Das erste ist dem gebildeten und Weisen gewidmet, das zweite dem Bischof und dem Meister heiliger Dinge, das dritte dem Fürsten und Seelenhirten [...] Im ersten Werk haben wir unseren Wunsch gezeigt, die Wahrheit zu erreichen; in dem zweiten haben wir sie nicht ohne Unsicherheit gesucht; im dritten haben wir sie ohne Schleier des Zweifels gefunden. Im ersten Fall haben wir uns dem Sinn anvertraut, im zweiten den Worten, im dritten den Dingen«.[299] Insgesamt handelt es sich also um eine Trilogie, in der jeder Teil Licht auf den anderen wirft.

Der Anfang von *De monade* ist ein hohes Zeugnis moralischen und intellektuellen Stolzes; aber er klingt auch wie ein spirituelles Testament, vielleicht weil Bruno spürte, daß er keine Zukunft hatte: »Die meisten Menschen, die die fruchtbare Erde mit ihrem wohlwollenden Busen ernährt, sind diesem Schicksal erlegen (o berühmtester Herzog), die Zeit des Studiums unter dem lebensspendenen Mantel der Sonne nur den Dingen zu widmen, für die der leere Geist in Ketten gesperrt wird, und auch wenn noch lebendig, eingehüllt ist von der Dunkelheit des Grabes, sodaß das Ziel des Lebens das Leben ist, das Ziel des Weges der Weg. Unbeklagt gehen, die sich nicht des Glücks und der Stärke des Sinnes erfreuen können und niemals, an keinem Ort, das Bild des göttlichen Angesichts tragen; oder jene, die nur wegen des Aussehens in die menschliche Gattung gehören, während ein bestialischer Geist nur den Gewinn des Lebens um den Preis ihrer fünf Finger schätzt. Man muß dieses tristes Spektakel beobachten, wie nämlich der Wirbel der Geschäfte den besseren Geist verschlingt. Nicht weniger unglücklich sind die, die reich durch Wohlstand sind, der ihnen durch die Arbeit anderer gewonnen wurde, die schläfrig sind und den Kopf ruhigstellen, ohne den Tag von der Nacht und die Nacht vom Tag zu unterscheiden, sodaß die Elenden ein lebendiger Tod und ein totes Leben niederdrückt. Solche Güter sind nichts für den, der nicht alle Fähigkeiten besitzt, der keinen Verstand hat, keine Denkkraft der Erfahrung und der Praxis: Er hört nichts, was er nicht glaubt, er weigert sich zu denken und fühllos schläft er mit offenen Augen; er läßt sich leben inmitten des Luxus, aber die wilde Kraft des Gefallens wird getrübt durch die Angst vor dem Tod. Seine Dummheit wird zu einer Quälerin und quält den Dummen, bis der letzte Tag mit ernster Bestimmung den Pilz wieder zur Erde gehen läßt, zur gleichen Art, aus der er zuvor entstanden war und sich zum Himmel erhob. Es gibt einige, die die Not in schwierigen Situationen emporgehoben hat, aber sie wurden gestoßen von einem heißen Wunsch, von der Angst oder von der Ambition aus brennendem Ehrgeiz. Nicht das unbefleckte Bild der wahren und rechtschaffenen Tugend trieb sie also an, sondern nur, was eine allgemeine Meinung mit einem nützlichen Titel schenkt. Sie sehen ein Studium, das nicht in ausreichendem Maß dem unsensiblen Bauch Vergnügen anbietet, als ganz nutzlos an; aber eben diese sind es, die das dumme Volk zu Ehren erhebt. Wir aber bewahren unbeugsam die Absicht und den Mut, obwohl wir den Wellen des widrigen Schicksals überlassen sind und schon von jung auf genug gegen Fortunas Geschicke gekämpft haben; diese machen uns stark und – Gott ist Zeuge – niemals waren wir matt und schläfrig, wir haben uns gegen die Zeichen des Bösen verteidigt, indem wir sie verachteten, sodaß wir den Tod nicht fürchten. Nie, vor keinen Sterblichen, haben wir die Kräfte unserer Seele gebeugt«.[300]

So sprechen die großen Seelen! Wir haben schon gesagt, daß Bruno – zum Unterschied von den Professoren – *für* die Philosophie und nicht *von* der Philosophie lebte: »Jetzt bieten wir nicht jene Philosophie an, die für die Elendsten von allen eigentümlich und spezifisch ist, die Philosophie kauen, um sich das Brot zu verdienen, sondern jene Philosophie, die sich nur an den noblen Geist derer wendet, die eine Haltung einnehmen können, ohne der öffentlichen Meinung, dem Glauben oder der Lehre einer Partei zu dienen, und welche die zum Leben notwendigen Dinge besorgen, ohne die Majestät der Wahrheit, die um ihrer selbst willen kultiviert werden muß, den niedrigen Dingen zu unterwerfen«. Tatsächlich fingen »die Weisheit und die Gerechtigkeit an, die Erde zu verlassen, als die Gelehrten in Sekten organisiert anfingen, ihre Doktrinen zu Gewinnzwecken zu verwenden. So kam es, daß sie wegen einer simplen parteiischen Liebe bis zur Vernichtung der Gegner kämpften, als ob es sich um das eigene Leben und das ihrer Kinder handelte.«[301] Dasselbe wird Schopenhauer sagen, der große Bewunderer Brunos. Auch er schleuderte mörderische Speere gegen die Söldner der Philosophie, die ihren Kopf den verschiedenen Parteien vermieten – kurz, gegen jene, die heute »engagierte Intellektuelle« heißen.

Bruno fährt fort: »Er ist reich, wer viel besitzt, aber noch reicher ist der, dem wenige Dinge genug sind und am reichsten endlich, der alle diese Ding verachtet«.[302] Diese Worte waren die Maxime seines Lebens und erinnern an das, was Diogenes Laertes über Sokrates sagt: »Indem er am Wenigsten brauchte, war er den Göttern gleich«.

So wie der Philosoph Heinrich Julius gewürdigt hatte, sollte man glauben, daß ihn der Herzog nicht nur unterstützt, sondern auch verstanden habe. Wenn es aber so war, warum ist Bruno dann aus Helmstedt weggegangen? Wahrscheinlich befand er sich in einer ähnlichen Situation wie Wagner in München: protegiert vom Souverän, aber angefeindet vom Hof. Und gegen die Vipern, die sich bei Hofe einnisten, richtet auch das Zepter oder der Stock des Königs nichts aus.

Aber man denke an den Stolz des Philosophen, der in den Widmungen an Herzog Heinrich Julius oder an Rudolf II. zum Ausdruck kommt! Niemand hat je so offen zu den Mächtigen der Erde geredet, und niemand mit solchem Selbstbewußtsein die Freiheit den Denkens gefordert. »Niemals haben wir unsere Geisteskraft vor irgendeinem Sterblichen gebeugt«: Das sind Worte, die schon allein genügen, um die Größe des moralischen Charakters Giordano Brunos verständlich zu machen. Wer hätte es gewagt, in jenem Jahrhundert so zu einem Fürsten oder Kaiser zu sprechen?

In den Dokumenten des venezianischen Prozesses kann man lesen: »Und in Frankfurt bin ich ungefähr sechs Monate lang gewesen«.[303] Offenbar bezieht sich der Philosoph nur auf den letzten Aufenthalt, der von seiner Rückkehr aus Zürich bis zur Abreise nach Italien dauerte. Er war aber auch im Jahr davor in Frankfurt gewesen, wie die zitierten Dokumente belegen. Überdies war er im Sommer 1586 da, wenn auch nur auf Durchreise, als er sich nach Marburg begab, und Ende 1588 auf dem Weg von Tübingen nach Helmstedt. Wo aber »hielt er vor häretischen Doktoren Vorlesungen und sprach universell«? In Frankfurt gab es zu jener Zeit keine Universität. Wahrscheinlich handelte es sich um private Zusammenkünfte, etwa im Haus irgendeines Patriziers, wie es in London geschehen war, oder vielleicht beim Verleger. Hier kann daran erinnert werden, daß der Vorgänger Johann Wechels, mit Namen Andreas, nicht nur wegen seiner Kunst als Drucker bekannt war, sondern auch wegen seiner Gastfreundlichkeit. Einer seiner erlauchtesten Gäste war Sidney, der Bruno davon erzählt haben könnte.

Frankfurt, die Stadt der Geldleute und – nach Schopenhauer – der Abderiten, hat stets besser verstanden, Bücher zu verkaufen, als sie zu schreiben oder zu produzieren. Schon damals gab es die Buchmesse, zu der Buchhändler aus ganz Europa anreisten. Henri Etienne schreibt 1574 in seinem *Encomium nundinarum francofordiensium:* »Die Qualität der alten und modernen Bücher, die man hier findet, ist unbeschreiblich. Es scheint eine Messe der Messen, man kann ruhig sagen, eine Messe der Musen zu sein. Selbst die Italiener waren überrascht: Sie mußten an ihrer eigenen Überlegenheit zweifeln und sich fragen, was sie Ähnliches dem entgegenzuhalten vermochten«.[304] Eine ideale Stadt also für Giordano Bruno, dessen einzige Absicht darin bestand, seine revolutionäre Philosophie bekannt zu machen. Und tatsächlich wurden seine philosophischen Lehrgedichte in Latein und das Werk, das er für seinen Freund Hainzel geschrieben hatte, schnell gedruckt und zur Herbst-Buchmesse von 1591 in den Handel gebracht. Aber gerade die Frankfurter Buchmesse war – wenn auch nur indirekt – die Ursache seines Unglücks.

Die Stunde
des Schicksals

Unter den Buchhändlern, die sich alljährlich bei der Frankfurter Buchmesse einfanden, waren auch zwei Wahl-Venezianer. Einer davon, Giambattista Ciotti, stammte aus Siena, der andere, Giacomo Brittano oder Brictano, war ein Flame von Herkunft. Beide hatten Bruno in Frankfurt kennengelernt, wie sie später den venezianischen Inquisitoren am 26. Mai 1592 erklärten. Hören wir zuerst Ciotti: »Ich kenne diesen Giordano Bruno aus Nola oder Neapel, und er ist ein kleiner magerer Mann, mit schwachem dunklem Bart, ungefähr 40 Jahr alt. Das erste Mal, daß ich ihn gesehen, war er in Frankfurt in Deutschland, wo ich zur Messe gekommen war, im Monat September, es werden im nächsten September zwei Jahre sein; ich logierte, wie gewöhnlich, wenn ich in diese Stadt komme, im Konvent der Karmeliter-Brüder und traf dort auch diesen Giordano einlogiert; ich habe mich mehrfach während der ungefähr fünfzehn Tage meines damaligen Aufenthalts mit ihm unterhalten; er übte den Beruf des Philosophen aus und bezeugte große Bildung und Belesenheit«.[305] Und jetzt Brictano: »Ich kenne besagten Giordano Bruno aus Nola und habe ihn zuerst kennen gelernt in Frankfurt vor schon drei Jahren, und danach in Zürich im Schweizerland und zuletzt hier in Venedig; in Frankfurt war es bei der Gelegenheit der Messe und erinnere mich nicht mehr, ob es die Ostermesse oder Septembermesse war; und da ich erfuhr, daß besagter Giordano Bruno im dortigen Konvent der Karmeliter-Brüder logierte, bekam ich den Wunsch, ihn kennen zu lernen und sprechen, da ich einige seiner gedruckten Werke gesehen hatte und merkwürdig fand. Und so kam es, als ich ihm eines Tages auf der Straße begegnete, daß er mir gezeigt wurde und ich ihn begleitete und mit ihm in ein längeres Gespräch kam, indem ich ihn fragte, wie es ihm in dieser Stadt ginge und was er mache, und seine Werke lobte, die übrigens auch von vielen gelobt wurden. Später habe ich ihn zufällig wieder in Zürich getroffen und angesprochen auf Grund unserer schon in Frankfurt gemachten Bekanntschaft«.[306]

Aus den Worten Ciottis entnimmt man unschwer, daß er Bruno zum

ersten Mal im September 1590 begegnet war. Brictano ist weniger genau –
er zählte offenbar auch die laufenden Jahre als ganze mit. Jedenfalls
konnte auch er dem Philosophen nicht vor der Herbstmesse 1590 begegnet sein, weil Bruno, wie wir gesehen haben, erst im Juni desselben Jahres nach Frankfurt gekommen war. Dann sah er ihn in Zürich wieder.
Aber wann? »Später habe ich ihn zufällig wieder in Zürich getroffen und
angesprochen auf Grund unserer schon in Frankfurt gemachten Bekanntschaft«: Nach dieser Erklärung könnte man glauben, Bruno sei sofort, nachdem er Brictano in Frankfurt kennengelernt hatte, nach Zürich
gereist, und der Buchhändler habe ihn dort zufällig auf dem Heimweg
nach Venedig wiedergesehen. Aber so kann es nicht gewesen sein. Es ist
kaum denkbar, daß der Buchhändler die Rückreise von der September-
Messe 1590 – und daher mit Büchern im Gepäck – über Zürich gemacht
und dadurch einen langen und nutzlosen Umweg auf sich genommen
hätte. Er wird sicherlich die Straße über Augsburg, Innsbruck und Verona
genommen haben. Abgesehen davon steht fest, daß Wechel im Widmungsbrief zu *De triplici minimo* mit Datum vom 13. Februar 1591
schreibt, Bruno sei ihm plötzlich abhanden gekommen. Es ist daher auszuschließen, daß der Philosoph Frankfurt schon im September 1590 in
Richtung Zürich verlassen hat. Hingegen scheint es möglich, daß Brictano auf dem Weg zur Oster-Buchmesse 1591 über Zürich nach Frankfurt
gereist ist, und daß er bei dieser Gelegenheit Giordano Bruno wiedergesehen hat.

Aber der (unfreiwillige?) Vermittler des Verderbens für den Philosophen war Ciotti. Unter den Büchern, die er auf der Oster-Buchmesse 1591
in Frankfurt gekauft und nach Venedig gebracht hatte, war auch *De triplici minimo,* das kurz davor in den Handel gekommen war. So gelangte
das Buch in die Hände des venezianischen Patriziers Giovanni Mocenigo.
Ciotti: »Dieser Giordano ist in diese Stadt gekommen, soviel ich weiß,
weil eines Tages Herr Zuane Mocenigo, ein venetianischer Edelmann,
nachdem er ein von besagtem Jordanus herausgegebenes Buch mit dem
Titel: Vom Kleinsten, dem Größten und dem Maß *(De minimo, magno
et mensura)*[307] gekauft hatte, mich fragte, ob ich ihn kennte, und wüßte,
wo er sich zurzeit aufhalte. Ich sagte ihm: Ja, und daß ich ihn in Frankfurt gesehen hätte und glaubte, er sei noch dort; besagter Herr Mocenigo
bemerkte dann: ›Ich möchte, er käme nach Venedig, um mich in den Ge-

heimnissen der Gedächtniskunst und manchem anderen zu unterrichten, was er lehrt, wie man aus diesem seinem Buche ersieht‹. Hierauf antwortete ich: ›Ich glaube, wenn man ihn darum ersucht, wird er kommen‹, und so brachte mir Herr Mocenigo nach einigen Tagen einen direkten Brief an besagten Jordanus mit der Bitte, ihn ihm zu senden, was ich auch getan; er sagte, er habe ihm geschrieben, ob er nicht nach Venedig kommen wolle. Und danach ist er hierher gekommen, es werden ungefähr sieben oder acht Monate her sein«.[308]

Ciotti spricht nur von einem einzigen Brief, in Wirklichkeit aber waren es zwei, wie Bruno selbst erklärt: »Als ich mich in Frankfurt befand, voriges Jahr, erhielt ich zwei Briefe von Herrn Giovanni Mocenigo, einem venetianischen Edelmann, in denen er mich einlud, nach Venedig zu kommen; er wünschte, wie er schrieb, Unterricht von mir in der Gedächtnis- und Erfindungskunst, versprach mich gut zu behandeln, ich würde mit ihm zufrieden sein«.[309] Sonderbar, sehr sonderbar dieser venetianische »gentiluomo«, der sich an eine im Ausland, im Exil lebende Person wendet, damit diese nach Venedig komme, um ihn in der Kunst der Mnemotechnik zu unterweisen! Noch sonderbarer ist es, daß er sich durch einen Mittelsmann an Bruno wendet. Hätte er den Brief nicht selbst abschicken können, anstatt ihn von Ciotti abschicken zu lassen? Genügte es nicht, die Adresse zu wissen? Gewiß, aber Ciotti kannte den Philosophen, und das konnte dem Unvorsichtigen Vertrauen einflößen. Mir scheint, daß die Biographen über diesen Punkt nicht genau genug nachgedacht haben. Ein reicher Patrizier hätte sich jeden gewünschten Lehrer nehmen können, ohne ihn in der Ferne suchen zu müssen. Da riecht Drewermann Verrat, und er läßt Bruno sagen: »Was aber will eigentlich Zuane Mocenigo von mir? Kann nicht ein Edelmann wie er sich jeden beliebigen Lehrer in jedem beliebigen Fache in sein Palais holen?«[310] Hätte er sich doch diese Frage gestellt!

Giovanni Mocenigo, geboren 1558, war ein degenerierter Abkömmling der gleichnamigen berühmten Familie. Er setzte nichts Gutes in die Welt und versuchte vergeblich, einen Sitz im Senat zu bekommen. Er war eitel und berauschte sich am Duft von Schmeicheleien. Solche Charaktere sind gefährlich. Manche vermuten – vielleicht nicht zu Unrecht –, daß er ein Agent der Inquisition gewesen sei, die wegen der Bücher besorgt war, die aus dem Ausland kamen. Am 16. August 1589 hatte das heilige Offizium den apostolischen Nuntius in Venedig angewiesen, zu überprüfen, wo schädliche Bücher gedruckt würden. Dieselben Instruktionen wurden an die Inquisitoren von Dalmatien und Istrien geschickt: Sie durften den Handel mit verbotenen Büchern nicht erlauben. Vier Jahre später wurden an den Inquisitor von Mailand Anweisungen gleichen Inhalts gegeben. Im Namen Gottes erstickten also die Kleriker, wie immer, die Kultur. Auch die Bücher Giordano Brunos paßten keinesfalls auf die umzäunte ideologische Weide, die diese Obskurantisten abgesteckt hatten; aber Mocenigos Anzeige hatte zur Folge, daß der Philosoph keine Bücher mehr schreiben konnte.

Mit der Unvorsichtigkeit und Naivität, die ihn immer begleitete, nahm Bruno die verhängnisvolle Einladung des venezianischen Patriziers an und ging ins Verderben. Er muß im August 1591 in der Lagunenstadt angekommen sein. Welchen Weg hatte er genommen? Und ist er auch durch Nürnberg, die Stadt seines Schülers Besler, gekommen? Das ist denkbar, auch weil er wahrscheinlich mit Besler in Verbindung stand, der sich damals in Padua aufhielt. Wenn er in Magdeburg oder Helmstedt den Onkel kennengelernt hatte, so mag er durch Nürnberg gereist sein, um auch die Eltern kennenzulernen. Fest steht jedenfalls, daß in den *Avvisi di Roma* vom 12. Februar 1600 nachzulesen ist, der Philosoph sei »durch Nürnberg gekommen«.

»*Salve, cara Deo tellus sanctissima, salve*«, so grüßte Petrarca das Vaterland von der Höhe des Moncenisio, nachdem er seinen wunderschönen Zufluchtsort in Vaucluse in der Provence, nicht weit von Avignon, verlassen hatte, um nach Italien zurückzukehren.[311] Aber es reute ihn sofort: »Ich gestehe, daß ich niemals geglaubt hätte, daß unter unserem Himmel solche grobe und jeder Logik spottende Spitzbuben geboren werden könnten«.[312] Auch Giordano Bruno mußte schnell bereuen, daß er nach Italien zurückgekehrt war, wo er zuerst ungeschliffene Taugenichtse wie Giovanni Mocenigo und dann ungeschliffene und blutdürstige Priester vorfand. Hatte der Unvorsichtige vergessen, daß Italien nur schön ist, wenn man es aus der Ferne sieht? In seinem fiktiven Buch läßt Drewermann ihn sagen: »Ich habe mich zeit meines Lebens geweigert, die germanischen Sprachen Deutsch oder Englisch ernsthaft zu lernen. Wenn alle europäische Kultur aus Italien kommt, so sollen die Barbaren gefälligst Italienisch lernen. Wie? Ich rede Unsinn? Nun, es stimmt trotzdem«.[313] Aus Italien kommen aber auch allerhand Schändlichkeiten, oder jene die vom Ausland eingeführt werden, gedeihen hier und machen Schule. Das ist eine alte Geschichte. Tacitus sagt über die ersten Christen: »Der für den Augenblick unterdrückte verderbliche Aberglaube brach wieder aus, nicht nur in Judäa, dem Vaterland dieses Unglücks, sondern auch in Rom, wo von allen Seiten alle nur denkbaren Greuel und Abscheulichkeiten zusammenströmen und Anhang finden«.[314]

Die Gelehrten sind mehr an akademischen Disputen interessiert, als von der Anteilnahme am tragischen Schicksal Giordano Brunos bewegt, und sie fragen sich, wie er die schwerwiegende Unvorsichtigkeit oder den fatalen Irrtum begehen konnte, nach Italien zurückzukehren; und jeder gibt die Interpretation, die dem eigenen kleinlichen Geist am besten entspricht. Für die Professoren und die Akademiker überhaupt habe der Philosoph ein Auge auf einen Lehrstuhl für Mathematik an der Universität Padua geworfen. War denn nicht seit 1588, dem Todesjahr des Professors Giuseppe Moletti, der mathematische Lehrstuhl vakant? Das also, denken die Professoren, muß das wahre Wunschziel Brunos gewesen sein! Professoren sehen alles durch die Ritzen des Lehrstuhls, und so spiegelt sich auch Giordano Bruno in ihren Köpfen als ein Jäger nach Lehrstühlen. Aber wer uns bis hierher gefolgt ist, der wird sicher bemerkt haben, daß ihm seine Philosophie immer wichtiger war als die Lehrstühle. Hat man übrigens schon jemals einen Lehrstuhl-Jäger gesehen, der mit der Peitsche und dem satirischen Speer bewaffnet ist, statt mit dem Weihrauchfaß? Weder sein Charakter, noch seine Philosophie eigneten sich für eine akademische Karriere. Und tatsächlich wurde er niemals ordentlicher Professor oder *pragmatisierter Philosoph.* Er blieb immer, wie es nur natürlich war, ein heimatloser Hund oder – wie er sich selbst im Titel des *Candelaio* nennt – ein »Akademiker keiner Akademie«.

Für andere hingegen ist er angeblich mit dem Vorsatz nach Italien zurückgekehrt, eine neue Religion zu gründen oder, was auf dasselbe hinausläuft, eine religiöse Reform in die Wege zu leiten. Professor Luigi Firpo schreibt, als könnte er das Herz des Philosophen ergründen: »Daß Bruno dieses ambitiöse Vorhaben konzipiert hatte, scheint nun sicher, nachdem Corsano die verstreuten, aber sehr bezeichnenden Zeugnisse, die diesbezüglich während des Prozesses durchgesickert sind, in Betracht gezogen hat […]. Fasziniert von dieser utopistischen Vision, dachte Bruno daran, sie in die Praxis umzusetzen, ein absurdes Vorhaben für jeden, aber umso mehr für einen Mann, den eine lange und triste Erfahrung als unfähig für soziale Beziehungen erwiesen hat, der leicht zornig, eher scharfzüngig als überredend, dogmatisch in jeder Behauptung, impulsiv und intolerant war. Besser geeignet für einen solchen Zweck könnte man Campanella halten: kommunikativ, enthusiastisch, ein hinreißender Redner, reich an unwiderstehlicher persönlicher Faszination«.³¹⁵

Ja, die persönliche Faszination! Bruno muß viel davon gehabt haben, wenn er, wie Nostitz berichtet, »sehr viele Schüler und Hörer attrahierte«. Wir haben auch gesehen, daß einer von ihnen, Acidalius, ihm eine enthusiastische Hymne widmete. Intolerant? So ein Wort für einen Mann zu verwenden, der von der Intoleranz lebendig verbrannt wurde, tönt feige und unwürdig. Keineswegs unwürdig hingegen ist der Ton der Peitsche Brunos, die er gegen die Professoren schwingt, die aus der Kultur eine Rhapsodie von Worten machen und davon leben. Man könnte sie auch die Ritualisten der Kultur nennen. Sie fahren nicht schlecht damit, denn sie wissen zu lavieren und die Welt zu hofieren. Sie hätten gewiß nie die Unvorsichtigkeiten des Giordano Bruno begangen, ja sie wären nie in die Lage gekommen, die Heimat verlassen zu müssen. Sie singen das Lied des jeweiligen Tages und sind Meister in der Kunst der Anpassung an den »historischen Augenblick«, wie sie sich in vollendeter Heuchelei ausdrücken. Die Welt zeigt sich dafür erkenntlich, und so können sie ruhig auf ihren Sesseln sitzen bleiben und über Dinge daherreden, die sie nicht empfinden oder nicht verstehen. Man lese nur ihre Schriften über Bruno: Nirgends findet man eine Erschütterung der Leidenschaft oder der Verachtung für seine Henker. Sie wollen Karriere machen und sind sehr vorsichtig, nur ja die Empfindlichkeit von Menschen nicht zu verletzen, die ihnen nützlich sein könnten. Und wie nennen sie die Schmeichelei in ihrer Sprache? Kritische Distanz! Wenn sie in den Prozeßakten lesen, daß der Philosoph unter der Folter etwas zurücknimmt, oder sie ihn etwas *zurücknehmen lassen*, dann sagen sie, immer noch auf ihrem bequemen Sessel sitzend: ›Schaut her! Giordano Bruno hatte seine schwachen Seiten und war nicht der Held, den man uns glauben machen will‹. Sie aber, die Ritualisten der Kultur, machen sich's niemals unbequem und gehen daher kein Risiko ein. Sie sind schlau und wissen, daß in den Augen der Leute *scheinen* mehr zählt als *sein*. In einem gewissen Sinn war auch Campanella schlau, der zwar 27 Jahre im Gefängnis saß, dem es aber gelang, dem Scheiterhaufen zu entkommen, indem er den Verrückten spielte. Bruno war dazu nicht imstande und tat es auch nicht. Ist er deshalb weniger faszinierend als Campanella? Mag sein, aber er war dafür mehr Philosoph. Für ihn hatte die Religion nur als soziales Phänomen Bedeutung, aber sein Geist strebte höher, sodaß er sich über die Zeit und die Mitmenschen erhob. Eben deshalb sollte man sich umso mehr vor absonderlichen und hirnverbrannten Hypothesen hüten, wie daß er zur Gründung einer neuen Religion nach Italien zurückgekehrt sei.

Viel verlockender ist die im vorigen Jahrhundert von Bartholmèss aufgestellte Hypothese, der wie wenige andere die Persönlichkeit Brunos nachempfand, während die anderen die Persönlichkeit außer acht lassen, um irgendwelchen Anmerkungen oder Varianten nachzulaufen. Zu den posthumen Unglücksfällen, die Bruno zugestoßen sind, gehört auch, daß er in die Hände von Pedanten geraten ist. Aber schweifen wir nicht ab. Bartholmèss also meint, daß Bruno die Alpen wieder überschritten hätte, weil ihn die Sehnsucht nach der Heimat trieb. Eine solche Hypothese wird sogleich als romantisch abgeurteilt. Aber warum denn? In allen seinen Schriften läßt der Philosoph die Sehnsucht nach Italien und insbesondere nach Kampanien durchblicken, so sehr, daß er seinem Namen denjenigen Nolas hinzufügte und sich *Nolano* nannte. Man versetze sich in die Lage eines Menschen, der ohne Zuneigung und mittellos durch fremde Länder irren muß, der Demütigungen erduldet, die denjenigen besonders treffen, der an allem Mangel leidet; man versuche für zehn oder fünfzehn Jahre mitten unter fremden und oft feindseligen Menschen zu leben, während die Phantasie und die Entfernung das Land glorifizieren, in dem man geboren wurde und das man verlassen mußte. Zudem denke man an ihn, der so empfindlich und sensibel war, der die Sonne so sehr liebte, der unter dem Glanz des mediterranen Himmels aufgewachsen war und dann in den langen Wintern des nebeligen Nordens leben mußte: Nun versteht man, daß die Hypothese von Bartholmèss keineswegs aus der Luft gegriffen ist. Daß der Philosoph dann auch an den Mathematik-Lehrstuhl in Padua gedacht haben mag, ist möglich, zumal sich dort einige Schüler befanden, die er schon aus Wittenberg kannte. Die eine Hypothese schließt die andere nicht aus: Umso besser, wenn er die Aussicht auf ein Leben haben konnte, in dem er Studenten lehrte, die er

Giordano Bruno

schon kannte. Machen wir also aus diesem verflixten Lehrstuhl nicht das höchste Ziel seiner Rückkehr nach Italien, auch wenn er möglicherweise in seiner verzehrenden Sehnsucht nach der Heimat daran gedacht haben mag. Um ihn dazu zu ermutigen, gab es gewiß noch andere Motive: die Freiheit der Republik Venedig und der soziale Status jenes Mocenigo, der ihn eingeladen hatte, »dessen bedeutendes Geschlecht jedermann gegen die größten Gefahren in Sicherheit gewiegt hätte«.[316]

Bruno kehrte nach 13 Jahren im Exil und einem Wanderleben quer durch Europa nach Italien zurück. Der Komet hatte seine Bahn vollendet. Er war reich an Erfahrungen, aber auch voller Verletzungen. Das Rad der Fortuna hatte ihn Könige und Königinnen kennenlernen lassen, Höfe und Botschafter, aber auch Niedrigkeit und Elend. Es bleibt wahrhaftig ein Mysterium, wie er, in einem Meer von Mißgeschicken, so viele Bücher schreiben konnte, darunter wahre Meisterwerke, wie die in London verfaßten italienischen Schriften und die lateinischen Lehrgedichte, die in Frankfurt publiziert wurden. Zudem muß man sagen, daß etwa zwanzig Werke nicht erschienen oder verloren gegangen sind.[317] Alles in allem waren nur die etwa fünf in Deutschland verbrachten Jahre weniger turbulent. In keinem anderen Land hatte er so lange gelebt. Gewiß, auch in Deutschland gab es Unannehmlichkeiten und Wirrnisse, wenn man daran denkt, daß er aus Marburg, Tübingen und Frankfurt verwiesen worden war. Wittenberg jedoch hatte ihn gut behandelt; auch die Zeit in Helmstedt war ungeachtet der Exkommunikation durch den Pastor Boethius fruchtbar und relativ ruhig, denn die Intoleranz des borniertes Pastors war von der Liberalität des Herzogs Heinrich Julius aufgewogen worden. Jedenfalls hatte ihn in Deutschland niemand eingesperrt, wie die Calvinisten in Genf. Niemand hatte ihn verhöhnt wie in Oxford oder bedroht wie in London oder Paris. Auch ist es symptomatisch, daß er auf deutschem Gebiet ergebene und begeisterte Schüler gefunden hatte. Nur Italien hat sich das Privileg und die Ehre vorbehalten, ihn lebendig zu verbrennen.

Die Deutschen haben immer eine besondere Zuneigung zu Giordano Bruno gehabt. Vielleicht deshalb, weil sie ihn als ein Kampfmittel gegen die katholische Kirche verwenden wollten? Auch wenn es so wäre, würde das nichts daran ändern. Die Wahrheit ist aber, daß sich die Deutschen besser als andere in die tragische Seele Brunos einfühlen können. Es ist dem Deutschen Jacobi zu verdanken, der 1789 eine Darlegung von *De la causa, principio et uno* veröffentlichte, daß Bruno seinen Siegeszuges bei den europäischen Gelehrten begann. Und man verdankt einem anderen Deutschen, Adolf Wagner, dem Onkel des Komponisten, die 1830 in Leipzig erschienene Ausgabe der *Opere di Giordano Bruno, ora per la prima volta raccolte e publicate.* Es handelte sich um die italienisch geschriebenen Werke, die in Italien erst ein Jahrhundert später veröffentlicht werden sollten. 1838 gab ein anderer Deutscher, August Friedrich Gförer, eine neue Edition der lateinischen Schriften Brunos heraus – gar nicht zu reden von den späteren in Deutschland erschienenen Ausgaben. Hans Blumenberg schreibt, daß der Philosoph vergeblich versucht habe »in Wittenberg und Helmstedt Fuß zu fassen; es war zwei Jahrhunderte zu früh, in den Zusammenhang der deutschen Philosophie zu treten. Am 8. März 1588 verabschiedete sich Bruno von Wittenberg mit einer bewegenden Rede, die zweierlei begreiflich macht: einmal, weshalb er auch diesen Zufluchtsort bei aller zugestandenen Toleranz resigniert und unverstanden verließ, und dann, weshalb damit seine Wirkung auf die Nachfahren der Reformation noch nicht beendet sein konnte. Nirgendwo anders ist der vergessene Giordano Bruno so überwältigend aus der Obskurität wieder hervorgetreten wie in dem Land seiner vergeblichen Werbung«.[318]

Unverstanden? Das würde ich nicht sagen. Jedenfalls wurde Bruno in keiner Stadt so gut behandelt und folglich verstanden, denke ich, wie in Wittenberg. Das ist eine Tatsache, die aus der *Oratio valedictoria* hervorgeht. Aber auch Bruno hatte eine Vorliebe für die Deutschen, denen er sich in mancher Hinsicht verwandt fühlte. An Deutschland, wo er fünf Jahre, also ein Drittel seines Exil-Lebens verbrachte, dachte er immer mit Sehnsucht zurück. Lesen wir die Worte eines Belastungszeugen: »Er sagte, sollte er gezwungen werden, zur Religion zurückzukehren, dann würde er wieder nach Deutschland gehen, denn dort seien viele Bücher [von ihm] gedruckt worden und er sei bekannt«.[319] In der Folge werden wir sehen, daß Bruno, als sich die Dinge in Venedig übel entwickelten, wirklich versucht hat, noch einmal nach Deutschland zu fliehen.

Aber da taucht eine andere Unklarheit auf: Warum hat sich der Philosoph, als er in Venedig angekommen war, nicht sofort zu Mocenigo begeben, der ihn eingeladen hatte, um dort zu wohnen? Statt dessen zog er es vor, auf eigene Kosten in einem gemieteten Zimmer zu leben. Das geht aus der Erklärung Ciottis hervor: »Und danach ist er hierher gekommen, es werden ungefähr sieben oder acht Monate her sein. Er hat, ich weiß nicht wie lange, eine Mietwohnung gehabt«. Hatte er vielleicht eine Falle geargwöhnt? Oder hatten ihn die ersten Kontakte mit dem venezianischen »gentiluomo« enttäuscht und er hatte überlegt, sich sein Brot auf andere Weise zu verdienen? Wir tappen im dunkeln. Wir wissen nur, daß er sich zu einem bestimmten Zeitpunkt nach Padua begab, wo er, wie Ciotti sagt, »vielleicht drei Monate lang war, in der Zwischenzeit aber ist er oft hierher gekommen«. Und da sind noch die Worte Brictanos: »In Padua las er, solange er sich dort aufhielt, für gewisse deutsche Studenten ich weiß nicht welche Vorlesungen«.

Unter diesen Schülern waren auch zwei alte Bekannte Brunos: Hieronymus Besler und Michael Forgacz. Der erste immatrikulierte in Padua am 10. Juli 1590, gerade zehn Tage, nachdem sich Acidalius dort hatte einschreiben lassen. Wahrscheinlich waren die beiden aus Helmstedt gemeinsam nach Padua gekommen. Sie bewunderten beide den Philosophen, und das läßt vermuten, daß zwischen ihnen eine enge Verbindung bestand. Das ist ein wichtiger Punkt für etwas, das wir in Kürze besprechen werden. Man muß hinzufügen, daß sich Acidalius, bevor er in andere italienische Städte ging, wahrscheinlich lange in Padua aufgehalten hat, wo er eine Ausgabe des Textes von Velleius Paterculus besorgte. Bei der Ankunft Brunos war er jedenfalls nicht mehr in Padua. Forgacz hingegen muß später angekommen sein, denn sein Name, wenn hier nicht ein Fehler vorliegt, erscheint in den Dokumenten der Universität Padua erst ab 1. August 1591. Es ist jedoch anzunehmen, daß er in Padua oder wenigstens in Venedig den Acidalius getroffen hat, der ihm am 21. Jänner 1592 diesen Brief schrieb: »Man sagt, daß der Nolanus, den Ihr in Wittenberg kennengelernt habt, nun unter Euch lebt und lehrt. Ist das wirklich wahr? Und wie hat er es gewagt, nach Italien zurückzukehren, von wo er, wie er einmal selbst gesagt hat, gezwungen war wegzugehen? Ich bin erstaunt; ich glaube daran noch nicht, auch wenn ich es von glaubwürdigsten Personen gehört habe«.[320]

Die große Verwunderung des Acidalius über die Rückkehr Giordano Brunos nach Italien gibt zu denken. Wenn es wahr wäre, was viele meinen, daß sich Besler in Padua schon seit einiger Zeit im Hinblick auf den mathematischen Lehrstuhl für den Philosophen eingesetzt hätte (den dann ab 26. September 1592 Galilei innehaben wird), dann hätte er gewiß mit dem Kollegen Acidalius darüber gesprochen, und dieser hätte keinen Grund gehabt, sich über die Nachricht der unvermuteten Rückkehr so sehr zu verwundern. Oder sollen wir glauben, daß Besler und Acidalius, die beiden begeisterten Anhänger Brunos, niemals über ihren Meister gesprochen hätten? Das wäre wirklich sonderbar. Eher ist zu sagen, daß gerade dieser Brief des Acidalius die Hypothese vom Lehrstuhl als höchstem Ziel entwertet. Bleiben wir bei der Hypothese von der Sehnsucht, die schöner und überzeugender ist.

Möglich ist auch, obwohl wir darüber nichts wissen, daß Besler mit seinem Meister, für den er wieder Kopierarbeiten vornahm, in Briefkontakt geblieben war. Er transkribierte einige Werke Brunos, darunter die *Lampas triginta statuarum*. Dieses Werk wurde zwischen 1. September und 23. Oktober 1591 abgeschrieben, und daraus geht hervor, daß Bruno vor dem Monat September in Italien eingetroffen war. Freilich könnte man auch mit der Möglichkeit rechnen, daß Besler das Manuskript schon aus Helmstedt mitgebracht hat. Sicherheitshalber sagen wir nur, daß die Abfassung der *Lampas triginta statuarum* schon aus 1587 datiert. Besler war unter anderem vom 29. Juli bis zum 11. November 1591 Prokurator der deutschen Studenten in Padua; und es muß ohne Zweifel auch er gewesen sein, der jene »gewissen deutschen Studenten« für den Meister besorgt hatte, von denen Brictano spricht. Nach fünf Jahren Aufenthalt in Deutschland war Bruno gewohnt, mit deutschen Studenten zu sprechen, die ihn, wie es scheint, mehr liebten und besser verstanden als andere. Hatte er sie nicht in der *Oratio valedictoria* mit hohem Lob bedacht? An der Universität Padua nahm ihre Zahl stets zu, vor allem zu Ende des Jahrhunderts. Sie waren untereinander sehr verbunden und zeichneten sich anscheinend vor den anderen ausländischen Studenten aus. Sie hatten ein eigenes Statut und die Regierung der Serenissima widmete ihnen besondere Aufmerksamkeit. Auch wenn sie sich als Protestanten erklärten, durften die Inquisitoren sie nicht belästigen – Grund genug zu glauben, daß sich auch Bruno in ihrer Mitte sicher fühlte. Und das könnte ein weiteres Motiv gewesen sein, daß Bruno nach Padua ging.

Der Brief des Acidalius läßt vermuten, daß die Anwesenheit Brunos in Padua, wenn auch unterbrochen von häufigen Reisen nach Venedig, länger als die »vielleicht drei Monate« gedauert hat, von denen Ciotti spricht. Hätte er seinen Privatunterricht für »deutsche Studenten« weiter fortgesetzt, wäre ihm wahrscheinlich ein anderes Schicksal beschieden gewesen. Bei Gefahr hätte er dann leichter die Alpen wieder überschreiten und in Frankfurt oder bei seinen Freunden in Zürich Zuflucht suchen können. Aber das sind strategische Überlegungen nach der Schlacht. Im übrigen verließ Besler zu einem gewissen Zeitpunkt Padua und ging nach Basel; somit verlor der Philosoph seine wirksamste Unterstützung. Aus den Dokumenten der Universität Padua erfährt man, daß Besler seine Aufgabe als Prokurator mit 11. November 1591 niederlegte und »paulo post« abreiste. Wann genau, wissen wir nicht, weil »paulo post«, bald danach, Tage oder Wochen bedeuten kann. Forgacz blieb, aber der hatte seine eigenen Schwierigkeiten. In einem Brief an den Vater, geschrieben am 26. November 1591, spricht er von Unglücksfällen, die ihn auf einer Reise betroffen hätten, die ihn bis nach Neapel führte. Auf dem Rückweg hätte ihn in Rom ein Quartanfieber befallen und sein ganzes Geld aufgezehrt. Jetzt, in Padua, sei er gezwungen, auf Pump zu leben. Und er fleht um Hilfe.[321]

Zwischen Dezember 1591 und dem Jänner des folgenden Jahres ließ sich Bruno in Venedig nieder, wohnte aber weiter in einem Mietzimmer. Er zögerte lange, ehe er die Gastfreundschaft Mocenigos annahm, als ob er Gefahr gewittert hätte. Erst gegen Ende März zog er um; denn in der zweiten Anzeige, datiert vom 25. Mai 1592, sagte Mocenigo, er habe ihn im eigenen Haus gehabt, »und das könnten erst ungefähr zwei Monate sein«.[322] Es sei denn, der Patrizier hat – wie Spampanato meint – »die Intention gehabt, die Dauer einer in den Augen der Inquisition gefährlichen Gastfreundschaft zu verkürzen«.[323] Jedenfalls, ob nun zwei oder mehr Monate, hat man den Eindruck, daß der Philosoph sich gesträubt hat, unter einem Dach mit seinem merkwürdigen Schüler zu leben; und wenn er sich endlich dazu entschloß, so sicher nur aus Not. Solange er sich ein Mietzimmer leisten konnte, zog er es vor, auf eigene Rechnung zu leben. Tatsächlich sagte er, als die Rede auf die Lektionen in der Kunst der Mnemotechnik und des Einfalls kam, die er Mocenigo gab: »Ich hatte ihm in verschiedenen Teilen der beiden Wissenschaften Unterricht erteilt, anfangs außerhalb seines Hauses und zuletzt in seinem eigenen Hause«.[324]

In der Zwischenzeit besuchte er den Salon Morosini, in den er von

Ciotti eingeführt worden war. In seiner Aussage vom 23. Juni 1592 erklärte Morosini selbst: »Schon seit einigen Monaten waren in den Buchhandlungen Venedigs gewisse philosophische Bücher ausgelegt, die den Namen dieses Giordano Bruno trugen, der übrigens schon lange einen großen Namen als vielseitiger Schriftsteller genießt. Er kam schließlich, was ich in Erfahrung brachte, hier nach Venedig, und der Buchhändler Giov. Battista Ciotti teilte dies mir und einigen anderen Edelleuten mit, und besonders mir sagte er, daß dieser Mann jetzt hier sei, und wenn wir ihn in unserem Hause sehen wollten, wo einige Edelleute als auch Prälaten viel verkehren, um sich über Literatur und vor allem auch Philosophie zu unterhalten, könnte ich ihn einladen. Ich sagte ihm, er möge ihn zu uns kommen lassen, worauf er zu verschiedenen Malen bei uns war und sich mit uns über mancherlei unterhalten hat, wie es unser Zirkel mit sich bringt, vorzüglich über Literatur«.[325] Das Haus des Andrea Morosini am Canal Grande war tatsächlich ein großer Treffpunkt des Adels und der Literaten, die – wie Fulgenzio Micanzio in seiner *Vita di Paolo Sarpi* schreibt – über Dinge diskutierten, bei denen es »um die Erkenntnis der Wahrheit« ging. Auch wenn seine Philosophie keine Sache der Salons war, so mußte sich Bruno doch im Kreis des Morosini nicht fehl am Platz fühlen: Da hörten ihm kulturbewußte Ohren zu, gar nicht zu reden davon, daß die politischen und religiösen Ideen der venezianischen Patrizier jenen der französischen *politiques* ähnlich waren, die er in Paris besucht hatte.

Am 17. Mai 1592 versammelte sich in der großartigen Kirche SS. Giovanni e Paolo das feierliche Generalkapitel der Dominikaner. Den Vorsitz in der heiligen Versammlung führte der Theologe und Prediger Ippolito Maria Beccaria, der am 2. Mai 1589 zum Dominikanergeneral ernannt worden war. Er kam am 5. Mai nach Venedig und hielt sich bis Anfang Juli hier auf. In seiner Eröffnungsrede beklagte er vor allem den Niedergang des Dominikanerordens. Dann sagte er in einem drohenden Ton, der besser dem Mund des Colleoni entsprochen hätte, dessen Reiterstandbild vor der Kirche steht, daß der Orden reformiert werden müsse. Auf welche Weise? Indem man es wie der Chirurg macht, der zur Heilung der Wunden keine Beruhigungsmittel, sondern Eisen und Feuer verwendet. Das Wort *Feuer* im Mund des Dominikanergenerals klang unheilvoll; weil er aber Beccaria hieß, klang es doppelt gefährlich. Im folgenden werden wir sehen, daß er einer der infamsten Scharfmacher gegen Giordano Bruno war; und deshalb ist es notwendig, ein Profil dieses Mannes vorwegzunehmen.

Ippolito Maria Beccaria wurde 1550 in Mondovì, einer Stadt in Piemont, geboren. Mit vierzehn Jahren nahm er im Konvent von Santa Maria delle Grazie in Mailand das Ordenskleid der Dominikaner. Nachdem er in Bologna studiert hatte, lehrte er Metaphysik. Besser vertraut mit den irdischen als mit den himmlischen Wegen, verstand er es, eine schnelle Karriere im Schoß des Ordens zu machen und wurde mit nur 39 Jahren General. Davor war er Inquisitor von Mailand und Kommissar des heiligen Offiziums gewesen. Er genoß die Gunst Sixtus' V. und des Kardinals Michele Bonelli, mit dem er später in einen schweren Konflikt geriet, weil er unduldsam gegen jede Vorschrift und immer zu einem Zornausbruch bereit war. Man könnte ihn weniger einen Seelenhirten als vielmehr einen Inspektor der Orthodoxie und einen Dragoner der dominikanischen Regel nennen. Er inspizierte die Konvente, als wären sie Kasernen oder Militärposten. Er besuchte fast alle Dominikanerprovinzen, auch die polnische. Am 29. Mai 1593 erhielt er von Kaiser Rudolf II. ein Patent, das ihn autorisierte, gegen die Regel verstoßende Brüder auf diese oder jene Weise zur Rechenschaft zu ziehen und flüchtige zu verhaften. Anfang Jänner 1596 schiffte er sich in Genua ein, um die spanischen Konvente zu visitieren; und in Spanien, wo er bis 1598 blieb, erreichte ihn die Nachricht vom Tod Kardinal Bonellis. Das befriedigte ihn derart, daß er sagte, von jetzt ab fühle er sich erst wirklich als General des Dominikanerordens: Seinen schärfsten Feind gab es nicht mehr. Michele Bonelli, Neffe Pius' V., der ihn schon mit 25 Jahren mit dem Kardinalspurpur ausgezeichnet hatte, war ebenfalls Piemonteser und in Tortona zur Welt gekommen. Er starb im März 1598. Seine Tod war für Beccaria eine Wohltat; rasch kehrte er diesmal nach Rom zurück, um an einer Auseinandersetzung zwischen Jesuiten und Dominikanern über die Gnadenlehre teilzunehmen. Jedoch nach seinem Verhalten gegenüber Giordano Bruno zu urteilen, ist es sehr wahrscheinlich, daß Beccaria die Flammen der Scheiterhaufen für das Licht der Gnade hielt. Er starb am 3. August 1600 in Neapel, ohne Bedauern zu hinterlassen. Seine wenigen theologischen Schriften blieben unveröffentlicht und sind nicht erhalten. Kein Schaden!

Hätte sich Bruno jemals vorgestellt, daß gerade jener Beccaria, der in

Venedig das Generalkapitel der Dominikaner präsidierte, einer seiner Henker sein würde? Und doch müssen die Worte dieses geweihten Terroristen auch an sein Ohr gedrungen sein. Wir wissen nämlich, daß er in jenen Tagen einige Dominikaner traf, die aus Kampanien nach Venedig zum Generalkapitel entsandt worden waren, und denen er seinen Wunsch darlegte, sich mit der Kirche wieder zu versöhnen. Im einzelnen sprach er mit Bruder Domenico da Nocera, den er schon 1572 in Neapel kennengelernt hatte. In seiner schriftlichen Aussage, die das Datum vom 31. Mai 1592 trägt, sagt Bruder Domenico da Nocera, daß der Inquisitor von Venedig, begleitet von anderen Patres, in die Kirche SS. Giovanni e Paolo gekommen war, um ihn zu fragen, ob er mit Giordano Bruno gesprochen und was dieser gesagt habe. Und er fährt fort: »Gehorsam diesem Wunsche antworte ich und sage, daß eines Tages in diesem Monat Mai, ungefähr um das Pfingstfest [17. Mai], als ich die Sakristei der Kirche St. Johann und Paul verließ, mir ein Herr in weltlicher Kleidung eine Verbeugung machte, den ich auf den ersten Blick nicht erkannte; dann aber wurde ich dessen gewiß, daß es einer war, der früher einer unserer Brüder gewesen war im Gebiete des Königreichs, ein Gelehrter, und der sich nannte Jordanus von Nola, und so unterhielten wir uns in jener Sakristei, wo er mir die Ursache seiner Abreise aus unserer Provinz erzählte, und daß er das Ordensgewand abgelegt habe, weil es ihm von dem Vater Bruder Domenico Vita entzogen wurde, der damals Provinzial war. Dann erzählte er mir viel von manchen Königreichen, die er bereist hatte, wie von königlichen Höfen, wo er mit wichtigen wissenschaftlichen Arbeiten sich aufgehalten habe, aber daß er immer katholisch gelebt habe. Und als ich ihn fragte, was er in Venedig mache und wie er lebe, sagte er, er wäre erst vor wenigen Tagen nach Venedig gekommen und beabsichtige, in Frieden zu leben und trage sich überhaupt mit dem festen Entschluß, zur Ruhe zu kommen und ein wichtiges Buch zu verfassen, das er in seinem Kopfe trage, und dieses wolle er dann, begleitet von Empfehlungen einflußreicher Persönlichkeiten, Seiner Heiligkeit überreichen, und er hoffe von dieser Gnade zu erlangen, wie er auch bereits Ruhe in seinem Gewissen erlangt habe, und er hoffe, daß er dann zum Schluß in Rom bleiben und dort der Wissenschaft leben und seine Tüchtigkeit beweisen könne und vielleicht auch irgendeine Vorlesung übertragen bekomme«.[326]

Wie soll man den Satz »er wäre erst vor wenigen Tagen nach Venedig gekommen und beabsichtige in Frieden zu leben« interpretieren? Wenn Bruno sich auf seine Übersiedlung in das Haus des Mocenigo bezieht, wie das gemeint scheint, dann muß man denken, daß er in der ersten Mai-Hälfte eingezogen ist. Das ist ein Punkt, den man noch genauer studieren sollte. Abgesehen davon enthüllt das Bedürfnis Brunos, sich jemandem anzuvertrauen, auf der einen Seite etwas von seiner Naivität, auf der anderen Seite seine große Einsamkeit. Wahrscheinlich hoffte er auf den neugewählten Clemens VIII., über den er hatte sagen hören, daß er die »virtuosi«, also die tugendhaften Menschen, liebe. Gerade in jenem Jahr wurde Francesco Patrizi, den Bruno vielleicht in Venedig kennengelernt hatte, vom Papst an die Universität Rom berufen. Auch Bruno, der sicherlich ein »virtuoso« war, ging nach Rom, aber in Ketten. Die Sehnsucht, die – wie mir scheint – auch aus den Zeugenaussagen des Domenico da Nocera spürbar ist, hatte ihm einen bösen Streich gespielt.

In keiner anderen Stadt als in Venedig ist es zugleich so leicht und so schwer, dem Schatten unseres Philosophen zu folgen. Leicht, weil die Stadt im großen und ganzen dieselbe geblieben ist; schwer, weil man nicht weiß, wie man sich ihn in diesem Wirrwarr von Straßen und Gassen vorstellen soll. Und hatte er, den das Schicksal so verfolgte, überhaupt Zeit, sich umzuschauen und die Wunder der Lagunenstadt zu bestaunen? Es ist nicht leicht, Paläste und Denkmäler zu bewundern, wenn man gejagt wird. Mehr denn je allein, ohne menschliche Wärme und ohne die Sicherheit des nächsten Tages, muß er auf der Suche nach lebendigen Menschen durch die Gassen gegangen sein. Das Schicksal hatte ihm in Venedig ein Stelldichein gegeben, in der Stadt des Karnevals und der Komödie, die für ihn zur Stadt der Tragödie wurde.

Die Falle

Jordano Bruno

Mit dem allerfeigsten Verrat befleckte Giovanni Mocenigo den Namen seiner angesehenen Familie und machte sich selbst fluchwürdig für die Nachwelt.

Wir haben beobachten können, wie lange der Philosoph zögerte, im Haus des Patriziers Wohnung zu nehmen: Der Instinkt sagte ihm offenbar, daß dieser borniete Schüler, der sich vorstellte, sofort weiß Gott welche Wunderdinge zu erfahren, keine Person war, der man vertrauen dürfte. Nichts ist gefährlicher als ein arroganter Dummkopf in seinem Dünkel – und genau ein solcher muß dieser venzianische Patrizier gewesen sein. Bruno muß das in gewisser Weise gespürt haben, denn die Naivität hat bisweilen eine besonders gute Nase, auch wenn es ihr dann nicht gelingt, der Gefahr zu entfliehen, die sie wittert. Wir kennen das von den Tieren, aber auch von unschuldigen Seelen wie von Goethes Margarethe, die ohne zu wissen, wer Mephisto war, unmittelbar spürte, daß etwas Übles in ihm steckte. Man verstehe mich nicht falsch: Ich meine das nur metaphorisch, denn ich weiß sehr wohl, daß weder Mocenigo die Intelligenz des Teufels hatte, noch Bruno die Unschuld der Margarethe. Aber Naivität war sicherlich im Spiel.

An dieser Stelle möchte ich einen weiteren Teil des Urteils von Papini über *Faust* zitieren: Es dient dazu, die Spannung zu erhöhen, wie der Narr in manchen Tragödien Shakespeares. Der lästerliche toskanische Schriftsteller schreibt also: »Da gibt es die berühmte Idylle zwischen dem verjüngten Professor und der Gans Gretchen – eine Idylle, die alle Kollegen des *Faust* als Meisterwerk der abendländischen Dichtkunst ansehen. Ich glaube nicht, daß Margarethe eine große Schönheit war, [...] aber sie muß [...] außerordentlich stupid gewesen sein. Mir scheint, daß Carducci sie in wenigen Worten gut beschreibt: ›Das dumme Goethesche Mädchen, das sich vom Erstbesten schwängern läßt, dann das Neugeborene erwürgt und dann ins Paradies abgeht‹. [...] Kaum hat der Professor sie entjungfert und geschwängert, verschwindet er. Die einfältige Sitzengelassene empfiehlt sich der Madonna, aber Faust bringt zum Ausgleich ihren Bruder um. Und während Margarethe gebiert, sie das

Knäblein erdrosselt und selbst verzweifelt, unterhält sich Faust mit Mephisto auf dem Brocken bei den nordischen Possen der Hexenmeister. Als er dann Gewissensbisse fühlt und sich schließlich anschickt, sie zu retten, und sie halb verrückt und zum Tode verurteilt im Kerker findet, und die Frau ihn dann zurückweist, folgt er wieder Mephisto und läßt sein Opfer zum letzten Mal vergeblich nach ihm rufen. Mit dieser schönen Episode, in der Lächerlichkeit und Infamie bei einer allzu gewöhnlichen Bagatelle einander die Hand reichen, endet der erste Teil der großen Unternehmungen des deutschen Helden«.[327] Aber lassen wir den Lästerer Papini und kehren wir zum Thema zurück.

Gleich nachdem er sich im Haus seines sonderbaren Schülers niedergelassen hatte, begann dieser, wie es scheint, zu überlegen, wie er ihn ruinieren könnte. Er bat Ciotti, der sich zur Frühjahrsmesse wieder nach Frankfurt begab, dort Informationen über den Philosophen einzuholen: »Tun Sie mir einen großen Gefallen, wenn Sie sich mit aller Sorgfalt erkundigen, ob man sich auf ihn verlassen kann und ob er das mir gegebene Versprechen erfüllen wird«. Von der Messe zurückgekehrt, berichtete der Buchhändler, daß man Bruno in Frankfurt »für einen Menschen [hält], der keine Religion hat«. Und Mocenigo antwortete: »Auch ich habe dieses Bedenken, aber ich will doch sehen, was ich von allen den Dingen, die er mir versprochen hat, herausholen kann, um nicht alles zu verlieren, was ich ihm gegeben habe, und dann will ich ihn der Zensur des heiligen Amtes ausliefern.«[328] Wir wollen hoffen, daß Ciotti den unvorsichtigen Philosophen verständigte; sonst müssen wir an seiner Aufrichtigkeit zweifeln. Schließlich war er – wissentlich oder unwissentlich – der Vermittler für seine Rückkehr nach Italien. Außerdem kannte er ihn sehr gut, sei es, weil er ihn in Frankfurt besucht hatte, sei es, weil der Philosoph in Venedig »mehrfach in meinen Laden kam, um Bücher zu besehen und zu kaufen«.[329] Und es war jedenfalls Ciotti, der Bruno in den literarischen Zirkel des Andrea Morosini eingeführt hatte: »Der Buchhändler Giov. Battista Ciotti teilte dies mir und einigen anderen Edelleuten mit, und besonders mir sagte er, daß dieser Mann [Bruno] jetzt hier sei, und wenn wir ihn in unserem Hause sehen wollten, wo einige Edelleute als auch Prälaten viel verkehren, um sich über Literatur und vor allem auch Philosophie zu unterhalten, könnte ich ihn einladen. Ich sagte ihm, er möge ihn zu uns kommen lassen [...]«.[330] Aus all dem könnte man ableiten, daß der Buchhändler ein *Freund* Brunos gewesen ist. Aber warum nahm er ihn dann nicht vor den Gefahren in Schutz, denen er gerade entgegenging?

Die Wahrheit ist, daß die Figur des Ciotti unklar bleibt. Man könnte sogar vermuten, daß er im Sold des Mocenigo handelte. Skizzieren wir ein knappes biographisches Profil von ihm: Giovanni Battista Ciotti wurde um 1560 in Siena geboren, übersiedelte 1583 nach Venedig und begann unter dem Verlags-Signet »Il senese« Bücher zu drucken. In der Folge wurde er Eigentümer eines Verlags- und Handelsgeschäftes »Al segno della Minerva«, weil das Markenzeichen die Minerva mit Lanze und Schild zeigte. Von ihm wurden auch namhafte Autoren wie Giambattista Marino und Alessandro Tassoni veröffentlicht, aber die Beziehungen waren stürmisch, sodaß Tassoni ihn »einen Lügenbold« nannte. 1607 bekam er vom lutherischen Renegaten Caspar Schoppe einige Manuskripte von Campanella – darunter die *Civitas Solis* –, die dieser seinerseits dem Autor entwendet hatte. Als sich aber Ciotti nicht entschließen konnte, sie entweder zu publizieren oder zurückzugeben, verklagte ihn Schoppe wegen Unterschlagung und nannte ihn »ruchlos«. Da ist man versucht zu sagen: Von welcher Kanzel wird da Moral gepredigt! Auch der Dichter Tommaso Stigliani redete nichts Gutes über Ciotti. Dieser hüpfte für seine Geschäfte weiter von einer Stadt zur anderen und verlegte sein Unternehmen zuletzt nach Sizilien, wo er starb. Das genaue Datum seines Todes kennt man nicht. Noch eine Einzelheit: 1599 publizierte Ciotti das zweite und dritte Buch der *Disputationes* von Bellarmin, vielleicht um sich einen Paß für das Paradies zu verschaffen. Ob es ihm aber wirklich gelungen ist, ins Gottesreich aufzusteigen, darf bezweifelt werden.

Kehren wir zu Bruno zurück. Es scheint, daß er gar nichts von dem vermutete, was ihm bevorstand. Das beweist der Umstand, daß er am 21. Mai Mocenigo um Erlaubnis bat, sich nach Frankfurt zu begeben, um einige Bücher drucken zu lassen. Hätte er einen Verdacht gehegt, so wäre er geflohen, ohne irgend jemandem etwas davon zu sagen. Was aber geschah? Die Falle schnappte zu.

Es war die Nacht des 22. Mai 1592, und Bruno schlief den Schlaf des Gerechten. Unter dem Vorwand, ihn sprechen zu müssen, betrat Mocenigo sein Zimmer. Aber gleich nach ihm kamen auch der Diener Bortolo und fünf oder sechs Gondolieri, die den unglücklichen Philosophen arretierten und an einem sicheren Ort einschlossen. Tags darauf übergab Mocenigo dem Inquisitor von Venedig, dem Dominikaner Giovanni Gabriele da Saluzzo, eine schriftliche Anzeige. Um drei Uhr nachts am folgenden Tag, einem Samstag, wurde Giordano Bruno von den Häschern der Inquisition abgeführt und in den Kerkern des heiligen Offiziums in San Domenico di Castello inhaftiert.

Die traurige Amtshandlung war dem Kapitän des Zehner-Rates anvertraut worden, der sich Matteo d'Avanzo nannte und am 26. Mai erklärte: »Samstag, 3 Uhr nachts, habe ich Giordano Bruno von Nola in Verhaft genommen, den ich antraf in einem Hause in der Gegend von Sankt Samuel, in dem der chiarissimo Herr Zuane Mocenigo wohnt. Ich habe ihn in das Gefängnis des heiligen Offiziums überführt, im Auftrag dieses heiligen Tribunals«.[331] Der Theoretiker des unbegrenzten Universums sollte das Licht nicht wiedersehen.

Hier stellt sich wieder die Frage: Wer war und was wollte Giovanni Mocenigo wirklich? An ihm ist etwas Dunkles und Mysteriöses, das zu düsteren Vermutungen Anlaß gibt. Der Ungar Ádám Raffy legt Giordano Bruno diese Worte in den Mund: »Man ließ mich nicht lange im Kerker Mocenigos – gestern im Morgengrauen erschien der Hauptmann des Rates der Zehn mit seinen Schergen und überführte mich sogleich in den Kerker der Inquisition. Nun ist mir klar, daß der niederträchtige Mocenigo ein Söldling des Heiligen Offiziums ist und offenbar zusammen mit Fra Gabrielli den teuflischen Plan ausgeheckt hat, mich zuerst nach Hause zu locken und dann der Inquisition in die Hände zu liefern«.[332] Drewermann geht noch weiter und läßt den Philosophen sagen: »Es war noch September, als ich in meinem geliebten Venedig anlangte, sonnenhungrig, frauendurstig, heimatselig – und blind, völlig blind gegenüber der Todesgefahr, in der ich mich befand. Es war vermutlich keine böse Absicht, vielleicht wußte Ciotto es wirklich nicht, daß dieser Zuane Mocenigo selber früher als Beisitzer des Inquisitions-Tribunals von Venedig fungiert hatte«.[333]

Man könnte einwenden, die beiden Autoren phantasieren, weil sie Bruno sagen lassen, was nicht dokumentiert ist. Aber bisweilen trifft die Phantasie viel genauer, als man glaubt. Bruno selbst hat uns gelehrt, mehr auf dem intuitiven, als auf dem empirischen Weg voranzugehen. Überraschend ist allerdings die Sicherheit, mit der Drewermann von Mocenigo als von einem Mitglied der Inquisition oder etwas Ähnlichem spricht. Hat er ihn vielleicht mit dem Bruder Leonardo Mocenigo verwechselt, der Mitglied des Großen Rates war? Ich halte es für unwahrscheinlich. Oder hat er diese Nachricht aus dem Buch von Abel Groce übernommen? Da wird mit noch größerer Sicherheit gesagt, daß Bruno, sofern er sich hätte Informationen über den Patrizier verschaffen wollen, der ihn nach Venedig eingeladen hatte, entdeckt hätte, daß Zuane Mocenigo schon früher ein »savio all'eresia«, d.i. ein staatlicher Beisitzer beim venezianischen Inquisitionsgericht, gewesen war, und daß noch ein Bruder von Mocenigo in der gleichen Position im heiligen Offizium aufgeschienen ist.[334] Ich wüßte diesen Hinweis nicht zu belegen. Berechtigt ist jedoch die Ansicht, daß Mocenigo eine ziemlich dubiose Figur war. Schon allein die Hartnäckigkeit, mit der er den Philosophen um jeden Preis in sein Haus bringen wollte, läßt starken Verdacht aufkommen.

Die Inquisitoren verloren keine Zeit und eröffneten schon am 26. Mai den Prozeß – eine wahrhaft erstaunliche Hast, als wäre alles schon vorbereitet gewesen. Zuerst verhörten sie den Kapitän d'Avanzo, dessen Aussage wir schon wiedergegeben haben, dann die Buchhändler Ciotti und Brictano, die Mocenigo als Zeugen angegeben hatte. Zuletzt ließ man den Angeklagten vorführen, oder *»quidam vir communis staturae cum barba castanea«,* zu deutsch: »Einen gewissen Mann von normaler Statur mit kastanienbraunem Bart«.[335] (Kuhlenbeck übersetzt »mit kastanienblondem Bart«, vielleicht, um die verrückte These von einem Bruno als Abkömmling der Landsknechte zu stützen). Diese direkte Beschreibung unterscheidet sich wesentlich von anderen, die die körperliche Erscheinung des Philosophen aus dem Gedächtnis wiedergeben – etwa von derjenigen Abbots oder jener, die uns Ciotti hinterlassen hat. Wer weiß, vielleicht ist das Portrait in Helmstedt, auch wenn es nicht authentisch ist, doch nicht so weit von der Wahrheit entfernt.

Nachdem er erzählt hatte, wie er auf Einladung von Mocenigo nach Venedig gekommen war, weil dieser von ihm »die Gedächtnis- und Erfindungskunst« lernen wollte, fuhr Bruno fort: »Und nachdem es mir schien, daß ich meiner Pflicht genügt habe und er soviel gelernt habe, wie ich ihm schuldig war und für ihn genügte, beschloß ich, nach Frankfurt zurückzukehren, um den Druck einiger meiner Werke zu besorgen, und

Giordano Bruno

wollte vergangenen Donnerstag mich von ihm verabschieden, um abzureisen. Als er dies von mir vernahm, schien er zu bezweifeln, daß ich nach Frankfurt gehen wolle, behauptete vielmehr, ich wolle andern Personen in denselben Wissenschaften, die ich ihm gelehrt, und noch in anderem Unterricht erteilen, und wurde äußerst zudringlich, um mich festzuhalten, und als ich gleichwohl darauf bestand, abzureisen, begann er zuerst sich zu beschweren, ich hätte ihn nicht alles gelehrt, was ich ihm versprochen hatte, und dann mir zu drohen, wenn ich nicht gutwillig bleibe, werde er schon den Weg finden, mich festzuhalten. Und in der Nacht des darauf folgenden Tages, vom Freitag zum Sonnabend, da Herr Giovanni gesehen hatte, daß ich auf meinem Entschluß, abzureisen, bestand, und daß ich bereits über meine Sachen Anordnungen getroffen und Auftrag erteilt hatte, meine Sachen nach Frankfurt aufzugeben, trat er, ich war schon zu Bett, unter dem Vorwand, er wolle mich sprechen, in meine Kammer; und nachdem er eingetreten war, folgten ihm sein Diener, genannt Bortolo, und fünf oder sechs andere – wenn ich nicht irre –, in denen ich Gondolieri zu erkennen glaubte von denen, die in der Nähe seines Hauses ihren Stand haben, und diese zwangen mich, das Bett zu verlassen und führten mich auf einen Dachboden und schlossen mich in diesen Dachboden. Herr Giovanni sagte dabei, wenn ich bleiben und ihn die Gedächtniskunst der Wörter und die Begriffe der Geometrie lehren wolle, wie er sie von Anfang an von mir gewünscht habe, wolle er mir die Freiheit wiedergeben, andernfalls werde die Sache einen schlimmen Ausgang für mich nehmen. Und ich antwortete jedes Mal, wenn er dies sagte, ich glaubte, ihn genug gelehrt zu haben und mehr, als wozu ich verpflichtet sei, und verdiene es nicht, auf diese Weise behandelt zu werden. So ließ er mich dort in jener Kammer bis zum nächsten Tag, als ein Hauptmann erschien, begleitet von einigen mir unbekannten Leuten, der mich unten ins Hause führen ließ, in einen Erdlagerraum, wo man mich während der Nacht ließ, bis ein anderer Hauptmann mit seinen Leuten kam und mich in das Gefängnis jenes heiligen Offiziums überführte, wohin ich glaube, auf Veranlassung des besagten Herrn Giovanni geführt zu sein, der aus Rache, aus dem Grunde, den ich schon genannt, gegen mich irgendeine Anzeige erstattet haben wird«.[336]

Armer Giordano Bruno: In welche Hände war er geraten! Nicht »etwas« hatte Giovanni Mocenigo gegen ihn vorgebracht, sondern eine Flut von Verleumdungen. Er übermittelte dem Inquisitor Giovanni Gabriele da Saluzzo drei schriftliche Anzeigen: die erste am 23. Mai, die zweite am 25. Mai und die dritte am 29., ohne die mündlichen Denunziationen mitzuzählen – alle in raschem, fast hysterischem Rhythmus, mit einer unerklärlichen Erbitterung. In der ersten Anzeige steht: »Ich, Zuane Mocenigo, Sohn des verstorbenen und clarissimo messer Marco Antonio, denunziere Ihnen, hochwürdiger Vater, gezwungen von meinem Gewissen und auf Befehl meines Beichtvaters, daß ich den Giordano Bruno aus Nola bei verschiedenen Gelegenheiten, indem er sich mit mir in meinem Hause unterhielt, sagen hörte, es sei ein großer Blödsinn seitens der Katholiken, zu behaupten, das Brot verwandle sich in Fleisch; er sei ein Feind der Messe; ihm gefalle keine Religion; Christus sei ein Betrüger gewesen und habe, wenn er, um das Volk zu verführen, betrügerische Werke ausübte, leicht voraussagen können, daß man ihn hängen werde; es gebe unzählige Welten, und Gott schaffe deren unaufhörlich unzählige, denn er behauptet, Gott wolle auch alles, was er kann; Christus habe nur scheinbare Wunder verrichtet und sei ein Magier gewesen ebenso wie die Apostel, und er selbst könne ebenso viele und größere Wunder verrichten; Christus habe gezeigt, daß er den Tod fürchtete und sei vor ihm geflohen, solange er konnte; es gebe keine Strafen für die Sünden, und die Seelen, die von der Natur geschaffen würden, wanderten von einem Tier zum anderen und wie die niederen Tiere aus der Verwesung entstehen, so entstünden auch die Menschen, so oft sie nach den Fluten ins Leben zurückkehren. Er bezeugte die Absicht, eine neue Sekte zu begründen unter dem Namen ›neue Philosophie‹, er hat gesagt, die Jungfrau habe nicht gebären können, und unser katholischer Glaube sei voll von Lästerungen gegen die Majestät Gottes, man müsse den Brüdern die Lehrtätigkeit und überhaupt das Einkommen wegnehmen, da sie die Welt beschmutzen und alle Esel seien, und unsere Ansichten seien die Ansichten von Eseln, wir hätten keinen Beweis, daß unser Glaube bei Gott verdienstlich sei; einem andern nichts tun, was man selber nicht wolle, daß uns getan werde, genüge, um ehrlich zu leben, und er lache über andere Sünder, und er wundere sich, daß Gott so viele Ketzereien der Katholiken geduldig ansehe«. Und noch ein Abschnitt: »Ich hatte die Absicht, wie ich Ihnen mündlich gesagt habe, von ihm unterrichtet zu werden, da ich nicht wußte, wie schlecht er ist, und habe mir diese Sachen vermerkt, um Eurer Hochwürden Rechenschaft darüber zu geben; als ich fürchtete, er könne abreisen, wie er sagte, daß er es wolle, habe ich ihn in einem Zimmer eingeschlossen«.[337]

Der Inquisitor war also offenbar schon informiert, woraus man schließen kann, daß Mocenigo nach seinen Instruktionen vorgegangen war. Man ist versucht zu denken, daß auch Ippolito Maria Beccaria, der Ordensgeneral der Dominikaner, auf dem laufenden war. Dieser hielt sich – wie schon gesagt – in Venedig auf und war ein Landsmann des Inquisitors: Der eine kam aus Mondovì, der andere aus Saluzzo. Aus Mondovì stammte auch der Dominikaner Paolo Castrucci, der »Provinzial des Heiligen Landes« und die rechte Hand oder der bevorzugte Kumpan Beccarias: Am 31. Mai 1592 nahm er an dem Gespräch zwischen dem Inquisitor und Bruder Domenico da Nocera teil, über das wir schon gesprochen haben. Natürlich wird Castrucci seinen Vorgesetzten Beccaria über die Angelegenheit informiert haben. So können wir schließen, daß in jenen Tagen in Venedig drei Piemonteser damit beschäftigt waren, Giordano Bruno zu schaden.

Die Provinz Cuneo, wo sich die Städte Mondovì und Saluzzo befinden, war immer eine große Zuchtstätte von Priestern und Ordensleuten. Und es ging ihnen dabei nicht schlecht. Während meiner Recherchen im Staatsarchiv in Turin ist mir ein Faszikel von Dokumenten der Dominikaner von Saluzzo aufgefallen, die bis in die Zeit Giordano Brunos reichen. Ich öffnete es und hatte den Eindruck, das Dossier eines Notars vor mir zu sehen, weil da nur von Schenkungen, Verlassenschaften und Testamenten zugunsten des Konvents die Rede war. Kurz, die braven Dominikaner, anstatt die Seelen für das Paradies aufzukaufen, dachten mehr daran, Güter für das irdische Leben einzuziehen. Bruno hatte daher sehr recht, wenn er sagte, es sei nötig, »den Fratres das Einkommen wegzunehmen«. Das ist eine alte Geschichte: Man denke nur an die sogenannte »Konstantinische Schenkung«. Überflüssig zu sagen, daß es sich um ein gefälschtes Dokument handelt, wie schon der große Humanist Lorenzo Valla bewiesen hat! Seltsam: Auch das älteste Dokument der italienischen Sprache, das aus 960 datiert und in Montecassino aufbewahrt wird, ist eine Art notarieller Urkunde zugunsten der Benediktiner, die sich ein Grundstück durch Usukapion (Ersitzung) angeeignet hatten. Man fragt sich: Ist denn der biblische Gott ein Schmarotzer?

Hier ist ein Abschnitt aus der zweiten Anzeige: »Hierauf antwortete er nichts anderes, als daß er mich bitte ihn freizulassen, und obschon er bereits seine Sachen gepackt und mir gesagt habe, abreisen zu wollen, habe er dieses doch nicht in der ernsten Absicht getan, es ausführen zu wollen, sondern nur um meine Ungeduld, allerlei Unmögliches von ihm zu lernen, zu zügeln, mit der ich ihn fortwährend gepeinigt hätte, und wenn ich ihm die Freiheit wiedergebe, würde er mich alles lehren, was er wisse, und mir die Geheimnisse aller Werke enthüllen, die er bislang vollendet habe, und er denke auch mancherlei Schönes und Seltenes zu schaffen, und er wolle dann mein Diener sein ohne andere Belohnung, als was ich ihm gegeben hätte, und wenn ich es wolle, würde er mir alles lassen, was er in meinem Hause habe, denn er hatte jedenfalls alles von mir erhalten, und er sagte, ich solle ihm wenigstens eine Kopie eines astrologischen Büchleins, das ich unter gewissen Handschriften bei ihm entdeckt hatte, ausliefern«. Und so geht es weiter: »Hier sind noch einige Gelder, Kleider, Schriftstücke und Bücher von ihm, über die Sie verfügen mögen; und wie Sie mir mit großer Milde meinen Fehler verziehen haben, mit dieser Anklage so lange gesäumt zu haben, so bitte ich Sie, mich doch bei den anderen hohen Herren entschuldigen zu wollen mit Rücksicht auf meine gute Absicht, und da ich ihm nicht auf einmal alle Sachen entlocken konnte; überdies konnte ich die Schlechtigkeit dieses Menschen erst erkennen, seitdem ich ihn in meinem eigenen Hause hatte, und das können erst ungefähr zwei Monate sein, da er nach seiner Ankunft in dieser Stadt zuerst in einer Mietwohnung lebte, größtenteils in Padua, und sodann wünschte ich ja auch, von ihm möglichst erst noch alles Gute zu profitieren und erst dadurch, daß ich so verfuhr, konnte ich mich seiner Person versichern, daß er nicht abreiste, ohne mir vorher wenigstens ein Wort davon zu sagen. Inzwischen habe ich immer beabsichtigt, ihn der Zensur des Heiligen Amtes auszuliefern. Nachdem ich dies erreicht habe, bin ich Ihrer Väterlichkeit, hochwürdiger Herr, zu großem Dank verbunden für die sorgfältige Nachsicht, die Sie mir gewährt haben. Ich küsse Ihnen verehrungsvoll die Hand«.[338]

Hier tritt, scheint mir, die wahre Absicht Mocenigos noch deutlicher zu Tage, daß es nämlich darum ging, sich des Philosophen für die Inquisition zu versichern, und daß die »Ungeduld, unterrichtet zu werden«, mit der er ihn ständig quälte, nichts anderes als ein Vorwand war, um Bruno an der Flucht zu hindern. Wenn er mit dem Meister nicht zufrieden war, hätte er ihn beurlauben können; aber er ließ ihn verhaften und an einem sicheren Ort festsetzen wie ein wildes Tier. Es gibt auch Widersprüche; lesen wir den Anfang der zweiten Anzeige: »Hochwürdiger Vater und hochzuverehrender Herr! An jenem Tage, an dem sich Giordano Bruno einschloß, nachdem ich ihn gefragt hatte, ob er, nachdem er mich nichts von alledem lehren wollte, was er mir versprochen hatte für die vielen Gefälligkeiten und Geschenke, die ich ihm gemacht hatte, sich nicht wenigstens herbeilassen wolle, so viel zu tun, daß ich ihn nicht wegen so mancher verbrecherischer Worte, die er gegen unseren Herrn Jesus Christus und gegen die heilige Kirche vor mir geäußert, anzuklagen brauche«.[339] Aber warum befreite er Bruno dann nicht, zumal Mocenigo in derselben Anzeige schrieb, daß Bruno gesagt habe, »wenn ich ihm die Freiheit wiedergebe, würde er mich alles lehren, hat Sachen und Geld in Menge darauf im voraus erhalten. Ich kann ihn nicht zum Schluß bringen«.[340] Außerdem ist in der Anzeige zu lesen, daß Bruno ihm alles geben wollte, was er hatte oder bekommen hatte, damit er ihn freilasse. Ihm hätte schon ausgereicht, wenn er ihm »wenigstens eine Kopie« eines Manuskriptes gegeben hätte, das beschlagnahmt worden war.

In dieser dunklen Geschichte, die zu einem Polizei-Inspektor passen würde, gibt es zu viele Dinge, die nicht übereinstimmen. Jedenfalls wollte und erreichte der venezianische Patrizier das Verderben seines Gastes. Ob er der verlängerte Arm der Inquisition oder des Teufels war, hat keine große Bedeutung, waren doch auch die Inquisitoren Handlanger der Hölle. Als sie Bruno dann fragten, ob er in Venedig einen Feind habe oder eine übelwollende Person kenne, antwortete er: »Für einen Feind halte ich hier niemanden außer den Herrn Giovanni Mocenigo und seine Anhänger und Diener; dieser hat mir schwerer geschadet als irgendeiner unter allen Lebenden, er hat mich geradezu meuchlerisch um Leben, Ehre, Freiheit und Sachen gebracht, mich, seinen Gast, in seinem eigenen Hause eingekerkert, mir alle meine Schriften, Bücher und sonstigen Sachen geraubt; und dies alles hat er nur getan, weil er nicht etwa nur wünschte, ich solle ihnj alles lehren, was ich weiß, sondern auch wünschte, daß ich keinem anderen es lehre, und er hat mich schon mit Anschlägen gegen mein Leben und meine Ehre bedroht, wenn ich ihn nicht jene Dinge lehre, die ich, wie er meinte, wissen müsse«.[341] Das ist der wahre Reichtum des Philosophen: seine Schriften. Aber gerade diese

Schriften bedeuteten eine Bedrohung für die Heilige Mutter Kirche. Man mußte sie also zum Verschwinden bringen – die Schriften und den Autor. Und das war das »Verdienst« jenes venezianischen *Edelmanns!*

Heute können wir über die Vorwürfe in Mocenigos drei schriftlichen Anzeigen gegen Bruno lachen, aber es ist zugleich erschreckend, daß einem großen Denker der Prozeß gemacht wurde, weil er nicht an Wunder, an die Transsubstantiation oder an die Jungfräulichkeit der Gottesmutter glaubte. Und doch war Giordano Bruno der wahre religiöse Geist, dem es ausreichte, recht zu leben und anderen nichts anzutun, was wir nicht wollen, daß uns angetan wird, mit dem eigenen Gewissen im Reinen und mit dem Göttlichen im Einklang zu sein. In der dritten Anzeige schrieb Mocenigo, er hätte den Philosophen sagen gehört, »abgesehen von dem, was ich Eurer ehrwürdigen Väterlichkeit schon geschrieben, [...] daß das Verfahren, das heutzutage in der Kirche Brauch ist, nicht Brauch gewesen sei bei den Aposteln; denn diese bekehrten die Leute durch Predigt und vorbildlichen Lebenswandel, aber heutzutage müsse, wer kein Katholik sein will, Strafen und Verfolgungen leiden; man brauche Gewalt und nicht Liebe; diese Welt könne nicht so weiter bestehen, da nur Unwissenheit in ihr herrsche und keine Religion mehr gut sei«.[342]

Seine einzige schwere und unverzeihliche Schuld bestand darin, daß er seine Ideen einem schrägen Kopf wie Mocenigo gegenüber ausgeplaudert hatte. Wie hätte denn dieser Herr etwas von Seelenwanderung oder von unbegrenzten Welten verstehen können? In seinen Ohren mußten solche Ideen wie Gotteslästerung klingen, und tatsächlich übersetzte er sie in Gotteslästerungen. Das ist die wahre Tragödie der Welt, daß die genialen Ideen für Gotteslästerungen und die Gotteslästerungen für Offenbarungen gehalten werden. Bruno hätte das wissen müssen, denn er hatte damit lange Erfahrungen gemacht; aber Unvorsichtigkeit, gemischt mit Naivität, und vielleicht auch die Lust, Erstaunen zu erregen und zu provozieren, verführten ihn dazu, sich dem Erstbesten anzuvertrauen, ohne im mindesten die Folgen zu bedenken. Einige der Punkte, die sein Denunziant berichtete, wird er wohl, wenn auch in anderer Form, gesagt haben, ohne damit zu rechnen, daß seine Wort in ein stupides und verräterisches Ohr fielen. Mocenigo sammelte sie, filterte sie durch seinen beschränkten Kopf, würzte sie mit dem Geifer der giftigen Spinne und machte daraus eine Anklage.

Über den venezianischen Prozeß gegen Giordano Bruno wissen wir durch die schon im vorigen Jahrhundert publizierten Dokumente sehr viel. Ohne auf die Einzelheiten dieses Prozesses einzugehen, die der interessierte Leser in den *Documenti veneti* studieren kann, beschränken wir uns hier auf das Wesentliche. Aber Vorsicht: Von jetzt an, besser gesagt vom Tag seine Einkerkerung, verfügen wir über keine unmittelbaren Zeugnisse des Philosophen mehr. Alles, was er sagt oder was man ihn sagen läßt, stammt aus den Protokollen; aber wie sicher sind wir, daß diese seine Aussagen wahrheitsgetreu wiedergeben? Das Problem wurde schon im vorigen Jahrhundert von Francesco Fiorentino aufgeworfen und später von Felice Tocco neuerlich behandelt; letzterer schreibt über die Prozeßakten: »Sind die Streichungen freiwillig geschehen, oder gibt es ausreichende Indizien für eine Fälschung? Ohne weitere Beweise könnte ich hier nichts behaupten; daß Bruno seine Vernehmungsprotokolle aber weder sah noch unterschrieb, darüber besteht kein Zweifel. Er hörte nur ihre Verlesung, wie er selbst im Verhör vom 4. Juni [1592] sagt: ›Ich habe alle meine Aussagen gehört, die Sie mir vorgelesen haben, und will nichts hinzusetzen, ebensowenig etwas zurücknehmen, sondern ich genehmige und bestätige die Protokolle in der Weise, wie sie mir vorgelesen worden sind‹. Und daher ist anzunehmen, daß manche Reflexionen vom Protokollanten in den Text gestellt wurden. So etwa ist es unwahrscheinlich, daß Bruno sich selbst belastet hat, indem er die Lehre von der Unbegrenztheit der Welt als Gegensatz zum Glauben bekannt hätte, während er ein paar Zeilen vorher erklärte, es sei der unbegrenzten göttlichen Allmacht unwürdig, eine begrenzte Welt zu schaffen«.[343] Die schriftlichen Verteidigungen des Philosophen sind uns nicht erhalten: Sind sie verschwunden oder hat man sie verschwinden lassen? Alles in allem: die Prozeßakten, oder das Wenige, was sich davon erhalten hat, sind mit einem gewissen Mißtrauen zu lesen, ohne zu vergessen, daß wir es mit Ungeheuern und blutigen Fanatikern zu tun haben: Wenn sie imstande waren, Leiber und Seelen zu foltern, um wieviel mehr konnten sie der Wahrheit Gewalt antun.

Jemandem wegen Häresie den Prozeß zu machen, ist an und für sich eine Monstrosität. Wenn man das nicht versteht, erübrigt sich jeder Diskurs. Aber noch mehr: Bruno wurde nicht einmal mit seinen Anklägern konfrontiert, daß er ihnen wenigstens hätte ins Gesicht schauen und

ihren Vorwürfen direkt widersprechen können. Alles basierte auf Verleumdungen und Zeugenaussagen, die der Angeklagte nicht kannte.
Doppelte Monstrosität also! Die Biographen und Kommentatoren übergehen diesen Punkt, nicht so jedoch Drewermann, der sich in den Philosophen versetzt und ihn sagen läßt: »Auch der Buchhändler Ciotti wurde
verhört, doch das alles, wohlgemerkt, in meiner Abwesenheit und ohne
daß ich jemals so etwas wie eine eigentliche Anklageschrift in die Hände
bekommen hätte. Im Grunde durfte ich nicht einmal die Namen der ge-
ladenen Zeugen erfahren, deren Glaubwürdigkeit im übrigen niemals
durch ein angemessenes Verhör überprüft wurde; – welch einen Genuß
hätte es mir z.B. bereitet, diesen Esel von Mocenigo in einem öffentlichen
Verhör wie mit einer Möhre vor der Nase durch ganz Venedig zu führen!
Aber in einer Kirche, die alle Wahrheit Gottes ohnedies kennt, genügt es,
Verdacht zu machen, um als schuldig überprüft zu sein; die Gründe werden sich allemal finden – doch erneut Vorsicht: was man als solche
Gründe später benennen wird, werden niemals, darauf kann man wetten,
die wahren Gründe sein«.[344] Ein Jahrhundert davor, in Florenz, konnte
Savonarola wenigstens die Protokolle seiner Verhöre lesen und schließlich
offen anprangern, daß sie gefälscht waren; er sagte zu dem Notar, der sie
überarbeitet hatte: »Wenn du das veröffentlichst, wirst du in sechs Monaten sterben!« Eine Prophezeiung, die seltsamer Weise auch eintraf!
Bruno hingegen konnte darüber hinaus, daß er niemals mit seinen Anklägern konfontiert wurde, nicht einmal die Protokolle seiner Verhöre lesen.
Was für eine Gerechtigkeit ist das?

In seinen sieben venezianischen Erklärungen verteidigte sich der Philosoph jedenfalls so geschickt gegen die erhobenen Anklagen, daß der
Prozeß am Ende zu seinen Gunsten auszugehen schien. Er insistierte auf
dem philosophischen Charakter seiner Forschung: »Der Stoff aller dieser
Bücher ist, um im allgemeinen davon zu reden, rein philosophisch und
sehr verschiedenartig, wie die Ausgabe der Titel zeigt und wie man aus
ihrem Inhalt ersehen kann. Ich habe in ihnen immer philosophisch und
nach Grundsätzen des natürlichen Lichtes spekuliert und ohne wesentliche Hinsicht auf das, was man in Gemäßheit des Glaubens anzunehmen
hat«.[345] Bei der Darstellung seines Wanderlebens durch Europa überging
er, was ihn am stärksten kompromittiert hätte, z.B. den Übertritt zum
Calvinismus in Genf. Auch die von Mocenigo angegebenen Zeugen, dar-

unter Andrea Morosini, sagten nichts, was ihm wirklich hätte schaden können. Am 30. Juli 1592, dem Datum seines letzten Verhörs, bestätigte der Philosoph die vorangegangenen Erklärungen und bat »Gott, den Herrn« und die Richter um Vergebung, mit der Hoffnung im Herzen, sie würden ihn in die Freiheit entlassen. Er widerrief die eigene Philosophie nicht und setzte keinen Akt der Unterwerfung, wie man meinen könnte. Er versuchte nur, wenn möglich den Klauen der Inquisition zu entkommen, ohne die Prinzipien des eigenen Denkens zu verraten.

Als am Ende des letzten Verhörs angeordnet wurde, daß er sich vom Boden erheben sollte, und gefragt wurde, ob er noch etwas zu sagen habe, antwortete er: »Ich habe nichts weiter zu sagen«. Daraufhin ordnete das »Heilige Tribunal« an, ihn »ad locum suum«, d.h. in den Kerker von San Domenico di Castello zurückzubringen. In der Zwischenzeit ist dieser Kerker zum Glück abgerissen worden und es gibt keine Spur mehr davon. Die Zelle Brunos lag nicht zur ebenen Erde, sondern »im oberen Gefängnis«.[346] Gewiß hätte er es vorgezogen, allein zu sein, und angesichts der Tatsache, daß er dazu neigte, mehr als notwendig zu reden, wäre das auch gut für ihn gewesen; es war ihm jedoch beschieden, die Zelle mit anderen Häftlingen zu teilen. Zum größten Unglück konnte er also nicht einmal in Ruhe nachdenken und war gezwungen, die Kumpanei einiger grobschlächtiger und übelwollender Mönche und anderer Schurken zu ertragen, die in der Folge gegen ihn aussagten und entscheidend zu seinem Verderben beitrugen. Da waren der Kapuziner Celestino da Verona, bürgerlich Giovanni Antonio Arrigoni, der Karmeliter Giulio da Salò, ein Bruder aus Acquasparta namens Serafino, ein Kanonikus aus Chioggia, der Silvio hieß, der neapolitanische Tischler Francesco Vaia, Matteo de Silvestris di Orio – wobei man nicht weiß, ob aus Orio Canavese oder einem anderen Ort dieses Namens –, ein Francesco Ieronimiani und Francesco Graziano aus Udine, der Schlimmste von allen. Er war an Geist und Körper mißraten, er hinkte und hatte eine gelähmte Hand. Und hier kommt ein Aphorismus von Schopenhauer wie gerufen: »Die Dummen sind meistens boshaft und zwar aus demselben Grund, warum die Häßlichen und Ungestalten es sind«.[347]

Man stelle sich nur vor, wie grauenhaft es gewesen sein muß, mit diesen Leuten in einer Kerkerzelle zusammenzuleben. Was hatte ein hoher und erleuchteter Geist wie Giordano Bruno mit diesen Leuten gemeinsam? Nichts, außer dem Mißgeschick! Diese Personen beraubten ihn der Wohltat des Alleinseins, ohne ihm diejenige der Gemeinschaft zu geben. Ein genialer Mensch, sagt Schopenhauer, kann schwerlich ein Gesellschaftsmensch sein, weil kein Dialog so reichhaltig und interessant ist wie seine Monologe. Wenn er doch von den Monologen genug hat und zum Dialog übergeht, riskiert er, daß ihn die Plattheit des Dialogs wiederum zum Monolog zurückbringt, in dem der Gesprächspartner nur eine stumme Rolle spielen kann. Kurz, wer über einen reichen Geist verfügt, genügt sich selbst und zieht die Einsamkeit der Geselligkeit vor. Übrigens ist es nutzlos, mit Dummen zu reden, und mit intelligenten Menschen kann es überflüssig sein. Das sagt auch das lateinische Sprichwort: *Intelligenti pauca.*

Aber wie soll man sich absondern und mit sich selbst reden, wenn man in einer Gefängniszelle von anderen Menschen umzingelt ist? Bruno hatte die Wahl: Entweder er ertrug schweigend die abgeschmackten Gespräche seiner Unglücksgefährten, oder er nahm auch selbst das Wort und beteiligte sich an den Diskussionen. Er wählte den zweiten Weg, und fing auch da an, unverbesserlich wie er war, vom unbegrenzten Universum zu reden, von der Seelenwanderung, von der Liebe zu den Tieren, die mit uns die Mühe der Existenz teilen, von der Absurdität der Dogmen und so fort, als wären da Pythagoras und Plato zugegen und nicht grobe Kerle und Übeltäter von Kaliber. Und weil es einen instinktiven Haß der Dummen auf gescheite Menschen gibt, darf es nicht Wunder nehmen, daß diese Zellengenossen die ärgsten Verleumder des Philosophen waren, weil Solidarität nur unter Gleichgesinnten entstehen kann. Wahrscheinlich haben sie auch gehofft, auf diese Weise einen Vorteil in ihrer eigenen Anklage zu gewinnen, bediente sich die Inquisition doch häufig der Spione und Denunzianten, von denen die Gefängnisse voll waren.

Mit einem Dekret vom 18. September 1581 hatte das heilige Offizium festgelegt, daß die Inquisitoren in den Außenstellen ein Summarium aller Prozesse an den zentralen Gerichtshof in Rom zu schicken und Instruktionen abzuwarten hätten, bevor das Urteil gesprochen wurde. Nur in schweren Fällen wurde nicht nur das Summarium, sondern der ganze Prozeß nach Rom befördert. Zudem mußte man auch eine Kopie aller Urteile nach Rom weitergeben. Nach den *Documenti veneti* zu schließen, handelte es sich im Falle Brunos nicht um eine schwere und ernste Sache in diesem Sinne. Der Philosoph hatte seine Schuld eingestanden, wenn man überhaupt von Schuld reden kann, und hatte sich auch in den Grenzen des Möglichen unterworfen. Er hatte auch sein Desinteresse an irdischen Reichtümern bestätigt. Mocenigo hatte ja in seiner dritten Anzeige geschrieben: »Er [Bruno] setze große Hoffnungen auf den König von Navarra, und darum wolle er sich beeilen, seine Werke ans Licht zu bringen und sich auf diesem Wege Glauben und Ansehen zu beschaffen; denn wenn die Zeit gekommen sein werde, will er Kapitän sein und er werde nicht immer arm bleiben, da er dann sich der Schätze anderer bemächtigen könne«.[348] Als die Richter den Philosophen zu diesem Punkt befragten, antwortete er: »Ich erinnere mich nicht, so unsinniges Zeug geredet zu haben und habe niemals die Absicht gehabt, Soldat zu werden, sondern stets nur meine Lebensaufgabe in der Philosophie und der Erforschung anderer Wissenschaften gesucht«.[349] Ja, er war ein Philosoph und wollte nur ein Philosoph sein: Nichts anderes interessierte ihn. Mocenigo gegenüber sagte er, daß er nicht einmal vor der Inquisition Angst habe, »da er niemanden beleidigte, wenn er auf seine Art lebte«.[350] Gewiß, aber es waren die anderen, die ihn nicht leben lassen wollten, weil es in dieser Welt immer für ein Verbrechen gehalten wurde, mit dem eigenen Kopf zu denken.

Sofort nach dem letzten Verhör vom 30. Juli 1592 sah sich der Inquisitor veranlaßt, eine Kopie des gesamten Prozesses, der sich in Venedig abgespielt hatte, an Kardinal Giulio Santoro, den Großinquisitor in Rom, zu senden. Warum machte er das, da die Sache doch – wenigstens bis zu diesem Moment – nicht besonders schwerwiegend schien? Santoro, einer der übelsten Henker des Philosophen, antwortete am 8. August 1592: »Ich möchte auch mitteilen, daß ich die Kopie der Prozeßakten des Frater Giordano Bruno erhalten habe, nicht aber auch den Brief, den Sie als Antwort auf den meinen vom vergangenen 25. geschrieben und auf einem anderen Weg befördert haben.«[351]

Auf den ersten Blick könnten diese Worte, die sich am Ende eines langen Briefes finden, an eine gewisse Gleichgültigkeit dem Fall Bruno gegenüber denken lassen. So verhält es sich aber nicht, wie Aquilecchia genau vermerkt: »Was den Kardinal vor allem interessiert, ist also nicht die Kopie der Prozeßakten, sondern eine vertrauliche Antwort des Inquisitors hinsichtlich des Falles Bruno«. Santoro erwartete also eine Antwort auf seinen früheren Brief vom 25. Juli 1592. Vielleicht hat er noch weitere Briefe geschrieben, die wir aber nicht dokumentieren können. Wie es scheint, interessierte sich Santoro schon längere Zeit für den Fall Giordano Bruno, mit der Absicht, die später klar werden sollte, die Auslieferung zu erreichen. Hatte er vielleicht auch von Beccaria Nachricht bekommen? Ein unsichtbarer Faden scheint Santoro, Beccaria, den Inquisitor Saluzzo, Mocenigo und vielleicht auch Ciotti zu verbinden. Das ist eher eine Vermutung als eine Hypothese. Aus den Überlegungen Aquilecchias gewinnt man die Idee, »daß die Auslieferung von den venezianischen Richtern schon vor dem Abschluß des Prozesses in Betracht gezogen wurde«. Tatsächlich gibt es gute Gründe, so zu denken. Wenn es aber so ist, dann war der venezianische Prozeß eine Art Farce, inszeniert, um den Schein zu wahren; die übelste Rolle hätte dabei die vielbeschworene Freiheit der Serenissima gespielt.

Seltsam: Vom Inquisitor Saluzzo, der doch ein hohes Amt bekleidete, weiß man fast nichts. Es ist, als wäre er verschwunden, ohne Spuren zu hinterlassen. Wahrscheinlich hat ihn der Teufel geholt. Meine Recherchen nach ihm haben keinerlei Ergebnis gebracht, nicht einmal hinsichtlich des Datums seiner Geburt und seines Todes. Unter den adeligen Familienmitgliedern der Saluzzos gibt es einen Gabriele, der aber nichts mit dem Inquisitor zu tun hat. Merkwürdig ist auch, daß sein Name im Empfangsprotokoll der zweiten Anzeige Mocenigos mit zwei *l* geschrieben ist: »*Fuit praesentata mihi fratri Ioanni Gabrielli Salutiensi, inquisitori veneto*«.[352] Hat er vielleicht Giovanni Gabrielli geheißen? Sicherlich hat er das Protokoll gesehen, möglicherweise sogar mit eigener Hand geschrieben. Aber auch unter Gabrielli, einem durchaus nicht seltenen Namen in Piemont, ist es mir nicht gelungen, etwas über ihn herauszufinden. Alle – mit wenigen Ausnahmen – bezeichnen ihn jedoch als Fra Gabriele (nicht Gabrielli) da Saluzzo. Das wenige, das man von ihm weiß, ist folgendes: Er war Dominikaner und wurde am 21. Mai 1580 zum Priester geweiht;[353] er wurde am 17. August 1591 zum Generalinquisitor für das ganze Gebiet der Serenissima ernannt, und er blieb bis zum 27. Jänner 1595 in Venedig. Im Unterschied zu seinen acht Vorgängern, die alle durch päpstliche Brevi ernannt wurden, erfolgte seine Bestellung durch die Kongregation des heiligen Offiziums, und er kam mit einem Brief Kardinal Santoros, des höchsten römischen Inquisitors, nach Venedig.

Giordano Bruno

Diese Tatsache läßt auf ein besonderes Vertrauensverhältnis zwischen Santoro und Saluzzo schließen – und das würde vieles erklären, sofern man volles Licht auf die Persönlichkeit Saluzzos werfen könnte.

Aber folgen wir nun den Fakten. Am 12. September 1592 zog Santoro die Causa des Philosophen an das Zentralgericht nach Rom und verlangte die Auslieferung des Angeklagten. Es begann ein Tauziehen zwischen Rom und Venedig, weil die Serenissima eifersüchtig über ihre Statuten wachte und Begehren dieser Art ziemlich ablehnend gegenüberstand. Am 28. September traten der Inquisitor Saluzzo, der Vikar des Patriarchen und Tomaso Morosini, einer der sieben Häresieexperten, vor den Großen Rat unter Vorsitz des Dogen und verlangten formell die Auslieferung Giordano Brunos, »der angeklagt sei nicht nur einfacher Ketzerei, sondern geradezu Heresiarch sei, weil er verschiedene Bücher verfaßt habe, in denen er die Königin von England und andere ketzerische Fürsten sehr lobe. Er habe auch einiges speziell über Religion geschrieben, was nicht passend sei, wenngleich er sich philosophisch ausdrücke«. Sie lasen auch Teile des Briefes vor, den Santoro an Saluzzo geschrieben hatte, »mit dem Befehl, daß dieser Angeklagte mit der ersten guten Transportmöglichkeit nach Ancona geschickt werden sollte, von wo jener Gouverneur ihn nach Rom schicken sollte«. Der Inquisitor Saluzzo hatte außerdem die Unverschämtheit, sich am Nachmittag wieder einzufinden, wobei er sagte, daß er wegen der am Vormittag verhandelten Angelegenheit gekommen sei, »denn sie haben ein Schiff, das zur Ausfahrt bereit steht«, um diesen Menschen nach Rom zu bringen.[354] All das kann man im Sitzungsprotokoll des Großen Rats vom 28. September 1592 nachlesen.

Der Große Rat, wahrscheinlich durch diese Hartnäckigkeit verärgert, teilte Saluzzo mit, daß er »für dieses Mal das Schiff auslaufen lassen konnte«. Am 3. Oktober wurde der Auslieferungsantrag zurückgewiesen. Aber Santoro hatte wohl schon den Braten gerochen und Giordano Bruno als vorzügliches Opfer für den Gott der Christen ausersehen; er gab sich nicht zufrieden und sandte neue Instruktionen an seine würdigen Kumpanen Saluzzo. Auch der Papst legte sich ins Mittel, und am 22. Dezember wiederholte der Apostolische Nuntius in Venedig, Ludovico Taverna, das Auslieferungsbegehren vor dem Großen Rat und führte dabei juridische Haarspaltereien an, die eines Winkeladvokaten würdiger wären als eines Seelenhirten. Daraufhin beauftragte der Rat den Prokurator Federico Contarini, die Frage zu prüfen. Contarini entledigte sich seiner Aufgabe oberflächlich und mit leichter Hand; er hatte sich wohl darauf beschränkt anzuhören, was ihm die Schergen der Inquisition sagten, und referierte am 7. Jänner 1593 vor dem Großen Rat: »Dieser Bruder wurde zuerst in Untersuchung gezogen und verhaftet zu Neapel unter schwerer Anschuldigungen der Ketzerei, entfloh von dort und ging nach Rom, wurde auch hier sowohl wegen der ersteren als auch wegen anderer Anschuldigung eingekerkert und prozessiert und entfloh von hier zum zweiten Male aus dem Gefängnis, begab sich nach England, wo er nach den Sitten jener Insel lebte, und gelangte dann nach Genf, führte hier einige Zeit lang ein leichtsinniges und teuflisches Leben und nahm hier schließlich Abschied und kam nach Venedig, wo er sich in dem Palaste eines Edelmannes aufhielt, der, um sein christliches Gewissen zu beruhigen, ihn dem heiligen Amte anzeigte, worauf er festgenommen und hier eingekerkert wurde. Im Punkte der Ketzerei treffen ihn schwere Vorwürfe, wenngleich er andererseits eines der ausgezeichneten und seltensten Genies sei, das man sich denken könne, und eine ganz ausgezeichnete Bildung und universelles Wissen besitze. Da dieser Fall seinen Anfang in Neapel und in Rom genommen habe und mehr jenem Forum, als diesem zu unterliegen scheine, und wegen der außerordentlichen Schwere der Vergehungen, in Anbetracht auch, daß der Angeklagte ein Fremder und kein Untertan sei, dürfe man es für zulässig befinden, Seiner Heiligkeit Wunsch zu erfüllen, wie man es auch schon in anderen ähnlichen Fällen getan habe; im übrigen unterstelle er nichtsumoweniger die Entscheidung der außerordentlichen Klugheit seiner Heiligkeit. Er wolle auch nicht unterlassen, mitzuteilen, daß dem Angeklagten erklärt worden sei, er müsse, wenn er wünsche, sagen oder auseinandersetzen, was er darüber denke, wenn man ihn ausliefern wolle. Derselbe habe geantwortet, er beabsichtige einen Schriftsatz einzureichen, in dem er, so viel man auf gutem Wege erfahren konnte, zum Ausdruck bringen werde, daß es ihm lieb sei, der Gerechtigkeit Roms unterworfen zu werden. Aber es sei anzunehmen, daß dieses vielleicht nur von ihm gesagt sei, um zu bewirken, die Entscheidung noch hinauszuzögern und Aufschub für seine Auslieferung zu erzielen in der Weise, die er befürchte«.[355]

Die Darstellung ist, wie man sieht, voll von Ungenauigkeiten auf der einen und von Verleumdungen auf der anderen Seite. Von welchem »zü-

Giordano Bruno

gellosen und teuflischen Leben« redete Contarini da? Wahrscheinlich war sein Bericht mit den Inquisitoren abgestimmt. Es ist ganz unglaubwürdig, daß Bruno selbst den Wunsch geäußert hätte, »der Gerichtsbarkeit Roms übergeben zu werden«, um der Strenge der venezianischen Richter zu entkommen. Das ist lediglich eine Unterstellung, um die Zusage der Auslieferung zu erleichtern. Daher steht fest, daß der Prokurator nicht mit dem Angeklagten gesprochen hatte, sonst hätte er nicht solche Unwahrheiten berichten können; möglicherweise war es der Inquisitor - Saluzzo, der ihm einredete, der Philosoph wünsche, dem römischen Gericht überstellt zu werden. Contarini wird als »ehrenwerter Edelmann« beschrieben, »der sehr fromm und anständig lebte und stets die Sache der Kirche begünstigte«; aber es sind die Worte dieses »ehrenwerten« Mannes, die über das Schicksal Brunos entschieden haben.

Am selben Tag, am 7. Jänner 1593, wurde der Auslieferungsantrag dem Senat zur Abstimmung vorgelegt: 142 stimmten dafür, 30 dagegen. Daß dabei das Leben »eines der ausgezeichnetsten und seltensten Genies, die man sich denken kann« auf dem Spiel stand, bedeutete niemandem etwas: Den braven Herren des Senats lagen nur die guten Beziehungen zum Vatikan am Herzen. Am 9. Jänner schrieb der Doge Pasquale Cicogna an seinen Botschafter in Rom, Paolo Paruta: »Nachdem uns der Monsignore Nuntius, wie Sie aus eingeschlossener Abschrift seiner Auseinandersetzung ersehen werden, im Namen Seiner Heiligkeit das Ersuchen gestellt hat, zu gestatten, daß dem Inquisitionstribunal zu Rom ausgeliefert werde der Bruder Giordano Bruno, der sich hier im Gefängnisse des Inquisitionsamts befindet, und wir gerne bereit sind, Seiner Heiligkeit in dieser Bitte uns willfährig zu erweisen, indem wir ihn der Justiz in Rom überlassen, wird selbiger vom Mons. Nuntius mit derjenigen Sicherheit und in der Art überführt werden, die ihm gutdünkt. Nachdem wir dieses Seiner Hochwürden kundgetan haben, geben wir auch Ihnen davon Nachricht, damit Sie es dem Pontifex darstellen als eine Bezeugung unseres ehrfürchtigen und kindlichen Gehorsams gegenüber Seiner Heiligkeit. Zugleich wollen Sie unser Bedauern über Seiner Heiligkeit schlechtes Befinden ausdrücken«.[356] Der Botschafter antwortete am 16. Jänner, der Papst habe die Nachricht von der erlaubten Auslieferung »mit großer Dankbarkeit« aufgenommen. Wahrscheinlich hat ihm diese *Frohe Botschaft* geholfen, von seiner Unpäßlichkeit zu genesen. Gott im Himmel, worüber ergötzen sich deine Diener! Aber es verging noch ein Monat, bis der unglückliche Philosoph weggebracht wurde. Man mußte warten, daß sich eine »sichere Gelegenheit für eine gute Fahrt nach Ancona« ergab, was soviel bedeutet wie höchste Sicherheitsstufe, als wäre Bruno ein gefährlicher Verbrecher gewesen.

Niemand kann wissen, welche Gefühle ihn bewegt haben, als man sich anschickte, ihn am 19. Februar 1593 aus dem Kerker von San Domenico di Castello zu holen, wo er etwa neun Monate eingesperrt gewesen war. Hatte er die Illusion, freigelassen zu werden? Wenn es so war, so muß sich die Illusion sofort in bittere Enttäuschung verwandelt haben. Der Apostolische Nuntius, der bei diesem Anlaß als Scherge auftrat, ließ ihn wie einen gewöhnlichen Verbrecher in Ketten auf ein Schiff bringen, das noch am selben Tag nach Ancona abfuhr. Wahrscheinlich hat bei der Abfahrt auch Beccaria assistiert, der sich zu dieser Zeit wieder in Venedig aufhielt. Er muß vom Ruin des Philosophen durchaus zufriedengestellt gewesen sein und wird seine Freude nicht verborgen haben, ihn in den Tod gehen zu sehen. Typen wie er reden vom Paradies und arbeiten für die Hölle. Beccaria war ein finsterer, lichtscheuer Intrigant. Vielleicht sieht Raffy die Dinge richtig, wenn er Bruno sagen läßt: »Am 19. Februar frühmorgens wurde ich plötzlich geweckt. Ein Hauptmann und vier Aguzzinos traten ein, hinter ihnen Fra Gabrielli da Saluzzo und ein unbekannter Dominikaner, um den Gabrielli eifrig und mit großer Verehrung Bücklinge machte. Auf dem Schiff erfuhr ich von einem meiner Wächter, daß dieser Mönch Ippolito Maria Beccaria heißt und einer der wichtigsten Leute der Dominikaner von Rom ist«.[357]

In Ancona wurde der Häftling vom Gouverneur in Verwahrung genommen. Nach acht Tagen im Sicherheitstransport, zuerst über Wasser, dann über Land, wurde der Philosoph am 27. Februar in den Kerker geworfen, den Pius V. 1569 in der Nähe von St. Peter hatte bauen lassen, »als ewiges Zeugnis der katholischen Religion, um die Anhänger des Übels der Häresie hier mit größerer Sicherheit zu verwahren«.[358] Erst sieben Jahre später verließ Bruno den Kerker, aber nicht um das Sonnenlicht wiederzusehen, sondern die Flammen des Scheiterhaufens.

Schon früher hatte die Serenissima einen anderen großen Nolaner ausgeliefert und dem zentralen Inquisitionsgericht überstellt: Pomponio de Algerio. Er war 1531 in Nola zur Welt gekommen und hatte an der Universität Padua studiert. Dort zitierte man ihn im Mai 1555 wegen des Verdachts der Häresie vor den Inquisitor Girolamo Girello. Seine Schuld: Er hatte verbotene Bücher nach Hause genommen. Während der Verhöre gab er zu, der lutherischen Lehre zu folgen. Er wurde sofort ins Gefängnis gebracht und richtete von dort einen Trostbrief an seine Freunde. Schon im August 1555 verlangte Paul IV. von der Republik Venedig seine Auslieferung; aber der Rat der Zehn war besorgt, es könnte unter den Studenten in Padua Unruhe entstehen, und verzögerte die Sache; erst am 14. März des nächsten Jahres kam er der Bitte Seiner Heiligkeit nach. Der Papst beeilte sich, dem venezianischen Botschafter warmherzig zu danken: »Ihr mögt wissen, hochverehrter Botschafter, daß uns die Signoria, durch die von Gott gegebene Macht, viel Gefallen bereiten kann; aber das ist das Größte, das wir von ihr erwarten konnten, denn es geht um die Ehre Gottes«.[359] So wurde der arme junge Mann, immer »zur Ehre Gottes«, nach Rom, in die Hauptstadt der christlichen Liebe, gebracht und sofort als Häretiker zum Tode verurteilt. Am 19. August 1556 wurde er auf der Piazza Navona in einem Kessel von kochendem Öl, Pech und Terpentin lebendig verbrannt – mit kaum 25 Jahren. Die Ehre Gottes war gerettet!

Théodore de Bèze widmete dem Märtyrer Pomponio eine Hymne und nannte ihn den »Athleten des Evangeliums«; allerdings vergaß er dazu zu sagen, daß sein Meister Calvin drei Jahre davor Servet auf den Scheiterhaufen geschickt hatte. Alle verbrannten sie im Namen Gottes, aber jeder sah nur das Feuer, das die anderen angezündet hatten, und nicht das eigene. Lichtenberg hat recht: »Im Namen des Herrn sengen, im Namen des Herrn brennen und dem Teufel übergeben, alles im Namen des Herrn«. Er wütet gegen die »Clerisey«, die »eine Pest für die Welt ist«.[360]

Hier könnten wir innehalten und zur Ehre der Menschheit das Wort *silentium* über den Kalvarienberg des Philosophen schreiben. Aber so würden wir seinen Henkern einen Gefallen tun, die stets versucht haben, dieses grausame Verbrechen zu vertuschen. Das von Angelo Mercati veröffentlichte »Summarium«, das wir im Vorwort erwähnt haben, war schon einmal im Jahre 1886 aufgefunden worden. Als aber der damalige Papst Leo XIII. davon Kenntnis bekam, verfügte er sofort, daß das Dokument niemanden zugänglich gemacht werden dürfte. So ist zu vermuten, daß der Vatikan noch andere Dokumente über das Martyrium Giordano Brunos zurückhält, die für eine vollständige Aufklärung des Leidenswegs des Philosophen notwendig wären.

Es sind 2000 Jahre, daß die Tonsurierten von der Passion Christi sprechen. Wohl denn, Giordano Bruno litt mehr als Christus, und auch er hat eine österliche Auferstehung verdient. Wir müssen also den Schritten seiner *via crucis* folgen, auch wenn es sich um ein schauderhaftes Spektakel handelt.

Lebendig begraben

Jordano Bruno

Pius V. war Kommissär des heiligen Offiziums und Generalinquisitor des christlichen Erdkreises gewesen. Er wußte daher, wie man »die Anhänger des Übels der Häresie« zu behandeln hatte, und ließ folglich ein Gefängnis bauen, das dem Ruf dieses Schergen des Himmels gerecht wurde. Campanella, der für eine gewisse Zeit hier zugleich mit Bruno eingesperrt war, nannte es »die äußerste Hölle«. Das ganze Sonett, das er dieser »Höhle des Polyphem« widmete, ist schreckerfüllt. Dort gab es kein Mitleid. In jeder Zelle waren wenigstens vier oder fünf Häftlinge untergebracht, die weder bei Tag noch bei Nacht mit den Häftlingen anderer Zellen kommunizieren konnten. Es war verboten zu lesen oder zu schreiben, ausgenommen was unmittelbar den eigenen Fall betraf. Man durfte keine Briefe oder Botschaften an irgend jemanden senden, weder außerhalb noch innerhalb des Gebäudes. Wer immer die *heiligen* Vorschriften des Kerkers übertrat, wurde nach Belieben des Kerkermeisters gefoltert. Ebenso konnten die Richter diejenigen foltern lassen, die auf ihre Fragen nicht erschöpfend Antwort gaben. Kurz, das neue Gefängnis ließ einen geradezu dem alten in der Via Ripetta nachweinen, wo man Tag und Nacht Schmerzensschreie hören konnte.[361]

Wenn man aber das liest, was Professor Luigi Firpo schreibt, könnte man sagen, daß dieser Kerker kein Ort der Folter, sondern ein *Hotel* oder etwas Ähnliches gewesen sein muß. Die Häftlinge, sagt er, hätten ihr Bett und sogar Handtücher gehabt. Und da hätte sich auch der Becher Wein eingefunden. Außerdem hätten die Häftlinge die Möglichkeit gehabt, ab und zu auf ihre materiellen Notwendigkeiten hinzuweisen. Was für ein Zartgefühl! Es erinnert an jenes der Sultane, die eine seidene Schnur benützten, um die zum Tode Verurteilten aufzuhängen oder an Leute, die den Blitzableiter auf dem Galgen installieren wollten. Professor Firpo schreibt: »Es war üblich, an dieser Stelle der Biographie eine Skizze des neuen römischen Gefängnisses in düsteren Farben zu geben«. Und nachdem er von Servietten und Handtüchern geredet hat, um die Farben der Biographen weniger düster erscheinen zu lassen, verteidigt er den Monsignore Angelo Mercati, der »gegen diese Phantastereien, gemischt mit romantischem Horror und polemischer Schärfe, eine Lanze brechen wollte«.[362] Hier wie auch an anderen Stellen seines ansonsten nützlichen Buches, das die nach und nach von den Fachleuten entdeckten Dokumente des Prozesses sammelt, hat man den Eindruck, daß Professor Firpo seine Feder in Weihwasser getaucht hat, vielleicht um dem Monsignore Mercati Respekt zu zollen, der ihm eine kurze Recherche im römischen Archiv der heiligen und universalen Inquisition erlaubt hatte. Im übrigen verwendete er je nach den gerade herrschenden politischen Umständen oft verschiedenfarbige Tinten von *Schwarz* bis *Rot*.

Er sagt, er habe die Zellen des alten Gefängnisses besucht, hätte sie aber weder finster noch ungesund gefunden.[363] Das ist eine Frage des Geschmacks: Vielleicht hätte Bruno Capri oder die Küste von Amalfi vorgezogen. Mir jedenfalls ist es nicht möglich gewesen, diese Zellen zu besichtigen, obwohl ich es zweimal versucht habe. Sie befinden sich im Souterrain des Palastes des heiligen Offiziums, das am gleichnamigen Platz in der Nähe der Kolonnaden von St. Peter steht. Die Fassade des Palastes wurde renoviert. Zur ebenen Erde gibt es schmale Schlupflöcher, die mit Eisen vergittert sind und an die Schießscharten einer Festung erinnern. Sind es die Löcher, durch die die Häftlinge Luft bekamen? Ganz sicher! Ein Jahrzehnt, nachdem Professor Firpo die oben zitierten Worte geschrieben hatte, veröffentlichte er einen Bericht über das heilige Offizium aus 1610, der in der Wiener Nationalbibliothek aufbewahrt wird (Cod. 6328); daraus kann man sich eine Vorstellung machen, wie schrecklich der Kerker war, in dem Giordano Bruno eingesperrt wurde. Der Bericht ist in italienischer Sprache abgefaßt. In dem Abschnitt, der hier interessiert, wird gesagt, daß alle Inquisitoren »getrennte Zimmer im Palast der Inquisition haben, wo sich auf einer anderen Seite die ganz engen Kerker für die Elenden befinden, die der Verletzung der göttlichen Majestät schuldig sind; ihnen zugeordnet sind weitere Bedienstete als Wächter, Portiere, Kustoden, Verwahrer, sowie einer, der Kapitän genannt wird und die Aufgabe hat, den Eingekerkerten Essen und Kleider zu besorgen, indem er sie voneinander getrennt in einigen kleinen und engen Zellen einschließt, von denen aus sie nichts anderes sehen können als Luft durch kleine Fenster, die so niedrig sind, daß man nicht mehr wie einst mit ihnen von weitem mit einer wunderbaren Erfindung sprechen konnte, die mit den Fingern der Hand genau und schnell jedes Gespräch führt, so

Giordano Bruno

wie es üblich ist, die Stimme durch die Darstellungen der Buchstaben zu ersetzen. Aus diesem Offizium besteht das sogenannte Inquisitionstribunal, das nicht nur über allen Inquisitionen der Welt, sondern auch über allen profanen Tribunalen steht«.[364]

Hoffen wir, daß der Wiener Codex mehr Licht in den Kopf des Professor Firpo gebracht hat, als die Schießscharten des Kerkers den Augen des Giordano Bruno haben zukommen lassen, der in der engen Zelle überdacht haben mag, was er – wenn auch in anderem Sinn – in der *Cena* geschrieben hatte: »Der Nolaner hat [...] den menschlichen Geist und die Erkenntnis befreit, die in dem engen Kerker der irdischen Lufthülle eingeschlossen waren und aus dem sie nur wie durch schmale Schlitze die entferntesten Sterne erblicken konnten. Dem Geist waren die Flügeln gestutzt, damit er sich nicht aufschwingen und den Wolkenschleier zerreißen könne, um da zu schauen, was sich dahinter in Wahrheit befindet«.[365] Als ich am Eingang in den Palast einem Priester begegnete und ihn nach dem Kerker der Inquisition fragte, bekam ich zur Antwort – und traute meinen Ohren nicht – , daß es nie Gefängnisse der Inquisition gegeben habe. Nicht anders antworten in Mayerling die Schwestern, die für die Seele des Kronprinzen Rudolf von Habsburg beten, daß sie nichts von Mary Vetsera wüßten. Da stehen wir vor der heiligen Lüge oder der heiligen Heuchelei ... Aber lassen wir das und halten wir uns lieber an das, was von Amabile über die Kerker der römischen Inquisition berichtet wird.[366]

Jetzt, da das römische Tribunal den Philosophen endlich in seinen Klauen hatte, zeigte es keine Eile, ihm den Prozeß zu machen: Die wahren Folterknechte lieben es nicht, ihr Opfer sofort zu schlachten; sie ziehen es vor, es langsam sterben zu lassen. Tatsächlich wurde Giordano Bruno in diesem Kerker sieben Jahre lang begraben gehalten, damit er zur Kenntnis nähme, daß das Universum nicht unendlich sei, wie er meinte, sondern begrenzt von den Wänden und Gittern einer unterirdischen Gefängniszelle. Er war in der Fülle seiner intellektuellen Kräfte, und das Furchtbarste für ihn war nicht das Gefängnis an sich, sondern vielmehr die Unmöglichkeit zu schreiben. Dieses kleine Detail dürfte dem Herrn Professor Firpo entgangen sein ...

Erst Ende 1593, nach fast einem Jahr Haft, wurde Bruno von den römischen Inquisitoren verhört. In der Zwischenzeit waren andere Anschuldigungen über ihn hereingebrochen. Im Sommer 1593 hatte der ruchlose Bruder Celestino da Verona, sein Zellengefährte im venezianischen Gefängnis von San Domenico di Castello, eine giftige Anzeige gegen den Philosophen eingebracht. Firpo: »Es geschah also, daß in der trüben Seele des Fra Celestino der Verdacht keimte, daß ihm durch kompromittierende Erklärungen Brunos geschadet worden wäre: Die Unterstellung war sicherlich unbegründet, weil es in den venezianischen Verhören keinerlei Hinweis auf den miserablen Kapuziner gibt, aber dieser, ergriffen von einem Racheimpuls, überreichte der Inquisition eine schriftliche Erklärung, in der er Bruno mit schwersten Beschuldigungen belastete, und nannte als Zeugen andere Eingekerkerte im venezianischen Gefängnis: Fra Giulio da Salò, Francesco Vaia und Matteo de Silvestris«.[367] Wessen klagte er ihn an? Daß er gesagt habe, »Christus sei nicht ans Kreuz geschlagen, sondern aufgehängt worden«; daß »es keine Hölle gebe und niemand zu einer ewigen Strafe verurteilt, sondern sich mit der Zeit retten werde«; daß »Kain ein rechtschaffener Mensch gewesen sei und mit Recht seinen Bruder Abel umgebracht habe, der ein Ruchloser und Tiermörder war«. Was aber für Celestino und Leute seines Kalibers, also für die Inquisitoren, am schwersten wog, war ohne Zweifel die Theorie von der Unendlichkeit des Universums und von der Seelenwanderung, die der Denunziant in seiner Anzeige nicht zu erwähnen vergaß: »Daß es mehr Welten gäbe, daß alle Sterne Welten seien, und daß es die höchste Ignoranz sei zu glauben, daß diese die einzige Welt sei«. Und weiter: »Daß die Seelen, wenn die Körper gestorben sind, von einer Welt zur anderen, zu vielen Welten wandern würden und von einem Körper zum anderen«.[368]

Bruder Celestino nannte in diesem Zusammenhang drei Zeugen, denen wir schon begegnet sind: den Karmeliter Giulio aus Salò, den Tischler Francesco Vaia aus Napoli und Matteo de Silvestris aus Orio. Die Verhörten schlugen in jener Solidarität, die niedrige Geister einigt, sofort denselben Ton an. Aber wer hat das Orchester dirigiert? Vielleicht der Inquisitor Saluzzo an der langen Leine des Santoro und möglicherweise des Beccaria. Bei solchen trüben Ereignissen macht ein Verdacht mehr nichts schlechter. Aber gehen wir weiter. Bruder Giulio erklärte unter anderem, daß er Bruno sagen gehört habe, »daß alles Welt sei, daß jeder Stern eine Welt sei, und daß alles Welten wären, so viele Sterne man sähe«; und außerdem, daß »Gott nicht der Schöpfer der Welt sei, weil die Welt so ewig sei wie Gott«. Dieselbe Anklage, zum Teil mit denselben Worten, kam von de Silvestris, dem böswilligsten der drei, der – dumm, wie er war – faule Witze über die Theorie der Seelenwanderung machen wollte: »Er sagte, daß die Seelen, wenn sie aus unseren Körper entwichen sind, in einen anderen menschlichen oder Tierkörper übergehen, und daß er sich erinnere, schon ein anderes Mal in dieser Welt gewesen zu sein, aber ich erinnere mich nicht, ob er meinte, daß seine Seele in einem menschlichen Körper oder in dem irgendeiner Bestie gewesen sei«.[369] Mit Sicherheit konnte die Seele Giordano Brunos nicht im Körper einer *Bestie* wie Matteo de Silvestris gewesen sein! Was Francesco Vaia angeht, so beschränkte er sich darauf, die Anklagen summarisch zu bestätigen, weil er ein Einfaltspinsel war und beim Beantworten von Fragen, die seine geringe Bildung überstiegen, mehr als einmal sagte, daß er gar nichts verstünde. Und doch: Wer hätte mehr als er, der Tischler, zum Hinrichtungsinstrument Christi sagen können, ob es ein Kreuz oder ein Galgen war? Hingegen erklärte er, daß der Philosoph »diese Dinge mit Francesco Graziano besprochen und oft lateinisch geredet hat«.[370] So nennt er – vielleicht unabsichtlich – eine weitere Person in dieser Sache, die sich als noch infamer und gehässiger erwies als Bruder Celestino selbst.

Francesco Graziano aus Udine, den wir schon erwähnt haben, war, soviel man weiß, ein Mann von bösartiger Gesinnung und entstelltem Körper. Er hinkte, hatte eine gelähmte linke Hand und war bleich wie ein Gespenst. Er bildete sich ein, ein großer Herr zu sein und »Städte« zu besitzen, woraus zu schließen ist, daß er ein Lügner und Angeber war. Tatsächlich beschreibt ihn ein Zeuge, der ihm in verschiedenen Angelegenheiten geholfen hatte, als einen »armen Hund«, der schlecht davon lebte, daß er Latein übersetzen konnte und Unterrichtsstunden gab. Er war an die fünfzig Jahre und hatte in Venedig sofort einen Häresieprozeß am Hals, der am 4. April 1585 damit schloß, daß er abschwor. Weil er aber nicht imstande war, auf der Linie der katholischen Orthodoxie zu bleiben – offenbar hinkte er auch im religiösen Sinn –, wurde sein Fall wieder aufgegriffen und er selbst als *relapsus* in den Kerker von San Domenico di Castello geworfen. Am 27. März 1593, also kurz nach der Ausweisung Giordano Brunos, wurde er zu lebenslangem Kerker verurteilt; aber fünf Jahre später hat man die Strafe in die Verpflichtung umgewandelt, allmonatlich vor dem venezianischen Inquisitor zu erscheinen. Das könnte vermuten lassen, daß seine Vorwürfe gegen den Philosophen, mit dem er die Gefängniszelle geteilt hatte, den Zweck verfolgten, die Richter gnädig zu stimmen und zu bewegen, daß sie das Urteil milderten. Aber vielleicht wollte er sich auch dafür rächen, daß Giordano Bruno ihn in ihren Diskussionen nicht wirklich ernst genommen und zum Ignoranten gestempelt hatte. Verletzte Eitelkeit, um es zu wiederholen, ist zu jeder Niedrigkeit fähig. Und an Eitelkeit fehlte es Graziano nicht. Außer daß er sich nicht vorhandene Reichtümer einbildete, gab er sich den Anschein des Gelehrten und wollte »mit jedermann diskutieren«.[371] Dieses Detail kann uns seinen Groll gegen jemanden verstehen helfen, der ihn zum Ignoranten gestempelt hatte. Wahrscheinlich war er halb oder ganz verrückt: »Er wird von allen für verrückt gehalten und niemand glaubt ihm irgendetwas«.[372] Niemand, außer den Inquisitoren!

Nicht einmal das Unglück ist dazu angetan, wie man sieht, die perverse menschliche Natur zu besänftigen. Jene Eingesperrten hatten alle das gleiche Schicksal, aber nichtsdestoweniger agierten sie gegen einen alten Zellengenossen. Da kommen einem die Hühner in den Sinn, die unter den Augen des Schlächters aufeinander einhacken. Bruder Celestino endete noch vor Bruno auf dem Scheiterhaufen. Nachdem er von Venedig nach San Severino in den Marken versetzt worden war, und nach anderen dunklen Geschichten von Denunziationen und anonymen Briefen, wurde er nach Rom gebracht und zwei Verhören unterzogen: am 9. und am 11. Juli 1599. Im lateinischen Protokoll liest man: »15. Juli 1599. In der Sache des Fra Celestino da Verona aus dem Orden der Kapuziner, der im Gefängnis des heiligen Offiziums sitzt, wurden dessen Erklärungen vom 9. und 11. des Monats gründlich gelesen. Der Heilige Vater hat das Gebot des Stillschweigens erneuert, daß niemand über die Causa des genannten Fra Celestino reden dürfe«. Wessen hat sich der Bruder schuldig gemacht, daß der Papst persönlich intervenieren und die Anordnung strengsten Stillschweigens geben mußte? Clemens VIII. befahl auch eine schnelle Abwicklung und verfügte, daß der Unglückliche sofort dem Henker übergeben werde: »5. August 1599. In der Sache des Fra Celestino da Verona hat der heilige Vater entschieden, daß gegen ihn das Urteil ergehen solle und daß er als unverbesserlicher, starrköpfiger und rückfälliger Häretiker dem weltlichen Arm zu übergeben sei«. Gewöhnlich wurden die Todesurteile auf öffentlichen Plätzen vor allen Leuten verlesen. Dasjenige gegen Bruder Celestino hingegen wurde nach dem Willen des Papstes im heiligen Offizium, also unter Ausschluß der Öffentlichkeit verlesen. Am 2. September schließlich verfügte der *Sanctissimus* Clemens VIII., daß »*religiosi theologi*« sich zur Bekehrung der zum Tode Verurteilten in den Palast des heiligen Offiziums zu begeben hätten, »*ac postea a carceribus S. Officii ducatur ad locum iustitiae et exequatur in Campo Flore*«.[373] Mit einem Wort – der Unglückliche mußte auf jeden Fall auf dem Campo dei Fiori lebendig verbrannt werden, möglicherweise aber reumütig.

Allerdings hat der Todgeweihte dem Papst diese Genugtuung nicht verschafft: Die »*religiosi theologi*«, die wir hier Flickschuster des Gewissens nennen möchten, konnten ihn keinen Millimeter von seinen Ideen abbringen. Am 16. September 1599, genau fünf Monate vor dem Martyrium Brunos, wurde der Kapuziner nächtens auf den Campo dei Fiori gebracht, nackt ausgezogen, an einen Pfahl gebunden und lebendig verbrannt. Wenn er nicht zu leben verstand, so wußte er doch zu sterben. Die *Avvisi di Roma* schrieben, »daß man Donnerstag früh [16. September 1599] genau zu Tagesanbruch […] einen gewissen Veroneser lebendig verbrannt hat […]; und er wurde deshalb solcherart in der Nacht verbrannt, weil der französische Botschafter nicht will, daß man solche Hinrichtungen vor seinem Palast veranstaltet, nicht weil er etwas dagegen hätte, daß die Häretiker bestraft werden, wie Übelwollende behaupten, sondern um diesen Schrecken weder zu hören noch zu sehen«.[374] Francesco Maria Vialardi aus Vercelli schrieb in einem Brief vom Tag nach dieser Verbrennung von Fra Celestino als einem »besonders ruchlosen Mann, der darauf beharrte, daß Christus, unser Herr, das Menschengeschlecht nicht erlöst hat«.[375] Und wie kann er es erlöst haben, wenn gerade die, die in seinem Namen agieren, die Leute lebendig verbrennen? Wahnsinn der Menschen: Einer läßt sich *Santissimus*, Allerheiligster, nennen, verkündet, er sei der Statthalter Gottes auf Erden und befiehlt, auf den Scheiterhaufen zu schicken, wer sich für diese Farce nicht hergibt. Und alle anderen jubeln.

Sobald der venezianische Inquisitor die Aussagen des Fra Celestino und seiner Kumpane zusammengestellt hatte, schickte er sie zur zentralen Inquisition nach Rom. So begann für den Philosophen nach den Vernehmungen in Venedig die Reihe der römischen Verhöre. Und wenn es schon für uns unerträglich ist, diese idiotischen und irrationalen Vorwürfe zu lesen, so können wir uns vorstellen, welche Wirkung sie auf Giordano Bruno hatten, der sie über sich ergehen lassen und gegen sie kämpfen mußte. Wie soll man sich gegen Fanatiker verteidigen, die an Dogmen glauben und die Argumente eines Philosophen mit Blasphemien verwechseln? Was soll ein Denker denen antworten, die ihn anklagen, an Absurditäten nicht zu glauben und ihn deshalb ins Gefängnis werfen? In einer solchen Situation hat man jedes Recht, zu lügen oder dem Ankläger Zustimmung vorzutäuschen, so wie man es mit Verrückten macht, um sie nicht gegen sich aufzubringen. Bruno tat weder das eine noch das andere, sondern versuchte, bald durch Negieren, bald durch Präzisieren, die Anklagen, die sie ihm entgegenhielten, zu entkräften. Da standen einander zwei Welten gegenüber: auf der einen Seite Obskurantismus, auf der anderen moderne Wissenschaft. Der Merkur, der eine neue Philosophie ankündigte, wurde gefangen und in Ketten gelegt.

Unterdessen wurden in Venedig in den ersten Monaten des Jahres 1594 die Zeugen der ersten Stunde neuerlich verhört und bestätigten die schon zuvor formulierten Anklagen. Mocenigo zeichnete sich wie auch sonst auf der einen Seite durch besondere Bosheit, auf der anderen durch ebensolche Borniertheit aus. Er wiederholte, daß Bruno sich über die Transsubstantiation lustig gemacht und sie als »Bestialität, Gotteslästerung und Idolatrie« bezeichnet hätte; daß er die Ewigkeit und die Pluralität der Welten beteuern würde, und »daß Gott die Welt so sehr brauche, wie die Welt Gott, und daß Gott nichts wäre, wenn es keine Welt gäbe«; daß man kein lebendiges Wesen töten dürfe; und daß es »ein Ding der Unmöglichkeit wäre, daß eine Jungfrau gebiert, womit er diesen Glauben verlacht und verspottet hätte«.[376] Nicht genug damit, wurde er im Juni 1594 neuerlich bei Saluzzo vorstellig, um ihm zu sagen, daß Bruno im *Cantus circaeus,* der seiner dritten Anzeige vom 29. Mai 1592 beilag, »die Absicht gehabt hätte, über alle kirchlichen Würdenträger herzuziehen, und daß er mit der Figur des Schweines den Papst hätte darstellen wollen«.[377] Es klingt umso unwahrscheinlicher, daß der Philosoph im Gespräch mit Mocenigo den Papst selbst als Schwein bezeichnet habe, als er hoffte, nach Rom zu gehen, »und dort der Wissenschaft leben und seine Tüchtigkeit beweisen« wollte, wie Fra Domenico da Nocera berichtete.[378] Wie aber soll man sich die Erbitterung Mocenigos, drei Jahre nachdem er die erste Anzeige geschrieben hatte, erklären? Jeder ist frei, seine eigenen Überlegungen anzustellen. Die meinen habe ich zuvor schon gemacht.

Im Sommer 1594 wurde Bruno einem weiteren Verhör unterzogen: Es handelte sich, wenn wir auch die venezianischen mitrechnen, um seinen sechzehnten Auftritt. Insbesondere verhörten ihn die Richter über den *Cantus circaeus*. Er »*recognovit librum*«, das heißt, er bekannte sich als Autor des Buches, bestritt aber, daß er in der Figur des Schweins den Papst geißeln wollte, wie ihm Mocenigo unterstellt hatte. Im übrigen hätten die Richter, wären sie nur ein wenig bei Verstand gewesen, sofort begreifen müssen, daß die Anklage auf schwachen Beinen stand. Es genügte, den Text aufmerksam zu lesen, in dem der Philosoph den Prozeß des Niedergangs der moralischen Werte aufgreift oder antizipiert, mit dem er sich dann im *Spaccio* wieder beschäftigt. Circe hat gute Gründe, die Menschen in Tiere zu verwandeln: Im ersten Dialog des *Cantus* erklärt sie ihrer Magd Moeri, daß sich unter der menschlichen Schale wilde Tiere versteckt hielten. Daher sei es nötig, die Harmonie der Dinge zwischen Sein und Schein wiederherzustellen: Wenn die menschliche Seele tierisch ist, dann soll es auch ihr Körper sein. Indem Circe die Menschen in Tiere verwandelt, was übrigens keine große Mühe kostet, beraubt sie die Menschen dadurch auch der Instrumente, mit denen sie die Naturgesetze verletzt und das Universum angriffen haben. Das aber können sie nicht mehr tun, wenn ihnen Sprache und Hände genommen sind; und so wird die Harmonie wiederhergestellt. Vier Jahrhunderte später wird Konrad Lorenz, der Vater der Verhaltensforschung, von den Sünden des Menschen sprechen, der die Gesetze und die Harmonie der Natur zerstört.

Einen besonderen Platz nimmt im allegorischen Bestiarium des *Cantus circaeus* das Schwein ein. Es figuriert im Inneren eines Kreises, der aus den 24 Buchstaben des Alphabets besteht, mit denen Circe die Laster verbindet, die das Schwein symbolisiert. Aber wer verbirgt sich in Wirklichkeit hinter dem Schwein? Die Laster gehen vom Geiz bis zur Dummheit, von der Ausschweifung bis zur Feigheit, von der Lüsternheit bis zur Torheit. In der Allegorie kann jeder, was und wen er will erkennen. Lichtenberg sagt, daß ein Buch ein Spiegel ist: Wenn ein Affe hineinsieht, kann kein Apostel herausschauen. Und ebenso können wir sagen: Wenn die Inquisitoren und der Papst angesichts des *Cantus circaeus* zu grunzen begannen, dann ist es klar, daß sie über Instrumente für dieses Geräusch verfügten, ohne daß Giordano Bruno sie ihnen hätte zuschreiben müssen.

Am 20. September 1594 präsentierte der Philosoph, der unterdessen eine Kopie der Anklageschrift erhalten hatte, eine schriftliche Verteidigung von etwa 80 Seiten, die jedoch verlorengegangen ist. Ist das nicht sonderbar? Viele, zu viele Details dieses Prozesses sind verschwunden, ungeachtet dessen, daß über dem Vatikan, wie man sagt, der Heilige Geist weht. Wir wissen aber jedenfalls genug, um darüber zu erschrecken.

Am Anfang jedes Monats sollte es – der Vorschrift eines Dekrets zufolge – eine *visitatio* der Häftlinge geben, um sich ihrer Lebensbedingungen und ihrer persönlichen Notwendigkeiten zu vergewissern. In Wirklichkeit fand die *visitatio* nur ein paar Male im Jahr statt, und zwar fast immer am Vorabend von Ostern oder Weihnachten.[379] Die Purpurträger erinnerten sich also, um mit ihrem Gewissen und dem guten Gott ins Reine zu kommen, nur beim Herannahen der großen Feste an die Unglücklichen. Aus den Protokollen geht hervor, daß Giordano Bruno während der sieben Jahre, die er im Kerker der römischen Inquisition verbracht hat, nur etwa zehn Mal eine *visitatio* erlebt hat. Die erste fand am 22. Dezember 1593 statt, nach sieben Monaten der Haft. Bei dieser Gelegenheit ordneten die Purpurträger an, daß ihm ein Mantel, ein Barett und eine Ausgabe der *Summa* des heiligen Thomas gegeben werde: »*Illustrissimi et reverendissimi domini Cardinales ordinaverunt quod provideatur ei de aliquo mantello et pileo et Summa sancti Thomae in VIII*«. War denn das *pileum* nicht das Symbol der Freiheit? Vielleicht wußten das die Kardinäle nicht. Jedenfalls war ihr Gewissen sicherlich rein, weil sie nie Gebrauch davon machten.

Die Kirche liebte die Intelligenz nicht – sie hat sie nie geliebt – und unternahm alles, um sie aus dem Verkehr zu ziehen. Bruno war nicht der einzige in jenem finsteren römischen Kerker. Im Mai 1594 wurde Francesco Pucci, am 11. Oktober desselben Jahres Tommaso Campanella und einige Monate später der Mathematiker Colantonio Stigliola eingeliefert, der wie Giordano Bruno aus Nola stammte. Pucci, der von einer langen und abenteuerlichen Wanderschaft quer durch Europa heimgekehrt war, wurde am 5. Juli 1597 in Tor di Nona enthauptet; dann wurde sein Körper auf den Campo dei Fiori gebracht und den Flammen übergeben.

Aber die Zeit hat die Erinnerung an ihn bewahrt. Und die anderen zum Tode Verurteilten? Ihr Gedächtnis wie auch ihre Leiber verschwanden in den Flammen der Scheiterhaufen. Auf sie trifft der Vers des Horaz zu: »*Sed ignotis perierunt mortibus illi*« – aber von ihrem Tod weiß man nichts.[380]

Verweilen wir bei Campanella, dessen tragische Widerfahrnisse auf viele Weise an jene des Giordano Bruno erinnern. Am 5. September 1568 in Stilo in Kalabrien geboren, hatte Campanella von Kindheit an gegen ein widriges Schicksal zu kämpfen. Obwohl er von frühreifer Intelligenz war, konnte er die Primarschule nicht ordnungsgemäß besuchen, weil seine Familie äußerst arm war und die Mittel nicht hatte, ihn dahin zu schicken. Einer Legende zufolge soll der wißbegierige Knabe am Fenster der Schule gelauscht, und wenn einer seiner glücklicheren Altersgenossen eine Lektion nicht hersagen konnte, aufgezeigt und gerufen haben: »Wollt ihr, daß ich es sage?« Aber eine große Intelligenz findet immer ihren Weg, und Campanella konnte sich schon mit fünf Jahren in der Grammatik zurechtfinden. Wahrscheinlich hat ihn ein Lehrer in Stilo kostenlos unterrichtet. In der Folge trat auch er in den Dominikanerorden ein, um weiter zu studieren und Bücher zur Verfügung zu haben, die er sich sonst nicht hätte besorgen können. Zu Ehren des Thomas von Aquin nahm er den Namen Tommaso an; sein Taufname war Giovanni Domenico. Aber seine Tätigkeit als Autor brachte ihm schnell Verfolgungen und Verurteilungen ein. 1592 wurde er in Neapel eingekerkert und angeklagt. All das spielte sich im Konvent von San Domenico Maggiore ab, eben dort, wo man vor ihm Giordano Bruno in Schwierigkeiten gebracht hatte. Den Richtern, die ihn fragten, wie er es angestellt habe, eine solche Bildung zu erwerben, antwortete er: »Ich habe mehr Öl verbraucht, als ihr Wein«. Damit spielte er auf das Lampenöl an, das es ihm ermöglicht hatte, auch in der Nacht zu studieren. Er wehrte sich gegen das Urteil, das von ihm den Widerruf seiner philosophischen Ideen und die Rückkehr nach Kalabrien verlangte, und schlug die entgegengesetzte Richtung ein: Er ging nach Florenz. Dort wurde er Ferdinand I. von Toskana empfohlen und hoffte auf einen Lehrstuhl in Pisa oder Siena. Aber Ippolito Maria Beccaria, der Ordensgeneral der Dominikaner, machte seinen üblen Einfluß geltend, und Campanella erreichte nicht, was er erhofft hatte. Am 16. Oktober 1592 ging er von Florenz nach Bologna, wo einige falsche Fratres im Auftrag der Inquisition und vielleicht sogar Beccarias selbst ihm heimlich alle Manuskripte entwendeten, die er bei sich trug.

In den ersten Jännertagen 1593 erreichte er Padua und stieg im Konvent S. Agostino ab; aber dort geriet er mit einigen anderen Brüdern sofort in eine Untersuchung wegen des Verbrechens versuchter oder erfolgter sodomistischer Vergewaltigung zum Schaden des Ippolito Maria Beccaria. Ja, gerade er, der Dominikanergeneral, der sich damals in Padua aufhielt! Beccaria sodomistisch vergewaltigt: Manchmal weiß der Teufel sehr gut, wie er sich rächt! Campanella wurde für unschuldig erkannt und von dieser schmutzigen Anklage freigesprochen. Ohne eine so brutale und widerwärtige Bestrafung rechtfertigen zu wollen, ist man versucht zu sagen, daß es der grausame Beccaria verdient hätte. Jedenfalls wurde Campanella, der inzwischen mit Galilei Freundschaft geschlossen hatte, Anfang 1594 auf Anordnung der Inquisition gemeinsam mit dem friulanischen Arzt Giambattista Clario und Ottavio Longo aus Apulien verhaftet. Die Anklage lautete, er habe mit einem »Judenfreund« über den Glauben disputiert; im Spiel waren wohl auch seine heterodoxen Ideen. Alle drei wurden auf Anordnung des römischen heiligen Offiziums mehrmals gefoltert. Um schließlich eine lange Verhandlung mit unsicherem Ausgang bei den venezianischen Behörden zu vermeiden, die einer Auslieferung widerstrebten, wurden Campanella und seine zwei Unglücksgefährten heimlich aus dem padovanischen Gefängnis herausgeholt und in das römische eingeliefert, wo sie am 11. Oktober 1594 eintrafen.

Schwer zu sagen, ob Campanella, der bis 1597 im römischen Inqusitionsgefängnis blieb, Giordano Bruno persönlich gekannt hat, mit dem er zumindest das Unglück gemeinsam hatte. Ich glaube jedoch nicht, daß sich die beiden auf intellektueller oder philosophischer Ebene verstanden hätten. Campanellas Interesse war grundsätzlich theologisch-politisch, Brunos dagegen fundamental philosophisch und erkenntnistheoretisch. Das Ideal Campanellas war nicht der liberale Staat, sondern eine alles umfassende Theokratie, die die Gewissen beherrschen und die Handlungen der Menschen regulieren sollte, auch das Heiraten und Kinderkriegen – insgesamt also ein ethischer Staat, in dem sich das Schicksal des Menschen erfüllen sollte wie das der Biene im Stock. Bruno hingegen forderte die Freiheit des Individuums und des Denkens. Er hatte eine aristokratische Konzeption der Kultur, und wäre nicht bereit gewesen, den eigenen Kopf an den Staat zu vermieten. Auch ihre Charaktere waren verschieden: Campanella, dem es nicht an List fehlte, wußte sich in gewisser Weise den Umständen anzupassen und der Todesstrafe zu entgehen; Bruno verachtete jede Art von Kompromiß mit den eigenen Grundsätzen und opferte sich für die Philosophie.

Campanella weinte, Bruno nicht. Der erste leistete Widerruf beim Versuch, freizukommen und sich mit den Mächtigen gutzustellen, und wußte auch zu schmeicheln; der andere überschritt die fundamentalen Prinzipien der eigenen Philosophie nicht, und die Loblieder, die er seinen Wohltätern zukommen ließ, konnten übertrieben sein, waren aber nicht opportunistisch. Mit einem Wort: Campanella war schlau, Bruno nicht. Das zeigt ihr unterschiedliches Verhalten gegenüber den Richtern. Campanella, der immerhin fast drei Jahrzehnte unter Torturen und Qualen jeder Art im Gefängnis verbrachte, simulierte Verrücktheit und konnte so der Todesstrafe entkommen. Bruno wäre dazu nicht fähig gewesen. Und schließlich: Um Campanella zu Hilfe zu kommen, bewegten sich viele; um Bruno zu helfen, bewegte sich niemand. Und nun, nach diesem Einschub, nehmen wir den Faden der Geschichte wieder auf.

Die Richter hatten keine Eile, die Causa abzuschließen, die schon an und für sich eine Tortur darstellte. Aber im Protokoll vom 24. März 1597 erscheint eine wahrhaftige Tortur. Zuerst liest man, daß Bruno ermahnt wurde, die Theorie von der Vielheit der Welten als unsinnig abzustreiten, und dann kommt eine böse Bemerkung. Wörtlich: »*Deinde fuit admonitus ad reliquendum huiusmodi eius vanitates diversorum mundorum. Atque ordinatum quod interrogetur stricte*«. Übersetzt: »Dann ist er ermahnt worden, diese Unsinnigkeiten verschiedener Welten aufzugeben, und es wurde Auftrag gegeben, ihn einem peinlichen Verhör zu unterziehen«. Aber das Adverb *stricte* – peinlich – steht da, um mit einem knappen Euphemismus die Folter anzuzeigen. Und was in jenen Zeiten Folter bedeutete, sagt Campanella in seiner *Narrazione*, wo er von sich in der dritten Person spricht und von den furchtbaren Qualen in den Kerkern von Neapel berichtet: »Darum setzt Sances, indem er glaubt über alles triumphiert zu haben, den Campanella in den ›Graben der Krokodile‹ in Castelnovo, der fast unter dem Meer liegt und ganz finster ist [...] mit den Eisen an den Beinen. Er schläft auf dem Boden und blutet; so krank setzen sie ihn auf das Foltergerät [des Cavalletto], ohne daß es ihm zuerst erlaubt wurde, sich zu entleeren, und man sagt ihm: ›Verscheiß dich doch unter der Folter! Campanella sieht voraus, daß er gezwungen sein würde zu sterben, umso mehr als der Sances dem Henker sagte, er soll ihn zu Tode quälen; und er wurde mit Stricken auf den Cavaletto gebunden, so fest, daß die Stricke zerrissen und dann sofort verdoppelt wurden, und die Schmerzen wuchsen so schrecklich an, daß er von Sinnen kam«.[381]

Am 16. März 1598 war die Zusammenfassung des Prozesses fertiggestellt und wurde in Kopien an die Konsultoren verteilt: nach sechs Jahren Kerker! Aber die Sache wurde neuerlich aufgeschoben, weil der Papst, Clemens VIII., aus Rom abwesend war: Gefolgt von einem Rattenschwanz von Prälaten und Kardinälen hatte er sich nach Ferrara begeben, um zu feiern, daß er die Stadt durch den Vertrag von Faenza vom 15. Jänner 1598 wieder in Besitz genommen hatte. Dazu weilte er vom 13. April bis zum 19. Dezember nicht in Rom. Die Häftlinge im Kerker des heiligen Offiziums konnten warten: Das erste Augenmerk galt der weltlichen Herrschaft und dem Triumph der Kirche. Drei Tage bevor Seine Heiligkeit nach Rom zurückkehrte, verlangte Bruno Schreibpapier, vielleicht um seine schriftliche Verteidigung zu ergänzen. Er bekam es, mußte sich jedoch verpflichten, über den Gebrauch Rechenschaft zu geben, *»reddat rationem quid de ea faciat«*. Zugleich mit dem Papier wurde ihm ein Brevier des Dominikanerordens übergeben: *»Provvideatur ei de breviario, quo utentur fratres ordinis Praedicatorum«*. Wie feinfühlig! Die Inquisitoren folterten ihn, aber sie sorgten sich um seine Seele.

An diesem Punkt betritt eine Person die Szene, die sich als übler erwies als alle anderen, ein Art Višinskij[382] im Talar. Die Kirche hat ihn zur Ehre der Altäre erhoben, aber ein ziviles Gewissen kann ihn nur schändlich finden. Es handelt sich um den eiskalten und erbarmungslosen Roberto Bellarmin, dessen Name schon in den Protokollen vom 24. März und 23. Dezember 1597 auftaucht; aber jetzt tritt er in den Vordergrund und fällt unter denen auf, die Giordano Bruno quälen. Also ist es hier am Platz, ein knappes Profil von ihm zu zeichnen, wenn auch schweren Herzens.

Bellarmin war mütterlicherseits ein Neffe Papst Marcellos II. und wurde am 4. Oktober 1542 in Montepulciano geboren. Mit 18 Jahren trat er in den Jesuitenorden ein und studierte am römischen Kolleg. Nacheinander unterrichtete er in den Kollegien von Florenz und Mondovì, dem Geburtsort Beccarias. 1567 wurde er zum Theologiestudium nach Padua geschickt, ein Jahr später nach Löwen, wo er seine Studien abschloß. Am 15. März 1570 wurde er zum Priester geweiht. In Löwen machte er sich einen Namen als bedeutender lateinischer Prediger. Nach sieben Jahren kehrte er nach Italien zurück und wurde zum Professor für theologische Streitfragen am römischen Kolleg gewählt. Zwölf Jahre hindurch, von 1576 bis 1588, arbeitete er intensiv, wenn man so sagen darf, als Gelehrter des Himmels. Man bräuchte eine ganze Stellage, um alle seine Schriften aufzubewahren, darunter die berühmten *Disputationes,* die den Höhepunkt seines wissenschaftlichen Werkes darstellen sollen. Anfang 1589 bestimmte ihn Sixtus V. zum theologischen Berater des Kardinallegaten Enrico Caetani, der zur Verteidigung der katholischen Sache gegen die Hugenotten nach Frankreich entsandt wurde.

Bellarmin kehrte am 11. November 1560 nach Rom zurück und nahm sein Amt als Spiritual des römischen Kollegs wieder auf, zu dem er schon zwei Jahre davor ernannt worden war. Einer seiner Studenten war der heilige Luigi Gonzaga, den man während einer Rekreation fragte: »Was würdest du tun, wenn du wüßtest, daß du morgen sterben mußt?« Und Luigi antwortete ruhig: »Ich würde weiter spielen«. Schade, daß nicht auch der eiskalte Bellarmin zu spielen gelernt hatte, spielte er doch umso mehr mit dem Leben seiner Opfer. Und er dachte auch an seine Karriere. Gregor XIV. beauftragte ihn mit einer neuen Ausgabe der Bibel, die unter dem Namen *Sistoclementina* 1592 erschien. In der Folge mußte er Rom verlassen und wurde mit der Leitung der neapolitanischen Jesuitenprovinz betraut, weil der Ordensgeneral der Jesuiten, Claudio Acquaviva, auf ihn neidisch war; aber 1597 wurde er von Clemens VIII. wieder nach Rom zurückberufen und zum Konsultor des heiligen Offiziums ernannt. Auch er war unter denen, die dem Papst nach Ferrara gefolgt waren; und man kann annehmen, daß er gerade bei dieser Gelegenheit alles darangesetzt hat, den Kardinalshut zu bekommen. Tatsächlich verlieh ihm der Papst Anfang März 1599 den Kardinalspurpur – kurz nach der Rückkehr nach Rom.

Als Purpurträger nahm Bellarmin an fast allen Kongregationen teil und übte großen Einfluß aus. Im April 1602 wurde er zum Erzbischof von Capua ernannt, vielleicht wieder, um ihn aus Rom zu entfernen. Aber nach dem Tod Clemens VIII. am 3. März 1605 kam er nach Rom zurück und nahm an zwei Konklaven teil, möglicherweise in der stillen Hoffnung, selbst zum Papst gewählt zu werden. Das ging zwar schief, aber Paul V. wählte ihn doch zu seinem Berater und Helfer. So war Bellarmin in die großen religiösen Auseinandersetzungen seiner Zeit involviert. 1615–16 nahm er am ersten Prozeß gegen Galilei teil, der sich zum Unterschied von Giordano Bruno nachgiebig zeigte und solcherart, wenn schon nicht seine Prinzipien, so doch wenigstens sein Leben rettete. Am 25. Februar 1616 verkündete das heilige Offizium unter dem Vorsitz Bellarmins das Urteil gegen das kopernikanische System und verbot Galilei, diese Lehre weiter zu unterrichten. Die Wissenschaftler sollten also die Wahrheit, auch die astronomische, in der Bibel und im Brevier suchen – so dachten die Kleriker der Inquisition. Und doch fand die heliozentrische Hypothese in gebildeten Kreisen schon seit Kopernikus laufend Anerkennung; mehr noch – handelt es sich doch um eine Hypothese aus der Zeit des Aristarchos von Samos, der schon genügend Argumente für eine solche Theorie zusammengetragen hatte. Entweder war Bellarmin ein Ignorant oder ein voreingenommener Obskurantist – eines von beiden.

Er starb in Rom in der Kirche Sant'Andrea al Quirinale am 17. September 1621. Die letzten Jahre seines Lebens widmete er einem Werk unter dem Titel *Arte del ben morire*. Aber wie konnte er gut sterben, wenn ihm ein Scheiterhaufen wie derjenige Giordano Brunos auf dem Gewissen lastete – immer vorausgesetzt, daß Bellarmin ein Gewissen hatte? Einem Zeugen zufolge scheint er nur zweimal aus seiner kalten Unbeirrbarkeit aufgeschreckt zu sein: Einmal, als er erfuhr, daß einer seiner Mitbürger im Zustand des Konkubinats hingeschieden war; das andere Mal, als ein Verurteilter des heiligen Offiziums unbußfertig starb.[383] Handelte es sich um Giordano Bruno? Wohl kaum.

Corsano nennt Bellarmin »einen Theologen ohne großen intellektuellen Horizont«.[384] Beschränkt der Horizont und beschränkt das Herz! Sein Portrait, gemalt von Pietro da Cortona, zeigt ein kaltes Gesicht mit Spitzbart und Hakennase. In der Kirche Sant' Ignazio in Rom gibt es ein Reliquiar, das seinen Körper enthält. Brunos Leib wurde lebendig verbrannt, der seines Henkers existiert sogar über den Tod hinaus. Und man hat ihn auch noch heiliggesprochen! Ganz anders sein Neffe Roberto De Nobili, dessen Figur ein Gegenbild zu seinem Onkel darstellt. Er wurde 1577 ebenfalls in Montepulciano geboren und ist 1656 in Madras, Indien, gestorben. Auch er war Jesuit, schiffte sich 1604 als Missionar für Asien ein und gelangte nach einer Reise von zwölf Monaten nach Goa. Später übersiedelte er nach Madurai und ließ sich dort nieder. Er mußte aber bald einsehen, daß die christliche Vorstellung von einem persönlichen Gott, der die Welt aus dem Nichts schafft, für indische Ohren absurd, wenn nicht lächerlich klang. Umgekehrt beeindruckte ihn die Weisheit der Brahmanen, und er paßte sich ihrem Leben, ihren Sitten und Gebräuchen an. Das brachte ihm eine Anklage wegen Häresie und eine Verurteilung aus Rom ein, was ihn aber völlig gleichgültig ließ. Er war der erste europäische Kenner des Sanskrit und schrieb in dieser Sprache zahlreiche Werke. Dadurch trug er – absichtlich oder unabsichtlich – dazu bei, daß die hohe indische Weisheit in einem Europa bekannt wurde, das vom Aberglauben vernebelt war.

Einige Gelehrte haben zu Recht betont, daß die ungewöhnliche Dauer des Prozesses mit diesen langen Unterbrechungen, während derer Giordano Bruno wie vergessen scheint, einen genau berechneten Zweck verfolgte: die Willenskraft des Philosophen zu schwächen. Es schien nötig, ihn in Fleisch und Geist zu demütigen, ihn bald körperlich, bald moralisch zu foltern. Und was kann für einen Denker demütigender sein, als die Nötigung, die eigene Philosophie als irrig zu widerrufen? Das war denn auch das Ziel Bellarmins, der jetzt die Rolle des ersten Angreifers spielte: den zermürbten Bruno zu zwingen, seinen eigenen Ideen völlig abzuschwören und zuzugeben, daß er bis dahin Jagd auf Chimären gemacht habe. All das, versteht sich, zur höheren Ehre Gottes.

»Ketzerhammer, Verteidiger der Kirche, Säule der christlichen Wahrheit, Verfechter und Rächer der katholischen Wahrheit«: Das sind einige Beinamen, die Bellarmin gegeben wurden.[385] Das mag noch für den christlichen Glauben angehen, aber was bedeutet »katholische Wahrheit«? Die Wahrheit steht für sich und ist weder katholisch noch muslimisch, sondern Wahrheit, und damit Schluß! Und gegen wen gebrauchte Eminenz Bellarmin den »Hammer«? Gegen einen armen Häftling, der nur deshalb angeklagt war, weil er des Denkens schuldig war! Wenn Bellarmin damit verdient hat, zur Ehre der Altäre erhoben zu werden, dann möchte ich einen solchen Altar, gestehe ich, zertrümmern. Aber fahren wir fort. Am 12. Jänner 1599 wurden auf Initiative von Bellarmin im Werk Brunos acht häretische Thesen festgestellt, die der Philosoph vertreten habe. Der Text dieses Vorwurfs ist uns nicht erhalten. Vier Tage später wurden die Thesen dem Häftling mit der eindringlichen Aufforderung übergeben, ihnen abzuschwören. Es wurden ihm sechs Tage Bedenkzeit gegeben.

Nach Ablauf der Frist dürfte sich der Philosoph bereit erklärt haben, die vorgelegten Thesen als Irrtümer, für die sie *ex nunc* – zum gegenwärtigen Zeitpunkt – von Kirche und Papst gehalten wurden, zu widerrufen. Zitieren wir aus dem Urteil: »Diese Thesen wurden dir am 18. Jänner 1590 in der Kongregation der Prälaten vorgelegt, die im heiligen Offizium abgehalten wurde; sodann wurde dir die Zeit von 6 Tagen eingeräumt, damit du darüber nachdenken kannst und dann antwortest, ob du ihnen abschwören wolltest oder nicht. Am 25. desselben Monats hierauf, da du in derselben Kongregation und an demselben Ort warst, hast du geantwortet, daß du bereit wärst, ihnen abzuschwören, wenn der apostolische Stuhl und die Heiligkeit unseres Herrn die genannten acht Thesen als endgültig häretisch erklärt, oder daß seine Heiligkeit sie für solche hält oder er sie durch den Heiligen Geist als solche definiert. Und plötzlich hast du danach eine Schrift vorgelegt, adressiert an seine Heiligkeit und an uns, welche Schrift, wie du sagtest, deine Verteidigung betraf«.[386] Leider sind weder diese, noch andere schriftliche Verteidigungen des Angeklagten erhalten geblieben. Und wieder erhebt sich die Frage: Ist alles verschwunden, oder hat man es verschwinden lassen? So müssen wir uns an das halten, was seine Richter sagen, auch wenn wir wissen, daß die Wahrheit in schlechtere Hände gar nicht geraten konnte.

Die Kongregation war dennoch unzufrieden, versammelte sich in Anwesenheit des Papstes Anfang Februar wieder und erneuerte die eindringliche Aufforderung zum bedingungslosen Widerruf. Es wurden Beccaria, der Dominikaner Alberto Tragagliolo, damals Kommissär der Inquisition, und natürlich Bellarmin ausgewählt, um dem Philosophen Lektionen in Wahrheit zu erteilen. Welche Mittel setzten sie ein, um den Gefangenen zu zermürben? Am 15. Februar 1599 habe er – immer nach den Dokumenten der Richter – erklärt, »die acht Thesen als häretisch anzuerkennen und bereit zu sein, sie an einem Ort und zu einer Zeit nach Wunsch des heiligen Offiziums zu widerrufen und ihnen abzuschwören«.[387] Ein letzter, verzweifelter Versuch, diesen Monstren zu entkommen? Oder seine Worte wurden absichtlich verdreht – waren die

Giordano Bruno

Priester doch immer Meister darin, allseitig Reuegefühle zu unterstellen. Auch von Paleario wurde behauptet, daß er abgeschworen habe, aber in den Briefen, die er aus dem Gefängnis schrieb, findet sich keine Spur von Reue. Bruno jedenfalls legte in jenen Tagen ein weiteres schriftliches Memorandum vor, dessen Inhalt wir nicht einmal indirekt kennen. Hingegen wissen wir etwas von einem Schriftstück, das am 5. April übergeben wurde, und über das Bellarmin am 24. August im Kreis der Kongregation berichtete. Nach den knappen Worten des Protokolls habe sich Bruno bei der Annahme seiner Irrtümer an der siebenten Position zögerlich gezeigt, weil sie in die Mitte seiner metaphysischen Konzeption treffe, wie sie in *De la causa* dargestellt ist. Wie konnte er den innersten Kern seiner Philosophie widerrufen, als ob das nichts bedeutete – immer unter der Annahme, daß er den Rest widerrufen hat? Das war wirklich zuviel verlangt, aber diese Richter konnten davon nichts verstehen.

Nein, sie verstanden nicht und hatten nicht die geringste Absicht, den Kreuzweg abzukürzen: Das zeigt der Umstand, daß Bellarmin die Kongregation erst am 24. August über den Inhalt des Schreibens informierte, das der Philosoph am 5. April übergeben hatte. Man denke: Fünf Monate, um zu sagen, daß in diesem Schriftstück der Wille Brunos *clare* zum Ausdruck komme, seine Irrtümer anzuerkennen. Wenn aber alles so klar war, warum dann so lange warten, und warum – wie es in der Zwischenzeit geschah – die Suche nach weiteren Irrtümern anordnen, um sie zu denen der acht Thesen hinzuzufügen? Entweder waren die Zugeständnisse Brunos nur marginal, oder seine Richter trieben ein teuflisches Spiel, um ihn zu verbittern.

Die Folter war in diesem Gefängnis eine übliche Praxis. Tatsächlich erscheint neben dem Namen dieses oder jenes Häftlings die Empfehlung, ihn zu foltern und mit Gewalt zum Abschwören zu zwingen. Wir haben gesehen, daß auch Bruno derselben Behandlung unterzogen wurde. Aber offensichtlich genügte das noch nicht, und die Dosis mußte erhöht werden. Das entnehmen wir einer Bemerkung im Protokoll vom 9. September 1599, wie es Professor Firpo publiziert hat, dem ich das Wort gebe: »Zwei Wochen später, am 6. September, einem Montag, wurde die Schlußdiskussion der Causa Brunos für den Donnerstag beschlossen, und so fand sie statt. Der unveröffentlichte Entwurf des Protokolls gibt nicht nur Auskunft über die endgültige Entscheidung, sondern auch über die verschiedenen Meinungen der einzelnen Konsultoren und ist darum von größtem Interesse. Es war einstimmige Meinung der Konsultoren, daß der juristische Beweis von Brunos Schuld – abgesehen von seinem Bekenntnis – fehlte: Da alle Zeugen, einer ausgenommen, ›kriminelle Häftlinge‹ waren, konnte man den Angeklagten nicht für überführt halten – *circa primam partem processus*, der selbstverständlich alle Anzeigen und Wiederholungen umfaßte, während der zweite aus Zensuren und bezüglichen Responsionen bestand. In einem solchen Fall hatte – wie wir wissen – die Anwendung der Folter einen entscheidenden Effekt: Wenn der Gefolterte nachgab, dann war das ohne weiteres ein Geständnis; wenn er dagegen mit unbeugsamem Mut widerstand, erreichte er eine formale Demonstration von Unschuld, er reinigte die Indizien, indem er mit der eigenen kühnen, leidenden Verneinung die Beschuldigungen tilgte, mit denen ihn dubiose Zeugen belasteten. Nicht einer der Konsultoren lehnte die Folter ab, die nach Monterenzi, Millini und Dandini gewöhnlich sein sollte, nach Filonardi und Tragagliolo besonders hart und nach Beccaria sogar wiederholt«.[388]

Überlassen wir diese Monster der allgemeinen Abscheu! Von Beccaria, dessen Name im Italienischen zu Recht mit Schlächterei verwandt ist, war schon die Rede. Die anderen waren Giulio Monterenzi, Pietro Millini, Anselmo Dandini, Marcello Filonardi und Alberto Tragagliolo – alle vom selben Schlag. Im Votum jedes einzelnen liest man das Wort »*torqueatur*«, bei Filonardi und Tragagliolio sogar »*torqueatur graviter*«. Am infamsten aber war Beccaria, der »*votit torqueandus nedum semel vel bis: ex his quae deponet iudicetur*«.[389] So beurteilt die Kirche, erleuchtet vom Licht der Gnade, die Philosophen: nicht nach dem, was sie geschrieben haben, sondern nach dem, was sie unter der Folter »herauslassen«. Und was konnte der unglückliche Giordano Bruno aus sich herauslassen als sein Blut und seine Seele? Wenn es den Herren Gelehrten angesichts einer solchen Sache gelingt zu bewahren, was sie »kritische Distanz« nennen, so beneide ich sie nicht.

Am 10. September 1599 fand die einundzwanzigste Vernehmung Brunos statt. Bei dieser Gelegenheit soll er gesagt haben: »*recognoscere eius errores et facere totum et quicquid ei iniunctum fuerit a sancta Ecclesia catholica Romana*«.[390] Gleichzeitig präsentierte er jedoch ein Memorandum an den Papst, in dem er die inkriminierten Thesen neuerlich zur Diskussion stellte, und entwertete so seine Erklärung der Unterwerfung, sofern er diese überhaupt gemacht hatte. Weil es nicht denkbar ist, daß er sich mit einem Katz-und-Maus-Spiel unterhalten hat, gibt es nur zwei Gründe dafür: Entweder war Bruno von Sinnen, was aber nicht zutrifft, oder die Widerrufe, über die man in den Protokollen liest, waren eine Erfindung, um einen Sieg vorzutäuschen. Darum ist es gut, noch einmal in Erinnerung zu rufen: Die Dokumente des Prozesses – oder besser: das wenige, was davon erhalten ist – müssen mit großem Mißtrauen gelesen werden. Sind wir sicher, daß die Worte Brunos wahrheitsgetreu wiedergegeben wurden? Seine schriftlichen Erklärungen sind uns nicht überliefert. So läutet uns nur eine Glocke, diejenige der Inquisition, und es ist nicht gesagt, daß sie nicht falsch gestimmt ist. Priester haben immer ein spezielles Verhältnis zur Wahrheit gehabt, die in schlechtere Hände nicht fallen könnte. Jedenfalls scheint der Philosoph in den wesentlichen Dingen nicht nachgegeben zu haben. Monsignore Angelo Mercati kann mit dem Widerstand des Philosophen einfach nichts anfangen und sieht »klare Anzeichen geistiger Verwirrung und vielleicht psychischer Veränderung«.[391] Aber wenn das so gewesen sein sollte, dann wären die Inquisitionsrichter doppelt grausam, einen geistig Verwirrten auf den Scheiterhaufen zu schicken. Die wirklich Verrückten und Kriminellen waren die Inquisitoren.

Hier möchte ich eine Überlegung anstellen. Im antiken Rom, das von den Christen so verleumdet wird, wurden das Zeugnis von Verbrechern und anonyme Anzeigen nicht in Betracht gezogen. So liest man z.B. in einem Brief des Kaisers Trajan an Plinius den Jüngeren, der damals Prokurator von Bythinien war: »Ohne Verfassernamen vorgelegte Anschuldigungen sind aber bei keinem Straffall am Platz. Denn das wäre ein übles Beispiel und steht unserer Zeit nicht an.«[392]

Dagegen hat die Kirche, die sich anmaßt, vom Heiligen Geist erleuchtet zu sein, vor allem auf anonyme Denunziationen und die Aussagen von Gaunern rekurriert. Ist das der *göttliche Lauf* der Geschichte, von dem Joachim von Fiore, Vico, Hegel und andere sprechen? Ich sage lieber, daß es mit der Welt – von einem ethischen Gesichtspunkt aus gesehen – abwärts geht wie mit dem Schwanz der Kälber.

Bruno war schrecklich allein gegen alle und gegen das Schicksal. Keine einzige Stimme erhob sich zu seinen Gunsten, wie es im Gegensatz dazu für Campanella geschah. Mehr noch, es tauchte anderes Gesindel auf, um seinen Kelch noch bitterer zu machen. Damals kamen die römischen Richter nämlich in den Besitz einer anonymen Denunziation, die der Inquisition in Vercelli zugespielt wurde. Wahrscheinlich stand dahinter ein Heimkehrer aus England, denn die Anzeige bezog sich darauf, daß Bruno in jenem Land als Atheist angesehen wurde. Der Autor der Anzeige könnte aber auch Francesco Maria Vialardi aus Vercelli sein, der schon Zellengenosse des Philosophen gewesen war. In der Anzeige wurde auch behauptet, der *Spaccio de la bestia trionfante* wäre direkt gegen den Papst gerichtet. Wie sich verteidigen gegen diesen Regen von Verleumdungen? Wie gegen anonyme Denunzianten auf der einen Seite, gegen teuflische Inquisitoren auf der anderen Seite kämpfen? An diesem Punkt war es nicht das Tribunal, das die Geduld verlor, wie einige Dummköpfe unterstellen, sondern Giordano Bruno, der die Hoffnung, sich zu retten, aufgab und den Mut faßte, dem Tod ins Gesicht zu sehen. Er hatte immer gesagt, daß er den Tod nicht fürchte, aber jetzt war der Augenblick gekommen, das auch zu zeigen. »Sterben ist nicht so schwierig«, so heißt es am Ende der Tragödie *Manfred* von Byron.

Es wurden ihm vierzig Tage gegeben, um zu *bereuen*: Das war die übliche Zeit, die den Verstockten zur letzten Überlegung zugestanden wurde. Bruno blieb fest: Er war entschlossen, sich für die Wahrheit zu opfern: besser ein heroischer Tod, als ein feiges Verhalten. Am 21. Dezember 1599 fand die zweiundzwanzigste und letzte Verhandlung statt; dabei erklärte er, daß er weder zurückziehen wolle, noch könne: »*Dixit quod non debet nec vult resipiscere, et non habet quid resipiscat, nec habet materiam resipiscendi, et nescit super quo debet resipisci*«.[393] Übersetzt: »Er sagte, daß er nichts bereuen könne und wolle, daß er nichts zu bereuen, noch einen Gegenstand der Reue habe, und daß er nicht wisse, was er bereuen solle«. Diese Weigerungen in gedrängtem Rhythmus zeigen nicht nur einen unerschütterlichen Willen, sondern auch das Gefühl der Belästigung durch die Aufdringlichkeit der Flickschuster des Gewissens, die versucht hatten, seinen intellektuellen Stolz zu brechen.

Wie passen diese Worte von großer Festigkeit und Würde zu den Zugeständnissen, die er zuvor angeblich gemacht hatte? Es ist schwer vorstellbar, daß sich Bruno in der Zeit davor nachgiebig gezeigt hätte, als die Drohung der Verbrennung noch nicht über seinem Kopf geschwebt war, während er in der Stunde der Entscheidung so unbeugsam blieb. Man könnte behaupten, daß er laviert habe, solange Hoffnung bestand, daß sie ihn freiließen; aber das hätte er doch auch jetzt tun können: vollständige Reue vortäuschen und sich dem Willen der Inquisitoren unterwerfen. Warum hat er es nicht getan? Nicht daß er dann sicher lebend herausgekommen wäre, aber in der Stunde der Gefahr klammert man sich an jeden Strohhalm der Hoffnung. Nun – die Wahrheit ist, daß die Kirche ihn vernichten wollte und *mußte*, körperlich und seelisch; nicht so sehr wegen seines Glaubensabfalls, zumal sie da schon Ärgeres verdaut hatte, sondern wegen seiner Philosophie, die die Fundamente des Gebäudes der Theologie bedrohte. Mit der Ermordung Brunos versuchte die Kirche die moderne Wissenschaft bei der Geburt zu ersticken: Das ist die Wahrheit.

Nach dem letzten Verhör am 21. Dezember 1599 beauftragte die Kongregation des heiligen Offiziums Beccaria und Paolo Isaresi, den Vikar des Dominikanerordens, dem Philosophen Lektionen zu erteilen, um ihm begreiflich zu machen, wie nichtig und falsch seine Theorie wäre. Sie mußten also einen letzten Versuch unternehmen, ihn zu überzeugen. Wird der grausame Beccaria dazu nur Worte verwendet oder – inspiriert vom Heiligen Geist – wieder auf die Folter zurückgegriffen haben? Wenn man den Typen kennt, ist die Frage überflüssig. Aber welche Mittel er auch anwandte, er erreichte nichts: Der Philosoph beharrte darauf, daß er niemals, weder mündlich noch schriftlich, häretische Thesen vertreten habe, und daß ihn die Vertreter des heiligen Offiziums mißverstanden hätten. Er erklärte sich bereit, für alle seine Schriften einzustehen und sie gegen die Theologen zu verteidigen. Er würde sich den Definitionen des apostolischen Stuhls und der heiligen Canones unterstellen, sofern sich darin überhaupt Thesen finden würden, die dem widersprächen, was er gesagt oder geschrieben habe.

Eine Niederlage für die Flickschuster des Gewissens! Beccaria und sein Kumpan Isaresi berichteten über den Mißerfolg in der Sitzung vom 20. Jänner 1600. Hierauf verfügte Clemens VIII., der Vizegott, wie der Dichter Gioachino Belli sagen würde, daß die Causa mit einem Schuldspruch zu beenden und der Philosoph als formeller, unbußfertiger und hartnäckiger Häretiker dem weltlichen Arm zu übergeben sei.

Ein letztes an den Papst gerichtetes Memorandum Brunos wurde zu

Beginn der Sitzung vom 20. Jänner geöffnet, aber nicht gelesen, »*apertum, non tamen lectum*«. Manche Gelehrte haben diesen Umstand unerhört gefunden, und das ist er auch; aber in diesem Prozeß, in dem Grausamkeit und Wahnsinn Hand in Hand gingen, ist alles unerhört. Bruno hatte gute Gründe zu sagen, er habe nichts zu bereuen. Tatsächlich – er hatte keinerlei Verbrechen begangen, weder vor den Augen des Himmels, noch der Erde: Er hatte nicht geraubt, nicht gemordet und er hatte in keiner Weise die Gesetze der Menschen verletzt. Seine einzige *Schuld* bestand darin, daß er gedacht hatte, indem er das Universum erforschte und den Schleier zu lüften suchte, der das Rätsel unserer Existenz verhüllt. Aber für die Kirche, die den Anspruch erhob, die Wahrheit gepachtet zu haben, war das Denken mit dem eigenen Kopf ein Delikt, das mit der Todesstrafe geahndet werden mußte. Und so geschah es.

Giordano Bruno

Das Martyrium

Jordano Bruno

Wer auf die Welt gekommen ist,
sie ernstlich und in den wichtigsten Dingen zu belehren,
der kann von Glück sagen,
wenn er mit heiler Haut davon kommt.
Schopenhauer

Der richtige Titel für dieses Kapitel wäre das antike Wort Holocaust, dessen Bedeutung ganz klar ist: völlige Verbrennung des Opfers aus religiösen Gründen. Und wer hatte dieses Wort aus dem Griechischen übernommen und in die lateinische Sprache eingeführt? Cyprian, ein Kirchenvater und Bischof von Karthago, gestorben 258 n. Chr.! Aber im deutschsprachigen Raum darf man dieses Wort nicht verwenden, weil es »schon besetzt« ist. Soviel ich weiß, ziehen unterdessen auch die Juden vernünftigerweise das Wort Shoah dem Wort Holocaust vor, weil dieses doppelsinnig ist, insofern es manchmal auch den Konsens des Opfers impliziert. Dieses Buch beweist, daß ich immer auf der Seite der Opfer bin, und je unschuldiger sie sind, umso tiefer ist mein sakrosanktes Gefühl für sie. Wenn wir freilich den Worten Gewalt antun und sie in unpassendem Sinn gebrauchen, dann machen wir ein weiteres Opfer: die Sprache, oder besser: die Etymologie. Und nun weiter.

Am 8. Februar 1600 wurde Giordano Bruno aus dem Kerker des heiligen Offiziums zum prunkvollen Wohnsitz des Kardinals Ludovico Madruzzi an der Piazza Navona, neben der Kirche Sant'Agnese in Agone, geführt. Auch das keusche Mädchen Agnes wurde, der Legende nach, an den Pranger gestellt und dann an eben diesem Ort den Flammen übergeben. Jetzt traf es ihn, den Philosophen, der, wenn nicht im Fleisch, so doch gewiß im Geiste keusch war.

Während der Überführung konnte er wenigstens ein wenig von dem Licht wiedersehen, dessen seine armen Augen schon entwöhnt waren. Sieben Jahre ununterbrochener Haft in einem Kerker wie dem der römischen Inquisition waren eine traumatischere Erfahrung gewesen als selbst die Folter; dazu kommt noch die Haft in Venedig, und so werden es acht Jahre. In Ermangelung von Dokumenten kann niemand sagen, welche

Qualen er erleiden mußte, aber wir können sie uns vorstellen. Einige grauenvolle Indizien haben wir in der Erwähnung der Folter. Wir wissen auch, daß sein Sehvermögen eingeschränkt war, denn am 24. August 1599 bekam er auf seine Bitte »*perspicilia*«, d.h. Brillen. Verweigert wurden ihm hingegen ein Kompaß und ein Messer: Fürchtete man vielleicht, er könnte sie benützen, um sich selbst zu töten? Nein, töten durften nur sie ihn – die Diener Gottes!

Im Haus des Kardinals Madruzzi hatte sich zu dieser Gelegenheit der Generalstab der Inquisition versammelt. Außer den neun Kardinälen der Inquisition waren als Zeugen die Konsultoren Benedetto Mandina, Bischof von Caserta, Francesco Pietrasanta, Beisitzer des Kommissärs, und Pietro Millini, Referendar der Signaturen, einberufen worden – alle bereit, den Philosophen auf dem Altar des guten Gottes zu opfern.

Zum Zeichen der äußersten Demütigung wurde Giordano Bruno gezwungen, das Urteil auf Knien anzuhören. Was für eine erbauliche Szene: ein armer Ordensbruder, fertiggemacht von Grausamkeiten und langer Haft, kniend vor einem Trupp fetter Prälaten im großen Pomp! Der Notar Flaminio Adriani verkündete das Urteil mit erhobener Stimme, damit es auch von der großen Menschenmenge im Saal und draußen gehört werden konnte. Mit so vielen Neugierigen muß diese Art des Prangers der Philosophie und des Geistes zweifellos besonders spektakulär gewesen sein.

Der Originaltext des Urteils ist verlorengegangen; erhalten ist nur eine lückenhafte Kopie, die für den Gouverneur von Rom bestimmt war. Lesen wir den zentralen Teil: »Mit dieser definitiven Sentenz, die wir aus dieser Schrift vortragen, gemäß dem Urteil und Gutdünken der hochwürdigsten Väter, Magistri der heiligen Theologie und Doktoren beider Rechte, unserer Konsultoren, sagen, verkünden, urteilen und erklären wir dich, Bruder Giordano Bruno, als unbußfertigen, beharrlichen und hartnäckigen Häretiker. Darum bist du allen kirchlichen Maßnahmen und Bestimmungen des heiligen Kanons, des Rechts und der Kirchenverfassung in allgemeiner und in individueller Hinsicht, unterzogen worden, die sich mit der Behandlung solcher überführten, unbußfertigen, hartnäckigen und widerspenstigen Ketzer befassen; und deshalb entziehen wir dir hiermit alle deine Ämter und Titel und erklären, daß sie dir genommen werden sollen und daß du abgesetzt werden sollst von allen deinen kirchlichen Befugnissen, hoch oder niedrig, welche dir verliehen worden sind und zu denen du geweiht worden bist kraft unseres heiligen kanonischen Rechtes. Von nun an sollst du ausgestoßen sein aus unserer priesterlichen Gemeinschaft und aus unserer heiligen und unbefleckten Kirche, deren Gnade du nicht mehr würdig bist. Und wir verfügen hiermit und ordnen an, daß du hiermit der weltlichen Gerichtsbarkeit des hier anwesenden Gouverneurs von Rom übergeben wirst, auf daß die Strafe an dir vollzogen wird, die du verdienst, obgleich wir aufrichtig bitten, daß er die Härte des Gesetzes, soweit es deine Person betrifft, mildern möge, damit du nicht in die Gefahr den Todes oder der Verletzung des Leibes geratest. Weiterhin verdammen wir, verwerfen wir und verbieten wir alle deine vorher erwähnten, sowie deine anderen Bücher und Schriften als ketzerisch und irrig, insofern als sie viele häretische Irrtümer enthalten, und wir bestimmen, daß alle, welche entweder bereits im Besitze oder in Zukunft zu Händen des heiligen Offiziums kommen werden, öffentlich vernichtet und auf den Stufen des Platzes von Sankt Peter verbrannt werden mögen. Auch sollen diese Bücher auf den Index der verbotenen Bücher gesetzt werden, und es soll so geschehen, wie wir befohlen haben. Und so erheben wir denn unsere Stimme und verkünden es, daß wir dich verurteilen und degradieren und daß wir befohlen haben und angeordnet, daß du von nun an ausgestoßen seist und den weltlichen Mächten überliefert, und wir verharren im Gebete in dieser und jeder anderen besseren Form, deren wir mächtig und fähig sind«.[394]

So urteilten, im Namen »unseres Herrn Jesus Christus«, die Kardinäle Inquisitoren Ludovico Madruzzi, Giulio Antonio Santoro, Pietro Deza, Domenico Pinelli, Girolamo Ascolano, Lucio Sasso, Camillo Borghese, Pompeo Arrigoni und Roberto Bellarmin. Man könnte sie auch die Feldmarschälle des Himmels nennen ...

Das Urteil, von dem man jedes Wort wiegen möchte, ist ein Meisterwerk der Heuchelei. Da wird nicht gesagt, daß Bruno lebendig verbrannt werden sollte, sondern nur, daß er dem Gouverneur von Rom zu Bestrafung mit der »verdienten Strafe« übergeben wird, als ob die Inquisitoren nicht wüßten, daß diese Strafe im Scheiterhaufen bestand, und als ob der Gouverneur von Rom nicht unter dem Befehl des Papstes gestanden wäre. Aber es sollte der Eindruck entstehen, daß die Schuld an diesem furchtbaren Verbrechen nicht auf die Kirche zurückfallen würde, sondern auf

die weltliche Macht, obwohl auch diese vom Papst ausgeübt wurde. Die
Welt sollte glauben, daß die Kirche, voller Sorge und mütterlicher Liebe
alles getan habe, um das *verlorene Schäflein* in den Stall zurückzubringen;
dieses aber habe sich ihrer »Barmherzigkeit« unwürdig gezeigt, und so
wäre die Kirche gezwungen gewesen, es dem Schlächter zu überantworten.
Jedenfalls wurde der »anwesende Herr Gouverneur […] aufrichtig« gebeten, »daß er die Härte des Gesetzes, soweit es dein persönliches Ergehen
anbetrifft, mildern möge, damit du nicht in die Gefahr des Todes oder der
Verletzung des Leibes geratest«. Großartig! Tatsächlich gehorchte der Herr
Gouverneur, und ohne den Philosophen zu verstümmeln, verbrannte er
ihn im Ganzen. Ein anderer Passus des Urteils, der von dem Deutschen
Caspar Schoppe, einem Augenzeugen der Vorgänge, überliefert wurde,
spricht von den Richtern, die baten, »ihn so mild wie möglich und ohne
Blutvergießen« zu bestrafen. Und es besteht ja kein Zweifel, daß das Verbrennen einer lebenden Person tatsächlich das Vergießen von Blut vermeidet. Übrigens enthielten alle Todesurteile der heiligen Mutter Kirche
dieselbe heuchlerische Formel. Hier ein Passus aus dem Urteil, das am 21.
September 1567 gegen Pietro Carnesecchi verkündet wurde, der des Luthertums angeklagt wurde. Obwohl er Sekretär Papst Clemens' VII. war,
wurde er »dem weltlichen Gerichtshof übergeben, und zwar Euch Monsignore [Gouverneur] von Rom, damit Ihr ihn in Euer Forum übernehmt
und nach Eurem Gutdünken mit der gehörigen Strafe bestraft, indem wir
Euch bitten, Euch heiß bitten, unser Urteil zu mildern, was seine Person
ohne Gefahr des Todes und ohne Blutvergießen betrifft«.[395] Amabile kommentiert: »Die gewöhnliche unqualifizierbare Bitte, die in Rom umso
monströser war, da die traurige Komödie sozusagen *en famille* gespielt
wurde« Bleibt die Tatsache, daß Carnesecchi »auf die Brücke S. Angelo geführt und dort enthauptet wurde. Dann wurde seine Leiche entkleidet
und gänzlich nackt an den Füßen fortgeschliffen und ebenso verkehrt an
einem Pfahl aufgehängt und verbrannt«.[396] Eine diabolische Fiktion: Die
Kirche machte glauben, daß sie nur die Sünde verurteilte, aber nicht den
Sünder, für den sie sogar um Barmherzigkeit bat. Dann aber übergab sie
ihn dem weltlichen Arm, nämlich *ihrem* weltlichen Arm, damit er lebendig verbrannt, gehenkt oder geköpft werde.

Drewermann kommentiert das Urteil gegen Bruno und schreibt sarkastisch: »Es ist, hört man diese Worte, unzweifelhaft klar: Die Kirche in

ihrem überreichen Erbarmen hat alles getan, den uneinsichtigen, den unbußfertigen, den hartnäckig verstockten Ketzer und entlaufenen Dominikaner Giordano Bruno zu Umkehr und Einsicht zu bestimmen. Sie hat
es an Mahnungen, Warnungen und Belehrungen, an Drohungen, Foltern und Gebeten, weiß Gott, nicht fehlen lassen. Wenn all das nun nicht
fruchtet, soll sie, ja, muß sie da nicht zum Äußersten schreiten? Nicht sie
selber will ja den Tod des Sünders, so wenig wie ihr göttlicher Meister selber (Hes 18,21–28; 33,10–20); indessen, wenn jemand den Tod selber über
sich verhängt durch Widersetzlichkeit gegen die heilige Kirche, kann sie
da, darf sie da anders, als den Wolf zu sondern von den Schafen und den
fauligen Apfel von den gesunden?« Und in schneidendem Ton fährt er
fort: »Ja, wir, die Kirche, bedauern es ausdrücklich, wenn der Gouverneur
von Rom, in dessen Gerichtsbarkeit wir Dich hiermit übergeben, nach
den Gesetzen, die wir selber gemacht haben, gar nicht umhin kann, Dich
›in Gefahr für Leib und Leben‹ zu bringen. ›Beten‹ indessen werden wir
öffentlich vor den Augen der Menge bei Gott, dem Allmächtigen (ob-
zwar nicht bei dem Gouverneur selber, denn er ist ja nicht Gott, daß man
zu ihm beten könnte), daß er den Arm der Gerechtigkeit zu gnädigem
Vorgehen gegen Dich in letzter Stunde bestimmen möge. Sagte der Herr
nicht schon selber: ›Betet für die, die euch verfolgen‹ (Mt 5,44)? Wie
könnte die Kirche, die doch ist der fortlebende Christus, anders handeln,
als für ihre unrechtmäßigen Verfolger, die sie, obgleich widerstrebend,
rechtlich verfolgen *muß*, um Gnade zu beten angesichts der Ungnädig-
keit aller nur irdischen Gerichtsbarkeit? Vor allem aber müssen wir die
unwissenden Gläubigen von Deinen gleißnerischen Verführungskünsten
bewahren: Deine Bücher, so viele Exemplare wir deren beschaffen können, werden wir auf den Stufen von Sankt Peter, an heiliger Stätte, dort
wo in Jahrhunderten noch die Hunderttausende der Gläubigen wallfahr-
ten werden, des Segens des Heiligen Vaters teilhaftig zu sein und der wei-
senden Weisheit seiner Worte zu lauschen, dort also sie alle übergeben
dem Feuer, gleich wie Dich selber, und in alle Zukunft verurteilen wir als
Nicht-Katholiken, wer eines der Restexemplare Deiner Bücher eigen-
mächtig, ohne unsere sorgfältig zu erwägende Erlaubnis, liest und verbreitet und den Pestatem Deiner kranken Gedanken gar noch verbreitet
in fernerer Zukunft. In dieser Welt, höre, hast Du am besten gar nie gelebt, und wer sich Deiner trotzdem erinnern wollte in Freundlichkeit, der

sei unser Feind in ewige Zukunft. Doch beten, gewiß, wird für Dich die alle Gnadenmittel gnädig verwaltende Mutter, die Kirche, die bindet und löset im Himmel und auf Erden, wie es ihr gefällt und wie sie ihr Urteil fällt«.[397]

Kaum hatte der Notar Flaminio Adriani das Urteil fertig verlesen, sprang Bruno auf, faßte sich und schrie mit drohender Stimme seine Henker an: »*Maiori forsitan cum timore sententiam in me fertis quam ego accipiam*«. Zu deutsch: »Ihr verhängt das Urteil vielleicht mit größerer Furcht, als ich es annehme«. Das sind furchterregende und denkwürdige Worte, die das Fundament der Peterskirche erschüttern, die man am Felsen der Geschichte festmachen möchte, und die allein schon genügen, die Größe des moralischen Charakters Giordano Brunos verständlich zu machen. Indem Schoppe das berichtete, setzte er dem Philosophen, ohne es zu wollen, ein ewiges Denkmal. Unmittelbar nach der Verurteilung war es Sache des Bischofs von Sidon, Leonardo Abel, Bruno aus dem Ordensstand zu degradieren, wofür der Bischof zwei Scudi erhielt.[398] In seinem Buch *Giordano Bruno e i suoi tempi,* das 1887 erschienen ist, beschreibt der Jesuit Luigi Previti die Degradierung so: »Bruno, der die priesterlichen Instrumente in der Hand halten mußte, als ob er öffentlich sein Amt ausüben würde, beugte sich vor dem Bischof und dieser rezitierte dann die übliche Formel; [...] dann kratzte der Bischof mit dem dazugehörigen Instrument seine [Brunos] Fingerkuppen des Daumens und des Zeigefingers ab, die bei der heiligen Ordination geweiht worden waren, und aberkannte dem Apostaten die heilige Weihen – angefangen von den höchsten Weihen bis zur letzten Tonsur – und während er das tat, rezitierte er verschiedene Formeln, die die Degradierung betrafen«.[399] Ist es wirklich so zugegangen? Es ist schwer vorstellbar, daß sich Bruno vor einem Bischof niederwirft, nachdem er den Kardinälen den Fehdehandschuh hingeworfen hat. Das einzige, was weder der Bischof von Sidon, noch die Kardinäle Inquisitoren und nicht einmal der Papst Bruno rauben konnten, war seine Intelligenz. Sie konnten sie nur verbrennen, was sie auch taten, aber diese Intelligenz überlebte auch die Flammen.

Noch am selben 8. Februar wurde der Philosoph dem »Herrn Gouverneur von Rom« übergeben. Es war der Mailänder Ferrante Taverna, und er hatte dieses Amt seit April 1599 inne. Davor war er Referendar der Signaturen gewesen, und als solcher hatte er Gelegenheit gehabt, Giordano Bruno sehr gut kennenzulernen. In den Dokumenten des römischen Prozesses taucht der Name Taverna tatsächlich schon seit 1593 auf. Aber welche Bedeutung konnte es für den eifrigen Inquisitor und nun Gouverneur von Rom haben, das eigene Opfer persönlich zu kennen? - Tacitus erzählt, daß der Tribun, den Nero beauftragt hatte, Seneca den Befehl zum Selbstmord zu überbringen, zuerst zögerte, den Auftrag auszuführen, und zuletzt nicht den Mut hatte, ihn dem Philosophen persönlich zu präsentieren: Er schickte einen Zenturio. Aber Taverna verfügte über keine solche Feinfühligkeit der Seele, und daher bereitete es ihm keine Schwierigkeit, Giordano Bruno, da er ihn nun in der Gewalt hatte, in den Kerker der Tor di Nona einzusperren, aus dem es kein Entkommen gab, außer um gehenkt, geköpft oder lebendig verbrannt zu werden. Danach wurde Taverna von Clemens VIII. zum Kardinal ernannt. Hatte er den Purpur etwa nicht verdient?

Im Kerker der Tor di Nona verbrachte der Philosoph die letzten acht Tage seiner unglücklichen Existenz. Von diesem furchtbaren Gefängnis ist nichts erhalten. Es stand am linken Ufer des Tiber, gegenüber der Engelsburg. Eugenio Canone rekonstruiert seine Geschichte folgendermaßen: »Ein seltsames Schicksal hat dieses schreckliche Gefängnis erfahren. Nach der Erbauung der Carceri Nuove in der Via Giulia in der zweiten Hälfte des 18. Jahrhunderts wurde das Gefängnis in Tor di Nona – der mittelalterliche Turm, der den Orsini gehört hatte, und die herumliegenden Gebäude – zu einem Theater umgebaut: zum berühmte Theater ›Apollo‹ (in diesem Thetaer haben unter anderem die Premieren des ›Maskenball‹ und des ›Troubadour‹ von Verdi stattgefunden). Dieses Theater ist Ende der achtziger Jahre des 19. Jahrhunderts im Zusammenhang mit den Arbeiten zur der Regulierung der Tiberufer abgerissen worden; auf dem Platz, wo der Turm und das Theater standen, wurden 1925 ein Brunnen und ein Gedenkstein errichtet«.[400]

Ich bin an diesem Brunnen gestanden und habe auch die Worte des Gedenkens abgeschrieben: »Das Apollo-Theater eröffnete auf den Steinen der alten Torre Orsini die glorreiche Szene der glänzenden und ruhmreichen Kunst der Musik, und wo einst die finstere Torre di Nona stand, verbreitete sich frei die reine italienische Melodie des ›Troubadour‹ am XIX. Jänner 1859. Hier, wo die neue römische Straße über dem abgerissenen Theater verläuft, hat der Genius des Giuseppe Verdi der Luft, der Sonne und dem Herzen der Menschen die ewige Melodie seiner Arien anvertraut. Zur Erinnerung an die Torre, das Theater und den schöpferischen Genius, gesetzt von der Stadt Rom Anno Domini 1925«. Welches tragische Zusammentreffen: Der Scheiterhaufen des *Troubadour* ruft sofort den Scheiterhaufen Giordano Brunos ins Gedächtnis, während der *Maskenball* an den Totentanz erinnert, mit dem die Kapuzenmänner den Gefangenen zur Hinrichtung führten. Aber wenn man auf den massigen Bau der Engelsburg schaut, die am anderen Ufer steht, fällt einem auch die *Tosca* ein, in der Mario Cavaradossi sein Abschiedslied vom Leben singt.

Canone schreibt, daß der finstere Kerker in der Tor di Nona seit 1400 »das Gefängnis des Papstes« genannt wurde. Und er fügt hinzu, daß er auf einigen Plänen jener Zeit – wie auf dem von Antonio Tempesta aus 1593 – »mit einem Turm, von dem ein Strick hängt« eingezeichnet ist. Tatsächlich vollzog man ganz in der Nähe, auf der heutigen Piazza Ponte S. Angelo, die Hinrichtungen. Es wurden aber auch andere Orte gebraucht, so die Piazza Navona und überdies der Campo dei Fiori. Je nach der Strenge oder dem Schrecken führten die Zellen oder »segrete« des Gefängnisses in der Tor di Nona besondere Namen. Die für Frauen bestimmte Zelle wurde zärtlich »monachina«, Nönnchen, genannt. Andere wieder hatten unheimliche Namen wie »Hölle« und »Gefängnis des Lebens«. In der letztgenannte Zelle, in die jene gesperrt wurden, deren Zeit sozusagen abgelaufen war, hat sich wahrscheinlich auch Giordano Bruno befunden. Es war dieselbe Zelle, in die 1539 Benvenuto Cellini für einen Tag und zwei Nächte eingeschlossen wurde, bevor man ihn in die Engelsburg zurückbrachte. Seltsame Welt: Cellini hatte zwei Menschen getötet, erlangte aber die Vergebung des Papstes und konnte die Freiheit wiedergewinnen. Bruno dagegen, der sich kein Verbrechen hatte zu Schulden kommen lassen, wurde lebendig verbrannt. Offensichtlich war es für die Kirche eine läßliche Sünde, Leute umzubringen, während der Zweifel an der Jungfräulichkeit Mariens oder am Dreifaltigkeitsdogma als Verbrechen galt, das mit dem Feuer zu bestrafen war. Wer soll das verstehen? Ich nicht. Einen Menschen, noch dazu einen Philosophen, einkerkern, foltern und bei lebendigem Leib verbrennen, nur weil er nicht daran glaubt, daß eine Jungfrau gebären kann oder daß ein persönlicher Gott zugleich eins und dreifaltig, quasi ein theologischer Triphtong sei: Das ist wirklich ein harter Schlag gegen den Verstand und gegen das

Herz. Gewiß, jeder darf sich einen Gott vorstellen, wie er will, und ich habe nichts dagegen. Ich erschaudere nur, wenn man im Namen des eigenen Gottes Menschen tötet, verbrennt und Kriege führt. Aber der religiöse Fanatismus, der sich in unserer Zeit säkularisiert und in Ideologien verwandelt hat, ist jedweder Ungeheuerlichkeit fähig. Hierher gehört, was E. M. Cioran über die Genealogie des Fanatismus schreibt: »Götzendiener aus Instinkt, münzen wir Erträumtes und Ersehntes in Unbedingtheiten um. Die Geschichte ist nur ein Nacheinander falscher Verabsolutierungen, eine lange Reihe von Tempeln, die Scheinbarem zu Ehren errichtet wurden, sie ist das Sichniedrigen des Geistes vor dem Unwahrscheinlichen. Selbst wenn er von ihr abrückt, bleibt der Mensch im Banne der Religion, reibt er seine Kräfte auf im Ersinnen von Trugbildern, die er fieberhaft zu Göttern erhebt: sein Fiktions- und Mythenhunger trägt den Sieg über das Augenfällige und die Lächerlichkeit seines Tuns davon. Daß er der Anbetung fähig ist, trägt die Schuld an sämtlichen Verbrechen, die er begeht: wer einen Gott über Gebühr liebt, zwingt auch die anderen zu dieser Liebe, ist entschlossen, sie auszurotten, falls sie sich weigern sollten. Keine Unduldsamkeit, keine ideologische Intransigenz, kein Bekehrungseifer, in denen die jeder Begeisterung zugrunde liegende Bestialität sich nicht kundtäte. Der Mensch gehe seiner Fähigkeit, gleichgültig zu sein, verlustig: virtuell ist er bereits ein Mörder. Er vergotte *seine* Idee: die Folgen davon sind unabsehbar. Nur im Namen eines Gottes oder einer seiner Nachbildungen wird getötet: Exzesse im Namen einer Nation, Rasse oder Klasse sind nah verwandt mit denen der Inquisitions- und Reformationszeit. Zeitalter des Glaubenseifers zeichnen sich durch Blutgier aus: die heilige Therese konnte nur eine Zeitgenossin der Autodafés, Luther nur ein Zeitgenosse der Bauerngemetzel sein. In Zeiten mystischer Exaltation hält das Gestöhn der Opfer dem Aufschrei der Verzückten die Waage … Galgen, Kerker, Bagnos: sie gedeihen nur im Schatten eines Glaubens, im Schutze jenes Glauben-Müssens, das den Geist für alle Ewigkeit verseucht hat. Neben demjenigen, der über *seine* Wahrheit *verfügt*, ist der Teufel eine recht blasse Erscheinung. Wir sind ungerecht gegen einen Nero oder Tiberius: nicht sie haben den Begriff der Ketzerei geprägt; sie waren nur entartete Träumer, die sich durch den Anblick von Massakern zu zerstreuen suchten. Die wahren Verbrecher sind diejenigen, die eine religiöse oder politische Orthodoxie stiften, diejenigen, die zwischen Rechtgläubigen und Schismatikern unterscheiden. [...] In der Nähe eines Pyrrho fühle ich mich geborgener als in der Nähe eines Paulus: wortspielerische Weisheit ist sanfter als entfesselte Heiligkeit«.[401] Bruno hätte das unterschrieben.

Gewiß sind wir ungerecht mit Nero und Tiberius, die nicht nur keine Vorstellung von Häresie hatten, sondern auch nicht *so degeneriert* waren, wie Cioran auf Grund alter Verleumdungen zu glauben scheint. Im alten Rom lebten die Götter friedlich nebeneinander, wie die verschiedenen Tempel zeigen. Es gab einen Polytheismus oder, um einen Ausdruck Ciorans zu verwenden, »eine Austauschbarkeit der Ideen«. Dann kam der Monotheismus, und die Nacht brach herein. Die Plätze, die einmal Orte der Unterhaltung und der Spiele waren, wie etwa die Piazza Navona, wurden zum Theater finsterer Exekutionen im Namen des tyrannischen Gottes der Bibel. Die heidnischen Götter waren nicht blutdürstig, sondern eher zu Späßen geneigt, wie man etwa in den *Fasti* des Ovid lesen kann, und zeigten dem Menschen ein heiteres und liebenswürdiges Gesicht. Sie verlangten nicht viel und begnügten sich oft mit einfachen Gelübden oder sogar bloß mit einem Baum. Plinius der Ältere schreibt: »Die Wälder waren die Tempel der Gottheiten, und noch heute weihen die Landleute in ihrer Schlichtheit nach altem Brauch ihren schönsten Baum einem Gott. Und für uns inspirieren die Statuen, die von Gold und Elfenbein glänzen, nicht mehr Verehrung als die heiligen Wälder und ihre Stille«.[402] Als man in Rom die chalkidische Minerva verehrte, wäre niemand der Häresie angeklagt und lebendig verbrannt worden, wenn er die Geburt der Göttin aus dem Kopf Jupiters in Zweifel gezogen hätte. Später wurde ihr Tempel nahe dem Pantheon zerstört, um für die christliche Kirche Santa Maria sopra Minerva Platz zu machen, in der die Dominikaner lange Zeit ihr Hauptquartier aufgeschlagen haben. So fanden dort, wo früher die Göttin der Weisheit lächelte, Fanatismus und Terror Eingang: Wer, wie gerade Giordano Bruno, nicht glaubte, daß diese heilige Maria nach der Empfängnis und der Geburt eines Sohnes Jungfrau geblieben war, wurde enthauptet oder auf dem Scheiterhaufen verbrannt. Die heidnischen Götter brachten Dichtung und Kunst, sie ließen lieber Ambrosia als Blut fließen. Dann kam der biblische Gott, und die Musen weinten, wie es Carducci in schönen Versen sagt: »Jetzt alles Schweigen. Einsamer Clitumnus, / alles. Von deinen stolzen Tempeln einer / nur dau-

ert, und nicht thronst du in diesem / in der Prätexta. // [... Roma] kennt
nicht Triumph mehr, denn in roten Haaren / stieg auf zum Capitol ein
Galiläer, / warf in den Arm ein Kreuz ihr, und gebot ihr: / – Das trag und
diene –. // Die Nymphen flohen, hier in dem Fluß zu klagen, / verborgen
dort in mütterlicher Rinde, / ein Teil verzog sich jammernd gleich den
Wolken / auf am Gebirge, // da ein fremdartig Volk langsam herankam /
zwischen der Tempel nackten Marmorwänden, / geborstenen Säulenreihn,
in grauen Säcken, / mit Bußgesängen, // und auf den Äckern, die von
Menschenarbeit / ertönten, auf den Hügeln, die von Siegen / erzählten,
eine Wüste schuf, die Wüste / Reich Gottes nannte«.[403]

Kehren wir in den Kerker der Tor di Nona zurück, wo Giordano
Bruno den Tod erwartete. In den *Avvisi di Roma* vom 12. Februar 1600,
der auf einen Samstag fiel, liest man: »Heute glaubten wir eine feierliche
Hinrichtung zu sehen, und man weiß nicht, warum sie verschoben ist. Es
handelt sich um einen Dominikaner aus Nola, einen sehr hartnäckigen
Ketzer, der vergangenen Mittwoch im Palaste des Kardinals Madruzzi abgeurteilt wurde als Vertreter verschiedener ungeheuerlicher Ansichten, bei
denen er mit Hartnäckigkeit verblieb – und gleichwohl hört man, daß
jetzt noch täglich Theologen sich um seine Bekehrung bemühen! [...]
und in Summa, wenn ihm der Herrgott nicht hilft, will er als verstockter
Ketzer sterben und lebendig verbrannt werden«.[404] So war es dem Todge-
weihten nicht einmal vergönnt, die letzten Tage des Lebens in Frieden
mit sich selbst zu verbringen: die Flickschuster des Gewissens, will sagen
die »Theologen«, fuhren fort, ihn bis zuletzt mit ihrer Anwesenheit und
lästigen Aufdringlichkeit zu quälen. Und dabei ist nicht gesagt, ob das
Geschwätz der lästigen Katechisten nicht eine größere Tortur darstellt als
die physische. In den tragischen Erfahrungen Brunos scheint sich ein
Rhythmus der Zahl acht mit wachsender Schnelligkeit durchzusetzen:
acht Jahre im Gefängnis und acht Tage, die letzten, der zunehmenden
psychischen Folter. Es ist fast wie in manchen Werken der Musik, wenn
Motive zuerst langsam daherkommen und zum Schluß in einem *fortis-*
simo explodieren.

Warum aber wurde die Tötung des Philosophen um vier Tage verschoben? Wer weiß, vielleicht wollte man eine Koinzidenz mit irgendeiner Feierlichkeit des Jubeljahres schaffen, das Clemens VIII. kurz davor
ausgerufen hatte. Die Chroniken berichten, daß der Papst gerade im Fe-

bruar 1600 zur würdigen Feier des weltweiten Jubiläums mit nackten Füßen einer Prozession gefolgt sei, ungeachtet seiner schweren Gichtanfälle. Unbekannt ist hingegen, ob er auch Anfälle von Gewissensbissen hatte. Vielleicht brachte er sein Gewissen zum Schweigen, indem er wiederholt die Füße mancher armer Pilger wusch, die zum Jubeljahr nach Rom gekommen waren, und sie gemeinsam mit einigen Kardinälen zu Tisch einlud. Aber die Kirche wollte der Welt nicht nur ihre Demut zeigen, sondern auch ihre Macht; und welche bessere Gelegenheit bot sich dazu, als einen Philosophen auf den Scheiterhaufen zu schicken, der gewagt hatte, gegen ihre Autorität zu rebellieren? Und war es nicht derselbe Clemens VIII. gewesen, der persönlich befohlen hatte, das Todesurteil ergehen zu lassen? Das heilige Jahr hatte gerade begonnen; und ein Scheiterhaufen war eben das, was er zur Erleuchtung des Gewissens der Christen brauchte, die das ganze Jahr 1600 in großer Zahl nach Rom strömten: Manche Historiker sprechen von einer Million, andere von zwei oder sogar drei Millionen. Und der Papst jubelte! Pontius Pilatus wusch seine Hände nach der Verurteilung Christi, und Clemens VIII. wusch die Füße der Pilger nach der Verurteilung Giordano Brunos.

Aber sehen wir ans Ende. Zwei Stunden nach dem Sonnenuntergang des 16. Februar 1600, eines Dienstags, wurden die Brüder der Erzbruderschaft des San Giovanni Decollato, also des geköpften Johannes, zusammengerufen und darüber informiert, daß am folgenden Morgen eine Hinrichtung stattfinden würde. Dieses Dokument beschreibt den Ablauf: »Um zwei Uhr nachts wurde die Bruderschaft benachrichtigt, daß am nächsten Morgen die Hinrichtung eines Unbußfertigen stattfinden werde. Um sechs Uhr morgens versammelten sich die Trostspender und der Kaplan in Sant' Orsola und gingen zum Gefängnis in der Tor di Nona. Dort betraten sie die Kapelle und sprachen die üblichen Gebete für den zum Tode verurteilten Giordano Bruno (Sohn des verstorbenen Giovanni Bruno), ein abtrünniger Bruder aus Nola (im Königreich), ein verstockter Ketzer. Er wurde von unseren Brüdern mit aller Liebe ermahnt. Auch riefen wir zwei Patres der Dominikaner, zwei von den Jesuiten, zwei von der neuen Kirche des heiligen Hieronymus. Sie zeigten ihm mit großem Eifer und mit großer Gelehrsamkeit seinen Irrtum. Er jedoch beharrte bis zum Ende immer in seiner verdammten Widerspenstigkeit und verdrehte sich das Gehirn und den Verstand mit tausend Irrtümern; ja, er ließ nicht nach in seiner Halsstarrigkeit, nicht einmal, als ihn die Gerichtsdiener zum Campo dei Fiori abführten. Dort wurde er entkleidet, an einen Pfahl gebunden und lebendig verbrannt. In all dieser Zeit wurde er von unserer Bruderschaft begleitet, die ständig ihre Litaneien sang, während die *confortatori* bis zum letzten Augenblick versuchten, seinen hartnäckigen Widerstand zu brechen, bis er schließlich sein elendes und unglückseliges Leben aufgab«.[405]

Die Stumpfheit dieser Brüder, die ihrem Gott Loblieder sangen, während sie ein Genie hinopferten, ist nicht weniger empörend, als die Grausamkeit der Inquisitoren, die das Urteil erlassen hatten. Nun zwei weitere Dokumente, die das Datum vom 19. Februar 1600 tragen. Das erste besagt: »Am Donnerstag wurde auf dem Campo dei Fiori jener Dominikanerbruder aus Nola lebendig verbrannt. Man hatte ihm den Maulknebel angelegt wegen der häßlichen Worte, die er sagte, ohne auf die *confortatori* oder andere hören zu wollen«. Und hier das andere: »Am Donnerstagmorgen wurde auf dem Campo dei Fiori jener verbrecherische Dominikanerbruder aus Nola lebendig verbrannt, von dem wir in einem der letzten Blätter berichteten: ein sehr hartnäckiger Ketzer, der nach seiner Laune verschiedene Dogmen gegen unseren Glauben ersonnen hatte und zwar insbesondere gegen die heilige Jungfrau und die Heiligen. Dieser Bösewicht wollte in seiner Verstocktheit dafür sterben, und er sagte, er sterbe als Märtyrer und sterbe gern und seine Seele werde aus den Flammen zum Paradies emporschweben. Aber jetzt wird er ja erfahren haben, ob er die Wahrheit gesagt hat!«[406]

Das wichtigste Dokument aber ist der berüchtigte, ausführliche Brief, der am Tag der Verbrennung von dem Deutschen Caspar Schoppe geschrieben wurde, ein Augenzeugenbericht an seinen früheren Jura-Professor Conrad Rittershausen, den Rektor der Akademie von Altdorf in der Nähe von Nürnberg. Um den verächtlichen, ja niedrigen Ton dieses Briefes zu verstehen, muß man ein paar Worte über den Autor sagen, der eine ziemlich üble Figur war. Schoppe wurde am 27. Mai 1575 in Bamberg geboren und absolvierte seine humanistischen Studien in Heidelberg, Ingolstadt und eben in Altdorf, wo er das Wohlwollen des Professor Rittershausen (1560–1613) gewann. 1597 fuhr er nach Italien und konvertierte zum Katholizismus. Zynisch und opportunistisch, wie er war, fiel es ihm leicht abzuschwören, und er verkaufte seine Seele an den

Meistbietenden. In Rom hofierte er Päpste und Kardinäle, die ihn mit Titeln und Wohltaten überhäuften, darunter mit einer Zuwendung von tausend Dukaten. Spampanato nennt ihn ein Lästermaul und Lügner, von Ehrgeiz und Fanatismus aufgezehrt, und fügt hinzu, daß »wenige es so gut verstanden wie Schoppe, die Zeitgenossen zu betrügen«.[407] Zu seinen Opfern zählte auch Campanella, dem er unter dem falschen Versprechen, sie zu publizieren, die Manuskripte fast aller seiner Werke entwendete. Um seine Ehre zu retten, brach Rittershausen an einem bestimmten Punkt vollständig mit seinem ehemaligen Schüler, dessen zynisches und skrupelloses Verhalten ihn mit Abscheu erfüllte. Schoppe starb in Padua am 19. November 1649: Hatte er auch den heiligen Antonius betrogen? Ich glaube, das genügt, um eine Vorstellung dieser Person zu geben und um uns seine Befriedigung zu erklären, Giordano Bruno lebendig brennen zu sehen. Zu ergänzen ist bloß, daß Schoppe damals im Haus des Kardinals Madruzzi an der Piazza Navona wohnte, wo das Urteil verkündet wurde. Somit konnte er alles aus der Nähe verfolgen.

Lesen wir jetzt den diesbezüglichen, im Original lateinischen Brief über den Tod des Philosophen: »Was ich Dir auf Deinen letzten herausfordernden Brief geantwortet habe, wird Dir zweifellos wieder zu Händen gekommen sein, und ich vertraue darauf, wegen der vielbesprochenen Antwort in Deinen Augen jetzt genügend entschuldigt zu sein. Wenn ich Dir aber auch jetzt wieder schreibe, so reizt mich dazu der heutige Tag selber, an welchem Giordano Bruno wegen Ketzerei lebendig und vor aller Augen öffentlich auf dem *campus florae* vor dem Theater des Pompejus verbrannt wurde. Denn ich glaube, daß auch dieses sich auf den letzten Teil meines gedruckten Briefes, der über die Bestrafung der Ketzer handelt, beziehen läßt. Wenn Du nämlich jetzt in Rom wärest, so würdest Du aus dem Munde der meisten Italiener hören, es sei ein Lutheraner verbrannt worden, und natürlich würde Dich das in Deiner Meinung über unsere Grausamkeit nicht wenig bestärken. Aber Du mußt wissen, mein lieber Rittershausen, daß unsere Italiener zwischen den Ketzern überhaupt keine Unterscheidung zu machen verstehen und alles, was ketzerisch ist, einfach lutherisch nennen; und ich bete zu Gott, daß Er sie bei dieser Einfalt bewahre, damit sie nie lernen, wie eine Ketzerei sich von der anderen unterscheidet. Denn ich fürchte, daß ihnen sonst diese Wissenschaft der Unterscheidung allzu teuer zu stehen käme.

Giordano Bruno

Damit Du aber die Wahrheit von mir vernimmst, so will ich Dir erzählen, und ich kann mein Wort dafür einsetzen, daß kein Lutheraner oder Kalvinist, wenn er kein abtrünniger Katholik ist oder einer, der öffentlich anstößt, jemals in Rom Gefahr läuft, geschweige denn die, mit dem Tode bestraft zu werden. Denn dies ist die Gesinnung unseres heiligsten Vaters, daß allen Lutheranern die Reise nach Rom freistehen soll und daß sie von Kardinälen und Prälaten jegliche Gefälligkeit und Freundlichkeit genießen sollen. Und daß Du doch hier wärst, Rittershausen! Ich weiß, Du würdest dann sicher die lügnerischen Gerüchte verurteilen! So war auch vorigen Monat hier noch bei uns ein adliger Sachse, der ein ganzes Jahr im Hause des Beza [Théodore de Bèze] gelebt hat. Dieser wurde mit vielen Katholiken bekannt. Sogar mit dem Beichtvater des Papstes, Kardinal Baronius, der ihn sehr freundlich aufgenommen und gar nicht mit ihm über Religion gesprochen hat, ausgenommen, daß er ihn so nebenbei ermahnt hat, die Wahrheit aufzusuchen. Er sagte ihm aber, er könne wegen irgendwelcher Gefahr unbesorgt sein, solange er nicht öffentlich ein Ärgernis biete. Und er wäre auch noch länger bei uns geblieben, wenn nicht plötzlich das Gerücht aufgetaucht wäre, man habe einige Engländer in den Inquisitionspalast gebracht, worauf er mit Entsetzen abreiste. Aber jene Engländer waren nicht, was die Italiener gewöhnlich sagen, Lutheraner, sondern Puritaner und verdächtig der bei den Engländern gebräuchlichen sakrilegischen Verspottung des heiligen Sakraments. Vielleicht würde auch ich selber dem gewöhnlichen Gerüchte Glauben schenken, dieser Bruno sei als Lutheraner verbrannt worden, wenn ich nicht selbst im Inquisitionsamt zugegen gewesen wäre, als das Urteil gegen ihn verkündet wurde und so erfahren hätte, welcher Ketzerei er geständig war. Es war nämlich dieser Bruno seiner Herkunft nach ein Nolaner aus dem Königreich Neapel, gehörig zum Orden der Dominikaner. Er begann schon vor 18 Jahren an der Transsubstantiation zu zweifeln, die ja freilich, wie Dein Chrysostomus lehrt, der Vernunft widerstreitet, ja er leugnete sie völlig, und ebenso zog er die Jungfräulichkeit der heiligen Maria in Zweifel, die doch derselbe Chrysostomos reiner als alle Cherubim und Engel nennt. Er ging dann nach Genf und verweilte dort zwei Jahre; schließlich aber, weil er den Kalvinismus, der auf dem geradesten Weg zum Atheismus führt, nicht völlig billigte, wurde er von dort vertrieben und kam zuerst nach Lyon, von dort nach Toulouse und von dort nach Paris und bekleidete hier eine außerordentliche Professur, da er sah, daß die ordentlichen Professoren verpflichtet waren, der heiligen Messe beizuwohnen. Darauf ist er nach London gereist, hier hat er jene Schmähschrift herausgegeben über die triumphierende Bestie, d. h. über den Papst, welchen die eurigen ehrenhalber eine Bestie zu nennen pflegen. Von dort ging er nach Wittenberg, und hier hat er zwei Jahre, wenn ich mich nicht irre, öffentliche Vorlesungen gehalten. Von dort wandte er sich nach Prag und gab hier ein Buch heraus über das Unendliche und ein anderes über die unzähligen Welten (wenn ich mich der Titel recht erinnere, denn die Bücher selbst habe ich in Prag gehabt), und sodann ein anderes über die Schatten und Ideen, in welchen er schreckliche und vollständig absurde Sachen lehrt, wie z.B. es gäbe unzählige Welten, die Seele könne von einem Körper in einen anderen übergehen, ja sogar in eine andere Welt, eine Seele könne sogar zwei Körper beleben, die Magie sei eine gute und erlaubte Sache, der heilige Geist sei nichts anderes als die Weltseele, und dies habe Moses gemeint, wenn er schreibt, der Geist Gottes schwebe über den Wassern; die Welt sei von Ewigkeit her. Moses habe seine Wunder durch Magie bewirkt, in der er es weiter gebracht habe, als die übrigen Ägypter, er habe seine Gesetze selbst erdacht, die Heilige Schrift sei Träumerei, die Teufel würden selig werden. Nur die Hebräer stammten von Adam und Eva ab, die übrigen Völker von solchen Menschen, die Gott schon vorher erschaffen habe, Christus sei nicht Gott, sondern nur ein ausgezeichneter Magier gewesen und habe die Menschen betrogen und sei daher von Rechts wegen aufgehängt, nicht gekreuzigt worden; die Propheten und Apostel seien nichtswürdige Menschen gewesen, Magier, und die meisten seien aufgehängt worden. Übrigens würde es ins Unendliche gehen, wollte man alle die Ungeheuerlichkeiten mitteilen, die er in Schrift und Wort behauptet hat. Um es mit einem Worte zu sagen: für alles, was jemals von den heidnischen Philosophen oder von alten und neueren Ketzern vorgebracht worden ist, ist er als Vorkämpfer aufgetreten. Von Prag begab er sich nach Helmstedt und soll auch dort eine Zeitlang Professor gewesen sein. Von dort ging er, um ein Buch herauszugeben, nach Frankfurt und gelangte schließlich in Venedig in die Hände der Inquisition, wo er lange festgehalten wurde. Dann wurde er nach Rom ausgeliefert und hier oftmals vom heiligen Amte, wie man es nennt, nämlich von der Inquisition, verhört und von

Giordano Bruno

den hervorragendsten Theologen widerlegt, erhielt dann eine Frist von 40 Tagen, um sich zu besinnen, versprach bald einen Widerruf, verteidigte dann aber von neuem seine Dummheiten, erlangte dann wieder eine Überlegungsfrist von 40 Tagen: schließlich aber tat er nichts anderes, als daß er den Papst und die Inquisition zum besten hatte. Ungefähr zwei Jahre, nachdem er hier in die Inquisition kam, wurde er vor kurzem am 9. Februar, im Palast des Groß-Inquisitors und in Gegenwart der hochedlen Kardinäle des heiligen Inquisitionsamtes (welche sowohl durch ihr Greisenalter als auch durch ihre Praxis in solchen Dingen, als auch durch ihre theologische und juristische Wissenschaft vor allen übrigen sich auszeichnen) und in Gegenwart der theologischen Räte und des weltlichen Magistrats, des Herrn Bürgermeisters, verurteilt: Jener Bruder wurde in den Saal geführt und mußte auf den Knien das gegen ihn gefällte Urteil anhören. Dieses aber lautete ungefähr folgendermaßen: Zunächst wurde über sein Leben, seine Studien und Ansichten Bericht erstattet, und dargelegt, welche Mühe sich die Inquisition gegeben habe, um ihn zu bekehren und brüderlich zu vermahnen, und welche Hartnäckigkeit und Unfrömmigkeit er bezeugt habe. Danach haben sie ihn, wie wir es nennen, degradiert und vollständig exkommuniziert und dem weltlichen Amt zur Bestrafung übergeben mit dem Ersuchen, ihn so mild als möglich und ohne Blutvergießen zu bestrafen. Als dies alles beendet war, hat jener nichts anderes geantwortet als mit drohender Gebärde: ›Mit größerer Furcht verkündigt ihr vielleicht das Urteil gegen mich, als ich es entgegennehme!‹ So wurde er von den Stadtknechten ins Gefängnis abgeführt und dort noch eine Zeitlang bewacht, in der Hoffnung, daß er auch jetzt noch seine Irrtümer widerrufen möge, aber vergeblich. Heute also ist er zum Scheiterhaufen oder Brandpfahl geführt worden. Als hier dem schon Sterbenden das heilige Kruzifix vorgehalten wurde, wandte er mit verachtender Miene sein Haupt und ist so geröstet elendiglich eingegangen, ich glaube wohl, um in jenen anderen, von ihm erdichteten Welten zu berichten, wie mit lästerlichen und unfrommen Menschen von uns Römern verfahren zu werden pflegt. Dies also, mein Rittershausen, ist die Art und Weise, wie man bei uns gegen Menschen oder vielmehr Ungeheuer dieser Art zu verfahren pflegt. Nun aber möchte ich von Dir erfahren, ob Du ein solches Verfahren nicht billigen mußt, oder glaubst Du etwa, es müsse jedermann freistehen, zu denken und zu bekennen, was ihm paßt? Ich meinerseits meine, Du mußt es billigen! Aber vielleicht wirst Du dabei bemerken, daß die Lutheraner solche Dinge nicht lehren und glauben und daher anders zu behandeln sind. Darin stimme ich Dir völlig bei, und wir verbrennen auch keineswegs einen Lutheraner. Jedoch über euren Propheten Luther selbst haben wir eine andere Meinung. Was wirst Du nämlich, mein lieber Rittershausen, sagen, wenn ich behaupte und ich Dir beweisen kann, daß Luther zwar nicht dasselbe wie Bruno, aber noch viel unsinnigere und entsetzlichere Dinge behauptet hat, und das nicht etwa bloß in seinen Tischgesprächen, sondern daß er solche Dinge in den Büchern, die er zu seinen Lebzeiten herausgegeben hat, als Ansichten, Dogmen und Orakelsprüche gelehrt hat? Willst Du mir das etwa nicht glauben? Nun, so hast Du den, der die seit vielen Jahrhunderten vergrabene Wahrheit euch gestohlen hat, noch nicht recht kennen gelernt, und ich werde Dir die Stellen nachweisen lassen, aus denen Du den Saft dieses fünften Evangeliums entnehmen kannst, obwohl ihr auch dort wohl die Anatomie Luthers von Pistorius[408] haben könntet. Wenn also auch Luther ein Bruno gewesen ist, was meinst Du, hätte mit ihm geschehen müssen? Zweifellos ist von dem langsam wandelnden Herrgott zu erwarten, daß er ihn in ewiger Verdammnis mit höllischen Scheitern verbrennt. Was aber gebührt jenen, die diesen Luther für einen Evangelisten, für einen Propheten, für einen Elias halten? Das zu bedenken überlasse ich Dir! Nur magst Du glauben, daß die Römer keineswegs mit derjenigen Strenge gegen die Ketzer verfahren, wie man meint, und wie sie es eigentlich müßten gegen diese Leute, die wissentlich und willentlich ins Verderben rennen!«[409]

Abgesehen von den Ungenauigkeiten hinsichtlich des Lebens und des Werkes Brunos, die der Leser leicht selbst korrigieren kann, ist dieser Brief nicht nur deshalb wertvoll, weil er Einzelheiten des schrecklichen Endes des Philosophen belegt, sondern auch weil er zwei Hauptanklagepunkte erwähnt, die wir aus anderen Quellen nicht kennen, weil der vollständige Text des Urteils verlorengegangen ist: Bruno habe die Identität der *anima mundi* mit dem Heiligen Geist behauptet, und zudem die Existenz von Präadamiten. Die letztere Anklage ist wirklich lächerlich: Ist es möglich, daß diese Richter noch zu Beginn des 17. Jahrhunderts die biblischen Fabeln wörtlich genommen haben? Im übrigen zeigt der Brief Schoppes, daß er sich in vollständigem Einklang mit den

Inquisitoren befand, auch was deren Abstumpfung betrifft, und daß er dafür den Titel »conte apostolico« mit tausend Dukaten wohl verdient hatte. Er machte das Wort Walthers von der Vogelweide wahr: »Wes Brot ich esse, des Lied ich singe«.

So weh es auch tut, müssen wir nun doch versuchen, den letzten Schritt des Kreuzwegs Brunos so genau wie möglich zu rekonstruieren. Canone schreibt, daß der Philosoph »am 16. Februar vor Mitternacht von den Gefängniswärtern in die *cappella-confortatorio* gebracht wurde«.[410] Die Todesengel, nämlich die Mitglieder der Erzbruderschaft von San Giovanni Decollato, hatten tatsächlich eine eigene Kapelle sowohl im Kerker der Corte Savella, als auch in der Tor di Nona. In der Vergangenheit hatte auch Clemens VIII. in seiner Eigenschaft als *confortatore* und *testimone* an dieser Todesgesellschaft teilgenommen: Wahrscheinlich war er dabei auf den Geschmack gekommen und hatte die Gewohnheit beibehalten. Canone dazu: »Zur Bruderschaft gehörten neben dem Vorsteher einige *confortatori* (gewöhnlich vier, aber auch bis zu sieben) – oft in der Rolle von Zeugen, denen der zum Tod Verurteilte seinen letzten Willen anvertraute –, ein Kaplan, der die Messe in der Gefängniskapelle zelebrierte, zwei Sakristane sowie ein ›fattore‹, ein Schreiber und ein Diener, ›um die Asche oder die Leiche zu beseitigen‹. Dazu kamen einige Ordensleute verschiedener Orden zur Unterstützung der *confortatori* in ihrer Aufgabe, die Verurteilten zu bekehren«.[411] Gewöhnlich wurden die Verurteilten, die sich, wie Bruno, unnachgiebig zeigten, die ganze Nacht hindurch »bekämpft«: Sie wurden mit aufdringlichen Ratschlägen zur reuigen Umkehr gequält, außerdem wurden ihnen unablässig »Täfelchen« mit Heiligenbildern vorgehalten »bis zu dem Moment, wenn sie auf den Scheiterhaufen stiegen«.[412] Insgesamt meinte der verdrehte und verdunkelte Geist dieser *confortatori* folgendes: Wir verbrennen dich bei lebendigem Leib, aber du tu uns den Gefallen und zeige dich reuig.

Am Morgen des 17. Februar 1600, noch zur Nachtzeit, wurde der Philosoph aus dem Kerker der Tor di Nona herausgeholt. Dann wurde er, begleitet von einer Truppe psalmodierender Brüder, die noch schwärzer waren als die Nacht, zum Ort seines Martyriums gebracht. Canone: »Die schaurige Prozession – wobei gewöhnlich die Brüder von San Giovanni Decollato, schwarz gewandet und mit entzündeten Fackeln vor und nach dem Verurteilten gingen – zog die Via dei Banchi entlang und nahm dann die Via del Pellegrino (die Via Florea Sixtus' IV.) Bruno konnte nicht sprechen, da man ihm eine Maulsperre angelegt hatte, und mehrmals wurden ihm auf dieser Strecke die ›Täfelchen‹ mit ›dem heiligen Bild des Erlösers‹ vor die Augen gehalten; dieses Bild wurde von den *confortatori* der Bruderschaft den zum Tode Verurteilten pausenlos für einen befreienden Kuß oder für eine Geste der Reue gezeigt, um sie im letzten Augenblick zu bekehren«.[413]

Im heutigen Rom wäre dieser Weg: Ponte Sant'Angelo, Via del Banco di S. Spirito, Via dei Banchi Vecchi, Via del Pellegrino und schließlich Campo dei Fiori.

Was die Düsternis solcher »Prozessionen« angeht, so müssen wir einen Abschnitt aus Montaignes *Journal de voyage en Italie* aufnehmen. Am Morgen des 11. Jänner 1581 stieß Montaigne, der sich damals in Rom befand, als er zu Pferd in die Nähe der Tor di Nona kam, auf die Bruderschaft des San Giovanni Decollato, die einen Verurteilten zum Galgen begleitete. Er hielt an, um dem Schauspiel beizuwohnen. Und hier die Aufzeichnung aus der Feder seines Sekretärs: »Über den französischen Gebrauch hinaus wird vor dem Verbrecher noch ein großes schwarzverhangenes Kruzifix hergetragen, und es folgt zu Fuß eine große Zahl in Tuch verkleideter und maskierter Leute; es sollen Edelleute und sonstige angesehene Römer sein, die eine Bruderschaft bilden und sich dem Dienste weihen, dem Verbrecher zur Richtstätte und den Leichen von Verstorbenen das Geleit zu geben. Zwei von ihnen oder auch Mönche, die gerade so gekleidet und maskiert sind, sitzen neben dem Verbrecher im Wagen und predigen ihm, und der eine von ihnen hält ihm fortwährend ein Bild unseres Herrn und Heilandes vors Gesicht, damit er es küsse: dabei kann man das Gesicht des Übeltäters auch nicht auf der Straße sehen. Am Galgen, der aus einem Balken zwischen zwei Pfosten besteht, hielt man ihm das Bild so lange vor Augen, bis er frei in der Luft hing«.[414]

Dieser Augenzeugenbericht unterstützt unsere Vorstellung davon, was auch Giordano Bruno zu leiden hatte, dem man zusätzlich den Mund mit einem eisernen oder hölzernen Maulknebel versperrt hatte, damit er keine »schändlichen Worte« sprechen könnte. Wiederholen wir – das ist die Tragödie der Welt: Die Worte eines Denkers werden mit Blasphemien verwechselt, und die Worte derjenigen, die ihn in den Tod schicken, hält man für Offenbarungen. So ist es immer gewesen, und so wird es auch

Giordano Bruno

immer sein. Was Abel Groce über den Philosophen schreibt, während er zur Hinrichtung geführt wird, ist mit Sicherheit die Frucht seiner Phantasie, denn er zitiert eine Quelle, in der die Worte, die er schreibt, nicht zu finden sind. Da es aber hier auf ein Greuel mehr oder weniger nicht mehr ankommt, folgen wir seinen Worten: » Seine Arme hingen wie leblos herunter. Man hat sie aus den Gelenken gerissen, als man ihn über das Rad geflochten hatte. Nicht genug damit – die furchtbaren Marterwerkzeuge hatten an vielen Stellen das Fleisch bis auf den Knochen heruntergeschabt. Trotz der unerträglichen Schmerzen, die diese grausamen Quälereien verursachen mußten, verriet keine Miene seines Gesichts irgendwelche Anzeichen der unmenschlichen Qualen, die er durchgemacht hatte. Die feinen Züge seines edlen Antlitzes strahlten einen fast überirdischen Glanz aus. Sein Blick war nach oben gerichtet zu dem Unendlichen und Ewigen, an das er nie aufgehört hatte zu glauben«.[415]

Daß der Philosoph gefoltert wurde, haben wir erwähnt. Es ist durchaus möglich, daß seine Gedanken in dieser letzten Stunde zur Unendlichkeit und Ewigkeit zurückkehrten, wo sie in der Vergangenheit immer gewesen waren; aber es ist unmöglich, daß jemand in diesem Augenblick seine Gesichtszüge sehen konnte, weil es Nacht war und weil er von den *confortatori* verdeckt wurde, die versuchten, ihn zum Küssen eines Kruzifixes zu bewegen. Was den Maulknebel betrifft, so meint Icilio Vecchiotti, daß sie ihm »einen großen krummen Nagel in die Zunge geschlagen hatten«,[416] damit er nicht sprechen konnte.

Auch im langsamen Schritt, wie das psalmodierenden Fratres ansteht, die in schwarzen Säcken stecken, konnte die düstere Prozession von der Tor di Nona bis zum Campo dei Fiori nicht lange brauchen. Wahrscheinlich war es immer noch dunkel, oder es begann gerade dämmrig zu werden. Wenn es noch tiefe Nacht gewesen wäre, hätte die Finsternis, ehe sie von den Flammen des Scheiterhaufens besiegt wurde, wenigstens einen barmherzigen Schleier über die äußerste Demütigung breiten können, der der Todgeweihte ausgesetzt wurde: seine Entkleidung. Und wo war der Holzstoß aufgerichtet worden? Gewiß nicht in der Mitte des Platzes, wo sich damals der Terrina-Brunnen befand und wo im vorigen Jahrhundert das Denkmal des Philosophen errichtet wurde. Wenn Schoppe schreibt »auf dem *campus florae*, vor dem Teater des Pompejus«, so meint Eugenio Canone, daß sich der Scheiterhaufen an der Südostseite des Platzes befunden habe, beim Palazzo Orsini, der zum Teil auf den Ruinen des Theaters des Pompejus errichtet wurde. Andere hingegen versetzen den qualvollen Ort unter das Haus an der Ecke zum Vicolo dei Balestrari. Dieses Haus trägt auch eine Gedenktafel mit lateinischen Versen zu Ehren Sixtus IV. Wie auch immer, ein paar Meter da oder dort, wir befinden uns jedenfalls auf dem Campo dei Fiori.

Was bleibt, ist die Tatsache, daß Giordano Bruno, den wir mit gutem Recht den Vater der modernen Philosophie nennen können, im Morgengrauen des 17. Februar 1600, nackt an einen Pfahl gebunden und bei lebendigem Leib verbrannt wurde. Er wollte das Symbol jener Religion, die ihn zum Tod verurteilt hatte, nicht küssen, nicht einmal im letzten Augenblick; und als die Flammen begannen, sein armes Fleisch zu zerfressen, das von der langen Haft und den Folterungen schon genug geschunden war, ließ er kein Stöhnen und keine Klage hören. Sein Geist entschwand in eine funkelnde Ewigkeit, so wie er bei Lebzeiten von den Blitzen des Genius erleuchtet worden war. Seinen Henkern verhalf er zur Sparsamkeit, denn abgemagert, wie er war, brauchten sie nicht viel Holz, um ihn zu töten.

Diesmal hatte der französische Botschafter, der damals im Palazzo Orsini wohnte und einige Monate davor gegen den Horror der Hinrichtungen protestiert hatte, die unmittelbar vor seinem Haus durchgeführt wurden, keinen Grund zur Klage: Giordano Bruno wurde getötet, während Seine Exzellenz noch schlief, und der Philosoph ließ keinen Schmerzensschrei hören.

Clemens VIII. und seine Vasallen, alle diese Santoro, Beccaria, Bellarmin und die anderen, konnten zufrieden sein: Sie hatten gesiegt! Aber seltsam: Als wären sie von einem Fluch getroffen, gab es ein *Viehsterben* unter den Richtern, die mit Bruno zu tun gehabt hatten. Sie starben einer nach dem anderen innerhalb kurzer Zeit. Am 2. April 1600 starb Kardinal Madruzzi, der Erstunterzeichner des Urteils gegen den Philosophen. Wenige Monate später, genau am 3. August, war Beccaria an der Reihe: Er war kaum 50 Jahre alt, und sein Tod – er starb in Neapel – war vor allem das Ergebnis seines Schmerzes darüber, daß er im Kampf gegen andere Emporkömmlinge des Himmels verloren hatte. Siebzehn Tage nach ihm starb Kardinal Deza. Aber der Todesreigen der Inquisitoren machte nicht halt: Am 1. Jänner 1601 starb Tragagliolo, im Jahr darauf Santoro und 1604 Sasso. An einem 17. Februar des vorigen Jahrhunderts – so hat man mir ohne Angabe des Jahres mitgeteilt – ist auch die Familie Mocenigo ausgestorben.

Verweilen wir einen Augenblick bei Santoro, der in diesem Prozeß eine große Rolle gespielt hatte. 1532 in Caserta geboren, hatte er in Neapel studiert, und dort hatte er sich auch geübt, den Inquisitor oder besser: *Feuerschürer* zu spielen. 1566 rief Pius V., den er einen »*homo di santissima vita*« nannte, ihn nach Rom und ernannte ihn nicht nur zum Erzbischof von Santa Severina, sondern auch zum Konsultor des heiligen Offiziums, wo er in Kürze sozusagen zum Chef des *Generalstabs* aufstieg. Sein Bruder, wie wir zu Beginn erwähnt haben, war ein Kollege von Giovanni Bruno, dem Vater des Philosophen. Wahrscheinlich kannte auch er ihn, denn er hatte immer wieder in Nola zu tun, weil er in der dortigen Diözese das Priorat der Kirche Santa Maria di Domicella innehatte, eine Pfründe, die er sich zum eigenen Vorteil erhalten wollte. Aber all das zählte nicht, um in ihm ein Gefühl des Mitleids mit dem unglücklichen Philosophen zu wecken. Man hat ihn eine »*natura terribile*« genannt. Ich meine, daß ein Mensch, der ungerührt andere Menschen auf den Scheiterhaufen schickt, schlechter als »*terribile*« ist: Er ist gar nichts. *Nec cor nec caput habet* – er hat weder Herz noch Kopf. Dasselbe ist über Kardinal Lucio Sasso zu sagen, den anderen Unterzeichner des Urteils und anderen moralischen Holzkopf. Er stammte direkt aus Nola, war also ein Mitbürger Brunos, aber das führte nicht dazu, daß er auch nur ein Wort zu seinen Gunsten verloren hätte. Wenn das die Männer Gottes sind, dann ist nur zu hoffen, daß Gott sie nicht nach seinem Bild und Gleichnis geschaffen hat. Ich verstehe nicht, warum er sich mit solchen Leuten umgibt: »Der liebe Gott mit seinen Vasallen. Statt einer Monarchie Gottes haben wir nun ein Feudalsystem«.[417]

Im siebenten Kapitel von *De monade* hatte der Philosoph – als hätte er sein tragisches Ende vorhergesehen – geschrieben: »Ich habe gekämpft, und das ist schon viel. Ich habe geglaubt, siegen zu können, aber den Gliedern wurde die Stärke der Seele verweigert; und das Schicksal und die Natur haben jedes Streben und jede Anstrengung niedergedrückt. Es ist schon etwas, gekämpft zu haben: Der Sieg, das sehe ich, liegt in den Händen des Schicksals«. Gesiegt aber hat er, denn der Scheiterhaufen auf dem Campo dei Fiori erhellt die neue Morgenröte des modernen Denkens. Er opferte sich wie eine mexikanische Gottheit für die Ankunft einer neuen Zeit. Und das ist sein Triumph.

Rudolf Augstein hat in seinem Buch *Jesus Menschensohn* geschrieben: »Wir kennen einen anderen Sterbenden, und bei ihm glauben wir zu ahnen, welche Gefühle ihn in den letzten bewußten Minuten bestimmt haben, den strahlenden Geist Giordano Brunos, der mehr gelitten haben dürfte als Jesus, und gewiß exemplarisch für alle Menschen, seines Beispiels bis zum Erlöschen seines Bewußtseins bewußt. Sieben Jahre hatten ihn die Stellvertreter Jesu Christi (zu denen wir Luther und Calvin und Zwingli getrost zählen dürfen) in Haft gehalten, damit er widerrufe, etwa, daß auch Jesus gesündigt habe, oder daß der Weltenraum unendlich sei und daß es noch andere Welten in ihm gebe. Er tat ihnen den Gefallen nicht, und so wurde er am 17. Februar 1600 unter den Augen des Papstes Clemens VIII. und in Anwesenheit von 50 Kardinälen der Heiligen Römischen Kirche in Rom auf dem ›Blumenplatz‹«, dem ›Campo dei Fiori‹, verbrannt, 51 Jahre alt. Ehe er erstickte, reichte man ihm an einem langen Stab das Kreuz; aber statt dies Siegeszeichen seiner Henker zu küssen, drehte er sein Gesicht mit letzter Anstrengung in die entgegengesetzte Richtung. Er hat wohl, das wäre verzeihlich, unseren Herrn Jesus Christus in diesem Moment nicht liebgehabt«.[418] An dieser Stelle möchte ich auch die Worte des englischen Philosophen Thomas Davidson zitieren, der unter anderem ein Buch über Giordano Bruno geschrieben hat. In einer Rede, gehalten 1885 in New York, sagte Davidson, daß Bruno »ein größerer Erlöser und edlerer Märtyrer als Christus war. Der verurteilte Galileo ertrug nicht einmal den geringsten Teil jener Qualen, die von Bruno gelitten wurden«.[419]

Die Ironie der Augenzeugen über den Tod des Philosophen ist schwer und bitter: » – und er sagte, er sterbe als Märtyrer und er sterbe gern und seine Seele werde mit jenem Rauch zum Paradies emporschweben. Aber jetzt wird er ja erfahren haben, ob er die Wahrheit gesagt hat«. Und noch infamer schreibt Schoppe: » – und ist so geröstet elendiglich eingegangen, ich glaube wohl, um in jenen anderen, von ihm erdichteten Welten zu berichten, wie mit lästerlichen und unfrommen Menschen von uns Römern verfahren zu werden pflegt«. Wir wissen nicht, wie die anderen Welten aussehen, aber mit Sicherheit sind sie besser und edler als diese, in der Philosophen lebendig verbrannt, und die sie verbrennen, umjubelt werden. Und wenn ein Gott so etwas zuläßt, dann möchte ich ein solcher Gott nicht sein.

Die furchtbaren Worte der Herausforderung, die Giordano Bruno seinen Richtern in der Stunde der Entscheidung, als sie ihn zum Verbrennungstod verurteilten, entgegenschleuderte, machen auch weiterhin Angst: Die katholische Kirche bringt bis heute nicht den Mut auf, die ganze Schuld für dieses Verbrechen auf sich zu nehmen. Das Feuer zur Zerstörung der Intelligenz zu gebrauchen, ist ein Verbrechen, das nicht getilgt wird und die Säulengänge des Vatikans erzittern läßt. Das unschuldige Opfer befleckt den Opferpriester mit Blut, das nicht abgewaschen werden kann. Was das Gespenst des Banquo für Macbeth, ist Giordano Bruno für die katholische Kirche.

Der Philosoph

Jordano Bruno

Mit gleichem Auge blicken die Weisen
auf einen gelehrten und demütigem Brahmanen,
auf eine Kuh, einen Elefanten,
ja sogar auf einen Hund und einen Kastenlosen.
Ich bin derselbe in allen Wesen.
Keiner ist mir hassenswert, keiner lieb.
Aber jene, die mich in Hingabe verehren,
sie sind in mir und ich bin in ihnen.

Bhagavadgītā

Die explosive literarische Aktivität Giordano Brunos dauerte nicht länger als ein Jahrzehnt. Als er dann kaum 44 Jahre alt war, zerbrach ihm die heilige Mutter Kirche brutal die Feder und das Leben. Aber in dieser so kurzen Zeit schrieb er außerordentlich viel. Wenn man alle seine Schriften zusammenzählt, auch jene, die nicht erhalten sind, so kommen wir auf etwa fünfzig Titel. Das wäre verblüffend genug, würden wir nicht seine intellektuelle Potenz kennen. Aber allein ihn am weiteren Schreiben physisch gehindert zu haben, als er in der vollen Schaffenskraft war und das Beste geben konnte, stellt ein Verbrechen dar, das die Kultur der katholischen Kirche niemals vergeben kann.

Seine Bücher sind nicht gerade eine leichte Lektüre, einmal wegen der Themen, die sie behandeln, zum anderen weil sie die Eile widerspiegeln, in der sie geschrieben wurden. Verfolgt und immer von den primären Bedürfnissen des Lebens in Anspruch genommen, verhielt sich der Philosoph sozusagen wie ein Murmeltier, das mit dem einen Auge nach den Kräutern Ausschau hält, die es abweiden kann, und mit dem anderen nach den Gefahren, die es umgeben. Kurz, er mußte – wie ein piemontesisches Sprichwort sagt – zugleich singen und das Kreuz tragen. Unter solchen Bedingungen blieb ihm nichts anderes übrig, als in einem Zug zu schreiben, sodaß er auf die Form nicht achten konnte. Er hatte niemals Zeit oder Ruhe, die geschriebene Seite noch einmal zu lesen und auszufeilen. So erklären sich manche Härten und manche Weitschweifigkeiten des Textes. Außerdem muß man sagen: So modern er in seinen wissenschaftlichen und philosophischen Intuitionen war, so altertümlich war seine Schrift. Ich beziehe mich da auf die italienischen Werke, die weniger als ein Drittel seiner literarischen Produktion ausmachen. Und doch sind seine wichtigsten Werke, wie die italienischen Dialoge aus der Londoner Zeit und die lateinischen Lehrgedichte, die in Frankfurt veröffentlicht wurden, wenigstens zum Teil Meisterwerke auch in stilistischer Hinsicht und enthalten Abschnitte von großer Schönheit.

Die neue kritische Ausgabe, die bei Les Belles Lettres in Paris erscheint und voraussichtlich zwanzig Bände umfassen wird, sammelt definitiv alle Schriften des Philosophen, sowohl lateinische wie italienische. Jeder Band bietet den Originaltext und die gegenübergestellte französische Übersetzung. So kann jeder, der nicht Latein liest oder sich mit dem Italienisch Brunos schwer tut, immer auf die französische Übersetzung zurückgreifen. Und dabei muß ein Zusammentreffen vermerkt werden: Es war in Paris, daß Bruno sein intellektuelles Abenteuer begann, und es ist wieder Paris, wo man es nun im großen Stil wieder aufnimmt. Mit dieser Edition aller seiner Werke weiht ihn die Stadt, die ihn als Schriftsteller aus der Taufe hob, und empfiehlt ihn der Welt. Ich möchte jedoch anmerken: Das Ziel einer kritischen Edition müßte es sein, den Originaltext zu rekonstruieren und ihn dem Leser verständlich zu präsentieren. Heute hat man aber den Eindruck, daß diejenigen, die solche Editionen besorgen, sich lieber selbst zur Schau stellen als den Autor: Einleitungen, die kein Ende nehmen, lästige Anmerkungen und ebenso überflüssige wie überfließende Kommentare – das heißt, sich über den Autor zu stellen und die Aufmerksamkeit des Lesers zu verwirren. Achtundachtzig Seiten Einleitung für die *Cena de le ceneri* und fast ebenso viele Seiten Anmerkungen sind entschieden zuviel. Dasselbe gilt für die anderen bisher erschienenen Bände. Wir schätzen die Mühen der Gelehrten, aber wir wollen Bruno lesen und nicht sie.

An die dreißig Titel des Philosophen sind erhalten, die man unterteilen kann in lullianische Schriften, mnemotechnische Schriften, didaktische Schriften (in denen die Lehren anderer Denker vertreten sind) und Schriften zur Magie – alle in lateinischer Sprache. Einige davon sind erst in jüngster Zeit von dem unermüdlichen Giovanni Aquilecchia entdeckt und veröffentlicht worden. Weiters haben wir die moralischen Schriften: *Spaccio de la bestia trionfante, Cabala del cavallo pegaseo, De gli eroici fu-*

rori. Schließlich sind da die philosophischen Werke im engeren Sinn: *La cena de le ceneri, De la causa, De l'infinito* und die drei lateinischen Lehrgedichte, die in Frankfurt veröffentlicht wurden. Die Komödie *Candelaio*, eine der ersten Publikationen Brunos, steht für sich allein, während die *Oratio valedictoria* und die *Oratio consolatoria* als Gelegenheitsschriften zu bezeichnen sind. Hier muß auch gesagt werden, daß die italienischen Werke Brunos das erste europäische Beispiel philosophischer Prosa in der Volkssprache anstatt in Latein darstellen. Wahrscheinlich meinte der Philosoph, daß eine neue Weise zu denken auch eine neue Sprache verlangt. Dann kehrte er allerdings zum Lateinischen zurück.

Schon aus diesem summarischen Verzeichnis, das die Titel der verschwundenen Werke nicht enthält, kann man sich eine Vorstellung machen, wie umfangreich die Tonleiter seiner Interessen war, die allerdings einen gemeinsamen Grundton hatten: die dionysische Expansion ins Unendliche. Gerade die Liebe zum Leben in seiner dionysischen Potenz machte ihm das Kloster unerträglich, auf das er in einem der drei schönen Sonette anspielt, die dem Werk *De l'infinito, universo e mondi* vorangestellt sind: »Aus engem und finsterem Kerker entronnen, / wo so viele Jahre der Irrtum mich festhielt, / lasse ich hier die Kette zurück, mit welcher / die Hand meiner neidischen und grausamen Feindin mich band«.[420]

Der Philosophiehistoriker Nicola Abbagnano schreibt: »Von der Liebe zum Leben kommt letztlich sein Interesse für die Natur, das bei ihm nicht wie bei Telesio in einen gelassenen Naturalismus mündete, sondern sich zu einem lyrischen und religiösen Impetus erhob, der oft in poetischer Form Ausdruck fand. Bruno betrachtete und wollte die Natur als umfassendes Leben, und indem für ihn alles animiert war, lag das höchste Ziel seines Philosophierens im Verstehen dieser universalen Animation, in der Projektion des Lebens in die Unendlichkeit des Universums. Von hierher kommt seine Vorliebe für die Magie, die sich eben auf die Voraussetzung des universalen Panpsychismus gründet, und er will die Natur im Sturm erobern, so wie man ein lebendiges Wesen erobert; von hierher der Verzicht auf eine geduldige und emsige Erforschung der Natur, die Telesio vorgenommen hatte; von hierher auch seine Vorliebe für die Mnemotechnik oder lullianische Kunst, die beansprucht, das Wissen und die Wissenschaft im Sturm zu erobern [...]. Das Werk Brunos stellt in der

Entwicklung des wissenschaftlichen Naturalismus eine Pause dar, aber es realisiert die Liebe zur Natur in der leidenschaftlichsten und potentesten Form, die ohne Zweifel eine der fundamentalen Aspekte der Renaissance darstellt.«[421]

Schon gut, aber man muß einen Schritt weitergehen, weil Bruno einen Ton anschlägt, der nicht zum theologisierten und historisierten Abendland gehört. Er transzendiert die Zeit und sieht die Welt *sub specie aeternitatis*. Er ist ein Erleuchteter oder Eingeweihter, der über die Phänomene hinausblickt, nachdem er das Tor der tiefen, okkulten Wirklichkeit mit »einem großen Schlüssel« geöffnet hat. Er ist der Philosoph der großen metaphysischen, aber auch wissenschaftlichen Intuitionen. Er war der erste, der behauptete, daß sich die Sonne um ihre eigene Achse dreht, wie das klar in *De immenso*[422] ausgesprochen ist. Aber in diesem Lehrgedicht, das die vollständigste lateinische Synthese seiner philosophischen Gedankenwelt darstellt, gelingen Bruno noch andere wichtige Antizipationen auf astronomischem Gebiet. Niemand verstand Kopernikus besser als er; dann aber ging er über Kopernikus hinaus. Bruno war also ein Antizipator, auch auf dem Feld der Wissenschaft. Er war sozusagen posthum geboren, und das erklärt, wieso ihn seine Zeitgenossen nicht verstanden. Sogar Kepler und Galilei konnten sich mit der Idee nicht abfinden, daß das Universum, wie von Bruno behauptet, unendlich sei. Kepler war darüber geradezu bestürzt.

Es gibt viele Darstellungen der Philosophie Brunos. Eine klassische bleibt unter diesem Gesichtspunkt die Arbeit von Felice Tocco: *Le opere latine di Giordano Bruno esposte e confrontate con le italiane*.[423] Auch wenn sie älter als ein Jahrhundert und in vielen Aspekten durch neue Studien überholt ist, hat diese Darstellung von ihrer Bedeutung nichts verloren. Einen großen Philosophen kennenzulernen, bedarf aber der Lektüre seiner Werke und nicht der Darstellungen durch andere. Schopenhauer sagt zu Recht: Einen Autor über Vermittlung einer dazwischen geschalteten Person zu studieren, d.h. über eine Zusammenfassung oder die Darstellung durch einen Professor, heißt soviel wie einen anderen das eigene Essen kauen zu lassen. In diesem letzten Kapitel habe ich also nicht die Absicht, irgendeine Zusammenfassung der Philosophie Brunos zu geben, sondern nur einige besonders singuläre und revolutionäre Aspekte hervorzuheben.

In der abendländischen Philosophie, die man weithin als eine Art säkularisierter Theologie ansehen kann, besteht ein Grundirrtum: Sie ist anthroprozentrisch. Tatsächlich spricht sie allein und stets vom Menschen, als wäre er das einzige lebende Wesen unter dem Licht der Sonne. Bruno denkt jedoch anders. Für ihn sind alle lebendigen Wesen verschiedene Phänomene der einen einzigen universalen Existenz; und zwischen den Pflanzen, den Tieren und dem Menschen besteht nur ein gradueller, kein qualitativer Unterschied, weil alle ihren Ursprung aus derselben metaphysischen Wurzel nehmen. Mit anderen Worten: Die Differenz zwischen einem Wesen und dem anderen ist eine Differenz der Erscheinung, des Phänomens, nicht des Wesens: Metaphysisch sind sie dieselbe Sache. In diesem universalen Animismus ist weder für die unbeseelte Materie Platz, noch für jenen Dualismus, der unserer Literatur so lieb ist: Seele und Körper, Geist und Materie, Mensch und Tier, Instinkt und Vernunft. Jedes Ding ist Spiegel und Reflex aller anderen, denn derselbe Geist prägt alle und alles: den Menschen wie das Tier, das sprießende Blatt wie den Strohhalm, der sich einrollt, um dem verzehrenden Feuer zu entkommen, die Spinne, die ihr Netz webt, oder so wie den Wassertropfen, der die sphärische Form einnimmt. Und es ist nicht gesagt, daß die Intelligenz des Menschen derjenigen anderer Kreaturen immer überlegen ist und weiter vorausblickt. Man denke nur an das Wunder des Spinnennetzes. Instinkt? Für Bruno ist das ein dummes Wort, das nichts bedeutet. Im zweiten Teil der *Summa terminorum metaphysicorum*, wo er über die *Differentia* spricht, nimmt er das Beispiel der Ameisen, die – von ihrer Intelligenz geleitet – die Getreidekörner, die sie in ihre Höhlen geschleppt haben, entkeimen, damit sie nicht zu wachsen beginnen können: »So wie es in den einzelnen Gattungen eigene Differenzen gibt, so gibt es auch verschiedene Weisen, zu perzipieren und zu verstehen [...]. Mit welchem Sinn entkeimt die Ameise das Getreidekorn, damit es nicht in der unterirdischen Höhle zu wachsen beginnt? Dummerweise antwortet man: Instinkt der Natur! Aber wir behaupten, daß dieser Instinkt einen Typus des Sinnes oder, was dasselbe ist, einen Grad oder einen Zweig der Intelligenz darstellt, die wir nicht haben«.

Giordano Bruno also nahm Konrad Lorenz um vier Jahrhunderte vorweg, indem er den Tieren nicht nur Intelligenz und Abstraktionsfähigkeit zubilligte, sondern auch ein inneres Leben. Wenn man bedenkt, daß all das in der zweiten Hälfte des 16. Jahrhunderts gesagt und geschrieben wurde, als ein vom christlichen Dogma ideologisiertes Europa den Tieren nicht einmal das Recht zu atmen zugestand, dann versteht man, warum Bruno von den Universitäten nicht toleriert wurde: Er stellte eine tödliche Gefahr für die offizielle Kultur dar. Wie konnten die akademischen Perückenköpfe die Idee akzeptieren, daß das Tier Eichhörnchen oder das Tier Steinbock nicht wesensverschieden vom Menschentier sein sollte? Noch weniger konnten das die Kleriker, katholische wie protestantische, akzeptieren, die immer der Anweisung des alten Gottes der Bibel gefolgt waren: »Seid fruchtbar und vermehrt euch, bevölkert die Erde, unterwerft sie euch, und herrscht über die Fische des Meeres, über die Vögel des Himmels und über alle Tiere, die sich auf dem Land regen«.[424] Wie man ein solches Gebot auch interpretieren will, bleibt doch die Frage: Spricht so ein Gott? Und konnte er sich diese Worte nicht ersparen, nachdem er ein bösartiges Wesen wie den Menschen »geschaffen« hatte? Da steht Schopenhauer auf und ruft: »Diese Stelle ist eigentlich eine Infamie!«[425] Was für ein Kontrast zu den erhabenen Worten Buddhas an sein Pferd, als er es freiließ: »Geh! Auch du mußt eines Tages erlöst werden«. Wer nicht diese intimen Verwandtschaften zwischen allen lebenden Wesen fühlt und keine Empfindung des Mitleids für das unendliche Leiden der Kreaturen hat, der sollte mindestens die Scham haben, nicht von Gerechtigkeit zu sprechen. Auch der Papst von Rom, wenn er die Heiligkeit des Lebens proklamiert, würde gut daran tun, ein Wort des Mitleids mit den armen Tieren zu sagen, die zu Millionen für den Tisch der Menschen geschlachtet werden – wie etwa die schönen kleinen Lämmer zu Ostern, also eben für den Auferstehungstag Christi! Wenn er das nicht tut, dann interessieren mich seine Deklamationen nicht. Ich ziehe das Zwitschern der Vögel auf meiner Terrasse vor; ich finde sie eloquenter.

Der oben zitierte Text aus der Bibel ist also für Schopenhauer eine Schande. Noch skandalöser ist möglicherweise jener tierische Mechanismus nach der Theorie des Descartes, der in dieser Hinsicht wie ein Ersatzpriester daherredet. Ihm zufolge sind Tiere simple Mechanismen und nichts weiter. Zum Teufel mit so einer unanständigen und skandalösen Vorstellung! Kehren wir schnell wieder zu Giordano Bruno zurück, der fünfzig Jahre vor Descartes gestorben ist. Über die universale Verwandtschaft alles Lebendigen hinaus antizipiert er nicht nur den Evolutionismus Darwins, sondern auch die Theorie von der Mutation von einer Spezies zur anderen. Wenn wirklich alles eines und eines alles ist; wenn es, in anderen Worten, in allem denselben lebensspendenden Geist gibt und die Formen, die dieser Geist in den Phänomenen annimmt, ausschließlich akzidentiell sind, dann ist es möglich, daß sich an einem bestimmten Punkt der evolutiven Dynamik ein Tier in ein anderes transformiert. Das ist es, was Lorenz »Fulguration« nennt. Für Bruno ist die Welt nicht nur ein lebendiges Ganzes, sondern auch ein Ganzes in kontinuierlicher und ewiger Bewegung.

Das Problem der Beziehung zwischen den individuellen Seelen und der universalen Seele, oder der spirituellen und materialen Einheit aller lebendigen Wesen, wird insbesondere in der *Cabala del cavallo pegaseo* angegangen. Einer der Dialogpartner, der sich erinnert, ein Tier gewesen zu sein, sagt: »Befreit aus dem Gefängnisse des Körpers wurde ich ein ohne Glieder umherschwebender Geist und erging mich in Betrachtungen, daß ich doch hinsichtlich meiner geistigen Substanz von all den anderen Geistern, die nach Auflösung ihrer Körper in andere Körperformen übergehen, nicht im mindesten verschieden sei; und ich sah nicht nur, wie die Parze den Menschen in Ansehung des körperlichen Stoffes dem Esel völlig gleich behandelt, sondern auch, daß die Seele eines Esels von der eines Menschen nicht im mindesten verschieden ist; – wie schließlich alle Flüssigkeiten dem Wesen nach eins sind, wie alle Teile der Luft dem Wesen nach einem Luftmeer angehören, so stammen auch alle Geister aus der Amphitrite des Geistes und kehren zu diesem zurück«. [426] Wenig später sagt dieselbe Person, daß die Seele des Menschen »in spezifischer und generischer Wesenheit dieselbe [ist] wie die der Fliegen, der Austern, der Pflanzen, überhaupt jeglichen beseelten Wesens. Denn es gibt keinen Körper, der nicht mehr oder wenig lebendig und vollkommen in sich selber Anteil hätte an der Weltseele. Je nachdem diese Seele kraft Anordnung des Schicksals oder der Vorsehung sich mit dieser oder jener Körpergestalt verbindet, erlangt sie auch nach Maßgabe der verschiedenen Gliedmaßen und Gewebe verschiedene Stufen und Vollkommenheiten des Verstandes und der Wirkungsfähigkeit. So erwirbt denn jener Geist oder vielmehr jene Seele, die in einer Spinne war und als solche ihre eigentümlichen Gliedmaßen und Kunstfertigkeiten besaß, nach Zahl,

Größe und Form, sobald sie eine menschliche Samenkraft erlangt, eine andere Intelligenz, andere Werkzeuge und andere Wirksamkeit. Ich füge hinzu: Wäre es möglich oder geschähe es in Wirklichkeit, daß der Kopf einer Schlange sich umbildete und umwandelte in die Form eines Menschenkopfes, und daß auch ihr Rumpf sich entsprechend zu dem eines Menschen vergrößerte und umformte, daß ihre Zunge breiter würde, daß ihre Schultern sich ausbreiteten, daß ihr Arme und Hände entwüchsen, daß dort, wo ihr Schwanz ist, statt dessen zwei Beine sich entwickelten, so würde diese Schlange erscheinen, atmen, sprechen, handeln und wandeln, ja auch begreifen, wie ein Mensch; kurz sie würde jetzt auch ein wahrer Mensch sein. Umgekehrt würde auch der Mensch nichts anderes sein als eine Schlange, sobald sich seine Arme und Beine in seinen Rumpf zurückzögen und alle seine Knochen nur noch eine Wirbelsäule bildeten und diese die Geschmeidigkeit des Schlangenskeletts annähme und auch alle seine anderen Gliedmaßen und Gewebe schlangenartig würden. Er würde alsdann einen mehr oder weniger lebhaften Sinn haben, statt zu sprechen zischeln, statt zu gehen kriechen, statt sich Paläste zu bauen in Höhlen wohnen usw. Je nachdem also derselbe Künstler durch die Kontraktion des Stoffes verschieden berauscht und mit verschiedenen Organen ausgerüstet wird, treten bei ihm auch verschiedene Geisteseigentümlichkeiten hervor, und davon hängen auch seine Betätigungen ab. Darnach dürfen Sie ruhig annehmen, daß viele Geschöpfe weit mehr Geist und größere Verstandeskräfte besitzen, als der Mensch«.[427] Alle Kreaturen haben also eine Intelligenz, die ihren Bedingungen entspricht; aber der Unterschied – um es zu wiederholen – ist nur ein gradueller.

Warum ist der Papagei, der doch das »bestens geeignete Organ hat, um jedwede artikulierte Stimme hervorzubringen«, so begriffstutzig, daß er »mit größter Mühe doch nur ein wenig sprechen kann, ohne zu verstehen, was er sagt«? Hier ist die Antwort: »Weil er kein Auffassungsvermögen besitzt, das demjenigen der Menschen vergleichbar oder kongenial wäre. Sein ganzes Wesen bedarf der Sprache nicht; zu fliegen, Nahrung zu suchen, Nahrungsmittel von Giften zu unterscheiden, Nester zu bauen, für seine Lebensbedürfnisse zu sorgen, das versteht er nicht nur ebenso gut, sondern vielleicht sogar besser und leichter als der Mensch«.

Sodann gibt es die Antwort auf die Meinung der Gelehrten, denen zufolge Tiere das alles nicht durch den Intellekt, sondern durch den natür-

lichen Instinkt besäßen: »Fragen Sie solche Gelehrte doch: Ist dieser sogenannte Instinkt eine Sinnestätigkeit oder eine Tätigkeit des Verstandes?
Wenn es Sinnlichkeit ist, ist es eine innerliche oder eine äußerliche? Nun,
wenn es, wie augenscheinlich, keine äußerliche ist, mögen Sie mir sagen,
kraft welches inneren Sinnes diese Geschöpfe nicht nur Vorsichtsmaß-
regeln, Künste, Aushilfen und technische Fertigkeiten gegenüber gegenwärtigen Anlässen, sondern sogar gegenüber zukünftigen Umständen an
den Tag legen können, weit besser als der Mensch? [...] Ich behaupte,
daß zwar die wirkende universelle Intelligenz in allen dieselbe ist, daß
diese alle antreibt und in allen die Wahrnehmung und das Verständnis
wirkt«. [428] Wie »man aus derselben Wachsmasse sehr verschiedene Figuren formen könnte, so entstünden auch aus demselben Stoffe alle Körper,
und alle Geister stammen aus ein und derselben geistigen Substanz«.[429]

Den Menschen für etwas zu halten, das aus dem Tierreich losgerissen
ist, gehört besser in die Sakristei als in die Philosophie. Eben das denkt
auch der Heide Celsus, der schöne Worte für die Intelligenz der Tiere findet und den schon zitierten Satz der Bibel scharf kritisiert. Warum, fragt
er sich, sollte ein Gott jedes Ding für den Menschen kreiert haben? In
Wirklichkeit »ist jedes Ding für die Menschen nicht mehr als für die
wortlosen Tiere geschaffen«.[430] Die Sonne scheint für alle Kreaturen!
Wenn dann die Menschen »den Wesen, die keine Sprache haben, überlegen erscheinen, weil sie Städte bauen und Konstitutionen, Magistratu-
ren und Regierungen haben, so beweist das gar nichts. Auch die Ameisen
und die Bienen leben unter denselben Bedingungen. Die Bienen haben
ein Haupt, sie kennen die Disziplin und den Geist des Dienstes, den
Krieg, den Sieg und das Massaker an den besiegten Feinde. Sie haben
Städte und Vororte, sie teilen sich die Arbeit und richten die Faulen und
die Taugenichtse«.[431] In einer Epoche von Parasiten und Taugenichtsen
wie der unseren, wo alle versuchen, auf Kosten des Staates und der Gemeinschaft zu leben, möglichst ohne zu arbeiten, wäre es nicht schlecht,
sich an den Bienen ein Beispiel zu nehmen.

Alles zeigt uns, daß der Mensch in die Welt und ihre unabwendbaren
Gesetze eingefügt ist wie alle anderen Kreaturen. Bruno war der erste, der
sich von diesen anthropozentrischen Verirrungen freigemacht hat. Daher
kommt seine Liebe zu den Tieren, die mit uns die Mühe des Daseins
durchleben. Manchmal stellt er die Intelligenz der Tiere über diejenige

der Menschen, so wenn er das Wort »Instinkt« dem verweist, der es gebraucht: »Es steht auch in meinem Belieben zu behaupten, daß Ihr Begreifen kein Begreifen sei und daß alles, was Sie tun, keine Wirksamkeit Ihres Verstandes, sondern Ihres Instinktes sei, wenn z. B. Tätigkeiten solcher Tiere, wie Bienen und Ameisen, die mir wertvoller erscheinen, als die Ihrigen, nicht den Namen des Verstandes, sondern nur den des Instinktes haben sollen. Ich wage es also zu behaupten, daß der Instinkt dieser Tierchen höher steht als Ihr Verstand«. [432] Und es besteht kein Zweifel, daß manche Tiere tatsächlich vorsorglicher sind als wir Menschen. Die Erfahrung lehrt, daß sich unter den Tieren immer die intelligenteren durchsetzen, während bei den Menschen oft das Gegenteil der Fall ist. Man sieht also, daß das Gesetz Darwins nicht für das Menschengeschlecht gilt, oder auch, daß wir es verdreht haben.

Bruno wendet sich ganz von der christlichen Kultur ab, sodaß er als Heide bezeichnet worden ist, der gezwungen war, mitten in einer Anhäufung von Christen umherzuirren. In dieser Hinsicht ist er ganz verschieden von der abendländischen Philosophie, sogar von dem »göttlichen Cusaner«, wie er ihn nennt. Unter den Religionen schätzte er die königliche und heitere Religion der alten Ägypter am meisten. Aber oft spricht er auch wie ein ins Abendland verpflanzter Brahmane oder Buddhist. Giuseppe De Lorenzo, ein profunder Kenner der indischen wie der europäischen Philosophie, schreibt: »Giordano Bruno mit seiner großartigen Philosophie, mit dem noblen Leben im Dienst an einem hohen Ideal des Geistes, mit der hochgesinnten Resignation und heroischen Festigkeit, die er im Tod zeigte, hat wohl mehr Affinität mit den indischen Asketen und Buddhisten, als die christlichen Heiligen. Darum konnte Schopenhauer zu Recht schreiben, daß das spirituelle Vaterland Brunos, dieses direkten Erben Platons, nicht Europa war, sondern Indien, und daß man im Scherz sagen konnte, daß er die Seele eines Brahmanen war, wegen irgendeiner früheren Schuld inkarniert in einem europäischen Körper. Tatsächlich indisch waren sein Denken, sein Leben und sein heroischer Tod, mit dem er auf eine unauslöschliche Weise das herrliche Bild besiegelte, das er prophetisch von sich selbst in den *Eroici furori* gegeben hatte:

Uralte Eiche, in dem Luftreich droben
Breitest die Äste du, ins Erdreich dringen

Die Wurzeln zäh und tief; ja dich bezwingen
Erdbeben nimmer, und der Sturm mag toben!

Er wird umsonst die Kraft an dir erproben,
Dem festen Standort nimmer dich entringen!
Du bist das wahre Vorbild meinem Glauben,
Den mir kein Mißgeschick vermag zu rauben!

Wie du dich fest und immer fester schmiegst
Mit Wurzeln, die sich tief im Schoß versenken
Desselben Erdengrunds, der deinen Stamm gekräftigt,

Daß du im Wettersturm nicht brichst und biegst,
So hab' auch Ich auf Ein Ziel all mein Denken,
Auf Einen Gegenstand den Geist gefestigt.[433]

Bilder, die er selbst wenig später in Prosa beleuchtet und kommentiert, wenn er erklärt, was ihm als die wahre Beständigkeit und Kraft der Seele erscheint: Denn er ›hält nämlich Tapferkeit und Standhaftigkeit nicht für die wahre, vollendete Tugend, solange sie Beschwernisse empfindet und erträgt, sondern erst dann, wenn sie diese erträgt, ohne sie zu empfinden. Für ihn hat nicht der die göttliche und heroische Liebe zur Vollendung gebracht, der Sporen, Kandare, Gewissensbisse und Qualen fühlt, weil da noch eine andere Liebe ist, sondern jener, der wirklich keine anderen Neigungen verspürt und dadurch zu solchem Wohlbefinden gelangt, daß es kein einziges Ärgernis gibt, das fähig wäre, ihn zu stören oder straucheln zu lassen. Und das bedeutet, an die höchste Seeligkeit zu rühren, die es in diesem Dasein gibt: Zu genießen, ohne Schmerz zu empfinden‹.[434] Nun ist es klar, daß diese ›höchste Freude‹ des Nolaners, dieses Aufhören des Leidens, die Begierde im noblen Sinn Epikurs viel mehr als die Traurigkeit Jesu und die Tränen des Franziskus der gleichmütigen Fröhlichkeit des buddhistischen Weisen gleicht, der ruhigen Heiterkeit des antiken Buddhismus. Und daß er nicht sehr weit von dem Ideal des buddhistischen Bettlers ist, beweist Bruno selbst, wenn er im *Spaccio de la bestia trionfante, II, 2* sagt, daß niemand die wahre Ruhe des Geistes genießen kann, wenn er nicht arm oder dem Armen ähnlich ist.«[435]

Der Reichtum, sagt Bruno, stutzt der Philosophie die Flügel, weil »Kontemplation dort nicht sein kann, wo eine große Menge von Dienern, eine lästige Schar von Gläubigern, Rechnungen von Kaufleuten, Streitereien von Grobianen sind, wo viele schlecht erzogene Bäuche gestopft werden, die Augen gieriger Tyrannen zusehen und treulose Minister eintreiben«.[436] So ist der Reichtum, das Kind der Habsucht, ein Ballast für den Geist und erlaubt ihm nicht, sich zur reinen, objektiven Kontemplation zu erheben. Kein Philosoph ist jemals ein habgieriger Sammler materieller Güter gewesen. Wer auf die Spitze eines hohen Berges steigen will, versucht sich so weit wie möglich zu erleichtern und kein schweres Gepäck mitzuschleppen. Um zum *Auge der Welt* zu werden, d.h. zum reinen Subjekt der Erkenntnis, wies Buddha, der wahre Sieger, wie Schopenhauer und Wagner ihn nennen, alle fürstlichen Reichtümer zurück und begann unter einem Baum zu meditieren. Dasselbe tat Wittgenstein 25 Jahrhunderte später: Kaum war er aus der Gefangenschaft in Montecassino zurückgekehrt, wo er sich wahrscheinlich der Faszination der benediktinischen Regel unterworfen hatte, trennte er sich von allen seinen enormen Reichtümern und wurde Volksschullehrer in abgelegenen Ortschaften am Semmering, südlich von Wien. Unter diesem Gesichtspunkt war Bruno bevorzugt, weil er sowieso arm war; aber auch er mußte mit sich selbst und gegen die eigenen Leidenschaften kämpfen, um die reine Kontemplation zu erreichen. Das ist es, was er in den *Eroici furori* meint, wo er den Menschen der reinen Kontemplation beschreibt, der »nun für das Volk, die Menge tot ist, gelöst aus den Verstrickungen der verwirrten Sinne, frei vom fleischlichen Gefängnis der Materie. Deshalb braucht er seine Diana [die Wahrheit] nun nicht mehr gleichsam durch Ritzen und Fenster zu betrachten, sondern er ist nach Niederreißen der Mauer ganz Auge mit dem gesamten Horizont im Blick. Er schaut also alles wie eines, sieht nicht mehr in Unterschieden und Zahlen, was durch die Verschiedenheit der Sinne, die gleichsam verschiedene Ritzen sind, zu einer Verwirrung beim Sehen und Begreifen führt«.[437]

Diese metaphysischen Höhenflüge erinnern in etwa an den indischen Weisen, der das *samsara* überschreitet, den Schleier der Māyā zerreißt und zum reinen Subjekt der Erkenntnis wird. Und es gibt noch andere Ähnlichkeiten der Philosophie Brunos und der indischen Philosophie, zum Beispiel den Monismus, die Metempsychose oder palingenetische

Verwandlung der individuellen Seele, die Konzentration, um das geistige Leben zu erreichen und auch die Liebe zu allen Kreaturen. Hier stellt sich die Frage: Welche Kenntnis hatte Bruno vom östlichen Denken? Diesen Aspekt übergehen die Kritiker, wohl auch weil man in Europa immer noch glaubt, daß die Philosophie bei den Griechen entstanden ist. Das ist ein weiterer schwerwiegender Irrtum, ebenso wie der Anthropozentrismus. Als die ersten Vorsokratiker zu philosophieren begannen, existierte in Indien, gar nicht zu reden von Ägypten, seit undenklichen Zeiten eine hohe Weisheit. In der *Oratio valedictoria* reiht Bruno selbst beim Entwurf einer Genealogie der Weisheit die Griechen erst an fünfte Stelle, nach den Ägyptern, den Caldäern, den Magiern mit Zarathustra an der Spitze und den indischen Gymnosophisten. Eventuell darf man sagen, daß die Griechen im Abendland die ersten waren, die die indische Philosophie kannten und von ihr beeinflußt wurden. *Ex oriente lux!* Wir wissen nicht, ob Pythagoras, wie es die Tradition will, wirklich in Indien gewesen ist; aber sicher ist jedenfalls, daß seine Lehre viel mit der indischen Philosophie gemeinsam hat, und zwar nicht nur in den großen Linien, sondern auch im einzelnen: Seelenwanderung, Vegetarismus, das Rad der Wiedergeburten und vieles mehr. Pythagoras ist einer der meistzitierten Namen bei Giordano Bruno.

Sichere und historisch dokumentierte Nachrichten über Kontakte zwischen griechischen und indischen Philosophen liegen uns seit dem Feldzug Alexanders des Großen nach Indien vor. Berühmt ist die Begegnung des Onesikritos, eines Offiziers Alexanders und Schülers des kynischen Philosophen Diogenes, mit den indischen Asketen oder Gymnosophisten. Einer von ihnen, mit Namen Kalanos, schloß sich dem Heer Alexanders an; dann aber, um seine Indifferenz der Welt und dem Schmerz gegenüber zu demonstrieren, sprang er spontan auf einen Scheiterhaufen und starb in den Flammen, während das mazedonische Heer ihm in voller Aufstellung die Ehre erwies. Onesikritos war nicht der einzige Philosoph im Gefolge Alexanders in Indien. Es gab auch andere, wie den Demokritianer Anaxarchos von Abdera. Aber die meisten Nachrichten über die östliche Philosophie lieferte Megasthenes, der von 302 bis 291 griechischer Botschafter beim indischen König Candragupta war. Sein Buch ist nur in Fragmenten erhalten, aber für die Alten ist es die wichtigste Informationsquelle gewesen. Seit damals wurde das indische Denken ein ziemlich verbreitetes Thema in der hellenistischen Literatur. In römischer Zeit wurden die Beziehungen zwischen Morgenland und Abendland viel enger, was unter anderem aus den Funden römischer Münzen in Indien hervorgeht. Wir wissen von indischen Gesandtschaften zur Zeit des Augustus und des Antoninus Pius, in denen sich auch Weise und Asketen befanden. Aber auch im christlichen Umfeld gab es eine verbreitete Kenntnis indischer Weisheit, um nicht von Celsus zu sprechen, in dessen Buch von östlicher Weisheit häufig die Rede ist. Klemens von Alexandrien spricht von Buddha, ebenso Hieronymus, wenn er erzählt, daß den Gymnosophisten zufolge Buddha von einer Jungfrau geboren wurde. Alle Gründerfiguren von Religionen oder von spirituellen Bewegungen, die sich in gewisser Weise als Religionen darstellen, ließ man von Jungfrauen geboren sein. Auch die Mutter des Gottes Quetzacoatl war eine Jungfrau. Dieser Mythos ist wirklich nichts Neues in den alten Kulturen, und wir finden ihn im Osten wie im Westen. Schon in dem uralten Tempel von Luxor kann man zwei Beispiele davon sehen. Aber schweifen wir nicht ab. Dem heiligen Ambrosius, der 23 Jahre vor dem heiligen Hieronymus starb, wird der Traktat *De moribus Brachmanorum* zugeschrieben, in dem der Gymnosophist Dandamis zuerst dem Onesikritos und dann Alexander selbst eine großartige Lehre der Weisheit erteilt: »Du wirst alles haben, wenn du nichts wünschest. Die Gier ist die Mutter der Armut«. Dann spricht er von seiner vegetarischen Diät: »Ich nähre mich nicht mit den Eingeweiden der Tiere wie die Löwen, und in meinem Bauch verwest nicht das Fleisch der Vierfüßer oder der Vögel; und ich bin nicht das Grab der Toten, sondern eine natürliche Vorsehung gießt in mich alle Früchte wie eine Mutter die Milch«.

Die Beziehungen zwischen Indien und dem Abendland wurden im Mittelalter unterbrochen, als die christliche Theologie beanspruchte, das einzige Depositum der Wahrheit zu sein. Aber auf geheimnisvollen Wegen verschaffte sich die östliche Weisheit weiterhin Gehör. Man kann ihre Spuren z.B. in der Lehre der Katharer finden, die ein dualistisches Weltkonzept ähnlich demjenigen des Zoroastrismus hatten, an die Reinkarnation glaubten und keine Tiere töteten. Es ist symptomatisch, daß Dante, wenn er vom heiligen Franziskus spricht, dieser besonders asketischen und einzigartigen Figur des Christentums, ihn in Beziehung zum Ganges stellt: »Dorther, wo sanfter wird der Sturz des Hanges, / Ward einst der Welt geboren eine Sonne, / Wie unsre manchmal aufsteigt aus dem Ganges. // Drum nenne, wer da spricht von diesem Orte, / Ihn nicht Ascesi, weil es dürftig klänge, / Nein, Morgenland mit passenderem Worte.«[438] Und man sage nicht, daß der Dichter das Wort *Gange* verwendet habe, um einen Reim auf *frange* zu machen: das wäre eine wahrhaft kindische Interpretation. Auch wenn die Bezugnahme auf den Fluß Ganges sehr allgemein scheinen mag, so besteht doch kein Zweifel, daß eine Figur wie die des heiligen Franziskus besser am Ufer des Ganges zu Hause wäre, als am Ufer des Tiber. Dante spricht aber auch vom Indus: »Du sprachest ja: ›Es wird am Indusstrande / ein Mensch geboren, und von Christus spräche, / Schrieb oder läse keiner ihm im Lande; // Und all sein Gutestun und sein Bestreben, / Soweit es Menschenurteil kann durchschauen, / Ist sündenfrei im Sprechen wie im Leben. // Nun stirbt er, der getauft nicht und nicht glaubte: / Wo ist Gerechtigkeit, die ihn verdamme? / Wo seine Schuld, die ihm den Glauben raubte?‹«.[439]

Ich habe diesen Exkurs gemacht, um darzulegen, daß dem unersättlichen Leser Bruno eine breite Literatur zur Verfügung stand, die Hinweise auf die indische Philosophie enthielt. Auch Erasmus, einer seiner Meister, zeigt nicht unerhebliche Kenntnisse über Indien. All dem muß man noch das *Corpus Hermeticum* hinzufügen, das Marsilio Ficino »*paucis mensibus*« für seinen Protektor Cosimo de' Medici übersetzte, der sich ungeduldig an ältester ägyptischer Weisheit labte. Die Texte werden dem sogenannten Hermes Trismegistos zugeschrieben, sind aber in Wirklichkeit zwischen dem 2. und 3. Jahrhundert entstanden und die Frucht einer von magischen und orientalischen Einflüssen durchtränkten Kultur. Diese war »die gnostische Version der griechischen Philosophie und die Zuflucht für bedrängte Heiden, die eine andere Antwort auf Lebensprobleme suchten, als sie die Zeitgenossen, die frühen Christen, boten«.[440] Gewiß sind in diese Schriften auch indische Elemente eingeflossen, umso mehr, als im römischen Imperium »alle Religionen toleriert wurden, sodaß es umfangreiche Möglichkeiten gab, mit orientalischen Kulten bekannt zu werden«.[441]

Bruno war mit dem *Corpus Hermeticum* sehr vertraut, einem Text, der übrigens in der Renaissance außerordentlich verbreitet war und von dem es zahlreiche Editionen gab. Im *Spaccio* übersetzte Bruno – wenn auch nicht wörtlich, sondern mit Ergänzungen und Auslassungen – die

Giordano Bruno

berühmte und bewegende Klage des Asklepios über den Niedergang Ägyptens und seiner wundervollen Religion: »O Ägypten, Ägypten! Von Deinen Religionsanschauungen werden für die kommenden Geschlechter nur noch Fabeln übrig bleiben« [...] Die Finsternis wird vorherrschen dem Lichte, der Tod wird für besser als das Leben gelten, niemand wird die Augen zum Himmel erheben, der Religiöse wird für einen Narren, der Gottlose für klug, der Rasende für tapfer, der Schlechteste für gut geachtet werden. Und Ihr könnt es mir glauben, es wird gar die Todesstrafe verhängt werden über denjenigen, der sich zur Religion des Geistes bekennen wird [...]. Nur die verderblichen Dämonen werden zurückbleiben, sich mit den Menschen vermischen und die Niederträchtigen zur Verwegenheit jeder Schlechtigkeit anstiften, als ob es geradezu Gerechtigkeit wäre, Anlaß und Stoff zu Kriegen, offenem und verstecktem Raub, Betrug und allen möglichen anderen der Seele und der natürlichen Gerechtigkeit widerstrebenden Sachen zu geben, und dies wird das Greisenalter, die Auflösung und Irreligion der Welt sein«.[442] Für ihn ist die wahre Religion jene, die das Zusammenleben fördert, anstatt Spaltungen zu provozieren. In seinen Augen waren Ägypter und Römer bedeutend, gerade weil sie es verstanden, Göttlichkeit, Natur und Zivilisation in Einklang zu bringen.

Im *Corpus Hermeticum* hat Bruno über die Bewunderung für das fabelhafte Ägypten hinaus sicherlich Anregungen für die eigene Philosophie gefunden. Man darf jedoch nicht vergessen, daß für ihn, wie schon zuvor gesagt, alle Lebewesen gleich sind, insofern sie vom selben Geist belebt werden. In diesen hermetischen Texten hingegen finden sich Sätze wie dieser: »Die Individuen der menschlichen Rasse sind anders«. Es handelt sich also um Texte, die eine stark anthropozentrische Kultur widerspiegeln, was man von der Kultur des alten Ägyptens nicht sagen kann. Ich gebe hier einen Satz des Ägyptologen Alessandro Bongioanni wieder: »Dem menschlichen Wesen wird, was seine Herkunft betrifft, kein außergewöhnlicher Charakter zugeschrieben, weil er mit den Tieren, so wie mit den Göttern, viele jener Komponenten wesentlich gemeinsam hat, die man als ›Persönlichkeit‹ definieren kann. Es existiert zwar ein Problem der Abstufung der lebenden Wesen, aber das hindert nicht, daß die Menschlichkeit sich auch bei Nilpferden und Krokodilen finden kann, so wie es in den Texten der Sarkophage zu lesen ist«.[443] Eben das sagt auch

Giordano Bruno. Die alten Ägypter hatten jedoch keine Vorstellung von der Seelenwanderung, aber doch von einem *continuum*. Die Einbalsamierung der Körper zeigt, daß sie an eine Kontinuität des Individuums glaubten, nicht aber an die Wanderung der Seele und ihre Reinkarnation in Körpern, die verschieden sind von denen, die sie verlassen hat. Der tiefe Mythos der Seelenwanderung, den die Griechen später übernommen haben – wir finden ihn insbesondere in der religiös-philosophischen Bewegung des Orphismus – hat seinen Ursprung in Indien.

Bruno kannte die griechische Literatur über dieses Thema gut, aber es ist die indische Philosophie, mit der seine Ideen eine überraschende Konsonanz finden. Ich beziehe mich dabei nicht nur auf die Seelenwanderung. Gewisse Punkte seiner Erkenntnistheorie zum Beispiel passen perfekt zur indischen Lehre von der Einheit, wie wir sie in den Upanishaden oder auch im Zen-Buddhismus dargestellt finden. In seiner exzellenten Monographie über unseren Philosophen schreibt Jochen Kirchhoff: »In der Brahman-Lehre und im Zen geht es im letzten darum, den einzelnen in Übereinstimmung zu bringen mit dem Absoluten«. Und wie gelangt man zur Erkenntnis des Absoluten? Durch die Meditation. Um das Absolute zu erkennen, muß man es sein: »Man erkennt nur das, was man selbst ist! Dieser Gedanke findet sich auch im Werk Brunos an vielen Stellen ausgesprochen«.[444] Auch Brunos zyklische Konzeption der Kultur oder besser der Weisheit, in der Epochen der spirituellen Trübung mit anderen wechseln, die von Lichtbringern erhellt werden, erinnert stark an die indische Philosophie: »Im Buddhismus wird die Geschichte als eine Folge gewaltiger Wellenbewegungen gesehen, wobei stets am Ende einer großen Weltepoche, zum Zeitpunkt der größten Finsternis und Verderbtheit, ein Buddha, ein ›Erleuchteter‹ als Heilsbringer auftritt«.[445] In diesem Sinn war und verstand sich Giordano Bruno als ein Lichtbringer. Apropos: Wer weiß, ob ihm nicht auch Fabrizio Mordente, der sich drei Jahre in Indien aufgehalten hat, einiges über dieses Land berichtet hat? Wie auch immer, jedenfalls ist die Philosophie Brunos weitaus enger mit der indischen Weisheit, insbesondere mit dem Buddhismus, verwandt, als mit der trockenen christlichen Dogmatik und dem abendländischen Rationalismus. Je finsterer das Christentum mit seinem göttlichen Gericht ist (gewisse Darstellungen des Jüngsten Gerichts wie z.B. auf den Wänden des Konvents von Monte Grazie im Hinterland von Imperia aus

Giordano Bruno

1483 erschrecken wegen der Grausamkeit und des Sadismus der Strafen, die den Sünder treffen), umso heiterer, sanfter und edler ist der Buddhismus. In einem Interview, das in der Stampa am 6. März 1994 veröffentlicht wurde, redet der Dalai Lama von nichts anderem als von Höflichkeit, vom Lächeln und vom Mitleid. Zuletzt wird ihm folgende Frage gestellt: »Wenn aber die Welt ein Ende nimmt, wenn die physische Welt nicht mehr existiert, was geschieht dann mit der reinkarnierten Seele?« Und er antwortet, immer mit dem Lächeln auf den Lippen: »Oh, es gibt andere Planeten, es gibt eine Menge anderer Welten. Das ist es, was wir meinen. Unendliche Welten«. Er sagt auch, daß der Buddhismus die Idee eines Schöpfergottes nicht akzeptiert, weil das Universum ewig und unendlich ist, und daß das Gebet allein nicht viel ausrichtet: Was wirklich zählt, ist das »Karma, das heißt unsere Handlungen«. Bruno sagt genau dasselbe, wenn auch mit anderen Worten. An dieser Stelle möchte ich kurz auch auf eine erstaunliche Affinität mit dem Zoroastrismus hinweisen. Bruno dachte – wie im vorletzten Kapitel dieses Buches zu lesen ist –, daß »Gott die Welt so sehr brauche wie die Welt Gott und daß Gott nichts wäre, wenn es keine Welt gebe«. Eben das ist ein fundamentales Prinzip des Zoroastrismus: Ormazd, der Gott, brauche die Welt im gleichen Maß wie die Welt ihn brauche. Anders gesagt: Ormazd braucht die Welt als Verteidigungswaffe gegen Ahriman, den Geist des Bösen, von dem das Leben durchdrungen ist. Diese Vorstellung hat eine Logik für sich, weil durch sie die gewaltige Macht des Bösen in der Welt anerkannt wird.

Wenige haben Giordano Bruno wie Kirchhoff verstanden. Er zeigt vor allem die große Nähe der Philosophie Brunos zur östlichen Weisheit. Das ist ein Aspekt, der von anderen Fachleuten kaum jemals behandelt wird. Dasselbe geschieht auch mit Nietzsche: Alle sprechen von der »ewigen Wiederkehr«, als handle es sich um wer weiß was für eine Offenbarung, und niemandem fällt auf, daß dies eine aus der östlichen Philosophie entlehnte Idee ist. Nietzsche zitiert sogar ausdrücklich indische Formeln. Ein Beispiel: Alle Gespräche seines Zarathustras schließen mit »Also sprach Zarathustra«, genau so wie Buddhas Reden mit »Also sprach der Erhabene« enden. Aber zur Sache: In Deutschland gab es immer ausgezeichnete Kenner Giordano Brunos, etwa – um einen davon zu nennen – den kürzlich verstorbenen Hans Blumenberg. Er ist gewiß genau und informiert, aber er tut den Schritt aus der abendländischen Kultur nicht hinaus, in der er verwurzelt ist. So klingt, was er über Bruno schreibt, irgendwie kalt und rational, es fehlt der Schwung. Seine Antennen sind auf die Wissenschaft gerichtet, nicht auf die Weisheit. Seine Sprache ist wesentlich wissenschaftlich, und daher scheint er mehr geeignet, über Galilei zu reden, als über Bruno. Kirchhoff hingegen hat Leidenschaft und Schwung, und das erlaubt ihm mit dem Geist Brunos besser in Einklang zu stehen. Gerade deshalb ist seine knappe Monographie, in der er sich zugleich mit dem Philosophen, dem Weisen und dem Wissenschaftler auseinandersetzt, würziger als ganze Bände gewisser anderer Kommentatoren.

Daß niemand über Bruno als Wissenschaftler spricht, darf nicht verwundern, weil der Ruf, wie mir einmal Karl Popper in Wien sagte, sehr oft ein bloßer Zufall ist. So halten alle Galilei für den Vater der modernen Wissenschaft und wenige wissen, daß ihn Bruno mit vielen Einfällen vorweggenommen hat – und das, ohne ein Experiment zu machen oder ein Fernrohr zu besitzen, das es damals übrigens noch gar nicht gab! Wir haben schon gesagt, daß er absolut der erste war, der von der Rotation der Sonne um ihre eigene Achse sprach; er sagte auch als erster, daß die Fixsterne Sonnen sind, und daß die Erdkugel an den Polen abgeflacht ist. Außerdem nahm er die drei Keplerschen Gesetze vorweg, er erkannte die elliptische Form der Umlaufbahn der Planeten und er erahnte, daß die Geschwindigkeit, mit der sie sich bewegen, umgekehrt proportional ist zu ihrer Entfernung von der Sonne. Schließlich wurde auch die Relativitätstheorie in gewisser Weise von ihm vorweggenommen. Und damit hören wir auf, auch wenn man noch weitere Beispiele für seine geniale und verblüffende Fähigkeit der Intuition anführen könnte, wie es Kirchhoff tut.

Galilei übernahm viele Ideen von Giordano Bruno, ohne ihn zu nennen. Dieses Schweigen mißfiel Kepler, der dem pisanischen Gelehrten vorwarf, daß er unter seinen Vorläufern den »unglücklichen Bruno« nicht genannt habe. Vielleicht schwieg er auch aus Vorsicht, denn es wäre nicht klug gewesen, den Namen eines Philosophen zu erwähnen, der von der Inquisition zum Scheiterhaufen verurteilt worden war. So ist sein Schweigen doppelt beklagenswert. Nein, Galilei hatte nicht die moralische Kraft und den Charakter Giordano Brunos. Er unterwarf sich der Inquisition und kam mit heiler Haut davon. Im übrigen war er ein Wissenschaftler und kein Philosoph: Er untersuchte das *Wie* und nicht das *Warum* der Phänomene – mit anderen Worten: Er war Empiriker und nicht Metaphysiker. Kann man aber auf empirischem Weg die metaphysische Wurzel aller Dinge entdecken? Der Philosoph antwortet: nein. Hier liegt die fundamentale Differenz zwischen Bruno und Galilei. Für Bruno ist der Kosmos, wie Kirchhoff sagt, »ein Organismus, kein Mechanismus; er kann deshalb auch mathematisch niemals vollgültig beschrieben oder erfaßt werden«.[46] Für ihn ist die Mathematik im besten Fall eine Hilfswissenschaft. Galilei glaubt dagegen, daß die Mathematik alles ist, quasi die Stimme der Natur selbst.

Auf den Punkt gebracht: Galilei geht nicht über das Phänomen hinaus und glaubt, daß die letzte Wahrheit in allem eingeschrieben sei, was sich mathematisch messen und verifizieren läßt. Bruno hingegen überschreitet das Phänomen und richtet den Blick in die metaphysischen Abgründe der Welt und unserer Existenz. Er durchläuft den Weg, der von der empirischen Realität zur Idee führt. Er wird nicht müde zu wiederholen, daß die Sinne trügerisch sind, weil sie entweder die wahre Natur der Dinge verbergen oder sie unter einer falschen Erscheinung präsentieren. Die Wahrheit gibt sich intuitiv, nicht perzeptiv, auch wenn unser Geist niemals die absolute Wahrheit erkennen kann, wie auch Cusanus, ein von Bruno hochgeschätzter Autor, in *De docta ignorantia* sagt. Wenn das Rätsel der Existenz in die Phänomene eingeschrieben wäre, dann hätten wir es bereits nicht einmal, sondern hundert Mal entschlüsselt. Ungeachtet der erreichten wissenschaftlichen Fortschritte, ungeachtet der Mikroskope und Teleskope, steht dieses Rätsel jedoch unberührt vor uns wie vor den Augen der ältesten Wahrsager. Unter diesem Gesichtspunkt leben wir und werden wir weiter leben, eingehüllt in einen Nebel ohne jede Sicht. Ja – die Wissenschaft ist ohne Weisheit blind.

Bruno revolutionierte auch die Ästhetik, indem er darauf bestand, daß die Poesie nicht von der Regeln abgeleitet werden kann, wie die aristotelischen Regulisten des 16. Jahrhunderts behaupteten, sondern daß die Regeln sich aus der Poesie herleiten. Er schrieb keine besondere Abhandlung zu diesem Thema, aber in seinen Werken finden sich Bemerkungen von großer Bedeutung. Es genügt hier, den berühmten Abschnitt vorzustellen, der sich im ersten Dialog der *Eroici furori* findet:

Cicada: Gewisse Leute stellen Dichtungsregeln auf und lassen kaum Homer als Dichter gelten. Vergil, Ovid, Martial, Hesiod, Lukrez und viele andere setzen sie in den Rang von Verseschmieden zurück aufgrund einer Prüfung nach den Regeln der aristotelischen Poetik.

Tansillo: Wisse nur, mein Bruder, daß jene Regeln in erster Linie zur Beschreibung der homerischen Poesie oder anderer, die ihr besonders ähnlich sind, dienen. Manchmal können sie zeigen, daß einer ein epischer Dichter ist, wie Homer es ist. Aber sie sind nicht dazu da, andere anzuleiten, die vielleicht ganz andere Begabungen, Fähigkeiten und Leidenschaften von gleichem, ähnlichem oder höherem Wert haben, die zu verschiedenen Gattungen gehören.

Cicada: Es ist so, daß Homer in seiner Gattung kein den Regeln anhängender Dichter war, sondern Ursache der Regeln, die nun jenen dienen, die besser zum Nachahmen als zum Erfinden geeignet sind; diese Regeln sind von einem gesammelt worden, der selbst kein Dichter irgendeiner Gattung war, sondern die Regeln dieser einen Gattung zu sammeln verstand, nämlich die der Homerischen Poesie, als Hilfe für jemanden, der nicht selbst ein Dichter, sondern einer wie Homer werden will, nicht von eigener Muse geküßt, sondern ein Affe fremder Muse.

Tansillo: Deine Folgerungen sind richtig: die Poesie wird nicht aus den Regeln geboren – von unbedeutenden Ausnahmen abgesehen – sondern die Regeln werden aus der Poesie genommen. Deshalb gibt es soviele Gattungen und Arten wahrer Regeln wie es Gattungen und Arten wahrer Dichter gibt.

Cicada: Wie wird man nun die wahren Dichter erkennen?

Tansillo: Indem man ihre Verse singt: ob sie beim Singen erfreuen oder nützen oder gleichzeitig erfreuen und nützen.

Cicada: Wem dienen also die Regeln des Aristoteles?

Tansillo: Dem, der nicht wie Homer, Hesiod, Orpheus und andere ohne die Regeln des Aristoteles dichten kann; den keine eigene Muse küßt und darum mit jener des Homer eine Liebschaft beginnen will.

Cicada: Also haben gewisse Pedanten unserer Zeit unrecht, die aus der Zahl der Dichter einige ausschließen, weil ihre Bücher oder Gesänge keine Anfänge haben, die Homer oder Vergil nachgebildet sind, weil sie nicht den Brauch der Musenanrufung beachten, weil sie eine Geschichte oder Fabel mit einer anderen verweben, weil sie ihre Gesänge mit einem Epilog über

Giordano Bruno

das, was gesagt worden ist und einem Prolog über das, was nun folgt, [*nicht*] beenden und wegen tausend anderer Prüfungskriterien, Beschneidungen und Regeln, die auf jene Poetik fußen. Sie scheinen daraus schließen zu wollen, daß sie selbst gegebenenfalls (wenn es ihnen je in den Sinn käme) die wahren Dichter wären und das erreichten, worum sich jene nur bemühen. Dabei sind sie in Wirklichkeit nichts anderes als Würmer, die nichts Gutes zustandebringen, sondern allein dazu geboren sind, die Studien und Mühen der anderen zu schmälern, in den Schmutz zu ziehen und mit Dreck zu bewerfen. Unfähig, sich aufgrund von Vorzügen des eigenen Charakters und Geistes feiern zu lassen, suchen sie sich durch tatsächliche oder behauptete Laster und Fehler der anderen in den Vordergrund zu rücken«.[447]

Ich habe es vorgezogen, den vollen Text zu bringen, anstatt ihn zu paraphrasieren, weil Bruno eine außerordentlich expressive Kraft hat. Aber seine ästhetischen Ideen trugen – wie übrigens auch seine philosophischen und wissenschaftlichen – nicht sofort Früchte, auch weil seine Bücher nach dem Verbrennungsurteil auf den Index kamen und zu besonderen Raritäten wurden: »Im 17. Jahrhundert blieb man weiterhin, wenigstens auf der großen Linie, den alten Konzeptionen treu. Erst im 18. Jahrhundert schwenkte man auf den Weg ein, den Bruno gewiesen hatte«.[448] Man denke an den *Sturm und Drang,* aber auch an die *Romantik:* Das sind Bewegungen, die bei Bruno schon angeklungen sind; und man vergesse nicht, daß Hamann und Goethe große Bewunderer unseres Philosophen waren.

Giordano Bruno war auch der erste in der modernen Philosophie, der das Wort *Monade* im Sinne der realen, nicht ausgebreiteten, also spirituellen Einheit gebrauchte. Er konzipierte die Monade als das *minimum,* also als die unteilbare Einheit, das konstituierende Element aller Dinge. Diese Theorie legt er in den lateinischen Lehrgedichten *De Minimo* und *De Monade* dar. Leibniz besaß diese Werke und hat ohne Zweifel daraus viele Ideen für seine *Monadologie* geschöpft, die er 1714 für den Prinzen Eugen von Savoyen auf französisch schrieb. Jacobi hatte wohl Recht, wenn er überzeugt war, daß Gassendi, Descartes, Spinoza und Leibniz »wichtige Theile ihres Lehrgebäudes« von Bruno bezogen haben. Nach ihm haben viele andere dasselbe gesagt.

Bruno ragt auch als moralische Gestalt hervor. Niemand hat die Freiheit des Denkens wie er bis zur Hingabe des Lebens eingefordert. In einer Epoche, in der freies Denken Kerker und Tod mit sich brachte, stand er auf und erhob seine Stimme gegen die Obskurantisten. In einem theologisierten und klerikalisierten Europa war er der erste, der von der »philosophischen Freiheit« sprach. Manche seiner satirischen Attacken gegen das Christentum, z.B. im *Spaccio*, sind noch vernichtender als jene von Voltaire. Sie sind aber auch radikaler als die Kritik Nietzsches, denn sie schonen nicht einmal die Figur Christi, der im Gewand des Orion der Satire ausgeliefert wird. Sie erinnern eher an die antichristliche Kritik eines Celsus oder des Kaisers Julian. Wenn man genau zusieht, ist die ganze Philosophie Brunos radikal antichristlich. Wenn die Welt tatsächlich ewig und unendlich ist, welchen Sinn hat dann der Mythos von einem persönlichen Gott, der die Welt aus dem Nichts geschaffen hat? Und wer hat dann Gott geschaffen? Im *Spaccio* liest man, daß Christus-Orion von den Göttern zu den Menschen gesandt werden mußte, damit er ihnen begreiflich mache, »was uns irgend gut deucht und genehm erscheint, indem er sie glauben lassen kann, daß weiß schwarz ist, daß der menschliche Verstand, gerade wo er am klarsten zu sehen glaubt, nur Blindheit, daß folglich alles, was der Vernunft als vortrefflich, gut oder als das Beste erscheint, nur gemein, verwerflich und äußerst böse ist, daß die Natur nur eine feile Dirne, das Naturrecht nur eine Schurkerei ist [...] Auch soll er sie überzeugen, daß die Philosophie, alle Forschung und Magie nichts ist als pure Torheit; daß jegliche heroische Tat nur Feigheit, daß die Unwissenheit die herrlichste Wissenschaft der Welt ist, eine Wissenschaft, die man sich ohne Anstrengung aneignen kann und die den Geist nicht mit Traurigkeit erfüllt«.[449]

Tatsächlich haben die ersten Christen es so verstanden, als ob die Kultur zu bekämpfen wäre. Sie haben wohl die Seligpreisung wörtlich genommen: »Selig die Armen im Geiste!« Hier möchte ich Celsus zitieren: »Solches wird ihnen [den Christen] geboten: ›Kein Gebildeter komme heran, kein Weiser, kein Kluger, denn als Böses gilt dieses bei uns; sondern wenn einer unwissend, unverständig, ungebildet, wenn einer unmündig ist, er komme mutig heran‹. Denn indem sie auf solche Weise diese als ihres Gottes würdig bekennen, so ist klar, daß sie nur die Einfältigen und Niedrigen und Unverständigen und Sklaven und Weiblein und Kindlein überreden wollen und können. Was ist es denn sonst Böses, gebildet und um die besten Reden besorgt und klug zu sein und so zu erscheinen? Was

Giordano Bruno

hindert dies denn an der Erkenntnis Gottes? Warum aber ist's nicht vielmehr förderlich und wodurch vielmehr einer wohl Wahrheit erreichen könnte?«[450] Wollen wir etwa behaupten, daß der Geist jener grobschlächtigen Christen reiner gewesen sei, als der des überaus gebildeten Celsus? Wenn es so wäre, dann müßte man tatsächlich die Bibliotheken in Brand stecken. Die Abneigung der Kirche gegen eine Kultur außerhalb ihres Einflusses hat Jahrhunderte lang gedauert. Noch in einem Brief vom 3. Jänner 1870, geschrieben von Papst Pius IX. an den italienischen König Vittorio Emanuele II., steht zu lesen, daß »die Schulpflicht« für den Stellvertreter Christi »eine Plage« sei. Ja – die Religion fürchtet andere Kulturen wie die Vampire das Morgengrauen.

Bruno pflegte zu sagen: Wer die Weisheit wählt, wählt den Schmerz. Aber er hätte keinen einzigen seiner *Schmerzen* für alle *Freuden* der engherzigen Philister eingetauscht. Versteht man mich? Auf ihn paßt der Vers Petrarcas genau: »Tausend Freuden gelten nicht wie einen Schmerz«;[451] oder der andere Vers, ebenfalls von Petrarca: »Ein anderes Vergnügen als zu lernen, versucht' ich nicht«.[452] Und Bruno scheute die Wahrheit nicht, auch wenn sie ein furchtbares und bedrohliches Gesicht zeigte.

»Wie viel Wahrheit *erträgt*, wie viel Wahrheit *wagt* ein Geist? das wurde für mich immer mehr der eigentliche Werthmesser«[453]: So schreibt der kokette Nietzsche zur Ankündigung einer haarsträubenden Wahrheit, die dann – zur Beschämung des Lesers – nicht eintrifft. Man erkennt nur das, was man ist. Gut – und wer war Nietzsche? Ein frühpensionierter Professor, der an den renommiertesten internationalen Touristenplätzen mit dem Antichrist kokettierte. Unter solchen Bedingungen ist es schwer, haarsträubende Dinge zu sehen oder zu leben. Er lebte ständig voller Rücksichtnahmen, wie eine Dame in Rekonvaleszenz; und eine Windbö oder ein Temperaturwechsel erschreckten ihn. Der Sturmvogel Bruno hingegen lebte immer mitten in den Unwettern und die Wahrheit, die er ankündigte, erprobte er vor allem an sich selbst. Er erkannte, weil er war. Seinen Erkenntnisprozeß stellt er mit dem schönen Gedicht über den Mythos des Aktaion wunderbar dar:

In den Wäldern macht der Jüngling Aktaion
die Bluthunde und Windhunde los, da ihm das Schicksal
einen Weg voll Zweifel und Unsicherheit weist,

den wilden Waldestieren auf der Spur.
Und siehe: Zwischen den Wassern sah er
den schönsten Körper, das schönste Gesicht,
das Mensch und Gott wohl je zu sehen vermögen,
in Purpur und Alabaster und feinem Gold;
und der große Jäger wurde zur Beute.
Den Hirsch, der zu undurchdringlicheren Orten
leichteren Schrittes sich wandte,
verschlangen bald seine vielen, großen Hunde.
Ich schicke meine Gedanken aus nach erlesener Beute,
und sie, zu mir zurückgekehrt,
geben mir den Tod mit grausam wilden Bissen.[454]

Und was ist damit gemeint? Das sagt Bruno selbst: »Aktaion steht hier für den Intellekt, auf der Jagd nach göttlicher Weisheit im Augenblick des Erfassens der göttlichen Schönheit«.[455] Der Philosoph überschreitet also die empirische Realität und vertieft sich in den Geist des Universums. Es handelt sich um eine Art Vergöttlichung oder Apokatastasis im gnoseologischen Sinn. Und das ist es, was er »*eroico furore*« nennt – für die Wahrheit, versteht sich. Tocco schreibt: »Die intellektuelle Liebe für Gott ist bei Bruno so wie bei Spinoza der Sieg über die Instinkte, die uns an das Leben angebunden halten, ist die Vorbereitung auf jenes Nirwana, das Buddha viel früher als die Neuplatoniker als letztes Ende nicht nur der moralischen Aktivität, sondern auch der Existenz selbst setzte«.[456] Das ist genau dieselbe Philosophie, die wir später bei Schopenhauer wiederfinden, der nicht zu Unrecht der abendländische Buddha genannt wird. Und noch mehr: So wie Bruno stellt Schopenhauer den Reichtum des Herzens und des Geistes über alles – ja, es gibt für ihn keine üblere Armut als die moralische und intellektuelle.

Bruno hat, wie schon erwähnt, ein aristokratisches Konzept von Kultur und weiß, daß nur wenige imstande sind, wirklich zu denken: »Wenige erreichen die Weisheit und die Kenntnis der Dinge, weil wenige sie mit den dazugehörigen Ernsthaftigkeit suchen. Die nur reich werden wollen und an Gewinne denken, suchen nicht die Weisheit [...]. Statt der Weisheit erreichen sie jene Art von Torheit, die sich dem Ziel, das sie sich vorgenommen haben, gut anpaßt; die Weisheit ist eine Gottheit, die nicht entwertet werden will, und sie läßt sich nicht von denen finden, die sie unwürdig suchen«.[457] Von daher die scharfen Angriffe gegen die Söldner der Kultur, die nur studieren, um sich den Titel eines Doktors oder Magisters zu verschaffen. Aber das nützt gar nichts: »So groß auch die Anerkennung, die Ehre und die Zustimmung der Menge sind, die sie glauben erreicht zu haben, wenn es die verdunkelte Welt ist, die die Ehren verteilt, dann können diese dummen Genüsse nur eine gemeine Seele attrahieren«.[458]

Für ihn, ebenso wie für Schopenhauer, existiert nur *eine* Aristokratie: jene des Geistes. Die Welt spiegelt sich auf verschiedene Weise in den Köpfen der Individuen. Angesichts derselben Landschaft stimmt der Dichter Freudenhymnen auf die Natur an, und der Tölpel bleibt ungerührt. Die Realität besteht aus zwei Teilen: aus einem subjektiven und einem anderen objektiven. Wenn der subjektive Teil von geringer Qualität und durch Dummheit getrübt ist, dann wird auch der objektive blaß und unbedeutend. Bruno sagt das auf sehr schöne Weise: »Das überaus klare Licht der Sonne leuchtet oder glänzt nicht für alle, die von ihm erreicht werden, auf dieselbe Weise«.[459] Im Bewußtsein seiner eigenen Größe weiß er ganz genau, daß seine Bücher sozusagen für Schneider und Barbiere nicht geeignet sind: »Dieses Buch ist schwierig, das gebe ich zu. Ja, für den, der eine solche Lektüre nicht lesen kann, sage ich, daß es sogar unmöglich zu lesen ist. Für den, der eine strenge Disziplin nicht gewöhnt ist, und noch mehr für den, der nur Kenntnisse der Grammatik hat, kann nichts leicht sein, nichts empfohlen werden, wenn es nicht nach der Sandale der falschen Literatur stinkt.«[460] Wer nicht fähig ist, sich in die reine Kontemplation des Schönen und Wahren zu erheben, der bleibt in den Niederungen: »Für wenige behalten wir diese Wahrheiten. Die uneingeweihte Masse bleibt weit weg, und ein Laie soll nicht auf den heiligen Berg steigen [...] Die würdige Liebe für das Schöne, der Genuß des Guten, der Brand der unberührten Tugend, die die Brust entflammt, die Anziehungskraft des Wahren, die Gedanken des verdienten Lobes haben uns zu diesem Ziel gebracht, angesichts dessen wir das Urteil des Schicksals und die finsteren Jahrhunderte verachten, die voll sind von Träumen, von irrenden Schatten, und von Wolken, die durch die dunkle Leere schweifen«.[461]

Hochmut, intellektueller Stolz? Und wenn schon: Nur die Lumpen sind bescheiden, sagt Goethe. Und so dachte auch Schopenhauer: Als ihm Hochmut vorgeworfen wurde, antwortete er sarkastisch, daß es wirklich sonderbar wäre, wenn jemand ein Genie wäre, ohne es selbst zu bemerken. Aber Brunos Verachtung für die unwissende Masse, wie sie in seinen Schriften immer wiederkehrt, bedeutet keine Gleichgültigkeit gegenüber den Lebensbedingungen der armen Kinder dieser Erde. Seine Liebe war universal und erstreckte sich auf alle Kreaturen. Er war unter anderem einer der ersten, wenn nicht der erste überhaupt, der die Methoden verurteilte, die bei der Eroberung Amerikas angewendet wurden: »Jene Tiphys [hier steht der Name von Jasons Steuermann, um den kurz davor erwähnten Columbus und seine Gefährten zu bezeichnen] haben den Weg gefunden, den Frieden anderer zu stören, die heimatlichen Schutzgeister der Länder zu entweihen, zu vermischen, was eine umsichtige Natur getrennt hat, durch Handel die Mängel der Menschen zu verdoppeln und die Laster des einen Volkes um die des anderen zu vermehren, mit Gewalt neue Torheiten zu verbreiten und die unerhörten Narrheiten dorthin zu verpflanzen, wo es sie noch nicht gab, und am Ende den Stärkeren als den Klügeren auszugeben. Sie haben den Menschen neue Wege, Werkzeuge und Künste gewiesen, sich gegenseitig zu unterdrücken und umzubringen. Dank solcher Taten wird einst die Zeit kommen, wo jene Völker, aus eigenem Schaden klug, durch den Wechsel im Lauf der Dinge in die Lage versetzt werden, uns die Folgen dieser verderbenbringenden Erfindungen in gleicher oder schlimmerer Form heimzuzahlen«.[462] Heute wissen wir, daß das eine realistische Prophezeihung ist. Auch in *De immenso* erwähnt er Columbus: »Der Ligure, oder der geizige Etrusker, hat die Riegel des Ozeans geöffnet, damit der ungestüme Spanier Amerika ergreifen könnte«.[463] Es wäre jedoch heute an der Zeit, mit der Legende aus der Zeit der Aufklärung Schluß zu machen, derzufolge nur die katholischen Spanier grausam gegen die Eingeborenen des amerikanischen Kontinents vorgegangen wären. Die Angelsachsen trieben es noch schlimmer und rotteten sie aus.

Der Mensch, sagt Bruno, »ist mit keiner größeren Weisheit begabt als die anderen Wesen«; im Gegenteil – in vielerlei Hinsicht sind ihm diese überlegen. Dennoch ist dem Menschen »ein besseres Schicksal beschieden, weil ihm das Geschenk der Hand zuteil geworden war«.[464] Aber wozu dient die Hand, wenn sie nicht von Vernunft und Weisheit geführt ist? Welchen grauenhaften Gebrauch der Mensch oft davon gemacht hat, bedarf keiner Erwähnung. Im *Spaccio* steht, daß die Vorsehung dem Menschen die Hand gegeben hat, damit er sich nicht besinne, ohne zu handeln, und nicht handle, ohne sich zu besinnen. Aber die Geschichte der Menschen setzt sich fast ausschließlich aus Handlungen ohne Besinnung zusammen. So wurde die Hand zum Instrument des Mordes und der Ausrottung, und zwar nicht nur der Menschen, sondern auch der anderen Lebewesen. Bruno gebührt die große Ehre, erkannt zu haben, daß die Tiere aus derselben Substanz geschaffen sind wie wir selbst. Daraus ergibt sich als Konsequenz, daß es keinen Unterschied ausmacht, ein Tier zu töten oder einen Menschen umzubringen. Eins ist alles und alles ist eins.

Wie Lukrez und andere große aufgeklärte Geister liebte Bruno die Tiere, deren Unschuld ihn oft die Bosheit der Menschen vergessen ließ; und die Jagd mußte ihm so schrecklich erscheinen wie der Krieg, sei es aus religiösen oder aus anderen Gründen. Er wendet feurige Worte gegen die Jäger, die er für verächtlicher und niedriger als die Henker hält, weil diese wenigstens im Namen des Gesetzes handeln, während jene sich damit unterhalten, die Gliedmaßen eines armen Tieres zu zerreißen. Die von ihm aufgegriffene und einbekannte Theorie von der Seelenwanderung verstärkte diese Sensibilität. Niemand entkommt den eigenen Verbrechen: früher oder später, unter dieser oder jener Gestalt, in dieser oder jener Reinkarnation muß die Schuld beglichen werden. Das ist noch besser im Gesetz des Karma zum Ausdruck gebracht, das auf dem eschatologischen Werdegang des Individuums lastet.

Es ist ein lebenspendender Geist, der alle Kreaturen beseelt, aber dieser Eine ist auch unsterblich. Bruno lehrt tatsächlich die Unzerstörbarkeit unseres wahren Wesens, d.h. unserer metaphysischen Wurzel: »Die rationale Seele fürchtet den Tod nicht, ja, manchmal strebt sie ihm spontan zu, geht sie ihm spontan entgegen. Sie bewahrt jede Substanz, als Ewigkeit in der Dauer, als Unendlichkeit im Ort un als Fülle der Form im Akt«.[465]

Ich habe versucht, eine Vorstellung von der Philosophie Brunos zu vermitteln und möchte mit dem Anfang von *De immenso* schließen, der wie ein spirituelles Testament klingt: »Dem Geist, der mein Herz mit der Kühnheit der Vorstellungen inspiriert, hat es gefallen, meine Schultern mit Flügeln auszustatten und mein Herz zu einem von höchster Ordnung festgelegten Ziel zu führen. In seinem Namen ist es möglich, das

Glück und den Tod zu verachten. Es öffnen sich geheime Tore, es brechen die Ketten, die nur wenige vermieden haben, und von denen nur wenige sich entfesseln konnten. Die Jahrhunderte, die Jahre, die Monate, die Tage, die zahlreichen Generationen, Waffen der Zeit, für die weder die Bronze noch der Diamant hart genug sind, haben gewollt, daß wir für ihre Wut unangreifbar bleiben. So steige ich furchtlos auf, durchfurche mit Flügeln die Unendlichkeit des Raumes, ohne daß mich ein Vorurteil vor den himmlischen Sphären zurückhielte, deren Existenz von einem falschen Prinzip abgeleitet wurde, damit wir in einem Scheinkerker eingeschlossen und das Alles zwischen diamantene Mauern hineingezwungen wäre [...]. Während ich mich sicher auf den Weg mache, glücklich erhoben von einem leidenschaftlichen Studium, werde ich Führer, Gesetz, Licht, Prophet, Vater, Autor und Weg. Während ich mich von dieser Welt zu anderen schillernden Welten erhebe und den luftigen Raum durchquere, lasse ich das Staunen der Bestürzten weit hinter meinen Schultern«.[466]

Um seinen Höhenflug abzubrechen, zerrten ihn die Priester – als brave Diener des Todes – in die Tiefe und übergaben ihn dem Scheiterhaufen.

Zeittafel

1548   Bruno wird in Nola, nicht weit von Neapel und nordöstlich des Vesuvs, geboren und auf den Namen Filippo getauft. Der Vater, Giovanni Bruno, tut im Militär Dienst; die Mutter heißt Fraulissa Savolino

1562   Beginn des Studiums in Neapel

1565   Eintritt in den Dominikanerorden bei San Domenico Maggiore in Neapel. Ordensname: Giordano

1566–70 Studium der Rhetorik, Dialektik, Naturphilosophie und Metaphysik in der dominikanischen Universität von San Domenico Maggiore in Neapel. Erste Konflikte mit dem Orden aufgrund von Äußerungen gegen die Marien- und Heiligenverehrung.

1570   2. Jahreshälfte: Weihe zum Subdiakon

1571   Weihe zum Diakon

1573   Priesterweihe

1575   Studienabschluß: im Juli Doktor der Theologie. Verbotene Lektüre. Durch unvorsichtige Äußerungen über die Trinität gerät Bruno in den Verdacht der Häresie.

1576   Bruno wittert Gefahr. Februar: Flucht nach Rom, wo er im Konvent der Dominikaner von Santa Maria sopra Minerva wohnt. Er erfährt, daß man in Neapel einen Prozeß gegen ihn einleitet. Er legt sein Ordensgewand ab und flieht weiter nach Norditalien: zuerst nach Genua, dann nach Noli, wo er mehrere Monate als Privatlehrer der Grammatik und Astronomie verbringt.

1577   Von Noli begibt sich Bruno nach Turin, von da per Schiff auf dem Po nach Venedig; dann zurück über Padua, Brescia, Bergamo, Mailand wieder nach Turin.

1578   Ende September verläßt Bruno Italien und begibt sich über den Mocenisio-Paß nach Chambéry, wo er im Konvent der Dominikaner wohnt.

1579   Im Frühling geht Bruno nach Genf, wo er sich am 20. Mai in die Akademie einschreibt. Bittere Erfahrungen mit den Kalvinisten. Haft wegen einer Streitschrift gegen den Inhaber des Lehrstuhls für

Philosophie. Nach der Freilassung geht Bruno zuerst nach Lyon, dann nach Toulouse.

1579–81   Bruno verbringt etwa zwei Jahre in Toulouse und ist als ordentlicher Lektor für Philosophie tätig.

1581   Kämpfe zwischen Hugenotten und Katholiken flammen wieder auf. Zu Herbstbeginn geht Bruno nach Paris. Zusammenkunft mit König Heinrich III., der ihn zum »königlichen Lektor« ernennt. Veröffentlichungen: *De umbris idearum, Cantus Circaeus, De compendiosa architectura et complemento artis Lullij, Candelaio.*

1583   Anfang April geht Bruno nach London. Mit einem Empfehlungsbrief des Königs wird er im Haus des französischen Botschafters, Michel de Castelnau, aufgenommen. Streit mit den Professoren in Oxford. Veröffentlichung der sechs italienischen Dialoge zur Kosmologie, Moralphilosophie und Erkenntnistheorie.

1585   Im Oktober oder November kehrt Bruno mit dem Botschafter nach Paris zurück.

1586   Streit wegen der Verteidigung von antiaristotelischen Thesen am Collège de Cambray. Bruno verläßt Frankreich und geht über Mainz, Frankfurt und Marburg nach Wittenberg, wo er für zwei Jahre eine fruchtbare Lehrtätigkeit entfaltet.

1588   Bruno geht nach Prag, er widmet Kaiser Rudolf II. seine *Thesen gegen die Euklidische Geometrie.* Keine Beschäftigung am kaiserlichen Hof. Rückkehr nach Deutschland: Im November finden wir ihn in Tübingen, wo er vergeblich versucht, als Privatdozent zugelassen zu werden. Er reist weiter nach Helmstedt: anerkannte Lehrtätigkeit an der Academia Julia und intensive Arbeit an seinen *Lehrgedichten.*

1590   Bruno verläßt Helmstedt Ende April und trifft im Juni in Frankfurt a. M. ein.

1591   Veröffentlichung von *De minimo.* Noch im Winter geht er in die Schweiz und ist für fünf Monate Gast des Hans Heinrich Hainzel. Zurück in Frankfurt: Veröffentlichung von *De monade, De immenso, De imaginum, signorum et idearum compositione.* Er bekommt zwei Einladungsbriefe des venezianischen Patriziers Giovanni Mocenigo, der ihn als Lehrer engagieren will. Bruno trifft im August in Venedig ein. Er wohnt zunächst privat, reist nach Padua und hält dort Vorlesungen für die Studenten der »Natio Germanica«; unter ihnen ist sein Schüler Besler aus der Wittenberger Zeit. Mit Jahresende endgültig in Venedig.

1592   Etwa Ende März übersiedelt Bruno in den Palast Mocenigos in Venedig. Mocenigo läßt Bruno gefangennehmen und liefert ihn der Inquisition aus. Einkerkerung im Gefängnis der Inquisition von San Domenico di Castello in Venedig. Erst Verhöre durch die Inquisition.

1593   19. Februar: Bruno wird über Ancona nach Rom gebracht und im Gefängnis des heiligen Offiziums eingekerkert.

ab 1593   Bruno ist für sieben Jahre im Inquisitionsgefängnis »lebendig begraben«. Er wird an jeder geistigen Arbeit gehindert. Im Zuge des römischen Inquisitionsprozesses wird er mehrmals gefoltert.

1600   8. Februar: Verkündigung des Urteils gegen Bruno. Die letzten Lebenstage verbringt er im Kerker von Tor di Nona, gegenüber der Engelsburg. 17. Februar: Bruno wird im Morgengrauen auf dem Campo dei Fiori lebendig verbrannt.

Zitierung und Übersetzungen

Die Werke Giordano Brunos werden in diesem Buch mit den italienischen oder lateinischen Originaltiteln angegeben. Im Text sind diese Werke der besseren Lesbarkeit wegen meist nur mit einem Stichwort aus dem Titel genannt (*Spaccio de la bestia trionfante* = *Spaccio, La cena de le ceneri* = *Cena, De innumerabilibus, immenso et infigurabili* = *De immenso, usw.*) Zur Orientierung sind im folgenden den wichtigsten Originaltiteln die deutschen Titel gegenübergestellt, geordnet nach dem Jahr der Drucklegung:

1582	*Il candelaio*	Der Kerzenzieher
1582	*De umbris idearum*	Über die Schatten der Ideen
	Ars memoriae	Gedächtniskunst
1582	*Cantus circaeus*	Gesang der Circe
1583	*Explicatio triginta sigillorum*	Erklärung der dreißig Siegel
1584	*La cena de le ceneri*	Das Aschermittwochsmahl
1584	*Spaccio de la bestia trionfante*	Die Vertreibung der triumphierenden Bestie
1584	*De l'infinito, universo e mondi*	Vom Unendlichen, dem All und den Welten
1584	*De la causa, principio et uno*	Von der Ursache, dem Prinzip und dem Einen
1585	*De gli eroici furori*	Von den heroischen Leidenschaften
1585	*Cabala del cavallo pegaseo, con l'aggiunta dell'asino cillenico*	Die Kabbala des Pegasus, mit der Zugabe des Kyllenischen Esels
1586	*Centum et viginti articuli de natura et mundo adversus peripateticos*	120 Artikel über die Natur und die Welt gegen die Peripathetiker
1587	*Lampas triginta statuarum*	Die Lampe der dreißig Statuen
1587	*De lampade combinatoria Lulliana*	Über die lullianische Lampe der Kombinatorik
1587	*De progressu et lampade venatoria logicorum*	Über Fortschritt und Licht der logischen Forschung

1588	*Camoeracensis acrotismus, seu rationes articolorum adversus Peripateticos Parisiis propositum*	Argumente der physikalischen Artikel, die in Paris gegen die Peripatetiker vorgelegt wurden
1588	*Articuli centum et sexaginta adversus huius tempestatis mathematicos atque philosophos*	160 Artikel gegen die Mathematiker und Philosophen dieser Epoche
1588	*Oratio valedictoria*	Abschiedsrede (aus Wittenberg)
1589	*Oratio consolatoria*	Trostrede (zum Tod des Herzogs Julius)
1591	*De triplici minimo et mensura*	Vom dreifach Kleinsten und vom Maß
	De innumerabilibus, immenso et infigurabili	Vom Unzählbaren, Unermeßlichen und Unvorstellbaren
	De monade numero et figura	Von der Monade, der Zahl und der Gestalt

Für die Zitate aus den Werken Brunos wurden im allgemeinen die Übersetzungen Kuhlenbecks herangezogen, mitunter jedoch auch die folgenden Übersetzungen von Einzelwerken; in jedem Fall wurden die Übersetzungen jedoch, wo es notwendig schien, modifiziert, um den Originaltext möglichst genau wiederzugeben.

Giordano Bruno, *Gesammelte Werke* in 6 Bänden, hrsg. und ins Deutsche übertragen von Ludwig Kuhlenbeck. Jena 1904–1909.

Giordano Bruno, *Von den heroischen Leidenschaften*, übersetzt und herausgegeben von Christiane Bacmeister. Mit einer Einleitung von Ferdinand Fellmann, Felix Meiner Verlag, Hamburg 1989.

Giordano Bruno, *Von der Ursache, dem Prinzip und dem Einen*. Aus dem Italienischen übersetzt von Adolf Lasson. Mit einer Einleitung von Werner Beierwaltes. Herausgegeben von Paul Richard Blum. Felix Meiner Verlag, 7. verbesserte Auflage, Hamburg 1993.

Giordano Bruno, *Das Aschermittwochsmahl*. Übersetzt von Ferdinand Fellmann. Mit einer Einleitung von Hans Blumenberg. Insel Taschenbuch 548. Erste Auflage 1981.

Giordano Bruno, *Über die Ursache, das Prinzip und das Eine*. Übersetzung und Anmerkungen von Philipp Rippel. Philipp Reclam jun., Stuttgart 1986.

Giordano Bruno, *Über das Unendliche, das Universum und die Welten.* Aus dem Italienischen übersetzt und herausgegeben von Christiane Schultz, Reclam, Stuttgart 1994.

Giordano Bruno, *Candelaio. Kerzen, Gold und Sprachgelichter.* Komödie in fünf Akten, aus dem Italienischen übersetzt und mit einem Nachwort versehen von Johannes Gerber. Editions Theaterkultur Verlag, Basel 1995.

In den Anmerkungen sind für die am häufigsten zitierten Werke Abkürzungen verwendet. Die Fundstellen in den Werken Giordano Brunos werden nach den italienischen Editionen angegeben; andere Quellen sind von Fall zu Fall im Text erwähnt.

OL   Jordani Bruni Nolani, *Opera latine conscripta*, Napoli–Firenze 1879–1891, 3 voll. In acht Teilen.

OI   Giordano Bruno, *Opere italiane* a cura di Giovanni Gentile, 2 voll., zweite Auflage, Bari 1925. Dritte Auflage, hrsg. v. Giovanni Aquilecchia, Firenze 1958 (Neudruck, Firenze 1985).

L   Giordano Bruno, *Opere latine*, übersetzt von Carlo Monti, Torino 1980 (enthält nur die Frankfurter Lehrgedichte).

O   Giordano Bruno, *Œuvres complètes*, ed. Les Belles Lettres, Paris. Es handelt sich um die neue kritische Ausgabe aller Schriften des Philosophen, der italienischen und der lateinischen, mit gegenübergestellter französischer Übersetzung. Die Ausgabe ist auf zwanzig Bände angelegt, fünf davon sind bisher erschienen.

S   Vincenzo Spampanato, *Vita di Giordano Bruno*, mit veröffentlichten und unveröffentlichten Dokumenten, Messina 1921. Nachdruck, Roma 1988).

Doc.   Vincenzo Spampanato, *Documenti della vita di Giordano Bruno*, Firenze 1933. Unterteilt in neapolitanische, Genfer, Pariser, deutsche, venezianische und römische Dokumente (Doc.nap./ Doc.gin./ Doc.par./ Doc.ted./ Doc.ven./ Doc.rom.)

F   Luigi Firpo, *Il processo di Giordano Bruno*, Roma 1993. Enthält alles, was von den Prozessen in Venedig und Rom überliefert ist.

Bibliographie

Die Bibliographie über Giordano Bruno ist nahezu unübersehbar. Schon allein die Sammlung von Virgilio Salvestrini, die bis in unsere Jahrhundertmitte reicht, enthält 1750 Titel: *Bibliografia di Giordano Bruno 1582 –1950, 2. posthume Auflage, hrsg. von Luigi Firpo, Firenze 1958.* Für die Fortsetzung vgl. Andrzej Nowicki, in: *Atti dell'Accademia di Scienze morali e politiche della Società Nazionale di Science, Lettere e Arte in Napoli,* vol. LXXIX (1968), LXXX (1969), LXXXIII (1972). In der Zwischenzeit wurde weiter sehr viel über Bruno geschrieben, und die Linie seiner Bibliographie steigt immer steiler an. Breite Übersichten bieten Bertrand Levergeois, *Giordano Bruno*, Paris 1995, S. 531–554, und Michele Ciliberto, *Introduzione a Bruno*, Bari 1996, S. 169–200. Jetzt verfügen wir außerdem über die Zeitschrift *Bruniana & Campanelliana*, redigiert von Eugenio Canone und Germana Ernst – ein unentbehrliches Instrument, um sich über die Bibliographie Brunos auf dem laufenden zu halten. Im folgenden eine kleine Auswahl kritischer und biographischer Studien zu Orientierungszwecken, darunter auch solche, die im Text schon erwähnt worden sind:

Amabile, Luigi: *Il Santo Officio della Inquisizione in Napoli*, Città di Castello 1892 (ristampa, Soveria Mannelli 1987).

Aquilecchia, Giovanni: *Giordano Bruno*, Roma 1971.

Aquilecchia, Giovanni: *Schede bruniane (1950 –1991)*, Roma 1993.

Badaloni, Nicola: *La filosofia di Giordano Bruno*, Firenze 1955.

Bartholmèss, Christian: *Jordano Bruno*, 2 voll., Paris 1846–1847.

Berti, Domenico: *Giordano Bruno da Nola, sua vita e sua dottrina*, Torino 1889.

Brunnhofer, Hermann: *Giordano Brunos Weltanschauung und Verhängnis*, Leipzig 1882.

Cantimori, Delio: *Eretici italiani del Cinquecento,* Torino 1992.

Charbonnel, J. Roger: *La pensée italienne au XVI siècle,* Paris 1919.

Cicuttini, Luigi: *Giordano Bruno*, Milano 1958.

Ciliberto, Michele: *Giordano Bruno*, Bari 1990.

Ciliberto, Michele: *Lessico di Giordano Bruno*, Roma 1979.

Ciliberto, Michele: *Introduzione a Bruno*, Bari 1996.

Corsano, Antonio: *Il pensiero di Giordano Bruno nel suo svolgimento storico*, Firenze 1940.

Craveri, Marcello: *L'eresia*, Milano 1996.

Drewermann, Eugen: *Giordano Bruno oder der Spiegel des Unendlichen*, München 1992.

Fellmann, Ferdinand: Giordano Bruno und die Anfänge des modernen Denkens. In: *Die Pluralität der Welten. Aspekte der Renaissance in der Romania*, hrsg. v. W. D. Stempet und K. Stierle, München 1987, S. 449–488.

Firpo, Luigi: *Il processo di Giordano Bruno*, Napoli 1949 (nuova edizione, Roma 1993)

Garin, Eugenio: *Giordano Bruno*, Milano 1966.

Gentile, Giovanni: *Giordano Bruno e il pensiero del Rinascimento*, Firenze 1991 ('1921).

Granada, M. A.: Giordano Bruno, un riformador. In: J. M. Bermudo, *Los Folosfos y suas filosofias*, Barcelona, 1983, Bd. 1, S. 371– 399.

Grassi, Ernesto: *Giordano Bruno. Heroische Leidenschaften und individuelles Leben*, Bern 1947.

Groce, Abel: *Giordano Bruno, der Ketzer von Nola*, Wien 1970.

Guerrini Angrisani, Isa: *Introduzione* a Giordano Bruno, *Candelaio*, Milano 1988.

Guzzo, Augusto: *Bruno, Keplero, Galileo*, Torino 1960.

Guzzo, Augusto: *Giordano Bruno*, in: *Grande antologia filosofica Marzorati*, Milano 1964, S. 1319–1420.

Heimsöth, Heinz: *Giordano Bruno und die deutsche Philosophie*, Köln 1961.

Ingegno, Alfonso: *Cosmologia e filosofia nel pensiero di Giordano Bruno*, Firenze 1978.

Kirchhoff, Jochen: *Giordano Bruno*, Reinbek bei Hamburg 1993.

Koyré, Alexander: *Von der geschlossenen Welt zum unendlichen Universum*, Frankfurt 1969.

Kuhlenbeck, Ludwig: *Giordano Bruno. Seine Lehre von Gott, von der Unsterblichkeit und von der Willensfreiheit*, Berlin 1913.

Landseck, Rudolf (=Kuhlenbeck, Ludwig): *Bruno, der Märtyrer der neuen Weltanschauung. Sein Leben, seine Lehren und sein Tod auf dem Scheiterhaufen*, Leipzig 1890.

Levergeois, Bertrand: *Giordano Bruno*, Paris 1995.

McIntyre, J. Lewis: *Giordano Bruno*. London 1903.

Mercati, Angelo: *Il sommario del processo di Giordano Bruno*, Città del Vaticano 1942.

Namer, Émile: *Les aspects de Dieu dans la philosophie de Giordano Bruno*, Paris 1926.

Namer, Émile: *Giordano Bruno out l'Univers infini comme fondement de la philosophie moderne*, Paris 1966.

Ordine, Nuccio: *La cabala dell'asino. Asinità e conoscenza in Giordano Bruno*, Napoli 1987.

Paterson, A. M.: *The Infinitive World of Giordano Bruno*, Springfield, Illinois, 1970.

Ricci, Saverio: *La fortuna del pensiero di Giordano Bruno 1600–1750*, Firenze 1990.

Rocchi, Jean: *L'errance et l'hérésie ou le destin de Giordano Bruno*, Paris 1989.

Sänger, Werner.: *Goethe und Giordano Bruno. Ein Beitrag zur Geschichte der Goethischen Weltanschauung*. In: *Germanische Studien*, Heft 91 (1930).

Schelling, Friedrich W. J.: *Bruno oder über das göttliche und natürliche Princip der Dinge* (1802). In: *Sämtliche Werke*, 1. Abt., 4 Bd., Stuttgart 1859.

Sigwart, Christoph: *Die Lebensgeschichte Giordano Brunos*, Tübingen 1880.

Spampanato, Vincenzo: *Vita di Giordano Bruno*, Messina 1921 (fotomechanischer Nachdruck, mit einem Nachwort von Nuccio Ordine, Roma 1988).

Spaventa, Bertrando: *Principi della filosofia pratica di Giordano Bruno*, in *Saggi di filosofia civile*, Genova 1851.

Spaventa, Bertrando: *La filosofia italiana nelle sue relazioni con la filosofia europea*, Bari 1908.

Stein, Heinrich von: *Giordano Bruno. Gedanken über seine Lehre und sein Leben*, Leipzig 1900.

Tocco, Felice: *Le opere latine di Giordano Bruno esposte e confrontate con le italiane*, Firenze 1889.

Vecchiotti, Icilio: *Che cosa ha »veramente« detto Giordano Bruno*, Roma 1971.

Waley Singer, Dorothea: *Giordano Bruno. His Life and Thought*, New York 1950.

Yates, Frances A.: *Giordano Bruno e la cultura europea del Rinascimento*, Bari 1988. Id., *Giordano Bruno and the Hermetic Tradition*, London 1964.

Anmerkungen

1 Angelo Mercati, Il sommario del processo di Giordano Bruno, Città del Vaticano 1942, Vorwort.

2 Schopenhauer, Nachlaß, München 1985, III, 57

3 Ludwig Kuhlenbeck, Giordano Bruno, Gesammelte Werke, Vorwort zum 1. Band

4 Lichtenberg, Aphorismen, Ed. Leitzmann, L 469

5 Paulinus von Nola, Carmen XVIII, 107 – 110

6 OI, II, 718

7 OI, II, 975

8 OI, II, 634 f

9 S 58

10 De immenso, 2. Buch, Kap. 8, Ende

11 Doc.ven. VIII

12 Doc.nap. I

13 S 87

14 S 91

15 S 651

16 S 108

17 S 109

18 S 129

19 S 131

20 Doc.ven. VIII

21 S 136

22 S 143

23 Doc.ven. VIII

24 S 201

25 Doc.par. V

26 S 149

27 Doc.nap. VIII

28 S 150

29 OI, II, 842

30 Eugenio Canone (Hrsg.), Giordano Bruno, Cassino 1992, S. 49

31 Doc.ven. VIII

32 Friedrich Nietzsche, Der Antichrist, 26

33 Opere di Giovanni Papini, Bd. X (Stroncature), Firenze 1944, S. 227 ff

34 Doc.ven. XII

35 S 183

36 Doc.ven. XIII

37 Doc.ven VII und XXIII

38 Doc.par. II

39 Canone, Giordano Bruno, op.cit., S. 47 f

40 Doc.ven. XIII

41 Doc.ven. XIII

42 Doc.ven. XIII

43 Goethe, Faust, Vers 7975

44 Anselm von Aosta (= von Canterbury), Proslogion I, 7

45 Goethe, Faust, Verse 3560 ff

46 Doc.ven. VIII

47 S 261

48 Doc.ven. I

49 Doc.par. II

50 S 265

51 S 264

52 Petrarca, Familiarum rerum libri, XIV, 5

53 Doc.ven. VIII und IX

54 Dantes Poetische Werke, übertragen von Richard

Zoozmann, Freiburg im Breisgau 1912, Purgatorio IV, 26

55 I Giganti. Dante Alighieri, Milano 1968, S. 29

56 S 608

57 OI, II, 818

58 S 273

59 OI, I, 196

60 Doc.ven. IX

61 OI, II, 763

62 Doc.ven. IX

63 OI, II, 603 f

64 OI, II. 773

65 OI, I, 365

66 OI, II. 999

67 »flammantia moenia« ist ein Ausdruck von Lukrez, wenn er von Epikur spricht: *processit longe flammantia moenia mundi*: De rerum natura I, 73

68 OI, II, 713 f

69 Doc.ven. IX

70 S 275

71 Doc.ven. IX

72 OL, II, Teil II, 191 f

73 4. Akt, 6. Szene

74 OI, I, 69 f

75 Doc.ven. IX

76 S 277

77 Doc.ven. IX

78 OI, II, 550

79 Diogenes Laertius, II, 27

80 Doc.ven. IX

81 Doc.gin. V

82 Nachlaß, op.cit., Bd. 4, I, S.293 (im Original französisch)

83 S 282

84 Luther, Veit Dietrichs Nachschriften, Nr. 76

85 Michele Ciliberto, Introdu-

zione a Giordano Bruno, Bari 1996, S. 25

86 Doc.gin. I

87 Doc.gin. III

88 Doc.gin. IV

89 Doc.gin. V

90 Nun ins Italienische übersetzt von Alberto Pelissero, Torino 1995

91 A. Schopenhauer, Reisetagebücher aus den Jahren 1803–1804, Leipzig 1923, S. 34

92 Benedetto Croce, Vite di avventure, di fede e di passione, Bari 1953, S. 187 ff

93 a.a.O.

94 OI, II, 661 f

95 S 300

96 Doc.ven. IX

97 Apuleius, Metamorphosen I, 15

98 OI, II, 935

99 OI, I, 159

100 Rousseau, Bekenntnisse, 1.Teil, 6. Buch

101 Vgl. Marcello Craveri, L'Eresia, Milano 1996, S. 146

102 OI, II, 929 f

103 OI, II, 931

104 a.a.O.

105 Schopenhauer, Parerga und Paralipomena II, Paragraph 369

106 Doc.ven. IX

107 Rabelais, Pantagruel, 2. Buch, Kapitel 5

108 Doc.ven. XII

109 A. Nowicki, Giordano Bruno nelle patria di Copernico, Wroclaw 1972, S. 19 f

110 OI, I, 88

111 OI, I, 260

112 B. Levergeois, Giordano Bruno, Paris 1995, S. 95 ff
113 Doc.ven. IX
114 Doc.ven. XII
115 Schopenhauer, Nachlaß, op.cit., 4, II, S 23
116 Doc.ven. IX
117 Doc.ven. IX
118 Candelaio, übersetzt von Johannes Gerber, Basel 1995, S. 84
119 OL I, Teil IV, S. 5
120 Sat.I, 4, 10
121 Nach G. Aquilecchia, in: Studi Secenteschi, Band XVII, 1976, S. 155 f
122 Nach Orsola Nemi u. Henry Furst, Caterina de' Medici, Milano 1980, S. 300 f
123 a.a.O.
124 a.a.O.
125 a.a.O. S. 263 f
126 Christian Bartholmèss, Giordano Bruno, Paris 1846/47, Bd. I, S. 72
127 S 319
128 G. Bruno, Le ombre delle idee, Milano 1988
129 OI, I, 17 f
130 OI, II, 826
131 OI, II, 842
132 OI, II, 715 f
133 Nietzsche, Studienausgabe dtv 1980, Bd.1, S. 137
134 Jean Rocchi, L'errance et l'hérésie ou le destin de Giordano Bruno, Paris 1989, S. 104.
135 Candelaio, cit. S. 14
136 Le ombre delle idee, op. cit., S. 115

137 a.a.O., S. 65
138 S 125
139 S 35
140 Schopenhauer, Nachlaß, op.cit. 4, II, S. 1
141 Le ombre delle idee, op. cit., S. 47
142 Doc.par. III
143 Le ombre delle idee, op. cit., S. 45
144 Doc.ven. IX
145 F.A.Yates, Giordano Bruno and the Hermetic Tradition, London 1964, S. 204
146 Giovanni Aquilecchia, Giordano Bruno, Roma 1971, S. 28
147 Vgl. dazu das Buch von John Bossy, Bruno and the Embassy Affair, London 1991.
148 Marginalia, collected and edited by G.C.Moore Smith, Stratford-upon-Avon 1913, S. 156
149 OI, I, 133
150 M. Ciliberto, Giordano Bruno, Bari 1990, S. 31f
151 The Reasons which Doctour Hill Hath Brought ecc.
152 Yates, Bruno – Hermetic, op.cit. S. 208 f
153 Émile Namer, Documents sur la vie de Jules-Césare Vanini de Taurisano, Bari 1965
154 John Aubrey, Vite brevi di uomini eminenti, Milano 1989, S. 275 f
155 Ciliberto, op.cit., S. 34
156 S 354
157 OI, I, 36 f
158 OI, I, 17

Giordano Bruno

159 OI, I, 345 ff
160 OI, I, 363
161 Levergeois, op.cit., 175
162 OI, I, 175 f
163 OI, I, 194
164 OI, I, 70 f
165 OI, I, 77
166 OI, I, 81
167 S 366
168 OI, I, 82 f. Damals hatten die Leute ohne Besteck mit den Händen gegessen, und das nicht nur in England. Man lese dazu das Reisebuch *Crudities* von Thomas Coryat, erschienen in London 1611.
169 OI, I, 202
170 OI, I, 23
171 Doc.ven. XI
172 S 364 f
173 S 343
174 OI, I, 53 f
175 OL, II, Teil II, S. 75
176 OI, I, 295 f
177 a.a.O.
178 S 344
179 OI, I, 223
180 Doc.ven. XIII
181 Vgl. dazu das Buch von Saverio Ricci: La fortuna del pensiero di Giordano Bruno, Firenze 1990
182 OI, I, 214
183 Rinascimento, Vol. XXVII (1987)
184 Vgl. dazu die Anmerkung von Giovanni Aquilecchia in O, III, 345
185 Yates, Bruno – Hermetic, op.cit. S. 357
186 S 360
187 OI, I, 196
188 OI, I, 67 f
189 OI, I, 75
190 OI, I, 26
191 Doc.ven. IV
192 OI, II, 929 f
193 nach S 368
194 OI, I, 159
195 a.a.O., Anmerkung
196 OI, I, 55
197 OI, I, 81
198 Doc.ven. IX
199 Aubry, op.cit. S. 69
200 a.a.O.
201 Vgl. Francesco De Paola, Altri documenti vaniniani, Università di Lecce, Bollettino di storia della filosofia, vol. V, 1977
202 Hier möchte ich auf ein neues und gut geschriebenes Buch hinweisen: Domenico M. Fazio, Giulio Cesare Vanini nella cultura filosofica tedesca del Sette e Ottocento. Da Brucker a Schopenhauer, Lecce 1995.
203 S 387
204 Cosima Wagner, Die Tagebücher, Bd. II, München 1977, S.1003
205 Doc.ven. IX
206 S 645, Anmerkung
207 Schopenhauer, Nachlaß, op.cit, Bd. 4, II, S. 1
208 Doc.par. I
209 Doc.par. II
210 Doc.par. III
211 Doc.par. VI
212 F.A.Yates, Giordano Bruno e la

cultura europea del Rinascimento, Bari 1988. S. 123

213 Doc.ven. XVII
214 »Il Compasso del S[ignor] Fabrizio Mordente con altri istromenti mathematici ritrovati da Gasparo suo fratello«.
215 S 396
216 Doc.par. VII
217 Aquilecchia, op.cit., S. 60
218 Yates, Bruno – Rinascimento, op.cit., S. 120
219 Yates, Bruno – Rinascimento, op.cit., S. 121
220 Doc.par. X
221 Yates, Bruno – Rinascimento, op.cit. S. 123
222 S 403
223 Amalia Perfetti, Un nuovo documento sul secondo soggiorno parigino di Giordano Bruno (1585 – 1586), in: Canone, op.cit., S. 99 – 109
224 OI, I, 169
225 Vgl. S 329
226 Yates, Bruno – Rinascimento, op.cit., S 125
227 Doc.ven. IX
228 Doc.ven. IX
229 Eugen Drewermann, Giordano Bruno, München 1992, S. 329 f
230 Doc.ted. I
231 OI, I, 260
232 Drewermann, op.cit., S. 334 f
233 Doc.ven. IX
234 Nietzsche, Kritische Studienausgabe cit., Bd. 6, S.251 f
235 Piero Buscaroli, Bach, 3. Auflage, Milano 1998, S. 123
236 Ich beziehe mich vor allem auf die Ruinen von Timgad und Djemila in Algerien, auf Bulla Regia, Dougga, Maktar und Thuburgo Maius in Tunesien, auf Sabratha und Leptis Magna in Lybien.
237 Julius Firmicus Maternus, De errore profanarum religionum, XXVIII, 6
238 a.a.O., XXIX
239 Edward Gibbon, The History of the Decline and Fall of the Roman Empire, Kapitel 28
240 Libanius, Pro templis, 8, 9
241 Eunapius, vit. soph. VI, 11
242 Ep. CVII, 2
243 Marcus Diaconus, vit. Porph., 26 ff
244 Proclus, Oratio XX in laudem s. Joh. Chrys. Vgl. auch Johannes Chrysostomus, Epist. CCXXI
245 Ep. XLVII
246 Sermo XXIV
247 op.cit. 42
248 Regula Pachomii, XCII, pars I
249 Ep. XXII, 7
250 Ep. CVII, 11
251 OI, II, 659
252 OI, II, 774
253 F. Tocco, Le opere latine di Giordano Bruno esposte e confrontate con le italiane, Firenze 1889, S. 107
254 I. Vecchiotti, Che cosa ha veramente detto Giordano Bruno, Roma 1971, S. 154
255 Jochen Kirchhoff, Giordano Bruno, Reinbek bei Hamburg 1993, S. 45

256 Doc.ted. III
257 Doc.ted. IV
258 Doc.ven. IX
259 Canone, op.cit. S. 113 ff
260 a.a.O.
261 Canone, op.cit. S. 121
262 Doc.ted. X
263 Atti dell' Accademia di scienze morali e politiche in Napoli, vol. LXXXI, 1970, S. 320 f
264 Giornale Storico delle Letteratura Italiana, CXXXIV, S. 33ff
265 Doc.ven. IX
266 L 735 f
267 Amabile, op.cit. S. 304
268 Doc.ven. IX
269 In: »Euhemer«, LXXI – LXXII, 1969, S. 81 – 93
270 Vgl. Maria Rita Pagnoni Sturlese, Su Bruno e Tycho Brahe, in: »Rinascimento«, Bd. XXV, 1985, S 309 – 333
271 L 436
272 In der Zeitschrift »Attempto«, Heft 41/42, 1971, S. 108 – 115
273 Doc.rom. VII
274 Hofmann, cit.
275 D.F. Strauss, Frankfurt a.M. 1856, S. 414
276 Vgl. Gustav Bebermeyer, Tübinger Dichterhumanisten, Hildesheim 1967, S. 61
277 D.F. Strauss, op.cit. S. 409
278 OL, I, Teil IV, S. 53 f
279 Vgl. Nicodemus Frischlin, Julius redivivus, Hrsg. von Walter Jenele, Berlin 1912, S. XXI
280 Doc.ted. V
281 Doc.ven. IX
282 Doc.ted. VI

283 Doc.ven. XI
284 De immenso, 4. Buch, Kapitel X
285 Doc.ven. IX
286 Doc.ven. IX
287 Doc.ted. IX
288 OI, I, 188
289 Schopenhauer, Zürcher Ausgabe, Werke in zehn Bänden, Bd. II, S. 520
290 Vgl. dazu: Il libro del consiglio di Zarathustra, Roma 1976, S. 79 ff
291 Abel Groce, Giordano Bruno. Der Ketzer von Nola, Wien 1970, S. 203
292 s. Giordano Bruno, ausgewählt und vorgestellt von Elisabeth von Samsonow, München 1995, S.43
293 Vgl. dazu Brunus Redivivus, a cura di Eugenio Canone, Pisa – Rom 1998, S. XIX
294 Canone, op.cit., S. 136
295 Doc.ven. VII
296 Canone, op.cit. S. 136
297 Doc.ven. VII
298 Doc.ven. VII
299 L 75
300 L 297 ff
301 L 425
302 a.a.O.
303 Doc.ven. IX
304 S 445
305 Doc.ven. VI
306 Doc.ven. VII
307 Ursprünglich *li Heroici furori* geschrieben, dann gestrichen und am Rand in *De minimo,*

magno et mensura korrigiert, was aber auch unrichtig ist.

308 Doc.ven. VI
309 Doc.ven. VIII
310 Drewermann, op.cit. S. 57
311 Ep. III, 24
312 Petrarca, Sen. II. 644
313 Drewermann, op.cit. S. 51
314 Tacitus, Ann. XV, 44
315 F 10 f
316 S 512
317 Levergeois, op.cit. S. 458
318 H. Blumenberg, Einleitung zum Aschermittwochsmahl, übers. v. F. Fellmann, Frankfurt a.M. 1981, S. 20
319 F 52
320 Acidali Epostolarum centuria, Hanoviae 1606, epist. II
321 Matricula et Acta Hungarorum in Universitate Patavina, Kolozsár 1915, S. 239 f
322 Doc.ven. II
323 S 468
324 Doc.ven. VIII
325 Doc.ven. XV
326 Doc.ven. X
327 Papini, op.cit., a.a.O.
328 Doc.ven. VI
329 Doc.ven. VI
330 Doc.ven. XV
331 Doc.ven. V
332 A. Raffy, Wenn Giordano Bruno ein Tagebuch geführt hätte, Budapest 19576, S. 193
333 Drewermann, op.cit. S. 58
334 Abel Croce, op.cit. S. 132
335 Doc.ven. VIII
336 Doc.ven. VIII
337 Doc.ven. I
338 F 146 f
339 Doc.ven. II
340 Doc.ven. VI
341 Doc.ven XIV
342 Doc.ven IV
343 Felice Tocco, Giordano Bruno, conferenza, Firenze 1886, S. 39
344 Drewermann, op.cit., S. 72
345 Doc.ven. XI
346 F 50
347 Schopenhauer, Nachlaß, op.cit., Bd. 4, I, S. 240
348 Doc.ven. IV
349 Doc.ven. XIII
350 Doc.ven. II
351 Giovanni Aquilecchia, Un nuovo documento del processo di Giordano Bruno. In: Giornale storico della letteratura italiana, vol. CXXXVI, 1959, S. 91–96
352 F 147
353 S 487
354 F 202 f
355 F 210 f
356 F 212 f
357 Raffy, op.cit., S. 211 f
358 S 544
359 S 541
360 Lichtenberg, Aphorismen, J 1075 und 890
361 S 544 f
362 F 40
363 a.a.O.
364 cod. 6328, zitiert nach, in: Luigi Firpo, Una relazione inedita sull' Inquisitione romana, in: Rinascimento, 9. Jahr, Juni MCMLVIII, S. 97 ff
365 OI, I, 32

Giordano Bruno

366 Amabile, op. cit. S. 289 ff
367 F 46
368 F 47
369 F 50 f
370 a.a.O.
371 A. Mercati, op.cit., S. 23
372 a.a.O, S. 33
373 F 126 f. Zu deutsch: Und dann muß er vom Gefängnis des heiligen Offiziums zum Ort der Vollstreckung gebracht und dort, auf dem Campo dei Fiori, hingerichtet werden.
374 S 584
375 F 45
376 F 65
377 F 289
378 Doc.ven. X
379 F 125
380 Horaz, Serm. I., 3, 108
381 L. Firpo, Il supplizio di Tommaso Campanella, Rom 1985, S. 277 f
382 Gemeint ist der Richter der stalinistischen Schauprozesse.
383 F 92
384 Antonio Corsano, Il pensiero di Giordano Bruno nel suo svolgimento storico, Firenze 1940, S. 301
385 S 549
386 F 340 f
387 a.a.O.
388 F 96
389 a.a.O.
390 F 331
391 Mercati, op.cit. S. 51
392 Plinius d. J., Epistulae X, 97
393 F 333
394 F 341 f

395 Amabile, op.cit., S. 184
396 a.a.O.
397 Drewermann, op.cit. S. 389 F
398 Doc.rom. XII
399 S 582
400 In: Revista »Bruniana & Campanelliana«, I, 1995, Nr. 1–2, S. 43 f
401 E.M. Cioran, Lehre vom Zerfall, Hamburg 1953, S. 7 f
402 Plinius d.Ä., Hist.nat., 12,2
403 Giosue Carducci, Alle fonti del Clitumno, Ausschnitt, in der Übersetzung von Theodor Mommsen
404 F 347
405 F 347 f
406 F 355 f
407 S 559
408 Johannes Pistorius, Theologe, Historiker, Polemiker, geb. 1546 in Nidda (daher Niddanus), studierte in Wittenberg, konvertierte 1558 zum Katholizismus. Später in hohen katholischen Ämtern, gest. 1608 in Freiburg i. Br.
409 Kuhlenbeck, op.cit., Bd. VI
410 In: Rivista »Bruniana & Campanelliana«, I, 1995, Nr. 1–2, S. 43 f
411 a.a.O.
412 a.a.O.
413 a.a.O.
414 M. de Montaigne, Tagebuch einer Badereise, Stuttgart 1963, S. 176 f
415 Groce, op.cit., S. 182
416 Vecchiotti, op.cit., S. 16
417 Lichtenberg, Aphorismen, L 72

418 Rudolf Augstein, Jesus Menschensohn, Gütersloh 1972, S. 248 f

419 Vgl. George Mac Donald, Fifty years of Freethought, New York 1972, S. 373

420 OI, I, 364

421 Nicola Abbagnano, Storia della filosofia, Torino 1953, II, 121

422 De immenso I, 5; IV, 8

423 Tocco, Firenze 1889

424 Gen 1,28

425 Schopenhauer, Gespräche, Stuttgart – Bad Canstatt 1971, S. 208

426 OI, II, 883

427 OI, II, 885 f

428 OI, II, 888 ff

429 a.a.O., 278

430 Celsus op.cit. IV, 74

431 a.a.O. IV, 81

432 OI, II, 890

433 OI, II, 1051

434 Der Passus Brunos, den De Lorenzo zitiert, befindet sich in OI, II, 1053

435 G. De Lorenzo, India e buddhismo antico, Bari 1926, S. 389 f

436 Der Passus, den De Lorenzo zitiert, befindet sich in OI, II, 1053

437 OI, II, 1125

438 Dantes poetische Werke, neu übertragen und mit dem Originaltext versehen von Richard Zoozmann, Das Paradies, XI, 49–54

439 Dante, a.a.O., XIX, 70 – 78

440 Yates, Bruno – Hermetic, op.cit., S. 2

441 Yates, Bruno – Hermetic, op.cit., S. 5

442 OI, II, 193

443 Vgl. dazu: Bestie o Dei?, Torino 1996, S. 101 f

444 Jochen Kirchhoff, op.cit., S. 67 f

445 a.a.O., S. 80

446 a.a.O., S. 18

447 OI, II, 957 ff

448 Wladyslaw Tatarkiewicz, Storia dell' estetica, traduzione italiana, Torino 1980, Bd. III, S. 379

449 OI, II, 803 f

450 Celsus, Gegen die Christen, München 1984, S. 100

451 Canzoniere, Sonett CCXXXI

452 Trionfo d'amore, I, 21

453 Nietzsche, op.cit. Bd. 6, S. 259

454 OI, II, 1005

455 OI, II, 1006

456 Tocco, op.cit. S. 394

457 L 787

458 a.a.O.

459 L 304

460 L 305

461 L 659

462 OI, I, 31

463 De immenso, lib. VII, Kap. XVI

Personenregister

A

Abaelard, Pierre (=Petrus Abaelardus) 85
Abbagnano, Nicola 368, 412
Abbot, George 127, 155–160, 186, 200, 298
Abel, Leonardo, Bischof 346
Acidalius (=Valens Havenkenthal) 233–234, 262, 283, 287–288
Aquasparta, Serafino da 307
Acquaviva, Baldassarre 25
Acquaviva, Claudio, Ordensgeneral der Jesuiten 331
Addison, Joseph 180
Adriani, Flaminio, Notar der Inquisition 342, 346
Aeschylos 89
Agricola, Johann 230
Alba, Herzog von 229
Albertus Magnus (Albert der Große) 48, 225
Albinus, Petrus, Rektor in Wittenberg 209
Aldobrandini, Jacopo, Bischof 44
Alexander der Große 159, 378
Algerio, Pomponio de 22, 30, 314, 315
Aloia, Bartolo di 29
Alonso, spanischer Jesuit 195
Amabile, Luigi 46, 319, 344, 409, 411
Ambrogio aus Neapel, Frater 37
Ambrosius, hl. 40, 379
Ammianus Marcellinus 217
Anaxarchos von Abdera 378
Angoulême, Henri d' 138

Anna, Königin (Ehefrau von König Jakob I. von England) 186
Anselm von Aosta, hl., Philosoph und Theologe, Kirchenlehrer 59
Antoninus, hl. 42
Antoninus Pius, Kaiser 379
Antonio da Noli, Seefahrer 74
Antonius von Padua, hl. 354
Apuleius 113, 405
Aquilecchia, Giovanni 11, 151, 175, 196, 234, 309, 367, 406–408, 410
Arelio, Dicsono s. Dicson, Alexander 179
Aretino, Pietro 157
Arnaldo da Brescia 85–86
Aristarchos von Samos 332
Aristoteles 28, 31, 39, 48, 104, 119, 123, 131, 146, 152, 199, 202, 204, 207, 210, 221–223, 225, 235, 386
Arius, Theologe 57, 59
Arrigoni, Giovanni Antonio s. Celestino da Verona
Arrigoni, Pompeo, Kardinal 343
Ascolano, Girolamo, Kardinal 343
Attila 136
Aubrey, John 157, 186, 406
Augstein, Rudolf 364, 412
Augustinus, Aurelius hl., Kirchenvater 32, 34, 57, 59, 97, 215, 218
Augustus, Gaius Julius Octavianus, Kaiser 20, 379
Avanzo, Matteo d' 297–298

B

Bach, Ambrosius 215
Bach, Johann Sebastian 214

Bacon, Francis 126
Badetta, Bernardino 73
Balbani, Niccolò, Prediger in Genf
  92–93
Bargellini, Piero 119
Baronius (Baronio), Cesare,
  Kardinal 355
Bartholmèss, Christian 94, 112, 136,
  207, 284, 406
Bebermeyer, Gustav 409
Beccaria, Ippolito Maria, Ordens-
  genaral der Dominikaner
  290–291, 301, 310, 314, 320,
  327–328, 331, 334, 336, 339, 362
Bellarmin (Bellarmino), Roberto, hl.
  13, 296, 330–335, 343, 363
Belli, Giuseppe Gioachino, Dichter
  339
Benedikt, hl. 215
Bentivoglio, Guido, Nuntius 127
Bergeon, Jean 99
Bernhard, hl. (=Bernhard von Clair-
  vaux) 40, 85, 116
Besler, Basilius 262
Besler, Hieronymus 232, 246, 261,
  267, 281, 287–289
Betti, Bettino 8, 19
Bèze, Théodore de 100–106, 315, 355
Biandrata, Giorgio 101
Bias von Priene 66, 69, 80, 88, 110,
  113, 139, 187, 204
Bibbiena (eig. Bernardo Dovizi
  gen.), Kardinal, Schriftsteller 142
Blumenberg, Hans 286, 383, 410
Boccaccio, Giovanni 45, 72
Bochetel, Marie 151, 177
Bodenstein, Andreas 230
Boethius, Anicius Manlius Torqua-
  tus Severinus, Philosoph 48, 261
Boethius, Heinrich, Superintendent

der lutherischen Kirche in Helm-
  stedt 260–262, 265, 285
Bonelli, Michele, Kardinal 291
Bongioanni, Alessandro 381
Bonifacio, Dominikaner in Neapel
  64
Borghese, Camillo, Kardinal 343
Borgia, Cesare 213
Bortolo, Diener des Giovanni Moce-
  nigo 296
Bossy, John 175, 187–188, 406
Boulting, William 175
Brahe, Tycho 237–238, 240–243,
  248, 251
Brancaleone, Francesco 53
Breitenseher, Ignaz 183
Brictano (Brittano), Giacomo 274,
  278–279, 287–288, 298
Brucker, Johann Jacob 407
Bruckner, Anton 31
Bruno, Giovanni 24, 25–26, 29, 31,
  37, 352, 363
Buchel, Arnold van 190–191, 201,
  203
Buckhurst, Lord 176
Buddha 371, 377, 379, 382–383, 390
Buscaroli, Piero 214, 408
Byron, George Gordon 118, 338

C

Caetani, Enrico, Kardinallegat 331
Calerius, Rodolphus (Raoul Callier)
  199–200, 202–203
Calvin 93–98, 103–106, 108–109,
  231, 315, 364
Campanella, Tommaso 29, 52, 55,
  110, 283–284, 296, 317, 326–328,
  330, 338, 354
Candragupta, indischer König 378

Canone, Eugenio 11, 19, 222–223, 347–348, 359, 361, 404, 409

Caracciolo, Gian Galeazzo, Marchese di Vico 91, 93, 97, 106–109

Caracciolo, Teofilo, Frater 42

Carafa, Giampiero, Kardinal (der spätere Papst Paul IV.) 107

Carducci, Giosue 294, 350, 411

Carlo Emanuele, Fürst in Turin 88

Carlo I., König in Neapel 33

Carnesecchi, Pietro 344

Carranza de Miranda, Bartolomeo, Erzbischof 64

Cäsar, Gaius Julius 114

Castellion, Sébastien 105–106, 108

Castelnau, Catherine-Marie de 160, 177

Castelnau, Jaques de 189–190

Castelnau, Michel de 147, 150–151, 160, 164–166, 169–170, 172, 175–177, 184–185, 187, 189–190, 205, 396

Castrucci, Paolo, Dominikaner 301

Cavalca, Domenico 41

Cavour, Camillo Benso 103

Celestino da Verona (= Giovanni Antonio Arrigoni), Kapuziner 307, 320–323

Cellini, Benvenuto 348

Celsus, Philosoph 218, 374, 379, 388–389, 412

Celsus, Julius, römischer Statthalter in Ephesos 115

Cervantes, Miguel de 195

Chamberlain, Houston Stewart 15

Charlewood, John 175

Chemniz, Martin, Theologe 260

Chevalier, Paul 99

Chevillot, Pierre 197

Christian I., Herzog von Sachsen 222–223

Chrysologus, Petrus 40

Chrysostomos, Johannes 40, 54, 218, 355

Cicero, Marcus Tullius 39

Cicogna, Pasquale, Doge 313

Ciliberto, Michele 98, 155, 405–406

Cioran, E. M. 349–350, 411

Ciotti, Giambattista 278, 280, 287, 289–290, 295–296, 298, 306, 310

Citolini, Alessandro 168

Clario, Giambattista 328

Claudius Marcellus s. Marcellus, Marcus Claudius

Clemens VII., Papst 344

Clemens VIII., Papst 45, 322, 293, 330–331, 339, 347, 351–352, 359, 362, 364

Clemens XI., Papst 41

Cobham, Henry 148, 153, 172

Coleridge, Samuel 188

Coligny, Gaspard II. de, Admiral 136

Colla, Umberto 19

Colleoni, Bartolomeo, Feldherr 290

Colonna, Marco Antonio 32

Columbus, Christoph 74, 392

Constantius II., Kaiser 56

Contarini, Frederico 312–313

Corbinelli, Jacopo 137, 194, 196–198, 200, 203–204, 262

Cordova, Consalvo di 25

Corsano, Antonio 282, 332, 411

Cortona, Pietro da 332

Cotin, Guillaume 32, 46, 62, 146, 192–194, 196, 199–201, 202

Cracow, Georg 259

Cranach, Lukas d. Ä. 213, 229, 231

Crato (=Zacharias Krafft) 223

Craveri, Marcello 405

Crispo, Giordano 39

Croce, Benedetto 106, 108, 405

Crusius, Martin 248–252
Cuno, Jacob 232–233
Curione, Celio Secondo 108
Cusanus oder Cusaner (eig. Nikolaus Chrypffs von Cues) 225, 375, 385
Cyprian, hl., Bischof von Karthago 40

D
Dalai Lama 383
D'Annunzio, Gabriele 159
Dandamis, indischer Asket 379
Dandini, Anselmo 336
Daniel, Samuel 159–161
Dante 45, 72, 379–380, 404
Darwin, Charles 372, 375
Davidson, Thomas 364
Dee, John 238
De Franchis s. Genocchi
Del Bene, Piero 196, 198, 204
De Lorenzo, Giuseppe 375, 412
De Martinis, Raffaele 75
Demosthenes 202
De Nobili, Roberto, Jesuit und Missionar in Indien 332
De Paola, Francesco 407
De Sanctis, Franceso 12, 142
Descartes, René (Renatus Cartesius) 12, 371, 387
De Silvestris, Matteo 321
De Vinnes s. Vanini
Deza, Pietro, Kardinal 343, 362
Dicson, Alexander 178–179
Dieterich, Johann Christian 183
Dietrich, Veit 94
Diogenes von Sinope, kynischer Philosoph 163, 378
Diogenes Laërtius 91, 276
Dionysios II., Tyrann von Syrakus 56

Doria, Andrea 73
Doria, Gianandrea 73
Douglas, Archibal 187
Drewermann, Eugen 206, 208, 280, 297–298, 306, 344, 408, 410–411
Driesmans 15
Dudley, Robert 172, 174
Dumas, Alexander 115
Dürer, Albrecht 141

E
Eberwin, Abt von Steinfeld 116
Eduard I., König von England 185
Egli, Raphael 134, 207, 273
Einstein, Albert 159, 184, 242
Elisabeth I., Königin von England 87, 135, 151, 178, 180, 186–187
Emanuele Filiberto, Herzog von Savoyen 88
Enrico Silvio, Ordensgeneral der Karmeliter 126
Epikur 405
Erasmus von Rotterdam 22, 29, 51–54, 56, 58, 79, 94, 97, 108, 169, 171, 183–184, 206, 212–213, 380
Erbar, Ulrich, Rektor in Wittenberg 228
Este, Alberto Azzo II., Marchese di 255
Etienne, Henri 277
Eugen, Prinz von Savoyen 387
Euklid 242
Eunapius 217, 408

F
Fagot, Henry 188
Farel, Guillaume 96–97
Faya, Geronimo 73
Fazio, Domenico M. 407
Fellecchia, Alfonso 39
Fellmann, Ferdinand 410

Ferdinand I., Großherzog von Toscana 327
Fiamma, Gabriele 194
Fichte, Johann Gottlieb 15
Ficino, Marsilio (Marsilius Ficinus) 156, 380
Filesac, Jean 203
Filippo d'Este, Marchese 88
Filonardi, Marcello 336
Fiore, Joachim von 66, 337
Fiorentino, Francesco 305
Firmicus Maternus, Julius 216, 408
Firpo, Luigi 16, 282, 317–320, 335, 411
Florio, Giovanni 159, 161–162, 169–170, 172, 177, 179, 181, 183–184, 186, 188
Florio, Michelangelo 159
Forgacz, Michael 232, 287, 289
Franceschi, Domenico d' 84
Franco, Veronica 137
Franz II., König von Frankreich 150
Franz Joseph, Kaiser 31
Franziskus, hl. 41, 379–380
Friedell, Egon 103
Friedrich Barbarossa, Kaiser 86
Friedrich der Weise 212, 230
Friedrich II., König von Dänemark 241
Frischlin, Nicodemus 235, 248–253, 254–255, 259, 409
Furst, Henry 406

G

Gabrielli, Giovanni s. Saluzzo, Giovanni Gabriele da
Gagliardo, Eugenio, Dominikaner 41, 58
Galilei, Galileo 13, 126, 288, 328, 332, 364, 369, 384–385
Gandola, Paolo 184

Garasse, François, Jesuit 130
Gassendi (Pierre Gassend gen., Philosoph) 12, 387
Gaultier, Jacques, Jesuit 130
Geiserich, König der Vandalen 215
Gennaro, Marco de 42
Genocchi, Giovanni Maria 126–128, 186
Gentile, Giovanni 12, 26, 149, 166, 171, 181
Gentile, Valentino 101, 108
Gentili, Alberico 160–161, 210, 247
Gentili, Matteo 161, 247
Gerber, Johannes 406
Gförer, August Friedrich 286
Ghislieri, Michele (der spätere Papst Pius V.) 46, 66, 68
Giacomo, Sohn des Papstes Gregor XIII. 61
Gibbon, Edward 216, 408
Giffen, Hubert van (Obertus Giphanius) 192
Giovio, Paolo 159
Girello, Girolamo, Inquisitor 315
Giustiniani, Vincenzo 73
Goethe, Johann Wolfgang 58–59, 154, 269–270, 387, 391, 404
Gonzaga, Luigi hl. 331
Gourbin, Gilles 192
Gramont, Barthélemy 129
Granada, Luis de 40
Graziano, Francesco 307, 321–322
Gregor der Große (Gregorius Magnus), Papst 103, 215
Gregor IX., Papst 35
Gregor XIII., Papst 61, 69
Gregor XIV., Papst 331
Greville, Fulke 169–171, 176
Gribaldi, Matteo 101
Groce, Abel 270, 298, 361, 409–411
Gualtieri, Guido 61

Guglielmo, Mönch 89
Guicciardini, Francesco 83
Guise, Herzog von 135, 189–190, 198
Guzmán, Dominikus, hl. 36, 39, 119
Günther, Johann Christian 230
Gwinne, Matthew 169

H
Hadrian IV., Papst 86
Hainzel, Hans Heinrich 273–274, 277
Hajek, Taddeus 237–238, 241, 251
Hamann, Johann Georg 12, 270, 387
Hannibal, General 21–22, 221
Hanslick, Eduard 31
Haro, Guillén de, spanischer Botschafter in Prag 238
Harvey, Gabriel 152
Hasselbach, Thomas, Theologe 244
Havenkenthal, Valens s. Acidalius
Hegel, Georg Wilhelm Friedrich 12, 106, 108, 337
Heidegger, Martin 15
Heidenreich, Johannes, Theologe 263
Heinrich II., König von Frankreich 134
Heinrich III., König von Frankreich 133–136, 138–140, 147, 149–151, 189–190, 195, 198, 203, 236, 396
Heinrich Julius, Herzog von Braunschweig 258–260, 264–265, 267, 271–272, 274, 276, 285
Hennequin, Jean 199, 200–201, 221
Heraklit 56
Herder, Johann Gottfried 12, 270
Hersant, Yves 11
Hesiod 386
Hieronymus, hl. 40, 54, 171, 218–219, 352, 379

Hispanus, Petrus 48
Hoffmann, Daniel 260–261, 265
Hofmann, Norbert Georg 244–245, 248, 409
Homer 386
Hoogstraaten, Jacob van 206
Horaz (eig. Quintus Horatius Flaccus) 134, 327
Horia, Vintila 56
Horst, Rechtsgelehrter 263
Hölderlin, Johann Christian Friedrich 130
Hus, Jan 240
Hutten, Ulrich von 206, 230

I/J
Iannello, Gian Domenico de 29
Ieronimiani, Francesco 307
Innozenz III., Papst 115–116, 119
Isaresi, Paolo 339
Jacobi, Friedriche Heinrich 12, 270, 286, 387
Jakob I., König von England 180
Jamblichos, Philosoph 32, 56
Janet (François Clouet genannt), Maler 135
Johannes Paul II., Papst 18
Julianus, Flavius Claudius, Kaiser 56, 388
Julius, Herzog von Braunschweig 255–256, 258–259, 265
Julius II., Papst 77

K
Kalanos, indischer Asket 378
Karl I., König von England 185
Karl IX., König von Frankreich 136–137, 150
Karl V., Kaiser 107, 229, 270
Kasimir, Johann 222
Katharina von Siena 42

Giordano Bruno

Kegler, M. Caspar 234
Kepler, Johannes 234, 237–238, 240,
    248, 369, 384
Kirchhoff, Jochen 221, 382–385, 408
Kirchner, Timotheus, Theologe 260
Klemens von Alexandrien 379
Kopernikus, Nikolaus 48, 73, 156,
    163, 212, 225, 242, 332, 369
Korzan, Ivo 241
Krafft, Zacharias s. Crato
Kuhlenbeck, Ludwig 14–15, 18, 270,
    404

L

La Faye, Antoine de 98–100, 102,
    104
La Rochefoucauld, François de 18
Lama, Gian Maria della 237–238
Laski, Albert 148, 151–153, 156, 162
Lauchen, Joachim vom 230
Laura (von Petrarca) 117
Laurenza 29
Lee, Simon 161–162
Leibniz, Gottfried Wilhelm 12, 270,
    387
Leitzmann, Albert 404
Lenau, Nikolaus 117
Leo X., Papst 53, 142
Leo XIII., Papst 13, 315
Leone, Ambrogio 22, 27, 30
Leone, Antonio 73
Leopardi, Giacomo 159
Levergeois, Bertrand 17, 122, 406,
    410
Leyser, Polycarp 223, 252, 255
Libanius 216, 218, 408
Lichtenberg, Georg Christoph 17,
    90, 146, 183, 246, 250, 315, 325,
    404, 410, 412
Lippomano, Girolamo 137
Longo, Ottavio 328

Lorenz, Konrad 325, 370, 372
Löwenstein, Joachim Kunkel von
    230
Lucca, Sisto Fabri da 60–61
Lucilius, Gaius 134
Lucius II., Papst 86
Lucius, Jacobus 262
Lukian, Satiriker 53
Lukrez (eig. Titus Lucretius Carus)
    117, 192–193, 195, 386, 393, 405
Lullus, Raimundus 32, 35, 119, 238
Luther, Martin 53, 94, 155, 209–210,
    212–214, 225, 228–230, 231, 259,
    349, 358, 364, 405

M

Mac Donald, George 412
Machiavelli, Niccolò 157
Madruzzi, Ludovico, Kardinal
    341–343, 351, 354, 362
Major, Johann 223, 235, 248, 252
Malvicino, Valerio 66
Mandina, Benedetto 342
Mann, Thomas 182
Manzolli, Pier Angelo 225
Marc Aurel 93
Marcello II., Papst 330
Marcellus, Bischof 216
Marcellus, Marcus Claudius,
    General 21
Maria Stuart 180, 186
Marino, Giambattista 128, 296
Mario, Frater 43
Marot, Clément 79
Martial (eig. Marcus Valerius Mar-
    tialis) 386
Martin, hl. 216
Martinengo, Massimiliano 93
Marzano, Liberio di 44
Mästlin, Michael 248
Maturi, Walter 16

Mauvissière s. Castelnau
Mazzonis, Ottavio, Maler 19
McNulty, Robert 155
Medici, Cosimo de' 380
Medici, Katharina von 135–136
Medici, Maria de' 128
Megasthenes 378
Meister Eckart 133
Melanchthon, Philipp 212, 222, 228, 230–231, 251–252, 259
Mellendorf, Pollik von 230
Mendoza, Bernardin von 120, 194
Mercati, Angelo 9, 315, 317–318, 337, 404, 411
Merliani, Giovanni Maria 22
Micanzio, Fulgenzio 290
Michelangelo Buonarroti 159
Michiel, Giovanni 135
Miele, Michele 49, 55, 124
Millini, Pietro 336, 342
Mirandola, Pico della 94
Mocenigo, Giovanni (Zuane) 62, 279–281, 285–286, 289, 293–298, 300–304, 306, 309–310, 324–325, 363
Mocenigo, Leonardo 298
Mocenigo, Marco Antonio 300
Moletti, Giuseppe 282
Montaigne, Michel de 61, 78–79, 89, 159, 360, 411

Montalcino, Agostino da 57–58, 63
Monte, Andrea de 194
Montecorvino, Remigio di 37
Monterenzi, Giulio 336
Montfort, Simon de 115–116
Montluc, Adrien de 128
Moore Smith, G.C. 406
Mordente, Fabrizio 195–198, 204, 238, 240, 382, 408
Mordente, Gasparo 197, 408

Moro, Giovanni 138, 147
Morosini, Andrea 289–290, 307
Morosini, Tomaso 311
Morus, Thomas 171
Mozart, Wolfgang Amadeus 159
Müntzenberger, Johann 271
Mussolini, Benito 13
Mylius, Georg 212, 223

N
Namer, Emile 157, 406
Nannini, Remigio 83
Napoleon 159, 229
Nemi, Orsola 406
Nero 112, 347, 349–350
Nietzsche, Friedrich 17, 21, 50, 53, 75, 77–78, 80, 92, 141, 154, 171, 188 213–215, 383, 388–389, 404, 406, 408, 412
Nigidius, Petrus 207–208
Nocera, Domenico da 292–293, 301, 324
Norden, J. 185
Nostitz, Hans von 134, 293
Novalis (eig. Friedrich Leopold von Hardenberg) 213
Nowicki, Andrzej 121, 233, 405

O
Olevano, Domenico di 43
Onesikritos, Philosoph 378–379
Ordine, Nuccio 11, 403
Orpheus 386
Osiander, Andreas 122
Ovid (eig. Publius Ovidius Naso) 83, 92, 350, 386

P
Pachomius, hl. 219, 408
Paleario, Aonio 57, 335
Palingenius s. Manzolli, Pier Angelo

Palladio (eig. Andrea di Pietro della Gondola genannt) 137
Panigarola, Francesco 193–194
Papini, Giovanni 50, 294–295, 404, 410
Paracelsus (eig. Theophrastus Bombastus von Hohenheim) 119
Parler, Peter 240
Paruta, Paolo 313
Pasca, Ambrogio 37, 49
Passaro, Domenico 44
Patrizi, Francesco 122, 293
Paul IV., Papst 52, 107, 315
Paul V., Papst 332
Paulinus, hl. 21, 23, 404
Paulus, hl. 350
Pawlowsky, Peter 18–19
Pelissero, Alberto 405
Pena, Jean 242
Pepys, Samuel 184
Perfetti, Amalia 201, 408
Petrarca, Francesco 70, 114, 117–118, 182, 193, 246, 281, 383, 404, 410
Peucer, Kaspar 259
Peyrefitte, Roger 70
Philip II., König von Spanien 24, 32, 238
Piccolomini, Enea Silvio 240, 244
Pietrasanta, Francesco 342
Pilatus, Pontius 352
Pinelli, Domenico 343
Pinelli, Gian Vincenzo 197, 204
Pius II., Papst 244
Pius IV., Papst 52
Pius V., Papst 41, 46–47, 66, 102, 291, 314, 317, 363
Pius IX., Papst 389
Platon 27, 56, 107, 145, 262, 269, 308, 375
Plinius der Ältere 350, 411
Plinius der Jüngere 337

Plotin 56
Pompejus (genannt Magnus), römischer General 354, 361
Popper, Karl 384
Porace, Domenico, Frater 43
Porphyrius, Bischof von Gaza 218
Porphyrius, Philosoph 48, 56
Pound, Ezra 191
Previti, Luigi 346
Proclus, Philosoph 408
Pucci, Francesco 326
Pyrrho, Philosoph 350
Pythagoras 35, 56, 68, 159, 225, 378, 308

Q/R
Quintillianus, Marcus Fabius 39
Rabelais, François 114, 120, 125, 405
Raffy, Ádám 297, 314, 410
Ragazzoni, Girolamo 195
Ramée, Pierre de la (Petrus Ramus) 179, 201, 203, 207, 222
Rasse Des Neux, François 201–202
Ravennate, Pietro 32
Rebiba, Scipione, Kardinal 46
Regnault, Jean 138
Reuchlin, Johannes 206
Ricci, Saverio 407
Rittershausen, Conrad 353–355, 357
Rocchi, Jean 142, 406
Rochechouart, Louis de 177
Ronsard, Pierre de 140, 151
Rothmann, Christoph 241–242
Rousseau, Jean Jacques 64, 114, 405
Rovere, Girolamo della 88
Rudolf II., Kaiser 87, 236–238, 240, 244, 251, 265, 276, 291
Rudolf von Habsburg, Kronprinz 319

S

Sacrobosco, Johannes de 73
Salò, Giulio da 307, 320
Saluzzo, Giovanni Gabriele
(Gabrielli) da 297, 300, 310–311,
313–314, 320, 324
Samsonow, Elisabeth von 270
Sances de Luna, Giovanni, Staatsan-
walt 329–330
Sanchez, Francisco 119, 121–123, 134
Santoro, Giulio Antonio, Kardinal
25, 34, 62, 309–311, 320, 343,
362–363
Santoro, Leonardo 25
Saragnano, Jacopo 37
Sarnese (eig. Giovanni Vincenze da
Sarno genannt) 30–31
Sarpi, Paolo 290
Sassetto, Tomaso 174
Sasso, Lucio 343, 363
Savolina, Fraulissa 24, 395
Savolino, Sabatino 140
Savonarola, Girolamo 306
Scarampo, Girolamo, Bischof 49
Schelling, Friedrich Wilhelm Joseph
12, 270
Schopenhauer, Arthur 12–13, 14–15,
24, 71, 93, 103, 118, 131–132, 141,
145, 154, 159, 180, 191, 268–271,
276, 307–308, 369, 371, 375, 377,
390–391, 404–407, 409–410, 412
Schoppe, Caspar 296, 344, 346,
353–354, 358, 361, 364
Schönfeld, Gregor 232
Schubert, Franz 159
Scoppa, Lucio Giovanni 29
Seifert, Maria 19
Seneca, Lucius Annaeus 260, 347
Sennert, Daniel 230
Servet, Miguel 95–96, 101, 104–105,
108, 112, 315

Sessa, Herzog von, s. Cordova Con-
salvo di
Settembrini, Luigi 142
Shakespeare, William 179–180, 294
Sidney, Philip 30, 87, 151–153,
171–172, 174, 178, 185–186, 277
Sigwart, Christoph 245
Simoni, Simone 93
Sixtus IV., Papst 360, 362
Sixtus V., Papst 195, 237, 291, 331
Soccini, Lelio 108
Sokrates 91, 159, 276
Soranzo, Giacomo 170
Spampanato, Vincenzo 14, 21, 24,
29–30, 41, 46–47, 49, 52, 62–65,
75, 87–88, 93, 123, 140, 143, 151,
174–175, 179, 200, 289, 354
Spinelli, Salvatore 67–68
Spinoza, Baruch de 268, 270, 387,
390
Stein, Heinrich von 78
Stellato, Marcello Palingenio s. Man-
zolli, Pier Angelo
Stigliani, Tommaso 296
Stigliola, Colantonio 326
Strauss, David Friedrich 248–249,
251, 409
Sturlese, Maria Rita Pagnoni 179,
242, 248, 409
Sueton (eig. Caius Svetonius Tran-
quillus) 20

T

Tacitus, Publius Cornelius 282, 347,
410
Tansillo, Luigi 21–22, 81
Tasso, Torquato 88
Tassoni, Alessandro 296
Tatarkiewicz, Wladyslaw 412
Taverna, Ferrante 346–347
Taverna, Ludovico 311

Telesio, Bernardino 35, 368
Tempesta, Antonio 348
Tertullian (eig. Quintus Septimius
    Florens Tertullianus) 59
Testi, Carlo 22
Theodoretus 216
Theodosius, Kaiser 216
Theophilus, Bischof 217
Therese, hl. 349
Thomas von Aquin 33, 36, 48, 113,
    125, 132, 134, 193, 327
Tiberius, Claudius Nero, Kaiser
    349–350
Tintoretto (eig. Jacopo Robusti gen.)
    137
Tizian (eig. Tiziano Vecellio) 84, 137
Tocco, Felice 221–222, 305, 369, 390,
    408, 410, 412
Toland, John 12, 188
Toledo, Francisco de 194
Tragagliolo, Alberto 334, 336, 362
Trajan, Kaiser 337
Trucco, Leonardo, Bischof 74

U
Ubaldini, Pietruccio 174
Ubaldini, Roberto, Nuntius 127
Ugilio, Pompeo s. Vanini
Underhill, John 152–153, 155, 161
Urban V., Papst 125

V
Vaia, Francesco 307, 320–321
Vairano, Teofilo da 30, 32
Valla, Lorenzo 301
Vanini, Giulio Cesare (Lucilio) 120,
    126–130, 156–157, 186–187, 407
Varro, Michele 99–100
Vautrollier, Thomas 175
Vecchiotti, Icilio 221, 361, 408,
    411–412

Velleius Paterculus, Gaius 287
Verdi, Giuseppe 347
Vergil (eig. Publius Vergilius Maro)
    386
Vesalius, Andreas 95
Vetsera, Mary 319
Vialardi, Francesco Maria 323, 338
Viale, Salvatore 70
Vico, Giambattista 181, 337
Villani, Giovanni 72
Vincenti, G. Francesco 73
Vischer, Hans 231
Vischer, Peter 231
Vita, Domenico, Dominikaner 54,
    292
Vittorio Emanuele II., König von
    Italien 389
Višinskij, Andrej Jannarievic 330
Voltaire (eig. François-Marie Arouet)
    51, 53, 59, 90, 388
Voragine, Jacobus a 41

W
Wacker von Wackenfels, Johann
    Matthäus 234
Wagner, Adolf 12, 286
Wagner, Cosima 407
Wagner, Richard 159, 188, 276, 377
Walch, Andreas 245
Walsingham, Francis 135, 148, 153,
    172, 187, 186
Walther von der Vogelweide 359
Warnsdorf, Hans von 221, 232
Wechel, Johann 267, 271–272, 277,
    279
Welf I., Herzog von Braunschweig
    255
Wilcock, J. Rodolfo 157
Winkelmann, Johann Joachim 214
Wittgenstein, Ludwig 182, 377

Y/Z

Yates, Frances A. 149, 155, 179, 202, 406–408, 412
Zalmoxis 35
Zarathustra 35, 80, 269, 378
Zeileisen, Wolfgang 262, 264
Zoozmann, Richard 405
Zwingli, Ulrich 94, 209, 364

Giordano Bruno